RETOS DE LA PRUEBA EN EL PROCESO ACTUAL

GIANLUCA BORGIA
SÍLVIA PEREIRA PUIGVERT
Directores

JACOPO DELLA TORRE
JORDI GIMENO BEVIÁ
Coordinadores

RETOS DE LA PRUEBA EN EL PROCESO ACTUAL

LORENZO AGOSTINO
TERESA ARMENTA DEU
SILVIA BADIOLA COCA
MERCEDES BARRAGÁN LÓPEZ
GIANLUCA BORGIA
NÚRIA BORRÀS ANDRÉS
BRIAN BUCHHALTER MONTERO
JOSÉ CARO CATALÁN
GABRIEL CARO HERRERO
ELISABET CUETO SANTA EUGENIA
NIMROD MIHAEL CHAMPO SÁNCHEZ
JACOPO DELLA TORRE
MARINA FERRER SOLER
MARÍA DE LOS ÁNGELES GONZÁLEZ COULON
ABDALLA KHALAF REDA
LUCA LUPÁRIA DONATI
PILAR MARTÍN RÍOS
ANTONIO MARTÍNEZ SANTOS
AMADOR NAVARRO MORALES
FRANCESC ORDÓÑEZ PONZ
JUANA MARÍA PARDO PARDO
ALEXANDRE PONS ABELLA
VIRGINIA RAMOS FEBRER
BELÉN ROMERO GARCÍA-ARANDA
LIDIA INÉS SERRANO SÁNCHEZ
IGNACIO M. SOBA BRACESCO
PAULO RAMÓN SUÁREZ XAVIER
JOSÉ MARÍA TRABADA SÁNCHEZ DE TOCA
ANTONIO VASCO GÓMEZ
JAVIER IGNACIO ZARAGOZA TEJADA

ARANZADI

Editorial Aranzadi, S.A.U.
C/ Collado Mediano, 9
28231 Las Rozas (Madrid)
Tel: 91 602 01 82
e-mail: clienteslaley@aranzadilaley.es
https://www.aranzadilaley.es

Primera edición: 2024

Depósito Legal: M-26335-2024
ISBN versión impresa con complemento electrónico: 978-84-1162-029-1
ISBN versión electrónica: 978-84-1162-028-4

Diseño, Preimpresión e Impresión: Editorial Aranzadi, S.A.U.
Printed in Spain

Colección PROBATICIUS

Índice General

Página

Página

Página

Página

10

EL DERECHO A LA PRUEBA EN EL JUICIO DE APELACIÓN: CUESTIONES CRÍTICAS Y PERSPECTIVAS FUTURAS

11

EL RECURSO DE CASACIÓN PENAL POR ERROR EN LA VALORACIÓN DE DOCUMENTOS (ART. 849.2 LECRIM). CONTENIDO, APLICACIÓN Y RAZONES PARA SU ELIMINACIÓN EN ARAS DE CONSEGUIR UN RECURSO OBJETIVADO

Página

RETOS PROBATORIOS VINCULADOS AL PROCESO CIVIL

A)
ASPECTOS PROBATORIOS EN EL PROCESO CIVIL

Página

B)
ASPECTOS PROBATORIOS EN SISTEMAS ALTERNATIVOS O COMPLEMENTARIOS AL PROCESO CIVIL

C)
ASPECTOS PROBATORIOS EN EL DERECHO SOCIETARIO

Página

28

LAS EVIDENCIAS DE LOS SISTEMAS DE COMPLIANCE: PIEZA CLAVE PARA LA DEFENSA CORPORATIVA

Prólogo del Prof. Mitja Gialuz

No cabe duda de que el Derecho probatorio, cómplice de la evolución de la sociedad, enfrenta nuevas realidades y demandas en el siglo XXI. La llamada «cuarta revolución industrial» (FLORIDI, SCHWAB), en efecto, nos introduce en un panorama jurídico dinámico y desafiante, donde las huellas del pasado se entrelazan con las sombras del futuro.

En este escenario, el estudio de la prueba en el sistema procesal debe ser abordado hoy en día en una perspectiva marcadamente global, tanto que podríamos hablar, al respecto, de una «globalización del Derecho probatorio». Se trata de un fenómeno que presenta tantas oportunidades como incertidumbres, y que obliga al estudioso del derecho procesal a enfrentarse de manera nueva, por ejemplo, a los temas de la cooperación europea y la lucha contra la delincuencia. Por otro lado, plantea cuestiones complejas relacionadas con la soberanía nacional, la diversidad de los sistemas jurídicos y el respeto de los derechos fundamentales del acusado.

Como no considerar, en esta perspectiva, el avance inexorable de la ciencia y de la tecnología, encarnadas por la prueba científica, la *digital evidence* y, por último, la inteligencia artificial (prueba automatizada), que formulan retos apasionantes y complejos para el futuro del proceso: ¿Hasta dónde llega la fiabilidad de la prueba científica, y cómo podemos asegurar su adecuación en un sistema que exige certezas? ¿Cómo juzgamos la validez de las pruebas digitales en un entorno virtual donde la manipulación es una amenaza constante? Y, además, ¿Cómo garantizamos que la inteligencia artificial no solo sea una herramienta eficiente, sino también imparcial? ¿Cómo se equilibra la objetividad de una máquina con la humanidad inherente a la justicia? Estas son algunas de las numerosas preguntas a las cuales el procesalista está llamado a brindar una respuesta, en la perspectiva de gobernar un fenómeno cada vez más «de vocación tecnológica».

El «Derecho probatorio del siglo XXI», pero, impone enfrentarse también a cuestiones más tradicionales como los estándares de pruebas, el *onus probandi* y el contradictorio, método epistemológico fundamental para la formación de la prueba en el proceso.

En este contexto, el legislador italiano intentó responder a algunos de estos retos con la llamada reforma «Cartabia» (ley de delegación n. 134/2021 y decreto legislativo n. 150/2022), un diseño orgánico para renovar el actual sistema penal que, como demuestran las estadísticas, no es capaz de garantizar Justicia, ni a los acusados, ni a las víctimas, ni, tampoco, a la colectividad. Se trata, más precisamente, de un proyecto para renovar nuestro modelo procesal, destinado a revitalizar su eficacia, a través de una síntesis equilibrada entre un enfoque pragmático-europeo y una sensibilidad renovada por la dimensión constitucional y la garantía de los derechos del imputado.

Este cambio normativo ha afectado profundamente el sistema procesal, introduciendo modalidades innovadoras de formación a distancia de la prueba en el juicio oral (*dibattimento*), nuevos estándares de pruebas para el *rinvio a giudizio* y la pronuncia de la *sententenza di non doversi procedere*, y, además, impactado en el principio de inmediación mediante la valorización de herramientas de grabación en vídeo.

Dentro de este marco, el volumen que recoge las actas del primer congreso internacional de PROBATICIUS (red de jóvenes juristas a la que tengo el placer de pertenecer, como miembro del Consejo Académico) aporta unos conocimientos especializados, experiencias prácticas y reflexiones teóricas profundas, contribuyendo de este modo al continuo desarrollo de la justicia en un mundo en constante transformación.

Génova, octubre de 2023

Prof. Mitja Gialuz

Catedrático de Derecho Procesal Penal de la Universidad de Génova

Prólogo del Prof. Federico Bueno de Mata

El derecho probatorio es un área en constante evolución, marcado por los desafíos de una sociedad en constante cambio. A medida que el mundo se vuelve más complejo, las cuestiones relacionadas con la autenticidad, la confiabilidad y la admisión de pruebas se vuelven cada vez más cruciales. Debemos partir avanzando que este libro, sin lugar a duda, supondrá una valiosa contribución al diálogo académico y profesional en el campo del derecho probatorio, proporcionando nuevas perspectivas y análisis críticos tan necesitados hoy en día.

«El arte del proceso es, en realidad, el arte de la prueba», decía BENTHAM hace casi dos siglos, a lo que también se le suma otra frase menos conocida del autor, pero con casi igual poso y verdad: «quien no consigue convencer al juez de los hechos de los que depende su derecho, es como si no tuviera hubiese tenido nunca el derecho». La importancia de la fase probatoria en el proceso se infiere a través de múltiples referentes, lo cual nos revela hasta qué punto sin prueba no habría proceso, o hasta qué punto el proceso sólo se justifica porque existe algo que probar.

Para todo procesalista es un desafío considerable mantenerse a la vanguardia en el campo del derecho probatorio, y por ello es esencial que adicionalmente la comunidad académica trabaje de manera colaborativa con el fin de abordar conjuntamente los retos legales que se presentan en este ámbito. La evolución de la sociedad, marcada por avances tecnológicos y científicos, plantea interrogantes complejos que requieren una atención prioritaria y un análisis profundo por parte de los juristas y expertos en derecho probatorio, así como de investigadores noveles que aporten frescura y nuevas ideas a nivel doctrinal, pues es la única forma de que nuestra ciencia procesal avance.

Concretamente, España se encuentra a la vanguardia en afrontar diversos retos probatorios, vinculados tanto al proceso penal como al civil, relacionados mayoritariamente con las nuevas realidades tecnológicas y científicas. En este sentido, el sistema judicial español asume la complejidad inherente a la adaptación y promulgación de diversos legales, lo que exige a su vez una revisión constante de los principios probatorios establecidos. Los algoritmos como nuevas fuentes de prueba, los dispositivos vinculados al Internet de las Cosas, las redes 5G, la tecnología blockchain como herramienta de conservación y aseguramiento, la neurociencia aplicada a la credibilidad de los testimonios o distintas cuestiones vinculadas a la biomedicina, son ejemplos de retos en estos campos para los que el legislador español ha ido fraguando distintas bases legales, al dotar de regulación las diligencias de investigación tecnológica, los derechos digitales o los sistemas automatizados y de inteligencia artificial. De todo ello se derivan una serie de desafíos vinculados a la prueba electrónica y a la prueba científica, instituciones necesitadas de orientación y aplicación teórico-práctica desde la doctrina y la academia, con el fin de contribuir a la seguridad jurídica.

De igual modo, también se encuentra en pleno auge debates académicos sobre instituciones probatorias vinculadas a la teoría general de la prueba que se han revisitado doctrinalmente en los últimos tiempos, como la carga probatoria o los estándares de prueba, así como los criterios de admisibilidad de la misma. De manera particular, en los últimos años en España se han planteado debates jurídicos polémicos, vinculados a la posible inversión de la carga de la prueba en materias relacionadas con el consentimiento de la víctima en casos de delitos contra la libertad sexual, por medio de la conocida popularmente como «ley del sí es sí» o distintos análisis respecto a la prueba del sentimiento de discriminación y los valores de igualdad y género.

Esta idea además ha sido reforzada de manera reciente con la Ley 4/2023, de 28 de febrero, para la igualdad real y efectiva de las personas trans y para la garantía de los derechos de las personas LGTBI, conocida como Ley Trans, donde en el primer punto de su art.66 recoge, a tenor del título del precepto como Reglas relativas a la carga de la prueba: «De acuerdo con lo previsto en las leyes procesales y reguladoras de los procedimientos administrativos, cuando la parte actora o la persona interesada alegue discriminación por razón de orientación e identidad sexual, expresión de género o características sexuales y aporte indicios fundados sobre su existencia, corresponderá a la parte demandada o a quien se impute la situación discriminatoria la aportación de una justificación objetiva y razonable, suficientemente probada, de las medidas adoptadas y de su proporcionalidad». Por todo ello, vemos como esta cuestión también constituye un reto para los procesalistas a través de un análisis técnico de la prueba en positivo, como también se ha venido planteando años atrás en el orden jurisdiccional social español y que ha tenido repercusión notable día a día en los juzgados de nuestro país.

Por último, se debe poner de relevancia uno de los retos futuros apuntados por el prelegislador español en el Anteproyecto de LECrim de 2020, reforma que finalmente no ha llegado a aprobarse a día de hoy, vinculado a las pruebas derivadas de la aplicación de la recopilación de información de fuentes abiertas. Con ello, se habla ya de inteligencia de fuentes y de cómo dicha información puede recopilarse, analizarse, cruzarse y presentarse como pruebas de inteligencia, superando así la concepción que antes se tenía de la misma, pensada únicamente para casos complejos vinculados a organizaciones criminales.

Con todo ello, vemos como el derecho probatorio se erige como parte esencial o rama predilecta de nuestra disciplina, el derecho procesal, y que el mismo se enfrenta a retos en un mundo en constante evolución. En este contexto, las investigaciones realizadas por jóvenes procesalistas y las redes como PROBATICIUS son de suma importancia. Los jóvenes procesalistas, con su frescura y perspectivas innovadoras, están en una posición privilegiada para abordar los desafíos emergentes del derecho probatorio. Por medio de la publicación de libros colectivos como éste, la nueva sabia procesal contribuirá significativamente al avance de nuestra ciencia, por lo que debemos congratularnos y reconocer de manera encarecida el loable y ferviente trabajo de los directores de la red, la profesora Pereira Puigvert y el profesor Borgia, pues sin su guía y coordinación el presente volumen no sería posible. Larga vida a Probaticius.

Salamanca, septiembre de 2023

Federico Bueno de Mata

Catedrático de Derecho Procesal de la Universidad de Salamanca

Presentación

La prueba adquiere una importancia trascendental en cualquier juicio y es el instrumento elemental del Derecho. Partiendo de esta premisa, en los primeros ordenamientos jurídicos conocidos y, en su contexto, la búsqueda de la verdad o, en su defecto, la solución de la controversia partía de un breve ejercicio de investigación, muchas veces efectuado por el propio juzgador. Por ejemplo, unas entrevistas a los vecinos de una localidad solían revelar los hechos y su autor. Conforme evoluciona la ciencia jurídica, la complejidad del testimonio obligó al juzgador a recurrir a técnicas de adquisición del mismo o a delegar la tarea en otros órganos oficiales del Estado, cargándoles con las funciones de investigación de los hechos y, centrándose el juzgador, en la valoración del conjunto de elementos aportados. Si bien es un tema clásico del Derecho Procesal, la prueba es la más formidable receptora de los cambios sociales, económicos, políticos y, como es cada vez más evidente, tecnológicos. Unos cambios que hay que gobernar o liderar, con enfoques transversales, en los distintos órdenes jurisdiccionales.

No es difícil, por lo tanto, comprender la importancia que siempre ha asumido el Derecho Probatorio, y eso justifica el hecho de haber creado una Red que se centre en el estudio de esta disciplina. La *Red Internacional de Jóvenes Juristas en Derecho Probatorio - PROBATICIUS* se configura como una agrupación, principalmente, de jóvenes académicos y académicas y jóvenes abogados y abogadas, fiscales, letrados y letradas de la administración de justicia, de distintas nacionalidades, con una vocación clara: ofrecer debate y aportar soluciones, teóricas y prácticas, sobre cuestiones, como vemos, que plantean auténticos desafíos e inquietudes sociales que no pueden esperar mucho más para obtener una respuesta. Asimismo, este proyecto es una apuesta decidida y valiente por la inclusión del talento joven, dando absoluto protagonismo a jóvenes juristas y que cuenten con espacios que les permitan consolidar su trayectoria profesional, seguir avanzando en la solidez de sus carreras y mejorar la transferencia de los resultados de los grupos de investigación o sectores profesionales en los que se integren todos y cada uno de ellos. Otro factor que destaca en la descripción de esta iniciativa es que proponemos el análisis de la prueba dentro y fuera de las Universidades, buscando unir dos sectores, demasiadas veces desconectados, como son la *Academia* y la *Práctica Jurídica*. En el ámbito de las ciencias jurídicas, en especial, la doctrina y la práctica se encuentran en un estado de tensión permanente. Esta tensión, sin embargo, funciona a distintos niveles y, en general, fomenta el desarrollo de la teoría y fortalece la práctica, siempre y cuando las mismas se vean conectadas y encuentren, en un intercambio, el beneficio de esta interacción.

PROBATICIUS es nuestro particular laboratorio de más de 150 jóvenes juristas, creado a finales de 2022, que cuenta con el apoyo de instituciones de reconocido prestigio como la Universidad de Girona, la Universidad de Pisa, la Universidad de Génova, la Universidad Abat Oliba CEU, la UNED, el Instituto I+Dret del Ilustre Colegio de la Abogacía de Barcelona, el Grupo de la Abogacía Joven de Barcelona, el Centro de Estudios Garrigues, el despacho Cuatrecasas y otras Redes Internacionales como la Red para el Proceso y la Justicia (Colombia), la Red de Investigadores de Derecho Procesal (Chile) o el Foro de Derecho Probatorio (Uruguay). Al mismo tiempo, los directores, coordinadores (científicos y de abogacía) y demás miembros fundadores de PROBATICIUS gozan de gran experiencia en la formación de jóvenes profesionales, y ahora concurren juntos para unir la formación de ambos sectores, académicos y prácticos, convirtiéndose en la identidad y fortaleza de la Red.

No sólo los números y los apoyos institucionales avalan la firmeza de nuestro proyecto. Las diferentes actividades de PROBATICIUS son guiadas por un *Consejo Académico*, integrado por expertos de la disciplina del Derecho Procesal (y Probatorio), tanto a escala nacional como internacional, y que merece la pena destacar por la gran entidad de sus nombres (relacionados por estricto orden alfabético): Marien Aguilera Morales, Catedrática de Derecho Procesal de la Universidad Complutense de Madrid; Arturo Álvarez Alarcón, Catedrático de Derecho Procesal de la Universidad de Cádiz; Teresa Armenta Deu, Catedrática emérita de Derecho Procesal de la Universidad de Girona; Lorena Bachmaier Winter, Catedrática de Derecho Procesal de la Universidad Complutense de Madrid; Julio Banacloche Palao, Catedrático de Derecho Procesal de la Universidad Complutense de Madrid; Silvia Barona Vilar, Catedrática de Derecho Procesal de la Universidad de Valencia; Lorenzo Bujosa Vadell, Catedrático de Derecho Procesal de la Universidad de Salamanca; Sonia Calaza López, Catedrática de Derecho Procesal de la UNED; Dolors Canals Ametller, Profesora Titular de Derecho Administrativo de la Universidad de Girona; Fabio Salvatore Cassibba, Catedrático de Derecho Procesal Penal de la Universidad de Parma (Italia); José Manuel Chozas Alonso, Catedrático de Derecho Procesal de la

Universidad Complutense de Madrid; Ignacio Colomer Hernández, Catedrático de Derecho Procesal de la Universidad Pablo Olavide; Joaquín Delgado Martín, Magistrado de la Audiencia Nacional; Mercedes Fernández López, Profesora Titular de Derecho Procesal de la Universidad de Alicante; Leticia Fontestad Portalés, Catedrática de Derecho Procesal de la Universidad de Málaga; Benedetta Galgani, Catedrática de Derecho Procesal Penal de la Universidad de Pisa (Italia); Mitja Gialuz, Catedrático de Derecho Procesal Penal de la Universidad de Génova (Italia); Inês Godinho, Profesora Asociada de Derecho Penal y Procesal Penal de la Universidad Lusófona (Portugal); Carlos Gómez-Jara, Abogado y Profesor Titular (acreditado) de Derecho Penal; Jesús María González García, Catedrático de Derecho Procesal de la Universidad Complutense de Madrid; Máximo Langer, Profesor de Derecho de la Universidad de California-Los Ángeles; Mercedes Llorente Sánchez-Arjona, Catedrática de Derecho Procesal de la Universidad de Sevilla; Francisco López Simó, Catedrático de Derecho Procesal de la Universidad de las Islas Baleares; Luca Lupária, Catedrático de Derecho Procesal Penal de la Universidad de Milán (Italia); Annalisa Mangiaracina, Catedrática de Derecho Procesal Penal de la Universidad de Palermo (Italia); Pilar Martín Ríos, Catedrática de Derecho Procesal de la Universidad de Sevilla; Carlos Natarén, Rector de la Universidad Nacional Autónoma de Chiapas (México); Jorge Navarro Massip, Abogado penalista; Raúl Núñez Ojeda, Profesor Adjunto de Derecho Procesal de la Pontificia Universidad Católica de Valparaíso (Chile); Guillermo Ormazabal Sánchez, Catedrático de Derecho Procesal de la Universidad de Girona; Santiago Pereira Campos, Presidente del Instituto Iberoamericano de Derecho Procesal; Mercedes de Prada Rodríguez, Directora Académica del Centro de Estudios Garrigues; Serena Quattrocolo, Catedrática de Derecho Procesal Penal de la Universidad de Torino (Italia); Lea Querzola, Profesora Titular (acreditada como Catedrática) de Derecho Procesal Civil de la Universidad de Bolonia (Italia); María Paula Quiroga, Catedrática de Derecho Procesal Penal de la Universidad de Mendoza (Argentina); Diana Ramírez Carvajal, Directora de la Red para el estudio del proceso y la justicia y del Doctorado en Derecho Procesal Contemporáneo de la Universidad de Medellín (Colombia), y Stefano Ruggeri, Catedrático de Derecho Procesal Penal de la Universidad de Messina (Italia).

Retos de la prueba en el proceso actual es el libro que inaugura la Colección de la Editorial Aranzadi *PROBATICIUS* y que recoge los estudios derivados de las ponencias y comunicaciones presentadas en el marco del I Congreso de la Red Internacional de Jóvenes Juristas en Derecho Probatorio, celebrado en la UNED y auspiciado por el proyecto de investigación liderado por la Prof. Sonia Calaza «Transición digital de la justicia». Sirvan estas líneas de presentación para, una vez más, agradecer a todas y todos los autores y a los dos profesores que han elaborado los correspondientes prólogos. El éxito de este primer congreso pronostica que PROBATICIUS se convertirá en un foro permanente de debate. De hecho, ya estamos inmersos en los preparativos de la tercera edición que tendrá lugar los días 2 y 3 de octubre de 2025 en Sevilla (en la Universidad Pablo Olavide y Universidad de Sevilla), después de la segunda edición celebrada en Mallorca (en la Universidad Illes Balears).

En esta publicación, convergen las perspectivas teórica y práctica, en materia de desafíos probatorios, y todo ello a través de trabajos pormenorizados, algunos de derecho comparado, de gran variedad temática (los retos de la prueba son de índole diversa) y con trascendencia en el sistema procesal civil y penal. Para empezar, y sin ánimo de ser muy exhaustivos, algunas de las cuestiones tratadas en la obra se refieren a la prueba documental. La prueba documental constituía la *regina probatorum*, esto es, el medio probatorio más enérgico o decisivo del que pueden valerse las partes en un proceso civil. Decimos «constituía» porque, en el momento actual, este carácter dominante se ha visto desplazado por la prueba electrónica. De todos modos, siguen siendo igual de esenciales los cauces o resortes de los que puede servirse un litigante para traer al proceso la prueba documental que precisa para convencer al juzgador de la certeza de los hechos en que funda sus pretensiones. El término «exhibición documental» se ha consolidado en nuestras leyes procesales y en la literatura científica como comprensivo de todos los supuestos en los que un justiciable pretende que se incorporen al proceso documentos que no se hallan en su poder. Es cierto que el uso del término se asocia frecuentemente con la institución regulada en los artículos 328 a 333 de la Ley de Enjuiciamiento Civil española (LEC), pero también lo es que la ley lo emplea en otros lugares con el mismo sentido, singularmente en sede de diligencias preliminares (cfr. art. 256 LEC).

De la fuerza de convicción que desprendía la prueba documental (ahora algo debilitada por la irrupción imparable de las nuevas tecnologías) al carácter irrefutable de la prueba de ADN en los procesos civiles especiales de determinación de la filiación. Se predica de ella su alto grado de fiabilidad. Pero, a diferencia de la investigación y enjuiciamiento criminal, en el proceso civil, comenta alguno de los autores, que existe un vacío legal considerable sobre la práctica de esta prueba, no pudiendo recurrirse a la vía coactiva para la obtención de muestras biológicas como sí ocurre en el proceso penal (artículo 129 bis Código Penal español).

Volviendo a la prueba electrónica (que admite otras denominaciones como prueba telemática, prueba cibernética, prueba tecnológica), la Unión

Europea ha establecido una apuesta decidida por la eficacia probatoria de los soportes informáticos. En esta dirección, se ha promulgado el Reglamento (UE) n.º 910/2014 del Parlamento Europeo y del Consejo, relativo a la identificación electrónica y los servicios de confianza para las transacciones electrónicas en el mercado interior (conocido por el acrónimo eIDAS). Igualmente, la UE ha dedicado esfuerzos para regular instrumentos de cooperación judicial (órdenes europeas de detención y entrega y la regla que opera fundamentada en el principio de no indagación es estudiada por otro de los autores) y ahora está construyendo un marco jurídico completo en el ámbito del acceso transfronterizo a las pruebas electrónicas. Con la entrada en vigor del Reglamento n.º 1543/2023 y la Directiva n.º 1544/2023, los Estados miembros deben prepararse para aplicar el nuevo paquete legislativo de la UE sobre el acceso transfronterizo a las pruebas electrónicas. La situación actual es que las normas sobre la obtención, admisibilidad y utilización de pruebas siguen estando reguladas principalmente por las leyes nacionales de procedimiento penal. Las considerables divergencias entre las normas que regulan la obtención de pruebas penales en los distintos Estados miembros han obstaculizado la cooperación transfronteriza y la admisibilidad de las pruebas electrónicas penales. Las diferencias se refieren a la(s) autoridad(es) responsable(s) de autorizar la medida de investigación, los fundamentos jurídicos para ordenar tales medidas, los plazos aplicables y las personas destinatarias. Esta materia tan actual (circunscrita a la esfera del Reglamento *E-Evidence*) también se encuentra analizada en la presente obra colectiva.

Y hay más materias novedosas analizadas. La llegada de la era de la inteligencia artificial y de los algoritmos. Siguiendo las palabras de la Prof. Sonia Calaza, en la conferencia inaugural del I Congreso de PROBATICIUS, no es el momento de crear un Estado digital del derecho, pero sí de analizar sus implicaciones a nivel jurídico y procesal. O, como pone de manifiesto la Prof. Teresa Armenta en sus *Derivas de la Justicia,* aparecen nuevos riesgos asociados a la entrada de tecnologías disruptivas de inteligencia artificial, entre ellos el de excluir el último reducto de la justicia, la persona humana con su natural aspiración a ella. Otras voces autorizadas se pronuncian en este libro sobre la inteligencia artificial, el juez y la libre convicción y, en definitiva, sobre replantear el tema de la prueba desde esta nueva óptica o, mejor dicho, revolución tecnológica. Algo relacionado con lo anterior, es la utilización de registros biométricos, con la técnica del reconocimiento facial, que abre otro debate importante: la posible afectación de derechos fundamentales y de la *privacy* de las personas que también es estudiado a lo largo de las páginas que estamos introduciendo.

Justo escribiendo estas líneas, se ha publicado el informe sobre cibercriminalidad en España del año 2022 (elaborado por el Ministerio del Interior). Se acumulan un total de 374.737 ciberdelitos. Cifra que supone un aumento del 22% respecto del año anterior. Lógicamente, se trata de un problema global que afecta a España y otros países de nuestro entorno. Una de las medidas de investigación para la lucha contra la cibercriminalidad es el *agente encubierto informático* o, en Italia, *sotto copertura* (descrito en uno de los capítulos de derecho comparado del libro). El agente encubierto informático no es más que una especialidad (un sucedáneo) del agente encubierto enfocado hacia la lucha contra el cibercrimen, unido a otras diligencias de investigación tecnológica como el registro remoto de dispositivos electrónicos o *captatore* italiano. En todas las medidas de investigación tecnológica se produce una injerencia en instrumentos que incluyen información personal. De nuevo, *se pone en jaque* los derechos fundamentales. Y, junto con el *derecho a la protección de datos personales*, aparece un derecho llamado de última generación, el *derecho al propio entorno virtual*.

El Tribunal Supremo español ha tumbado varias sentencias condenatorias al disponer la nulidad por vulneración de derechos fundamentales con aplicación del art. 11.1 LOPJ (*prueba ilícita*) porque un auto que autorizaba una de estas diligencias tecnológicas carecía de motivación. Otras actividades que proceden de los agentes encubiertos y/o infiltrados pueden incurrir en ilicitud. Del régimen de la prueba, y de la utilizabilidad de las pruebas, se ocupa otro de los autores a través del análisis concreto de una sentencia del TJUE en el asunto *Dzivev* y, en particular, de las pruebas obtenidas mediante «técnicas especiales de investigación», a saber, la interceptación de las telecomunicaciones de personas que posteriormente han sido acusadas de fraude en el IVA.

La prueba testifical también ha experimentado cambios. La valoración de la veracidad del testigo y la fiabilidad de su testimonio nos conducen a hablar de estrategias para lograr una correcta valoración de la prueba testifical. Más aún, en los casos de violencia de género, con la suficiencia del testimonio de la víctima de este delito o en supuestos de abuso sexual infantil que, a menudo, se produce el sobreseimiento de las actuaciones por tratarse de delitos cometidos en la intimidad y solamente existir la declaración del menor. En otro de los trabajos, se reflexiona, precisamente, sobre la prueba preconstituida de las declaraciones de las víctimas-testigos menores de edad que han sufrido una agresión sexual y evitar la victimización secundaria. Otro de los capítulos se centra en la tipificación de la violencia de género en su máxima expresión de *feminicidio* y en la realización de peritajes sociales a efectos de contextualizar las violencias que sufren las mujeres desde la perspectiva de género; establecer medidas de reparación del daño, o fortalecer la acreditación de las razones de género en las muertes violentas de mujeres. Las personas de etnia gitana se sitúan en el mismo escenario de víctimas vulnerables y verán examinadas cuestiones acerca de la prueba en los delitos de odio por discriminación de este colectivo. En el otro plano del investigado-acusado, otro de los capítulos (dedicado a los contraindicios) parte de que la condena penal debe producirse únicamente cuando la certeza de la tesis acusatoria conlleve el rechazo de cualquier tesis alternativa de defensa.

Por supuesto, tampoco nos olvidamos de una de las palabras más pronunciadas en los últimos meses: *eficiencia*. Se quiere confiar todo a leyes de eficiencia, pero faltan recursos presupuestarios, humanos y el convulso panorama político tampoco es el más adecuado. Así es muy difícil lograr la tan deseada *eficiencia procesal*. Podrán leer, en dos de los artículos, por un lado, si es posible una economía probatoria y, por otro lado, la transposición de la Directiva de resolución alternativa de litigios en materia de consumo y la posible creación de una autoridad administrativa independiente de defensa del cliente o consumidor financiero en aras de mejorar la lentitud y el funcionamiento, en general, de la justicia. Por otra parte, el derecho a la prueba en los recursos (de apelación y casación) y una nueva valoración de la prueba en su conjunto, también tiene cabida en esta obra. Hay otros temas examinados, mucho más concretos, pero que suscitarán igualmente el interés de todos los operadores jurídicos. Nos referimos a la figura del testigo-perito; la pericial médica en procesos relativos a accidentes de tráfico; las evidencias de los sistemas de *compliance* para la defensa corporativa; los acuerdos probatorios; el acceso y valoración de material formado por las comisiones parlamentarias de investigación en el proceso penal, o la valoración de la prueba y motivación del laudo arbitral.

La Red, nuestra Red, es un proyecto con grandes dosis de ilusión, compromiso y esfuerzo. Traducido en los logros conseguidos hasta la fecha (como esta colección y este primer libro que la inaugura) y lo mejor aún está por venir. Nosotros seguiremos apostando muchísimo por PROBATICIUS.

Pisa-Girona, diciembre de 2023

Gianluca Borgia

Sílvia Pereira Puigvert

Directores de PROBATICIUS

Retos probatorios vinculados al proceso penal

A)

Entre la tradición del proceso ...

1

La prueba ilícita: el efecto disuasorio en USA y la necesidad general de prevención en España. Diacronías y convergencias

TERESA ARMENTA DEU
Catedrática emérita de Derecho Procesal
Universidad de Girona

I. INTRODUCCIÓN

La «exclusionary rule» norteamericana y la prueba ilícita en **España** parecen haber presentado grandes equivalencias que han crecido y pervivido a través de incorporar acríticamente y sin revisar periódicamente un remedio ante un problema propio, importada de los Estados Unidos de América. Como tantas otras cosas. Más de las que percibimos conscientemente. Su incidencia en España se ha visto abonada por la ausencia de una reclamada regulación legal de la prueba ilícita en la Ley de Enjuiciamiento Criminal, a falta de la cual, los tribunales han ido sentando las bases de su configuración, jurisprudencial, en este caso. La doctrina sobre la regla de exclusión en USA y de la prueba ilícita en España han sido los raíles de vías, que aunque se han cruzado ocasionalmente, con mayor frecuencia desde nuestra perspectiva, y a la hora de importar determinadas «reglas aminoradoras» del efecto excluyente en el caso de la fuente probatoria obtenida indirectamente[1], lo cierto es que constituyen dos mundos paralelos y ajenos, siendo como sucede, además, que la «exclusionary rule» norteamericana dejo de tener aplicación hace más de una década. Aun así, determinada perspectiva de la teoría sobre la «conexión de antijuridicidad», que tanto éxito ha tenido en su aplicación por los juzgados y tribunales, ha llamado la atención sobre la necesidad de percibir en la existencia de dicha conexión de antijuridicidad una necesidad general de prevención que reclame la tutela procesal del derecho fundamental, y de ahí, a cuestionarse, si la regla de exclusión afecta sólo a la obtención de la fuente de prueba por sujetos públicos o a sus órdenes, o debe extenderse a la fuente de prueba ilícita obtenida por particulares, precisamente por percibirse «un efecto disuasorio» que trasciende del sujeto.

1. Hay muchos trabajos al respecto. Entre otros, CORDERO, R., (1963) «Prove illecite» en «Tre studi sule prove penale», ARMENTA DEU, T., «La prueba ilícita. Un estudio comparado», 2.ª ed., (2012); De la OLIVA SANTOS, A., 2003 «Sobre la ineficacia de las pruebas ilícitamente obtenidas» en «Tribunales de Justicia», agosto-septiembre; DEL MORAL GARCÍA, A., (2009), Prueba ilícita: últimas tendencias•, Jornadas sobre la ilicitud probatoria, Santa Cruz de Tenerife, junio. www.juriscomer.com DÍAZ CABIALE, J. A., (2001), «La garantía constitucional de la inadmisión de la prueba obtenida ilícitamente», Civitas; FERNÁNDEZ ENTRALGO, F. (1996), «Las reglas del juego. Prohibido hacer trampas. La prueba obtenida ilícitamente», en AAVV, CGPJ, «La prueba en el proceso penal». GÓMEZ COLOMER, J. L.; (2008) «La evolución de las teorías sobre la prueba prohibida aplicadas en el proceso penal: del expansionismo sin límites al más puro reduccionismo. Una meditación sobre su desarrollo inmediato•, en AAVV «Prueba y proceso penal». MIRANDA ESTRAMPES, M., (2010), •La prueba ilícita: la regla de exclusión probatoria y sus excepciones», «Revista Catalana de Seguretat Pública», mayo. La doctrina más reciente se va citando a lo largo de este trabajo, sin ánimo de exhaustividad.

Mi objetivo en estas líneas es fundamentar estas afirmaciones, para al hilo de las mismas aclarar ciertas ideas y muy particularmente denunciar nuevamente la urgencia de una regulación normativa y de una toma de posición sobre qué se busca en realidad con la prueba ilícita y cuando debe ponerse de relieva el conocimiento sobre la vulneración de un derecho fundamental en la obtención de la fuente probatoria, circunstancia esta última de la que se hace sólo mención aquí, aportando alguna posición propia y noticia sobre polémicas suscitadas al respecto, por exceder el ámbito razonable de este trabajo[2].

El punto de partida, en todo caso, debe ser múltiple. En primer lugar, la citada influencia, que siendo acogida en un momento histórico ha olvidado revisar las transformaciones que se producían en el país de origen; circunstancia que unida a las acaecidas en España conducen a una situación de absoluta diacronía en la actualidad. Este hecho carecería de relevancia si se pensara que en es tan solo un elemento de derecho comparado y por ende prescindible. Sin embargo, no es así. La doctrina y sobre todo la jurisprudencia vuelve a la repetida «fuente inspiradora originaria: USA» recurrentemente, sin valorar que lo allí dicho desapareció hace tiempo, o peor, sin preguntarse por qué sucedió y si ha tenido alguna consecuencia de la que convenga tomar nota.

En segundo lugar, y no por casualidad, las oscilaciones son inevitables y provienen indiscutiblemente del fundamento de la prueba ilícita y su objetivo (algo discutido), así como de la relevante percepción social que comporta. En tanto algunos temas pasan desapercibidos por asimilarlos a

2. Un análisis comparado en ARMENTA DEU, T., «La prueba ilícita. Un estudio comparado», 2.ª ed., (2012), pp. 133-152. A mi juicio, aunque parezca a primera vista que es mejor excluir la fuente probatoria desde el momento en que se tenga noticia, para evitar el «efecto contaminante» singularmente en el juzgador, y puede que haya ocasiones en que debe ser así, como cuando se trate de «prueba prohibida» o prueba obtenida bajo torturas o mediante comportamiento degradantes, lo cierto es que la exclusión en fase temprana acarrea, asimismo, efectos no deseables (como tener que pronunciarse en ausencia de datos que se establecerán en la fase probatoria o establecer que se hace con los datos obtenidos) y además, eludir la situación que provocará la dirección de la investigación por el fiscal que dirige el quehacer policial, cuando se entiende que la exclusión probatoria corresponde en todo caso a un órgano dotado de jurisdicción. El reproche se puede salvaguardar atribuyendo la facultad el Juez de Garantías, pero es una solución no exenta de polémica. Al respecto es conocida la existente entre GIMENO SENDRA, V. y ASENCIO MELLADO, J. M., en varios trabajos cruzados, *cfr.* ASENCIO MELLADO, J. M., «La exclusión de la prueba ilícita en la fase de instrucción como expresión de garantía de los derechos fundamentales», La Ley, n.8009, 25 de enero de 2013 y GIMENO SENDRA, V., «La improcedencia de la exclusión de la prueba ilícita en la instrucción» (contestación al artículo del Prof. Asencio) (I), la Ley 12 de febrero de 2013 y 20 de febrero de 2013.

cuestiones más o menos técnicas, la prueba ilícita se asienta en la conciencia social, o al menos eso dicen tanto sus defensores como sus detractores[3].

Mi primer objetivo es exponer brevemente, pero con la claridad que merece la evolución de la prueba ilícita y la regla de exclusión en los Estados Unidos, como espejo de varias singularidades, entre ellas, su actual decadencia y el afirmado fundamento de la misma. Señalando, asimismo, que tanto su origen como esta última tiene una fuente exclusivamente jurisprudencial.

II. PRUEBA ILÍCITA Y REGLA DE EXCLUSIÓN EN USA

En un análisis de 2011 ya ponía de manifiesto la decadencia, «muerte jurídica» de hecho de la regla de exclusión en los Estados Unidos de Norteamérica[4]. Otros trabajos posteriores han pormenorizado dicho declive[5].

El ter del mismo se puede sintetizar a través del tránsito desde su inicio y culminación hasta su posterior constreñimiento, ciñéndome exclusivamente a aquellas resoluciones más paradigmáticas y omitiendo deliberadamente otras muchas intermedias que fueron marcando líneas y tendencias que pueden encontrarse en la bibliografía citada.

---

3. DEL MORAL GARCÍA, A., (2003), «Verdad y Justicia penal», «Ética de las profesiones jurídicas. Estudios sobre deontología», vol. I, Universidad Católica de San Antonio, Murcia; FERNÁNDEZ ENTRALGO, J. (1996), «Las reglas del juego. Prohibición de hacer trampas: la prueba ilegalmente obtenida» en AAVV, «La prueba en el proceso penal (II), Cuadernos de Derecho Judicial», CGPJ, Madrid; FERRAJOLI, L. (2009), «Derechos y garantías. La ley del más débil», Trotta, Madrid; MARTÍNEZ GARCÍA, E. (2003), «Eficacia de la prueba ilícita en el proceso penal» (a la luz de la STC 81/98, de 2 de abril) CAMPANER MUÑOZ, J., BORRÁS SANSALONI, C., CALLE BOLIVAR, L. y PALMER POL, A. L., (2014) «Percepciones y creencias sobre la prueba ilícitamente obtenida en una muestra de Jueces y Magistrados españoles pertenecientes al orden jurisdiccional penal», Libros de Abstract, VIII, «Congreso Internacional de Psicología Jurídica y Forense», Andariva ed, Santiago de Compostela, pp. 185-187.
4. ARMENTA DEU, T, «La prueba ilícita (Un estudio comparado)», pp. 178-183. Señalaba entonces, y mantengo doce años después: que la evolución (involución, mejor) de la aplicación de la regla de exclusión en USA obedecía a la declaración expresa de que sus fines, exclusivamente disuasorios de determinadas prácticas policiales, podía alcanzarse de otro modo, incrementado su formación y acudiendo a indemnización civiles por las vulneraciones ocasionadas.
5. Entre otros, y singularmente, el ilustrativo trabajo de MIRANDA ESTRAMPES, M., (2019), «Prueba ilícita y regla de exclusión en el sistema estadounidense. Crónica de una muerte anunciada». DEL MORAL, A., GÓMEZ COLOMER, J. L. (2008), «La evolución de las teorías sobre la prueba prohibida aplicadas en el proceso español: del expansionismo sin límites al más puro reduccionismo. Una meditación sobre un desarrollo inmediato» en AAVV, «Prueba y proceso penal», Tirant lo Blanch; PLANCHADELL GARGALLO, A, (2014) «La prueba prohibida: evolución a las sentencias que marcan el camino», Cizur Menor, Aranzadi.

1. PRIMERA ETAPA. INICIO Y CULMINACIÓN DE LA REGLA DE EXCLUSIÓN (CASOS WEEKS Y MAPP)

A) Weeks v USA[6].

En plena «era Warren»[7] la «exclusionary rule» aparece vinculada a la IV Enmienda de la Constitución norteamericana que protege «la privacy» de las personas, prohibiendo los registros e incautaciones arbitrarias o irrazonables, sin una orden judicial que la autorice, previamente, y cuando no concurre una «causa probable». Desde el inicio, esta prohibición se dirige a las autoridades públicas, singularmente las policiales, de forma que los sujetos privados no pueden violar la IV Enmienda, limitando, además, su eficacia a los procesos federales (1914, *Weeks vs US*) (registro ilegal sin warrant). En síntesis, la doctrina consagrada en este fallo señala que la admisión de pruebas obtenidas ilícitamente constituye en si misma una violación autónoma, de manera que no se distingue entre la obtención y su admisión, o lo que es igual: El mandato constitucional se dirige tanto a los policías como a los tribunales, pero siempre en el ámbito de los sujetos públicos. Además, se reconocía el derecho constitucional de la víctima de las violaciones a impedir el uso de las evidencias así obtenidas contemplando un derecho a ser reparada.

No se menciona el «efecto disuasorio», ya que la función consiste en preservar los derechos individuales frente a quienes ejecutan las leyes penales, sin establecer grados de violación. Sin embargo, la consecuencia era la nulidad del juicio y el reenvío para iniciar otro sin esas evidencias; no la absolución.

Weeks suscitó desde su publicación una polémica centrada en el reproche de impedir la búsqueda de la verdad, acarreando la percepción de que

6. 232 U.S. 383 (1914). Sobre la misma: THOMAS Y DAVIES, (2007) «An Account of Mapp v. Ohio. That Misses the Larger Exclusionary Rule Story», «Ohio State Journal of Criminal Law», vol. 4, pp. 263 y 625. En nuestro país, la ya citada obra de MIRANDA ESTRAMPES, pp. 21-26.

7. En los Estados Unidos resulta frecuente referirse a algunos jueces de la Corte Suprema dando nombre a una «era», queriendo significar un tipo de tendencia más conservadora o liberal, utilizando estos términos con un significado propio de allí, distinto del utilizado en Europa. La «era Warren» se caracterizó por una línea de actuación protectora de los derechos civiles. El juez Warren presidió la Corte desde 1953 hasta 1969 y fue crucial para eliminar la segregación en las escuelas. Aunque también sentó precedentes del «deterrent effect» a la hora de resolver otros casos. El fallo Mapp v. Ohio (1961) fortaleció la Cuarta Enmienda al prohibir que los fiscales usaran en los juicios pruebas obtenidas ilícitamente. Con el fallo Gideon v. Wainwright (1963) se afianzó la Sexta Enmienda que requería que todos los acusados tuvieran asistencia legal gratuita. El fallo Miranda v Arizona (1966) estableció que todos los interrogados bajo custodia judicial debían ser previamente informados de sus derechos.

el control sobre el agente de policía suscitara un peligro mayor que la propia persecución del criminal.

B) Mapp vs Ohio (1961).

En esta resolución —seguimos en los sesenta— se extendió la regla de exclusión a los Estados federados, incorporando el *deterrent effect* a las evidencias derivadas de la primera violación (teoría de los frutos del árbol envenenado).

Se reconoció, por otra parte, que el efecto excluyente directo e indirecto era una protección de los derechos constitucionales. De ahí, que, aunque supusiera la puesta en libertad de criminales confesos, su libertad no podía atribuirse —y reprochase— a la regla de exclusión, sino que derivaba directamente de la ley[8]. Adviértase, que según destaca algún autor, a partir de entonces muchos departamentos de policía extremaron las capacitaciones[9].

En realidad, *Mapp* constituye el vértice garantista de una estrategia de «activismo judicial» de la Corte Warren (1953-1969)[10]. Incluso la protección de la regla de exclusión se extendió a la V Enmienda, esto es, al derecho a la no autoincriminación y a la asistencia letrada (VI Enmienda). Se afianza, además, la doctrina de los frutos del árbol envenado en el caso *Silverthorne Lumber Co Inc v. US*[11]. A partir de entonces, sin embargo, empieza el declive.

2. SEGUNDA ETAPA: EL LARGO DECLIVE (PROGRESIVA DESCONSTITUCIONALIZACIÓN Y EFECTO DISUASORIO) (AÑOS 70, NIXON). EL RECHAZO Y POSTERIOR OLVIDO DE LA REGLA DE EXCLUSIÓN

Tras *Mapp* y el fin de la *era Warren*, la Corte Suprema abandona los fundamentos constitucionales y redefine la regla, que va perdiendo carácter objetivo, tuteladora de los derechos constitucionales, y de aplicación general[12]. Se inicia así una progresiva *desconstitucionalización.*

8. Justice Clark en *Mapp* 367 U.S. 659.
9. YALE KAMISAR, (August 1978) «Is the Exclusionary Rule an "Illogical" or "Unnatural" Interpretation of the Fourth Amendment», Judicature, vol. 62, n.2, pp. 72-73.
10. Steven F. SMITH, (2002) «Activism as Restraint: Lessons from Criminal Procedure», Texas Law Review, vol. 80, pp. 1066ss.
11. 251 U.S. 385 (1920).
12. Concretamente en *Stone v. Powell* (428 U.S 465 U.S. 485 (1976) se argumentó que el principio de la «judicial integrity» uno de los justificantes de la regla de exclusión, tenía una aplicación concreta, para cada caso, y no como un postulado de carácter objetivo. Henry P. MONAGHAN, (nov. 1975) «The Supreme Court 1974 Term: Foreword: Constitutional Common Law», Harvard Law Review, vol. 89, n.1, p. 6.

A) El caso *Calandra* (1974)[13] convierte la decisión de excluir la fuente probatoria en algo discrecional, debiendo ponderarse los beneficios de eliminarla sólo si superan los perjuicios de la exclusión, concretamente los costos sociales de ésta. El «balancing test» se irá asentando como criterio, en decisiones como *Janis vs USA (1976)*[14]. Dicho «balancing test» o búsqueda de equilibrio entre derechos e intereses en tensión, conduce a concluir que la regla de exclusión tiende a garantizar los derechos a través del efecto disuasorio (de la violación misma) más que a ser una expresión de un derecho constitucional del ciudadano, criterio a partir del cual se pone en cuestión que la admisión de la fuente probatoria sea una vulneración por sí misma, y por ende quebrantan algún derecho constitucional[15].

De esta manera, el «deterrent effect» la regla de exclusión, aún continuando vinculada a la IV Enmienda, va rebajando su alcance, de derecho constitucional a remedio judicial creado por la jurisprudencia para prevenir eventuales violaciones (efecto disuasorio), amenazando a los cuerpos policiales con la invalidez de las pruebas obtenidas ilícitamente. El progresivo abandono de la «judicial integrity» como fundamento autónomo para la exclusión contribuyó a reducir su efecto a la dimensión justificativa de la disuasión[16].

El fundamento disuasorio fue desplazando al constitucional de protección de los derechos fundamentales, pero, además, alcanzaba a que no se aplicará la regla de exclusión si no conllevaba la citada disuasión[17], de forma que quien solicite su idoneidad debe acreditar que la exclusión provocará dicho efecto. Es más, la exclusión cumple una finalidad preventiva de futuras actuaciones policiales contra la IV, V o VI Enmiendas. Por eso la Corte habla de «regla profiláctica» abriendo así, por otra parte, la puerta a futuras limitaciones[18]. El nuevo enfoque rebaja su naturaleza de derecho constitu-

13. 414 U.S 338, 354 (1974).
14. 428 U.S. 433 (1976).
15. Jhon C. ERB, (1974) «An Uncited View of United States v. Calandra», vol.51, pp. 220-221.
16. D. LOWELL JENSEN y Rosemary HART, (1982) «The Good Faith Restatement of the Exclusionary Rule», «The Journal of Criminal Law & Criminology», vol. 73, pp. 920-921.
17. William C. HEFFERNAN y Richard W. LOVELY, (1991) «Evaluating the Fourth Amendment Exclusionary Rule: The Problem of Police Compliance with the Law», 24 «University of Michigan Journal of Law Review», vol. 53, Issue 2, p. 356.
18. Como regla profiláctica sería un remedio de creación judicial, equiparable a otros existentes como las sanciones penales o disciplinarias a los agentes o la imposición de indemnización de daños y perjuicios causados por la actuación ilegal.

cional a simple remedio de creación judicial[19]. Paralelamente, se retoma el criterio del «coste de la exclusión» y de la desconfianza social que genera (León, 1984[20]) por la puesta en libertad de delincuentes (*Janis,* 1976[21])[22].

B) La primera señal de definitivo declive fue *Hudson v. Michigan*[23] que convirtió la regla de exclusión en el último recurso. La sentencia inició una deriva que cuajaba una línea crítica en torno al coste de la regla de exclusión, no por casualidad en la época en que se incorporaron los jueces Roberts, Alito y muy singularmente Thomas, y Robert Scalia, a la Corte Suprema de los Estados Unidos de América.

A partir de dicho caso (de la que fue ponente el juez Scalia) arreciaron las críticas a la regla de exclusión por el coste excesivo que supone en el resultado de ponderar el efecto disuasorio y el devastador efecto del *deterrent effect,* y porque, además, no se ha demostrado la eficacia disuasoria, que sí se consigue, en cambio, mediante otros medios como una mejor formación policial o mediante la correspondiente indemnización que se haya obtenido por la vía civil.

En *Hudson,* el juez Scalia apeló a que la regla del *knoc-and anounce rule* provocaba un costo social desproporcionado, incrementando la desconfianza y la impunidad, de forma que *la teoría de los intereses protegidos* llevaba a fortalecer la persecución por existir un nexo causal atenuado que no remedia la violación originada por no haber esperado el tiempo requerido antes de entrar en el domicilio. Tal era el caso que había llevado a descubrir las evidencias en un registro para el que sí tenía una orden judicial. La «regla Hudson» reclama un doble juicio en torno a dos criterios: i) si la violación constitucional fue la causa de la obtención de la evidencia y no está atenuada en relación con los intereses objeto de protección, y ii) si los costos sociales de suprimir la evidencia superan el beneficio de disuadir futuras violaciones constitucionales. Pero, además, atendiendo al efecto disuasorio esencialmente, el juez Scalia recordaba dos «hechos»: a) la mayor eficacia de las acciones civiles reparatorias, y b) la creciente profesionalización de los cuer-

19. Mark E. CAMMACK, «The Rise and Fall of the Constitutional Exclusionary Rule in the United States», ob. Cit., p. 633.
20. Leon v. U.S 468 U.S 897 (1984).
21. *United States v. Janis,* 428 U.S. 433 (1976). Un comentario al respecto, GÓMEZ JARA, C., (2008) «Nuevas tendencias en materia de prueba ilícita». El caso *Hudson vs. Michigan* y el ocaso de la Exclusionary Rule en EE. UU., en «Revista de Derecho y Proceso Penal», n.20, Aranzadi, pp. 23ss.
22. James J. TOMKOVICZ, (2011) «Constitutional Exclusion: The Rules, Rights, and Remedies that Strike the Balance Between Freedom and Order», New York, Oxford University Press, p. 4ss.
23. 574 U.S. 586 (2006).

pos policiales (afirmación que provocó la publicación, en un reputado medio de comunicación, de un artículo de un reputado filosofo constitucionalista, amigo de Scalia, con el significativo título «Thanks for nothing Nino»[24].

Esta tendencia fue después confirmada por la sentencia *Herring vs US*[25], que consagrando la práctica erradicación de la tan repetida regla del panorama estadounidense, extendía extraordinariamente la eficacia de oponer la «good faith exception», impidiendo la exclusión probatoria[26].

C) Si quisiéramos extraer alguna lección de la experiencia norteamericana, a mi juicio, se resumiría en una serie de asertos tan sencillos como defendibles: en primer término, un simple recordatorio, siempre útil: que la prueba ilícita se mueve ineludiblemente en el filo de la navaja, aplicando criterios que no son meramente técnico-jurídicos sino de una enorme carga social y de política criminal, en un doble sentido: i) los que provienen de la interpretación jurisprudencial y b) las no despreciables presiones sociales (costos sociales) y la situación histórica. Desde luego, no ha sido la misma la valoración en los años 60 que en los 70, pero mucho menos en el inicio de este milenio, y menos aún desde el 11 de septiembre de 2001, en los Estados Unidos de América, ciertamente, pero no sólo. De hecho, nadie planteó la exclusionary rule a partir de entonces, aunque tampoco ningún tribunal la ha declarado extinta.

En segundo lugar, e hilándolo con el desarrollo de la teoría sobre la prueba ilícita en nuestro país: que el olvido o aminoración en la concepción de la prueba ilícita como un derecho en sí mismo frente a los excesos a la hora de adquirir fuentes probatorias, y más aún, su concepción con objetivos disuasorios o profilácticos o peor aún, como mero remedio semejante a una sanción penal, o civil de carácter indemnizatorio, abre una puerta casi sin vuelta atrás, a su dilución, cuando no su erradicación del ordenamiento, dependiente, como sucede hasta ahora, de líneas interpretativas jurisprudenciales, frecuentemente dispares, transitando a uno u otro de los intereses expuestos, frecuentemente enfrentados, como se percibe también en las líneas que siguen.

---

24. Nino apelativo de Robert Scalia. *Cfr.* WALKER, S., «Thanks for nothing Nino». L., A. Times, 25 de junio de 2006 en M5.
25. 555 U.S. 135 (2009).
26. DERY, George M., III, (2009), «Good Enough for Government Work: The Court's Dangerous Decision, in *Herring v. Unites States,* to Limit the Exclusionary Rule to Only the Most Culpable Police Behavior», «George Mason University Civil Rights Law Journal», vol. 20, n.1, pp. 21ss.

III. LA PRUEBA ILÍCITA EN ESPAÑA, LA PERSISTENTE AUSENCIA DE REGULACIÓN EN LA LEY DE ENJUICIAMIENTO CRIMINAL Y LAS OSCILACIONES DE LA JURISPRUDENCIA DE LOS TRIBUNALES CONSTITUCIONAL Y SUPREMO

1. LA INEXISTENCIA DE UNA REGULACIÓN, O AHORA DE UNA REGULACIÓN ADECUADA, SIENDO LA DE LA LEC LA ÚNICA HASTA LA FECHA

Sobre este aspecto no me detendré. Simplemente lo recuerdo como uno de los fundamentos evidentes del siguiente apartado. Las diversas propuestas legislativas de 2011, 2013 y 2020 la contemplan, si bien me detendré únicamente en la última de ellas.

2. LAS OSCILACIONES DE LA JURISPRUDENCIA ESPAÑOLA

La diacronía a que hace referencia parte del título de este trabajo se refiere al momento en que España inicia la configuración de una doctrina en torno a la prueba ilícita, que surge al hilo de una hermenéutica del art. 11.1 de la Ley Orgánica del Poder Judicial. En el decurso de la jurisprudencia nacional, como comprobaremos seguidamente, se observa una tránsito común (convergente con el desarrollado en los Estados Unidos de América) desde una fase inicial que protege ampliamente los derechos fundamentales, una configuración constitucional de la prueba ilícita, podríamos decir, un posterior incremento de las excepciones, muchas importadas de la jurisprudencia norteamericana, hasta una tercera etapa —la actual— en que, todavía a falta de una regulación que supere la fase de Anteproyecto/ Proyecto, los tribunales, y particularmente el Tribunal Constitucional ha culminado una hermenéutica mucho más restrictiva, que no consagra el «efecto disuasorio», aunque lo utilice como parte de la aplicación de la teoría de la conexión de antijuridicidad, sin desvelar, empero, si debe circunscribirse a los sujetos públicos o no[27].

27. ARMENTA DEU, T., (2020) «Prueba ilícita y regla de exclusión. Perspectiva subjetiva», en AAVV «Derecho probatorio y otros estudios procesales: Vicente Gimeno (Liber Amicorum), Asencio Mellado y Rosell (coord.)», pp. 117-140. FUENTES SORIANO, O., (2020)«La prueba prohibida aportada por particulares» en «Derecho probatorio y otros estudios procesales...», cit, pp. 715742; PLANCHADELL GARGALLO, A., «Proceso público con todas las garantías y prueba ilícita obtenida por particulares» en Rev. Aranzadi de Derecho y Proceso Penal 56, Octubre-Diciembre 2019, pp. 313-322; CARRILLO DEL TESO, A. E., «El diálogo judicial sobre las "listas Falciani": los diferentes criterios de admisión como prueba», en AAVV «Derecho probatorio y otros estudios procesales: Vicente Gimeno (Liber Amicorum)», cit. pp. 419-432; y ALDAY LÓPEZ CABELLO, F., (2019) «Problemas de admisibilidad de la prueba. La prueba obtenida por particulares con violación de derechos fundamentales en el

A) Primera fase: exclusión por posición preferente de los derechos fundamentales.

La primera resolución del Tribunal Constitucional sobre prueba ilícita se dicta en 1984, cuando el declive en Norteamérica era ostensible. La *STC 114/1984* —antes de la LOPJ— ya señalaba que aún careciendo de regla legal expresa, su eficacia excluyente nacía de la posición preferente de los derechos fundamentales[28], y de su condición de inviolables, situando su protección como centro de la protección de la doctrina sobre prueba ilícita. Además, el concepto de «prueba pertinente» que figura en el art. 24.2 CE permitía asentar la exclusión probatoria. De hecho, no excluir una fuente probatoria portadora de dicha violación implica ignorar las «garantías propias del proceso» (art 24.2 CE). Se destacaba también la diferencia entre prueba obtenida con vulneración de derechos fundamentales (ámbito de aplicación de estas tesis) y la obtenida con vulneración de derechos sin tal carácter, que era objeto de tratamiento mediante la declaración de ilegalidad, que no desaparece, aunque no tenga el rigor excluyente[29].

La posterior STC 85/1994, de 14 de marzo consolida esta doctrina, extendiéndola a las fuentes probatorias o pruebas obtenidas indirectamente.

Ahora bien, al hilo de esa interpretación extensiva surgen paralelamente las primeras excepciones, o por expresarlo mejor, la aplicación de una serie de teorías que permiten salvar la fuente probatoria por la concurrencia de una serie de circunstancias[30]. Por ejemplo, la STC 86/1995, de 6 de junio acoge la excepción de la *fuente independiente*, considerando como tal la confesión de uno de los acusados[31]. Aspecto éste que sigue siendo objeto de debate y encendidas

sistema jurídico español, obstáculos y propuestas para su admisibilidad y exclusión», en Justicia 2019, n.1, pp. 475-508. AAVV. ROCA MARTÍNEZ, J. M. (dir.) (2022), «Procesos y prueba prohibida», Dykinson.

28. Art. 10.1 CE.
29. Como ya señalara en su momento, cabía distinguir entre «prueba ilícita», «prueba ilegal» y «prueba irregular», con diversa intensidad en sus consecuencias negativas. *Vid.* ARMENTA DEU, T. «Exclusionary Rule: Convergencias y Divergencias entre Europa y América», apartados 3 y 4, en (2014), «Estudios de Justicia Penal», pp. 258-262.
30. GÓMEZ COLOMER, J. L., (2008) «La evolución de las teorías sobre a prueba prohibida aplicadas al proceso penal español: del expansionismo sin límites al más puro reduccionismo». «Una meditación sobre su desarrollo futuro inmediato» en «Prueba y proceso penal (Análisis especial de la prueba prohibida en el sistema español y en el derecho comparado» Tirant lo Blanch, p. 116ss.
31. Opera cuando las pruebas que se pretenden excluir por ilícitas derivan, en realidad de una fuente independiente al quehacer policial, que sí ha respetado los derechos

críticas[32]. Posteriormente, la STS (2.ª) 974/1997, de 4 de julio acoge la doctrina del *descubrimiento inevitable*[33], y la STS (2.ª) 1313/2015, de 5 de octubre la doctrina del *hallazgo casual*[34], que luego se incorporaría a la redacción del art. 579 bis LECrim (detención y apertura de la correspondencia escrita y telegráfica) y en el art. 588 bis I (interceptación de comunicaciones telefónicas y telemáticas y el resto de medios tecnológicos de investigación)[35].

B) Segunda fase: la teoría de la conexión de antijuridicidad.

La STC 81/1998 consagra la teoría de la conexión de antijuridicidad como excepción general a la eficacia refleja de la prueba ilícita. Con su irrupción

---

fundamentales. Aplicada en USA en casos conocidos (U.S.v. *Crews* 445 U.S 463 (1980) o en *Segura* v. U.S (468 U.S. 796 (1984) o *Michigan v Tucker* (417 U.S. 433 81974), su traslado a nuestra jurisprudencia confunde su concurrencia con la inexistencia de «conexión de antijuridicidad», por carecer de conexión causal entre la fuente de prueba inconstitucionalmente obtenida y la fuente de prueba «derivada», que no lo es de esta, sino de otra obtenida sin violación de un derecho fundamental. De hecho, la STC 81/1988, de 2 de abril sentó las bases de la teoría de la conexión de antijuridicidad en un caso de fuente de prueba independiente.

32. CAMPANER MUÑOZ, J., «La confesión precedida de la obtención inconstitucional de fuentes de prueba», 2.ª ed. 2021. Si bien su análisis es más amplio, abarcando las nuevas interpretaciones sobre la prueba ilícita e incluso el Anteproyecto de Ley de Enjuiciamiento Criminal de 2020.

33. La excepción del «descubrimiento inevitable», asimismo de reminiscencias norteamericanas [Caso Nix *vs.* Williams, 467 U.S. 431 (1984)], buscando perfeccionar la excepción de la prueba independiente. Fundamenta la valoración de la prueba obtenida de manera lícita, aunque ese hecho se haya conocido a través de prueba ilícita directa o indirectamente (SSTS 836/2002, de 10 de mayo; 885/2002, de 21 de mayo y, entre otras muchas, 227/2006, de 8 de marzo) El efecto excluyente se obvia para aquellas pruebas que, en caso de no haberse cometido la primera ilicitud, habrían sido en todo caso encontradas con arreglo al propio curso de las investigaciones. La debilidad de esta teoría reside en que el descubrimiento inevitable puede no estar basado en hechos claramente probados, sino en meras hipótesis o suposiciones, *Cfr.* MIRANDA ESTRAMPES, M., «La regla de exclusión de la prueba ilícita: historia de su nacimiento y de su progresiva limitación», Revista Jueces para la Democracia, 2003, n.47, p. 59.

34. La excepción del «hallazgo casual» admite la licitud de lo encontrado casualmente, aunque la prueba originaria sea ilícita; ejemplo típico y en este caso real es el descubrimiento de un delito de tráfico de drogas a través de una interceptación de teléfono autorizada para otro delito (STS 1313/2000, de 21 de julio. Idéntico pronunciamiento se produjo en el Auto TS, de 12 de junio de 2003). Se trata como se ha dicho en realidad de una variante de la teoría del descubrimiento inevitable, en la que el hallazgo casual elimina la conexión de antijuridicidad y convierte, por ende, la prueba encontrada casualmente en válida para fundamentar una eventual condena. *Vid.* ECHARRI CASI, F. J., «Prueba ilícita: conexión de antijuridicidad y hallazgos casuales» en Revista del Poder Judicial, n.69, 1er Trim., 2003, pp. 231 a 261).

35. GÓMEZ AMIGO, L., (2022) «Tratamiento procesal de la prueba ilícita en el proceso penal: del régimen actual al Anteproyecto de Ley de Enjuiciamiento Criminal de 2020», RAPD-PUE, n.4, p. 201ss.

se daba un giro importante a la inadmisibilidad de fuentes probatorias obtenidas con vulneración de derechos fundamentales. Si bien se aplicó inicialmente a la prueba derivada, después se ha ido extendiendo al control sobre la ilicitud de la prueba originaria, de manera que se han ido singularizando los diferentes contenidos del derecho a la tutela judicial efectiva (art. 24.2 CE), convirtiendo el derecho al proceso con todas las garantías en el canon interpretador de la licitud o ilicitud de las pruebas y de su inadmisión, incurriendo en tesis discutidas como el reconocimiento de la protección del derecho fundamental al proceso a través de la expulsión de las pruebas ilícitas, aunque limitándolo tan sólo a las pruebas causalmente conectadas[36]. O lo que es igual, restringiendo el concepto de prueba ilícita o cuando menos la tutela jurisdiccional otorgada, no sólo frente a aquella en cuya obtención se han vulnerado derechos fundamentales sino a aquella en que los tribunales aprecien, también, una «conexión de antijuridicidad»[37].

Recordando brevemente una configuración suficientemente explicada[38], conforme a la teoría de conexión de antijuridicidad para el reconocimiento de eficacia refleja ya no es suficiente con la existencia de una relación o conexión causal-natural entre la prueba ilícita y la prueba derivada lícita, sino que se exige concretamente la existencia de una «conexión de antijuridicidad», cuya apreciación dependerá de la índole y características de la vulneración originaria del derecho fundamental, del resultado y de la

36. CALDERON CUADRADO, P., «El derecho a un proceso con todas las garantías (aspectos controvertidos y jurisprudencia del Tribunal Constitucional» en «Cuadernos de derecho público», mayo-agosto 2000, pp. 153-158.
37. Sobre las insuficiencias de esta doctrina, el Voto particular (Magistrado Perfecto Andrés Ibáñez) a la STS 1/2006 de 9 de enero.
38. Por orden cronológico: ASENCIO MELLADO, J. M. (2009, «La teoría de la conexión de antijuridicidad como instrumento de limitación de derechos fundamentales» en «Jueces para la democracia», n. 6, pp. 85-100; ARMENTA DEU, T., (2011), «La prueba ilícita (Un estudio comparado)», cit. edición, pp. 123-131. GÓMEZ COLOMER, J. L. (2008), «La evolución de las teorías sobre la prueba prohibida aplicadas en el proceso español: del expansionismo sin límites al más puro reduccionismo. Una meditación sobre un desarrollo inmediato» en AAVV, «Prueba y proceso penal», Tirant lo Blanch; PLANCHADELL GARGALLO, A, (2014) «La prueba prohibida: evolución a las sentencias que marcan el camino), Cizur Menor, Aranzadi; DÍAZ CABIALE, J. A. y MARTÍNEZ MORALES, R. «La teoría de la conexión de antijuridicidad» en Estudios, «Justicia Democrática», y más en profundidad, de los mismos autores «La garantía constitucional de la inadmisión de la prueba ilícitamente obtenida», Civitas, Madrid, 2001. DEL MORAL GARCÍA, A., «La conexión de antijuridicidad como presupuesto de la nulidad de la prueba refleja y supuestos de ruptura», Ponencia presentada al curso dirigido por Luis Maria Uriarte Valiente «Intervenciones telefónicas y telemáticas» dentro del plan de formación continua para fiscales correspondientes a 2016, celebrado en Madrid los días 27 y 28 abril. Cortesía del autor. Entre otros, y sin ánimo de exhaustividad.

necesidades esenciales de tutela del derecho fundamental afectado por la ilicitud[39].

Esta exigencia, en términos del Tribunal Constitucional, acarrea examinar el caso desde una «perspectiva interna» y otra «perspectiva externa»: La primera acomete la relevancia, desde el punto de vista de la causalidad, entre la vulneración del derecho fundamental y los efectos que conlleva directa e indirectamente. De otro lado, la perspectiva externa atiende al examen de las necesidades de tutela del propio derecho fundamental (secreto de las comunicaciones, inviolabilidad del domicilio, etc....) de manera, que exceptuar la regla general de exclusión de las pruebas obtenidas a partir del conocimiento que tiene origen en otra contraria al derecho fundamental en cuestión, no signifique, en modo alguno, incentivar la comisión de infracciones del repetido derecho fundamental, privándole así de una garantía indispensable para su efectividad. Este análisis se reconduce, en definitiva, a la correcta salvaguarda de las garantías en la limitación del derecho fundamental. Si se considera que se vulneraron frontalmente tales garantías deberá estimarse que la apreciación de la prueba basada indirectamente en fuente ilícitamente obtenida contribuye a enervar la necesidad de tutela del derecho fundamental. Si, por el contrario, no existe tal vulneración, sino una simple irregularidad, la necesidad de tutela del derecho fundamental se entenderá suficientemente satisfecha con la prohibición de valoración de la prueba originada directamente por la intervención, aquélla constitutiva de la lesión, sin necesidad de extender la prohibición a las pruebas derivadas.

En definitiva, son postulados esenciales de la doctrina de la conexión de antijuridicidad: a) La necesidad de partir de una fuente probatoria obtenida, efectivamente, con violación de un derecho fundamental constitucionalmente reconocido y no afectada simplemente de irregularidad de carácter procesal, por grave que sea; b) No impedir la acreditación de los extremos penalmente relevantes mediante otros medios de prueba de origen independiente al de la fuente contaminada, pese a la nulidad constitucional de una prueba en el proceso si no existe una «conexión causal» entre ambos; y c) No basta con que el material probatorio derivado de esa fuente viciada se encuentre vinculado con ella en conexión exclusivamente causal, de carácter fáctico, para que se produzca la transmisión inhabilitante; se

39. Así se reconocía en resoluciones más tempranas pero que se han seguido en otras posteriores con contadas excepciones: STC 197/2009 de 28 septiembre y en el mismo sentido: SSTC 49/1999, de 5 de abril, F. 14; 139/1999, de 22 de, F. 5; 171/1999, de 27 de, F. 15; 299/2000, de 11 de diciembre, F. 9; 28/2002, de 11 de febrero, F. 4; 167/2002, de 18 de septiembre, F. 6; 253/2006, de 11 de septiembre, F. 7.

requiere, además, que entre la fuente corrompida y la prueba derivada de ella la denominada «conexión de antijuridicidad»[40].

No han faltado fundadas críticas frente a una teoría, por otra parte, bien construida, como la de la conexión de antijuridicidad, lo que ha permitido «salvar» algunas pruebas determinantes en procesos que de otro modo hubieran conducido a la impunidad. Con todo se denuncia algunas consecuencias indeseables de su aplicación: 1) la práctica erradicación de la doctrina de los frutos del árbol envenenado, y desde esta perspectiva, la pérdida de visión de la naturaleza procesal de la garantía constitucional; 2) la insuficiencia del argumento conforme al cual los derechos fundamentales no son absolutos, lo que permite excepcionar la garantía de exclusión; 3) la dudosa independencia del medio de prueba respecto de la lesión del derecho fundamental lesionado; 4) la insuficiencia de la verdad como criterio restrictivo de los derechos fundamentales; 5) la indeseable restricción del ámbito enjuiciador del propio Tribunal Constitucional sobre los derechos fundamentales en lo relativo a la presunción de inocencia y la inadmisión de prueba ilícita[41] y el grave efecto de que su aplicación puede amenazar ocasionalmente la división de poderes, desde el momento en que el juez al realizar la ponderación sobre la conexión de antijuricidad se asoma peligrosamente a funciones legislativas por vía de interpretación[42]. La propia jurisprudencia, que difícilmente puede ser unidireccional si se piensa en la variedad de casos y la diversidad de orientaciones y sensibilidades existentes, no deja de alertar sobre la doctrina de la conexión de antijuridicidad por su orientación teleológica[43], y por el riesgo de que constituya una fórmula originadora de fuente de inseguridad que vacíe de contenido efectivo la disposición legal expresa prevenida en el art. 11.1 LOPJ, y con ella la regla de exclusión[44]. Se llega a afirmar en diversas resoluciones: *(...) es necesario*

40. STS 1151/2002, de 19 de junio.
41. DÍAZ CABIALE, J. A. y MARTÍNEZ MORALES, R. «La teoría de la conexión de antijuridicidad» en Estudios, «Justicia Democrática», y más en profundidad, de los mismos autores «La garantía constitucional de la inadmisión de la prueba ilícitamente obtenida», Civitas, Madrid, 2001, «passim».
42. Peligro denunciado por JELLINEK, G., en «System der subjektiven offentlichen Rechte», Aalen, 1919, pp. 87 y 94 y recogido por RUBIO LLORENTE, F., «Derechos fundamentales, derechos humanos y Estado de Derecho» en «Fundamentos» n.4, 2006, pp. 204-233.
43. (..) *Puesto que con ella se trata de circunscribir la incidencia de la previsión del art. 11.1.º LOPJ, de recortar sensiblemente la eficacia invalidante de la prueba ilícita, allí donde la ley, claramente, no impone ninguna restricción, sino todo lo contrario, puesto que comprende tanto los efectos directos como indirectos* [STS 28/2003 (RJ 926/2003); FJ Cuarto]. En el mismo sentido, entre otras: STS 1203/2002 (RJ 2002, 7997).
44. STS 1985/1578, RJ 2635; y entre otras muchas posteriores, la repetidamente citada STS 1203/2002 (RJ 2002, 7997); SSTS, de 24 de mayo de 2010 y de 20 de marzo de 2001.

manejar con suma precaución la doctrina de la denominada «conexión de antijuridicidad» pues con independencia de su utilidad en supuestos concretos, ha de evitarse que esta fórmula se constituya en una fuente de inseguridad que vacíe de contenido la disposición legal expresa prevenida en el art. 11,1.º LOPJ[45].

Con todo, a partir de 1988, y pese a que la aplicación de la teoría de la conexión de antijuridicidad exige una adecuación caso por caso, los tribunales han ido sentando una serie de parámetros que sirven para definir la existencia o no de la referida conexión de antijuridicidad, y en su ausencia, las directrices para aplicar otras teorías atemperadoras. Se ha defendido en varias resoluciones que no resulta aplicable la doctrina de los frutos del árbol envenenado si los agentes públicos actuaron de buena fe, o lo que es lo mismo, en la convicción de respetar la legalidad y los derechos del imputado. Se rechaza la eficacia refleja de la ilicitud cuando cabe aplicar la llamada «teoría de la fuente independiente», esto es, cuando no exista vinculación directa entre la práctica de una diligencia de forma ilícita y la/s diligencia/s posteriores; y se acude también a la noción de «descubrimiento inevitable». Finalmente, se considera que la propia confesión del acusado en el juicio «sana» posibles ilicitudes previas, siempre que sea voluntaria y libre, para lo que resulta imprescindible que se le haya informado de la ilicitud de las otras pruebas obrantes en la causa. Así se declaró en la STC 161/1999, de 27 de septiembre en la que se resuelve que la confesión voluntaria del inculpado rompe la conexión de antijuridicidad con la prueba ilícita original. Al resultar la confesión prueba válida, se incorporan al proceso todos los datos probatorios que se habían obtenido de manera ilícita, convalidando el acto originario ilícito[46]. En torno a este discutido supuestos, a partir de la sentencia del Tribunal Supremo, de 18 de julio de 2002, entre otras, se reiteran los peligros de aplicar la doctrina de la conexión de antijuridicidad acríticamente, utilizando al efecto casos discutidos como la declaración de falta de validez de la confesión del imputado cuando ésta se alcanza a partir de medidas realizadas ilícitamente[47].

Resoluciones posteriores, aunque no siempre linéales, rechazan la *objetivización* inherente a las citadas excepciones, y promueven volver en buena

45. SSTC 161 (RTC 1999, 161) y 171/99 (RTC 1999, 171) ambas de 27 de septiembre y 8/00, de 17 de enero (RTC 2000, 8).
46. Hallados droga y utensilios para su venta en un registro domiciliario declarado ilegal, el TC declaró que la confesión voluntaria del inculpado enerva la presunción de inocencia, al no existir conexión de antijuridicidad con el registro ilegal, lo que permite la condena.
47. STS de 17 de enero de 2003 que niega también eficacia probatoria a las declaraciones del imputado obtenida a partir de una entrada y registro realizada sin estar presente el interesado, detenido por la policía; STS de 22 de enero de 2003 (exclusión de la declaración del imputado por intervención y registro ilícitos).

medida a tesis causalistas, que suponen la aplicación del fundamento de la doctrina estadounidense sobre el efecto disuasorio de la sanción de nulidad, como acicate frente a la tendencia de los poderes públicos de valerse de transgresiones para la obtención de medios de prueba ilícitos. Piedra de toque de esta tendencia ha sido dos aspectos de realidades conexas.

De una parte, la *confesión del imputado derivada de prueba ilícita,* que a partir de una línea tendente a la «autonomía gradual de la autoinculpación» vuelve a posiciones causalistas en la tesitura de salvar la ineficacia en virtud de los efectos reflejos y erradicar comportamientos ilícitos derivado del prejuicio en torno a la presencia de una cierta tendenciosidad en la búsqueda del límite en las trasgresiones de derechos fundamentales. Se trataba de reaccionar, en definitiva, frente a la doctrina del Tribunal Supremo, reconociendo dicha autonomía cuando concurran determinados requisitos[48], recurriendo a otras doctrinas como: «la ilicitud de la fuente de conocimiento»[49]; «la licitud de la confesión informada»; o «el conocimiento de la ilicitud probable». O en casos de posesión de droga a la «teoría sobre la mínima dosis psicoactiva»[50].

---

48. Que la declaración se practicara ante el juez previa información al inculpado de sus derechos constitucionales (a no declararse culpable y a no declarar contra si mismo) con posibilidad de guardar silencio o de no contestar a alguna o algunas de las preguntas formuladas; que se estuviera asistido de letrado; y que se trate de una declaración voluntaria, sin vicios (SSTS de 24 de mayo de 2010; de octubre de 2006; o de 13 de diciembre de 2005, entre las más recientes). Se trata de garantizar, señala esta jurisprudencia, *que una prueba como es la confesión, que por su propia naturaleza es independiente de cualquier otra circunstancia del proceso ya que su contenido es disponible por el acusado y depende absolutamente de su voluntad, no responde a un acto de inducción fraudulenta o intimidación.*

49. En virtud de la «ilicitud de la fuente de conocimiento» se empieza por discriminar entre «prueba diferente», pero derivada de la ilícitamente obtenida y «prueba independiente» sin conexión causal con la ilícita. A partir de ahí, se niega efecto alguno a las primeras por incorporar el conocimiento a través de una vulneración constitucional. De esta forma, las pruebas indirectas son nulas por una cuestión de mera causalidad natural, en tanto si tal causalidad no existe, la validez provendrá de la propia confesión del imputado. Éste fue el sentido de algunas resoluciones en casos de declaraciones autoinculpatorias producidas a raíz de evidencias obtenidas ilegítimamente, reputando «capciosas» las preguntas formuladas en atención al conocimiento obtenido de prueba ilícita y negando en el imputado la facultad de optar por entender vedado cualquier grado de autonomía en la declaración del imputado. *Vid.* SSTS 1203/2002, de 18 de julio; 9998/2002, de 3 de junio; 1259/2002, de 3 de julio; 28/2003, de 17 de enero; y 58/2003, de 22 de Enero.

50. Un análisis pormenorizado en RODRÍGUEZ LAINZ, J. L., «La confesión del imputado derivada de prueba obtenida ilícitamente», ed. Bosch, BCN, 2005, y más recientemente la citada CAMPANER MUÑOZ, J., «La confesión precedida de la obtención inconstitucional de fuentes de prueba», 2.ª ed., 2021. También, *cfr.* la STS de 24 de mayo de 2010 recogiendo amplia jurisprudencia en tal sentido.

De otra, la *ilicitud de la confesión no informada*, que también se sustenta en denunciar las carencia de la doctrina de la conexión de antijuridicidad por transgredir el mandato constitucional al utilizar la información obtenida de la fuente de conocimiento ilícita; aunque, a diferencia de las anteriores, abre la puerta a la posibilidad de que en determinadas condiciones quepa establecer excepciones cuando hubo una previa instrucción o puesta en conocimiento del imputado de la invalidez de la prueba que supuestamente obraba contra él. Conforme a esta interpretación, el conocimiento de la existencia de ilicitud y de la falta de fuerza probatoria de la evidencia ilícita, producirá una desconexión causal, si constatada y declarada tal nulidad, y pese a ello, el imputado llega a reconocer su implicación en los hechos[51]. Con todo se advierte de la posibilidad de establecer otras hipótesis en las que quepa interpretar que la declaración ha tenido lugar sin explotar la información ilícitamente obtenida[52].

Cierra esta perspectiva una tercera teoría, relativa al *conocimiento de la ilicitud probable*, que busca una posición intermedia entre la plena autonomía de la confesión frente a la prueba ilícita y las dos doctrinas anteriormente citadas, tendentes a apreciar la erradicación de la antijuridicidad de la prueba originaria a la confesión del imputado, por la confrontación con la evidencia derivada de aquélla. A tal efecto, se desplaza la valoración de la libertad en la prestación de declaración autoinculpatorio a la posibilidad efectiva de acceso a la información que se ponga a disposición del acusado y su defensa antes de prestar declaración[53]. La conciencia sobre las consecuencias de la declaración será, efectivamente, la clave de la diferencia entre una autoinculpación informada o no informada, en el sentido de conocimiento o no del contexto en el que se obtuvo la evidencia, con el previo asesoramiento por parte de su letrado[54].

Pese a las carencias señaladas, lo cierto es que actualmente, en términos cuantitativos, la teoría de la desconexión de antijuridicidad sigue teniendo grandes defensores y una gran implantación en la práctica[55].

---

51. SSTS 160/2003; 408/2003, de 4 de abril; 1451/2003, de 26 de noviembre; 59/2004, de 22 de enero; y 339/2004, de 16 de marzo.
52. STS 1451/2003, de 26 de noviembre. Se percibe en esta doctrina la clara influencia del caso Wong vs. EE. UU., según señala la propia STS 1451/2003, de 26 de noviembre.
53. SSTS 498/2003, de 24 de abril; 1670/2003, de 8 de marzo; 205/2004, de 18 de febrero; 339/2004, de 16 de marzo; y 1263/2004, de 2 de noviembre.
54. STS 1509/2003, de 12 de noviembre, comentada por RODRÍGUEZ LAINZ, J. L., «La confesión del imputado derivada de prueba obtenida ilícitamente», ed. Bosch, BCN, 2005, p. 120.
55. Una referencia completa, en DEL MORAL GARCÍA, A., «Últimas tendencias en materia de prueba ilícita», Ponencia presentada en el Encuentro de la Sala Segunda del

C) La convergencia: el efecto disuasorio. el juicio externo en la aplicación de la doctrina de la conexión de antijuridicidad y la prueba ilícita obtenida por particulares.

La configuración de la prueba ilícita hasta fechas recientes excluía el efecto disuasorio como elemento teleológico de la prueba ilícita, desechando, «a fortiori» la posibilidad de aplicar la doctrina sobre prueba ilícita a las fuentes probatorias obtenidas por particulares que hubieran vulnerado un derecho fundamental. La STS 471/2017, de 23 febrero reconoce expresamente que la doctrina mayoritaria del Tribunal Supremo excluye el valor probatorio de las «pruebas» (mejor fuentes probatorias) obtenida ilícitamente por un particular (SSTS, 239/2014, 1 de abril; 569/2013, de 26 de junio y 1066/2009, de 4 de noviembre), añadiendo, que en el caso concreto se admite la validez probatoria de una fuente obtenida por particulares, no porque haya sido obtenida por particulares al margen de la actividad investigadora de órganos dependientes del Estado a fin de preconstituir prueba, sino porque en el juicio de proporcionalidad prevalece la valoración de la fuente probatoria.

Así ocurrió en la STS 793/2013, de 28 de octubre donde se analizaba la admisibilidad de unas grabaciones efectuadas con cámara oculta a los acusados, que simulaban solicitar sus servicios. Y también en la STS 45/2014, de 7 de febrero, que confirmó la validez de unas grabaciones de conversaciones tomadas por un interviniente, al no resultarle oponible el derecho al secreto de las comunicaciones, como señaló en su momento las STC 114/1984, de 29 de noviembre. A título de resumen sobre la jurisprudencia en torno a la prueba obtenida por particulares podemos trasladar los siguientes considerandos de la STS 4009/2013, que creo particularmente clara. En la misma se señala: *(..) se trata de una ilicitud atribuible no a órganos del Estado sino a particulares.*

No hay duda de la eficacia de los derechos fundamentales entre particulares, aunque no se puede desconocer que su construcción teórica y su fortificación legal y práctica ha surgido y crecido sobre todo en tensión frente a los poderes estatales.

Por definición algunos derechos fundamentales solo son oponibles al poder estatal (derecho a no confesarse culpable —con algún matiz—, y en general, y esto

---

Tribunal Supremo con Magistrados/as de lo Penal celebrado en el marco del programa de formación continuada para la Carrera judicial para 2013, Centro de Estudios Jurídicos. Disponible en http://www.cej.mjusticia.es/cej_dode/flash/ebook/cejebook.jsp De hecho, muchos ordenamientos afrontan el dilema que encierra la exclusión probatoria a través de instrumentos procesales, como la nulidad por ilegalidad, o incluso atendiendo a principios (como el de lealtad en Francia). Más en detalle, en mi obra, (2011) «La prueba ilícita. Un estudio comparado», pp. 22-61.

no es baladí a los efectos que aquí se discuten, derecho a un proceso con todas las garantías).

Es verdad que el art. 11.1 LOPJ no introduce distinción alguna en este sentido. La inutilizabilidad de la prueba obtenida con violación de derechos se predica de todos los casos y de todos los procesos, más allá de que el agente infractor sea estatal o sólo un particular.

También en el proceso civil (vid. art. 287 LEC) rige la previsión.

Pero, admitido eso, no puede ocultarse que por tradición, por teleología, por ponderación de derechos fundamentales en tensión y por sus finalidades, el juego de esa norma, de máxima intensidad cuando la violación proviene de un agente estatal, consiente modulaciones en el caso de particulares (son frecuentes en el derecho comparado las regulaciones de esta materia que dejan al margen las actuaciones de particulares: U.S.A., Francia, Holanda, México, Bélgica con matices). (...). Como en tantas materias en que aflora un conflicto entre derechos fundamentales o intereses de rango esencial la ponderación (balancing test) se convierte en herramienta básica (..)

Resultando significativo: i) que el atentado no provenga del Estado —frente al que los ciudadanos se encuentran en una posición de mayor debilidad que hay que reforzar mediante reglas más drásticas—; y ii) que la prueba que se tilda de inutilizable se haya obtenido «casualmente» en el sentido antes dicho, es decir, sin la intención de recabar elementos probatorios para aportarlos a un proceso —lo que diluye la afectación del derecho a un juicio justo. Con singular plasticidad se ha usado la gráfica expresión «prohibido hacer trampas» para referirse a esta garantía del "juicio justo"» (...): sin el más mínimo afán de obtener medios probatorios. No hay referencia a un proceso ni incoado ni de posible o hipotética incoación—. (..). De hecho —añade la resolución— son casos no inéditos en nuestros tribunales: el particular que abre descuidadamente la carta, destinada al vecino y depositada por el cartero por error en su buzón, y en la que aparece droga; el robo en una vivienda donde los autores (luego detenidos por la policía) descubren cocaína que se llevan; el empleado que sin contar con consentimiento para ello se adentra con inocente propósito en las dependencias del domicilio de su principal y encuentra el cadáver allí escondido; el hurto de un ordenador en el que se descubre pornografía infantil. En todos un particular, —actuando a veces de buena fe—, vulnera objetivamente (otra cosa es que en algún caso existiendo antijuricidad no haya culpabilidad) un derecho fundamental (privacidad, en el supuesto del ordenador; inviolabilidad del domicilio, en la entrada en las viviendas; secreto de las comunicaciones, al abrir la carta sin advertir el error). Pero *lo hace sin perspectiva procesal alguna*: actuando sin dolo en algún caso; en otros movido por ánimo de lucro o por otros propósitos ilegítimos o delictivos, pero sin horizonte procesal alguno...

Y continúa en lo que nos interesa: (..) *En otros sistemas la regla se vincula indisimuladamente a la contención de comportamientos inadecuados de los agentes estatales. En nuestro ordenamiento no es pacífica esa afirmación. Se habla más de protección objetiva de los derechos fundamentales. Pero sea cual sea la plataforma de la que se parta no puede hacerse abstracción de las circunstancias que rodean la infracción. (..) La regla de exclusión probatoria, debe operar, con toda energía, cuando el Estado o los particulares pretenden, mediante la infracción del derecho fundamental, acceder a fuentes de prueba y aprovecharse de su potencial valor incriminatorio (...) El Tribunal Constitucional ha confirmado la operatividad del art. 11.1 LOPJ, en supuestos en los que el infractor es un particular pero sin dejar de apostillar que la finalidad ha de ser la obtención ilícita de evidencias o fuentes probatorias (SSTC 114/1984, de 29 de noviembre, citada por la sentencia de instancia, o 56/2003, de 29 de marzo, así como ATC 115/2008, de 28 de abril, también reseñado). Si partimos de dicha funcionalidad protectora, deberá concluirse la inaplicación cuando la lesión del derecho fundamental por particulares aparece desconectada de dicha finalidad.*

Concluyendo: el mandato de optimización de disfrute de derechos fundamentales es regla de exégesis inexcusable[56].

Y para ir terminando una breve referencia al llamado «caso Falciani» o robo de la «lista Belarmino Falciani», que asentó las bases para la convergencia entre el efecto disuasorio y el juicio o valoración externa para apre-

56. Si se quebrantó, por ejemplo, la intimidad, pero la declaración de ilicitud probatoria no tiene eficacia restaurativa alguna del derecho violado, ni previene futuros atentados, el art. 11,1 LOPJ no entra en juego (STS 569/2013, de 25 de junio, voto particular) (la prueba de unos abusos sexuales se obtiene introduciéndose el excónyuge en el vehículo usado por el marido, por una 3.ª persona que no actuó para preconstituir prueba sino por curiosidad, apareciendo los cd inesperadamente). *La Sts declaró la ilicitud, el voto particular difiere por tratarse de un particular y carecer de intención de obtener una fuente probatoria. Activar en esos supuestos la regla de exclusión genera consecuencias desproporcionadas con respecto a la entidad y naturaleza de la infracción y las necesidades objetivas de salvaguarda sistemática del modelo constitucional. La ya vulnerada intimidad del particular infractor no debe llevar a desproteger la intimidad y libertad de otro particular. Máxime cuando la supuesta víctima no fue la primigenia infractora. No es ella la que se «apodera» del material del acusado. (...) Ello no significa que la infracción de la intimidad no active el sistema de garantías sino, simplemente, que éste no debe desplegar todos sus efectos. La protección penal o civil sería una garantía reactiva y preventiva suficiente.* DEL MORAL GARCÍA, A., «La conexión de antijuridicidad como presupuesto de la nulidad de la prueba refleja y supuestos de ruptura», Ponencia presentada al curso dirigido por Luis Maria Uriarte Valiente «Intervenciones telefónicas y telemáticas» dentro del plan de formación continua para fiscales correspondientes a 2016, celebrado en Madrid los días 27 y 28 abril. Cortesía del autor.

ciar la existencia o no de conexión de antijuridicidad. Se suele afirmar que «Falciani» fue el primer pronunciamiento sobre la eventual extensión de la ilicitud probatoria de las fuentes obtenidas por particulares. Si lo fue desde luego no fue donde se asentó la doctrina más clara al respecto. La STS 116/2017, en síntesis, sostuvo la validez de la prueba proporcionada por las autoridades francesas a la Hacienda Pública española en un proceso seguido por dos delitos contra el fisco[57]. No se discute, porque se sobreentiende, que Falciani obtuvo los datos bancarios que compartió con las autoridades de su país de modo ilícito, violando el derecho a la intimidad del recurrente[58]. Sin embargo, se rechaza su concurrencia porque *la acción del particular, que sin vinculación alguna con el ius puniendi, se hace con documentos que más tarde se convierten en fuentes de prueba que llegan a resultar, por una circunstancia u otra determinantes para la formulación del juicio de autoría,* no puede ser equiparada a la acción vulneradora del agente de la autoridad que personifica el interés del Estado en el castigo de las infracciones criminales. Para que tal equiparación pudiera realizarse —porque según argumenta la resolución— el art. 11.1 LOPJ se refiere a un concepto que solo opera en relación con la existencia de un proceso, o cuando menos, su búsqueda (la de la fuente probatoria) debe realizarse con el fin de ser aportado. Este argumento, en realidad convierte lo ilícito en lícito (ratione personae) y enlaza con una interpretación extendida, conforme a la cual, se revaloriza el efecto disuasorio que tan radicalmente habían negado para nuestro ordenamiento las primeras sentencias que se pronunciaron sobre el mismo art. 11.1 LOPJ.

Las críticas suscitadas en torno a esta resolución giran sobre la «creación jurisprudencial» de un aspecto subjetivo[59], el peligro de un «efecto llamada» que podía suponer el blanqueamiento a través de particulares de pruebas, que de otra manera, hubieran sido excluidas[60], creando un mercado negro

57. MARCHENA GÓMEZ, M., «Prueba ilícita y regla de exclusión: los matices introducidos por la Sala Penal del Tribunal Supremo en la sentencia 116/2007 de 23 de febrero (caso Falciani)». En AAVV «Derecho probatorio y otros estudios procesales: Vicente Gimeno (Liber Amicorum), Asencio Mellado y Rosell (coord.), pp. 1181-1198. Hay que recordar que este autor fue el ponente de la sentencia».

58. STS 116/2017 y STC 97/2019, de 16 de julio.

59. CAMPANER MUÑOZ, J., «La confesión precedida...», cit., pp. 106-107. La resolución fue objeto de un gran interés por la doctrina, tanto que del libro colectivo en homenaje al profesor Vicente Gimeno, «Derecho Probatorio y otros estudios procesales» (2020), Asencio Mellado (dir.), Rosell Corbelle (coord.), Ediciones Jurídicas Castillo de Luna, hasta seis trabajos analizan directamente su incidencia. Algunos se citan otros pueden ser consultados por el lector en el citado volumen.

60. NAVARRO MASIP, (2017) «La lista Falciani». Reflexiones críticas sobre la sentencia del Tribunal Supremo 116/2017, de 23 de febrero, «Revista de Derecho vLex», n. 156, mayo 2017.

en la obtención y aportación de pruebas ilícitas por particulares[61]. Lo cierto es que esta resolución ha servido para volver a plantear un tema no resuelto la finalidad de la regla de exclusión y el alcance que debe tener, aspecto que se trata brevemente en el siguiente epígrafe.

IV. ALGUNAS REFLEXIONES EN TORNO A LA FINALIDAD DE LA REGLA DE EXCLUSIÓN (PRUEBA ILÍCITA). LA SENTENCIA DEL TRIBUNAL CONSTITUCIONAL DE 16 DE JULIO DE 2019 Y EL ANTEPROYECTO DE LEY DE ENJUICIAMIENTO CRIMINAL

Ya se ha mencionado la reclamada necesidad de una regulación legal de la prueba ilícita en la Ley de Enjuiciamiento Criminal, especialmente porque es el ámbito objetivo de aplicación donde previsiblemente surgen y surgirán más supuestos atendibles[62]. Aunque las nuevas tecnologías, en un sentido amplio, pueden modificar esta apreciación[63]. Y, por otra parte, determinados ámbitos del derecho han sido objeto de «adecuaciones jurisprudenciales»[64]. Lo cierto es que se vuelve continuamente a lo que no es sino el epicentro de la cuestión: el objetivo priorizado ante los derechos en tensión.

---

61. CARRILLO DEL TESO, A., (2022) «La prueba ilícita obtenido por particulares: ¿admisión o exclusión? Fundamentos y soluciones jurisprudenciales (I)», La Ley Penal, n.º 159.
62. Las reclamaciones han sido constantes desde la comentada Sentencia del Tribunal Constitucional de 1984. La mención en la posterior Ley Orgánica del Poder Judicial, en su artículo 11, no ha colmado las necesidades, como tampoco, siquiera sea por el diferente ámbito objetivo de aplicación, la posterior regulación de la institución en la Ley de Enjuiciamiento Civil. Un interesante análisis de las convergencias, no obstante, por MARTÍNEZ SANTOS, A., «Función de la regla de exclusión probatoria del art. 11,1 LOPJ en los procesos civil y penal», en Armenta Deu (dir.) (2013), «La convergencia entre el proceso civil y penal ¿Una dirección adecuada?», pp. 185-223. La exigencia de una regulación se ha reiterado por todos los autores que hemos tratado esta cuestión, y con carácter único por DÍEZ PICAZO GIMÉNEZ, I., «Algunas ideas sobre la prueba obtenida ilícitamente» en Asencio Mellado (dir.), Rosell Corbelle (coord.), Ediciones Jurídicas Castillo de Luna, pp. 575-590.
63. El avance tecnológico abre un frente potencialmente creciente, más aún cuando abarca la IA y las consecuencias de su utilización. Una referencia temprana, a título de ejemplo, en FUENTES SORIANO, O., «La prueba prohibida aportada por particulares, a la luz de las nuevas tecnologías», en AAVV, (2020) «Derecho Probatorio y otros estudios procesales», Asencio Mellado (dir.), Rosell Corbelle (coord.), Ediciones Jurídicas Castillo de Luna, pp. 715-745. COLOMER HERNÁNDEZ, I., (2017) «Régimen de exclusión probatoria de las evidencias obtenidas en las investigaciones del "compliance officer" para su uso en un proceso penal» (I), Diario la Ley, n.º 9080.
64. Es conocida la especial configuración de la prueba ilícita en el ámbito del proceso laboral. *Vid.* VEGAS TORRES, J., (2020) «Sobre la ilicitud de las pruebas obtenidas por las empresas mediante el control de las comunicaciones electrónicas de los trabajadores», en AAVV, «Derecho Probatorio y otros estudios procesales», Asencio Mellado

Una muestra al efecto son las continuas vueltas en torno al choque que se provoca con la verdad. En recientes sentencias se opone el salto de lógica entre unos efectos epistemológicos de una cuestión deontológica, y el choque que se provoca con la verdad. Y con ello, las dudas sobre el resultado de la impunidad para dotar de mayor efectividad a los derechos fundamentales. Se argumenta, que en el «balancing test» entre ambos aspectos, lo determinante es que efectivamente se esté proveyendo a salvaguardar el derecho fundamental en cuestión. En otro caso no hay justificación, al menos suficiente. Por otra parte, cimentar la exclusión de la prueba ilícita en postulados no conectados con el efecto disuasorio pone en riesgo llegar a soluciones ininteligibles e inasumibles, al oponer la verdad (que se desecha alcanzar) a la prohibición de valoración (que es la «sanción» frente a la vulneración cometida).

En sus propios términos: *cuando el conflicto no enfrenta el derecho de la sociedad a que se castigue al autor de un delito y la protección de los derechos fundamentales, sino una protección genérica preventiva con el derecho a la vida —o a la libertad— de un ciudadano concreto, debe prevalecer este último.* Con su defensa del fin profiláctico como origen y razonable. Y no otro, explica: i) que la prueba ilícita que acredita la inocencia no puede ser excluida, ii) que los conocimientos adquiridos a través de medios probatorios ilegítimos, no pueden ser usados para sancionar al responsable, pero sí para poner fin a la vulneración (aprensión de droga entrada irregular en el domicilio) o prevenir nuevos delitos (secuestro, escucha ilegal), y, iii) que para vulneraciones menores o irregularidades o cuando no existe lesión grave del derecho fundamental existen otros remedios (nulidad)[65].

En este contexto y sin que haya supuesto una lectura suficientemente clarificadora se abordará brevemente la tan esperada resolución del Tribunal Constitucional de 97/2019, de 16 de julio[66], que resolviendo sobre la sentencia de la Sala Segunda de 23 de febrero de 2017 sobre la vulneración de su derecho a la tutela judicial efectiva en «sentencia de pleno» ha rein-

---

(dir.), Rosell Corbelle (coord.), Ediciones Jurídicas Castillo de Luna, pp. 1963ss. PABLOS MATEOS, F., (2010) «La prueba ilícitamente obtenida por particulares en el ámbito tributario ante los nuevos paradigmas de protección del denunciante», en Gaceta Fiscal, Marzo.

65. Ya adelantaba esta idea la STS 569/2013, de 26 de junio de 2013 (Ponente Andrés Ibáñez). Los términos corresponden a DEL MORAL GARCÍA, A, (2013) «Últimas tendencias en materia de prueba ilícita», Ponencia presentada al Encuentro de la Sala Segunda del Tribunal Supremo con Magistrados/as...ob. cit.

66. (RTC 2019, 97). De gran claridad para algunos, como ZARAGOZA TEJADA, J. I. y GUTIÉRREZ AZANDA, D. A., (2019) «La exclusión de la prueba ilícita tras la sentencia del Tribunal Constitucional de 16 de julio de 2019 sobre la "lista Falciani", en Revista de Derecho y Derecho Procesal Penal», n.º 56, pp. 209-225. Otros lamentando

terpretado en buena medida la doctrina sobre prueba ilícita y ha servido de inspiración —punto por punto— al texto del Anteproyecto de Ley de Enjuiciamiento Criminal de 2020 en la materia que me ocupa.

En una resolución prolija y a veces poco clara destacan dos extremos. En primer lugar, entender que la aplicación de la conexión de antijuridicidad se extiende a la eventual vulneración de la prueba directa, no sólo a la indirecta como argumentaba el recurrente. Y en segundo lugar, y más relevante aún, señala que la exclusión constituye, ordinariamente, la «última ratio», y no la regla general en caso de vulneración de derecho fundamental, aún contando con sus excepciones. En otras palabras: que las pruebas obtenidas con vulneración de derechos fundamentales no se excluyen automáticamente sino sólo cuando, entre la violación del derecho fundamental sustantivo y la integridad del proceso justo, con todas las garantías, presente un nexo que evidencie una necesidad específica de tutela, consistente en la exclusión de la prueba cuya fuente se obtuvo vulnerando un derecho fundamental[67].

Además, la pretensión de exclusión afecta a los derechos procesales y debe examinarse desde ese punto de vista (art. 24.2 CE). O dicho de otra manera, se niega en definitiva un derecho fundamental a la desestimación de la prueba ilícita[68], de forma que se distingue entre la tutela de los derechos fundamentales de carácter procesal que deben obtenerse por dicha vía, y la vulneración de un derecho fundamental en la obtención de una fuente probatoria, que debe ser sometida a un juicio ponderatorio, que abarcará: la igualdad de las partes y la integridad del proceso, debiendo obtener una respuesta positiva a la pregunta conforme a la cual, la obtención de la fuente probatoria lesionó el derecho fundamental antes de su incorporación al proceso[69]. Y, en segundo lugar, la ponderación tendrá que proyectarse sobre si la exclusión contribuye en sí misma a la citada igualdad de las partes y a

---

la ausencia de pronunciamiento sobre si la aportación de particulares propiciaba o no la aplicación de la regla, como CARRILLO DEL TESO, A. E., (2022) «La prueba ilícita aportada por particulares: ¿admisión o exclusión? Fundamentos y soluciones jurisprudenciales (1)», La Ley Penal, n. 159, nov, pp. 1-24. De la misma autora, «El diálogo judicial sobre las "listas Falciani", los diferentes criterios de su admisión como prueba», cit., p. 419ss.

67. *Vid.* GÓMEZ AMIGO, L., «Tratamiento procesal de la prueba ilícita en el proceso penal...», cit., p. 212-213. También, ZARAGOZA TEJADA, J. I. y GUTIÉRREZ AZANDA, D. A., «La exclusión de la prueba ilícita tras la sentencia del Tribunal Constitucional...».

68. Algo ya adelantado por otros pronunciamientos. Entre ellos, sin ánimo exhaustivo: SSTC 51/1995, de 23 de febrero, F. J.2 o 26/2006, de 30 de enero, F. J. 11.

69. Como ya se recogiera antes, la lesión de las garantías procesales en la incorporación debe articularse a través de la prohibición de indefensión.

garantizar la integridad del proceso, para lo cual, se examinará la índole, características e intensidad de la vulneración del derecho fundamental vulnerado, estudiando si ha estado dirigida o no a obtener fuente probatoria o la intensidad de dicha vulneración (tratos inhumanos, por ejemplo). Sin olvidar, adicionalmente, que por las características del caso y de la propia vulneración, resulta precisa una necesidad general de prevención para la tutela procesal del derecho fundamental.

En otras palabras, convergiendo aunque mucho más tarde, con la doctrina norteamericana, no solo se «desconstitucionaliza» la protección de las garantías procesales al incorporar una fuente probatoria obtenida ilícitamente vulnerando un derecho fundamental, sino que se traslada al tribunal una cadena de juicios valorativos que le permitirá, en nombre de múltiples elementos (contribuir a la desigualdad o no afectar la integridad del proceso, no tener suficiente intensidad, no haberse dirigido a obtener una fuente probatoria o no precisarse la exclusión para satisfacer una necesidad de prevención que reclame la tutela del derecho fundamental) denegar o no la exclusión de la prueba ilícita.

La resolución no abordar la tan esperada toma de posición respecto a la fuente de prueba ilícita obtenida por particulares. Entiende que lo significativo es el objetivo de la acción vulneradora y que la fuente obtenida ilícitamente se dirigía o no a la presentación en el proceso, circunstancia que atentaría contra la igualdad entre las partes. Parece, por tanto, que, a las exigencias derivadas de aplicar la teoría de la desconexión de antijuridicidad, se adicionan otros juicios ponderativos que deben originar una respuesta positiva para derivar en el pretendido efecto excluyente.

No voy a detenerme en un análisis de los diversos Anteproyectos de Ley de Enjuiciamiento Criminal (de 2011 y 2020) y de Código Procesal Penal de 2013[70]. Solo destacaré que en el último, cronológicamente hablando, desde la contundente afirmación conforme a la cual, se «cierra por fin la doctrina constitucional sobre la materia»[71], su artículo 21 dispone «que no surtirán efecto las pruebas obtenidas con violación de derechos fundamentales cuando entre el acto de obtención de la prueba y su utilización en el proceso exista una conexión jurídica suficiente», señalando, que los parámetros para establecer dicha conexión surgirán: i) «cuando la violación consumada comprometa, por su índole y características la equidad e integridad del

70. Una referencia a las diferentes fórmulas que se contienen en el mismo, en GÓMEZ AMIGO, L., «Tratamiento procesal de la prueba ilícita en el proceso penal. Del régimen actual al Anteproyecto de LECrim 2020», RAEDPUE, pp. 201-232.
71. Exposición de Motivos, Apartado VII.

proceso»[72], ii) cuando la vulneración del derecho fundamental sustantivo es de tal intensidad que supera la necesidad de conexión instrumental por afectar al núcleo axiológico más primordial de nuestros derechos fundamentales[73]; y iii) cuando la admisión de la aprueba pueda poner en peligro la eficacia general del derecho fundamental, favoreciendo vulneraciones posteriores[74]. Como puede comprobarse, exactamente la configuración prefijada en la tan repetida STC de 16 de julio de 2019.

V. RESUMEN CONCLUSIVO PROVISIONAL

No parece difícil concluir que la resolución del Tribunal Constitucional ha ceñido aún más el decreciente círculo en el que se protege la vulneración de un derecho fundamental en la obtención de una fuente probatoria.

Las restricciones surgieron inicialmente de la necesidad de limitar una tendencia que conducía a que un número significativo de resoluciones se decantara por la exclusión, ante la percepción de vulneración de un derecho fundamental en la obtención de una fuente probatoria. Primer con gran amplitud, después no tanto. El fin era proteger los derechos fundamentales, si bien subyacía —aunque no se dijera— una finalidad profiláctica, ya que sólo negando todo valor probatorio a dichas fuentes puede alcanzarse la preservación suficiente de dichos derechos. Actuando así, empero, se entendía que merecía la pena sacrificar la ausencia de castigo de los culpables en aras a dotar de mayor efectivad a la protección de los derechos fundamentales, renunciando asimismo a conocer los hechos verdaderamente acaecidos o al menos parte de los mismos.

La incorporación de diversas teorías aminoradoras del taxativo efecto excluyente no hicieron sino ir abriendo paso a la doctrina de la conexión de antijuridicidad que a partir de 1998 ha tenido una aplicación muy importante, impidiendo la exclusión por no apreciarse que existiese dicha conexión de antijuridicidad entre la vulneración al obtener la fuente probatoria, y las necesidades esenciales del derecho a la tutela judicial efectiva, a partir de ponderar dos aspectos: la relevancia causal entre la vulneración del fundamental y los efectos que conlleva directamente o indirectamente la repe-

72. Cuando con arreglo al control interno, la vulneración haya estado orientada a obtener pruebas más allá de los márgenes de la licitud constitucional, comprometiendo la integridad del proceso y la igualdad de las partes, STC 97/2019, de 16 de julio, FJ 3.

73. *Cfr*. STC 97/2019, de 16 de julio FJ 3.

74. Estos criterios ponderativos se completan con la incorporación normativa de la enervación mediante la consagración de la doctrina del descubrimiento inevitable, y de la denominada prueba prohibida, es decir, aquella que con independencia de cualquier otro criterio es excluida por haber sido obtenida mediante torturas, tratos inhumanos o degradantes.

tida vulneración (perspectiva interna) y el examen de las necesidades de tutela del propio derechos fundamental, desde la perspectiva de la incidencia que tendría la exclusión en la eventual incentivación de futuras vulneraciones.

El tercer paso —y la tercera y hasta ahora última manifestación— de una línea interpretativa a favor de preservar la finalidad de la investigación, la determinación de la verdad y generar una sensación de seguridad en los ciudadanos, con algunas líneas rojas que conducen irremediablemente a la exclusión, es la sentencia del Tribunal Constitución de 16 de julio de 2019. Como se acaba de señalar, a la necesidad de existencia de conexión de antijuridicidad se añaden dos límites más: que la vulneración del derecho fundamental se efectuara con ánimo de incorporarla al proceso rompiendo la igualdad de las partes y perjudicando la integridad del proceso, lo que conduce a examinar no sólo aquella primera circunstancia sino, también, que por la índole, la característica y la intensidad de la vulneración se precisa una necesidad general de prevención para la tutela del derecho fundamental. Se amplia notablemente las fisuras a través de las cuales puede eludirse la exclusión probatoria, y lo hace a partir de una serie de juicio ponderativo que traslada al órgano judicial el arbitrio sobre toda una serie de circunstancias, algunas de las cuales llevan implícita la priorización de una finalidad u otra de la ilicitud probatoria. Se ha cerrado de nuevo el círculo. La falta de regulación legal constituye el mejor caldo de cultivo para que se traslade al juicio aquello que se interpreta representa mejor el sentir social, como se dijo que sucedía en *Harris*. Ahora bien, la regulación legal más adecuada ¿no debería trasladar dicho sentir social más tendente a salvaguardar el derecho fundamental sea como sea, o, por el contrario, priorizar la persecución, la búsqueda de la verdad y la confianza ciudadana?

Falta una regulación que pergeñe bien los elementos a ponderar y establezca los pesos y contrapesos en el eterno conflicto latente entre la protección de los derechos fundamentales, sin cortapisa alguna, y la consecución de los fines inherentes a la condena penal, y la seguridad jurídica que comporta, sin suscitar un excesivo coste en la percepción social de la persecución de los delitos. Tan malos resultarán los excesos hacia un lado como hacía otro.

Tampoco está claro que el art. 11.1 LOPJ permita una aplicación del principio de proporcionalidad —como efectúa el TEDH[75]— en atención al cual, la ponderación se realiza confrontando los bienes jurídicos afectados, el vulnerado al obtener la fuente probatoria y el que se persigue. Siguiendo

75. STJ (Sala 2.ª) de 27 de septiembre de 2017. Asunto C-73/16. Peter Puskar c. República eslovena.

esta senda sólo quedarían bajo la protección de la regla de exclusión las vulneraciones graves en delitos similares, y el daño en la protección de los derechos fundamentales sería mayor[76].

A falta de conclusiones irrefutables, baste señalar, provisionalmente, que la prueba ilícita sigue allí donde se situaba ya hace muchos años: el filo de la navaja.

76. Resulta razonable, en tal sentido, la propuesta formulada en un Voto Particular (Del Moral García) a la sentencia 239/2014, de 1 de marzo, en donde se señala expresamente: «El conflicto al que habrá que aplicar el *balancing test* se sitúa entre un sistema preventivo de protección eficaz de derechos fundamentales (no del derecho fundamental que ya está violado: la intimidad, la inviolabilidad del domicilio..) y el derecho de las partes a utilizar los medios de prueba para obtener la tutela judicial efectiva, y alcanzar la respuestas "justa" no solo en cuestiones de justicia legal (derecho penal) sino a veces también en temas de estricta justicia conmutativa. Declarar ilícita una prueba en un delito contra la salud pública impidiendo su sanción penal no arrastra consecuencias tan graves como para prescindir de ese mecanismo de tutela. Pero cuando lo que se impide de esta forma por un fallo de los agentes del Estado que no han sido respetuosos con las reglas del juego, es dar respuesta adecuada a un desfalco de muchos millones de euros efectuado a un particular o a la Administración, el sistema se resiente más pues se están sacrificando otros derechos concretos».

2

Male captum, male retentum (también para Europa): la protección de los intereses financieros de la Unión ante el régimen de la prueba ilícita en los Estados miembros

ANTONIO MARTÍNEZ SANTOS
Profesor Titular de Derecho Procesal
Universidad Nacional de Educación a Distancia

I. INTRODUCCIÓN: LOS DERECHOS Y LAS GARANTÍAS NACIONALES ANTE LA RECAUDACIÓN EFICAZ DE LOS RECURSOS PROPIOS DE LA UNIÓN EUROPEA[1]

En virtud del artículo 325 del Tratado de Funcionamiento de la Unión Europea, los Estados miembros están obligados a adoptar medidas disuasorias y eficaces en la lucha contra el fraude, con la finalidad de proteger los intereses financieros de la Unión.

El Tribunal de Justicia de la Unión Europea se ha pronunciado ya en numerosas ocasiones sobre las implicaciones de este compromiso de Derecho primario para los ordenamientos jurídicos internos de los Estados miembros, tanto en lo que respecta a los legisladores como a los jueces y tanto en los planos administrativo y penal como en el procesal.

De entre todos esos pronunciamientos, desde el punto de vista del Derecho probatorio reviste un especial interés la sentencia del asunto *Dzivev,* porque se trata de la primera ocasión en la que un órgano jurisdiccional de un Estado miembro se valió de la jurisprudencia del Tribunal de Justicia sobre el artículo 325 del TFUE para cuestionar la compatibilidad del régimen jurídico de la prueba ilícita en su país con el Derecho de la Unión Europea.

Antes, con todo, de entrar en el análisis de la sentencia *Dzivev,* conviene recorrer primero brevemente la jurisprudencia de Luxemburgo sobre las obligaciones que, para los Estados miembros y sus tribunales, se derivan del artículo 325 del TFUE en los procesos penales por fraude de IVA.

A la hora de emprender este breve recorrido jurisprudencial, hay que partir inevitablemente de la conocida sentencia de la Gran Sala del TJUE en el asunto *Taricco*[2], en la que se planteó la duda sobre la posible incompatibilidad entre la aplicación del principio de legalidad conforme al Derecho nacional de un Estado miembro, por un lado, y la efectiva recaudación del IVA en cumplimiento de los compromisos contraídos al ingresar en la Unión, por el otro; pues en aquel caso el juego del principio de legalidad, tal como se interpretaba en el ordenamiento interno, debía determinar a la postre la impunidad de los hechos por los que se perseguía a las personas acusadas.

1. Este trabajo se enmarca en los proyectos de I+D+i «Proceso penal transnacional, prueba y derecho de defensa en el marco de las nuevas tecnologías y el espacio digital» (ref. PID2019-107766RB-I00); y «Prueba penal y nuevos retos en el proceso penal transnacional» (PID2023-148413NB-I00), ambos financiados por el Ministerio de Ciencia, Innovación y Universidades.
2. STJUE de 8 de septiembre de 2015, C-105/14, *Ivo Taricco y otros* (ECLI:EU:C:2015:555).

En la sentencia *Taricco* el TJUE vino a declarar que, cuando una norma nacional —o la interpretación que de la misma hagan las autoridades o los tribunales internos— tiene como consecuencia que, en un número considerable de asuntos, el fraude del IVA quede impune, dicha norma debe reputarse incompatible sin más con el Derecho de la Unión, concretamente con el artículo 325 del TFUE, en la medida en que entraña un incumplimiento de la obligación de los Estados miembros de establecer medidas efectivas y disuasorias contra el fraude a los intereses financieros de la UE.

Ello se debería a que el efecto directo del artículo 325 del TFUE impone la necesidad ineludible de desplazar o inaplicar cualquier norma nacional incompatible con él. Es cierto que el Tribunal de Justicia precisó que, cuando el juez nacional inaplique una disposición interna por resultar incompatible con el artículo 325 del TFUE, debe siempre velar al mismo tiempo por el respeto a los derechos fundamentales de las personas afectadas; y que entre esos derechos fundamentales se encuentran los reconocidos en el artículo 49 de la CDFUE, que consagra los principios de legalidad y proporcionalidad de los delitos y las penas, y que los Estados miembros están obligados a observar en todas las situaciones en las que hayan de aplicar el Derecho europeo (*cfr.* el artículo 51 de la Carta).

Ahora bien, según el Tribunal de Justicia, en el asunto *Taricco* tales derechos no se veían afectados, porque de lo que se trataba era de impedir que se redujese el plazo de prescripción con el fin de posibilitar el enjuiciamiento de hechos que, de otro modo, quedarían impunes; para lo cual resultaba imprescindible a su vez dejar inaplicada la norma nacional que establecía esa reducción con un alcance general y sistemático. Según el Tribunal, «en modo alguno resultaría de dicha inaplicación la condena de los imputados por una acción u omisión que en el momento de su comisión no constituyese una infracción sancionada penalmente por el Derecho nacional, ni la aplicación de una sanción que, en ese momento, no estuviera prevista por dicho Derecho. Al contrario, los hechos que se recriminan a los imputados en el procedimiento principal eran constitutivos, en el momento en que se cometieron, de la misma infracción y se castigaban con las mismas penas que las actualmente previstas»[3].

Como es sabido, la sentencia *Taricco* terminó dando lugar a un histórico «diálogo de tribunales» entre la *Corte Costituzionale* italiana y el Tribunal de Luxemburgo, que se concretó en una importante serie de resoluciones de

3. STJUE *Taricco*, § 56.

ambos organismos, recaídas a lo largo de varios años, a las que se suele designar conjuntamente con el nombre de «saga *Taricco*»[4].

En efecto, poco tiempo después de dictarse la sentencia *Taricco*, la *Corte Costituzionale* italiana se volvió a dirigir al Tribunal de Luxemburgo para plantear una cuestión prejudicial sobre el mismo punto, en la que discrepaba respetuosamente de la doctrina plasmada en *Taricco*.

En la sentencia europea recaída en esta otra cuestión prejudicial, que fue la sentencia del asunto *MAS y MB* (bautizada doctrinalmente como *Taricco II*)[5], el Tribunal de Justicia reiteró aquella doctrina, pero se preocupó de introducir algunos matices adicionales, flexibilizando el rigor del criterio sentado en *Taricco* y ofreciendo con ello un cierto margen de acción a los tribunales nacionales[6].

Así, el Tribunal de Justicia indicó que, dado que entonces no se había producido aún una armonización del régimen de la prescripción de los delitos de fraude del IVA[7], correspondía a los legisladores nacionales de los Estados miembros establecer unas normas razonables de prescripción a nivel interno. Esa autonomía no sería absoluta, pues estaría sujeta a un importante límite: el régimen interno en materia de prescripción no debería suponer un incumplimiento de los deberes impuestos por el artículo 325 del TFUE. O lo que es igual: estaría sujeto en último término a un control de compatibilidad con las exigencias de dicho precepto del Tratado[8].

4. No es posible hacer aquí una exposición completa de aquel diálogo. Ciñéndonos tan solo a la doctrina española, véanse al respecto (entre otros muchos) Alonso García, R., «La puesta en práctica por la *Corte Costituzionale* de la protección multinivel de derechos en la UE: el fisco y la saga *Taricco*», en: *Revista de Derecho Constitucional Europeo*, 35-2021, pp. 105-134; y Ugartemendía Eceizabarrena, J. I., «La saga *Taricco*: últimas instantáneas jurisdiccionales sobre la pugna acerca de los derechos fundamentales en la Unión Europea», en: *Revista General de Derecho Constitucional*, 27-2018.
5. Se trata de la STJUE de 5 de diciembre de 2017, C-42/17, *MAS y MB* (ECLI:EU:C:2017:936).
6. Se ha dicho con razón que, en el fondo, la argumentación de la sentencia del asunto *MAS y MB* no consistió en otra cosa que en «un intento por vestir de matizaciones o precisiones interpretativas lo que, en realidad, no dejó de ser, *de facto*, un verdadero *overruling* del fallo en *Taricco I*». Alonso García, R., *loc. cit.*
7. Dicha armonización se produciría más tarde, aunque solamente de forma parcial.
8. STJUE *MAS y MB*, § 41. El Tribunal de Justicia parece aludir en este apartado, sin citarla expresamente, a la conocida doctrina de los principios de equivalencia y efectividad como límites a la autonomía procesal e institucional de los Estados miembros: «Incumbe principalmente al legislador nacional establecer reglas de prescripción que permitan cumplir con las obligaciones que resultan del artículo 325 TFUE (...) Corresponde, en efecto, al citado legislador garantizar que el régimen nacional de prescripción en materia penal no conduzca a la impunidad de un número considerable de

Siendo esto cierto, también lo es que los tribunales internos conservarían por otro lado su facultad de aplicar estándares nacionales de protección de los derechos fundamentales en las situaciones regidas por el Derecho europeo de las que conozcan, dentro de los términos delineados por la célebre sentencia del asunto *Åkerberg Fransson*[9]. Como se sabe, en la sentencia *Åkerberg Fransson* el Tribunal de Justicia dictaminó en esencia que, allí donde la acción de los Estados miembros no está totalmente pautada o preestablecida por el Derecho europeo, los tribunales nacionales conservan la potestad de aplicar los estándares previstos en el ordenamiento interno en materia de protección de los derechos fundamentales, siempre que dicha aplicación «no afecte al nivel de protección previsto por la Carta, según su interpretación por el Tribunal de Justicia, ni a la primacía, la unidad y la efectividad del Derecho de la Unión»[10].

En este sentido, el Tribunal de Justicia observó que el principio de legalidad impone unos requisitos de previsibilidad y concreción de las infracciones y sanciones, así como de irretroactividad de las normas sancionadoras, que desde luego resultan aplicables también al régimen de la prescripción de los ilícitos penales en materia de IVA. Por lo tanto, deberían ser los tribunales nacionales quienes valorasen en cada asunto, en el momento de inaplicar la norma aparentemente incompatible con el ordenamiento de la Unión, si dicha inaplicación daría lugar a una violación del principio de legalidad (esto es, a «una situación de incertidumbre, en el ordenamiento jurídico interno, respecto a la determinación del régimen de prescripción aplicable que menoscaba el principio de precisión de la ley aplicable»[11]); pues en tal caso decaería

casos de fraude grave en materia de IVA (principio de efectividad) o no sea, para las personas acusadas, más severo en casos de fraudes que afecten a los intereses financieros del Estado miembro de que se trate que en los que afecten a los intereses financieros de la Unión (principio de equivalencia)».

9. STJUE de 26 de febrero de 2013, C-617/10, *Åklagaren c. Hans Åkerberg Fransson* (ECLI:EU:C:2013:105). Véase asimismo la STJUE de 26 de febrero de 2013, C-399/11, *Stefano Melloni c. Ministerio Fiscal* (ECLI:EU:C:2013:107). Esta otra sentencia del TJUE en el asunto *Melloni*, recaída el mismo día que la sentencia *Åkerberg Fransson*, se refiere por su parte a las situaciones en las que una cuestión está regulada de forma expresa y completa por el Derecho europeo (en aquel asunto, los motivos para la inejecución de una orden europea de detención y entrega, artículo 4 bis de la Decisión marco 2002/584/JHA).

10. STJUE *Åkerberg Fransson*, §29. La sentencia del asunto *Åkerberg Fransson* tiene una importancia extraordinaria en el acervo jurisprudencial del TJUE por otros motivos (señaladamente, por su interpretación del artículo 51.1 de la Carta de Derechos Fundamentales). Aquí interesa a título principal por referirse directamente a la interpretación de las exigencias derivadas de los artículos 325 del TFUE y 250.1 y 273 de la Directiva del IVA para las autoridades nacionales y los tribunales de los Estados miembros.

11. STJUE *MAS y MB*, § 59.

la obligación del juez interno de inaplicar la norma nacional, por mucho que el cumplimiento de esa obligación fuera la única forma de corregir una situación contraria al Derecho de la Unión Europea[12].

Entre la sentencia del asunto *Taricco* y la sentencia del asunto *Dzivev* recayeron otras cuatro resoluciones más de la Gran Sala del Tribunal de Justicia sobre las obligaciones de los Estados miembros en orden a la protección efectiva de los intereses financieros de la Unión por medio de la recaudación eficaz del IVA: las sentencias de los asuntos *Menci*[13] (sobre el principio *non bis in idem* y la duplicidad de sanciones penales y administrativas), *Scialdone*[14] (sobre el establecimiento por el Derecho nacional de un importe mínimo de la defraudación para que proceda la imposición de una pena privativa de libertad), *Kolev*[15] (sobre los límites temporales de las diligencias de investigación penal en el ordenamiento interno) y *WebMindLicenses*[16] (sobre la utilización en un procedimiento administrativo sancionador de pruebas obtenidas en un proceso penal paralelo contra los mismos sujetos). A los efectos de este trabajo interesan sobre todo las dos últimas.

Al igual que la sentencia *Dzivev*, la sentencia del asunto *Kolev* se dictó en el marco de una cuestión prejudicial planteada por el Tribunal Penal Especial de Bulgaria. En aquel caso la duda se refería también a la posible incompatibilidad una norma procesal búlgara con las obligaciones derivadas del artículo 325 del TFUE. En particular, se trataba de una norma que imponía el sobreseimiento libre, a instancias del acusado, si transcurridos dos años desde el inicio de las diligencias de investigación penal el Ministerio público no las había concluido aún.

En la sentencia *Kolev*, el Tribunal de Justicia declaró, primero, que el artículo 325.1 del TFUE obliga a los Estados miembros a imponer sanciones efectivas y disuasorias a las infracciones en materia de aduanas. Y segundo, que ello implica al mismo tiempo una obligación de asegurar que el régimen procesal interno se ordena a la efectiva persecución de esas infracciones.

Ambas obligaciones vinculan tanto a los legisladores nacionales como a los tribunales de los Estados miembros.

Y así, en primer lugar, el legislador interno de cada Estado miembro tiene que poner los medios necesarios para que el régimen procesal que se

12. STJUE *MAS y MB*, §§ 61-62.
13. STJUE de 20 de marzo de 2018, C-524/15, *Luca Menci* (ECLI:EU:C:2018:197).
14. STJUE de 2 de mayo de 2018, C-574/15, *Mauro Scialdone* (ECLI:EU:C:2018:295).
15. STJUE 5 de junio de 2018, C-612/15, *Nikolay Kolev y otros* (ECLI:EU:C:2018:392).
16. STJUE de 17 de diciembre de 2015, C-419/14, *WebMindLicenses c. Nemzeti Adó- és Vámhivatal Kiemelt Adó- és Vám Főigazgatóság* (ECLI:EU:C:2015:832).

establezca no origine un «riesgo sistémico de impunidad» de los mencionados comportamientos, conjugando siempre esta necesidad con el principio irrenunciable de la protección de los derechos fundamentales de las personas acusadas.

En segundo lugar, el juez nacional está sujeto de forma directa e inmediata a las previsiones del artículo 325 del TFUE. Desde el punto de vista de las exigencias derivadas de ese artículo, el solo hecho de que el sobreseimiento sea el efecto más favorable para el acusado en un caso concreto no es razón suficiente para acordarlo automáticamente, ni siquiera aunque así lo disponga la normativa interna; que en tal tesitura debe ser inaplicada.

Esto no quiere decir, con todo, que el ordenamiento europeo imponga la remoción de todo límite temporal a las investigaciones por delito fiscal o por ilícito aduanero que se lleven a cabo en los Estados miembros, pues existe también un derecho fundamental europeo a que la causa penal contra una persona sea oída en tiempo razonable[17]. Lo que sucede es que ese derecho fundamental europeo no incluye el derecho a que la investigación se ajuste de forma taxativa a unos plazos predeterminados normativamente con alcance general en el ordenamiento interno, porque en el sistema europeo la expresión «tiempo razonable» debe integrarse en cada asunto concreto teniendo en consideración distintos factores o circunstancias, como el número de personas acusadas, la complejidad de los hechos investigados o el propio comportamiento de la defensa en el proceso[18]. Por lo tanto, en las situaciones regidas por el Derecho europeo, corresponde al juez nacional, obligado como está a garantizar el respeto a los derechos fundamentales, valorar caso por caso si la duración de la investigación por delito fiscal o aduanero ha menoscabado el derecho de las personas acusadas a que la causa penal iniciada contra ellas sea oída en tiempo razonable, sin que el Derecho interno pueda imponer límites temporales apriorísticos absolutos a las diligencias de investigación, ni tampoco el archivo automático del procedimiento una vez excedidos esos límites.

17. STJUE *Kolev*, § 71.
18. *Cfr.* STJUE *Kolev,* §§ 72-73, donde se afirma lo siguiente: «según reiterada jurisprudencia del Tribunal de Justicia, el carácter razonable de la duración del procedimiento no puede fijarse en relación con un límite máximo preciso, determinado de forma abstracta, sino que debe apreciarse en función de las circunstancias propias de cada asunto (...) Así pues, incumbe al tribunal remitente determinar si, en el presente asunto, se respeta el derecho de los interesados a que su causa sea oída dentro de un plazo razonable al tomar en consideración, no solo el hecho de que la investigación en el litigio principal atañe a ocho personas, acusadas de haber participado en una organización criminal cuyos actos duraron algo más de un año, sino también la eventualidad de que los retrasos sufridos puedan deberse en parte al comportamiento de la defensa».

Por lo que respecta a la sentencia del asunto *WebMindLicenses*, como se ha dicho antes en ella el Tribunal de Justicia hubo de pronunciarse —entre otras cosas— sobre la utilización, en un procedimiento administrativo sancionador por fraude de IVA, de ciertas grabaciones obtenidas por medio de una intervención de las comunicaciones en un proceso penal contra las mismas personas, seguido en paralelo y todavía pendiente. Concretamente, en sus cuestiones prejudiciales décima a decimoquinta el órgano jurisdiccional proponente preguntaba si, habida cuenta de los artículos 4.3 del TUE, 325 del TFUE y 273 de la Directiva del IVA, la Administración tributaria de un Estado miembro puede tener en cuenta el material probatorio obrante en la mencionada causa penal (grabaciones de conversaciones y correos electrónicos interceptados) a la hora de determinar si efectivamente se había producido una práctica abusiva en materia de IVA.

El Tribunal de Justicia respondió que en principio no existía obstáculo para ello, siempre y cuando la *obtención* de las pruebas en cuestión dentro del proceso penal y la *utilización* de las mismas en el procedimiento administrativo no fueran contrarias a los derechos garantizados por el Derecho de la Unión; extremos ambos que el órgano jurisdiccional competente debía estar en todo caso facultado para examinar[19].

A este respecto, el órgano jurisdiccional competente para controlar la legalidad de la resolución administrativa basada en dichas pruebas debía aplicar un test (*cfr.* el artículo 52 de la CDFUE) a los efectos de comprobar tres extremos: (a) que la intervención de las comunicaciones y la incautación de los correos electrónicos eran medidas de investigación previstas por la ley nacional y necesarias en el marco del proceso penal; (b) que la utilización por parte de la Administración de las pruebas obtenidas a través de esas medidas estaba también autorizada por la ley y era «necesaria» en el sentido indicado por el propio TJUE; y (c) que, «con arreglo al principio general del respeto del derecho de defensa, el sujeto pasivo tuvo la posibilidad, en el marco del procedimiento administrativo, de tener acceso a esas pruebas y de ser oído en relación con ellas»[20].

Porque si se apreciara que el sujeto pasivo no tuvo tal posibilidad, o si se llegara a la conclusión de que las pruebas se habían obtenido (en la causa

19. STJUE *WebMindLicenses*, § 91: «Asimismo, deben inadmitirse tales pruebas si el órgano jurisdiccional no está facultado para controlar que se obtuvieron en el marco del procedimiento penal de conformidad con el Derecho de la Unión o no puede al menos asegurarse, basándose en un control ya ejercido por un órgano jurisdiccional penal en un procedimiento contradictorio, de que dichas pruebas se obtuvieron de conformidad con ese Derecho».

20. *Ibidem*.

penal) o utilizado (en el procedimiento administrativo) vulnerando el artículo 7 de la CDFUE, tratándose de una situación de aplicación del Derecho de la Unión el tribunal nacional que conoce del recurso contra la resolución de la Administración tributaria de su Estado miembro de origen estaría obligado a desecharlas (*disregard, écarter, zurückweisen*) a los efectos del recurso y, en consecuencia, a anular la resolución administrativa fundada en ellas (aunque esto último solamente, precisa el Tribunal de Luxemburgo, «en el caso de que por tal motivo la resolución quedara privada de fundamento»; dando a entender que la resolución sancionadora podría mantenerse incólume en caso de existir otras pruebas válidas sobre las que sustentarla)[21].

Situados en este contexto, se hace posible abordar por fin la sentencia de 17 de enero de 2019 del asunto *Dzivev*, objeto principal de atención en este trabajo, empezando por los hechos que dieron lugar al planteamiento de las cuestiones prejudiciales.

II. PRUEBAS ILÍCITAMENTE OBTENIDAS E IMPUNIDAD DE DELITOS CONTRA LOS INTERESES FINANCIEROS DE LA UNIÓN. LA SENTENCIA DEL TRIBUNAL DE JUSTICIA DE LA UNIÓN EUROPEA EN EL ASUNTO *DZIVEV*

1. ¿SE OPONE EL DERECHO EUROPEO A QUE SE EXCLUYAN PRUEBAS INCRIMINATORIAS EN UN PROCESO PENAL POR FRAUDE DEL IVA?

En una causa penal seguida en Bulgaria había cuatro personas acusadas de formar parte de una organización criminal para cometer delitos fiscales, en concreto para defraudar el IVA por medio de una sociedad interpuesta. La cantidad defraudada ascendía a cerca de 200.000 euros.

Respecto de tres de estas personas había prueba de cargo suficiente, de manera que no se planteaba ningún problema. Pero había una, el señor Dzivev, que además supuestamente era el jefe de la organización, cuya participación en los hechos solamente se podía determinar a partir de unas escuchas telefónicas. Escuchas telefónicas que, sin entrar tampoco en muchos detalles —pues ello requeriría un análisis de la normativa nacional que resulta innecesario a los efectos de este trabajo—, se habían acordado de forma ilegal, porque al parecer según la legislación búlgara el tribunal que las había decretado tenía que haberse inhibido a favor de otro distinto, concretamente a favor del Tribunal Penal Especial; que, salvando las distancias, vendría a ser algo así como el equivalente búlgaro de la Audiencia

21. *Ibidem.*

Nacional española. Por si esto fuera poco, la resolución que había decretado la medida carecía de la motivación individualizada que venía exigida imperativamente por la ley.

En síntesis, en la situación a la que se refería el asunto *Dzivev* había unas escuchas telefónicas que, conforme al ordenamiento interno, eran nulas de pleno Derecho; y que, en consecuencia, no se podían tener en cuenta por los tribunales. En particular, no se podían utilizar en un proceso penal contra la persona afectada, esto es, no cabía recibirlas en el juicio, ni someterlas a contradicción ni valorarlas en la sentencia.

Y como esas escuchas ilegales eran la única potencial prueba de cargo que existía contra el presunto jefe de la organización, su exclusión de la causa implicaba, lógicamente, la libre absolución de esa persona.

Lo que se planteó el Tribunal Penal Especial de Bulgaria es si esta situación era compatible con el Derecho de la Unión, concretamente con el artículo 325 del Tratado de Funcionamiento de la Unión Europea, con el artículo 47 de la Carta de Derechos Fundamentales de la Unión y con las disposiciones del Convenio para la protección de los intereses financieros de las Comunidades Europeas del año 1995, o Convenio PIF[22].

Porque en efecto, desde el punto de vista de la protección de los intereses financieros de la Unión lo que sucedía en el asunto *Dzivev* es que existía una prueba dotada de una «fiabilidad objetiva» o una «fiabilidad epistémica» indudable, pero que no se podía utilizar para condenar a un sujeto (es decir, para garantizar la efectividad real de las «medidas eficaces y disuasorias» queridas por la Unión[23]) porque el ordenamiento procesal nacional ponía trabas u obstáculos que, a la postre, determinaban la impunidad de aquel.

Resultaba inevitable, entonces, que surgiera la pregunta de si esto constituía un incumplimiento de las obligaciones de los Estados miembros en la lucha contra el fraude que afecta a la recaudación de los recursos propios de la Unión Europea. O, dicho de otra forma, si la represión eficaz del fraude contra los intereses financieros de la Unión, exigida a los Estados miembros

22. El Convenio relativo a la protección de los intereses financieros de las Comunidades Europeas (DO C 316 de 27.11.1995, pp. 48-57) fue sustituido —salvo para Reino Unido y Dinamarca, que hicieron uso de su facultad de *opt out*— por la Directiva (UE) 2017/1371 del Parlamento Europeo y del Consejo, de 5 de julio de 2017, sobre la lucha contra el fraude que afecta a los intereses financieros de la Unión a través del Derecho penal. La Directiva PIF entró en vigor a partir del 6 de julio de 2019, es decir, con fecha posterior a la sentencia que aquí se comenta. Véase al respecto el artículo 16 de la Directiva PIF.

23. *Cfr.* el artículo 325.1 del TFUE.

por el artículo 325 del TFUE, obliga a sus tribunales nacionales a desactivar el régimen de la prueba ilícita —ya se articule en torno a las nulidades procesales o revista la forma de una regla de exclusión— en los procesos penales por fraude del IVA.

La respuesta afirmativa a estas cuestiones podía desprenderse de una lectura apresurada de la jurisprudencia del Tribunal de Justicia de la Unión Europea sobre las consecuencias de las obligaciones derivadas del artículo 325 del TFUE para los ordenamientos jurídicos nacionales; y más concretamente de la sentencia del Tribunal de Justicia en el controvertido asunto *Taricco I*.

Porque había un paralelismo claro entre las dos situaciones, la de *Dzivev* y la de *Taricco*.

Como se ha recordado al principio, en el asunto *Taricco I* el Tribunal de Justicia había adoptado una posición un tanto montaraz —que luego más tarde rectificaría o matizaría—, y había dicho que una norma interna que, en definitivas cuentas, tenía como efecto facilitar la prescripción de los delitos, era contraria al Derecho de la Unión en la medida en que generaba un «riesgo sistémico» de que determinadas conductas contrarias a los intereses financieros de la Unión Europea quedaran impunes en el territorio de un determinado Estado miembro (en aquel caso, Italia).

Lo que interesa subrayar ahora es ese paralelismo al que se acaba de aludir entre las situaciones a las que se refirieron las sentencias relativas a los asuntos *Taricco I* y *Dzivev*.

Porque en definitiva, la cuestión que se le planteaba al Tribunal de Justicia en ambos casos vino a ser sustancialmente la misma. Es decir, si el Derecho de la Unión exige que los jueces nacionales inapliquen derechos y garantías reconocidos a nivel interno cuando dificultan o impiden la efectividad del Derecho europeo (o la consecución de sus objetivos).

2. LAS CONCLUSIONES DEL ABOGADO GENERAL EN EL ASUNTO *DZIVEV*

En sus conclusiones[24], el Abogado General empezó efectuando un repaso de la jurisprudencia anterior de Luxemburgo en la que el Tribunal de Justicia se había pronunciado sobre la efectividad, desde el punto de vista de la recaudación del IVA, de determinadas disposiciones —o praxis—

24. Conclusiones del Abogado General Michal Bobek en el asunto C-310/16 (*Dzivev*), presentadas el 25 de julio de 2018 (ECLI:EU:C:2018:623).

nacionales en el contexto de procesos penales contra personas acusadas por delito fiscal o por ilícitos aduaneros.

De toda la jurisprudencia anterior del Tribunal de Justicia el Abogado General extrajo los siguientes cuatro puntos:

Primero, que el artículo 325.1 del TFUE, bien en sí mismo considerado o bien interpretado en conjunción con los artículos 2.1 del Convenio PIF y 2, 250 y 273 de la Directiva del IVA, exige a los Estados miembros la adopción de todas las medidas necesarias para salvaguardar los intereses financieros de la Unión, incluidas sanciones administrativas o penales efectivas y disuasorias.

Segundo, que las obligaciones derivadas del artículo 325 del TFUE tienen un alcance extremadamente amplio, porque incluyen todo el conjunto de disposiciones del Derecho nacional que se refieran a esta materia, ya sean sustantivas o procesales.

Tercero, que el Derecho de la Unión se opone a que las disposiciones nacionales, sea de la naturaleza que sean, tengan como efecto impedir la imposición de una sanción efectiva y disuasoria a las infracciones que se puedan cometer en este ámbito.

Y cuarto, que las obligaciones derivadas del artículo 325 del TFUE tienen sus límites en los derechos fundamentales reconocidos en la CDFUE. Esto es, siempre que apliquen Derecho europeo los Estados miembros y sus tribunales están vinculados por la Carta; y ello con independencia de que exista o no una armonización a nivel europeo del régimen de infracciones y sanciones en materia de fraude del IVA.

Así contextualizada, según el AG la cuestión prejudicial podía en definitiva reformularse en términos más amplios como sigue: ¿obliga el Derecho europeo a los tribunales nacionales, en orden a la recaudación efectiva del IVA (o de otros recursos propios de la Unión), a dejar inaplicadas selectivamente determinadas disposiciones nacionales, sean de la naturaleza que sean[25], cuando la observancia de las mismas implique la impunidad para la persona o personas acusadas?

Como se ha explicado antes, la jurisprudencia del Tribunal de Justicia recaída hasta entonces sobre este punto no era del todo clara e inequívoca. En *Taricco* la respuesta a la pregunta del AG había sido que sí, si la norma nacional en cuestión determinaba la impunidad en un número considerable de asuntos. En cambio, en *MAS y MB* la respuesta había sido que no nece-

25. Sobre este punto, *vid.* CAG *Dzivev*, §§ 96-101.

sariamente, pues la responsabilidad de remediar las carencias del ordenamiento interno recae exclusivamente sobre el legislador nacional, que es quien tiene que preocuparse de detectar y solucionar las posibles incompatibilidades de sus disposiciones con el Derecho europeo, a fin de evitar la impunidad generalizada de las conductas que menoscaben los intereses financieros de la Unión. Por lo tanto, si el juez nacional entiende que la inaplicación de la disposición interna aparentemente incompatible con el Derecho de la Unión conduce por ejemplo a una vulneración del principio de legalidad en cualquiera de sus vertientes, debe entonces abstenerse de inaplicarla —o, dicho en positivo, debe aplicarla con normalidad—, aunque en la práctica ello conlleve la impunidad de los hechos y el consiguiente incumplimiento material de los deberes derivados del artículo 325.1 del TFUE (que podrá acarrear llegado el momento la responsabilidad por incumplimiento del Estado miembro implicado).

Por su parte, como se ha visto, en *Kolev* el Tribunal de Justicia había dictaminado que, en principio, un juez nacional no tiene el deber de inaplicar normas procesales internas determinantes del sobreseimiento o la libre absolución por ese solo hecho a menos que den lugar a un riesgo sistémico de impunidad; y, en todo caso, siempre y cuando se respeten los derechos fundamentales reconocidos por la Carta.

En sus conclusiones del asunto *Dzivev*, el Abogado General se mostró firme partidario del criterio que se había adoptado en el asunto *MAS* por encima de los criterios plasmados en *Taricco* y *Kolev*[26], por compadecerse mejor en su opinión con una situación, como la controvertida en *Dzivev*, donde no existía un régimen europeo armonizado ni por supuesto tampoco una regulación exhaustiva y uniforme a nivel europeo.

En efecto, para el Abogado General allí donde no hay uniformidad normativa —*i. e.*, una regulación europea expresa, clara y detallada—, cabría dar entrada a estándares nacionales de protección de los derechos fundamentales siempre y cuando no comprometiesen la primacía y efectividad del Derecho de la Unión ni el nivel de protección querido por la Carta, al no existir una toma de posición expresa del legislador europeo en cuanto al estándar concreto de protección requerido (asuntos *Åkerberg*, *MAS y MB* y *Scialdone*). En cambio, donde tal uniformidad sí existe en relación con situaciones regidas íntegramente por el Derecho europeo, los estándares nacionales de protección deberían decaer (asunto *Melloni*), porque habría de prevalecer sobre ellos la ponderación ya realizada por el legislador europeo al elaborar y promulgar la norma en cuestión; ponderación sujeta úni-

26. CAG *Dzivev*, § 69.

camente al eventual control del Tribunal de Justicia, llegado el caso y el momento[27].

En definitiva: según el Abogado General, la mayor o menor flexibilidad o, por mejor decir, la mayor o menor deferencia con las opciones tomadas por los legisladores internos de los Estados miembros en garantía de los derechos de las personas acusadas, debería hacerse depender a la postre del grado de uniformidad normativa impuesto por la Unión Europea en el ámbito específico de que se tratase.

En consonancia con este planteamiento, y por lo que respecta al papel de la Carta, el Abogado General concluyó que, en los ámbitos donde la regulación establecida por la Unión es completa y exhaustiva, la Carta de Derechos fundamentales señalaría el nivel máximo de protección que puede garantizarse a nivel interno en las situaciones previstas por la norma europea. Donde no lo es, o donde se deja margen de apreciación a los legisladores nacionales, lo que vendría a fijar la Carta es el nivel mínimo que los Estados miembros estarían obligados a asegurar en las situaciones de aplicación del Derecho europeo.

Asimismo, manifestó su desacuerdo con las consecuencias de proyectar sin matices la doctrina *Taricco* sobre los procesos penales de los Estados miembros. A este respecto, observó cómo resulta difícilmente conciliable con la seguridad jurídica el que un juez nacional pueda inaplicar de manera selectiva *in malam partem* normas vigentes de Derecho nacional potencialmente beneficiosas para los acusados, por el solo hecho de considerarlas incompatibles con el ordenamiento europeo; máxime cuando no están claras ni perfectamente definidas las condiciones en las que debe procederse

27. CAG *Dzivev*, § 87: «Salvo en circunstancias muy excepcionales, en una situación de uniformidad legislativa a escala de la Unión donde un acto de la Unión haya establecido exigencias claras y exhaustivas sobre un aspecto concreto, solo se ha de aplicar la norma europea sobre derechos fundamentales. En este caso se presume que el legislador de la Unión ya ha efectuado una ponderación entre la protección de los derechos fundamentales y la eficacia general del acto en cuestión con respecto a sus objetivos (...) En cambio, ni en la sentencia *MAS y MB* ni en la sentencia *Scialdone* (ni tampoco en el asunto *Åkerberg Fransson*) había tal armonización, en el sentido de que las normas nacionales en cuestión bien estuvieran directamente sometidas a una clara disposición del Derecho de la Unión al efecto o bien quedasen funcionalmente excluidas por ella. En consecuencia, el ejercicio de la discrecionalidad quedaba sujeto a dos tipos de límites: por un lado, los Estados miembros seguían vinculados por los principios de equivalencia y efectividad del Derecho de la Unión y por el nivel mínimo de protección de los derechos fundamentales garantizado por la Carta, y, por otro, al estar ejerciendo su propio poder discrecional, al revisar las normas adoptadas en dicho ejercicio, los Estados miembros podían también aplicar su propio concepto de cada derecho fundamental, siempre que con ello no confiriesen una protección menor que la establecida en la Carta, con arreglo al artículo 53».

de este modo, de forma que la activación de la «licencia para inaplicar» en un proceso penal concreto se puede terminar convirtiendo en «una lotería patrocinada por la Unión» (sic)[28].

Por eso, sugirió que, en adelante, las declaraciones de incompatibilidad se hicieran exclusivamente con efectos hacia el futuro, sin afectar nunca a los procesos penales en curso[29]; dejando además abierta la posibilidad de iniciar un procedimiento por incumplimiento contra el Estado miembro afectado[30].

Hizo notar también cómo resultaría extraño, y contrario a cualquier escala razonable de valores, que supuestas deficiencias sistémicas en la recaudación del IVA hubieran de determinar la suspensión de los derechos fundamentales, el principio de legalidad y el Estado de Derecho; habida cuenta sobre todo de que, en sentencias anteriores (p. ej., la del asunto *NS*[31], o la del asunto *Aranyosi y Căldăraru*[32]), el Tribunal de Justicia había

28. CAG *Dzivev,* § 106.
29. CAG *Dzivev,* § 103, donde, tras resumir sucintamente la doctrina de las sentencias *MAS y MB* y *Kolev,* afirmó lo siguiente: «Por diversas razones, soy del parecer de que el papel de los órganos jurisdiccionales nacionales en relación con las normas nacionales que puedan impedir la adecuada recaudación del IVA, al menos en los asuntos (penales) en curso, debe concebirse de modo diferente (...) Cualquier conclusión de incompatibilidad ha de limitarse a una declaración relacionada con ella, cuya aplicación a los procesos en curso quede excluida por la seguridad jurídica y la protección de los derechos fundamentales del acusado. Sus efectos han de ser únicamente hacia el futuro, en el plano estructural y procesal, acaso asociados a un procedimiento por incumplimiento en virtud del artículo 258 TFUE».
30. CAG *Dzivev,* § 111: «en mi opinión ha de estructurarse de otra manera la postura del Tribunal de Justicia en cuanto a las consecuencias de la posible incompatibilidad de disposiciones nacionales referentes a la efectiva recaudación del IVA o a los recursos propios de la Unión, en particular sobre los procedimientos penales relacionados con esas cuestiones. Aunque una norma nacional aplicable en tales procedimientos sea declarada incompatible con las disposiciones pertinentes del Derecho de la Unión, dicha declaración ha de tener efectos estrictamente hacia el futuro. En virtud de los principios de seguridad jurídica y legalidad y en aras de la protección de los derechos fundamentales (según proceda en cada caso), tal apreciación no puede tener efectos en los litigios ya iniciados si con ello se causa un perjuicio a la persona acusada. Los Estados miembros deben proceder a tomar medidas inmediatamente para reformar el Derecho nacional a fin de garantizar su compatibilidad con las apreciaciones del Tribunal de Justicia. La solución (estructural) adecuada a la omisión de este deber es un procedimiento por incumplimiento (acelerado, en su caso) con arreglo al artículo 258 TFUE».
31. STJUE de 21 de diciembre de 2011, asuntos C-411/10 y C-493/10, *NS c. Secretary of State for the Home Department* y *ME y otros c. Refugee Applications Commissioner* (ECLI:EU:C:2011:865).
32. STJUE de 5 de abril de 2016, asuntos acumulados C-404/15 y C-659/15 PPU, *Pál Aranyosi* y *Robert Căldăraru* (ECLI:EU:C:2016:198).

decidido suspender nada menos que uno de los principios elementales vertebradores de la Unión —el del reconocimiento mutuo—, precisamente con la finalidad de proteger esos mismos derechos fundamentales ante deficiencias sistémicas reales en un ordenamiento procesal, administrativo o penitenciario nacional. Obligar a suspender principios básicos del Estado de Derecho para contribuir a una recaudación más eficaz de los recursos propios de la Unión entrañaría la paradoja de poner el artículo 325 del TFUE por encima incluso del artículo 2 del TUE, lo cual resulta indefendible se mire por donde se mire.

En virtud de todo lo anterior, el Abogado General concluyó que, en una situación como la que se había producido en *Dzivev,* la protección de los intereses financieros de la Unión Europea no exige en absoluto dejar de aplicar las normas nacionales que prohíben recibir y utilizar en un proceso penal las pruebas obtenidas de forma ilícita. A este respecto señaló cómo, si bien es verdad que, allí donde no hay una armonización normativa a escala europea, la autonomía procesal e institucional nacional está limitada por el juego de los principios de equivalencia y efectividad, también lo es que estos principios no pueden ser interpretados como absolutos carentes a su vez de límites; porque ello abocaría a consecuencias absurdas e indeseadas[33]. El Derecho de la Unión no solo impone equivalencia y efectividad («sanciones efectivas y disuasorias»), sino que al mismo tiempo exige el respeto de los derechos fundamentales, porque el artículo 325 del TFUE no está jerárquicamente por encima de la Carta: se trata de disposiciones de Derecho primario u originario europeo de igual rango. Por lo tanto, los Estados miembros no están obligados, por vía de principio, a subordinar los derechos fundamentales a la recaudación eficaz de los recursos propios

33. CAG *Dzivev,* §§ 122-123: «La efectividad del Derecho de la Unión es un argumento cuestionable, puesto que, en sí mismo, carece de límites internos. Si se lleva a sus últimas consecuencias, puede llegar a justificar absolutamente cualquier resultado imaginable. En efecto, si la "efectividad de la protección de los recursos propios de la Unión" se equiparase a "condenar a penas de prisión por cometer fraude y no pagar el IVA", habría de dejarse sin aplicar toda norma nacional que se opusiese a tal condena. Pero, en ese caso, ¿no sería más efectivo aún no tener que pedir siquiera autorización judicial para intervenir un teléfono? De igual manera, quizá mejoraría la efectiva recaudación del IVA si el juez nacional tuviese competencia para ordenar el azotamiento público del que defraudase en el IVA. Estos ejemplos, claramente absurdos, ilustran expresivamente por qué el argumento potencialmente ilimitado de la "efectividad" debe ser inmediatamente limitado y ponderado con los argumentos y valores señalados en la fase anterior: otros valores, intereses y objetivos se derivan de límites de la Unión y nacionales, incluida la protección de los derechos fundamentales. Corresponde al órgano jurisdiccional nacional llevar a cabo la eventual ponderación con los límites y normas procesales de origen nacional».

de la Unión. En opinión del Abogado General debería buscarse siempre un equilibrio razonable entre ambas necesidades[34].

Según el Abogado General, en el asunto *Dzivev* estaba claro que: (a) la intervención de las comunicaciones telefónicas constituye una injerencia grave en el derecho a la vida privada del artículo 7 de la CDFUE; y (b) menoscaba los derechos de la defensa del artículo 48.2 de la CDFUE cuando el material resultante de la intervención se utiliza ilícitamente en un proceso penal. Por lo tanto, *en ausencia de una armonización normativa a escala europea* —este inciso es clave—, una norma nacional que prohíbe recibir procesalmente ese material conjuga convenientemente las dos exigencias a las que se aludía antes: permite la interceptación de las conversaciones telefónicas a los efectos de la imposición de sanciones efectivas y disuasorias (injerencia en la vida privada para la represión eficaz del fraude) y, simultáneamente, respeta los derechos fundamentales implicados, al establecer condiciones para la válida recepción y utilización de las conversaciones intervenidas en el proceso[35].

A estos efectos resultaría indiferente la naturaleza procesal o material de las normas que regulan las intervenciones telefónicas; extremo que había cobrado cierto protagonismo en la sentencia del asunto *MAS y MB*, por la importancia que le había dado la *Corte Costituzionale* italiana.

Tampoco tendría ninguna relevancia la estadística, es decir, la mayor o menor frecuencia con que se estuvieran produciendo intervenciones de comunicaciones ilícitas en el Estado miembro en cuestión y la consiguiente nulidad o exclusión procesal del resultado de esas intervenciones «en un número considerable de asuntos».

Y aun en el caso de que se le otorgara alguna importancia a este elemento, lo cierto es que la afirmación del «riesgo sistémico de impunidad» debería ir siempre avalada con datos concretos, que en aquel caso no se

---

34. CAG *Dzivev*, § 124: «Las disposiciones de la Carta y del artículo 325 TFUE, apartado 1, son disposiciones de Derecho primario de la Unión con igual rango. De hecho, como *deber dual* que se deriva del Derecho de la Unión dentro de su ámbito de aplicación, los Estados miembros deben hallar el equilibrio entre la efectividad y los derechos fundamentales. Por lo tanto, al valorar la efectividad es esencial tener en cuenta la necesidad de proteger los derechos fundamentales».
35. CAG *Dzivev*, § 126: «una norma nacional que prohíbe tomar en consideración pruebas obtenidas en virtud de una orden de interceptación incorrectamente autorizada da cuenta de los dos elementos de la ecuación: no solo del objetivo de la efectiva recaudación del IVA (permitiendo que utilícense produzcan tales injerencias en el derecho a la vida privada), sino también del respeto de los derechos fundamentales afectados (al limitar la utilización de dichas pruebas a una serie de condiciones, entre ellas la de su lícita obtención en virtud de una orden judicial)».

habían aportado, más allá de las apreciaciones subjetivas realizadas por el órgano proponente de la cuestión prejudicial. De hecho, de las cuatro personas acusadas en *Dzivev* en realidad solo una se veía «beneficiada» por el juego de la norma nacional controvertida. En relación con las otras tres, la fiscalía había podido reunir legalmente pruebas de cargo suficientes sin mayor dificultad. En consecuencia, de las circunstancias del propio asunto no cabía inferir *a priori* que se estuviera produciendo en Bulgaria una impunidad generalizada a gran escala de las infracciones en materia de IVA por causa del régimen interno de la prueba ilícita, de manera que resultara imprescindible desactivar dicho régimen en los procesos penales por fraude del IVA.

3. LA POSICIÓN DEL TRIBUNAL DE JUSTICIA: COMPATIBILIDAD (RELATIVA) DE LAS DISPOSICIONES INTERNAS EN MATERIA DE PRUEBA ILÍCITA CON LAS OBLIGACIONES DERIVADAS DEL ARTÍCULO 325 DEL TRATADO DE FUNCIONAMIENTO DE LA UNIÓN EUROPEA

Ya desde ahora conviene adelantar que, en la sentencia del asunto *Dzivev*, el Tribunal de Justicia tomó la decisión que tenía que tomar. Un indicio claro es lo poco que se ha oído hablar de esta sentencia entre los procesalistas, al menos en comparación con las de otros asuntos de envergadura similar que han cobrado fama en los últimos años. Porque en efecto, si el Tribunal de Justicia en *Dzivev* hubiera afirmado que los intereses financieros de la Unión están por encima del régimen interno de admisibilidad y valoración de las pruebas, debiendo prevalecer siempre sobre él, seguramente habrían corrido ríos de tinta como ya sucedió con anterioridad en el asunto *Taricco*.

Por lo tanto, si la sentencia *Dzivev* ha pasado relativamente desapercibida para los estudiosos del proceso penal cabe pensar que es porque el Tribunal de Justicia reaccionó como tenía que reaccionar. Es decir: no se le ocurrió declarar que la recaudación del IVA para el presupuesto de la Unión obliga a los tribunales de los Estados miembros a desplazar selectivamente las normas internas en materia de nulidad o exclusión de determinadas pruebas, porque eso entre otras cosas habría provocado un escándalo jurídico de proporciones mayúsculas.

En cuanto a la fundamentación de la sentencia, en el asunto *Dzivev* el Tribunal de Justicia partió de un dato fundamental; que es que, en el estado actual de la evolución del Derecho europeo, no existe un régimen sancionador común europeo ni tampoco un régimen procesal común europeo para luchar contra la infracción de las normas armonizadas en materia de

IVA. En particular, no hay ninguna disposición europea sobre la validez, admisibilidad y utilización de pruebas en los procesos penales por delito fiscal.

Por lo tanto, son los Estados miembros quienes tienen que regular esas cuestiones. Lo cual no quiere decir obviamente que puedan hacer lo que quieran, porque tratándose de situaciones de aplicación del Derecho europeo hay unos mínimos que vienen dados básicamente por los tradicionales límites a la «autonomía procesal nacional», que como se sabe son los famosos principios de equivalencia y efectividad[36].

Como en este caso no había reparos derivados del principio de equivalencia, el Tribunal de Justicia se centró exclusivamente en las exigencias del principio de efectividad aplicado al artículo 325 del TFUE.

A este respecto, el Tribunal de Justicia no hizo otra cosa que recordar cuestiones que ya estaban dichas en las sentencias de los asuntos *Scialdone*, *MAS y MB* y *Kolev*; aunque dando preferencia al enfoque adoptado en el asunto *MAS y MB*, tal como había sugerido el Abogado General en sus conclusiones.

Así, precisó que incumbe ante todo al legislador nacional atender las obligaciones derivadas del artículo 325 del TFUE —y, con ello, asegurar la efectividad del mismo— al establecer el régimen procesal de la acción penal por fraude del IVA, compaginando la evitación de un posible riesgo sistémico de impunidad con la necesaria protección de los derechos fundamentales de las personas acusadas[37]. Por su parte, los tribunales nacionales tienen que dar «plenos efectos» a esas obligaciones del artículo 325 del TFUE, inaplicando las normas nacionales que impidan la imposición de sanciones efectivas y disuasorias al fraude contra los intereses financieros de la Unión, pero respetando siempre los derechos fundamentales y los principios generales del Derecho europeo[38].

Es decir, al igual que había hecho en *MAS y MB* y en *Kolev*, el Tribunal de Justicia dio un paso más allá de la doctrina clásica de la autonomía pro-

36. Véase STJUE *Dzivev*, § 30: «si bien las sanciones y los procedimientos administrativos o penales que los Estados miembros establecen para luchar contra las infracciones de las normas armonizadas en materia de IVA pertenecen al ámbito de su autonomía procesal e institucional, dicha autonomía está limitada, además de por el principio de proporcionalidad y por el principio de equivalencia, cuya aplicación no se cuestiona en el presente asunto, por el principio de efectividad, que impone la exigencia de que dichas sanciones sean de carácter efectivo y disuasorio».
37. STJUE *Dzivev*, § 31.
38. STJUE *Dzivev*, §§ 32-34.

cesal nacional. Afirmó que, como los procesos penales sobre fraude del IVA son situaciones de aplicación del Derecho de la Unión en el sentido del artículo 51 de la Carta, en esos procesos penales los tribunales internos tienen que respetar los derechos garantizados por la Carta y los principios generales del Derecho de la Unión. Y entre estos principios, en particular el principio de legalidad y la cláusula del Estado de Derecho.

Y ello tanto en la fase de investigación como en la de enjuiciamiento; porque la obligación de velar por una recaudación eficaz del IVA no puede ser un pretexto para pasar por encima de estos principios en el proceso penal[39].

El punto de novedad de la sentencia *Dzivev* es que, en ella, el Tribunal de Justicia declaró que, aplicados a una situación como la que se planteó en *Dzivev*, los principios europeos de legalidad y Estado de Derecho significan que la represión de la delincuencia no se puede hacer rebasando los límites dentro de los cuales una autoridad está facultada para actuar con arreglo al Derecho interno de su Estado miembro[40]. Recuérdese a este respecto que, en el asunto principal, se habían acordado unas escuchas que necesitaban autorización judicial por un tribunal que no tenía competencia para ello.

Al mismo tiempo, el Tribunal de Justicia observó que la intervención de las comunicaciones supone una injerencia en el derecho fundamental europeo a la vida privada del artículo 7 de la Carta y que, en consecuencia, está sujeta a los requisitos del artículo 52 de la propia Carta: debe estar prevista por la ley en el Estado miembro de que se trate, debe respetar el contenido esencial del derecho afectado y debe cumplir con las exigencias del principio de proporcionalidad[41].

En el supuesto de autos, como las escuchas se habían acordado por una autoridad judicial sin competencia, el Tribunal de Justicia dijo que no se podía considerar que en este caso la injerencia estuviese «prevista en la ley» en el sentido del artículo 52 de la Carta[42] (abro un pequeño paréntesis para puntualizar nada más que en realidad que sí que lo estaba; cuestión diferente es que se hubieran incumplido los requisitos de competencia, pero la

39. STJUE *Dzivev*, § 34: «la obligación de garantizar la recaudación eficaz de los recursos de la Unión no exime a dichos órganos jurisdiccionales del necesario respeto del principio de legalidad y del Estado de Derecho, que es uno de los valores primordiales en los que se fundamenta la Unión, tal como se refleja en el artículo 2 del Tratado de la Unión Europea».
40. STJUE *Dzivev*, § 35.
41. STJUE *Dzivev*, § 36.
42. STJUE *Dzivev*, § 37.

previsión legal existía. Lo que hace el Tribunal de Justicia, forzando un poco los conceptos, es reconducir cualquier situación de incumplimiento de algún requisito legalmente establecido a un supuesto de «injerencia legalmente no prevista»).

Por lo tanto, no estaríamos ante una simple infracción procesal, sino ante una vulneración sustantiva del derecho fundamental europeo a la vida privada que acarrearía la inutilizabilidad de sus frutos.

Bien, pues llegados a este punto, lo que no quiso hacer el Tribunal de Justicia es extraer unilateralmente las consecuencias de esa vulneración sustantiva en el plano de las garantías procesales. Aquí el Tribunal de Justicia fue tremendamente cauto y, de hecho, hizo un ejercicio de autocontención, buscándose una salida muy hábil.

En vez de sacar las últimas consecuencias del planteamiento que se acaba de sintetizar, recurrió a un lenguaje metafórico y se limitó a declarar que la norma interna que impone la exclusión de pruebas ilícitamente obtenidas en situaciones como la que se había producido en *Dzivev* no es incompatible con el Derecho de la Unión, en la medida en que «refleja» las exigencias de los principios europeos de legalidad y del Estado de Derecho[43].

Por lo tanto, el Derecho de la Unión no podría obligar al juez nacional a inaplicar una norma procesal interna que imponga la exclusión de esas pruebas, ni siquiera aunque dejando de aplicarla evitara la impunidad e incrementara la ambicionada eficacia en la persecución de los incumplimientos o las infracciones del Derecho europeo[44].

De este modo, implícitamente el Tribunal de Justicia vino a dar la razón al Abogado General, al dejar de lado enfoques jurisprudenciales anteriores basados casi exclusivamente en el dato cuantitativo, «jurídico-sociológico» o «jurídico-económico» (razonamiento en términos del número de supuestos de impunidad a que pudiera dar lugar la norma controvertida en la práctica); priorizando en cierta manera la perspectiva que se había adoptado anteriormente en la sentencia del asunto *MAS y MB*. Al mismo tiempo se abstuvo de ir más allá, evitando declarar en positivo que la ineficacia de las pruebas ilícitamente obtenidas viene *exigida* por el Derecho europeo

43. STJUE *Dzivev*, § 38: «la norma controvertida en el procedimiento principal refleja las exigencias expuestas en los apartados 35 a 37 de la presente sentencia, en la medida en que obliga al juez nacional a descartar del procedimiento penal medios de prueba, como las interceptaciones de las telecomunicaciones, que requieren una autorización judicial previa cuando dicha autorización ha sido emitida por una autoridad jurisdiccional sin competencia para ello».
44. STJUE *Dzivev*, § 40.

—concretamente, por el artículo 47 de la Carta— en las situaciones donde ese Derecho resulta de aplicación y en las que falta una armonización completa y exhaustiva. Antes al contrario, se limitó a hacer una declaración de mera ausencia de incompatibilidad, allí donde la exclusión o la nulidad de las pruebas ilícitamente obtenidas constituya un «reflejo» o una proyección de los principios europeos de legalidad y del Estado de Derecho; habiendo que entender que, donde no se aprecie un tal reflejo o una tal proyección de principios básicos del ordenamiento de la Unión, la norma interna que disponga la exclusión o la nulidad de la prueba sí constituirá una extralimitación de la autonomía procesal nacional.

III. CONCLUSIÓN

El balance de la sentencia *Dzivev* es en mi opinión agridulce.

Es dulce porque en esta sentencia el Tribunal de Justicia respalda explícitamente las opciones nacionales de política legislativa que privan de eficacia a las pruebas ilícitamente obtenidas, ya sea a través de un régimen de nulidad o por medio de una regla de exclusión propiamente dicha. Es decir: no es solo que el Tribunal de Luxemburgo no desapruebe estas opciones, o que las tolere o las soporte a regañadientes, sino que las celebra e incluso las aplaude; si bien, como se dirá luego, dentro de los márgenes delineados por la jurisprudencia sobre el estándar de protección de los derechos fundamentales en las situaciones de aplicación del Derecho europeo.

En efecto, como se acaba de explicar, en *Dzivev* el Tribunal de Justicia declaró que esas opciones de política legislativa pueden constituir un «reflejo» las exigencias del principio de legalidad y del Estado de Derecho, incluso cuando lo que está en juego son los recursos propios de la Unión.

Esto, a la luz de la sentencia del asunto *Taricco* (o, mejor dicho, a la sombra de la sentencia *Taricco*) tiene un valor indiscutible.

La parte quizás menos amable viene por la reticencia que se aprecia a sacar las últimas consecuencias de este planteamiento.

Es verdad que el régimen de la prueba —y de la utilizabilidad de las pruebas— es un campo delicado, complejo, donde las diferencias entre los sistemas procesales nacionales son grandes, o incluso podría decirse que abismales. Al mismo tiempo, no se puede dejar de tener la impresión de que la sentencia *Dzivev* fue en cierto modo una oportunidad desaprovechada de avanzar en la línea que ya se había abierto dos años antes en la sentencia del asunto *WebMindLicenses*.

Porque si es verdad que una disposición interna que obliga a descartar una prueba ilícitamente obtenida «refleja» las exigencias europeas del principio de legalidad y el Estado de Derecho, no es muy coherente que luego el Tribunal de Justicia rehúya agarrar el toro por los cuernos y se abstenga de relacionar la cuestión con los derechos fundamentales europeos de contenido procesal (singularmente, los reconocidos en el artículo 47 de la Carta), avanzando un criterio general para todos los procesos penales donde resulte de aplicación el Derecho europeo. Entre otras cosas porque tampoco hay muchas alternativas imaginables a la nulidad o a la exclusión en el plano de los posibles remedios.

Importa recordar a este respecto que, en *WebMindLicenses* el Tribunal de Justicia había supeditado la posibilidad de recibir y utilizar, en un procedimiento administrativo sancionador, pruebas obtenidas en un proceso penal paralelo, a la condición de que tanto la obtención de las pruebas como su utilización posterior en el procedimiento administrativo respetaran los derechos garantizados por el Derecho de la Unión; exigencia que se cifraba en la comprobación de que la medida de investigación empleada para recabar el material probatorio estaba «prevista en la ley» (en el sentido que el Tribunal de Justicia da a esta expresión) y era necesaria en el proceso penal donde se acordó; que la utilización de la prueba por la Administración estaba asimismo prevista legalmente y resultaba necesaria; y que el administrado tributario hubiera visto respetados sus derechos de defensa en el procedimiento administrativo sancionador, es decir, pudo acceder a las pruebas en dicho procedimiento y ser oído en relación con ellas.

De no cumplirse estas condiciones, el juez que conoce del recurso contra la resolución sancionadora de la Administración tributaria estaría obligado a desechar el material de que se tratase (en aquel asunto, grabaciones de conversaciones y correos electrónicos intervenidos). De la sentencia *WebMindLicenses* se desprende, por lo tanto, que en las situaciones regidas por el Derecho de la Unión existiría una cierta regla de exclusión implícita, que obligaría a descartar las pruebas obtenidas —o recibidas en el procedimiento— con vulneración de los derechos reconocidos por el ordenamiento europeo: la UE no estaría dispuesta a aceptar que se reciban y utilicen materiales, resultantes de una vulneración de los derechos consagrados en la Carta, en procedimientos sancionadores seguidos ante las autoridades de los Estados miembros cuyo objeto sea castigar infracciones de las normas europeas. Y merece la pena subrayar este extremo: cuando se habla de pruebas «ilícitamente obtenidas» en este contexto, se habla exclusivamente de pruebas obtenidas con vulneración de principios, derechos o estándares *europeos*; que evidentemente no tienen por qué coincidir en alcance, objeto y extensión con los principios, derechos o estándares del ordenamiento interno, incluso aunque reciban la misma denominación.

Puede decirse en definitiva que, en aquella resolución, el Tribunal de Justicia sentó las bases para el establecimiento de una obligación general de excluir la prueba ilícitamente obtenida en las situaciones regidas por el Derecho europeo, pero sin desarrollarlas por extenso —dadas las circunstancias particulares de aquel asunto— y sin sacarles sus últimas consecuencias.

Adviértase en cualquier caso que la situación planteada en *WebMindLicenses* no fue la misma que en *Dzivev*, porque en *Dzivev* lo que estaba en juego era la compatibilidad de las normas nacionales en materia de utilizabilidad de las pruebas con el Derecho de la Unión, lo que inevitablemente obligaba a abordar la situación teniendo a la vista la espinosa cuestión de las diferencias en los estándares de protección de los derechos fundamentales a nivel interno y a nivel europeo.

Comprensiblemente, el Tribunal de Justicia no quiso validar de un plumazo todas las posibles configuraciones que pueda revestir la regla de exclusión o el régimen de la nulidad de las pruebas ilícitamente obtenidas en los ordenamientos internos de los Estados miembros. En este sentido, fue cauteloso y dejó entreabierta una vía para declarar en el futuro la posible incompatibilidad de alguna de ellas con el Derecho de la Unión, incluso en situaciones de ausencia de armonización normativa a escala europea[45].

Al mismo tiempo, lo cierto es que el TJUE dejó pasar la ocasión de vincular esta cuestión con el derecho a un proceso equitativo del artículo 47 de la Carta —o incluso con el derecho a la presunción de inocencia del artículo 48—; que tal vez habría sido lo más lógico y también lo más deseable en términos de desarrollo de la proyección del sistema europeo de derechos fundamentales en los procesos penales internos que tienen por objeto situaciones donde resulta de aplicación el Derecho de la Unión. Como se ha visto, se limitó a reconducir el problema a un supuesto de «falta de previsión legal» de la injerencia en el derecho fundamental a la vida privada del señor Dzivev, al haberse acordado las intervenciones de sus comunicaciones telefónicas por un órgano carente de competencia y sin la motivación que exigía la ley nacional.

Y de ahí la relativa insatisfacción que genera la lectura de esta sentencia.

45. Que la existencia o inexistencia de disposiciones armonizadoras —y su grado de exhaustividad— es un extremo sumamente relevante a estos efectos fue uno de los puntos centrales de la argumentación del Abogado General Bobek en sus conclusiones del asunto *Dzivev*. No obstante, en la sentencia el Tribunal de Justicia pasó de puntillas también por este argumento. Véase al respecto CAG *Dzivev*, §§ 70-80.

3

El control pasivo e indirecto de los derechos fundamentales en el proceso extradicional: la flexibilización del principio de no indagación

JAVIER IGNACIO ZARAGOZA TEJADA
Fiscal
Letrado Coordinador del área penal del Tribunal Constitucional

I. EL PRINCIPIO DE NO INDAGACIÓN EN EL PROCESO EXTRADICIONAL. DERECHO COMPARADO

La globalización es un término que se ha manejado con frecuencia en las últimas décadas para justificar al incremento de las relaciones e interacciones entre países y regiones a nivel mundial. Este fenómeno ha tenido un impacto significativo no solo a nivel social y económico sino también claro está, a nivel legal donde la nueva realidad ha modificado para siempre el derecho penal y los instrumentos de cooperación judicial internacional. No en vano, hoy en día prácticamente todos los órganos judiciales tienen uno o varios procedimientos penales que presentan conexiones con el territorio de otros Estados ya sea desde un punto de vista de los sujetos parte en dicho procedimiento, ya sea desde el punto de vista de su objeto.

El desarrollo del mundo como global ha supuesto, además, un importante incremento de la actividad y de las relaciones entre los Estados que, en base al consenso y con la finalidad de facilitar la persecución de los delitos y conseguir el castigo a sus autores, tratan de dar respuesta a la nueva realidad social-jurídica creando un relevante cuerpo de normas que facilitan la cooperación judicial a nivel transnacional.

Dentro de estos instrumentos merece especial referencia el denominado *«proceso extradicional»* que aparece configurado como un acto de auxilio judicial internacional de naturaleza mixta gubernativa-judicial y que tiene por objeto la entrega de una persona *(extradituros)* que se encuentra en el territorio de un Estado (*Estado requerido)* a un tercer Estado (*Estado requirente)* a fin de que sea enjuiciado o se ejecute una pena en su territorio[1]. Importante es, consecuentemente, resaltar que el objeto del proceso extra-

1. En palabras del Tribunal Constitucional, «en el vigente derecho español la extradición pasiva o entrega de un ciudadano extranjero a otro Estado constituye un procedimiento mixto, administrativo-judicial, en el que se decide acerca de la procedencia o no de la entrega solicitada por dicho Estado en su demanda de extradición. En el proceso en vía judicial de la extradición no se decide acerca de la hipotética culpabilidad o inocencia del sujeto reclamado ni se realiza un pronunciamiento condenatorio, sino simplemente se verifica el cumplimiento de los requisitos y garantías previstos en las normas para acordar la entrega del sujeto afectado (SSTC 102/1997, 222/1997, 5/1998; AATC 307/1986, 263/1989, 277/1997). Se trata, pues, de un proceso sobre otro proceso penal previamente iniciado e incluso concluido sólo que a falta de la ejecución en otro Estado. SI los órganos españoles competentes estiman procedente la demanda de extradición, ello acarrea como consecuencia directa e inmediata la salida del sujeto del territorio español y su correlativa entrega a las autoridades del Estado requirente; y como consecuencia indirecta, el posible enjuiciamiento y, en su caso, cumplimiento de una sanción jurídica de naturaleza penal en el ámbito del Estado requirente» (SSTC 141/1998, de 29 de junio, FJ3; 156/2002, de 23 de julio, FJ3; 82/2006, de 13 de marzo, FJ2; 191/2009, de 28 de septiembre, FJ3).

dicional queda constreñido a la determinación de si concurren los requisitos legales [previstos en el tratado bilateral firmado entre el Estado requirente y el Estado requerido, y, subsidiariamente, en la Ley de Extradición Pasiva (LEP) para acceder a la extradición y en virtud de ello proceder a la entrega del reclamado.

Desde la perspectiva de esta posición, resulta evidente que el Estado requerido no puede, ni debe, entrar a conocer de las hipotéticas infracciones de derecho procesal cometidas en el procedimiento primigenio, la suficiencia o no de las evidencias para condenar/ enjuiciar el extraditurus, o la posible desproporción de las penas/sanciones que eventualmente pudiesen ser impuestas en el Estado solicitante. Esta actividad de no control de las posibles alegaciones que al respecto pudiese elevar el sujeto pasivo del proceso extradicional no es solo consecuencia del objeto mismo de aquel proceso sino, también, claro está, de la aplicación del denominado «principio de indagación» que aparece formulado tanto en el derecho patrio como en derecho comparado y que se fundamenta en un deber de respeto hacia las decisiones alcanzadas por otros Estados, no tratando de enjuiciar o examinar aquellas desde la perspectiva de nuestro propio ordenamiento.

De hecho, el origen del «principio de no indagación» lo encontramos en los Estados Unidos de América *(non-inquiry principle)* donde en 1901 la *United Suprem Court* (caso *Neely c. Henke)*[2] afirmó que las garantías de un proceso debido fundadas en la constitución norteamericana no eran extrapolables a los juicios desarrollados en terceros Estados por delitos cometidos fuera de territorio norteamericano. Esta no extensión de la protección constitucional norteamericana a lesiones cometidas en procedimientos judiciales de otros Estados se aplicaba, incluso, a supuestos de quejas por riesgo de torturas o malos tratos, siendo que en 1972 la *United Suprem Court* (caso *Holmes c. Laird)* afirmó en un supuesto en el que, precisamente, se alegaban el riesgo de este tipo de actos que *«la entrega de un ciudadano americano en virtud de un tratado y con la finalidad de someterlo a un proceso judicial extranjero no queda afectada por la ausencia en aquel de las garantías atribuidas en procesos judiciales norteamericanos»*.

Esta postura fue no obstante matizada en otras resoluciones posteriores como, por ejemplo, *Gallina c. Foster* donde la Corte del Segundo Circuito afirmó que era necesario un examen o reconsideración del *non-inquiry principle* en aquellos casos en los que existía el riesgo de que el sujeto requerido pueda ser objeto de procedimientos o penas que fueran abiertamente

2. El caso concreto se refería a una extradición de un ciudadano estadounidense a Cuba por un delito de malversación (embezzling) de fondos del departamento postal cubano.

incompatibles «*con el sentido de decencia de la corte federal*». Aunque dicha posición doctrinal fue seguida posteriormente por otros órganos judiciales, lo cierto es que la sentencia del caso *Ahmad c. Wigen* dio lugar a un reforzamiento de la doctrina sentada en *Neely c. Henke* y, por lo tanto, a una aplicación extensiva del *non inquiry principle.* Así, el caso *Ahmed c. Wigen* se refería a una extradición interesada por el Estado de Israel frente a una persona imputada por delitos relacionados con el terrorismo de corte islamista. El extraditurus alegó ante la Corte del Distrito Este de Nueva York la existencia de riesgos evidentes de que, de ser extraditado a Israel, quedaría sometido a torturas y tratos degradantes que irían directamente dirigidos a obtener una confesión/ colaboración con las autoridades israelitas. Aunque dicha alegación fue finalmente desestimada (dada cuenta que el recurrente no consiguió acreditar con la suficiente fehaciencia la concurrencia de dicho riesgo), lo cierto es que la Corte del Distrito de Nueva York estableció que, en aquel caso, las alegaciones efectuadas y las circunstancias concurrentes, recomendaban hacer —tal y como previamente se había enunciado en *Gallina c. Foster*— una excepción al *non inquiry principle* y realizar una investigación exhaustiva y profunda sobre los procedimientos judiciales del Estado requirente y la existencia de sospechas fundadas de tortura. No obstante, presentada apelación, la Corte del Segundo Circuito cuestionó la decisión de la Corte del Distrito de Nueva York afirmando que la valoración de los procedimientos judiciales del Estado requirente no se encuentra dentro de las competencias del juez de instancia y, consecuentemente, no se podía efectuar una indagación sobre los aspectos reseñados.

Diferente postura ha sido tomada, no obstante, por parte de otras Cortes de Distrito que han considerado que podría ser inconstitucional conceder extradiciones en supuestos en los que existiera el riesgo de que el reclamado fuera sometido a tratos inhumanos o degradantes en el Estado de emisión. Especialmente significativa es, entre ellas, la sentencia del caso *In re Burt* donde se afirmó que las garantías constitucionales eran aplicables a decisiones del gobierno de EE. UU. de acceder a solicitudes de extradiciones y que aquellas, en ningún caso, deben violar los principios de «*fair play and decency*» incluidos implícitamente en el derecho al proceso debido. De esta manera, las decisiones adoptadas en este sentido deben ajustarse a cualquier otra limitación impuesta por la propia Constitución norteamericana frente a «*procedimientos o penas especialmente atroces en las jurisdicciones extranjeras*».

La posibilidad de efectuar una adecuada investigación dirigida a controlar el cumplimiento de los derechos fundamentales en el Estado solicitante de la extradición ha sido también reconocida en países europeos como en Italia. Así, en la sentencia dictada por la *Corte di Cassazione* de 9 de febrero de 2021 fue afirmado que «*en presencia de una situación de riesgo de ser sometido a tratos inhumanos o degradantes atestiguada por fuentes internacionales fidedignas, es deber del Tribunal de apelación, a los efectos de constatar la condición obstativa prevista en el artículo 698.1 del Código Penal, solicitar, por medio de una investigación, informaciones complementarias destinadas a conocer el tratamiento al que será sometido la persona extraditada (...) en presencia de una constatada situación problemática del sistema penitenciario del Estado requirente, la verificación de la existencia de un concreto peligro de someter a un detenido a tratos inhumanos o degradantes debe también correlacionarse con las peculiares condiciones del extraditado*». En el mismo sentido se ha pronunciado la *Corte di Cassazione* en sentencias de 28 de octubre de 2020 (extradición a Albania, riesgo de tratamiento inhumano por sistema carcelario); de 4 de diciembre de 2019 (extradición a Moldavia); o 11 de septiembre de 2019 (extradición a Egipto) entre otras.

También en Alemania, donde los órganos judiciales alemanes han denegado en diferentes ocasiones la ejecución de OEDE/extradiciones a terceros Estados ejerciendo una modalidad de control pasivo e indirecto de derechos fundamentales. Es el caso, por ejemplo, de la decisión dictada por el *Bundesverfassungsgericht* en diciembre de 2015 (BvR 2745/14) donde se revocó la decisión de concesión de extradición acordada por el *Oberlandsgeritch* de Düsseldof en el que el *extradituru*s alegaba una violación de sus derechos contemplados en los arts 1, 2; 3 y 103 de la *Grundgesetz für die Bundesrepublik Deutschland (GG)* dada cuenta de no habérsele notificado la existencia de un procedimiento judicial contra el mismo seguido en la República de Italia. En dicha resolución, el Tribunal Constitucional Alemán entendió que Italia había fallado al no garantizarle la celebración de un nuevo juicio donde las alegaciones del *extradituru*s y la prueba tenida en cuenta para condenar hubiera podido ser reexaminada o reevaluada. Para el *Bundesverfassungsgericht*, en definitiva, las garantías mínimas de los derechos de los acusados en los procedimientos penales de los Estados requirentes deben ser observados al decidir sobre la extradición para ejecutar una pena.

II. EL PRINCIPIO DE NO INDAGACIÓN EN EL DERECHO ESPAÑOL Y SUS LÍMITES. LA PROTECCIÓN *AD EXTRA* Y EL CONTROL PASIVO O INDIRECTO DE LOS DERECHOS FUNDAMENTALES

Al igual que ocurre con los precedentes de derecho comparado anteriormente señalados, los órganos judiciales españoles no han restringido la tutela de los derechos fundamentales a los supuestos de lesiones o injerencias cometidas por aquellos, sino que también han afirmado la posibilidad de realizar una modalidad de jurisdicción ultraterritorial en supuestos de lesiones perpetradas fuera de nuestro territorio siempre que aquellas tengan alguna conexión con aquel.

Así, y desde una perspectiva referida a la valoración de los medios de prueba, el Tribunal Supremo ha aplicado analógicamente el principio de no indagación (surgido originariamente, y como ya se ha visto, en el ámbito del derecho extradicional) y sus límites a supuestos de reconocimiento de validez en España de las diligencias de pruebas practicadas fuera de nuestro territorio conforme a las normas procesales (en ocasiones, no coincidentes) de un tercer Estado[3]. Para el Alto Tribunal, aunque resulta manifiestamente inexigible hacer depender la validez los medios de prueba obtenidos en virtud de instrumentos de cooperación judicial internacional del cumplimiento de las garantías procesales existentes en territorio español, debiéndose estar, respecto a esta cuestión, a las normas y garantías que rigen en el país que se han obtenido (*lex loci*), ello no impide que se pueda cuestionar directamente, y ante los órganos judiciales españoles, la posible vulneración de aspectos axiológicos de derechos fundamentales o la quiebra de principios estructurales del proceso penal en la obtención de medios de prueba, siempre que aquellos deban surtir efecto en territorio español.

De esta forma, el *principio de no indagación* no puede ser concebido como un recurso procesal que permita dar validez a las evidencias probatorias obtenidas en virtud de instrumentos de cooperación internacional cualquiera que se la forma en la que hayan sido obtenidas o cualquiera que sea la garantía procesal/ derecho fundamental que haya sido quebrada siendo que la aplicación de dicho principio no puede, ni debe, extenderse hasta el punto obviar cualquier inobservancia de los aspectos axiológicos de derechos fundamentales o de los principios estructurales esenciales del proceso debido.

En este sentido, la STS 456/2013 afirmaba «*Su invocación* (principio de no indagación) *deberá operar en el marco exclusivamente formal que afecta a la práctica de los actos de investigación en uno u otro espacio jurisdiccional, resultando obligada la indagación de la vigencia de los principios estructurales del pro-*

---

3. Esta técnica, de hecho, resulta muy común en Estados de nuestro entorno, donde encontramos múltiples resoluciones que acuden al principio de *no indagación* a los efectos de tratar de hacer frente a las dificultades derivadas de la desarmonización legislativa como obstáculo para otorgar validez a pruebas obtenidas en virtud de instrumentos de cooperación judicial internacional. Sin ánimo de ser extensos, y refiriéndonos al reciente caso *Encrochat,* este principio ha sido utilizado por el *Oberlandesgeritcht* de Berlín (resolución de 30 de agosto de 2021); el *Bundersgerichtshof* (resolución de 8 de febrero de 2022); la Corte Judicial de Rotterdam (resolución de 25 de junio de 2021); el *Norges høyesterett* (30 de junio de 2022); o la *High Court* de Copenhague (10 de febrero de 2022).

ceso, sin cuya realidad y constatación la tarea jurisdiccional se aparta de sus principios legitimadores». También la STS 23 de febrero de 2017 (caso *Falciani*) que, al analizar la validez de las pruebas de evasores fiscales obtenidas en Francia, acababa consignando que «*la histórica vigencia del principio locus regit actum, de dimensión conceptual renovada a raíz de la consolidación de un patrimonio jurídico europeo, no puede convertirse en un trasnochado adagio al servicio de la indiferencia de los órganos judiciales frente a flagrantes vulneraciones de derechos fundamentales. Incluso si en el plano semántico la expresión principio de no indagación, si se interpreta desbordando el ámbito exclusivamente formal que le es propio resulta incompatible con algunos de los valores constitucionales comprometidos en el ejercicio de la función jurisdiccional*».

En lo que se refiere al derecho extradicional, la doctrina sobre el control externo —también denominado «control pasivo e indirecto»— de los derechos fundamentales empieza a esbozarse muy tempranamente en la STC 11/1983, de 21 de febrero, la cual matizaba los límites del objeto del proceso de extradición y del principio de *no indagación*, señalando que aquel no debía llevar al absurdo de privar a los órganos judiciales españoles de «*conocer de absolutamente todas las cuestiones que puedan suscitarse con motivos de expedientes o procesos de extradición*» quedando, de esta manera, aquellas «*marginadas del recurso de amparo constitucional*» (...) debiéndose dejar la vía constitucional y jurisdiccional expedita a «*pretendidos quebrantos de derechos y libertades constitucionalmente protegidos*» (STC 11/1983, de 21 de febrero, FJ1).

Esto era afirmado con rotundidad por el magistrado Francisco Tomás y Valiente que en el voto particular a la STC 11/1983 señalaba explícitamente que «*no sería obstáculo el hecho de que las vulneraciones directas contra los derechos fundamentales se hubieran cometido en otro país y por órganos jurisdiccionales del mismo, pues, constándoles a nuestros Tribunales aquellas vulneraciones, no podrían acceder ellos a la extradición sin hacerse autores eo ipso de una lesión contra los derechos fundamentales de extranjero extraído*».

A partir de este pronunciamiento, la doctrina constitucional ha señalado reiteradamente que el procedimiento de extradición concreta un estrecho complejo de actuaciones imbricadas, en el país requirente y en el requerido, por lo que el destino del extraditado en aquél no es ni puede ser indiferente para las autoridades de éste, que se encuentran obligadas a prevenir, esto es, a impedir que se convierta en daño un peligro efectivo, la vulneración de derechos fundamentales, que les vinculan como bases objetivas de nuestro ordenamiento, incluso si esa vulneración se espera de autoridades extranjeras, atrayéndose la competencia de los Tribunales españoles por el dominio de que disponen sobre la situación personal del extraditado, de modo que «*el control del Poder Judicial español (y, en su caso, del Tribunal Constitucional) sobre la conformidad a los derechos fundamentales de la actuación de un poder público extranjero se basa en que la sujeción a esos mismos derechos del propio Poder Judicial, según hemos reconocido reiteradamente, no desaparece cuando la actuación del juez español produce un riesgo relevante de vulneración de los derechos fundamentales por parte de los órganos de un Estado extranjero o ejecuta resoluciones de tales órganos vulneradoras de dichos derechos*» (STC 91/2000, FJ 6).

Consecuentemente, constituye responsabilidad de los tribunales españoles la imposición al Estado reclamante de las condiciones que se estimen necesarias para preservar los derechos fundamentales del reclamado, lo que no implica que los órganos judiciales requieran a las autoridades del Estado reclamante la prestación de garantía como condición previa para declarar procedente la extradición de los reclamados sino que, al acordarse la procedencia de la extradición, la misma incluya la exigencia de que en el Estado requirente se den al extraditado las posibilidades de hacer efectivo el derecho fundamental, pesando sobre dicho Estado la responsabilidad del cumplimiento de dicha condición a la que se sujeta expresamente el acuerdo de extradición (STC 49/2006, de 13 de febrero, FJ 5, y ATC 434/2006, de 23 de noviembre, FJ 4).

La sistematización de la doctrina sobre los límites al principio de no indagación —y, por ende, sobre el control pasivo e indirecto de los derechos fundamentales— aparece recogida con gran exhaustividad en la STC 91/2000, de 30 de marzo, donde se planteó la proyección de este control *ad extra* respecto a la vulneración de derecho de defensa en el Estado solicitante de la extradición. En dicha resolución, el Tribunal, tras reconocer la «*especial fuerza vinculante de los derechos fundamentales*» para los poderes públicos, señala que la protección *ad extra* viene vinculada irremediablemente a los aspectos axiológicos de aquellos, de tal manera que es misión de los Tribunales españoles valorar la repercusión que la concesión de la extradición tendría indirectamente en estos aspectos. Así, esa sentencia señalaba explícitamente:

> «*Por lo tanto, hemos de afirmar desde ahora que, al contenido absoluto de los derechos fundamentales, determinado en la forma que acaba de indicarse y que, según lo dicho, comporta necesariamente, una proyección ad extra, no pertenecen todas y cada una de las características con las que la Constitución consagra cada uno de ellos, por más que, en el plano interno, todas ellas vinculen inexcusablemente incluso al legislador, en razón de su rango. Sólo el núcleo irrenunciable del derecho fundamental inherente a la dignidad de la persona puede alcanzar proyección universal; pero, en modo alguno podría tenerla las configuraciones específicas con que nuestra Constitución le reconoce y otorga eficacia. Así, al analizar esta cuestión en relación con las garan-*

tías contenidas en el art. 24 CE, las SSTC 43/1986, FJ 2 y 54/1989, FJ 4, han señalado que, si bien los Tribunales extranjeros no se hallan vinculados por la Constitución española ni por su elenco de derechos protegidos por el recurso de amparo, sí lesionan los derechos fundamentales las resoluciones de los órganos judiciales españoles que homologan "una resolución judicial foránea en un supuesto en que, por ser contraria a los principios esenciales contenidos en el art. 24 de la Constitución, debiera haber sido repelida por el orden público del foro". Este último concepto "ha adquirido así en España un contenido distinto, impregnado en particular por las exigencias del art. 24 de la Constitución", ya que "aunque los derechos fundamentales y libertades públicas que la Constitución garantiza sólo alcanzan plena eficacia allí donde rige el ejercicio de la soberanía española, nuestras autoridades públicas, incluidos los Jueces y Tribunales, no pueden reconocer ni recibir resoluciones dictadas por autoridades extranjeras que supongan vulneración de los derechos fundamentales y libertades públicas garantizados constitucionalmente a los españoles o, en su caso, a los españoles y extranjeros" (STC 43/1986, FJ 4)».

En parecidos términos se ha pronunciado también el Tribunal Europeo de Derechos Humanos. De esta manera, la STEDH de 7 de julio de 1989 (*Soering c. United Kingdom*) afirmaba que no existe un principio en virtud del cual los Estados firmantes del Convenio hayan de comprobar que en el país de destino del extraditado se cumplen plenamente todas y cada una de las garantías del CEDH. Sin embargo, han de atender al carácter específico del Tratado como garantía colectiva de los derechos del hombre y de las libertades fundamentales, y tener en cuenta su espíritu general «*destinado a salvaguardar y promover los ideales y valores de la sociedad democrática*» (núm. 87). De modo que no pueden conducirse de forma incompatible con los valores subyacentes a la Convención, esto es, «*el patrimonio común de ideales y de tradiciones políticas, de respeto a la libertad y de preeminencia del Derecho al que se refiere el Preámbulo*» (núm. 88).

Aunque es cierto que el Tribunal Europeo de Derechos Humanos realiza esa afirmación en el marco de la prohibición de la tortura y de las penas o tratos inhumanos o degradantes, no se refiere sólo a aquellas sino que también vincula a las exigencias derivadas del derecho a un proceso penal equitativo «*el cual ocupa un lugar preeminente en una sociedad democrática*» y no queda, por tanto, excluido que una decisión de extradición pueda plantear un problema de vulneración del Convenio cuando el fugitivo haya sufrido o exista peligro de que sufra una «*flagrante denegación de justicia*». Afirmación que se repite en resoluciones anteriores y posteriores (Colozza c. Italia, 12 de febrero de 1985; FCB c. Italia, 28 de agosto de 1991; Caso T. c. Italia, 12 de octubre de 1992; Poitrimol c. Francia, 23 de noviembre de 1993; Pelladoah c. Holanda, 22 de septiembre de 1994; Lala c. Holanda, 22 de septiembre de 1994 y Guerin c. Francia, 29 de julio de 1998).

De todo lo expuesto parece inevitable concluir, por lo tanto, que hay un núcleo absoluto de los derechos fundamentales respecto al cual los Tribunales españoles pueden y deben valorar la repercusión que en aquellos producen los actos de los poderes públicos de los Estados extranjeros. Si tales actos han producido una lesión o representan un peligro relevante para ese núcleo de los derechos de cualquier ciudadano la resolución de la jurisdicción española que les otorga validez o eficacia puede infringir «indirectamente» la Constitución española en caso de acceder a la solicitud extradicional y proceder a la entrega del encartado lo que justificaría un examen de las lesiones aducidas.

Del estudio de la jurisprudencia constitucional podemos concluir que son varios los casos en los que el Tribunal Constitucional y el Tribunal Europeo de Derechos Humanos han proyectado su función de protección de los derechos fundamentales a las lesiones cometidas u ocasionadas en el territorio de otro Estados. Estos casos pueden sistematizarse en diferentes categorías:

1. RIESGO DE TORTURAS Y TRATOS INHUMANOS O DEGRADANTES CONTRARIOS AL ART. 15 CE Y AL ART. 3 CEDH

Un primer grupo de resoluciones judiciales que han aplicado la doctrina sobre el control indirecto o pasivo de los derechos fundamentales se han referido a supuestos en los que ha quedado constatado la concurrencia de indicios racionales y fundados de que, de acceder a la extradición, el reclamado sería sometido a tratos proscritos por el art. 3 CEDH.

En el ámbito del derecho interno, son ya varios los casos en los que se ha examinado este supuesto.

Un primer pronunciamiento lo encontramos en la STC 32/2003, de 23 de febrero, donde el Tribunal Constitucional acabó otorgando el amparo considerando que el demandante había aportado un material indiciario y verosímil suficiente para justificar que se solicitara a Turquía información complementaria dirigida a garantizar el respeto a los derechos fundamentales del extraditado. En la citada resolución se afirmaba que la mera referencia a que es función de las autoridades turcas velar por el respeto a los derechos fundamentales, no era elemento literosuficiente para enervar el riesgo de tratos proscritos por el art. 3 CEDH y, consecuentemente, era necesario una indagación mayor sobre estos aspectos.

A idéntica solución (nulidad y retroacción) se llegó en la STC 148/2004, de 13 de septiembre, donde se consideró que era necesario una investigación sobre la motivación de la persecución penal en Albania (el demandante alegaba existencia de persecución política) y que la firma del Convenio Europeo de Extradición no constituía un dato suficiente para excluir sospechas genéricas de infracción de los derechos constitucionales del *extraditurus*.

Muy interesante resulta también la STC 140/2007, de 4 de junio, que, referida a una extradición a Perú para el cumplimiento de una pena por tráfico de drogas, afirmó que la motivación empleada por las resoluciones judiciales no satisfacían los mínimos exigidos por el canon de motivación reforzada dadas las respuestas genéricas sobre la legislación penitenciaria peruana y que no valoraron las alegaciones del recurrente acerca del trato vejatorio sufrido durante su estancia en prisión del Estado requirente.

De la misma manera, el Tribunal Europeo de Derechos Humanos ha exigido también que el Estado que va a obligar a una persona salir de su territorio debe efectuar un examen riguroso y serio de las quejas al respecto (STEDH de 11 de julio de 2000, *Jabari c. Turquía,* §§ 39 y 40) debiéndose garantizar, en todo caso, a la persona en cuestión la disponibilidad de un remedio efectivo para hacer cumplir sustancialmente los derechos reconocidos en el CEDH (STEDH de 11 de julio de 2000, *GHH y otros c. Turquía,* § 36) y exigiéndose que sea utilizado un criterio riguroso en el examen de la existencia de un riesgo real de dichos malos tratos (STEDH de 15 de noviembre de 1996, *Chantal c. Reino Unido,* §§ 96 y 97).

En este sentido, el TEDH ha recordado (STEDH de 28 de marzo de 2000, *Mahmut c. Kaya)* que es obligación de los Estados firmantes del CEDH adoptar las medidas necesarias para salvaguardar la vida y la integridad física de las personas sometidas a su jurisdicción debiendo no solo abstenerse de practicar estos actos sino, también, evitar el riesgo de dicho maltrato pueda producirse por parte de terceros. Esta obligación, que aparece enunciada como una «obligación procesal positiva» impone a los poderes públicos la adopción de medidas necesarias para proteger la vida o la integridad física de los ciudadanos, pudiendo ello alcanzar los supuestos en que dicho riesgo se cierne a raíz de la posible entrega del extraditurus a un tercer Estado. Así era afirmado, de hecho, y de una manera muy tajante en la STEDH de 6 de febrero de 2003, *Nanatkulov y Abdurasulovic c. Turquía,* donde el TEDH reconoció sin ambages que el Tribunal de extradición no puede desentenderse del riesgo de que, una vez entregada, la persona reclamada pueda ser sometida a tratos inhumanos o degradantes.

No obstante, tanto la doctrina del TC (STC 91/2000, de 30 de marzo, FJ8; 31/2003, de 13 de febrero, FJ 7, 148/2004, de 13 de septiembre, FJ 8, entre otras) como del TEDH (SSTEDH de 9 de abril de 2018, 26 de julio de 2005,

17 de diciembre de 1996, 28 de marzo de 2000, 7 de julio de 1989), y también del TJUE (SSTJUE de 6 de septiembre de 2016, 17 de febrero de 2019) señalan que para que pueda apreciarse dicho riesgo de torturas o tratos inhumanos o degradantes no resulta suficiente con que se realicen afirmaciones genéricas o indeterminadas, sino que, por parte del demandante, se aporten elementos fácticos que sirvan mínimamente para acreditar el concreto riesgo para su persona, no siendo suficiente, por lo tanto, «*alegaciones genéricas sobre la situación del país*». En cualquier caso, una vez acreditado mínimamente la existencia de dichos elementos, es función del órgano judicial desarrollar una imprescindible actividad de indagación del riesgo alegado con los medios de los que disponga (STC 32/1994, de 23 de febrero).

2. RIESGO DE CONDENAS DE MUERTE Y PENAS INDEFECTIBLEMENTE DE POR VIDA

Un segundo grupo de casos abordados tanto por el Tribunal Constitucional como por el Tribunal Europeo de Derechos Humanos en el que se ha abogado por un control pasivo o indirecto de los derechos fundamentales del reclamado se ha referido a supuestos en los que la entrega de aquel podía desembocar en la imposición/ cumplimiento de penas de muerte o de por vida.

2.1. Riesgo de imposición de penas de muerte

Respecto al primer supuesto hay que recordar que el art. 2 CEDH y el art. 1 del protocolo núm. 13 prohíben la extradición o deportación de un individuo a un Estado donde se hayan aportado motivos sustanciales para creer que será sometido a una pena de muerte. Lo tajante de dicha prohibición ha provocado que la mayoría de la jurisprudencia del TC y del TEDH sobre el control pasivo e indirecto se haya referido no a supuestos en los que exista la certeza de que la pena a imponer en el Estado requirente será indefectiblemente una pena de muerte que no podría ser conmutada (la razón es clara, la extradición en este caso sería automáticamente denegada) sino, al contrario, a supuestos en los que el Estado requerido de la solicitud de la extradición ha recibido, por parte del Estado requirente, garantías de que la pena de muerte nunca será impuesta o que, en caso de imponerse, la misma será obligatoriamente sustituida.

A estos efectos, la doctrina del TEDH (STEDH de 25 de septiembre de 2012, *Rrapo c. Albania*) ha tenido la oportunidad de pronunciarse sobre la suficiencia de estas garantías, llegando a considerar que: (i) debe existir una confianza legítima en el compromiso asumido por el Estado que presta las garantías, debiéndose basar esa confianza en el historial sobre el respeto a los derechos fundamentales y libertades públicas del Estado requirente; (ii) dentro de estas garantías debe hacerse especial hincapié en las garantías provenientes de las autoridades judiciales y el compromiso prestado de que no será solicitada la pena de muerte.

En el caso de España, la STC 104/2019, de 16 de septiembre, se pronunció sobre un supuesto de extradición interesada por el Reino de Tailandia en el que el delito por el cual se solicitaba la entrega (asesinato y ocultamiento de cadáver) se encontraba sancionado con pena de muerte. La entrega fue finalmente concedida por la Audiencia Nacional tras la prestación de garantías por parte de Tailandia de que la pena de muerte no iba a ser solicitada y que, en caso de que fuera impuesta, el gobierno emitiría su recomendación para la obtención del perdón real. Ante esta resolución, el demandante de amparo (nacional británico) acudió finalmente al Tribunal Constitucional alegando la existencia de riesgo de la imposición de esta pena, lo que era terminantemente contrario al art. 15 CE y a las obligaciones procesales positivas derivadas del art. 2 CEDH. A pesar de que el Tribunal Constitucional acaba finalmente desestimando el amparo por la concurrencia de un óbice procesal, la sentencia contiene un voto particular emitido por el magistrado Juan Antonio Xiol Ríos en el cual mostraba su discrepancia con la suficiencia de la garantía prestada considerando que *«el hecho de que en la segunda parte de la nota se establezca que, en caso de que el tribunal imponga la pena capital, el gobierno se compromete a recomendar un perdón real, evidencia una insuficiencia en las garantías de la indemnidad del derecho, ya que pone de manifiesto que (i) la ausencia de petición de la pena de muerte no parece ser un obstáculo para su imposición por parte del órgano judicial en ese país y (ii) que, en tal caso, la única posibilidad de evitar su ejecución es una medida de gracia real. Al respecto de esta última, lo único que se puede afirmar es que, sin perjuicio de que el derecho de gracia real esté sometido a un procedimiento o formalidades reguladas normativamente en Tailandia, su ejercicio resulta libérrimo y no sometido, en cuanto a la decisión definitiva, a las reglas del derecho sino a una voluntad real, lo que impide afirmar que se han dado garantías de que, efectivamente, no va a ser ejecutada la pena de muerte en este caso».*

También han podido pronunciarse sobre extradiciones a terceros Estados en los que existía el riesgo evidente de la imposición de la pena de muerte el Tribunal Constitucional Federal alemán (*Bundesverfassungsgericht*) en sentencia de 2 de junio de 1992) y la *Corte Constituzionale* de la propia República de Italia en sentencia de 25 de junio de 1996 al declarar contraria a su Constitución la entrega a Estados Unidos de un condenado a muerte.

2.2. Riesgo de imposición de condenas de duración perpetua

Respecto al segundo supuesto, el riesgo de imposición de penas privativas de libertad de naturaleza perpetua ha supuesto, también, una causa de denegación de la extradición siempre y cuando no fueran prestadas por el Estado requirente garantías suficientes de que aquella podía ser reducida *de iure* o *de facto*. Así, el TEDH, en la doctrina *Kafkaris* (STEDH de 12 de febrero de 2008, *Kafkaris c. Chipre)* aceptó la validez de la cadena perpetua y la consideró no incompatible con el art. 3 CEDH siempre y cuando la misma no privara al penado de toda posibilidad o expectativa futura de alcanzar la libertad. Esta doctrina quedó matizada posteriormente en la STEDH de 9 de julio de 2013 (*Vinter c. Reino Unido)* que exigió que la posibilidad de modificación/ revocación de la pena privativa de libertad dependiera del cumplimiento de una serie de condiciones: (i) en primer lugar, de la existencia de mecanismos que permitan la revisión de la pena atendiendo a los progresos y a la rehabilitación del penado; (ii) que se traten de mecanismos claros y predeterminados y que resulten accesibles al penado el cual tiene que tener una previsibilidad y congnoscibilidad sobre cuándo y cómo podrá solicitar dicha revisión. Esta sentencia concluía (§ 122) que *cuando el derecho nacional no prevea la posibilidad de un mecanismo de revisión de estas características, una pena a cadena perpetua no será compatible con los estándares previstos en el artículo 3 CEDH* (§ 121)[4].

Sobre la redacción literal de este apartado 121 se pronunció de nuevo el TEDH en la STEDH de 4 de septiembre de 2014, *Trabelsi c. Bélgica,* en un

4. La citada STEDH de 9 de julio de 2013 mantiene el principio de que (i) «el artículo 3 exige la posibilidad de reducir la pena, entendida esta posibilidad en el sentido de que es necesario establecer un mecanismo de revisión que permita a las autoridades nacionales evaluar si los cambios experimentados en la persona condenada a cadena perpetua son tan importantes y que se han hecho tales progresos hacia la rehabilitación en el transcurso del cumplimiento de la condena, que el mantenimiento de la pena de prisión no está ya justificado en ningún motivo legítimo de política criminal» (§ 119); y (ii) «no corresponde al Tribunal determinar la forma (revisión en manos del poder ejecutivo o del poder judicial) que debe adoptar este mecanismo de revisión» (§ 120). No obstante, añade como novedades: (iii) la preferencia por un mecanismo de revisión «que tenga lugar no más tarde del transcurso de los veinticinco años desde la imposición de la pena a cadena perpetua, con la previsión de revisiones periódicas con posterioridad a esa fecha» (§ 120); (iv) «un condenado a cadena perpetua no puede ser obligado a esperar y a cumplir un número de años indeterminado de su condena antes de que pueda alegar que las condiciones de su pena ya no cumplen con los requisitos establecidos en el artículo 3» (§ 122); y (v) «una persona condenada a cadena perpetua tiene el derecho a conocer, desde el primer momento en el que la pena se impone, lo que tiene que hacer y bajo qué condiciones para poder obtener la libertad, incluyéndose el momento en el que la revisión de su condena tendrá lugar o puede esperarse que se produzca» (§ 122). La relevancia de esta modificación es tal que ha determinado que la STEDH de 20 de mayo de 2014, *asunto László Magyar contra Hungría,* haya considerado que el sistema de prisión perpetua de Hungría es contrario al art. 3 CEDH al no determinar cuáles son los requerimientos necesarios para poder revisar la pena perpetua y no garantizar una consideración adecuada de los cambios en la vida de los condenados y sus progresos hacia la rehabilitación.

supuesto de extradición a EE. UU. de una persona vinculada con la organización terrorista yihadista *Al Qaeda.* En dicho asunto el TEDH consideró que las garantías ofrecidas por el Estado requirente no satisfacían los requisitos establecidos en *Kafkaris y Trabelsi* toda vez que ninguna de aquellas garantizaban «*un mecanismo de revisión que requiera de las autoridades nacionales determinar o averiguar, en base a los criterios objetivos y preestablecidos de los que el prisionero tiene conocimiento exacto en el momento de imponerse la cadena perpetua, si en el momento de comunicar la condena, el prisionero ha cambiado y progresado hasta tal punto que la prisión no pueda justificarse por razones penales legítimas*» (§ 137).

Finalmente, esta doctrina fue ratificada en STEDH 9 de abril de 2019, *López Elorza c. España,* que, con cita de *Vinter y Kafkaris,* llega a una conclusión diferente de lo resuelto en *Trabelsi,* toda vez que en este caso el delito por el que se solicitaba la entrega era un delito vinculado al tráfico de drogas (no al terrorismo) y, consecuentemente, la posibilidad de que no fuera impuesta una pena indefectiblemente de por vida era más alto. Así, en este caso, el TEDH concluyo: (i) la pena de contenido perpetuo no estaba prevista para los delitos que se le imputaban en los códigos de prácticas (*guidelines*) siendo que varios de los partícipes ya habían sido juzgados y sentenciados en el país reclamante y se les habían impuesto penas de prisión de duración limitada inferiores incluso a los mínimos previstos en las *guidelines;* (ii) en el caso improbable de que le fuera impuesta dicha pena, el demandante podría recurrir la sentencia (sección 3742 del Título 18 del Código de los EEUU), existiendo además la posibilidad de impetrar el perdón presidencial o la conmutación de la pena.

En España la cuestión relativa a extradiciones en las que existía el riesgo de imposición de penas privativas de libertad de naturaleza perpetua ha sido objeto de un tratamiento limitado por el Tribunal Constitucional. Así, han sido pocas las sentencias en las que se ha analizado como causa impeditiva de la entrega de una persona al país solicitante de la extradición la existencia de un riesgo fundado de que pudiese ser impuesta una pena indefectiblemente de por vida.

Un primer caso lo encontramos en la STC 91/2000, de 30 de marzo, FJ 9, que se refería a un supuesto de extradición a Italia (la normativa sobre la OEDE no resultaba aún aplicable) en la que existía el riesgo de la imposición de una pena de naturaleza perpetua (*ergastolo).* En dicha resolución, aunque finalmente se denegó el amparo de este motivo al considerar que el demandante no había cumplido la carga de acreditar mínimamente el carácter indefectiblemente de por vida de la pena que en su caso pudiera llegarse a imponer, sin embargo, si se analizaba la cuestión relativa a la naturaleza del *ergastolo* al señalar que

> *«En cuanto al carácter eventualmente perpetuo de la pena de ergastolo hemos reiterado que la calificación como inhumana o degradante de una pena no viene determinada exclusivamente por su duración, sino que exige un contenido material, pues "depende de la ejecución de la pena y de las modalidades que esta reviste, de forma que por su propia naturaleza la pena no acarree sufrimientos de una especial intensidad (penas inhumanas) o provoquen una humillación o sensación de envilecimiento que alcance un nivel determinado, distinto y superior al que suele llevar aparejada la simple imposición de la condena" (STC 65/1986, de 22 de mayo, FJ 4). (Recordábamos entonces que) [t]ales consideraciones han sido también claramente expresadas por el Tribunal Europeo de Derechos Humanos, en su sentencia de 25 de abril de 1978 (caso Tyrer c. Reino Unido) y 16 de diciembre de 1999 (casos T. y V. c. Reino Unido), al interpretar el art. 3 del Convenio europeo para la protección de los derechos humanos, y son plenamente aplicables a la interpretación del art. 15 de la Constitución española».*

De hecho, la problemática que orbita sobre la naturaleza perpetua del *ergastolo,* y la suficiencia de sus instrumentos de revisión, ha dado lugar a no pocas demandas de amparo que, frente a las decisiones de la Audiencia Nacional de conceder la extradición a personas imputadas/ condenadas por delitos relacionados con organizaciones criminales de corte mafioso, trataban de combatir las decisiones de entrega aduciendo la insuficiencia de los mecanismos de revisión de la condena en este tipo de delitos[5]. En este sentido, conviene recordar que el art. 176.3 (bajo la rúbrica de *Liberazione condizionale)* y el art. 4 bis de la Ley 354/1975 (sobre administración penitenciaria), aunque reconocía la posibilidad de obtener la libertad condicional en supuestos de *ergastolo* en los casos en los que se habían cumplido 26 años de libertad, supeditaba dicha libertad condicional a la efectiva colaboración con la justicia en la desarticulación de este tipo de organizaciones *(ergastolo ostativo).*

Pues bien, a raíz de la resolución del TEDH de 13 de junio de 2019 (*Marcello Viola c. Italia)* el *ergastolo ostativo* ha sido declarado inconstitucional por la *Corte costituzionale* italiana (resoluciones de 23 de octubre de 2019 y 11 de mayo de 2021) eliminando definitivamente el automatismo de la presunción absoluta de peligrosidad social establecido por el art. 4bis del sis-

5. En este sentido, encontramos que la STC 162/2000, de 12 de julio, se pronunció de una manera semejante a la STC 91/2000 al considerar que no había cumplido *el recurrente con la carga que le corresponde de aportar los elementos de convicción mínimos que permitan corroborar sus afirmaciones, especialmente en este caso en el que la supuesta lesión se sitúa en el ámbito de aplicación de un Ordenamiento de otro Estado, cuya legislación admite genéricamente cierta flexibilización en el modo de ejecución de la pena, el motivo de amparo ahora esgrimido ha de ser también desestimado.*

tema penitenciario, reafirmando, también, respecto de los presos condenados a cadena perpetua por delitos relacionados con pertenencia a grupo criminal (mafia) el principio fundamental de polifuncionalidad de la pena y de la función reeducativa de la misma reconocido en el art. 27.3 de la Constitución italiana. Así, la sentencia 253/2019 de la *Corte Constituzzionale* declaró la inconstitucionalidad del art. 4bis de la Ley de 26 de julio de 1975 en la parte en la que se disponía que los presos por los delitos a los que se refiere el art. 416bis del Código Penal, señalándose que, a partir de dicho momento, podrán concedérseles beneficios penitenciarios y revisión de la pena incluso en ausencia de colaboración del poder judicial.

Un segundo caso en que el Tribunal Constitucional ha podido analizar tangencialmente la materia es con ocasión de la SSTC 148/2004, de 13 de septiembre; y 49/2006, de 13 de febrero, referidas a peticiones de extradición de Albania, donde el reclamado alegaba ser objeto de una persecución política, así como la concurrencia de riesgo de que la pena finalmente impuesta fuera de naturaleza perpetua. En este caso, y al igual que ocurrió en la STC 104/2019, de 16 de septiembre, referida a extradición a Tailandia, se entendió que las garantías prestadas por Albania eran suficientes y, por ende, no era requerido una mayor indagación sobre la materia. En el mismo sentido encontramos las STC 182/2004, de 2 de noviembre, o la STC 4/2019, de 29 de enero, que, en un caso referido a un proceso extradicional a China, la alegación sobre el posible carácter inhumano de una pena de por vida fue rechazado liminarmente bajo la consideración de que la petición de extradición era para la investigación y enjuiciamiento, no habiéndose, consecuentemente, concretado las circunstancias fácticas definitivas que permitían establecer la calificación jurídica definitiva y, por ende, la naturaleza de la pretensión acusatoria que, en su caso, podría llegar a formularse.

Finalmente, especial referencia ha de hacerse a la ya mencionada STC 104/2019, de 13 de febrero, en el que el magistrado Juan Antonio Xiol Ríos, al igual que en el ATC 4/2019, de 16 de septiembre, señaló que *la sola referencia a la posibilidad del ejercicio de gracia real como único instrumento normativo contra la indefectibilidad de por vida de una pena de cadena perpetua no cumple con las reglas que sobre la exigencia de mecanismos de revisión jurídicos respecto de la evolución del tratamiento penitenciario en este tipo de penas se han establecido por la STEDH.*

2.3. Garantías prestadas por el Estado requirente

Respecto a la suficiencia de las garantías que debe aportar el Estado requirente a fin de compensar/paliar el riesgo de imposición de penas/ condenas contrarias al art. 2 y 3 CEDH, en la STEDH de 17 de enero de 2012, asunto *Othman (Abu Qhatada) contra Reino Unido*, se exponen en el § 189 unos criterios de evaluación, que descartan, entre otras, las explicaciones genéricas y vagas. También es el caso, por ejemplo, de la STEDH de 4 de septiembre de 2014, asunto *Trabelsi contra Bélgica* en la que fueron considerado ineficaces las garantías que por aparecer formuladas de forma imprecisa o genérica no permiten verificar la suficiencia de su contenido (§ 135). Este criterio era seguido en la anteriormente mencionada *Kafkaris c. Chipre* donde se preceptuaba que se debe proporcionar al reo «*una posibilidad de revisión en forma de conmutación, remisión, terminación o liberación condicional*», mientras que en *Vinter c. Reino Unido* se establecía que los mecanismos de revisión han de supeditarse a la evolución personal del reo. Así, textualmente se consignaba «*el artículo 3 exige la posibilidad de reducir la pena, entendida esta posibilidad en el sentido de que es necesario establecer un mecanismo de revisión que permita a las autoridades nacionales evaluar si los cambios experimentados en la persona condenada a cadena perpetua son tan importantes y que se han hecho tales progresos hacia la rehabilitación en el transcurso del cumplimiento de la condena, que el mantenimiento de la pena de prisión no está ya justificado en ningún motivo legítimo de política criminal*» (§ 119); Dicha doctrina se reproduce en las SSTEDH de 8 de julio de 2014, asunto *Harakchiev y Tolumov c. Bulgaria*, § 243 a 246; de 4 de septiembre de 2014, asunto *Trabelsi c. Bélgica*, § 112 a 115; de 26 de abril de 2016, asunto *Murray c. Países Bajos*, § 99 y 100; de 17 de enero de 2017, asunto *Hutchinson c. Reino Unido*, § 42 a 45, y de 13 de junio de 2019, asunto *Marcello Viola c. Italia —núm.* 2—, § 92[6].

3. PROCESO CON TODAS LAS GARANTÍAS Y JUICIO CELEBRADO EN AUSENCIA

De entre los diferentes supuestos en los que el TC ha aplicado la doctrina del «control pasivo» o «indirecto» de los derechos fundamentales el que más polémica ha generado, sin ningún género de dudas, es aquel en el que la proyección *ad extra* se ha dirigido a proteger los derechos del extraditurus en supuestos de condenas en ausencia.

Aunque la posible afectación del núcleo esencial o axiológico del derecho de defensa como consecuencia de juicios celebrados en ausencia fue planteado inicialmente en la STC 11/1983, de 23 de febrero y en la STC

6. Sobre esta materia recientemente se ha dictado la STEDH de 13 de julio de 2023, Carvajal Barrios c. España, donde el TEDH desestima el recurso de un ex mando de los servicios secretos venezolanos para su extradición a EE. UU. por posible participación en delitos de narcoterrorismo. Al respecto, el TEDH acaba considerando suficientes las garantías prestadas por EE. UU. y señalando que es función del extraditurus acreditar la carga alegatoria de que no se va a revisar la condena a cadena perpetua. A fecha de redacción de este artículo, no ha sido publicada aún la referida sentencia.

147/1999, de 4 de agosto, no fue hasta la STC 91/2000 donde, por primera vez, el Tribunal Constitucional trata de extrapolar las garantías básicas establecidas en la legislación procesal española a los supuestos de procedimientos seguidos ultraterritorialmente y determinar si resultaba compatible con el núcleo axiológico del derecho de defensa el no establecimiento de mecanismos de revisión frente a supuestos de celebraciones de juicio sin comparecencia del acusado. En dicho caso se acabó concluyendo que «*constituye una vulneración indirecta de las exigencias absolutas dimanantes del derecho proclamado en el art. 24.2 CE al menoscabar el contenido esencial del proceso justo, de un modo que afecta a la dignidad humana (...) acceder a la extradición a países que, en casos de delitos muy grave, dan validez a las condenas en ausencia, sin someter la entrega a la condición de que el condenado pueda impugnarlas para salvaguardar su derecho de defensa*».

El seguimiento de dicha doctrina provocó un gran número de pronunciamientos del Tribunal Constitucional en el que se vinieron denegando solicitudes de extradición formuladas por Italia (en su mayoría, relacionado con procedimientos seguidos frente a miembros de organizaciones criminales de corte mafioso) por haberse dictado condenas por delitos graves en ausencia y no haberse condicionado la entrega a la garantía de impugnación de aquellas (SSTC 134/2000, de mayo; 162/2000, de 12 de junio; 163/2000, de 12 de junio; 183/2004, de q de noviembre). Dicha garantía, no obstante, no tenía que estar integrada por un compromiso de repetición del juicio con presencia del encausado, sino que, en opinión del mismo tribunal, era suficiente con el aseguramiento de la provisión de medios de impugnación autónomos frente a dicho pronunciamiento, no apreciándose vulneración, por lo tanto, cuando el procedimiento principal no había terminado o quedaban supérstites posibilidades de recurso (STC 110/2002, de 6 de mayo).

Esta doctrina posteriormente fue perpetuada, ya en el marco especifico de la Orden Europea de Detención y Entrega, en supuestos de solicitudes de entrega de otros Estados. Es el caso de la STC 177/2006, de 5 de junio, referida a una OEDE emitida por Francia, o la STC 199/2009, de 28 de septiembre, referida a una entrega a Rumanía para la ejecución de una condena de 4 años de prisión.

La postura en este caso adoptada por el Tribunal Constitucional fue, no obstante, objeto de una gran crítica doctrinal. Así, no fueron pocos los autores que afirmaron que resultaba, cuando menos, dudoso que dentro del núcleo esencial del derecho de defensa deba incluirse inexorablemente la posibilidad de un mecanismo de revisión frente a sentencias dictadas en ausencia cuando el procesamiento se hubiera producido por un delito grave. De hecho, la fundamentación jurídica en virtud del cual ha de garantizarse un sistema de impugnación/ revisión en estos casos no constituía sino una traslación/ trasposición al resto de ordenamientos jurídicos de una garantía procesal prevista en la Ley de Enjuiciamiento Criminal (art. 840 Ley de Enjuiciamiento Criminal) tratando de identificar la solución española a estas situaciones (diferente, en todo caso, a muchos de los ordenamientos jurídicos de nuestro entorno) con el núcleo axiológico o esencial del derecho fundamental en cuestión. De esta manera, la postura adoptada en este caso por el Tribunal Constitucional no suponía sino la elevación a rango de «núcleo axiológico» del derecho fundamental el canon establecido en la Ley de Enjuiciamiento Criminal para los supuestos de ausencia del encausado en un procedimiento seguido por delitos graves, lo que se traducía en una «universalización» o «externalización» del modo de concebir el proceso por parte del legislador español.

Ejemplo de las críticas a esta fundamentación la encontramos en el voto particular del magistrado Pablo Pérez Tremps que, en el ATC 86/2011, remarcaba «*las dificultades que comporta determinar ese supuesto "contenido absoluto" hoy reconvertido sin más explicación en "contenido esencial". Sin duda, esta dificultad se acrecienta si se trasladan los conceptos al ámbito estrictamente comunitario porque éste tiene en su propia esencia la necesaria colaboración entre los ordenamientos nacionales, sus sistemas de garantías y el respeto a los mismos*» consecuentemente, el citado magistrado entendía que «*un Estado de la Unión Europea no puede, en principio, imponer a los demás Estados su parámetro nacional de protección de los derechos fundamentales, debiendo moverse en sus relaciones dentro del parámetro común sustantivo y procesal al que acabamos de hacer referencia. Además, y en todo caso, una hipotética lesión de derechos fundamentales en cualquiera de los Estados que se considera no reparada en él, agotadas todas las vías internas, no debe esperar repararse en otro Estado. La propia lógica del CEDH exige acudir el Tribunal Europeo de Derechos Humanos, cuya jurisdicción, como se ha indicado, ha sido aceptada por todos esos Estados*», concluyendo que, por lo tanto, «*no parece que pueda defenderse que ese contenido "absoluto" o "esencial" ha de integrarse con una imposición de que la presencia del imputado sea en todo caso necesaria y, ni siquiera, que deba ofrecerse por el Estado reclamante garantía de una revisión judicial de la condena que motivó la Euroorden*».

Por lo demás, no parece que la celebración del juicio en presencia del encausado constituya, siempre y en todo caso, un elemento integrante del núcleo axiológico del derecho de defensa y de un proceso equitativo. Así, hemos de recordar que la propia Ley de Enjuiciamiento Criminal permite en ciertos casos la celebración del juicio en ausencia del acusado sin que con ello se pueda observar, automáticamente, una lesión del derecho al proceso equitativo[7]. Por otro lado, la posibilidad de supeditar la entrega a la garantía de un mecanismo de revisión en los supuestos de juicios celebrados en ausencia no solamente no se encontraba contemplado en la normativa europea que regula la OEDE[8] (salvo, claro está, los casos en los que el encausado no conste correctamente citado), sino que, además, era un requisito que no había sido exigido por el Tribunal de Estrasburgo. En este sentido, las importantes SSTEDH de 1 de marzo de 2006, *Sejdovic c. Italia;* 4 de junio de 2001, *Medenica c. Suiza,* centraban las lesiones del derecho a un proceso equitativo no tanto en la celebración del juicio en ausencia sino en la concurrencia de esta situación sin que el demandante tuviera adecuado conocimiento de su existencia.

La fuerte discusión doctrinal generada a raíz de la postura del Tribunal Constitucional, unido al conflicto internacional que supuso denegar la extradición/ OEDE a países que, dentro del ámbito de la Unión Europea, no disponían de los mecanismos exigidos por la doctrina emanada de las SSTC 134/2000 provocó que, con ocasión del ATC 86/2011, de 6 de junio, fueran planteadas al TJUE las siguientes cuestiones prejudiciales: «(i) *El art. 4 bis, apartado 1, de la Decisión Marco 2002/584/JAI, en su redacción vigente dada por Decisión Marco 2009/299/JAI, ¿debe interpretarse en el sentido de que impide a las autoridades judiciales nacionales, en los supuestos precisados en esa misma disposición, someter la ejecución de una orden europea de detención y entrega a la condición de que la condena en cuestión pueda ser revisada para garantizar los derechos de defensa del reclamado?;* (ii) *En caso de que la primera cuestión se responda afirmativamente, ¿es compatible el art. 4 bis, apartado 1, de la Decisión Marco 2002/584/JAI, con las exigencias que se derivan del derecho a la tutela judicial*

7. El art. 786.1 LECrim establece que «*La ausencia injustificada del acusado que hubiere sido citado personalmente o en el domicilio o en la persona a que se refiere el art. 775, no será causa de suspensión del juicio oral si el Juez o Tribunal, a solicitud del Ministerio Fiscal o de la parte acusadora, y oída la defensa, estima que existen elementos suficientes para el enjuiciamiento, cuando la pena solicitada no exceda de dos años de privación de libertad o, si fuera de distinta naturaleza, cuando su duración no exceda de seis años*».

8. Art. 33 Ley 23/2014: 1. *La autoridad judicial española denegará también la ejecución de la orden o resolución que le hubiere sido transmitida cuando el imputado no haya comparecido en el juicio del que derive la resolución, a menos que en la misma conste, de acuerdo con los demás requisitos previstos en la legislación procesal del Estado de emisión, alguna de las circunstancias siguientes: a) Que, con la suficiente antelación, el imputado fue citado en persona e informado de la fecha y el lugar previstos para el juicio del que se deriva esa resolución, o recibió dicha información oficial por otros medios que dejen constancia de su efectivo conocimiento y que, además, fue informado de que podría dictarse una resolución en caso de incomparecencia; b) Que, teniendo conocimiento de la fecha y el lugar previstos para el juicio, el imputado designó abogado para su defensa en el juicio y fue efectivamente defendido por éste en el juicio celebrado; c) Que, tras serle notificada la resolución y ser informado expresamente de su derecho a un nuevo juicio o a interponer un recurso con la posibilidad de que en ese nuevo proceso, en el que tendría derecho a comparecer, se dictase una resolución contraria a la inicial, el imputado declaró expresamente que no impugnaba la resolución, o no solicitó la apertura de un nuevo juicio ni interpuso recurso dentro del plazo previsto para ello.*

efectiva y a un proceso equitativo previsto en el art. 47, así como de los derechos de la defensa garantizados en el art. 48.2 de la Carta de los Derechos Fundamentales de la Unión Europea?; (iii) *En el caso de que la segunda cuestión se responda afirmativamente, ¿permite el art. 53, interpretado sistemáticamente en relación con los derechos reconocidos en los arts. 47 y 48 de la Carta, a un Estado miembro condicionar la entrega de una persona condenada en ausencia a que la condena pueda ser sometida a revisión en el Estado requirente, otorgando así a esos derechos un mayor nivel de protección que el que se deriva del Derecho de la Unión Europea, a fin de evitar una interpretación limitativa o lesiva de un derecho fundamental reconocido por la Constitución de ese Estado miembro?»*.

Dicha cuestión prejudicial fue contestada mediante la STJUE de 26 de febrero de 2013, C-399/2011 *(caso Melloni)*, en el que presentaron alegaciones, además del abogado del reclamado Sr. Stefano Melloni, y el Ministerio Fiscal español, los gobiernos de Bélgica, Alemania, Italia, Países Bajos, Austria, Polonia, Portugal, Reino Unido, y los representantes del Consejo de la Unión Europea y de la Comisión Europea. La resolución acababa concluyendo que (i) la normativa comunitaria se opone a que, en el marco de una OEDE dirigida al cumplimiento de una pena, la autoridad judicial de ejecución someta la ejecución de aquella a la condición de que la condena impuesta en rebeldía pueda ser revisada en el Estado miembro emisor; (ii) el art. 53 de la Carta de Derechos Fundamentales de la Unión Europea debe interpretarse en el sentido de que no permite que un Estado miembro subordine la entrega de una persona condenada en rebeldía a la condición de que la condena pueda ser revisada en el Estado miembro emisor para evitar la vulneración del derecho a un proceso con todas las garantías y de los derechos de la defensa protegidos por su Constitución.

Esta doctrina ha sido acatada por el Tribunal Constitucional a raíz de la STC 26/2014, de 13 de febrero, señalando que

> «*Debemos afirmar ahora, revisando, por tanto, la doctrina establecida desde la STC 91/2000 que no vulnera el contenido absoluto del derecho a un proceso con todas las garantías (art. 24.2 CE) la imposición de una condena sin la comparecencia del acusado y sin la posibilidad ulterior de subsanar su falta de presencia en el proceso penal seguido, cuando la falta de comparecencia en el acto del juicio consta que ha sido decidida de forma voluntaria e inequívoca por un acusado debidamente emplazado y este ha sido definitivamente defendido por un letrado designado*».

Para algunos autores[9], estos criterios (que han sido establecidos jurisprudencialmente en el marco de la OEDE) resultan aplicables también al

9. Alcácer Guirao, Rafael «los derechos fundamentales en la extradición y la euroorden». Editorial Aranzadi. Pamplona (2015); Bautista Samaniego, Carlos «*Procedimiento de extradición pasiva*». Editorial Sepín. Madrid (2020).

proceso extradicional (aún a pesar de lo dispuesto en el art. 2 LEP[10]), *al no establecerse matización alguna en cuanto al ámbito de aplicación de esta doctrina.* En este sentido se ha pronunciado también el AAN 32/2015, de 14 de mayo al señalar que «*Parece, pues, que el Tribunal Constitucional, cuando revisa su anterior posición, lo hace de manera extensiva, estableciendo, un principio, un único y mismo canon de protección respecto al derecho de defensa, en lo que concierne a las relaciones de cooperación judicial con cualquier país, y aunque lo dice con carácter general, no significa que sea de manera indiscriminada, sino que habrá que estar al caso de la concreta relación con el concreto país del que se trate (...)*».

Cuestión distinta será, en todo caso, la especificación de los procedimientos de revisión de la sentencia condenatoria dictada en ausencia respecto a lo cual la LEP y la Ley 23/2014 presentan una cierta contradicción. Así, y como bien señala BAUTISTA SAMANIEGO[11], «*mientras el art. 2 LEP, con total rotundidad, exige como remedio procesal la garantía de un nuevo juicio "en que deberá estar presente y debidamente defendido", la LRM, en su art. 49 hace referencia a su "derecho a un nuevo juicio o a interponer recurso". En consecuencia, la situación legislativa es contradictoria: mientras en el terreno de la LEP la norma exige rotundamente un nuevo juicio, en el espacio de la eurorden el juicio en ausencia no tiene idéntica solución, admitiéndose la figura de un recurso comprensivo de todas las cuestiones de hecho y de derecho que se puedan suscitar con proposición plena de pruebas. Una futura reforma de la LEP deberá ir en el camino ya emprendido por la legislación OEDE, siguiendo las directrices del TJUE y del TEDH*».

4. PROCESO CON TODAS LAS GARANTÍAS Y CONTROL JUDICIAL DE LA DECISIÓN DE SOLICITAR LA EXTRADICIÓN EN EL ESTADO REQUIRENTE

En el ámbito del derecho al proceso con todas las garantías, el TC ha admitido también una suerte de control pasivo e indirecto de los derechos fundamentales en relación con la falta de control judicial de las peticiones de extradición formuladas por terceros Estados. Así, las SSTC 147/2020, de 19 de octubre; y 147/2021, de 17 de julio, estiman el amparo, y anulan las decisiones de la Audiencia Nacional, fundamentándose en que las peticiones extradicionales emanadas de los Estados requirentes (Colombia y

10. «*Si la solicitud de extradición se basa en sentencia dictada en rebeldía del reclamado, en la que éste haya sido condenado a pena que, con arreglo a la legislación española, no puede ser impuesta a quien no haya estado presente en el acto del juicio oral, se concederá la extradición condicionándola a que la representación diplomática en España del país requirente, en el plazo que se le exija, ofrezca garantías suficientes de que el reclamado será sometido a nuevo juicio en el que deberá estar presente y debidamente defendido*».
11. Bautista Samaniego, Carlos «*Procedimiento de extradición pasiva*». Editorial Sepín. Madrid (2020).

Angola) se construían sobre resoluciones del Ministerio Fiscal no habiendo sido las mismas sometidas a un control o refrendo por parte de un órgano judicial independiente.

Esta doctrina, de hecho, dimana de la doctrina del TJUE [sentencias de la Gran Sala del Tribunal de Justicia de la Unión Europea de 27 de mayo de 2019, asuntos *OG y PI (Fiscalías de Lübeck y Zwickau)* (C-508/18 y C-82/19 PPU, EU:C:2019:456) y *PF (Fiscal general de Lituania)* (C-509/18, EU:C: 2019:457), y las sentencias de su Sala Primera de 12 de diciembre de 2019, asuntos *JR e YC (Fiscal de Francia)* (C-566/19 PPU y C-626/19 PPU, EU:C: 2019:1077); *XD (Ministerio Fiscal de Suecia)* (C-625/19 PPU, EU:C:2019:1078), y *ZB (Fiscal de Bruselas)* (C-627/19 PPU, EU:C:2019:1079)], que, en relación con el instrumento de la OEDE, había establecido que una verificación del juicio de proporcionalidad y necesidad de la entrega era parámetro indisociable de la Tutela Judicial Efectiva. De esta manera, las exigencias de tutela de una medida que puede afectar al derecho a la libertad forma parte de un sistema global de garantías que exige que se adopte en una resolución en dos niveles de protección: (i) En el ámbito interno, en base a un procedimiento nacional sujeto a control judicial; (ii) En el ámbito externo, en cuanto la autoridad emisora de dicha orden de detención debe tener en cuenta las particularidades del caso y determinar si la emisión tiene carácter proprocionada. Para satisfacer este segundo nivel de garantía, la autoridad emisora, señala el TJUE, *debe estar en condiciones de ejercer esa función con objetividad (...) y sin estar expuesta al riesgo de que su potestad decisoria sea objeto de ordenes o instrucciones externas, en particular del poder ejecutivo.* Concluye el TJUE señalando que: «*En el caso de que esa autoridad, en virtud del derecho del Estado emisor, no sea un juez o tribunal, la decisión de emitir dicha orden de detención y en particular la proporcionalidad de esa decisión debe poder ser objeto de un recurso judicial en el Estado miembro que satisfaga las exigencias inherentes a la tutela judicial efectiva*».

La trasposición de esta doctrina al ámbito del proceso extradicional ha provocado, de hecho, no pocas criticas doctrinales. Así, las más avivadas orbitan sobre la concepción de que se estarían utilizando unos criterios establecidos para el marco de la OEDE, y, en consecuencia, regida por la propia normativa comunitaria basada en el principio de confianza mutua, al ámbito del derecho extradicional. Por otra parte, se alega que con la interpretación efectuada por el Tribunal Constitucional se estarían estableciendo *de facto* nuevos requisitos para la cooperación judicial entre Estados, requisitos que no se encontrarían contemplado en la Ley de Extradición Pasiva y en los tratados bilaterales, vulnerándose, con ello, el principio de legalidad extradicional.

Al respecto cabe hacer las siguientes precisiones:

(i) las referenciadas SSTC 147/2020 y 147/2021 establecen expresamente que «*no es óbice para la toma en consideración de esta doctrina europea la diferencia que existe entre un sistema simplificado de entrega de personas condenadas o sospechosas basado en la libre circulación de decisiones judiciales en materia penal en el espacio común de libertad, seguridad y justicia de la Unión Europea (considerando 5 de la Decisión Marco 2002/584), y el sistema clásico de extradición, materia tratada extensamente en el fundamento jurídico cuarto de la reciente STC 132/2020, de 23 de septiembre, pues la vigencia y el valor objetivo de unos mismos derechos fundamentales configuran un parámetro compartido de interpretación de los requisitos de funcionamiento de cada sistema*» (STC 147/2020, de 19 de noviembre, FJ 7);

(ii) la doctrina del Tribunal Constitucional ha establecido, además, que el principio de no indagación no debe llevar al absurdo de privar a los órganos judiciales españoles de «*conocer de absolutamente todas las cuestiones que puedan suscitarse con motivos de expedientes o procesos de extradición*» quedando, de esta manera, aquellas «*marginadas del recurso de amparo constitucional*» (...) debiéndose dejar la vía constitucional y jurisdiccional expedita a «*pretendidos quebrantos de derechos y libertades constitucionalmente protegidos*» (STC 11/1983, de 21 de febrero, FJ1). Esto aparece afirmado con claridad en la STC 147/2020, de 19 de noviembre, FJ 6 al señalar que «*El análisis ha de extenderse necesariamente a las condiciones de objetividad e imparcialidad de la autoridad cuya decisión se halla en el origen del procedimiento de auxilio judicial internacional, procedimiento que al tener por objeto el desplazamiento internacional del reclamado, debe garantizarle como mínimo una valoración imparcial de las pruebas disponibles, tanto de cargo como de descargo, y una ponderación de la necesidad de su entrega para la realización de los fines procesales esgrimidos pues conforme a reiterada jurisprudencia constitucional (por todas SSTC 227/2001, de 26 de noviembre, FJ 5, y 156/2002, de 23 de julio, FJ 3) este tribunal no es el juez de la extradición, sino el órgano de control del juez de la extradición en materia de garantías constitucionales comprobando si en el procedimiento previo a la decisión que la autoriza se ha lesionado algún derecho fundamental constitucionalmente protegido*».

(iii) además, cabe señalar que, al contrario de lo concluido en el caso de la celebración del juicio en ausencia, no resulta descartable considerar que dentro del núcleo esencial del derecho a la libertad (art. 17 CE) pueda incluirse que toda decisión que afecte a aquel derecho con la intensidad que supone ejecutar una solicitud de extradición, deba quedar sometido al debido control judicial por parte de un órgano de naturaleza independiente.

En cualquier caso, cabe señalar que existe un amplio número de resoluciones judiciales en las que el Pleno de la Audiencia Nacional ha continuado concediendo extradiciones a terceros Estados (principalmente, Marruecos y China) en supuestos en las que aquellas se fundamentaban en un escrito/ resolución del Ministerio Fiscal del Estado requirente sin convalidación judicial[12]. Ello resulta llamativo dada cuenta del tenor literal del

12. Conviene citar los argumentos reflejados en las citadas resoluciones. Así en el auto de 7 de octubre de 2022 se señala: «*Se ha cuestionado en este Tribunal si la orden emanada del Fiscal del Rey en Marruecos puede ser considerado título extradicional válido a la luz de la doctrina emanada de la STC n.º 147/20 en relación a Colombia y la STC n.º 147/21 en relación a Angola, expresando los Autos de Pleno n.º 37/21 de 4 de junio de 2021, 61/21 de 20 de septiembre de 2021 y 71/21 de 14 de octubre de 2021 el criterio mayoritario del Tribunal de que dichos pronunciamientos no resultan aplicables al caso de Marruecos como ampliamente se expone en ellos, frente al criterio minoritario en el Tribunal que expresan los votos particulares integrados en dichas resoluciones que consideran ineludible la intervención de un Juez con carácter previo a la emisión de la orden de extradición para garantizar los derechos de los investigados a efectos extradicionales. Pese a no haberse planteado por vía de recurso esta cuestión, la misma pertenece a las facultades del Tribunal en garantía de los derechos fundamentales, lo que obliga con carácter previo valorar las argumentaciones del recurrente, realizar un pronunciamiento sobre la suficiencia del título extradicional. En tal sentido y sin contradecir la doctrina emanada del Tribunal Constitucional para los casos indicados que no mantienen identidad suficiente para ser trasladados automáticamente al supuesto de Marruecos —de acuerdo con el criterio mayoritario—, consideramos que la Orden de Detención Internacional emitida por un Fiscal marroquí cumple con la doctrina emanada de la jurisprudencia europea que citan las sentencias mencionadas, por los argumentos ya expresados en los Autos de Pleno dictados por la mayoría del Tribunal y especialmente por los siguientes: 1.- El fiscal marroquí se encuentra integrado en el poder judicial del Reino de Marruecos, de acuerdo con el artículo 2 del RD 1.16, 40 de Yumanda II 1437, correspondiente al 24/03/2016 promulgado por la Ley Orgánica n.º 100.13 relativa al Consejo Superior del Poder Judicial, poder judicial que está integrado por magistrados incluidos en el mismo cuerpo de magistrados de judicatura —magistrate du siège— y del ministerio fiscal —magistrate du parquet—, conforme al Real Decreto n.º 1.16, de 14 Yumada II 1437, relativa a los Estatutos de los Magistrados, conforme informa la documentación extradicional y por tanto con las mismas garantías de independencia respecto de otros poderes del estado, singularmente el ejecutivo. 2.- El Ministerio Fiscal en Marruecos es, en consecuencia, autoridad judicial imparcial en el sentido del artículo 6, apartado 1 de la Decisión Marco 2002/584, del mismo modo que el resto de los magistrados que integran el poder judicial en ese país y por tanto se cumplen los términos establecidos por la Sentencia del TJUE de 12 de diciembre de 2019 (Asunto C- 566- 2019): "56. Si bien es cierto que los fiscales están obligados a cumplir las instrucciones que emanan de sus superiores jerárquicos, de la jurisprudencia del Tribunal de Justicia, en particular las sentencias de 27 de mayo de 2019, OG y PI (Fiscalías de Lübeck y Zwickav), así como de 27 de mayo de 2019 (Fiscal General de Lituania) (5-509/18) se desprende que la exigencia de independencia, que excluye que la facultad decisoria de los primeros sean objeto de instrucciones ajenas al poder judicial, procedentes en particular del poder ejecutivo, no prohíbe las instrucciones internas que pueden impartirse a los fiscales por sus superiores jerárquicos también fiscales, sobre la base de subordinación por la que se rige el funcionamiento del Ministerio Fiscal". No es obstáculo para ello que según el tenor literal del artículo 110.2 de la Constitución Marroquí los fiscales, "magistrate du parquet", que estén sometidos al principio de jerarquía y reciban instrucciones escritas del Fiscal General del Rey, puesto que la estructura orgánica del Fiscal no es distinta de los magistrados de la jurisdicción, ni implica dependencia de otro poder del*

art. 5 LOPJ[13] y dada cuenta de la taxatividad de los términos contenidos en las SSTC 147/2020 y 147/2021 que obligan al refrendo/ control judicial de la decisión en todos los casos y aun cuando aquella provenga de un Ministerio Fiscal que pueda ser catalogado estatuariamente de independiente frente al poder ejecutivo.

Por lo demás, cabe señalar que los recursos de amparo presentados ante estas decisiones han sido en su mayoría admitidos a trámite por el Tribunal Constitucional a través de dos motivos de especial trascendencia constitucional (art. 50.b LOTC en relación con STC 155/2009, de 25 de junio, FJ 2): (a) la concurrencia de una posible negativa manifiesta a acatar la doctrina constitucional (motivo f, FJ2, STC 155/2009), (b) la oportunidad al Tribunal para aclarar/ matizar la doctrina constitucional existente (motivo b, FJ 2, STC 155/2009). La disparidad de criterios adoptados por para la admisión de los diferentes amparos (más de diez actualmente en tramitación) permite indiciariamente no descartar que pueda producirse en el futuro un cambio/ overruling de la doctrina emanada en las SSTC 147/2020 y 147/2021. No obstante, la apreciación en otros recursos de la causa de especial trascendencia constitucional prevista en el apartado f, del FJ2, de la STC 155/2009 (negativa manifiesta a acatar la doctrina constitucional) también invita a pensar que se pueda proceder a un reforzamiento/ reiteración de la doctrina preceptuada en los antecedentes jurisprudenciales ya señalados. Habrá que esperar, en definitiva, a la resolución que se adopte en dichos casos para ver cuál es la postura final del Tribunal Constitucional al respecto.

Estado, como el ejecutivo, según la información facilitada por el Estado de emisión de la extradición. Tampoco que el artículo 117 de la Constitución Marroquí atribuya a los jueces la protección de los derechos y libertades y la seguridad judicial de las personas y de los grupos, así como la aplicación de ley, se está refiriendo por igual a los integrantes del poder judicial y no se refiere específicamente a los "magistrate du parquet". En consecuencia, la diferenciación entre las funciones de fiscales y jueces, ambos integrados en el sistema judicial marroquí autoproclamado independiente, no confiere especial garantía para los ciudadanos en el dictado de una orden internacional de detención, que en la legislación marroquí, artículo 49 del Código de Enjuiciamiento Criminal, corresponde al Fiscal y por tanto se cumple la existencia de un control judicial requerido tanto por el Tribunal Constitucional como el Tribunal Europeo de Justicia».

13. *La Constitución es la norma suprema del ordenamiento jurídico, y vincula a todos los Jueces y Tribunales, quienes interpretarán y aplicarán las leyes y los reglamentos según los preceptos y principios constitucionales, conforme a la interpretación de los mismos que resulte de las resoluciones dictadas por el Tribunal Constitucional en todo tipo de procesos.*

III. LÍMITES AL CONTROL PASIVO O INDIRECTO DE LOS DERECHOS FUNDAMENTALES: EL RETORNO AL PRINCIPIO DE NO INDAGACIÓN

Como se ha expuesto hasta el momento, la regla general que opera el marco de las relaciones de cooperación internacional entre Estados (en este caso, en el proceso extradicional y en el proceso de la OEDE) se fundamenta en el principio de *no indagación* en virtud del cual ha de mostrarse un grado de tolerancia y respeto a las decisiones alcanzadas por terceros Estados, a sus procedimientos y a sus garantías procesales. Ello es así porque, como ya se señalaba en la STC 11/1983, el objeto del procedimiento extradicional/ procedimiento de OEDE es verificar el cumplimiento de los requisitos o garantías establecidos en el tratado bilateral y en la Ley 23/2014 y, en ningún caso entrar a valorar aspectos cuyo conocimiento corresponde a la jurisdicción del Estado requirente tales como la suficiencia de indicios de responsabilidad criminal, la omisión de determinadas garantías procesales, la correcta aplicación del tipo o la concurrencia de circunstancias atenuantes[14].

Esta postura parece más que razonable. Así, a pesar de que la doctrina del Tribunal Constitucional sobre «*control pasivo*» o «*control indirecto*» de la vulneración de derechos fundamentales ha sido muy reiterada en el sentido de afirmar que es responsabilidad de los tribunales españoles realizar una cuidadosa labor de verificación en relación con las circunstancias alegadas por el reclamado, con el fin de evitar que, en caso de accederse a la extradición, se pudiera convertir en autor de una lesión contra los derechos del extraditado (SSTC 13/1994, de 17 de enero, FJ 4, 141/1998, de 29 de junio, FJ 1, y 91/2000, de 30 de marzo, FJ 6, STC 49/2006, de 13 de febrero, FJ 3) lo cierto es que las exigencias derivadas de este control pasivo de los derechos fundamentales no pueden ser reconvertidas en una suerte de capacidad de los órganos judiciales españoles para erigirse en órganos custodios de le legalidad transnacional y poder examinar, desde la perspectiva del ordenamiento jurídico español, cuestiones de legalidad ordinaria y aspectos vinculados a la posible lesión de derechos fundamentales en sus aspectos más periféricos acaecidos en el territorio de otros Estados.

Así, de hecho, se pronunciaba este Tribunal con ocasión de la STC 398/2004 al señalar que:

> *«el procedimiento de extradición es, por su naturaleza, un acto de auxilio judicial internacional, en cuya fase judicial no se decide acerca de la hipotética culpabilidad*

14. Ello salvando, claro está, las potestades atribuidas al Estado requerido para efectuar un control *ad extra* de los derechos fundamentales cuando, precisamente, es alegado por el requerido la vulneración de aquellos en sus aspectos axiológicos.

o inocencia del sujeto reclamado ni se realiza un pronunciamiento condenatorio. Esto que hemos afirmado para cuando se trata de una extradición pasiva y para cuando deben resolver sobre ella los órganos judiciales españoles, es aplicable, como punto de partida, a este caso (...) el recurso de amparo puede ser un remedio para depurar las posibles vulneraciones de derechos fundamentales cometidas por los poderes públicos españoles, pero no lo es para las que pudieran haber cometido las autoridades extranjeras. En el ATC 113/2000, de 3 de mayo, lo afirmamos expresamente: "El amparo no constituye un recurso universal contra las lesiones de derechos producidas fuera del ámbito donde dichos poderes públicos españoles actúan, entendiendo la noción de poderes públicos como un 'concepto genérico que incluye a todos aquellos entes (y sus órganos) que ejercen un poder de imperio, derivado de la soberanía del Estado y procedente, en consecuencia a través de una mediación más o menos larga, del propio pueblo'" (STC 35/1983, de 11 de mayo, FJ 3)».

Esto ha de llevar, por ejemplo, a rechazar el análisis de cuestiones relativas a la posible suficiencia de los indicios en caso de extradiciones con fines de enjuiciamiento, o la posible *vulneración del derecho a la presunción de inocencia* en caso de extradiciones con fines de ejecución de la condena. Ello encuentra su excepción en aquellos casos en los que exista una disposición normativa al respecto en el correspondiente convenio bilateral de extradición (es el caso, por ejemplo, del tratado de extradición con Estados Unidos[15]) que permita que el Estado requerido realice un examen externo sobre la suficiencia y razonabilidad de los indicios que justifican la reclamación extradicional, supuesto en el que dicho examen estará autorizado si bien,

15. Este tratado prevé en su art. X d que «*Cuando la solicitud de se refiera a una persona que todavía no haya sido condenada, deberá ir también acompañada de una orden de detención emitida por un juez u otro funcionario judicial de la parte requirente y deberá ir acompañada de la información que justificaría el procesamiento de dicha persona si el delito se hubiere cometido en el territorio del Estado requerido. La parte requerida podrá denegar la extradición solicitada si al examinar el caso en cuestión, la orden de detención aparece manifiestamente infundada*». *Cuando la solicitud se refiera a una persona que todavía no haya sido condenada, deberá ir también acompañada de una orden de detención emitida por un Juez u otro funcionario judicial de la Parte Requirente y deberá ir acompañada de la información que justificaría el procesamiento de dicha persona si el delito se hubiere cometido en el territorio del Estado Requerido. La Parte Requerida podrá denegar la extradición solicitada si al examinar el caso en cuestión, la orden de detención aparece manifiestamente infundada Cuando la solicitud se refiera a una persona que todavía no haya sido condenada, deberá ir también acompañada de una orden de detención emitida por un Juez u otro funcionario judicial de la Parte Requirente y deberá ir acompañada de la información que justificaría el procesamiento de dicha persona si el delito se hubiere cometido en el territorio del Estado Requerido. La Parte Requerida podrá denegar la extradición solicitada si al examinar el caso en cuestión, la orden de detención aparece manifiestamente infundada Cuando la solicitud se refiera a una persona que todavía no haya sido condenada, deberá ir también acompañada de una orden de detención emitida por un Juez u otro funcionario judicial de la Parte Requirente y deberá ir acompañada de la información que justificaría el procesamiento de dicha persona si el delito se hubiere cometido en el*

el palabras de BAUTISTA SAMANIEGO[16], este nunca alcanzara un análisis pormenorizado y profundo.

Similar solución ha de seguirse respecto a la posible *validez de las pruebas obtenidas en el Estado requirente y la posible aplicación de la exclusionary rule*. De hecho, esta circunstancia se está planteando actualmente con cierto número de extradiciones a Reino Unido (en base al nuevo acuerdo de cooperación y comercio establecido tras el *Brexit* «*—Acuerdo de Comercio y Cooperación entre la Unión Europea de la Energía Atómica, por una parte, y el Reino Unido de Gran Bretaña e Irlanda del Norte, por otra*» *suscrito el 30 de diciembre de 2020—)* en los que la defensa se ha mostrado contraria a la concesión de extradición toda vez que parte de la prueba sobre la cual se fundamentaba el título extradicional procedía del *hackeo* de *Encrochat* [en algunos casos se ha solicitado, incluso, que se requiera a las autoridades británicas (vía art. 604.c del Tratado de Cooperación y Comercio) el envío de información complementaria al respecto.

Frente a esta postura, la Sala de lo Penal de la Audiencia Nacional en la práctica totalidad de los casos ha desestimado las peticiones de la defensa afirmando que las mismas iban directamente a efectuar un control sobre la validez de las pruebas obtenidas por Reino Unido lo que excedía de la competencia y la jurisdicción de aquel Tribunal y del principio de confianza mutua que inspira el acuerdo de 30 de abril de 2021. En este sentido, el Auto del Pleno de la Audiencia Nacional de fecha 25 de febrero de 2022 (Recurso de Súplica 11/2022), señala que «*De acuerdo con esta doctrina del Pleno es claro que los Tribunales del Reino Unido son soberanos en su jurisdicción para decidir acerca de la licitud, legalidad, procedencia, etc..., de las pruebas y evidencias obtenidas en el procedimiento que ellos han de enjuiciar*».

Esta interpretación ha de considerase ajustada a la doctrina constitucional por dos motivos:

(i) en primer lugar, porque no parece que en ningún caso el Estado requirente se encuentre en disposición de examinar el conjunto de la prueba

territorio del Estado Requerido. La Parte Requerida podrá denegar la extradición solicitada si al examinar el caso en cuestión, la orden de detención aparece manifiestamente infundada Cuando la solicitud se refiera a una persona que todavía no haya sido condenada, deberá ir también acompañada de una orden de detención emitida por un Juez u otro funcionario judicial de la Parte Requirente y deberá ir acompañada de la información que justificaría el procesamiento de dicha persona si el delito se hubiere cometido en el territorio del Estado Requerido. La Parte Requerida podrá denegar la extradición solicitada si al examinar el caso en cuestión, la orden de detención aparece manifiestamente infundada.

16. BAUTISTA SAMANIEGO, Carlos: Procedimiento de extradición pasiva, doctrina y jurisprudencia. Madrid. Sepín. 2020.

obrante en el procedimiento extranjero y poder llegar a concluir si, excluida la prueba cuya ilicitud se persigue, la restante es literosuficiente para interesar la extradición.

(ii) en segundo lugar, porque tampoco resulta posible concluir que la exclusión de las pruebas obtenidas de una manera ilícita del proceso judicial afecte al núcleo esencial o axiológico del derecho a un proceso equitativo. En este punto, no es posible obviar que la doctrina del TEDH y del TJUE ha huido de cualquier automatismo que vincule directamente la utilización de una prueba obtenida mediante violación de derechos fundamentales con el derecho a un proceso equitativo (art. 6 CEDH). Así, el TJUE, al examinar diversas cuestiones prejudiciales relativas a la conservación indiscriminada de datos asociados a procesos de comunicación en virtud de la Directiva 2006/24/CE —traspuesta a nuestro ordenamiento interno a través de la Ley 25/2007, de 18 de octubre— ha señalado que la problemática relativa a la validez en juicio de las pruebas obtenidas mediante una conservación generalizada e indiscriminada de datos es cuestión que compete determinar al derecho interno. De esta manera, *«la admisibilidad de las pruebas obtenidas mediante tal conservación se rige por el Derecho nacional, sin perjuicio del respeto en particular de los principios de equivalencia y efectividad»* STJUE *5 de abril de 2022 (GD and Comissioner and Garda Siochana).* Este canon se aproxima bastante, de hecho, a los postulados marcados por el TEDH que ha reiterado en diversas resoluciones que no se puede excluir que *«en principio y en abstracto se admita una prueba conseguida ilegalmente»* correspondiendo al Tribunal determinar únicamente si el proceso en su conjunto —totalmente analizado— fue equitativo (STEDH de 12 de julio de 1988, *Schenk vs Switzerland,* &46).

Este canon de equidad general del proceso judicial, y de ponderación con los intereses sociales en juego ha sido, de hecho, también referenciado en otros cuerpos jurisprudenciales del propio Tribunal de Estrasburgo. Es el caso de la STEDH 15 de diciembre de 2011, *Al-Khawaja y Tahery c. Reino Unido,* que ha realizado un *overruling* de su propia doctrina y, partiendo precisamente de *Luca c. Italia,* ha evolucionado hasta abandonar la regla de la prueba decisiva (*sole or decisive rule)* —concepción según la cual una condena no puede fundarse, exclusivamente, en un testimonio prestado sin contradicción— y aproximarse a postulados que reclaman analizar la vulneración del art. 6 CEDH desde la perspectiva de la equidad en conjunto del proceso (lo que se traduce, según el propio Tribunal de Estrasburgo, en la existencia de factores de compensación del déficit de defensa acarreados por la falta de contradicción de la declaración).

Postura contraria mantiene, no obstante, GASCÓN INCHAUSTI que afirma que la doctrina sobre el «control pasivo» o «vulneración indirecta» de los derechos fundamentales establecida por el Tribunal Constitucional en procesos extradicionales *«podría trasladarse también al ámbito probatorio y permitiría a los tribunales españoles rechazar la eficacia en España de pruebas obtenidas en el extranjero con arreglo a los métodos y formas que son válidas según la lex loci, pero que según la ley española serían contrarias al contenido esencial de alguno de nuestros derechos fundamentales»*[17].

También constituye un límite al control pasivo de los derechos fundamentales, el examen *de cuál es el órgano judicial competente en el Estado requirente para dictar la resolución cuyo reconocimiento se impetra.* Sobre esta materia se ha pronunciado recientemente el TJUE en la reciente sentencia de 31 de enero de 2023 (C-128/2021) que, al examinar una cuestión prejudicial planteada por el Tribunal Supremo español, acabó señalando que los artículos 1, apartados 1 y 2, y 6, apartado 1, de la Decisión Marco 2002/584, en su versión modificada por la Decisión Marco 2009/299, deben interpretarse en el sentido de que la autoridad judicial de ejecución no puede comprobar si una orden de detención europea ha sido emitida por una autoridad judicial que era competente a tal efecto y denegar la ejecución de esa orden de detención europea cuando considere que no es así. La razón de ello reside en que reconocer que la propia competencia por la autoridad judicial emisora puede ser controlada posteriormente por la autoridad judicial de ejecución equivaldría a atribuir a esta última autoridad una función general de control de las resoluciones procesales dictadas en el Estado miembro emisor, lo que sería contrario al principio de reconocimiento mutuo.

Esta regla solo tiene como excepción aquellos casos en los que —respecto a la posible falta de competencia del órgano encargado del enjuiciamiento en el Estado requirente— existe un riesgo real de que se viole el derecho fundamental a un proceso equitativo garantizado por el artículo 47, párrafo segundo, de la Carta, debido a deficiencias sistémicas o generalizadas en el funcionamiento del sistema judicial del Estado miembro emisor, por lo que, en aquellos casos, la autoridad de ejecución dicha deberá comprobar, de modo concreto y preciso, si, habida cuenta de la situación individual de esa persona, de la naturaleza de la infracción que se le imputa y del contexto fáctico en el que se dictó la orden de detención europea, existen razones serias y fundadas para creer que dicha persona correrá tal riesgo en caso de ser entregada a ese Estado miembro [véanse, en este sentido, las sentencias de 17 de diciembre de 2020, Openbaar Ministerie (Independencia de la autoridad judicial emisora), C-354/20 PPU y C-412/20 PPU,

17. GASCÓN INCHAUSTI, Fernando; «La eficacia de las pruebas penales obtenidas en el extranjero al amparo del régimen convencional: apogeo y declive del principio de no indagación»; Orden europea de investigación y prueba transfronteriza en la Unión Europea. Valencia: Tirant lo Blanch, 2019.

EU:C:2020:1033, apartado 52, y de 22 de febrero de 2022, Openbaar Ministerie (Tribunal establecido por la ley en el Estado miembro emisor), C-562/21 PPU y C-563/21 PPU, EU:C:2022:100, apartado 50.

Esta excepción, obviamente, debe entenderse en clave de lo marcado por el TJUE y por el TEDH respecto a los casos de Polonia (STJUE de 22 de febrero de 2022, C-562/2021, 563-21 y STEDH de 22 de julio de 2021, *Reczkowicz c. Polonia*) y Hungría (STJUE de 25 de julio de 2018, C-22/2018 —referida esta última a condiciones de reclusión—) en el que la existencia de deficiencias sistémicas y generalizadas en el sistema de justicia del Estado requirente se encuentran indefectiblemente vinculadas al existencia de un tribunal independiente e imparcial en cuanto a la composición de sus miembros así como a la *apreciación global, basada en todo dato objetivo, fiable, preciso y debidamente actualizado sobre el funcionamiento del sistema judicial en dicho Estado miembro, en concreto el marco general de nombramiento de los jueces de dicho Estado miembro,* debiéndose demostrar, además, que estas deficiencias *tuvieron una incidencia concreta en el procedimiento penal que se siguió contra ella, y en particular en la composición del órgano enjuiciador que conoció de su causa penal, de suerte que uno o varios jueces de ese órgano no ofrecieran las garantías de independencia e imparcialidad exigidas por el Derecho de la Unión*[18].

Conforme a ello, esta doctrina no puede ser interpretada nunca como una suerte de autorización para examinar un conflicto de competencia o de jurisdicción planteado en el Estado requirente (el cual es soberano y competente para la interpretación de su ley para la resolución de este tipo de conflictos) salvo en aquellos casos, claro está, en que dicha cuestión de competencia afecte de manera inexorable a la propia equidad del procedimiento y a su condición de justo.

BIBLIOGRAFÍA

ALCÁCER GUIRAO, R.; «*los derechos fundamentales en la extradición y la euroorden*». Editorial Aranzadi. Pamplona (2015).

18. El TJUE acaba concluyendo en la mencionada STJUE de 22 de febrero de 2022 (C-562/2021, 563/2021) que en atención a todas las consideraciones que anteceden, procede responder a las cuestiones prejudiciales planteadas que el artículo 1, apartados 2 y 3, de la Decisión Marco 2002/584 debe interpretarse en el sentido de que, cuando la autoridad judicial de ejecución que ha de pronunciarse sobre la entrega de una persona objeto de una orden de detención europea dispone de datos que acreditan la existencia de deficiencias sistémicas o generalizadas relativas a la independencia del poder judicial del Estado miembro emisor, que afectan en particular al procedimiento de nombramiento de los miembros de dicho poder, esa autoridad solo puede denegar la entrega de esta persona.

BAUTISTA SAMANIEGO, C.; «*Procedimiento de extradición pasiva*». Editorial Sepín. Madrid (2020).

CATERINI, M.; «*El ergastolo ostativo en el derecho italiano y en la jurisprudencia europea: experiencias comparadas con América latina*». Revista de estudos constitucionais. 2020.

GASCÓN INCHAUSTI, F.; «*La eficacia de las pruebas penales obtenidas en el extranjero al amparo del régimen convencional: apogeo y declive del principio de no indagación*»; Orden europea de investigación y prueba transfronteriza en la Unión Europea. Valencia: Tirant lo Blanch, 2019.

SULLIVAN, D. B.; «*Abandoning the rule of non-inquiry in international extradition*». Hastings International and Comparative Law Review. 1991.

ZARAGOZA TEJADA, J. I. «*Principio de no indagación y principio de contradicción. La introducción de declaraciones testificales practicadas en el extranjero sin presencia de las demás partes*». Revista Aranzadi Doctrinal, ISSN 1889-4380, n.º 2, 2022.

4

El feminicidio y los peritajes sociales

NIMROD MIHAEL CHAMPO SÁNCHEZ
Profesor Investigador del Instituto de Investigaciones Jurídicas de la Universidad Autónoma de Chiapas
Miembro de la Academia Mexicana de Ciencias Penales

LIDIA INÉS SERRANO SÁNCHEZ
Profesora de la Facultad de Derecho de la UNAM
doctoranda del Instituto de Investigaciones Jurídicas de la Universidad Autónoma de Chiapas

I. INSTRUMENTOS INTERNACIONALES

Abordar un marco jurídico internacional, constituye una necesidad obligada al analizar cualquier tema sobre los derechos humanos de las mujeres y, con mayor fuerza, cuando los estudios diferenciados radican en garantizar el respeto a los derechos humanos de las mujeres víctimas de violencia por razón de género o de feminicidio.

Dichos derechos, deben ajustarse a los estándares internacionales enmarcados en los diferentes instrumentos internacionales, que son la herramienta esencial para garantizar que las leyes y las políticas públicas de nuestro país, sean respetuosas de los derechos humanos de las mujeres, promuevan la igualdad de género, la no discriminación, ni violencia y permanezcan coherentes con los instrumentos internacionales de los que México sea parte.

Existen diversas herramientas de gran relevancia con objetivos enfocados en los derechos humanos de las mujeres, como es la Convención Interamericana para Prevenir, Sancionar y Erradicar la Violencia contra la Mujer también conocida como Belém do Pará, y la Convención sobre la eliminación de todas las formas de discriminación contra la mujer conocida como CEDAW.

Ambas convenciones se complementan entre sí, en el marco de la protección integral de los derechos de las mujeres y la lucha contra la violencia de género y en su conjunto, avanzan hacia la eliminación de todas las formas de discriminación y violencia contra las mujeres, que han sido fundamentales para impulsar cambios jurídicos, sociales y culturales para mejorar la situación de vida de las mujeres en todo el mundo.

II. LA CONVENCIÓN INTERAMERICANA PARA PREVENIR, SANCIONAR Y ERRADICAR LA VIOLENCIA CONTRA LA MUJER (CONVENCIÓN DE BELÉM DO PARÁ)[1]

En 1991 tanto expertos y expertas de la Organización de las Naciones Unidas, analizaron los instrumentos internacionales vigentes referentes a los derechos humanos y concluyeron que ninguno abordaba de manera adecuada el tema de violencia contra la mujer.

Se identificó que carecían de conceptualizaciones y tipificaciones claras de las conductas violatorias de los derechos humanos de las mujeres en específico y que, su aplicación, no se dirigía a asegurar la protección a las mujeres víctimas de violencia; de la misma forma, determinaron que los organismos internacionales encargados de la preservación y promoción de

1. Organización de los Estado Americanos, Convención de Belém do Pará para Prevenir, Sancionar y Erradicar la Violencia contra la Mujer, 1994, consultado en agosto de 2023, disponible en: OEA/Ser.L/V/II, *https://www.oas.org/es/mesecvi/docs/BelemDoPara-ESPANOL.pdf*

derechos y libertades fundamentales tampoco se dedicaban a investigar esta importante cuestión.

Por lo que, con el propósito de brindar una apropiada protección, el grupo recomendó la adopción de una declaración universal para la eliminación de la violencia contra las mujeres,[2] que sirviera de guía a la comunidad internacional que, sumada a la creciente preocupación respecto al problema de la violencia contra mujeres y niñas, se reconocieran los factores que determinan su incremento y existencia y los problemas de su erradicación o disminución.

Así Belém Do Pará, es el primer tratado internacional que aborda en específico el tema de la violencia contra la mujer, este importante instrumento fue adoptado en 1994 en Brasil, durante la 24.ª Asamblea General de la Organización de los Estados Americanos (OEA).

Belém do Pará es un gran marco de referencia para la protección integral de los derechos de las mujeres en la región de América Latina y el Caribe y para el mundo, su principal objetivo es prevenir, sancionar y erradicar la violencia contra las mujeres en todas sus formas y manifestaciones.

Además la Convención, reconoce que la violencia basada en género es una violación de los derechos humanos que afecta de forma negativa la vida, la integridad y la dignidad de las mujeres, así como que la violencia contra la mujer es una manifestación de las relaciones de poder histórico desigual entre mujeres y hombres, que ha conducido a la dominación y discriminación de la mujer que con mayor vulnerabilidad impide el pleno ejercicio de sus derechos y pone en riesgo su vida y su integridad personal.

Belém do Pará, obliga a los Estados parte a actuar con la debida diligencia para prevenir, investigar y sancionar la violencia contra la mujer y en adoptar medidas legales, administrativas y judiciales necesarias, en cualquiera de los contextos en que pueda presentarse, como se observa en los siguientes artículos:

> *«Artículo 1: Para los efectos de esta Convención debe entenderse por violencia contra la mujer cualquier acción o conducta, basada en su género, que cause muerte, daño o sufrimiento físico, sexual o psicológico a la mujer, tanto en el ámbito público como en el privado.*
>
> *Artículo 2: Se entenderá que violencia contra la mujer incluye la violencia física, sexual y psicológica».*[3]

---

2. *Idem.*
3. *Idem.*

En este sentido se exige a los Estados, condenar la discriminación contra la mujer en todas sus formas y seguir por todos los medios apropiados una política de eliminación de la discriminación contra la mujer, este artículo, en relación con otros, puede interpretarse como un mandato para los Estados a tomar medidas preventivas y punitivas contra el feminicidio como una forma extrema de discriminación y violencia de género.

Es importante mencionar que la Convención, no habla con exactitud de violencia de género si no de violencia contra la mujer basada en su género, como se reafirma en el artículo 1.º, además el Estado también puede perpetrar actos de violencia en contra de la mujer, como se manifiesta en el artículo 2: en el inciso b) que dice que puede ser perpetrada por cualquier persona, aunado a que en el inciso c) menciona que también puede ser perpetrada o tolerada por el Estado o sus agentes, en los que se pueden encontrar tanto hombres como mujeres.[4]

Sobre el término de feminicidio, aunque no se utiliza de forma explícita en la Convención, su espíritu y sus disposiciones son fundamentales para entender, prevenir y combatir este fenómeno como la acción de extrema violencia contra la mujer y como parte de las medidas específicas para prevenir la violencia de género, está también la promoción de cambios culturales y de sensibilización y concientización en el actuar de los Estados.

Además, establece la necesidad de servicios especializados para las víctimas, incluida la atención médica y el apoyo psicológico, y pide la recopilación de estadísticas y otros datos pertinentes para monitorear la eficacia de las medidas adoptadas para combatir la violencia de género, por lo tanto, es una herramienta crucial en la lucha contra el feminicidio y la impunidad que a menudo lo acompaña.

Los Mecanismos de Seguimiento, de la Convención de Belém do Pará, garantizan la vigilancia constante, especializada y permanente del cumplimiento de la Convención por parte de los Estados, los cuales, presentan los avances realizados en el cumplimiento de la Convención, al aceptar implementar las recomendaciones que emanen del mismo. El mecanismo tiene tres objetivos: dar seguimiento a los compromisos asumidos por los Estados Parte, contribuir al logro de los mandatos contenidos en la Convención y facilitar la cooperación técnica entre los Estados Parte, así como con otros Estados miembros de la OEA y Observadores participantes.[5]

4. *Idem.*
5. Instituto Nacional de las Mujeres, «Articulado Convención Interamericana de Belém do Pará Para Prevenir, Sancionar y Erradicar la Violencia Contra la Mujer», Ministerio

La convención actúa de manera simultánea en la mayoría de los casos con otros instrumentos de igual relevancia y pertinencia como es la Convención sobre la Eliminación de Todas las Formas de Discriminación contra la Mujer.

III. LA CONVENCIÓN SOBRE LA ELIMINACIÓN DE TODAS LAS FORMAS DE DISCRIMINACIÓN CONTRA LA MUJER (CEDAW)[6]

CEDAW, es un tratado internacional adoptado por la Asamblea General de las Naciones Unidas, que aborda en específico los derechos de las mujeres en todos los aspectos de la vida, que refiere un marco integral para luchar contra todas las formas de discriminación hacia las mujeres y niñas.

En este contexto la CEDAW, ha sido una herramienta crucial para promover y proteger los derechos de las mujeres en todo el mundo. En su contenido, incorpora la obligación de que los Estados parte, deben tomar todas las medidas apropiadas para eliminar la discriminación contra las mujeres en todas las áreas y esferas de la vida, tanto en el ámbito político, social, económico y cultural.

Un objetivo de la CEDAW se encuentra en promover el empoderamiento de las mujeres y garantizar su igualdad de oportunidades en todos los aspectos de la vida, a la par de los hombres. En este sentido, ofrece a los legisladores una base de reformas, de políticas y de prácticas para garantizar que se respeten los derechos de las mujeres.

Este instrumento internacional, también sirve de análisis sobre cómo la discriminación de género y el incumplimiento de los derechos humanos de las mujeres, se manifiesta en la aplicación de la justicia y en las condiciones de vida que se enfrentan las mujeres, las cuales en su mayoría son deficientes, propensas a sufrir diversos tipos de violencia, que se interpretan no solo como fallas sistémicas, sino como formas de discriminación de género. Algunos artículos que marcan las directrices necesarias para su aplicación e interpretación son:

---

de Desarrollo Social/ Instituto Nacional de las Mujeres, Montevideo, Uruguay, pp. 9 y 11. disponible en *http://www.inmujeres.gub.uy/innovaportal/file/21718/1/1_articulado_belem_do_para.pdf*

6. Comité para la Eliminación de la Discriminación contra la Mujer, «Recomendación General núm. 33, Sobre el acceso de las mujeres a la justicia» en *Comité para la Eliminación de la Discriminación contra la Mujer*, 2015, consultado en agosto de 2023, disponible en: *https://www.acnur.org/fileadmin/Documentos/BDL/2016/10710.pdf*

«Artículo 2: Los Estados Parte condenan la discriminación contra la mujer en todas sus formas, convienen en seguir, por todos los medios apropiados y sin dilaciones, una política encaminada a eliminar la discriminación contra la mujer...

Artículo 3: Los Estados Parte tomarán en todas las esferas, y en particular en las esferas política, social, económica y cultural, todas las medidas apropiadas, incluso de carácter legislativo, para asegurar el pleno desarrollo y adelanto de la mujer, con el objeto de garantizarle el ejercicio y el goce de los derechos humanos y las libertades fundamentales en igualdad de condiciones con el hombre»[7].

En la misma línea, el Comité para la Eliminación de la Discriminación contra la Mujer, que es el órgano de expertos independientes encargado de supervisar la implementación de la Convención, ha emitido diversas recomendaciones generales que tratan sobre la violencia de género. Estas interpretan la convención de forma que aborden de manera más específica y rigurosa la violencia contra las mujeres, incluido el feminicidio.

La CEDAW también establece un mecanismo de presentación de informes por parte de los Estados, lo que permite el monitoreo y la evaluación de las medidas adoptadas para eliminar la discriminación y la violencia contra las mujeres. El proceso de revisión puede ser un medio efectivo para responsabilizar a los Estados por su falta de acción en la prevención y sanción del feminicidio y otras formas de violencia de género.

Por otro lado, existen diversas sentencias emitidas por la Corte Interamericana de Derechos Humanos que son también instrumentos jurídicos internacionales vinculantes para los Estados parte y, tienen un fuerte fundamento en los tratados internacionales de derechos humanos, como Belem Do Pará y la CEDAW.

Ya que el Sistema Interamericano de Derechos Humanos, es un conjunto de instituciones creadas para promover y proteger los derechos humanos en las Américas y se compone de forma principal de dos organismos: la Comisión Interamericana de Derechos Humanos (CIDH) y la Corte Interamericana de Derechos Humanos. Ambas instituciones son órganos autónomos de la Organización de los Estados Americanos (OEA).

En consecuencia, las sentencias que emite la Corte Interamericana tienen múltiples objetivos, como integrar los derechos de las víctimas de violaciones de derechos humanos, además del restablecimiento de derechos, como reparaciones, que pueden incluir compensación monetaria, medidas de satisfacción (como disculpas públicas) y garantías de no repetición y a rea-

7. *Idem.*

lizar cambios normativos o institucionales para evitar futuras violaciones de derechos humanos.[8]

En este sentido, se mencionan algunas sentencias relevantes, emitidas por la Corte Interamericana de Derechos Humanos.

IV. SENTENCIA ESCUÉ ZAPATA VS. COLOMBIA DE 4 DE JULIO DE 2007[9]

El caso se refiere a la denuncia presentada ante la Comisión Interamericana de Derechos Humanos (CIDH) en contra del Estado de Colombia, relacionada con la muerte de Germán Escué Zapata, un líder indígena y Cabildo Gobernador del Resguardo Indígena de Jambaló. La CIDH sometió el caso a la Corte Interamericana de Derechos Humanos al considerar que no se habían realizado avances significativos en el cumplimiento de las recomendaciones emitidas al Estado colombiano.

Germán Escué Zapata, era un líder indígena Nasa en la región de Jambaló, en el departamento del Cauca en Colombia, conocido por su lucha en la protección de las tierras ancestrales de su pueblo. El 1 de febrero de 1988, militares recibieron información falsa de que en su casa había armas y durante la noche, los militares allanaron su hogar, lo golpearon y se lo llevaron, mientras su familia observaba.

Germán fue asesinado por el Cabo Roberto Camacho Riaño en el camino a Loma Redonda, los soldados fueron instruidos para afirmar que Germán murió en un «fuego cruzado» durante un hostigamiento con guerrilleros, pero en 2002, la Fiscalía General de la Nación inició una investigación exhaustiva sobre el caso que llevó a la identificación y captura de algunos de los presuntos responsables.

En los informes de la Comisión, se argumentó que el cuerpo mostraba signos de maltrato y criticó la falta de debida diligencia en la investigación de los hechos por parte del Estado, además pidió que la Corte declarara a Colombia responsable por la violación de varios artículos de la Convención Americana sobre Derechos Humanos, incluidos el derecho a la vida, dere-

8. *Cfr.* GARCÍA RAMÍREZ, Sergio, *Las reparaciones en el Sistema Interamericano de Protección de los Derechos Humanos*, Instituto de Investigaciones Jurídicas de la UNAM, consultado en septiembre de 2023, disponible en *https://www.corteidh.or.cr/tablas/a11651.pdf* pp. 144 a 146.
9. Corte Interamericana de Derechos Humanos, «Caso Escué Zapata Vs. Colombia, Sentencia de 4 de julio de 2007 (Fondo, Reparaciones y Costas)», en *Corte Interamericana de Derechos Humanos*, consultado en septiembre de 2023, disponible en *https://www.corteidh.or.cr/docs/casos/articulos/seriec_165_esp.pdf*

cho a la integridad personal y derecho a la libertad personal. También, señaló que este caso se inscribió dentro de un patrón más amplio de violencia contra los pueblos indígenas y sus líderes en Colombia.

El Estado de Colombia tomó un enfoque parcial y conciliatorio, al reconocer su «responsabilidad internacional» en violación de varios artículos de la Convención Americana de Derechos Humanos, en específico con relación a las garantías judiciales, protección judicial y otros derechos de Germán y sus familiares. Sin embargo, el Estado disputó varios otros puntos clave planteados en la demanda, incluyendo el contexto general presentado, la calidad de «Cabildo Gobernador» de Germán, y ciertos derechos establecidos en otros artículos de la Convención.

La Corte también observó que, aunque el Estado reconoció su deber de reparar a la víctima y sus familiares, rechazó que la Comunidad Indígena Páez se considerara una parte lesionada, además, el Estado hizo observaciones específicas sobre el monto y la naturaleza de las indemnizaciones por daños materiales e inmateriales que serían debatidas en el juicio.

Estas medidas incluían fomentar la formación de jóvenes líderes en el Resguardo de Jambaló, publicar un libro sobre Germán, y apoyar varios aspectos relacionados con la autonomía y proyectos comunitarios de la comunidad indígena. La Corte, sin embargo, consideró el reconocimiento parcial de responsabilidad internacional como un avance positivo en el proceso judicial y como un aporte al Sistema Interamericano de Derechos Humanos. Este reconocimiento es visto como un paso importante para la efectividad y el respeto de los principios que fundamentan la Convención Americana de Derechos Humanos.

La Corte destaca que la emisión de una sentencia completa es esencial no solo para la reparación de los familiares de Germán, sino también para evitar la repetición de hechos similares y para cumplir con los objetivos generales del Sistema Interamericano.

> *«La Corte considera que el reconocimiento de responsabilidad internacional del Estado constituye una contribución positiva al desarrollo de este proceso, al buen despacho de la jurisdicción interamericana sobre derechos humanos, en general, y a la vigencia de los principios que inspiran la Convención Americana»*[10].

En este contexto, la Corte al emitir sentencias en casos de violación de derechos humanos, como el derecho a la vida y el acceso a la justicia, establece precedentes legales que podrían aplicarse a casos de feminicidio, así como arrojar luz sobre el tratamiento adecuado y las reparaciones para las

10. *Ibidem*, p. 6.

víctimas y sus familiares, que es un tema también relevante en casos de feminicidio.

Si la sentencia aborda la demora en el sistema judicial y la falta de investigación adecuada, esto podría tener implicaciones en casos de feminicidio, donde el acceso a una justicia rápida y efectiva es a menudo una preocupación, en donde los tipos de reparaciones y medidas de no repetición ordenadas en este caso podrían informar sobre cómo se deben manejar casos similares, incluidos los feminicidios, en el futuro.

Por último, la sentencia aborda cuestiones de discriminación bajo enfoques diferenciados, en especial contra grupos vulnerables como comunidades indígenas, esto podría tener paralelismos con la discriminación de género que a menudo está en la raíz de los casos de feminicidio, que se manifiesta en los contextos de violencia de género y del cual aborda de manera explícita el caso ocurrido sobre las muertas de Juárez, en los campos algodoneros.

V. SENTENCIA GONZÁLEZ Y OTRAS VS. MÉXICO («CAMPO ALGODONERO»)[11]

El caso conocido como «Campo Algodonero» marca un antes y un después en el reconocimiento de la violencia contra la mujer en nuestro país y es uno de los más emblemáticos en el ámbito de los derechos humanos en América Latina y tiene una relación directa y significativa con la violencia en razón de género. El caso involucra los asesinatos de Claudia Ivette González, Esmeralda Herrera Monreal y Laura Berenice Ramos Monárrez en Ciudad Juárez, México, que se llevó ante la Corte Interamericana de Derechos Humanos.

De esta forma la violencia contra la mujer en México, tuvo una cambio significativo en su percepción cuando en 1993, comenzaron a documentarse los primeros homicidios de mujeres en Ciudad Juárez, Chihuahua,[12] este escenario sistemático de violencia contra las mujeres, se ha manifestado de diversas formas, una de ellas, en las cientos de desapariciones de mujeres

---

11. Corte Interamericana de Derechos Humanos, «Caso González Y Otras ("Campo Algodonero") Vs. México, Sentencia De 16 De Noviembre De 2009 (Excepción Preliminar, Fondo, Reparaciones Y Costas)», en *Corte Interamericana de Derechos Humanos*, consultado en septiembre de 2023, disponible en *https://www.corteidh.or.cr/docs/casos/articulos/seriec_205_esp.pdf*
12. VÁZQUEZ CAMACHO Santiago José, «El Caso "Campo Algodonero" ante La Corte Interamericana de Derechos Humanos The Case "Campo Algodonero" Before The Interamerican Court Of Human Rights», México, Anuario Mexicano de Derecho Internacional, vol. XI, 2011, p. 516.

y niñas en los últimos años en toda la República, pero encuentra su máxima expresión en los cientos de homicidios de mujeres y niñas, que sucedieron en particular, en Chihuahua y el Estado de México.

La sentencia, fue emitida el 16 de noviembre de 2009, donde se encontró al Estado mexicano responsable de no garantizar los derechos a la vida, la integridad personal y la no discriminación de las víctimas y de no prevenir la violencia contra las mujeres en general en Ciudad Juárez, también estableció la falta de diligencia en las investigaciones y en el tratamiento de los familiares de las víctimas por incluir prejuicios y estereotipos basados en género.

Los hechos ocurrieron durante una situación crítica de violencia contra mujeres y niñas en Ciudad Juárez, que persistió desde 1993, situación por la que tanto organismos nacionales como internacionales de derechos humanos han monitoreado esta situación y han emitido informes y resoluciones al respecto, las víctimas en su mayoría eran mujeres jóvenes de 15 a 25 años de edad, estudiantes o trabajadoras de maquilas, tiendas u otras empresas locales.

Dentro de las víctimas del caso, se encontraban, las jóvenes Claudia Yvette González, Esmeralda Herrera Monreal y Laura Berenice Ramos, cuyos cuerpos fueron encontrados en un campo algodonero en Ciudad Juárez el 6 de noviembre de 2001, los cuerpos de las jóvenes fueron objeto de ensañamiento por parte de los perpetradores de los homicidios con extrema violencia, ya que la forma en que fueron encontrados los cuerpos de las tres víctimas se identificó que fueron violadas, mutiladas y abusadas con extrema crueldad.

Los cuerpos, fueron encontrados en estado de conservación incompleto, con hematomas, signos de probable estrangulamiento y severa violencia sexual, entre estos, manos atadas, semidesnudas o con la blusa y brassier levantados por encima de los senos y, en el caso de dos de ellas, con los pezones mutilados.[13]

Las investigaciones han sido criticadas por su falta de diligencia y precisión en las cifras de mujeres asesinadas y desaparecidas, que varían según la fuente. Además, se observa que la tasa de homicidios de mujeres en Ciudad Juárez es desproporcionada y alta en comparación con otras ciudades fronterizas similares.

13. Idem.

La sentencia, no solo fue pionera en establecer la responsabilidad del Estado en casos de violencia de género, si no que se convirtió en un precedente importante para otros casos similares. Es importante mencionar, que, aunque la sentencia no identifica de manera explícita el delito de feminicidio, si realiza el reconocimiento de los homicidios en razón de género como un problema estructural.

En el mismo sentido, expone que la violencia contra las mujeres y los homicidios en Ciudad Juárez no eran casos aislados, sino parte de un problema estructural y sistemático, así como subrayó la necesidad de que las instituciones de justicia apliquen un enfoque de género al investigar y juzgar casos relacionados sobre violencia contra las mujeres con perspectiva de género.

> «... *la Corte observa que el Estado admitió... los hechos de contexto relativos a la violencia contra las mujeres en Ciudad Juárez, particularmente los homicidios que se han registrado desde el inicio de los años 90 ... hasta el período 2001 a 2003*»[14].

En este sentido, un hito relevante de esta sentencia es el reconocimiento del contexto de violencia, es decir que sucedían en el país una clara situación de producción y reproducción de conductas misóginas y machistas que envolvían, sistematizaban y reforzaban cualquier tipo de violencia de género por el hecho de ser mujeres.

De esta forma, en febrero de 2008 las organizaciones representantes[15] de las víctimas, presentaron su escrito de solicitudes, argumentos y pruebas, en conjunto, con los alegatos presentados por la Comisión, al solicitar ampliar el número de víctimas a once mujeres, así como el pronunciamiento de la Corte sobre la supuesta detención arbitraria, tortura y violaciones al debido proceso de tres personas más, por lo que adicionaron, los siguientes artículos de la Convención Americana:

I. Artículo 5 (derecho a la integridad personal).

II. Artículo 7 (derecho a la libertad personal) y

III. Artículo 11 (derecho a la dignidad y a la honra),

14. *Ibidem*, p. 9.
15. Las organizaciones que llevaron la representación del caso ante la Comisión, fueron. Asociación Nacional de Abogados Democráticos A. C., Comité de América Latina y el Caribe para la Defensa de los Derechos de la Mujer, Red Ciudadana de No Violencia y por la Dignidad Humana y Centro para el Desarrollo Integral de la Mujer A. C.

En relación con las obligaciones generales que se derivan de el:

IV. artículo1.1 (obligación de respetar los derechos) y

V. Artículo 2(deber de adoptar disposiciones de derecho interno) de la misma, y el incumplimiento de las obligaciones que derivan del artículo.

De la misma forma, solicitaron la aplicación de la Convención Belém do Pará para el caso de las mujeres, y adicionó:

I. Artículo 7 (adoptar, por todos los medios apropiados y sin dilaciones, políticas orientadas a prevenir, sancionar y erradicar la violencia contra la mujer).

En conexión con los artículos:

II. Artículo 8 (adoptar, en forma progresiva, medidas específicas, inclusive programas para la protección de los derechos de las mujeres) y

III. Artículo 9 (obligación de tomar en cuenta las condiciones de vulnerabilidad de las mujeres para la adopción de medidas internas).

La Corte interpretó de manera literal, el artículo 12 de la Convención Belém do Pará que concede la competencia a la Corte, de su aplicación y jurisdicción en el caso, además observó los derechos vulnerados en: el artículos 4 (derecho a la vida), 5 (derecho a la integridad Personal), 7 (derecho a la libertad personal), 8 (garantías Judiciales), 19 (derechos de la niñez) y 25 (protección judicial) en relación con los artículos 1.1 (obligación de respetar los Derechos) y 2 (deber de adoptar disposiciones de derecho Interno) de la convención americana y con el artículo 7 de la Convención Belém do Pará.

Un elemento importante que destacó la Comisión fue que el Estado era responsable al fomentar una actitud de desprecio por parte de la autoridad hacia las víctimas, mediante preguntas y observaciones prejuiciosas a los familiares al momento de sus denuncias, así como a no realizar de inmediato la investigación de las desaparecidas por estereotipos de género, así como al realizar declaraciones públicas ofensivas.

Sobre las reparaciones, es un principio de Derecho Internacional que toda violación de una obligación internacional que produzca daño debe ser reparado de forma adecuada. La Corte ordenó diversas medidas de reparación y de no repetición, incluida la necesidad de llevar a cabo investigaciones serias para juzgar y sancionar a los responsables, y crear políticas públicas para prevenir la violencia de género.

Sobre las medidas de satisfacción y no repetición, se solicitó que el Estado publique la sentencia a través de varios medios, y realice un reconocimiento público de su responsabilidad internacional y establezca un monumento en memoria de las víctimas y que se conmemore de manera anual un «Día Nacional en memoria de las víctimas del feminicidio».

Las medidas y políticas implementadas por el Estado para combatir la discriminación de género y la violencia contra las mujeres en el ámbito público fueron muchas y marcaron un alto impacto en el país, también se solicitó al Estado que elaborara un programa permanente con mecanismos de evaluación para erradicar la discriminación de género en la administración pública.

El Estado implementó diversas políticas, leyes y reformas para abordar estos problemas, incluido una serie de reformas al Código Penal y en una Ley de Atención y Protección a Víctimas, además el programa de «40 acciones» que se centra en la coordinación, la participación social y la transparencia, con ejes estratégicos en justicia, promoción social y derechos humanos de la mujer.

Además, el Instituto Nacional de las Mujeres (INMUJERES), ha trabajado en diversas áreas como la educación pública, la erradicación de mensajes discriminatorios en los medios de comunicación, y la financiación de proyectos y diagnósticos sobre violencia de género.

De igual forma el desarrollo de la Corte sobre la «perspectiva de género» en su jurisprudencia, implicaba tomar en cuenta al momento de reparar a las víctimas impactos diferenciados que la violencia causa en hombres y mujeres, al indicar que las reparaciones con perspectiva de género deben:[16y 17]

i. Cuestionar y estar en capacidad de modificar a través de medidas especiales el estatus quo que causa y mantiene la violencia contra la mujer y los homicidios por razones de género;

ii. Constituir un avance en la superación de las desigualdades jurídicas, políticas y sociales, formales o de facto, que sean injustificadas

16. *Cfr.* Corte Interamericana de Derechos Humanos, Sentencia de Campo Algodonero, *op. cit.*, punto 2. Alegada «doble reparación» de las medidas solicitadas por los Representantes, numeral 451.
17. VÁZQUEZ CAMACHO Santiago José, *op. cit.*, p. 543.

por causar, fomentar o reproducir los factores de discriminación por razón de género; y

iii. Sensibilizar a los funcionarios públicos y la a sociedad sobre el impacto de los factores de discriminación contra las mujeres en el ámbito público y privado y en la capacitación de funcionarios y de población; ya que adoptar una perspectiva de género implica desarrollar capacidades para reconocer la discriminación que sufren las mujeres en su vida cotidiana.

Un aspecto importante durante el desarrollo del caso es que la Comisión no calificó los hechos ocurridos en Ciudad Juárez como lo que en la actualidad nuestra legislación mexicana reconoce como «feminicidio», solo los representantes, expresaron que los homicidios y desapariciones de niñas y mujeres en Cd. Juárez, son la máxima expresión de la violencia misógina.

De esta forma alegaron, que esa violencia se ha conceptualizado como «feminicidio», consistente en una forma extrema de violencia contra las mujeres por el solo hecho de serlo, en una sociedad que las subordina y somete, lo que implica una mezcla de factores culturales, económicos y políticos; también argumentaron que para determinar si un homicidio de mujer es un feminicidio se requiere conocer quién lo comete, cómo lo hace y en qué contexto, e indicar que aun cuando no siempre se tiene toda la información disponible en crímenes de este tipo, existen indicadores como mutilaciones de ciertas partes del cuerpo, como la ausencia de pechos o genitales que lo pueden determinar[18].

Sin embargo, el Estado Mexicano, en la audiencia pública utilizó el término feminicidio al hacer referencia al «fenómeno que prevalece en Juárez», al igual que, en las observaciones que realizó a los peritajes que fueron presentados por los representantes;[19] no obstante, en estas observaciones, objetó el hecho de que pretendieran incluir el término «feminicidio» como un tipo penal,[20] cuando éste no existe ni en la legislación nacional, ni en los instrumentos vinculantes del Sistema Interamericano.

18. Corte Interamericana De Derechos Humanos, Sentencia de Campo Algodonero, punto 1.6. Sobre el alegado feminicidio, Numeral 137 y 138 pp. 41.

19. Diversos peritos Monárrez Fragoso, Pineda Jaimes, Lagarde y de los Ríos y Jusidman Rapoport calificaron lo ocurrido en Ciudad Juárez como feminicidio. Corte Interamericana De Derechos Humanos, Sentencia de Campo Algodonero, *op. cit.*, 369, punto 1.6. Sobre el alegado feminicidio, Numeral 141. pp. 41.

20. «Como el informe de la Comisión Especial para Conocer y Dar Seguimiento a las Investigaciones Relacionadas con los Feminicidios en la República Mexicana de la Cámara de Diputados y los de la Comisión para Ciudad Juárez, se refieren al

Pero en México, en la LGAMVLV vigente desde 2007, define en su artículo 21 la violencia feminicida y algunas instancias gubernamentales y no gubernamentales han proporcionado definiciones para el término feminicidio en sus informes, Incluso el termino tuvo tal impacto que los medios de comunicación mal informaron que la Corte responsabilizó al Estado mexicano por los casos de «feminicidios»[21].

Lo que queda claro es que la Corte, utilizó la expresión «homicidio de mujer por razones de género», no feminicidio y consideró que, no es necesario ni posible pronunciarse de manera definitiva sobre cuáles homicidios de mujeres en Ciudad Juárez desde 1993,[22] constituyen homicidios de mujeres por razones de género, más allá de los homicidios de las tres víctimas del presente caso.

Por esta razón, se pronunció ante los casos de Juárez como homicidios de mujeres, aunque entienda que algunos o muchos de éstos puedan haber sido cometidos por razones de género y que la mayoría han ocurrido dentro de un contexto de violencia contra la mujer.[23]

La sentencia ha tenido un impacto significativo no solo en México sino también en otros países de la región, ya que ha influenciado la forma en que se aborda la violencia de género y el feminicidio, pero la mayor aportación fue en el reconocimiento de generar sensibilización y capacitación sobre la perspectiva de género, así como la contribución a generar un debate más amplio sobre la violencia de género, que influencia tanto la opinión pública, como las políticas gubernamentales y el contexto social y cultural.

Tanto los instrumentos internacionales de derechos humanos y las sentencias de la Corte Interamericana de Derechos Humanos han tenido un

"feminicidio" que supuestamente ocurre en Cd. Juárez. Así como el Observatorio Ciudadano, las ONGs Centro para el Desarrollo Integral de la Mujer y AC / Red Ciudadana de NO violencia y Dignidad Humana, la Comisión Mexicana de Defensa y Promoción de los Derechos Humanos A.C133, así como también diferentes *amici curiai* allegados a la Corte...»: Corte Interamericana De Derechos Humanos, Sentencia de Campo Algodonero, *op. cit.*, punto 1.6. Sobre el alegado feminicidio, Numeral 142, p. 42.

21. VÁZQUEZ CAMACHO Santiago José, *op. cit.*, p. 546.
22. GÓMEZ-LUGO Fanny, «Sentencia de la Corte Interamericana de Derechos Humanos en el Caso González y otras ("Campo Algodonero") vs. México», en The Oracle Identity Management documentation/ Gobierno del Estado de México, consultado en julio de 2023, disponible en: http://qacontent.edomex.gob.mx/idc/groups/public/documents/edomex_archivo/ipd_pdf_femenicidio_pdf.pdf
23. Corte Interamericana De Derechos Humanos, Sentencia de Campo Algodonero, *op. cit.*, punto 1.6. Sobre el alegado feminicidio, Numeral, pp. 41 y 42.

impacto significativo en la forma en que México aborda el tema de los derechos humanos de las mujeres y, en particular, el feminicidio.

En consecuencia, el marco jurídico de México se ha armonizado y adaptado para incorporar estándares y directrices internacionales, como la Convención de Belém do Pará y la CEDAW que han sido ratificadas por México y sus principios han sido incorporados en la legislación nacional, como en la Ley General de Acceso de las Mujeres a una Vida Libre de Violencia.

De la misma forma, las sentencias y recomendaciones de la Corte Interamericana han llevado a la creación de protocolos de investigación o protocolos para sancionar con perspectiva de género, así como a realizar reformas para fortalecer la protección de los derechos de las mujeres, incluidos los cambios en el Código Penal para definir y sancionar de forma explícita el feminicidio como un delito específico.

También ha habido cambios a nivel institucional, como la creación de organismos especializados para el seguimiento de casos de violencia de género y feminicidio, así como el establecimiento de protocolos específicos para la investigación y sanción de estos delitos, como la Alerta de Género y Alerta Amber.

Por último, los instrumentos internacionales y las sentencias de la Corte Interamericana suelen ir acompañados de directrices sobre la formación y sensibilización de funcionarios públicos, lo cual ayuda a garantizar que los derechos de las mujeres sean una consideración central en la administración de justicia.

Las herramientas mencionadas, han sido amplias y ha contribuido de manera significativa a moldear la respuesta del Estado mexicano ante el problema de la violencia de género y en particular sobre el feminicidio.

VI. LOS PERITAJES SOCIALES EN EL TIPO PENAL DE FEMINICIDIO

Como hemos visto, la tipificación de la violencia de género contra la mujer en su máxima expresión —feminicidio— es producto de instrumentos internacionales (Convención de Belem do Para, CEDAW) y garantías de no repetición sentencias de tribunales supranacionales (Sentencia Escué Zapata Vs. Colombia. 4 de julio de 2007; Sentencia González y otras vs. México («Campo Algodonero») 16 de noviembre de 2009).

Suele pensarse que la redacción del tipo penal nos enfrenta a cuestiones novedosas dentro de la técnica legislativa, nada más alejado de la realidad.

No podemos negar que el tipo penal ha sido motivo de múltiples críticas no solo en cuanto a su redacción y más aún en cuanto a su existencia, surgen afirmaciones de qué es discriminatorio hacia los hombres, al cuestionar si el valor de la vida de una mujer es mayor a la de un hombre.

Lo anterior evidencia la ignorancia de dos temas: la teoría del género y la teoría del delito, concretamente el análisis del tipo penal. En general, podemos afirmar que los tipos penales de feminicidio (federal o estatales) hacen referencia a una conducta de privar de la vida a una mujer por razones de género.[24]

De la simple lectura de la redacción podemos destacar la gran diferencia entre el homicidio y el feminicidio: el bien jurídico protegido. En el homicidio se protege la vida de cualquier persona, en cambio en el feminicidio se protege la vida de una mujer en estado de vulnerabilidad.

En atención a lo que hemos esbozado sobre el género y la violencia de género, nos encontramos con la dificultad de identificar, comprender y, en su momento acreditar, tres elementos del tipo penal:

- «Mujer» como concepto normativo de valoración cultural,
- «Razones de género» como un elemento subjetivo distinto de dolo,
- El bien jurídico (mujer en estado de vulnerabilidad).

Como podemos ver, estos elementos conllevan una fuerte carga de perspectiva de género, y particularmente en el caso de muertes violentas implica proveer una explicación de los hechos al tomar en cuenta «las relaciones desiguales de género, las relaciones de poder y la situación de discriminación en las que se encontraba la víctima, debidas a su situación y su condición de género».[25]

Esto solo se logra con la realización de peritajes sociales, con el objetivo de identificar y visibilizar hechos y circunstancias que culturalmente se han normalizado, para poder entender se mueve la discriminación contra las mujeres y las razones de género que llevaron a la muerte a una mujer.

---

24. Champo Sánchez, Nimrod Mihael y Serrano Sánchez, Lidia Inés, «Género, Violencia y Feminicidio», en *Libro Homenaje a la Jurista Irma Cué Sarquís*, coord. Mireille Ricccat Velázquez, UNAM, 2015, pp. 49-72.
25. Católicas por el Derecho a Decidir A. C., *Guía Metodológica para la elaboración de peritajes antropológicos, psicosociales y socioculturales en casos de feminicidio en México*, México, CDD-OCNF-Fondo Canadá, 2016, p. 22.

Los tipos de peritajes sociales son: 1) el antropológico o social, 2) el sociocultural y 3) el psicosocial. De manera sintetizada, los objetivos de los peritajes sociales, con perspectiva de género son[26]:

1. Contextualizar las violencias que sufren las mujeres desde la perspectiva de género.
2. Fortalecer la acreditación de las razones de género en las muertes violentas de mujeres.
3. Fortalecer la teoría del caso en casos de muertes de mujeres.
4. Establecer medidas de reparación integral del daño con perspectiva de género.

En la práctica, se encuentra mucha reticencia hacia los peritajes sociales, en primer lugar, por la ausencia de pruebas físicas científicas, ya que este tipo de peritajes tiene a la cultura como objeto de la pericia; en segundo lugar, por la falta de entendimiento sobre su objetivo.

VII. PERITAJE ANTROPOLÓGICO O CULTURAL

Un peritaje antropológico describe el contexto social en que se desarrollaba la víctima, permite comprender, en su caso, que existe constante presencia de violencia de género y feminicida que en conjunto establecieron una posición de vulnerabilidad a las víctimas.

Se utiliza el método etnográfico para dar contexto a un hecho a través de la experiencia y estudio empírico de la cultura de la persona; se aterrizan, desde el caso concreto, las relaciones de poder, de abuso, de dominación y de control, en otras palabras, evitar generalizaciones.[27] A partir del análisis del contexto cultural, se puede establecer, de manera fehaciente, si la persona privada de la vida pertenece o no al género femenino, es decir, se acredita el elemento normativo cultural «mujer».[28]

El peritaje antropológico permite entender cuáles son las causas y los impactos de los distintos tipos de modalidades de violencia, por encima de la esfera individual. Cuando se explora en el contexto familiar, laboral, social, comunitario o regional donde sucedieron los hechos, se puede dar

26. *Idem.*
27. *Ibidem*, p. 27.
28. Recordemos que el sexo no es equivalente al género.

cuenta de las diferentes formas de violencia e identificar las razones de género que motivaron al sujeto activo.[29]

VIII. PERITAJE PSICOSOCIAL

El peritaje psicosocial permite comprender los impactos de la violencia, el contexto en que ocurren y las expectativas de las víctimas en términos de la reparación integral del daño. Al abordarse la violencia desde el punto de vista familiar y colectiva o comunitaria, permite un acercamiento a las experiencias de las víctimas; se utilizan conceptos de la psicología como «trauma» (que implica una ruptura en la vida de las personas) o «duelo» (trabajo psíquico de la persona para reorganizar su vida y enfrentar la pérdida).[30]

Se entiende a la víctima como un sujeto que despliega formas de afrontamiento y desarrolla herramientas para enfrentarlos, y no como un objeto pasivo de la conducta violenta. En los peritajes psicosociales se documentan los impactos de hechos violentos a distintos niveles: individual, familiar y colectivo o comunitario.

De acuerdo con Carlos Beristain, los peritajes sociales ayudan, en primer lugar, de manera legal, a favorecer la participación de la víctima en el proceso penal, con la estrategia de defensa y, además, de manera personal, a identificar los impactos y consecuencias de la violencia.[31]

Esta perspectiva permite distinguir y atribuir a causas internas la victimización: rasgos de personalidad, estado mental y emocional, capacidad intelectual, etc.; a través de entrevistas semiestructuradas con el circulo social más cercano a la víctima se puede objetivar las manifestaciones de violencia en la vida de aquella, es decir, establecer si se encontraba en vulnerabilidad por un ciclo de violencia y su grado.

IX. EL PERITAJE SOCIOCULTURAL

Este peritaje permite la acreditación del elemento subjetivo distinto del dolo «razones de género», mediante la identificación de contextos de vio-

---

29. Procuraduría General de la República, *Del protocolo de investigación ministerial, policial y pericial con perspectiva de género para el delito de feminicidio.*, México, Subprocuraduría de Derechos Humanos, Prevención del delito y Servicios a la Comunidad, Fiscalía Especializada para los delitos de violencia contra las mujeres y trata de personas (FEVIMTRA), 2015, *passim*.
30. Católicas por el Derecho a Decidir A. C., *Guía ..., op. cit.*, p. 32.
31. BERISTAIN, CARLOS M., *Manual sobre la perspectiva psicosocial en la investigación de derechos humanos*, México, Serpaz, Fundar, CDHDF, 2011, pp. 102 y 103.

lencia tanto en el ámbito privado como en el público, visibilizándose las razones de género que motivaron al sujeto activo a privar de la vida a una mujer.

Se identifican las formas de control y sometimiento mediante el análisis de conductas que una persona o grupo de personas ejercen para privar de la vida a una mujer; dichas conductas se traducen en lesiones corporales, diversos tipos de violencia previa, incluida la violencia sexual.

En la elaboración del peritaje, se pueden evidenciar: «*estereotipos o patrones socioculturales discriminatorios que descalifican la credibilidad de la víctima o que tienden a justificar las conductas de violencia ejercida por los agresores, ya sea por la forma de vestir de las mujeres, por su ocupación laboral, conducta sexual, relación o parentesco con el agresor u otras razones, que se pueden traducir en la inacción de las autoridades, en la minimización de algunas conductas o incluso en la desestimación de pruebas que pueden ser útiles para visibilizar las razones de género*».[32]

Es importante que en la realización del peritaje se tenga una visión integral entre la información que tiene el expediente o carpeta de investigación y las entrevistas e investigaciones que se realicen con motivo del peritaje. Algunos antecedentes, declaraciones y peritajes, pueden sacar a la luz, respecto a de la víctima, indicadores objetivos de riesgo, estado de indefensión y violencia sexual.

Aunado a lo anterior, el dictamen de necropsia puede arrojar conclusiones que, asociadas al estudio sociocultural, permitan realizar un análisis de la saña con que fueron realizadas las lesiones infamantes, al dejar latente el sometimiento y abuso de poder ejercido por el agresor.

Colofón.

Como hemos visto, crear la figura típica de feminicidio no fue un capricho del legislador mexicano, antes al contrario, fue derivado de instrumentos internacionales y concretamente de una sentencia de la Corte Interamericana de Derechos Humanos; traduciéndose en una acción afirmativa y una garantía de no repetición.

También hemos visto que el tipo penal de feminicidio y el homicidio no son iguales, no solo cambia el sexo del sujeto pasivo, si no que el análisis del tipo de aquél, requiere de elementos típicos distintos, como el bien jurídico (mujer en estado de vulnerabilidad), un elemento subjetivo distinto del dolo (razones de género) y un elemento normativo de valoración cultura

32. Católicas por el Derecho a Decidir A. C., *Guía Metodológica...*, p. 39.

(«mujer»); por lo que podemos afirmar que si bien los elementos objetivos del tipo penal en ambos delitos se investigan de igual manera, en el feminicidio se requieren de peritajes sociales para la acreditación los elementos que hemos comentado.

BIBLIOGRAFÍA

BERISTAIN, C. M., *Manual sobre la perspectiva psicosocial en la investigación de derechos humanos*, México, Serpaz, Fundar, CDHDF, 2011.

CATÓLICAS POR EL DERECHO A DECIDIR A. C., *Guía Metodológica para la elaboración de peritajes antropológicos, psicosociales y socioculturales en casos de feminicidio en México*, México, CDD-OCNF-Fondo Canadá, 2016.

CHAMPO SÁNCHEZ, Ni. M. y SERRANO SÁNCHEZ, L. I., «Género, Violencia y Feminicidio», en *Libro Homenaje a la Jurista Irma Cué Sarquís*, coord. Mireille Ricccat Velázquez, UNAM, 2015, pp. 49-72.

CORTE INTERAMERICANA DE DERECHOS HUMANOS, «Caso Escué Zapata Vs. Colombia, Sentencia de 4 de julio de 2007 (Fondo, Reparaciones y Costas)», en *Corte Interamericana de Derechos Humanos*, disponible en *https://www.corteidh.or.cr/docs/casos/articulos/seriec_165_esp.pdf*

CORTE INTERAMERICANA DE DERECHOS HUMANOS, «Caso González Y Otras ("Campo Algodonero") Vs. México, Sentencia De 16 de noviembre De 2009 (Excepción Preliminar, Fondo, Reparaciones Y Costas)», en *Corte Interamericana de Derechos Humanos*, disponible en *https://www.corteidh.or.cr/docs/casos/articulos/seriec_205_esp.pdf*

GARCÍA RAMÍREZ, S., *Las reparaciones en el Sistema Interamericano de Protección de los Derechos Humanos*, Instituto de Investigaciones Jurídicas de la UNAM, consultado en septiembre de 2023, *https://www.corteidh.or.cr/tablas/a11651.pdf* pp. 144 a 146

GÓMEZ-LUGO F., «Sentencia de la Corte Interamericana de Derechos Humanos en el Caso González y otras ("Campo Algodonero") vs. México», en *The Oracle Identity Management documentation/* Gobierno del Estado de México, disponible en: *http://qacontent.edomex.gob.mx/idc/groups/public/documents/edomex_archivo/ipd_pdf_femenicidio_pdf.pdf*

INSTITUTO NACIONAL DE LAS MUJERES, «Articulado Convención Interamericana de Belém do Pará Para Prevenir, Sancionar y Erradicar la Violencia Contra la Mujer», Ministerio de Desarrollo Social/ Instituto Nacional de las Mujeres, Montevideo, Uruguay, disponible en *http://www.inmujeres.gub.uy/innovaportal/file/21718/1/1_articulado_belem_do_para.pdf*

ORGANIZACIÓN DE LAS NACIONES UNIDAS, Convención sobre la Eliminación de todas las Formas de Discriminación contra la Mujer, *https://www.un.org/womenwatch/daw/cedaw/text/sconvention.htm*

ORGANIZACIÓN DE LOS ESTADO AMERICANOS, Convención de Belém do Pará para Prevenir, Sancionar y Erradicar la Violencia contra la Mujer, 1994, disponible en: OEA/Ser.L/V/II, *https://www.oas.org/es/mesecvi/docs/BelemDoPara-ESPANOL.pdf*

PÉREZ CONTRERAS, M. de M., «Comentarios A La Convención Interamericana Para Prevenir, Sancionar Y Erradicar La Violencia Contra La Mujer: Convención Belem Do Pará», en *Boletín Mexicano de Derecho Comparado*, nueva serie, año XXXII, núm. 95, mayo-agosto de 1999.

PROCURADURÍA GENERAL DE LA REPÚBLICA, *Del protocolo de investigación ministerial, policial y pericial con perspectiva de género para el delito de feminicidio.*, México, Subprocuraduría de Derechos Humanos, Prevención del delito y Servicios a la Comunidad, Fiscalía Especializada para los delitos de violencia contra las mujeres y trata de personas (FEVIMTRA), 2015.

VÁZQUEZ CAMACHO S. J., «El Caso "Campo Algodonero" ante La Corte Interamericana de Derechos Humanos The Case "Campo Algodonero" Before THE INTERAMERICAN COURT OF HUMAN RIGHTS», México, Anuario Mexicano de Derecho Internacional, vol. XI, 2011.

5

La prueba de la habitualidad

VIRGINIA RAMOS FEBRER
Profesora de Derecho Procesal
Universidad de Sevilla

I. EL DELITO DE MALTRATO HABITUAL

La situación de violencia contra la mujer en los hechos comprendidos en el artículo 173.2 del Código Penal, pretenden proteger un bien jurídico que va más allá de los actos aislados de violencia tanto física como psicológica que haya sufrido a manos de su quien sea o haya sido su cónyuge o sobre persona que esté o haya estado ligada a él por una análoga relación de afectividad aun sin convivencia, también sobre ascendentes y descendentes, hermanos o menores o personas con discapacidad, pero nos centraremos sobre la violencia sobre la mujer.

Por tanto, esa violencia que se penaliza en el art. 173.2 del CP requiere que se desarrolle en un ambiente de sometimiento hacia la mujer, afectando a su dignidad intrínseca por esa dominación; poder ejercido contra ella, así como también hacia otros miembros con los que conviva. Esa conducta vulnera valores constitucionales, como el derecho a la integridad personal, pero también como menciona la Sentencia del Tribunal Supremo número

662/2002, de 18 de abril, la dignidad, el libre desarrollo de la personalidad, derecho a la seguridad, «quedando también afectados principios rectores de la política social y económica como la protección de la familia y la infancia y la protección integral de los hijos del art. 39»[1].

El Tribunal Supremo ha realizado, en su Sentencia 684/2021, de 15 de septiembre, (RJ 2002, 5562) un listado de características en torno a este delito de maltrato habitual, en lo que se considera como «el abecedario del maltrato habitual»[2].

Algunos de los aspectos importantes que se concretan en esta Sentencia, son el bien jurídico que protege este delito (la pacífica convivencia entre personas vinculadas por lazos familiares, convivencia o relaciones de afecto), la valoración de la prueba y el principio de inmediación respecto a la testifical de la víctima como prueba única, y la autonomía de este delito respecto al delito de maltrato individual del art. 153 del Código Penal, por lo que es posible que realizando un concurso de delitos se pueda obtener condena al mismo tiempo del delito de maltrato individual como del delito de maltrato habitual del art. 173.2 del mismo texto legal.

A veces, la dificultad en la probanza en este tipo de delitos genera que se opte solamente por pedir la condena por los hechos puntuales del art. 153 del Código Penal, sin embargo, se debe solicitar sentencia condenatoria respecto a los dos.

El elemento del tipo que requiere este delito para su penalización es la habitualidad, entendida como un rasgo que hace independiente este delito de otra agresión puntual, donde lo importante no es el número de golpes o agresiones, de restricciones a su libertad, imposiciones o humillaciones, sino el ambiente donde se desarrollan, que ha de ser de vivir en un modo continuo de situaciones que generan temor, un ambiente hostil, agresivo en todos los sentidos.

En la Sentencia del TS 684/2021, de 15 de septiembre, (RJ 2021, 4075) antes referenciada, expone respecto a la habitualidad, que: «se sanciona la misma habitualidad, por cuando supone un plus de reprochabilidad penal por una conducta típica, antijurídica, culpable y punible cuya perversidad se exterioriza por la reiteración, que es lo que le dota de autonomía frente a los actos individuales que conforman la habitualidad y sin que ello pueda

1. E. AGUDO FERNÁNDEZ, M. JAÉN VALLEJO Y PERRINO PÉREZ, A. L. «Derecho Penal de Género» Editorial Cuniep. 2021. p. 157.
2. DE LA FUENTE HONRUBIA, F. y PUENTE SEGURA, L. «El delito de maltrato habitual. Otras personas vulnerables». En «Violencia de género. Aspectos jurídico-penales fundamentales». Editorial CEF. 2023. p. 76.

inferirse un atentado a la prohibición del *bis in ide,* al tratarse de una manifestación autónoma que el propio texto penal considera de forma independiente a cada una de las formas en las que se manifiesta esta actitud violenta»[3].

La protección de los distintos bienes jurídicos se aplica como un delito único con independencia del número de miembros sobre los que recaigan los hechos, lo que será apreciado por el Tribunal para poder evaluar el grado de violencia y el ambiente donde se desarrolla el tipo penal, es decir, se evaluará para poder apreciar la habitualidad.

Por ello, se precisa establecer el elemento del tipo, la habitualidad, como probado para llegar hasta la condena del delito de maltrato habitual de este precepto penal, y no será necesario que se declaren los hechos que acreditan la habitualidad como probados y condenados en la misma sentencia o en otra anterior o en otras anteriores. Bastan con que esos hechos aparezcan y se les pueda otorgar credibilidad en torno al conjunto de las pruebas, tal y como realizará el Juez su valoración.

Atendiendo a la necesidad de la parte acusadora de probar los hechos que alega, enervando la presunción de inocencia, tendrá que probar, en primer lugar, la relación existente entre las partes, la mujer y su cónyuge o relación análoga.

En segundo lugar, el clima de violencia establecida en la convivencia. Es conocida la jurisprudencia que ha ido marcando los aspectos necesarios para poder considerar que estamos ante la habitualidad, no tanto por un número concreto de golpes o maltrato psicológico, sino por la convivencia en un conjunto de actos que causan temor, que existe un trato violento, injurioso, despectivo, hacia la víctima pareja y hacia los otros convivientes.

La prueba de esta habitualidad puede ser variada, por ejemplo, se emplea la documental médica de episodios de agresiones anteriores, parte de lesiones, fotografías, hasta antiguas denuncias, o atestados policiales. «Para acreditar la habitualidad, se puede acudir a cualquier medio de prueba como son, por ejemplo, denuncias previas, sentencias condenatorias, partes médicos (haya o no dado lugar a la iniciación de procedimientos penales), testigos que hayan presenciado los hechos, etc»[4].

---

3. DE LA FUENTE HONRUBIA, F. y PUENTE SEGURA, L. «El delito de maltrato habitual. Otras personas vulnerables». En «Violencia de género. Aspectos jurídico-penales fundamentales». Editorial CEF. 2023. p. 77.
4. F. PINTO PALACIOS y P. PUJOL CAPILLA. «Manual de actuaciones en Sala» Editorial Wolters Kluwer. Madrid 2020. p. 88.

No es necesario que la documentación aportada, bien con la denuncia, bien a lo largo de la instrucción, en el escrito de acusación o en las cuestiones previas de la vista oral, acredite la determinación de un procedimiento penal anterior completo, sino que basta la acreditación del hecho violento, es decir, que revele una agresión y date el hecho para ponerlo en conjunto con otras agresiones y un modo de proceder hacia la víctima.

Esta serie de documentos vienen a corroborar, como elementos objetivos periféricos, la declaración de la víctima.

II. LA DECLARACIÓN DE LA VÍCTIMA

La Sentencia de la Audiencia Provincial de León, 47/2023, de fecha 31 de enero de 2023 (RJ 2023, 102772) considera que: «No olvidemos que la valoración de habitualidad exige ponderar la proximidad temporal entre los hechos que la conforman. Finalmente, en cuanto a la existencia de algún elemento periférico de corroboración objetiva de los hechos, no se aportó al juicio ninguna manifestación o acta de intervención de la policía a quien ella dice que tuvo que llamar en diversas ocasiones, por ejemplo».

Ante la falta de convencimiento del Juzgador de Instancia, se impone el principio in dubio pro-reo, y que, al tratarse de una percepción directa del Juzgador en base al principio de inmediación, el Tribunal en el Recurso de Apelación, tan solo podrá observar si la motivación del Juzgador a quo se ha realizado en base a las reglas de la sana crítica y de forma suficiente, clara y no arbitrariamente.

En este sentido se expresa la Sentencia 47/2023 de la Audiencia Provincial de León de 31 de enero (RJ 2023, 102772) «Como tampoco se advierte por esta alzada que se haya quebrantado la doctrina del Tribunal Supremo y la doctrina sentada por el TEDH, habiendo aplicado la Juzgadora a quo, de forma objetiva, racional y motivada, los parámetros interpretativos para que la declaración de la víctima sea prueba de cargo apta para desvirtuar la presunción de inocencia».

Sobradamente conocidos son los requisitos jurisprudenciales en torno a la credibilidad del testimonio de la víctima. Para HERNÁNDEZ GARCÍA[5], cuanto mayor es la incidencia en la declaración de culpabilidad del

5. J. HERNÁNDEZ GARCÍA. «La prueba de la violencia de género» en E. CERRATO GURI. «La prueba de la violencia de género y su problemática judicial». Editorial La Ley. Madrid 2022. p. 31.

acusado por parte de un testigo, mayor debe ser la exigencia a la declaración del testigo, considera que se trata de una «dimensión cualitativa»[6].

La relevancia de este testimonio cobra mayor relevancia en cuanto se produce en un entorno cerrado, normalmente en el hogar, y se cuenta con escasas pruebas o ninguna para poder quebrar la presunción de inocencia.

Esos tres requisitos, persistencia en el tiempo, ausencia de incredibilidad subjetiva y verosimilitud, también denominados: credibilidad objetiva y subjetiva, así como persistencia en la incriminación. Respecto a este último requisito, el Juzgador valorará que la declaración se mantenga en un ámbito material, más allá de la mera formalidad de repetir las palabras, lo que de manera contraria podría llegar a pensarse en una lección aprendida o memorizada. Igualmente, la persistencia significa la narración de los hechos desde la seguridad, rechazándose aquellas declaraciones ambivalentes o dudosas, del mismo modo que también se quedan excluidas de esa credibilidad sobre la persistencia aquellas declaraciones que incurran en evidentes contradicciones insalvables.

La Sentencia 60/2023 de la Audiencia Provincial de Islas Baleares de 3 de febrero (RJ 2023, 101717) expone que: «en consecuencia, en los testimonios en los que la única prueba de cargo sea la declaración de la víctima, ha de someterse al triple test y, en el caso de que una vez examinado tales criterios se entienda veraz, ha de confrontarse con la tesis de la defensa. Solo si superado ese procedimiento racional, el juzgador adquiere la convicción culpabilidad más allá de toda duda razonable, puede entenderse desvirtuado el derecho a la presunción de inocencia del acusado».

Un aspecto importante del testimonio de la víctima es la comunicación no verbal, aquellos gestos instintivos que percibe el Juzgador y que, en cumplimiento del principio de inmediación, va a dar credibilidad al testigo que declara en el acto del juicio. Pero ni se debe exigir al Juzgador un conocimiento que no es realmente parte de su función, si bien pudiera recibir una formación especializada para ello, ni tampoco debe considerarse que determinadas actitudes, comportamientos, gestos, determinan la credibilidad del testimonio de la víctima, pues ello, sería limitarla o condicionarla, cuando puede haber distintas respuestas ante una situación de violencia generalizada, sin que ello deba determinar la falta de credibilidad de su testimonio.

6. J. HERNÁNDEZ GARCÍA. «La prueba de la violencia de género» en E. CERRATO GURI. «La prueba de la violencia de género y su problemática judicial». Editorial La Ley. Madrid 2022. p. 31.

Igualmente, existen periciales sobre la credibilidad del testimonio, y será un elemento más a tener en cuenta por el Juzgador en su valoración conjunta de la prueba para declarar la culpabilidad del acusado, pero no como una prueba plena o determinante, o de aplicación automática, sino como una herramienta más.

En este sentido, el art. 486 del Anteproyecto de la Ley de Enjuiciamiento Criminal de 2020, hace mención de estas periciales de credibilidad para realizar sobre menores «siempre que se utilicen procedimientos y criterios respaldados por la comunidad científica de referencia y publicados en revistas especializadas, de los que debe dejarse constancia en el informe pericial»[7].

Un elemento importante para cumplir con los requisitos jurisprudenciales exigidos para la credibilidad del testigo, sin perjuicio de su valoración conjunta y respecto a la sana crítica del Juzgador, es la primera denuncia de la víctima en las dependencias policiales, así como también la ratificación judicial, o la primera denuncia ante el Juzgado. Cualquiera que sea el lugar donde realice la declaración será fundamental que sea lo más completa posible para poder establecer, sin perjuicio de que se pueda ir ampliando más adelante con una ampliación de denuncia, todos los hechos referentes a agresiones que se haya producido en el seno de la relación de pareja. Para ello, el asesoramiento legal especializado será primordial, tanto el del Letrado particular, como el de turno de oficio especializado.

De esta forma, también es importante ante una declaración incompleta o inconexa, la realización ante el Juzgado de Violencia sobre la Mujer de una ampliación de denuncia, sobre todo lo antes posible, de manera que, cuando sea citada para la ratificación de la denuncia, pueda ratificar tanto la denuncia inicial como la ampliación.

No quiere decirse que las declaraciones iniciales y las posteriores de ratificación judicial, así como la del juicio oral tengan que ser idénticas, pero si deben tener semejanza en lo esencial.

En este sentido, en algunos atestados policiales y denuncias de las víctimas se recogen datos objetivos percibidos por los agentes de policía como

7. AJ. L. RAMÍREZ ORTÍZ. «La suficiencia probatoria de la declaración de la víctima». En E. CERRATO GURI. «La prueba de la violencia de género y su problemática judicial». Editorial La Ley. Madrid 2022. p. 47.

lesiones, estados emocionales de la víctima, recepción de mensajes, WhatsApp o llamadas con insultos, amenazas, etc. Pueden aportarse en el procedimiento de maltrato habitual para poder acreditar esa habitualidad, aunque el procedimiento de dicho atestado o denuncia no siguiera su curso, sobre todo, por la cantidad de renuncias que se producen en el ámbito de las denuncias de violencia de género y que pueden aclararse por la propia testigo en el acto del juicio oral las razones de dicha renuncia, que suelen sintetizarse en miedo, coacciones, preocupación porque se sepa en el entorno social, e incluso no perjudicar al agresor o no indisponerlo contra sus hijos, etc.

Con todo ello, se debe tener en consideración la actual redacción del artículo 416 de la Ley de Enjuiciamiento Criminal respecto a la dispensa de declarar. Esta modificación se ha realizado con la LO 8/2021, resultando de especial interés la necesidad del ofrecimiento de dispensa a la obligación como testigo de declarar en los delitos que se realizan en el ámbito privado del domicilio familiar o círculo cerrado o de mayor intimidad como ocurre en los delitos de violencia de género; y ello, por la importancia de la testifical de la víctima como prueba única con capacidad para enervar la presunción de inocencia.

Un aspecto importante del acogimiento de la dispensa por la testigo realizado en el plenario y que, sin embargo, realizó su declaración en la Instrucción es determinar si es posible que se de lectura de dicha declaración en el acto del juicio oral; y teniendo en cuenta que la dispensa permite no tener que declarar, todo aquello que hubiese manifestado bien porque no se le ofreció la dispensa, bien porque ha cambiado de opinión, debe considerarse nulo y por lo tanto, no es posible incluirlo en el conjunto probatorio.

En este sentido se manifiesta el Acuerdo de Pleno del Tribunal Supremo de fecha 23 de enero de 2018 resolvió que se pudiera utilizar a pesar de que existieran contradicciones o se hubiese constituido como prueba preconstituida.

También es necesario destacar que la dispensa puede acogerse por la testigo cuando se ha personado como acusación particular.

Donde esta nueva regulación salva a la víctima en cuanto prima su declaración sin que sea necesaria la dispensa en cuanto personada como acusación particular y posteriormente se retire de la misma, quitando así presión por parte del acusado para dicha retirada. La víctima queda beneficiada de que el legislador «haya tomado la decisión de vetarle la posibilidad de decidir si los hechos deben o no aflorar a la esfera judicial, lo que la apartará de la posibilidad de que el agresor la instrumentalice para conseguir el resultado que le conviene»[8].

Como consecuencia de esta nueva regulación, también sería necesario hacerle a la testigo que se persona como acusación particular, las advertencias pertinentes para que, si se retira de la acusación, sepa las consecuencias jurídicas novedosas que le competen.

Sin duda, cada vez se viene utilizando para la declaración de la víctima la videoconferencia, tanto en Instrucción como en el acto del juicio oral, así como otras medidas protectoras como la mampara, que ayudan a la víctima a concentrarse en su declaración, impidiendo ponerse nerviosa y distraída lo que perjudicaría su declaración, al no tener que visualizar al agresor, sentir su presión y revivir su miedo y su convivencia violenta anterior. Estas medidas entran dentro de la prevención para evitar la victimización secundaria.

De igual modo, la utilización de la videoconferencia viene a respetar la protección hacia la víctima, evitando ese contacto directo con su agresor, en este sentido, se recoge en el art. 20 de la LEVD, así como también en el art. 19 de la Directiva 2012/29/UE[9].

> «Este derecho procesal encuentra su reflejo constitucional en el derecho a la integridad psíquica y física del art. 15 de la CE y aparece expresamente reflejado en el art. 25.2.a) de la Directiva 2012/29/UE»[10].

Este uso de la videoconferencia cuando el Juez o Tribunal lo considere, (utilidad, seguridad y orden público) debe también asegurar el derecho de defensa del acusado, y aunque la declaración de la víctima se produce en un entorno tranquilo, también es cierto que se pierde cierta calidad en el conjunto de la persona que declara, al no poder visualizarla de forma completa y de manera más fría, por lo que la apreciación del juez puede perder cierta calidad que se ve compensada por una mayor tranquilidad de la declarante.

8. PLA BEL, R. M. «La importancia de la dispensa del derecho a declarar en materia de violencia de género: el control de la impunidad». En E. CERRATO GURI. «La prueba de la violencia de género y su problemática judicial». Editorial La Ley. Madrid 2022. p. 113.
9. RUIZ LÓPEZ, C. «Las víctimas de violencia contra las mujeres en la Unión Europea: derechos procesales desde una perspectiva de género». Editorial Tirant lo Blanch. Valencia 2021. p. 244.
10. RUIZ LÓPEZ, C. «Las víctimas de violencia contra las mujeres en la Unión Europea: derechos procesales desde una perspectiva de género». Editorial Tirant lo Blanch. Valencia 2021. p. 244.

A esta declaración por videoconferencia, así como también aquellas que son presenciales, también puede concurrir el intérprete, bien junto con la víctima en el lugar donde declara, bien con las demás partes y el Juez o Tribunal donde se realiza el visionado, cumpliendo, además, con los principios de inmediación, contradicción y publicidad.

La comunicación por videoconferencia, en dos direcciones, y al mismo tiempo, tanto de la imagen como del sonido, evita la confrontación directa con el acusado y alivia la presión psicológica a la víctima, lo que conduce a una declaración de la misma más pausada y centrada, logrando, así, una mayor claridad en el relato, menor número de incongruencias y un mayor convencimiento del Juez o Tribunal, lo que podrá observar que cumple con los tres requisitos jurisprudenciales para que la declaración de la víctima pueda enervar, por sí misma, la presunción de inocencia.

Por ello, la videoconferencia es un medio útil como protección de las víctimas en su declaración y que permite a su vez, respetar de forma más eficaz aquellas medidas de protección en el procedimiento como la medida de alejamiento, la medida de prohibición de comunicación o cualquier orden de protección, que se le haya impuesto al acusado, respetando de esta forma, el derecho a la integridad física, psíquica, emocional de la víctima durante el proceso, así como aquellas personas de su entorno.

Son muchas las ventajas de la declaración de la víctima por videoconferencia, básicamente que su tranquilidad a la hora de contestar las preguntas de las partes, le asegura una mejor comprensión de las mismas, concentración y unas respuestas mejor pensadas, y, en consecuencia, menos contradicciones lo que resulta mejor para el requisito de la persistencia en el tiempo y el requisito de la verosimilitud, ambos comprendidos entre los tres requisitos exigidos por la jurisprudencia.

Resulta también adecuado al respeto debido hacia la protección de la víctima la incorporación de su declaración al proceso mediante la prueba preconstituida.

Al igual que la testifical de la víctima, otra prueba para acreditar la habitualidad es la declaración de aquellos otros convivientes, con especial atención de los menores de edad de catorce años, en atención a la Ley Orgánica 8/21, para que se constituya como prueba preconstituida y a través de expertos. Y al mismo tiempo, conectarlo con la dispensa en esta prueba del menor de edad, su madurez que se presume entre los doce y los catorce. Siendo innecesaria la información de la dispensa si carece de la madurez necesaria.

Para apreciar la habitualidad no importa el número de personas sobre las que se ejerce la violencia. Se penaliza el clima de temor y control como un acto único sobre distintas personas de las que están protegidas jurídicamente por el delito de maltrato habitual del art. 173.2 del Código Penal. Por ello, además de la mujer como víctima de la violencia habitual, otras personas como se expone en el texto del precepto penal.

No se debe tener en cuenta el retraso a la hora de presentar la denuncia respecto a la credibilidad de la víctima, en primer lugar, porque la normalización del ambiente de terror y control provoca que ni ella ni su entorno, consideren que se encuentran sufriendo un tipo delictivo de violencia, así como el mismo temor provoque la paralización de sus actos y voluntades por lo que requiere tiempo, ánimo, y en la medida de lo posible, asistencia técnica, psicológica y jurídica, para dar el paso.

Por otro lado, la dificultad en explicar las circunstancias en las que ha vivido, fruto de la presión psicológica, no debe considerarse como falta de veracidad, sino producto del bloqueo continuo y del estrés.

Como novedad de la Ley 1/2004, la asistencia jurídica gratuita de la mujer víctima de violencia de género que inicia un procedimiento penal concentrada en la designación de un solo Letrado, ha supuesto que la víctima no tenga que peregrinar por distintos despachos, distorsionando su relato de tanto contarlo y, a diferencia de ello, solo tenga que contar su historia de violencia en una sola ocasión o varias para ir detallando lo mejor posible, evitando la victimización secundaria y un relato más coherente, más acorde con las necesidades de autentificación que requiere el Tribunal Supremo, sin contradicciones, sin fragmentación, un relato claro, serio, integro, al que añadir también la carga gestual y «expresividad descriptiva»[11].

Considera RUIZ LÓPEZ[12], que sería positivo la incorporación al proceso de un turno de palabra para la víctima, sin perjuicio del ejercicio a la última palabra de la víctima, de manera que la misma pudiera introducir, de forma oral o escrita, un testimonio de los perjuicios que le ha supuesto el delito, omitiéndose, para ser respetuosos con el principio de presunción de ino-

11. DE LA FUENTE HONRUBIA, F. y PUENTE SEGURA, L. «La dispensa a declarar de la víctima de delitos de violencia de género. El testimonio de la víctima y los testimonios de referencia. Otras especialidades. El sujeto pasivo de estos delitos». En «Violencia de género. Aspectos jurídico-penales fundamentales». Editorial CEF. 2023. p. 43.

12. RUIZ LÓPEZ, C «Las víctimas de violencia contra las mujeres en la Unión Europea: derechos procesales desde una perspectiva de género». Editorial Tirant lo Blanch. Valencia 2021. p. 268.

cencia, cualquier dato respeto al acusado o sobre los hechos concretos, traslado de lo que ocurre en otros países.

Sin embargo, no considero que pudiera ser beneficioso en todos los asuntos, ya que, incluso, si fuera por escrito, pudiera incurrir en contradicciones importantes respecto a lo declarado en el acto del juicio y esas contradicciones repercutir negativamente en el Juzgador respecto a su credibilidad. Si fuera oral, ya debería estar todo dicho, bien por su representación letrada como acusación particular, incluso, por una acusación popular, bien por el Ministerio Fiscal, por lo que sería repetitivo, y todo lo que engorre el procedimiento, al final puede dar lugar a que se realice como un mero trámite más que no aporte más al procedimiento y que, incluso, suponga un doble esfuerzo para la víctima cuando no resulta totalmente necesario.

III. LAS TESTIFICALES

Por otro lado, otras testificales son también importantes para acreditar la situación de violencia, otros familiares que no conviven en el domicilio familiar, pero tienen presencia en la vida diaria, como los progenitores de la víctima, hermanos, y también vecinos que hayan visto o también oído la violencia del agresor a la víctima. Igualmente, profesores de los menores que tienen mucha información familiar en muchos casos.

En cada una de las testificales, es importante declarar sobre aspectos concretos que conozcan, es decir, vivencias relacionadas con la violencia física o psicológica como insultos, descalificaciones, amenazas, coacciones, etc. Pero igualmente, es necesario que declaren sobre el ambiente de opresión generalizada en la convivencia, y sobre el estado emocional de la víctima, concretando si lloraba sin motivo, estaba nerviosa, asustada, angustiada, ansiosa, con trastorno de alimentación, falta de sueño, etc. También si dicho testigo había observado que el agresor había apartado a la víctima, bien expresamente, bien de forma más sutil, de sus familiares y amigos, formando a su alrededor un círculo de aislamiento, que la convierten en una persona más vulnerable y, a su vez, con menor posibilidad de contar lo que le está ocurriendo y que nadie pueda aconsejarla y ayudarla a dar el salto a la denuncia.

En esta prueba testifical, también respecto de la víctima, es necesario poner de relieve la importancia de la dispensa del art. 416 de la Ley de Enjuiciamiento Criminal, de reciente modificación tal y como hemos mencionado. La dispensa permite excepcionar la obligación que establece el art. 410 de la LECRIM de que toda persona tiene la obligación de concurrir a la Administración de Justicia cuando se llamado judicialmente y con las prevenciones legales necesarias para manifestar lo que conoce de unos hechos, contestando a cuantas preguntas por su Señoría se formulen y por las partes, diciendo siempre la verdad.

Se trata de una cuestión controvertida. Esta nueva regulación ha adaptado diversos criterios que se venía siguiendo por la jurisprudencia sin que suponga un punto final a los conflictos que en la práctica se suceden a causa de su aplicación o falta de la misma y la posibilidad de que se declare nulo la testifical donde no se haya hecho la advertencia de la dispensa, así como también de aquellas diligencias de investigación que deriven de la misma.

La trascendencia de esta dispensa en el delito de maltrato habitual viene generada para la prueba testifical, pero especialmente para la declaración de la víctima como prueba única. Sin embargo, esta preocupación por el ofrecimiento de la dispensa también presenta una gran complejidad en torno a los menores y el ofrecimiento de la dispensa a los mismos, donde se conecta con su madurez y la dificultad para determinar dicho estado.

IV. LOS TESTIGOS DE REFERENCIA

En estos casos, la víctima narra a personas cercanas episodios de su convivencia bajo el dominio de su pareja que permite luego aportar en el procedimiento. Sin embargo, existen unas reglas en la utilización de estas pruebas.

Como expone la Sentencia 63/2023 de la Audiencia Provincial de León de fecha 9 de febrero, (RJ 2023, 103955) haciendo referencia a la jurisprudencia del TS: «En el mismo sentido el Tribunal Supremo —por ejemplo en la STS 28 de enero de 2021— no ha admitido la validez de los testigos de referencia cuando se haya podido acudir al testimonio del testigo directo, de suerte que las declaraciones del testigo de referencia solo podrán ser utilizadas con valor probatorio cuando fuera materialmente imposible conseguir la presencia en el proceso del testigo directo a efectos de prestar declaración, como puede ser en los casos de fallecimiento, enfermedad grave o paradero desconocido, etc».

En el caso estudiado por la Audiencia Provincial de León, los testigos de referencia eran agentes de policía.

Dicha Sentencia concluye en que la posible responsabilidad del acusado, «deducida del juego combinado de los testimonios de referencia, los informe médicos y la modificación de la declaración del menor, carece de la solidez necesaria para inferir, con el rigor lógico exigible, la pretensión pretendida por la acusación, dado que el proceso de deductivo es excesivamente abierto, débil e indeterminado, por admitir otras conclusiones alternativas, que pueden considerarse igualmente razonables, y, que obstan la certeza objetiva sobre la culpabilidad que se exige del juicio de inferencia característico de la prueba indiciaria y de referencia».

Esta declaración por parte del testigo de referencia se debe tomar en consideración como si fuese «un mero indicio»[13]. En este sentido, supondría, junto con otros indicios o pruebas, que el Juzgador pudiera concluir que los hechos se han producido según el relato de la parte acusadora, teniendo peso dicho conjunto en la carga de la prueba acusadora en detrimento de la presunción de inocencia.

> «Muchas veces no se dispone en el plenario de más elementos de cargo que las manifestaciones de los agentes de Policía que acudieron, como consecuencia de la llamada de la propia víctima o de algún vecino, al domicilio, a quienes la perjudicada sí manifestó el origen de las lesiones que presenta (y que los agentes pueden, en muchos casos, observar por sí mismos)»[14].

En este sentido, los policías irán a declarar al juicio oral donde pondrán de manifiesto que conocen la agresión relatada por la propia víctima, tanto el causante de los hechos como las consecuencias o lesiones que se han producido, así como también han podido observar de primera mano las contusiones, roturas, desgarramientos y cualquier evidencia física de la agresión, y ello a pesar de que la propia víctima que les contó lo sucedido, luego se acoja a la dispensa que le ofrece el art. 416 de la LECRIM y que le permite salvar la obligación de todo testigo de comparecer al juicio, declarar y decir la verdad.

V. LA PRUEBA DOCUMENTAL

Sin duda, una prueba que resulta contundente y sencilla para la víctima a la hora de aportarla al procedimiento es la prueba documental. Como hemos mencionado, algunas son otras denuncias, otros partes médicos, fotografías de golpes, etc.

---

13. DE LA FUENTE HONRUBIA, F. y PUENTE SEGURA, L. «La dispensa de declarar de la víctima de delitos de violencia de género. El testimonio de la víctima y los testimonios de referencia. Otras especialidades. El sujeto pasivo de estos delitos». En «Violencia de género. Aspectos jurídico-penales fundamentales». Editorial CEF. 2023. p. 44.
14. DE LA FUENTE HONRUBIA, F. y PUENTE SEGURA, L. «La dispensa de declarar de la víctima de delitos de violencia de género. El testimonio de la víctima y los testimonios de referencia. Otras especialidades. El sujeto pasivo de estos delitos». En «Violencia de género. Aspectos jurídico-penales fundamentales». Editorial CEF 2023. p. 43.

La Sentencia 3/2023 de la Audiencia Provincial de Ciudad Real considera que se ha acreditado la habitualidad con «Las incriminatoriamente expresivas fotografías aportadas por la denunciante y objeto de cotejo por el LAJ al acontecimiento 15 del expediente digital, cuya data se conecta con los hechos enjuiciados a tenor de su relación con el resto de corroboraciones indiciarias y el relato de la víctima», así como el informe forense de sanidad, audios y otras. En definitiva, «Así las cosas dicha prueba personal y documental, conjuntamente apreciada, constituye prueba más que bastante para la desvirtuación del interino derecho a la presunción de inocencia del recurrente, considerando que se ha probado "la habitualidad en la situación de dominación y condicionamiento vital física y psicológica de la víctima fluye naturalmente del propio relato de hechos probados de la sentencia combatida, y no únicamente de resultar seis las infracciones acreditadas, sino asimismo por su cercanía temporal y propia expresividad, demostrativas de la continua y grave afectación del sentimiento de seguridad y libertad de la víctima ante las agresiones y vejaciones injustas padecidas"».

Será necesario el cotejo de los WhatsApp aportados, así como de SMS y correos por el LAJ, aunque también con la prueba conjunta del acta notarial y la pericial informática. Si bien el precio suele ser elevado y no está al alcance de todo el mundo. Si puede aportar sin cotejo ni prueba pericial, pero se corre el riesgo de que la parte contraria lo impugne y la parte acusadora se quede sin la prueba. Si bien se exige que la impugnación se realice en base a que no está acreditada la autoría, no está confirmada la fecha o que puede existir manipulación o se cuestione la cadena de custodia, una impugnación sin concretar la causa no debe prosperar.

Si bien atestados policiales y denuncias previas sirven para acreditar la habitualidad, la falta de los mismos no descarta el hecho de que la víctima haya sufrido el maltrato habitual.

Otras documentales serían las fotografías de la vivienda en aquellos casos en que se producen actos violentos que queden de manifiesto en golpes en las paredes, puertas, muebles, cristales, etc. Así como las correspondientes facturas de dichos arreglos y la consecuente testifical del empleado que haya reparado los daños en el caso de que los haya visto en el interior de la vivienda.

Las pruebas documentales remitidas por una entidad bancaria o aportadas por la propia parte, pueden acreditar el saqueo de las cuentas bancarias, la falta de acceso a las mismas por parte de la mujer a pesar de ser cuentas gananciales y otras circunstancias donde el control a la pareja o el abuso económico sean un apunte más dentro del ambiente de maltrato psicológico, en cuanto deriva también esta falta de asistencia económica o de abuso, limitaciones en su vida diaria.

Sin olvidar que el abuso financiero, no lesiona solamente la esfera patrimonial de la vida y conlleva restricciones personales o le coloca en situación de desamparo económico, sino que también produce un sentimiento generalizado de culpa, malestar, vergüenza y daño emocional.

La víctima de maltrato habitual, en el que también puede concurrir la violencia económica, sufre en su condición de mujer, pero también puede padecer por otros condicionantes que la hacen doblemente víctima, como ser anciana. Un grupo vulnerable en el que se produce la violencia de todo tipo, física, psicológica y económica.

Igualmente, también puede, junto con la condición de ser mujer, incurrir en otros grupos también vulnerables, la discapacidad. Este rasgo diferenciador da lugar a que la mujer con discapacidad tenga menos oportunidades personales, educacionales, laborales, en muchas ocasiones. Esta discriminación da lugar a un desequilibrio y dependencia en sus relaciones, y de este desnivel se producen abusos que, en su situación de aislamiento, resultan difíciles de detectar y, en consecuencia, de que sean conocidos por la Administración de Justicia y, por lo tanto, penalizados como una conducta criminal.

Por lo tanto, la violencia económica dentro de este maltrato habitual puede suponer que recae sobre una víctima doble o triplemente condicionada. Mujer, anciana y con discapacidad, si bien no tienen que ir parejas, lo cierto es que pueden concurrir en muchas ocasiones.

Por estos motivos, resulta necesario que el acceso a la Justicia de estas personas que comunican una situación de violencia generalizada sea fácil, rápido y eficaz, de manera que se cumpla con la tutela judicial efectiva de la manera más completa posible, y, al mismo tiempo, se garantice que su declaración se va a formalizar en las mejores condiciones posibles para ellas, comprendiendo su situación de vulnerabilidad, y sus especiales peculiaridades, así como la culpa o la vergüenza propia de estar soportando esta situación.

VI. LAS PRUEBAS PERICIALES

Los audios que la propia víctima o algunos de los convivientes haya grabado también se incorporan al procedimiento, teniendo también que solicitar el cotejo por el LAJ a fin de que quede acreditado, no solo el contenido idéntico entre lo grabado y lo aportado a las actuaciones con la correspondiente trascripción, sino también la fecha. No hay que olvidar que la habitualidad no solo se acredita con un número indeterminado de actos violentos que generen una situación de violencia generalizada entre las partes, sino también que, entre esos actos exista una cercanía temporal, por lo que la acreditación de las fechas es también muy importante para dicho extremo.

En caso de que se aporte el informe pericial informático, se tiene que citar dicho perito al acto de la vista para la ratificación de dicho informe, hacer las aclaraciones correspondientes y contestar las preguntas que formulen las partes.

El informe pericial no solo puede aportar la autenticidad de los documentos aportados y dejar constancia del contenido de los mismos, con la prueba conjunta del acta notarial, sino que también se puede dejar constancia de la existencia de programas espía en ordenadores de la víctima y móvil, así como cambios de contraseñas para controlar correos, personales y laborales, WhatsApp y redes sociales. En definitiva, actos de control sobre la vida en internet y otras tecnologías del agresor hacia su víctima, y también, sobre este control, prohibirle realizar ciertas actividades o ver a determinadas personas, incluso familiares.

Otras documentales que se aportan al procedimiento son las llamadas al teléfono de atención a las víctimas de violencia, el certificado de asistencia a las asesorías del Ayuntamiento o de Servicios Sociales, generalmente antes de la presentación de la denuncia.

En cuanto a las pruebas periciales sobre aspectos físicos, el informe forense puede acreditar lesiones antiguas y recientes. Así como también se aportan otros partes médicos e informes psicológicos, con las correspondientes ratificaciones en el acto del juicio.

Suele concurrir en estas situaciones de dominación agresiones sexuales y además continuadas, por lo que una pericial médica, forense pueden servir como otro punto a tener en cuenta a la hora de valorar esa vivencia de abuso. También documentales médicos.

Una pericial muy interesante y poco solicitada es el informe pericial odontológico, pues los malos tratos físicos dejan su huella en la mandíbula, las encías y en los dientes. La acreditación de estas secuelas mediante el estudio pericial por parte del odontólogo, con la correspondiente ratificación en el acto del juicio puede servir para acreditar la habitualidad, bien porque sean de por sí varias o porque siendo única se pueda añadir a otros hechos relatados por la víctima y acreditados también mediante otras pruebas.

Sin duda, la pericial psicológica o el informe realizado por el equipo multidisciplinar de los Juzgados de Violencia sobre la Mujer, médico forense, psicólogo y trabajador social, es el dictamen que reflejará las huellas que el maltrato deja en la mujer a corto plazo, pero también a medio y largo plazo, considerando que son reflejo de estas vivencias, trastornos depresivos, ansiosos, del sueño, e incluso, episodios de autolisis y de suicidio.

Es por ello por lo que una de las pruebas periciales con gran peso es este informe de la UVIG en cuanto a su imparcialidad y la especialización de sus técnicos. Incluyendo también la ratificación del mismo en el acto del juicio oral con respuesta también a las preguntas de las partes, tanto acusadoras como acusada.

La Sentencia de la Audiencia Provincial de Jaén 331/2022, de 24 de noviembre (RJ 2023, 144352) expone, en este sentido que: «por el informe pericial de la UVIG emitido en fecha 19 de abril de 2018, que señala la existencia de indicadores de malos tratos físicos o psíquicos en la perjudicada así como sobre el control de los impulsos y agresividad del acusado y por tanto, sin que se aprecie en la denunciante ningún tipo de exageración, ni móvil espurio alguno y ello no solo a través del propio testimonio de la víctima, que reúne los requisitos exigidos por la jurisprudencia, de ausencia de incredibilidad subjetiva, verosimilitud y persistencia en la incriminación, minuciosamente analizados por el Juzgador a quo, para ser tenida como suficiente prueba de cargo, sino además, de las testificales practicadas que corroboran dicha declaración de la víctima, así como por la documental, grabaciones y pericial practicada por la que se constata la existencia de indicadores de violencia habitual en la víctima y de todo ello, ciertamente, se evidencia la existencia de una situación habitual de maltrato, concurriendo en la actuación del hoy apelante, todos y cada uno de los requisitos configuradores de los tipos delictivos del art. 173.2, 153.1 y 3 y del art. 171.4 y 5, todos ellos del Código Penal, por los que resulta condenado».

En este sentido, aspectos relevantes de estos trastornos son el llanto, la tristeza, la tensión, la angustia y otros que se van a hacer constar en el informe y van a ser relatados en la ratificación del informe, y en las respuestas aclaratorias del perito, sino que, también pueden ser también corroborados con otros testigos cercanos a la víctima que puedan manifestar ese estado de malestar constante como reflejo de una situación personal angustiosa.

De esta manera, las pruebas se entrelazan, acreditándose los hechos de diferentes puntos de vistas que facilitarán después la valoración conjunta de la prueba por el Juzgador.

Otro punto importante del informe psicológico es la somatización del dolor psicológico, es decir, «síntomas físicos de origen psíquico (fatiga, falta de energía, dolores de cabeza, dolores de estómago, sensación de ahogo, problemas gastrointestinales, problemas urinarios, problemas en la esfera sexual, etc.)» [15].

Desde el punto de vista de la defensa del acusado, éste intentará preguntar al perito motivaciones de los síntomas que constan en el informe pericial distintas de una situación de maltrato, como síntomas depresivos por muerte de un familiar, situación de estrés por tensiones laborales y otros. De manera que el informe pericial y el perito en la ratificación han de dejar bien claro en sus conclusiones y manifestaciones el origen concreto de las dolencias psicológicas de la víctima, es decir, la base del malestar emocional en el maltrato, con independencia de que se pudiera ver agravado o concurra con otras circunstancias vitales de la mujer.

El informe psicológico no solo servirá para acreditar los episodios continuos de maltrato psicológico, y, en consecuencia, el daño emocional y secuelas que le hayan podido causar, sino que, a su vez, también para poder acreditar la cuantía de la indemnización por dichas lesiones psicológicas y secuelas.

En este sentido, hay un elemento que también acredita la habitualidad en el maltrato o el ambiente de inestabilidad emocional, el maltrato animal como violencia vicaria para hacer daño a la víctima.

Esta prueba puede acreditarse con una documental, bien fotografías, bien factura del veterinario, con una pericial veterinaria o con testifical de personas que lo hayan visto ya sean integrantes del hogar familiar como amigas y otros familiares, así como testigos de referencia.

VII. EL INTERROGATORIO DEL ACUSADO

Sin duda, una de las pruebas que, en ocasiones, puede lograr la enervación de la presunción de inocencia, aportando datos para acreditar la habitualidad, es la declaración del acusado en el acto de la vista.

Especialmente en dos momentos importantes; en primer lugar, como diligencia de investigación en cuanto se le tome declaración como investigado, que, a presencia de su letrado, incluso antes, en dependencias poli-

15. PÉREZ BONAVENTURA, I. «Violencia de género on line en la etapa adolescente». En GÓMEZ DURÁN.E. L. y PÁMIAS MASSANA, M. «Análisis clínico y forense de la violencia de género a través de los casos». Editorial Aranzadi. Pamplona. 2022. p. 49.

ciales puede revelar episodios de violencia que acrediten el ambiente de opresión por sus actuaciones. Estas declaraciones pueden ser o no ratificadas en el acto del juicio, bien a voluntad, bien por la pericia del interrogatorio de las partes acusadoras. Sin embargo, las declaraciones iniciales como investigado pueden cambiar en el acto del juicio y negarse a reconocer lo que antes daba por sucedido. Evidentemente, el acusado tiene derecho a no declarar contra si mismo, y a variar su declaración. Será el Juzgador quien tenga que evaluar tanto su nueva declaración en la vista al amparo de los principios de inmediación, contradicción y oralidad, como las declaraciones anteriores de reconocimiento de culpabilidad en cuanto puedan ser corroboradas con otras pruebas del procedimiento.

En este sentido se expresa la Audiencia Provincial 60/2023 de Palma de Mallorca de fecha 3 de febrero (RJ 2023, 101717): «Una vez analizada la prueba de cargo, procedemos al análisis de la prueba introducida por el acusado, adelantando que no neutraliza la hipótesis de la acusación ni tampoco introduce ninguna duda que afecte a la convicción alcanzada. La hipótesis de la defensa se fundamenta, como antes se ha expuesto, en la declaración del acusado, así como en posibles contradicciones en el comportamiento de la denunciante, que impedirían otorgar a su declaración valor suficiente para desvirtuar la prueba de cargo. 12.10. Pues bien, examinar la declaración del acusado, concluimos que no ha sido capaz de una versión razonable de los hechos objeto del procedimiento, siendo incompatible lo manifestado por él en su declaración con el contenido literal de determinados mensajes, ya que, mientras él niega que ejerciese ningún tipo control sobre denunciante, de una mera lectura de los mensajes puede observarse su actitud en relación con la denunciante, así como reproches, enfados o, en su caso, disculpas por una reacción anterior, que no coinciden con la versión de los hechos dado por el acusado. Asimismo, resaltar la falta de espontaneidad de la declaración del acusado».

El otro aspecto importante es la negativa del, primero investigado y luego acusado, a declarar. Obviamente, se trata de un derecho que le ampara y, por tanto, se encuentra protegido por el libre ejercicio de no declarar contra sí mismo, por lo que su negativa, no supone un entender un renacimiento tácito de los hechos. Las partes acusadoras tienen que probar su culpabilidad por encima de su silencio. Aunque, por otra parte, el Juez al amparo de la valoración libre y conjunta de todas las pruebas, bajo el criterio de las reglas de la sana crítica, también puede interpretar su silencio, al igual que la declaración de dicho acusado, confrontada con la versión de la víctima, considerando que si frente a todas las pruebas practicadas no ha ofrecido versión alguna o una versión de poco peso o poca credibilidad, supone un indicio más que tener en cuenta respecto a la carga probatoria, la aplicación del sentido común y la posibilidad de enervar la presunción de inocencia. Lo que no es posible es condenar únicamente ante el silencio del acusado sin otras pruebas que puedan enervar la presunción de inocencia.

VIII. LA PRUEBA INDICIARIA

La prueba indiciaria permite construir el convencimiento del Juzgador para poder enervar la presunción de inocencia con estas pruebas indirectas.

Esta prueba indiciaria puede constituirse a través de la prueba del testigo de referencia, acreditando hechos sucedidos tal y como ha relatado la víctima y que descartan la versión del acusado.

Mucho más importante resulta la utilización de esta prueba en el acto del juicio en cuanto que puede concurrir con el acogimiento de la testigo-víctima de la dispensa del art. 416 de la LECRIM, donde apenas se encuentran otras posibilidades que ese testimonio para poder conseguir la sentencia condenatoria.

La utilización de la prueba indiciaria permite corroborar otras partes de los hechos que, de forma contraria, se produciría, como no puede ser de otra manera, la absolución del acusado ante la falta absoluta de prueba. Sin embargo, es necesario aplicar esta prueba respetando los requisitos que viene determinando la jurisprudencia como la pluralidad de los mismos para su consideración.

IX. IN DUBIO PRO REO

La dificultad para encontrar pruebas de cargo suficientes que puedan enervar la presunción de inocencia en este tipo de delito donde se penaliza el ambiente de dominación y vejación de la pareja varón hacia la mujer desde el momento en que se produce, principalmente, en un ambiente privado y domiciliario, supone para la defensa el uso frecuente del derecho a la presunción de inocencia, pero también, la invocación del principio in dubio pro-reo. Sin embargo, es necesario tener en cuenta que este principio a favor del reo, solo cabe ante la expresión del Juzgador de que, existiendo pruebas, le suponga una duda sobre la culpabilidad del acusado.

Como expone la Sentencia 153/2023 de la Audiencia Provincial de Madrid, de 1 de marzo de 2023, haciendo referencia a «la Sentencia del Tribunal Supremo de 7 de julio de 2009, (RJ 2009, 5978) citando la de 9 de mayo de 2003 (RJ 2003, 7143) "este principio únicamente puede estimarse infringido, en su aspecto normativo, cuando reconociendo el Tribunal sentenciador la existencia de una duda sobre la concurrencia de alguno de los elementos integradores del tipo, opta por la solución más perjudicial para el acusado pero no cuando, como sucede en el caso actual, el Tribunal sentenciador no alberga duda alguna". El principio "in dubio pro-reo" nos señala cual debe ser la decisión en los supuestos de duda, pero no puede determinar la aparición de dudas donde no las hay: existiendo prueba de cargo suficiente y válida, si el Tribunal sentenciador expresa su convicción sin duda razonable alguna, el referido principio carece de aplicación».

En este mismo sentido, la Sentencia núm. 274/2021 de 9 diciembre de la Audiencia Provincial de Guipúzcoa, (JUR 2022, 148756) expone que: «En orden a la diferenciación/complementación del principio presunción de inocencia/principio "in dubio pro reo" citaremos por todas la STS de 30 de junio de 2015 (RJ 2015, 4592) (Sala 2.ª) que reitera la jurisprudencia que el principio informador del sistema probatorio que se acuña bajo la fórmula del in dubio pro reo es una máxima dirigida al órgano decisor para que atempere la valoración de la prueba a criterios favorables al acusado cuando su contenido arroje alguna duda sobre su virtualidad inculpatoria; presupone, por tanto, la existencia de actividad probatoria válida con signo incriminador, pero cuya consistencia ofrece resquicios que pueden ser decididos de forma favorable a la persona del acusado.

El principio in dubio por reo se diferencia de la presunción de inocencia en que se dirige al Juzgador como norma de interpretación para establecer que en aquellos casos en los que, a pesar de haberse realizado una actividad probatoria normal tales pruebas dejasen duda en el ánimo del Juzgador, se incline a favor de la tesis que beneficie al acusado.

Y la carga material de dicha prueba de cargo corresponde exclusivamente a la parte o partes acusadoras y no a la defensa, que puede también proponer medios de prueba, pero no se ve sometida a la probatio diabólica de tener que demostrar que no ha ocurrido el hecho del que se le acusa».

Al mismo tiempo, se insta al Juzgador a aplicar una perspectiva de género en su actividad juzgadora, donde se parta de una situación parecida entre las mujeres para poder comprender la desigualdad latente en sus vidas diarias.

> «Esta situación similar presenta, entre otros, aspectos victimológicos y jurídicos que, si bien, se manifiestan con diversa intensidad, son, por descontados reconocibles en la generalidad de las mujeres con independencia del Estado miembro donde se encuentren»[16].

16. RUIZ LÓPEZ, C. «Las víctimas de violencia contra las mujeres en la Unión Europea: derechos procesales desde una perspectiva de género». Editorial Tirant lo Blanch. Valencia 2021. p. 265.

Comprendiendo estas circunstancias vitales que afectan a las víctimas, se puede llegar a considerar que las normas que se le aplican, la interpretación de las mismas y se ajustan a parámetros sexistas que colocan a dichas víctimas en indefensión, «situando a las mujeres en una posición inferior respecto de los hombres en cuanto al reconocimiento de derechos, garantías y libertades, que ya sea por tradición, ley o cortesía, las coloca, con diferentes intensidades en la gravedad de las consecuencias, en una situación de indefensión, vulnerabilidad, falta de oportunidades y vulneración de los elementos esenciales asociados a la dignidad humana de forma generalizada»[17].

X. CONCLUSIONES

I.- La habitualidad es un concepto que comprende, más allá de los actos de violencia independientes entre sí, un ambiente generalizado de dominio, sometimiento, control, desprecio, etc. Donde la víctima convive con su agresor, así como también otros miembros de la familia que establece el art. 173. Del Código Penal. Tiene sustantividad propia. Se trata de un concepto criminológico-social más que jurídico-formal.

II.- La dificultad probatoria que se encuentra para enervar la presunción de inocencia en los delitos de violencia de género, se hallan, de esta manera, en este delito de maltrato habitual físico o psicológico, donde el silencio de la víctima en lo que puede ser, incluso años de vivir bajo esta situación, es lo predominante.

Dentro de este ambiente de violencia y control podemos encontrar distintas actuaciones violentas, agresiones físicas, ataques verbales y desprecios, violencia económica, y situaciones de todo tipo.

También es relevante poner el foco en la víctima, donde puede sufrir la violencia bajo el condicionante de ser mujer, pero, al mismo tiempo, tener otros aspectos de vulnerabilidad como la ancianidad y la discapacidad. En estos casos, será determinante para la prueba que el acceso a la Justicia y sus primeras declaraciones sean bajo un clima que le sea tranquilo y benévolo, comprendiendo sus características, sin prisas y apoyando sus especialidades.

III.- Es necesario acreditar la habitualidad del clima de violencia como un elemento más del tipo penal. Encontramos para ello como primera

17. RUIZ LÓPEZ, C. «Las víctimas de violencia contra las mujeres en la Unión Europea: derechos procesales desde una perspectiva de género». Editorial Tirant lo Blanch. Valencia 2021. p. 265.

prueba del acto del juicio la declaración del acusado, con respeto a su derecho a no declarar y que ello no suponga una prueba de culpabilidad sin otras que corroboren la versión de la víctima. Así como su derecho a contar su versión, aunque teniendo el Juez que confrontarlo con otras pruebas bajo la lupa del sentido común y las reglas de la sana crítica.

IV.- La declaración de la víctima supone la posibilidad de enervar la presunción de inocencia contando con los conocidos requisitos jurisprudenciales. La posibilidad de realizar una buena declaración desde el inicio del procedimiento con el correspondiente asesoramiento legal, y también un fuerte apoyo psicológico, darán un punto de apoyo para la posterior valoración de la persistencia en el tiempo de su testimonio y la verosimilitud de la misma.

La incorporación novedosa por la Ley 1/2004 de que la víctima sea asistida jurídicamente por un solo Letrado ha evitado la victimización secundaria que obligaba a la mujer a contar su relato una y otra vez ante distintos profesionales hasta que su relato quedaba desvirtuado. Ahora la declaración de la víctima es más segura y detallada y con ello se produce el poder asegurarse los requisitos jurisprudenciales exigidos como la verosimilitud y la persistencia en el tiempo.

V.- Otras pruebas como la declaración de testigos, de testigos de referencia, prueba indiciaria, periciales, etc., serán valoradas, con las anteriores, de forma conjunta por el Juzgador bajo el criterio de la sana crítica, examinando el peso de la prueba para ver si logra desequilibrar la balanza de la presunción de inocencia.

De la declaración testifical, ponemos en relieve la importancia de la dispensa, un ofrecimiento que viene a proteger los lazos familiares pero que no debe servir para que el delito quede impune. La nueva regulación acoge distintos criterios que venía siguiendo la jurisprudencia sin que ello haya supuesto clarificar totalmente todos los supuestos donde se producen distintas cuestiones controvertidas.

En cuanto a las testificales de referencia, sirven de apoyo, como indicios, a otras declaraciones de testigos de primera mano, así como otras pruebas, que corroboran la declaración de la víctima hasta poder lograr una sentencia condenatoria por los hechos calificados como maltrato habitual.

VI.- Por otro lado, en el caso de que el Juzgador, una examinadas todas las pruebas, exprese cierta duda sobre la culpabilidad del acusado, no encontrando la certeza plena y absoluta para sostener la sentencia condenatoria, se debe aplicar el principio in dubio pro-reo. Lo que no puede, a pesar de las invocaciones de la defensa del acusado, es aplicarse dicho principio, en base a la posible existencia de unas dudas donde no las hay.

VII.- Es precisamente la valoración conjunta del Juez sobre todas las pruebas practicadas lo que permite dejar constancia de la habitualidad, ya que algunas de las pruebas se apoyarán en otras para reflejar distintos episodios de la convivencia bajo un clima de temor y dominación. Por encima de esos episodios como números determinados, cada una de las pruebas deberían ir probando cada uno de los hechos narrados por la víctima, una pericial médica acreditará daños físicos, una pericial psicológica los daños psicológicos y secuelas, los WhatsApp, los insultos, las amenazas, los testigos, cada uno un parte del relato del delito, en definitiva, la reconstrucción total, prueba a prueba, hasta obtener la certeza de la culpabilidad del agresor por el Juzgador.

La perspectiva de género no significa tener unos niveles de exigencia respecto al derecho a la presunción de inocencia ni mayor ni menor. Conocer la situación real de la mujer, en la sociedad, en las relaciones de pareja, en el mercado laboral y otros, significa comprender que no estamos a en una situación de igualdad. Sin olvidar las particularidades propias de cada caso.

VIII.- El hecho de que sea necesario probar la habitualidad como un elemento del tipo delictivo, y que esta circunstancia afecte a distintos ámbitos de la vida personal y familiar de la víctima, incluso laboral en ocasiones, así como también el abordaje de la misma, desde un punto de vista psicológico, pero también desde el interés jurídico por la prueba determinan que existan una pluralidad de pruebas de distintos tipos para poder enervar la presunción de inocencia. Esa variedad comprende la testifical de la víctima con sus prevenciones legales y su necesidad de confrontación con otras pruebas, documentales desde médicas, facturas, fotografías, transcripciones de WhatsApp, y otros, ya sean privados o públicos, en formato papel o en otros formatos; periciales. No es posible en todos los casos aportar estas pruebas, en algunos casos, apenas se cuenta con algo más que la prueba testifical de la víctima, pero el daño que el maltrato habitual deja en la vida de una persona permite seguir su rastro de alguna manera, siguiendo un patrón, bien en las secuelas psicológicas, bien en un continuo envío de correos, WhatsApp, y otros, bien en objetos rotos. De alguna manera el tipo de violencia permite exprimir la creatividad a la hora de aportar pruebas al procedimiento.

IX.- El delito de maltrato habitual del art. 173.2 del Código Penal concurre con otros delitos bajo la violencia de género. Desde lesiones, el delito leve de injurias o vejación injusta, coacciones leves, amenazas leves, hasta el delito de acoso, o el delito del art. 153 del mismo texto legal.

La complejidad del delito de maltrato habitual que exige esa prueba de habitualidad lo conecta con la existencia de otros posibles delitos, tanto anteriores a la denuncia como también simultáneos al momento en que la víctima pone en conocimiento de la Administración que viene sufriendo distintos episodios de violencia, concretando algunos de estos hechos que también pueden conllevar la condena en el procedimiento que se inicie. No se debe olvidar que este delito de maltrato habitual es un delito independiente de los hechos concretos de violencia y cada uno de los delitos de que se acuse necesita la prueba de cada uno de los elementos del tipo delictivo, en el caso del maltrato habitual, la dificultad radica precisamente en la prueba esta habitualidad, pero entendida, nunca como un elemento numérico, y más como un elemento ambiental o clima de violencia generalizada.

BIBLIOGRAFÍA

AGUDO FERNÁNDEZ E., JAÉN VALLEJO, M. y PERRINO PÉREZ, A. L. «Derecho Penal de Género» Editorial Cuniep. 2021.

ÁLVAREZ OLALLA, P. «Violencia de género y responsabilidad civil». Editorial Reus. Madrid. 2020.

CERRATO GURI, E. «La prueba de la violencia de género y su problemática judicial» Editorial La Ley. Madrid 2022.

DE LA FUENTE HONRUBIA, F. y PUENTE SEGURA, L. «Violencia de género. Aspectos jurídico-penales fundamentales». Ediciones CEF. 2023.

GIMÉNEZ COSTA, A. «Las respuestas del Derecho ante la violencia de género desde un enfoque multidisciplinar». Editorial Aranzadi, Thomson Reuters. Cizur Menor. 2019.

GÓMEZ DURÁN, E. L. y PÁMIAS MASSANA M. «Análisis clínico y forense de la violencia de género a través de los casos». Editorial Aranzadi. Pamplona. 2022.

PINTO PALACIOS, F. y PUJOL CAPILLA, P. «Manual de actuaciones en Sala» Editorial Wolters Kluwer, Madrid. 2020.

RUIZ LÓPEZ, C. «Las víctimas de violencia contra las mujeres en la Unión Europea: derechos procesales desde una perspectiva de género». Editorial Tirant lo Blanch. Valencia 2021.

6

La prueba preconstituida en las declaraciones de menores víctimas de delitos sexuales

Silvia Badiola Coca
Magistrada Suplente Audiencia Provincial de Navarra
Profesora Ayudante Doctora Derecho Procesal Universidad Pública de Navarra

I. INTRODUCCIÓN

Para la sociedad, en términos generales, las agresiones sexuales en la infancia son un fenómeno casi invisible ya que existe la creencia popular de que la infancia es siempre feliz, que la principal función de la familia es proteger y cuidar a los menores y que, en esta fase vital, no se dan contactos sexuales. De facto, resulta un fenómeno cuya incidencia real es difícilmente evaluable puesto que las agresiones sexuales en la infancia ocurren usualmente, en entornos privados, como puede ser el hogar, siendo los agresores familiares o personas cercanas al entorno familiar[1], y las menores víctimas, en ocasiones pueden no ser conscientes del alcance de la agresión.

En un sentido amplio, las agresiones sexuales a menores comprenden aquellos actos que realiza cualquier persona (mayor o menor de edad), con o sin violencia e intimidación y sin que haya consentimiento por parte de quien los sufre, que atenten contra su libertad sexual[2], siendo uno de los rasgos definitorios de los abusos sexuales a menores es la asimetría entre

1. De facto, según el Estudio sobre la respuesta judicial a la violencia sexual a niños y niñas el 75% de los agresores pertenecen al entorno de la víctima. Véase: THEMIS, *Estudio sobre la respuesta judicial a la violencia sexual a niños y niñas*, 2020. Disponible en: https://www.lamoncloa.gob.es/serviciosdeprensa/notasprensa/igualdad/Documents/2020/201120_Estudio-respuesta-judicial-violencia-sexual-infantil.pdf
2. Tras la reforma operada por la LO 10/2022 de 6 de septiembre en la que se unifica en un solo delito de agresión sexual de las anteriores figuras de abuso y agresión sexual, se reconoce como bien jurídico protegido en estos delitos la libertad sexual en sentido amplio, aunque luego este reconocimiento no parece tener muchas consecuencias en la configuración de los delitos, dejándose un margen muy estrecho al ejercicio de este derecho por parte de los menores de 16 años. Empero, la unificación no se ha realizado de la misma forma respecto de menores que en los casos de víctimas mayores de 16 años, en la medida en que en el nuevo art. 181 sigue habiendo un tipo básico y un tipo cualificado aplicable cuando se usa violencia o intimidación. La diferencia en este ámbito con la regulación anterior es que ahora en el tipo cualificado se incluyen más supuestos. En consecuencia, se pueden formular tres críticas fundamentalmente: primera, en cuanto a la supresión de la distinción entre abuso y agresión sexual con víctima mayor de 16 años, se puede criticar que da lugar a un único delito con un mismo marco penal para conductas de distinta gravedad. Segunda, respecto a las víctimas menores de 16 años se critica que la supresión del tipo penal conlleva la extensión, en relación con víctimas menores de 16 años lo criticable es que esta supresión conlleva a ampliar el marco penal que antes se preveía solo para los casos de uso de violencia o intimidación a un ámbito más amplio de situaciones. Y, tercera, la ausencia de definición concreta de consentimiento (art. 178. 1 CP) cuando las víctimas son mayores de 16 años; y la ausencia de definición total de consentimiento en relación con víctimas menores. In extenso, *véase:* LÓPEZ PEREGRÍN, C., «Agresiones sexuales a menores de 16 años en España tras la reforma de 2022», *Revista Penal México*, n.º 22, pp. 95-121; ORTS BERENGER, E., ROIG TORRES, M., «El menor como sujeto pasivo en los delitos contra la libertad e indemnidad sexuales», *Revista Penal*, n.º 49, 2022, pp. 116-125; CUGAT MAURI, M., «Artículo 182 cp: Vigencia del abuso fraudulento y consecuencias sistemáticas de la introducción de la nueva modalidad de abuso de confianza, autoridad o influencia sobre la víctima», MARÍN DE ESPINOSA CEBALLOS/ ESQUINAS VALVERDE (Dir.), *Los delitos contra la libertad e indemnidad sexual a examen: propuestas de reforma*, Aranzadi, Cizur Menor, 2022, pp. 227-249, *idem*, «Art. 183 bis. Las nuevas modalidades de abuso sin contacto entre autor y víctima», MARÍN DE ESPINOSA CEBALLOS/ ESQUINAS VALVERDE (Dir.), *Los delitos contra la libertad e indemnidad sexual a examen: propuestas de reforma*, Aranzadi, Cizur Menor, 2022, pp. 337-353; ACALE SÁNCHEZ, M., «Los delitos de agresión sexual: cuestiones de técnica legislativa», MARÍN DE ESPINOSA CEBALLOS/ ESQUINAS VALVERDE (Dir.), *Los delitos contra la libertad e indemnidad sexual a examen: propuestas de reforma*, Aranzadi, Cizur Menor, 2022, pp. 39-88.

los implicados en la relación (familiar, escolar o deportiva entre otros) y la presencia de coacción, bien sea de manera explícita o implícita[3].

Cualquier tipo de violencia sexual contra la infancia es una realidad compleja que vulnera gravemente la integridad personal, física y psicológica de los menores. Por tanto, en este contexto, se requiere una respuesta holística en la que intervengan los diferentes agentes y órganos de la administración pública (educación, sanidad, justicia), así como las instituciones públicas y privadas en las que exista presencia de menores.

El paradigma de esta realidad compleja va más allá de una opción ideológica y por ello, debe asumirse la complejidad de esta y proporcionarse una respuesta firme y adecuada, para lo que deben la elaborarse protocolos de atención integral a las víctimas tanto sanitarios y psicológicos como legales y judiciales.

Es un clamor unánime y compartido por la comunidad científica y la Administración de Justicia, la necesidad de proteger a las menores víctimas de delitos sexuales y de evitar su victimización secundaria, encuentra su justificación tanto en la naturaleza de los delitos como en la especial vulnerabilidad de las víctimas. Así, la exigencia de la especialización del sistema judicial es inaplazable, así como la mayor y mejor comunicación de los agentes que intervienen en el proceso de detección.

Con arreglo a la Convención sobre los Derechos del Niño y los protocolos facultativos de la mencionada Convención y las Observaciones Generales del Comité de Derechos del Niño, junto con los instrumentos legislativos europeos qué proclaman la expresa protección a los niños, entre otros el Convenio Europeo sobre el ejercicio de los Derechos de los niños[4], España debe fomentar todas las medidas legislativas, administrativas, sociales y educativas necesarias para garantizar el derecho del niño, niña o adolescente a desarrollarse libre de cualquier forma de violencia, perjuicio, abuso físico o mental, descuido o negligencia, malos tratos o explotación[5].

---

3. *Véase*: ECHEBURUA, E., DE CORRAL, P., «Secuelas emocionales en víctimas de abuso sexual en la infancia», *Cuadernos de Medicina Forense no. 43-44*, Málaga, 2006, pp. 76-78.
4. *Sobre la evolución de la regulación europea en materia de protección a menores, véase:* BLÁZQUEZ PEINADO, M.ª D., *«Victimas vulnerables y menores en el proceso penal en el ámbito de la Unión Europea», Revista General de Derecho Europeo, n.º 52, 2020;* PEREIRA I PUIGVERT, S., «Normas mínimas para las víctimas de delitos: análisis de la Directiva 2012/29/UE especial referencia al derecho de información y apoyo», *Revista General de Derecho Europeo, n.º 30,* 2013.
5. En este contexto, véase la letra del Preámbulo I de la LO 8/2021, establece*: «(...) en definitiva, atiende al derecho de los niños, niñas y adolescentes de no ser objeto de ninguna*

Una de las principales medidas legislativas adoptadas por España se materializo a través de la entrada en vigor de la Ley Orgánica 8/2021, de 4 de junio, de protección integral a la infancia y la adolescencia frente a la violencia. Regulación que otorgo una participación más activa y proteccionista de la víctima (o testigo), y supuso la modificación de la Ley de Enjuiciamiento Criminal (LECRIM) para permitir, en los casos legalmente previstos, que la autoridad judicial acuerde la práctica de la declaración de la víctima como prueba preconstituida, conforme a los requisitos establecidos en el art. 449 bis, art. 449 ter y 703 bis de la Ley de Enjuiciamiento Criminal (LECrim)[6]. De ese modo, la LECRIM se adecuó en cierta medida, a lo que venía estableciendo la jurisprudencia del Tribunal Supremo, en aras de garantizar un justo equilibrio entre la protección de la víctima y la salvaguarda de los derechos procesales del acusado.

La necesidad de protección de los menores y de evitar su victimización secundaria en un proceso judicial, así como velar por el estado psicológico y madurativo de los menores y proteger su testimonio (puede que olviden o alteren su relato sobre los hechos acaecidos por sí mismo o influenciados por terceros), responden a la imperiosa adaptación de las normas procesales generales a la situación de especial vulnerabilidad de los menores que se encuentran inmersos en un proceso penal. Gracias a esta previsión legal, la declaración en juicio de los menores de catorce años es de carácter excepcional, y la prueba preconstituida se erige como norma general.

La Ley de Enjuiciamiento Criminal (LECrim) no contempla explícitamente la prueba preconstituida en su texto, de hecho, se trata de una definición jurisprudencial de una situación jurídica que es aplicable en aquellos supuestos en los que determinados actos de investigación logran obtener valor probatorio al ser reproducidos o ratificados en el plenario.

La prueba preconstituida ha supuesto un gran avance para la protección de la víctima. Si bien, su aplicación no está exenta de críticas principalmente

forma de violencia, asume con rigor los tratados internacionales ratificados por España y va un paso más allá con su carácter integral en las materias que asocia a su marco de efectividad, ya sea en su realidad estrictamente sustantiva como en su voluntad didáctica, divulgativa y cohesionadora».

6. El art. 449 ter.) es de aplicación en un contexto más amplio, esto es, en las declaraciones en condición de testigo de una persona menor de catorce años o una persona discapacitada necesitada de especial protección en un procedimiento judicial que tenga por objeto la instrucción de un delito de homicidio, lesiones, contra la libertad, contra la integridad moral, trata de seres humanos, contra la libertad e indemnidad sexuales, contra la intimidad, contra las relaciones familiares, relativos al ejercicio de derechos fundamentales y libertades públicas, de organizaciones y grupos criminales y terroristas y de terrorismo.

como veremos a la necesidad de homogenización de los métodos, garantizar la preservación del testimonio de la víctima y evitar su contaminación. Es notoria la necesidad de que la víctima realice una única declaración con todas las garantías que sea grabada con la presencia judicial y de las partes, así como la dotación de sistemas de cámaras Gesell, tanto en el propio juzgado de guardia como en la Fiscalía de Instrucción de menores, en los juzgados de instrucción y en las Audiencias Provinciales, sin perder de vista la necesaria implementación de las Barnahus.

Por ese motivo, la prueba preconstituida debe ser desarrollada y dotada de protocolos y medios técnicos adecuados desde el inicio del procedimiento con la declaración en sede policial.

II. LA PRUEBA PRECONSTITUIDA DE LA VÍCTIMA MENOR EN EL PROCESO PENAL ESPAÑOL

1. PREMISAS DE PARTIDA: EL MENOR COMO VÍCTIMA

La infancia es una etapa intrínsecamente vulnerable por las limitaciones que conlleva esta etapa vital de desarrollo madurativo[7], siendo numerosas las situaciones y ámbitos y situaciones en las que los menores pueden encontrarse en situaciones de riesgo de ser discriminados, maltratados, abusados o tratados de manera inadecuada por sujetos en posición de superioridad, motivo por el que deben activarse distintos mecanismos de protección.

Una manifestación de lo anteriormente afirmado, se encuentra en la Memoria del Fiscal de Sala Coordinador de Menores de 2022, en la que se refleja la complejidad y especial vulnerabilidad que concurre en la jurisdicción ya que: «*en muchas ocasiones en todos los implicados, pues frecuentemente, puesto que se detectan problemas de toda índole tanto en los victimarios como en las víctimas: marginalidad, escasa formación, abandono escolar, maltrato o violencia intrafamiliar, consumo de drogas, adicción a las nuevas tecnologías, trastornos de comportamiento o psiquiátricos, incumplimiento de las obligaciones por sus padres, escasez de recursos económicos, abandono o conductas sexuales inadecuadas*»[8].

---

7. Sobre la vulnerabilidad infantil resulta de gran interés la siguiente obra: RODES LLORET, F., MONERA OLMOS, C. E., PASTOR BRAVO, M., *Vulnerabilidad infantil: un enfoque multidisciplinar*, Díaz de Santos, Madrid, 2010.
8. *Véase*: MINISTERIO DE JUSTICIA, *Memoria Fiscalía General del Estado 2022*, Imprenta nacional de la Agencia Estatal Boletín Oficial del Estado, Madrid, 2023. Disponible en: https://www.fiscal.es/memorias/memoria2023/FISCALIA_SITE/recursos/pdf/MEMFIS23.pdf

Lamentablemente, podemos observar en la siguiente gráfica, una evolución general al alza de los delitos de abuso sexual en conductas contra los menores.

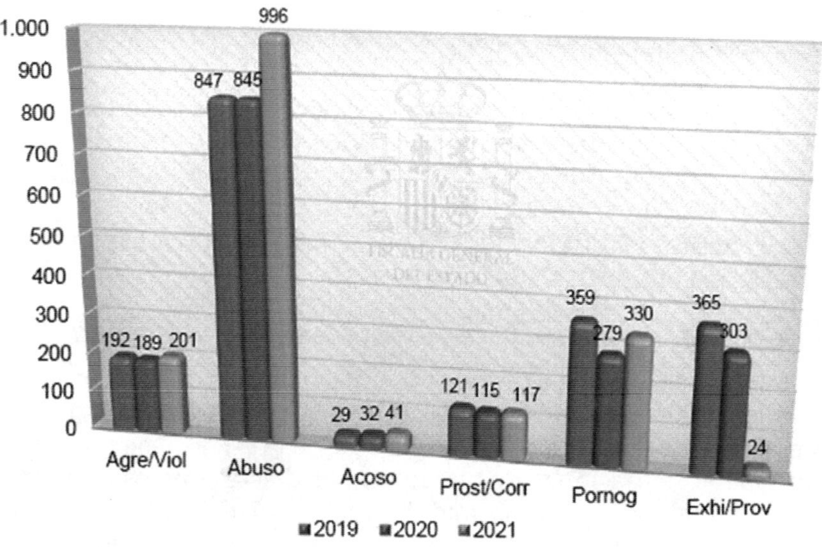

Fuente: Memoria de la Fiscalía General del Estado, 2022.

Como acertadamente señala Martín Ríos: «*La posición de extrema vulnerabilidad que padece un menor (...) en el seno de un proceso se agudiza cuando éste es, a la vez, víctima de un delito especialmente estigmatizador, como son aquellos de naturaleza sexual, o cuando es objeto de agresión en su propio entorno familiar*». *Así, como destaca la autora, las víctimas de delitos de índole sexual, es evidente que este tipo de victimización, por sus propios caracteres, presenta rasgos que colocan al sujeto pasivo de tales hechos en especiales circunstancias de vulnerabilidad. De hecho, la delicada situación psicológica de las víctimas, su especial sensibilidad y vulnerabilidad junto con el carácter vergonzante de estos delitos, conlleva que las víctimas sean reacias a denunciar los hechos*[9].

Es una realidad patente, que no todas las personas reaccionan de la misma manera frente a la experiencia de victimización, y que cada experiencia es única, presentando una mayor complejidad cuando las víctimas son menores. De hecho, los menores víctimas de abusos sexuales en sus

9. *Véase*: MARTÍN RÍOS, M.ª P., *Victima y justicia penal. Reparación, intervención y protección de la víctima en el proceso penal*, Barcelona, 2012, Atelier, pp. 447-448.

primeros años de vida, pueden no ser conscientes de la agresión sexual sufrida, pudiendo explicarse por la *compatibilidad de estas conductas con el cariño mostrado al adulto por el menor debido principalmente a los limitadas recursos psicológicos que disponen, mientras que los menores en etapa escolar presentan sentimientos de culpa y de vergüenza ante los abusos sufridos*[10].

Las secuelas en las victimas no son siempre las mismas, tal y como analizan Echeburúa y De Corral: «*El impacto emocional de una agresión sexual está modulado por cuatro variables: el perfil individual de la víctima (estabilidad psicológica, edad, sexo y contexto familiar); las características del acto abusivo (frecuencia, severidad, existencia de violencia o de amenazas, cronicidad, etc.); la relación existente con el abusador; y, por último, las consecuencias asociadas al descubrimiento del abuse ha reiterado la conveniencia de articular diversas medidas que puedan evitar o prevenir los daños y perjuicios sobrevenidos para ellos derivados de su participación en las actuaciones judiciales*»[11].

La actuación de las menores víctimas como testigos requiere que todos los agentes implicados en el proceso posean una especial sensibilidad. Por ese motivo, abogo porque se realice un ejercicio de especial empatía. Así, como ya pusiera de manifiesto el autor galo, Antoine de Saint-Exupéry, en su obra *El principito*: «*Todas las personas mayores fueron al principio niños, aunque pocas de ellas lo recuerdan*».

Una de las principales medidas adoptadas con el fin de adaptar la justicia penal a las particulares necesidades de los menores, es la medida legalmente prevista que estudiaremos en las próximas líneas que permite la posibilidad de no practicar el interrogatorio del menor en el acto del juicio oral, cuando las víctimas hayan sido en algún momento procesal anterior interrogadas, otorgándole validez como prueba preconstituida de cargo a la declaración previamente practicada en fase de instrucción.

2. ASPECTOS GENERALES DE LA PRUEBA EN EL SISTEMA PROCESAL PENAL ESPAÑOL

La prueba puede ser definida como la actividad procesal que tiene como finalidad en *ultima ratio* obtener la convicción del juez sobre la realidad de los hechos en los que las partes del proceso fundamentan sus pretensiones y sobre la que el juzgador debe adoptar una decisión conforme a Derecho.

10. *Véase:* ECHEBURÚA, DE CORRAL, «Secuelas emocionales en víctimas de abuso sexual», *op. cit.*, p. 78.
11. *Véase*: ECHEBURÚA, DE CORRAL, «Secuelas emocionales en víctimas de abuso sexual», *op. cit.*, p. 80.

En la jurisdicción penal, los medios probatorios admisibles (confesión, testigos, peritos, reconocimiento de los hechos, documental, ...) son más amplios que en otras jurisdicciones[12]. Así, recordemos que la Constitución Española de 1978, en su artículo 24.2 proclama el derecho: *«(...) utilizar los medios de prueba pertinentes para su defensa, a no declarar contra sí mismos, a no confesarse culpables y a la presunción de inocencia»*. Y, a tal situación debe unirse las especiales peculiaridades que se otorgan a algunos de ellos como puede ser la confesión.

Directamente relacionado con lo anterior, con relación al procedimiento probatorio en el proceso penal difiere y complica notablemente la actividad probatoria respecto las distintas jurisdicciones, debido principalmente a la división del proceso penal en dos fases diferenciadas: la fase de instrucción y la fase plenaria[13]. Así, la prueba practicada en el juicio oral no es igual a las diligencias practicadas durante la fase de instrucción del delito, ya que estas tienen como objetivo descubrir y delimitar las circunstancias en las que se ha realizado el hecho punible, la identidad del autor, esto es, delimitar el objeto procesal y la formulación de las calificaciones y aportar fuentes de prueba. Mientras que, la práctica de la prueba se desarrolla durante el juicio oral en aras de lograr la convicción del juez[14]. Si bien, en ambas fases procesales se practican diligencias formalmente idénticas como pueden ser las declaraciones o las testificales, algunas no pueden en ningún caso volverse a practicar en el acto del juicio oral. Sirva como ejemplo ilustrativo, el levantamiento de un cadáver. Por ello, en la práctica la doctrina y jurisprudencia presentan criterios divergentes en relación con la interpretación y valoración de citadas diligencias[15].

Con carácter general, el momento procesal oportuno para la práctica de la prueba es durante el juicio oral, de modo que el procedimiento probatorio acaece ante el órgano encargado de enjuiciar la causa, cumpliendo así con los principios que rigen el proceso, esto es, los principios de contradicción, igualdad, publicidad, oralidad e inmediación. Empero, en situaciones legalmente previstas la LECRIM permite la práctica de la prueba en un momento

12. *Véase*: MAGRO SERVET, V., *Guía práctica de la prueba en el proceso penal*, Wolters Kluwer España, Madrid, 2022; MUÑOZ CUESTA, J., *La PRUEBA en el proceso penal*, El Derecho, Madrid, 2020.
13. Véase: PUERTA LUIS, L. R., «La prueba en el proceso penal», *Aldaba: revista del Centro Asociado UNED Sevilla, n.º 24*, 1995, pp. 47-48.
14. En extenso, véase: MARTÍN OSTOS, J., «La prueba en el proceso penal acusatorio», *Curso de especialización en sistema penal acusatorio*, México: Consejo de la Judicatura Federal, p. 135.
15. *Véase:* PUERTA LUIS, «La prueba en el proceso ...», *op. cit.*, p. 48.

procesal anterior a la del juicio oral, nos referimos a la prueba anticipada y la prueba preconstituida[16].

En las siguientes líneas, nos detendremos en la segunda institución por ser el objeto de presente trabajo. Si bien, tradicionalmente, la prueba preconstituida era admitida por los Tribunales españoles si se cumplían cuatro circunstancias: En primer lugar, circunstancias materiales, al no ser posible la reproducción en el plenario. En segundo lugar, circunstancias subjetivas, debía intervenir con carácter necesario el juzgador. En tercer lugar, circunstancias objetivas, debía haber una posibilidad de contradicción con la intervención del letrado del imputado. Y, en cuarto lugar, circunstancias formales, se debía introducir en el plenario a través de la lectura prevista en el artículo 730 LECRIM[17].

En la actualidad, y a los efectos que en este trabajo nos interesan, nos centraremos en el estudio de la regulación de la declaración de las víctimas-testigos menores de catorce años como prueba preconstituida en nuestro ordenamiento procesal penal a la luz de la reforma introducida por la LO 8/2021, de 4 de junio, de protección integral a la infancia y adolescencia frente a la violencia, que tiene como finalidad el evitar la presencia de las victimas menores de edad en el juicio oral, para salvaguardar el superior interés de los menores en el proceso, preservar su declaración e impedir que el lapso temporal entre la primera declaración y la fecha del juicio oral afecten a la calidad a su relato de los hechos, y prevenir (en la medida de lo posible) su victimización secundaria[18].

3. LA DECLARACIÓN PRECONSTITUIDA DE LA VÍCTIMA DE DELITOS SEXUALES MENOR DE EDAD

Con carácter previo a la entrada en vigor de la LO 8/2021, de 4 de junio, de protección integral a la infancia y adolescencia frente a la violencia, la

16. Sobre la validez, como prueba de cargo, de la prueba testifical practicada ex ante en sede instructora, y por ello, no es sometida a contradicción en el acto del juicio oral. *Véase*: MÉNDEZ TOJO, R., «Comentarios a la sentencia del TS, Sala 2.ª, de 17 de octubre de 2012, rec. 2391/2011, sobre delito de abuso sexual continuado a una menor», *Diario La Ley*, n.º 8050, 2013.
17. *Véase:* CASANOVA MARTÍ, R., «La nueva configuración de la prueba preconstituida como mecanismo para evitar la victimización secundaria de las personas menores víctimas de violencia de género», *La prueba de la violencia de género y su problemática judicial*, CERRATO GURI, E., (Dir), La Ley, Madrid, 2022, pp. 239-251.
18. En extenso, puede consultarse la siguiente tesis doctoral: JULLIEN DE ASIS, J., *La participación de la víctima menor de edad en el sistema de justicia: una aproximación restaurativa*, 2020. Disponible en: https://e-archivo.uc3m.es/handle/10016/30594

regla general seguida por el Tribunal Supremo[19] y el Tribunal Constitucional[20] era que el interrogatorio de las víctimas-testigos menores de edad debía ser practicada en el plenario, para que su declaración pudiera ser directamente contemplada y valorada por el tribunal sentenciador y sometida a contradicción por la representación legal del acusado, respetando así su presunción de inocencia y su derecho de defensa. Citada manera de proceder perjudicaba claramente a los menores, ya que a pesar de que la Admi-

19. In extenso sobre el posible cambio de criterio planteado en la STS 579/2019, de 26 de septiembre, véase: NACARINO LORENTE, J. M.ª, «La declaración de la menor víctima del delito como prueba preconstituida. Análisis de la STS 579/2019, de 26 de noviembre, ¿un cambio de criterio?, *La Ley Probática n.º 1*, 2020, pp. 1-23. Sobre esta cuestión en concreto, se detiene Marchena Gómez, M., en la STS 3050/2023: *La sentencia invocada por la defensa como cobertura de las alegaciones que inspiran el motivo - STS 579/2019, 26 de noviembre- sistematiza la jurisprudencia de esta Sala en orden a definir qué presupuestos hacen legítimo que la ausencia física de la menor víctima de un delito, acordada durante el desarrollo del plenario, sea reemplazada por su presencia virtual mediante la reproducción del soporte digitalizado en el que se contiene su testimonio prestado durante la fase de investigación. Entre esas premisas se incluye, es cierto, que la ausencia de la víctima menor de edad sea aconsejada por un dictamen de expertos que sugieran evitar la victimización secundaria. En el presente caso, sin embargo, los términos que condujeron a la aceptación por la Audiencia de la preconstitución probatoria descartan cualquier asomo de indefensión. La edad de la menor, el detallado relato que ya constaba en la causa en el momento en el que prestó declaración con asistencia del Fiscal y de la defensa y, en fin, la ausencia de cualquier oposición por parte de quien ahora reclama la vulneración de su derecho, hacen entendible la decisión del órgano de enjuiciamiento. 2.2.- El proceso penal no conoce un tope biológico que defina una frontera para determinar la idoneidad del testigo para declarar. Sin embargo, es perfectamente comprensible que el examen del testigo menor de edad se adapte a algunas singularidades que vienen impuestas por la necesidad de preservar su formación integral. Ese mecanismo jurídico de protección adquiere, si cabe, un sentido reforzado cuando el menor es también la víctima de un delito que afecta a su indemnidad sexual. La necesidad de que el paso de un menor de edad por una sala de justicia no se convierta en el escenario de una lacerante vivencia a evocar durante el resto de su vida es incuestionable. Es esta idea la que justifica que el ordenamiento jurídico arbitre unos mecanismos de protección. De lo que se trata es de impedir que su colaboración con la justicia tenga como contrapartida un daño irreversible para su futuro. No se trata sólo de consideraciones victimológicas, que por sí mismas serían suficientes. Concurren poderosas razones epistémicas que aconsejan esa práctica: se elude el riesgo de empobrecimiento de los testimonios ocasionado por el transcurso del tiempo o de contaminación a los que se muestran especialmente permeables los testimonios de niños de corta edad. La concurrencia de un profesional experto en la realización de esas entrevistas tiene un valor especial, aunque desde luego resulta irrenunciable la dirección y supervisión judicial y la contradicción asegurada por la presencia de todas las partes (STEDH caso S.N. contra Suecia, de 2 de julio de 2002; sentencia del Tribunal de Luxemburgo en el conocido caso Pupino, de 16 de junio de 2005; así como STC 174/2011, de 7 de noviembre, y STS 96/2009, de 10 de marzo)».*

20. *Véase:* RODRÍGUEZ TIRADO, A. M.ª, «La declaración preconstituida de la víctima menor del art. 449 ter de la Ley de Enjuiciamiento Criminal y la doctrina del Tribunal Constitucional como única prueba de cargo en procesos penales por delitos sexuales», *El derecho procesal: entre la Academia y el Foro,* MARTÍN PASTOR, J., JUAN SÁNCHEZ, R., (Dirs), Atelier Madrid, 2022, pp. 647-658.

nistración de Justicia trataba de proteger su bienestar psíquico[21], les obligaba a declarar en Sala y rememorar todo lo vivido.

Con la entrada en vigor de la LO 8/2021, se prevé de forma sistemática la preconstitución de la prueba de la declaración de las victimas testigos menores de catorce años (y personas con discapacidad necesitadas de especial protección), mediante la incorporación a nuestra LECRIM de los artículos. 449 bis, 449 ter y 703 bis, y la modificación de los artículos 433, 448, 707, 730, 777 y 788 LECRIM[22].

3.1. Requisitos necesarios para la preconstitución de la prueba

A pesar de la obligatoriedad de la norma, para que la preconstitución probatoria pueda operar se requiere que se cumpla con los requisitos subjetivos, objetivos y de procedimentales legalmente establecidos, para en todo caso satisfacer la necesidad de protección de la víctima, así como la existencia de plenas garantías de las partes en el proceso. De lo contrario, en caso de no cumplir con todos los requisitos, y pudiendo causar indefensión a alguna de las partes del proceso, el juzgador a instancia de parte podrá acordar que la víctima-testigo declare en el acto del juicio oral[23].

A. Requisitos subjetivos

Conforme a la letra del art 449 *ter* LECRIM, se establece que: «*Cuando una persona menor de catorce años o una persona con discapacidad necesitada de especial protección deba intervenir en condición de testigo en un procedimiento judicial que tenga por objeto la instrucción de un delito de homicidio, lesiones, contra la libertad, contra la integridad moral, trata de seres humanos, contra la libertad e indemnidad sexuales, contra la intimidad, contra las relaciones familiares, relativos al ejercicio de derechos fundamentales y libertades públicas, de organizaciones y grupos criminales y terroristas y de terrorismo, la autoridad judicial acordará, en todo caso, practicar la audiencia del menor como prueba preconstituida con todas las garantías*».

---

21. *Véase*: GARCÍA RODRÍGUEZ, J. M., «Ventajas de la nueva regulación de la prueba preconstituida para la declaración de las victimas menores de edad y con discapacidad necesitadas de especial protección en el proceso penal», *Boletín del Ministerio de Justicia,* año LXXVI, diciembre 2022, núm. 2.258, p. 29.
22. La nueva redacción de los arts. 707, 730 y 777 de la LECRIM, permite la introducción de estas declaraciones en el plenario mediante su lectura o reproducción, con plena validez como prueba.
23. *Véase*: MERCHÁN GONZÁLEZ, A., «El derecho de los menores de edad a ser escuchados en el proceso penal y su práctica tras la LO 8/2021 de 4 de junio», *Diario La Ley*, núm. 10088, 13 de junio de 2022, p. 3.

En consecuencia, se proclama la obligatoriedad de la preconstitución probatoria de los testimonios de cualquier víctima-testigo que sea menor de 14 años o que por tener alguna discapacidad esté necesitada de especial protección, siempre que el objeto del procedimiento sea la instrucción de alguno de los delitos enumerados en el 449 *ter* LECRIM.

A mi juicio, en este sentido, el legislador yerra al fijar el límite en los catorce años al asumir una presunción de madurez a los menores entre 15 y 18 años, entendiendo por tanto la inexistencia de riesgo de victimización secundaria para ellos. Si bien, estimo *a sensu* contrario que la preconstitución de la prueba en el caso de estos menores será potestativa, con arreglo a la letra de los arts. 703 *bis* y 730.2 LECRIM, en aquellos supuestos en los que, debido a la especial vulnerabilidad de estos menores, derivada entre otros por su inmadurez, pueda dar un riesgo de victimización secundaria. En consecuencia, en la actualidad, la declaración del menor mayor de catorce años no presenta un criterio uniforme, quedando a la discrecionalidad del juez previa evaluación individualizada del menor y sus circunstancias personales, la decisión de que no comparezca en el juicio oral, compareciendo antes del juicio oral mediante prueba anticipada o preconstituida o, de que comparezca en el plenario.

B. Requisitos objetivos

En cuanto a los requisitos objetivos, como vimos en el apartado anterior, el legislador establece un *numerus clausus* de delitos en los que será de aplicación la preconstitución probatoria, esto es, cuando nos encontremos ante la siguiente tipología delictiva: delito de homicidio, lesiones, contra la libertad, contra la integridad moral, trata de seres humanos, contra la libertad e indemnidad sexuales, contra la intimidad, contra las relaciones familiares, relativos al ejercicio de derechos fundamentales y libertades públicas, de organizaciones y grupos criminales y terroristas y de terrorismo. Sin perjuicio de que, las medidas previstas puedan ser también aplicables cuando el delito tenga la consideración de leve.

C. Requisitos procedimentales

Los requisitos procedimentales establecidos para la preconstitución probatoria se regulan en los artículos *449 bis y ter* LECRIM, respectivamente. En las siguientes líneas nos detendremos en el análisis de las exigencias legalmente establecidas.

Conforme a la letra del artículo *449 bis* LECRIM se establecen dos exigencias comunes para la preconstitución probatoria. En primer lugar, se exige la garantía del principio de contradicción en la práctica de la declaración en el segundo párrafo del artículo *449 bis* LECRIM: «*La autoridad judicial garantizará el principio de contradicción en la práctica de la declaración. La ausencia de la persona investigada debidamente citada no impedirá la práctica de la prueba preconstituida, si bien su defensa letrada, en todo caso, deberá estar presente. En caso de incomparecencia injustificada del defensor de la persona investigada o cuando haya razones de urgencia para proceder inmediatamente, el acto se sustanciará con el abogado de oficio expresamente designado al efecto*». De ese modo, se exige que el juzgador garantice el principio de contradicción en la declaración del menor, principio que se entenderá cumplido cuando: de un lado, el investigado tenga posibilidad de efectuar una contradicción efectiva, o, en su defecto, esta intervención no pueda hacerse efectiva por motivos ajenos a la actuación judicial[24].

Y, en segundo lugar, se exige para garantizar la introducción de la declaración en el plenario es que la grabación se haya efectuado con las necesarias garantías técnicas que permitan apreciarla en debida forma. Así, acertadamente el legislador prevé, en el tercer párrafo del artículo 449 bis LECRIM, que: «*La autoridad judicial asegurará la documentación de la declaración en soporte apto para la grabación del sonido y la imagen, debiendo el Letrado de la Administración de Justicia, de forma inmediata, comprobar la calidad de la grabación audiovisual. Se acompañará acta sucinta autorizada por el Letrado de la Administración de Justicia, que contendrá la identificación y firma de todas las personas intervinientes en la prueba preconstituida*».

A su vez, el art. *449 ter* LECRIM, establece dos requisitos concretos. En primer lugar, se requiere que el proceso se realice con todas las garantías de accesibilidad y apoyos necesarios. Para ello, «*La autoridad judicial podrá acordar que la audiencia del menor de catorce años se practique a través de equipos psicosociales que apoyarán al Tribunal de manera interdisciplinar e interinstitucional, recogiendo el trabajo de los profesionales que hayan intervenido anteriormente y estudiando las circunstancias personales, familiares y sociales de la persona menor o con discapacidad, para mejorar el tratamiento de los mismos y el rendimiento de la prueba. En este caso, las partes trasladarán a la autoridad judicial las preguntas que estimen oportunas quien, previo control de su pertinencia y utilidad se las facilitará a las personas expertas. Una vez realizada la audiencia del menor, las partes podrán interesar, en los mismos términos, aclaraciones al testigo. La declaración siempre será grabada y el Juez, previa audiencia de las partes, podrá recabar del perito un informe dando cuenta del desarrollo y resultado de la audiencia del menor*».

24. Véase: CASANOVA MARTÍ., «La nueva configuración de la prueba preconstituida como mecanismo para evitar la victimización secundaria», *op.cit.*, p. 248.

Y, en segundo lugar, se establece que el supuesto de que la persona investigada estuviere presente en la audiencia del menor se evitará su confrontación visual con el testigo, utilizando para ello, si fuese necesario, cualquier medio técnico. En directa conexión con la previsión del art. 449 *ter* LECRIM, en aras de proteger a los menores, el artículo 731 *bis* LECRIM prevé que se «*podrá acordar que su actuación se realice a través de videoconferencia u otro sistema similar que permita la comunicación bidireccional y simultánea de la imagen y el sonido, de acuerdo con lo dispuesto en el apartado 3 del art. 229 LOPJ*».

Así en la práctica, se cuenta con Cámaras Gesell, salas amigables con sistemas de videoconferencias, y en la medida de lo posible se trata de que las diligencias se efectúen a través de medios telemáticos[25].

Para ello, se observa una clara necesidad de contar con un espacio probatorio acondicionado con todas las garantías para cubrir, principalmente con las necesidades principalmente requeridas por las menores víctimas. Coincidimos plenamente con García Rodríguez, en que resulta: «*incomprensiblemente ninguna regulación específica se hace sobre estos espacios en nuestra norma procesal tras la reforma de la prueba preconstituida llevada a cabo por la LOPIIA. Lo que a nuestro juicio resulta criticable en una ley orgánica que, como su propio nombre indica se califica de integral a la hora de ofrecer una protección a la infancia y adolescencia en nuestro ordenamiento jurídico. Si bien como se ha apuntado, este hecho puede tener su justificación en la intención de nuestro legislador de dejar para más adelante el desarrollo normativo de la LOPIIA, a través, según se contempla en su DF 20.ª*[26]». Desafortunadamente, a fecha de redacción del presente trabajo no contamos un citado desarrollo normativo.

La ausencia de una regulación *ad hoc*, de la entrevista a través de la Cámara Gesell adaptada y adecuada a las menores víctimas de violencia sexual, el retraso en la toma de la declaración del menor o la falta de personal cualificado y especializado suponen un gran riesgo en relación con el testimonio de los menores[27].

---

25. En esta línea, la Memoria de la Fiscalía General del Estado 2022, recoge el uso de «*los medios disponibles: cámara Gesell (donde se cuenta con ella), salas amigables, con sistemas de videoconferencias*». Especialmente llamativa resulta el énfasis realizado al condicionar el uso de la cámara Gesell *donde se cuenta con ella*, ya que pone de manifiesto la ausencia de medios en aras de garantizar una especial protección a las menores víctimas de delitos.

26. Véase: GARCÍA RODRÍGUEZ., «Ventajas de la nueva regulación de la prueba preconstituida para la declaración de las victimas menores de edad y con discapacidad necesitadas de especial protección en el proceso penal», *op. cit.*, p. 50.

27. Desde una perspectiva latinoamericana, véase el análisis de: PALOMINO PINEDO, M.ª T., «Problemas en la aplicación de la entrevista única en Cámara Gesell para

En este sentido, entiendo que la «*Guía de buenas prácticas para la declaración en el proceso penal de menores y personas con discapacidad necesitadas de especial protección: intervención desde la psicología forense, en particular la prueba preconstituida*»[28], publicada por el Ministerio de Justicia en 2022 es una oportunidad perdida en cuanto a que podría haber sido una excelente plataforma para desarrollar más allá de una guía en la que se ofrecen, entre otras, preguntas adaptadas a la edad de las víctimas en la entrevista forense, modelos de informes o normas básicas para interpretes durante las entrevistas, incluso una propuesta de protocolo[29], pero no se proclama un verdadero protocolo unificado de actuación.

En la actualidad, dependiendo del lugar en el que se encuentre la víctima y el profesional por el que sea atendido (policía, sanitarios,) los menores reciben un tratamiento distinto en el territorio nacional, siendo reseñable la ausencia de protocolos de actuación en educación. Por ello, es fundamental dar un paso más y estimo que debe en un futuro próximo desarrollarse por parte de todos los profesionales involucrados de cada ámbito profesional un Protocolo unificado[30], de actuación adaptado a las menores víctimas, que permita a su vez la individualización en cada caso concreto.

III. DE LA CÁMARA GESELL AL MÉTODO BARNAHUS: ¿PODEMOS EVITAR LA VICTIMIZACIÓN SECUNDARIA DE LOS MENORES?

1. LA CÁMARA GESELL

Con carácter general, la violencia sexual infantil acaece en un ecosistema en el que resulta complejo obtener pruebas físicas que den muestra del delito cometido contra ellos, siendo los escenarios en los que se desarrolla normalmente espacios familiares en los que no hay testigos oculares de lo

---

víctimas de violencia sexual. Análisis del funcionamiento empírico del mecanismo», *Revista de Victimología, n.º 11/2020,* pp. 135-160.

28. *Véase*: MINISTERIO DE JUSTICIA, *Guía de buenas prácticas para la declaración en el proceso penal de menores y personas con discapacidad necesitadas de especial protección: intervención desde la psicología forense, en particular la prueba preconstituida,* Ministerio de Justicia, Secretaría Técnica, Madrid, 2022.

29. *Véase*: Ministerio de Justicia, *Guía de buenas prácticas para la declaración en el proceso penal de menores y personas con discapacidad necesitadas de especial protección, op.cit., pp. 20-22.*

30. Son múltiples los autores que defienden la elaboración de un protocolo común y proponen los estándares mínimos que debe contener. Entre otros: GARCÍA RODRÍGUEZ, J. M., «Ventajas de la nueva regulación de la prueba preconstituida para la declaración de las víctimas» ..., *op.cit.*, pp. 45-50; GONZÁLEZ J. L., MUÑOZ, J. M., SOTACA, A., MANZANERO, A., «Propuesta de Protocolo para la conducción de la prueba preconstituida en víctimas especialmente vulnerables», *Papeles del Psicólogo,* Vol. 34 (3), 2013, pp. 227-237;

sucedido, siendo relativamente frecuente la interposición de la denuncia tardía en el tiempo con relación al momento en el que sucedieron los hechos objeto de reproche penal.

Si bien, gracias a determinadas periciales psicológicas, tales como la evaluación psicológica o pruebas forenses como pueden ser exámenes médicos o pruebas de ADN podemos obtener pruebas válidas para el proceso.

Con el fin de realizar una única entrevista del menor víctima de violencia sexual, está extendido el suo de Cámaras Gesell[31]. La Cámara Gesell fue una herramienta diseñada por el psicólogo y pediatra estadounidense Arnold Gesell, para poder analizar la conducta infantil sin intermediación de adultos o interferencia de elementos que alteren el comportamiento natural. Se trata de un espacio de observación dotados de tecnología, que divide a su vez en dos estancias divididas a través de un espejo unidireccional que permite ver desde un espacio lo que sucede en el otro espacio contiguo, pero no en sentido contrario.

A través de la Cámara Gesell, tiene como finalidad la toma de una única declaración del menor a través de profesionales, como preconstituida de modo que se limite a una la declaración. La razón última en que radica en la toma de una sola declaración *grabada*[32] al menor como prueba preconstituida de cara al juicio oral, con la presencia del juez y de las partes, en un espacio amigable con la intervención de especialistas, es la protección al menor[33]y al mismo tiempo, cuidar su testimonio de cualquier manipulación, alteración u olvido en el tiempo[34].

La especial configuración de la Cámara Gesell, permite observar tanto en un espacio anejo como por videoconferencia cómo se desarrolla la entrevista del especialista, pudiendo ser este ser o no funcionario público, sin que el menor sea cono-

31. *Véase*: LUACES GUTIÉRREZ, A. I., «La prueba preconstituida en menores de edad tras la LO 8/2021: especial referencia a la utilización de Cámaras Gesell como instrumento para evitar la victimización secundaria (1)», *La Ley Derecho de Familia: Revista jurídica sobre familia y menores*, n.º 34, 2022, pp. 155-182.
32. *Véase*: SEMPERE FAUS, S., «La grabación audiovisual de la declaración del menor de edad: La prueba preconstituida y la eficacia de la Cámara Gesell en la reducción de la victimización secundaria», *Revista General de Derecho Procesal*, núm. 48, 2019, p. 39.
33. Véase: SÁNCHEZ RUBIO, A., «La toma de declaración a través de la Cámara Gesell como medio para evitar la doble victimización», *Estudios penales y criminológicos*, n.º 42, 2022, pp. 92-122; Arantegui Arráez, L., «El uso de cámaras Gesell con niños: derechos humanos y victimización secundaria», *Revista de Victimología, n.º 13*, 2022, pp. 35-64.
34. *Este punto de vista fue previamente acogido, desde el plano del Derecho europeo, por la Directiva 2012/29/UE del Parlamento Europeo y del Consejo, de 25 de octubre de 2012, a cuyo tenor*

cedor de que está siendo observado. La exploración o valoración deberá ser realizada mediante una adecuación a las especiales características que presente el menor (físicas y psicológicas), permitiendo además esta técnica que a través de distintos medios tecnológicos se le pueden hacer llegar al especialista las preguntas o aclaraciones que soliciten los intervinientes en el proceso (Juez, fiscal, abogado de la defensa y de la acusación particular o peritos). Cuestiones que en aras evitar la revictimización secundaria del menor podrán ser adaptadas por el psicólogo que dirija la toma de declaración.

2. EL MÉTODO BARNAHUS

Las consecuencias psicológicas que un hecho especialmente traumático puede causar en un menor, su especial vulnerabilidad y las implicaciones jurídicas y familiares que conllevan hacen que su relato de los hechos pueda ser alterado durante la prueba testifical. Por ello, resulta indispensable que la declaración se realice en un entorno amigable y seguro para la infancia donde se pueda realizar una evaluación cuidadosa del relato de los hechos y se pueda evaluar la posible distorsión de la realidad, o las posibles retracciones, entre otros.

En este contexto, con el fin de lograr una ecuanimidad entre la protección de las menores víctimas de abusos sexuales y la salvaguarda de los derechos procesales del acusado entiendo que en la actualidad es esencial la integración del modelo Barnahus en el sistema judicial español. Pero, ¿qué es el modelo Barnahus?

Los primeros centros especializados en evitar la victimización secundaria de menores víctimas de delitos sexuales fueron desarrollados a mediados de los años ochenta del siglo pasado originalmente por el *National Children's Advocacy Centre* (en adelante, CAC) en Huntsville, Alabama, Estados Unidos. En su origen, presentaban una triada de objetivos: en primer lugar, la reducción de evaluaciones y entrevistas a las menores víctimas de abusos sexuales y malos tratos a través de una coordinación efectiva de los equipos multidisciplinares. En segundo lugar, la creación de un entorno amigable en el que los menores pudieran ser evaluados adecuadamente sin compro-

«en las investigaciones penales, todas las tomas de declaración de las víctimas menores de edad puedan ser grabadas por medios audiovisuales y estas declaraciones grabadas puedan utilizarse como elementos de prueba en procesos penales» (art. 24). A su vez, en el Consejo de Europa, conforme a la Convención sobre la protección de la infancia contra la explotación y el abuso sexual, también denominado Convenio de Lanzarote, por haber sido esta isla canaria el lugar de su firma el 25 de octubre de 2007, autoriza la declaración de la víctima ante el Tribunal sentenciador sin su presencia física y mediante el uso de las nuevas tecnologías.

meter su bienestar emocional. Y en tercer y último lugar, contar con profesionales especializados en la evaluación de menores víctimas[35].

En la actualidad, Estados Unidos cuenta con más de 950 centros, que se integran en la *National Children´s Alliance* (en adelante, NCA)[36]. Uno de los últimos hitos de dicha asociación y que demuestra la importancia de la aplicación de la ley por parte del equipo interdisciplinar que forma parte de los CAC, lo encontramos en el acuerdo de entendimiento actualizado firmado el 3 de mayo de 2022 por la NCA y el FBI, que tiene como finalidad que las familias involucradas en las investigaciones del FBI trabajen junto con los investigadores para brindar servicios CAC a las víctimas y familias en el centro de las investigaciones federales, al igual que lo hacen con aquellos involucrados en investigaciones locales e investigaciones estatales. A su vez, con motivo de la firma de dicho acuerdo se proporcionó una capacitación por parte del FBI a los profesionales que trabajan en los CAC sobre la presentación de pruebas en la entrevista forense, formación en la que se puso de manifiesto la necesidad de ofrecer más entrenamientos conjuntos con el FBI[37].

El modelo Barnahus o también denominado *«Casa de la Infancia»*, es el modelo de atención integral y multidisciplinar para los menores que han sufrido violencia sexual, y que se caracteriza por su paradigma orientado a minimizar la revictimización al fomentar la escucha del menor en un entorno seguro y amigable para estos. La experiencia comparada de la integración de citado método ha demostrado el enorme potencial del mismo, así como su gran capacidad de respuesta a los múltiples retos que plantean los abusos sexuales sufridos por menores. La razón de ser de la Barnahus es la de asegurar un juicio justo garantizando el interés superior del niño/a y, en este sentido, pretende ofrecer una solución al conflicto de interés que existe entre el derecho de defensa del acusado y el interés superior del niño/a[38] evitando su victimización secundaria[39].

---

35. Véase: PEREDA, N., BARTOLOMÉ M., RIVAS, E., «Revisión del Modelo Barnahus: ¿Es posible evitar la victimización secundaria en el testimonio infantil?», *Boletín Criminológico. Instituto andaluz interuniversitario de Criminología (Sección Málaga), Artículo 1/2021, n.º 207*, pp. 6-7.
36. Sobre la asociación entre el FBI y la NAC y las actividades realizadas por ambos, puede consultarse la siguiente web: https://learn.nationalchildrensalliance.org/fbi2
37. Puede obtenerse información detallada sobre los National Children´s Alliance en su web: https://www.nationalchildrensalliance.org/
38. Véase: PEREIRA I PUIGVERT, S., ORDOÑEZ PONZ, F., «El modelo Barnahus para una mayor tutela de las victimas menores de edad en caso de abusos sexuales», ÁLVAREZ ALARCÓN, A., (Dir.) *Justicia y personas vulnerables en Iberoamérica y en la Unión Europea*, Tirant lo Blanch, Valencia, 2021, pp. 673-689.

El abordaje integral permite dar una respuesta adecuada a esta realidad compleja, ya que además de dar una atención temprana a los menores víctimas de delitos sexuales, evitará la revictimización de los menores impartiendo justicia conforme a todas las garantías que deben regir en el proceso penal.

En el contexto europeo, el modelo americano anteriormente descrito fue introducido y adaptado por primera vez por Islandia en 1998, sin embargo, en Islandia no existe una ley específica de la Barnahus, pero, existen dos instrumentos legislativos que apoyan su implementación y uso: la Ley n.° 80/2002 de Protección de la Infancia y la Ley n.° 88/2008 de Procedimiento Criminal. Si bien, desde 2015, su uso es obligatorio gracias a una modificación de la ley procesal, que implementa la obligatoriedad de usar un equipamiento especial adaptado a los niños/as para hacer las entrevistas forenses, y partir de esta fecha se utilizan siempre las Barnahus para hacer la prueba preconstituida y que no puede realizarse ni en los juzgados ni en una comisaría de policía.

De otro lado, debe destacarse el Convenio del Consejo de Europa para la Protección de los Niños contra la Explotación y el Abuso Sexual (Convenio de Lanzarote) es el instrumento jurídico internacional más ambicioso y completo para la protección de la infancia contra el abuso y la explotación sexual. La importancia de una colaboración amigable, multidisciplinaria e interinstitucional está presente en toda la letra del Convenio. De facto su informe de implementación de 2015, el Comité de las Partes del Convenio de Lanzarote identificó el modelo islandés Barnahus como una buena práctica de respuesta amigable multidisciplinaria e institucional. Las Directivas de la UE sobre derechos de las víctimas (2012/29/ UE) y abuso sexual infantil (2011/93/UE) promueven los mismos estándares para los Estados miembros de la Unión Europea[40].

La sensibilización europea con la especial protección de los menores se materializa en el proyecto conjunto de la Unión Europea y el Consejo de Europa denominado: *«Barnahus en España - Fortalecimiento de la justicia adaptada a la infancia a través de la cooperación y coordinación efectiva entre diferentes*

39. Véase: PEREDA BELTRÁN, N., BARTOLOMÉ, M., RIVAS, E., «Revisión del Modelo Barnahus: ¿Es posible evitar la victimización secundaria en el testimonio infantil?», *Boletín criminológico, Vol. 27, n.º 207*, 2021, pp. 1-20.
40. Sobre los estándares de calidad europeos para la implementación del modelo Barnahus, en extenso véase: Consejo de Europa, *Protección de la infancia contra la explotación y el abuso sexual. Respuesta amigable, multidisciplinar e interinstitucional inspirada en el modelo Barnahus*, pp. 4-6. Disponible en: https://rm.coe.int/proteccion-de-la-infancia-contra-la-exploitacion-y-el-abuso-sexual/1680abb344

servicios Barnahus en las regiones de España» (6 de julio de 2022 a 5 de julio de 2024).

Si bien, es necesario subrayar la labor realizada por la ONG, «*Save the Children*»[41] en nuestro país con carácter previo a citado proyecto europeo, en cuanto al estudio de su implantación y viabilidad en distintas provincias españolas. En nuestro país, el primer Barnahus se instauró en Cataluña, concretamente en Tarragona en marzo de 2023.

En la Comunidad Foral Navarra[42], se prevé la implementación en 2023 de un Barnahus, con el fin de crear un espacio seguro en el que los menores se beneficien de un acceso a la justicia adaptado a la infancia, dando así respuesta a la necesidad de establecer prácticas amigables centradas en la infancia durante la tramitación y gestión de los casos de violencia contra la infancia. De ese modo, se dará cumplimiento tanto a lo establecido por la Ley Orgánica de protección integral a la infancia y la adolescencia frente a la violencia, como la Ley Foral 12/2022, de 11 de mayo, de atención y protección a niños, niñas y adolescentes y de promoción de sus familias, derechos e igualdad[43].

El Barnahus, integrará el protocolo implementado en Navarra para la práctica de pruebas preconstituidas, véase aquí la importancia de contar con un Protocolo unificado, modelo según el cual en los menores son aten-

41. Véase el estudio estadístico sobre la implantación del modelo Barnahus en Valencia: AA.VV., «Informe sobre el modelo Barnahus para Save the Children», *Clínica jurídica per la Justicia Social. Informes*, 2020. Disponible en: https://ojs.uv.es/index.php/clinica-juridica/article/view/20326/18082

42. Puede consultarse al respecto, la nota de prensa del Gobierno de Navarra: https://www.navarra.es/es/-/nota-prensa/navarra-abrira-un-espacio-seguro-y-adaptado-para-proteger-a-menores-victimas-de-delitos-sexuales

43. En ese sentido, se establece en el artículo 8 de citada norma, que: «*Entornos amigables y forma de comunicación. 1. Se configurarán los espacios y entornos públicos a los que tengan que acudir menores, y especialmente aquellos en que hayan de esperar, con un carácter, además de seguro, amigable y contando con elementos que faciliten la estancia y espera y disminuyan la tensión. Para niños, niñas y adolescentes víctimas de violencia se contará con espacios que propicien la atención integral y multidisciplinar que evite su victimización secundaria. 2. La comunicación por las Administraciones públicas con menores deberá ajustarse a su nivel para ser respetuosa, positiva, cálida, empática, estimulante de la interacción y adaptada a la situación. En el caso de personas con discapacidades o dificultades, siempre se evitará una mirada parcial, que lleve a percibir que se ve la enfermedad o limitación en vez de la persona en su conjunto y con todo su valor. 3. Se promoverán los entornos y formas de comunicación previstos en los apartados anteriores en todos los ámbitos sociales. 4. Las familias serán informadas de las decisiones que afecten a su hijos e hijas o menores acogidos a su cargo conforme a los protocolos que se establezcan para cada tipo de procedimiento, especialmente en los supuestos del artículo 91.2. Se utilizará una forma de comunicación presidida por el respeto y la humanización, garantizando, para decisiones difíciles, información clara y en lo esencial por escrito, y unos tiempos para valorar, en proporción a la urgencia y efectos de las decisiones*».

didos y entrevistados por personal especializado, que les traslada y adapta las preguntas que formule el juez y las distintas partes intervinientes en el procedimiento judicial; siendo la entrevista grabada para su posterior reproducción en el plenario.

Si bien, la implementación paulatina de distintos Barnahus en todo el territorio nacional es un gran avance en aras de proteger a los menores, se debe abogar por una labor conjunta de todos los equipos multidisciplinares que los conforman para desde su experiencia elaborar protocolos estandarizados de actuación que sirvan como una autentica guía, tanto a policías (mossos de escuadra, ertzaina, guardia civil,), psicólogos, pediatras, letrados y miembros de la Administración de Justicia.

IV. CONCLUSIONES

La normativa española recoge la obligatoriedad de realizar la prueba preconstituida cuando el testigo sea una persona menor de catorce años, fuera de este rango de edad, la declaración del menor resulta potestativa y no se da un criterio uniforme de aplicabilidad de la preconstitución probatoria quedando a la discrecionalidad del juez, atendiendo a la madurez del menor víctima-testigo.

A mi juicio, es indiscutible, en aras de proteger a las menores víctimas de abusos sexuales deben reducirse todas las declaraciones innecesarias sobre la violencia sufrida. Por ello, la preconstitución probatoria como todas las medias previstas en el Estatuto de la Víctima y legislación procesal que tengan como finalidad proteger a los menores deben ser obligatorias en todo caso, sin perjuicio de mantener la virtualidad de su testimonio en orden a enervar la presunción de inocencia del investigado.

Si bien es cierto que como hemos podido estudiar a lo largo del presente trabajo, en nuestro país se han implementado medidas que abogan por evitar la victimización secundaria de los menores, resulta llamativo que no se haya previsto un protocolo estandarizado y unificado con el fin de obtener la prueba preconstituida con todas las garantías. La Administración de Justicia, en última instancia, debe velar por un acceso a la justicia adaptado a la infancia, a través de unas prácticas amigables y holísticas en las que prime la empatía durante la tramitación y gestión de los casos de violencia sexual contra los menores.

Es por ello por lo que, abogamos por el modelo Barnahus ya que, permite un justo equilibrio entre en el interés superior del menor y el derecho de defensa del acusado. Si bien, entendemos que, para la adecuada implementación de este sistema es necesario, que: de un lado, se regule legalmente el perfil profesional especializado de todos los profesionales implicados en la protección y evaluación de las menores víctimas de delitos de carácter sexual, como pueden ser los pediatras, psicólogos, criminólogos, abogados o fiscales.

Y, de otro lado, proporcionar y ofrecer desde los Barnahus, con el apoyo de las Administraciones Públicas, un enfoque holístico de las posibles problemáticas derivadas de situaciones de violencia sexual que puedan sufrir los menores en aras de evitar la victimización secundaria. Por ello, será esencial que se realicen controles externos de forma periódica de las intervenciones realizadas por los profesionales con los menores para poder evaluar la efectividad de los sistemas de intervención y la respuesta de los menores, así como proporcionar una formación interdisciplinar y actualizada a estos con perspectiva de género.

Es nuestra tarea encontrar un delicado punto de equilibrio entre los distintos intereses que convergen en el proceso penal, a la par que ser altavoz de una verdad a voces que no es otra que proclamar que la respuesta judicial a la violencia sexual a menores es insuficiente y presenta múltiples carencias a la hora de dar respuesta a esta problemática compleja como se ha puesto de manifiesto a lo largo de este trabajo.

«Sembrad en los niños ideas buenas, aunque no las entiendan; los años se encargaran de descifrarlas en su entendimiento y de hacerlas florecer en su corazón».

María Montessori

BIBLIOGRAFÍA

AA.VV., «Informe sobre el modelo Barnahus para Save the Children», *Clínica jurídica per la Justicia Social. Informes*, 2020. Disponible en: https://ojs.uv.es/index.php/clinicajuridica/article/view/20326/18082

ACALE SÁNCHEZ, M., «Los delitos de agresión sexual: cuestiones de técnica legislativa», MARÍN DE ESPINOSA CEBALLOS/ ESQUINAS VALVERDE (Dir.), *Los delitos contra la libertad e indemnidad sexual a examen: propuestas de reforma*, Aranzadi, Cizur Menor, 2022, pp. 39-88.

ARANTEGUI ARRÁEZ, L., «El uso de cámaras Gesell con niños: derechos humanos y victimización secundaria», *Revista de Victimología, n.º 13*, 2022, pp. 35-64.

BLÁZQUEZ PEINADO, M.ª D., *«Victimas vulnerables y menores en el proceso penal en el ámbito de la Unión Europea», Revista General de Derecho Europeo, n.º 52, 2020.*

CASANOVA MARTÍ, R., «La nueva configuración de la prueba preconstituida como mecanismo para evitar la victimización secundaria de las personas menores víctimas de violencia de género», *La prueba de la violencia de género y su problemática judicia*l, CERRATO GURI, E., (Dir.), La Ley, Madrid, 2022, pp. 239-251.

CÓRDOBA, C., «La victimización secundaria en la violencia sexual. Análisis de la victimización secundaria en casos de abusos y agresiones sexuales, y sexting», *EhquidadInternational Welfare Policies and Social Work Journal*, n.º 17, 2022, pp. 179-210.

CUGAT MAURI, M., «Artículo 182 cp: Vigencia del abuso fraudulento y consecuencias sistemáticas de la introducción de la nueva modalidad de abuso de confianza, autoridad o influencia sobre la víctima», MARÍN DE ESPINOSA CEBALLOS/ ESQUINAS VALVERDE (Dir.), *Los delitos contra la libertad e indemnidad sexual a examen: propuestas de reforma*, Aranzadi, Cizur Menor, 2022, pp. 227-249.

«Art. 183 bis. Las nuevas modalidades de abuso sin contacto entre autor y víctima», MARÍN DE ESPINOSA CEBALLOS/ ESQUINAS VALVERDE (Dir.), *Los delitos contra la libertad e indemnidad sexual a examen: propuestas de reforma*, Aranzadi, Cizur Menor, 2022, pp. 337-353.

ECHEBURÚA, E., DE CORRAL, P., «Secuelas emocionales en víctimas de abuso sexual en la infancia», *Cuadernos de Medicina Forense no. 43-44*, Málaga, 2006, pp. 75-83.

GARCÍA RODRÍGUEZ, J. M., «Ventajas de la nueva regulación de la prueba preconstituida para la declaración de las victimas menores de edad y con discapacidad necesitadas de especial protección en el proceso penal», *Boletín del Ministerio de Justicia*, año LXXVI, diciembre 2022, núm. 2.258, pp. 7-68.

GONZÁLEZ J. L., MUÑOZ, J. M., SOTACA, A., MANZANERO, A., «Propuesta de Protocolo para la conducción de la prueba preconstituida en víctimas especialmente vulnerables», *Papeles del Psicólogo*, Vol. 34 (3), 2013, pp. 227-237.

JULLIEN DE ASIS, J., *La participación de la víctima menor de edad en el sistema de justicia: una aproximación restaurativa*, 2020. Disponible en: https://e-archivo.uc3m.es/handle/10016/30594.

LÓPEZ PEREGRÍN, C., «Agresiones sexuales a menores de 16 años en España tras la reforma de 2022», *Revista Penal México*, n.º 22, pp. 95-121.

LUACES GUTIÉRREZ, A. I., «La prueba preconstituida en menores de edad tras la LO 8/2021: especial referencia a la utilización de Cámaras Gesell como instrumento para evitar la victimización secundaria (1)», *La Ley Derecho de Familia: Revista jurídica sobre familia y menores*, n.º 34, 2022, pp. 155-182.

MAGRO SERVET, V., *Guía práctica de la prueba en el proceso penal*, Wolters Kluwer España, Madrid, 2022.

MARTÍN OSTOS, J., «La prueba en el proceso penal acusatorio», *Curso de especialización en sistema penal acusatorio*, México: Consejo de la Judicatura Federal, pp. 133-159.

MARTÍN RÍOS, M.ª P., *Victima y justicia penal. Reparación, intervención y protección de la víctima en el proceso penal*, Barcelona, 2012, Atelier.

MÉNDEZ TOJO, R., «Comentarios a la sentencia del TS, Sala 2.ª, de 17 de octubre de 2012, rec. 2391/2011, sobre delito de abuso sexual continuado a una menor», *Diario La Ley*, n.º 8050, 2013.

MERCHÁN GONZÁLEZ, A., «El derecho de los menores de edad a ser escuchados en el proceso penal y su práctica tras la LO 8/2021 de 4 de junio», *Diario La Ley*, núm. 10088, 13 de junio de 2022.

MINISTERIO DE JUSTICIA, *Guía de buenas prácticas para la declaración en el proceso penal de menores y personas con discapacidad necesitadas de especial protección: intervención desde la psicología forense, en particular la prueba preconstituida*, Ministerio de Justicia, Secretaría General Técnica, Madrid, 2022.

– *Memoria Fiscalía General del Estado 2022*, Imprenta nacional de la Agencia Estatal Boletín Oficial del Estado, Madrid, 2023.

MUÑOZ CUESTA, J., *La PRUEBA en el proceso penal*, El Derecho, Madrid, 2020.

NACARINO LORENTE, J. M.ª, «La declaración de la menor víctima del delito como prueba preconstituida». Análisis de la STS 579/2019, de 26 de noviembre, ¿un cambio de criterio?», *La Ley Probática n.º 1*, 2020, pp. 1-23.

ORTS BERENGER, E., ROIG TORRES, M., «El menor como sujeto pasivo en los delitos contra la libertad e indemnidad sexuales», *Revista Penal*, n.º 49, 2022, pp. 116-125.

PALOMINO PINEDO, M.ª T., «Problemas en la aplicación de la entrevista única en Cámara Gesell para víctimas de violencia sexual. Análisis del funcionamiento empírico del mecanismo», *Revista de Victimología, n.º 11/2020,* pp. 135-160.

PEREDA BELTRÁN, N., BARTOLOMÉ, M., RIVAS, E., «Revisión del Modelo Barnahus: ¿Es posible evitar la victimización secundaria en el testimonio infantil?», *Boletín criminológico, Vol. 27, n.º 207,* 2021, pp. 1-20.

PEREIRA I PUIGVERT, S., «Normas mínimas para las víctimas de delitos: análisis de la Directiva 2012/29/UE especial referencia al derecho de información y apoyo», *Revista General de Derecho Europeo, n.º 30, 2013.*

PEREIRA I PUIGVERT, S., ORDOÑEZ PONZ, F., «El modelo Barnahus para una mayor tutela de las victimas menores de edad en caso de abusos sexuales», ÁLVAREZ ALARCÓN, A., (Dir.) *Justicia y personas vulnerables en Iberoamérica y en la Unión Europea,* Tirant lo Blanch, Valencia, 2021, pp. 673-689.

PEREDA, N., BARTOLOMÉ M., RIVAS, E., «Revisión del Modelo Barnahus: ¿Es posible evitar la victimización secundaria en el testimonio infantil?», *Boletín Criminológico. Instituto andaluz interuniversitario de Criminología (Sección Málaga), Artículo 1/2021, n.º 207,* pp. 1-20.

PUERTA LUIS, L. R., «La prueba en el proceso penal», *Aldaba: revista del Centro Asociado UNED Sevilla, n.º 24,* 1995, pp. 47-80.

RODES LLORET, F., MONERA OLMOS, C. E., PASTOR BRAVO, M., *Vulnerabilidad infantil: un enfoque multidisciplinar,* Díaz de Santos, Madrid, 2010.

RODRÍGUEZ TIRADO, A. M.ª, «La declaración preconstituida de la víctima menor del art. 449 ter de la Ley de Enjuiciamiento Criminal y la doctrina del Tribunal Constitucional como única prueba de cargo en procesos penales por delitos sexuales», *El derecho procesal: entre la Academia y el Foro,* MARTÍN PASTOR, J., JUAN SÁNCHEZ, R., (Dirs.), Atelier Madrid, 2022, pp. 647-658.

SÁNCHEZ RUBIO, A., «La toma de declaración a través de la Cámara Gesell como medio para evitar la doble victimización», *Estudios penales y criminológicos,* n.º 42, 2022, pp. 92-122.

SÁNCHEZ RUBIO, A., «La toma de declaración a través de la Cámara Gesell como medio para evitar la doble victimización», *Estudios penales y criminológicos,* n.º 42, 2022, pp. 92-122.

SEMPERE FAUS, S., «La grabación audiovisual de la declaración del menor de edad: La prueba preconstituida y la eficacia de la Cámara Gesell en la reducción de la victimización secundaria», *Revista General de Derecho Procesal,* núm. 48, 2019.

THEMIS, *Estudio sobre la respuesta judicial a la violencia sexual a niños y niñas,* 2020. Disponible en: https://www.lamoncloa.gob.es/serviciosdeprensa/notasprensa/igualdad/Documents/2020/201120_Estudio-respuesta-judicial-violencia-sexual-infantil.pdf

7

La prueba en los delitos de odio por discriminación de la etnia gitana

Mercedes Barragán López[1]
Profesora de Derecho Penal
Universidad Internacional de La Rioja

I. INTRODUCCIÓN

Para alcanzar la convivencia pacífica en sociedad, es indispensable que el sistema judicial sea justo y equitativo, para lo cual es necesario que se practique una prueba con las garantías procesales y constitucionales que todo Estado de Derecho debe tener.

Concretamente, en el caso español, el art. 24 de la Carta Magna regula la presunción de inocencia, de la cual se deriva la importancia de la práctica de la prueba en el proceso penal, puesto que si no hay prueba de cargo suficiente no se podrá enervar aquella.

1. mercedesbarraganlopez@gmail.com

De esta forma, por un lado, se debe garantizar por parte del sistema judicial que nadie sienta indefensión y se garantice también el respeto al derecho a la tutela judicial efectiva que debe regir todo procedimiento. Así lo expone la STS de 8 de marzo de 2023 (RJ 2023, 2147). Por otro lado, también se involucra el principio *in dubio pro-reo*, es decir, que en caso de que exista alguna duda sobre la culpabilidad, se actúe a favor del reo a través de la absolución. En este sentido, se pronuncia la STS de 21 de abril de 2021 (RJ 2021, 1776), definiéndolo como «una máxima dirigida al órgano decisor para que atempere la valoración de la prueba a criterios favorables al acusado cuando su contenido arroje alguna duda sobre su virtualidad inculpatoria».

Pero, si indudablemente los delitos de odio están relacionados con las emociones, cabe plantearse qué ocurre penalmente en los casos de los delitos de odio; si se puede condenar a alguien por experimentar una emoción negativa determinada; y qué prueba es necesaria para condenar en estos casos.

De forma previa a las preguntas anteriores, se debe tener presente que el mero odio no constituye delito alguno, sino que es necesaria su exteriorización, de forma que el odio constitutivo de delito será aquella emoción exteriorizada que cause un mal a una persona o colectivo determinado. Esto es lo que ocurre en los delitos de odio por razón de rechazo a la etnia gitana, que será objeto de análisis penal aquel odio cuya exteriorización cause un mal a la persona de etnia gitana, por lo que la prueba deberá acreditar la relación entre el fuero interno del victimario y su exteriorización, para lo cual tendrá un gran protagonismo la prueba indiciaria.

II. LOS DELITOS DE ODIO

En este apartado se hará un breve análisis de las principales generalidades de los delitos de odio, con la finalidad de contextualizar el antigitanismo, el cual también será desarrollado con posterioridad.

1. ASPECTOS GENERALES

El odio puede ser definido como «la antipatía y aversión hacia algo o hacia alguien cuyo mal se desea». Asimismo, para que pueda tener cabida en el ámbito penal deben concurrir tres elementos que resultan de gran importancia: «un sentimiento aversivo del autor sobre un sujeto/s, el deseo de que sufra un daño, una indeterminación: del motivo de la aversión, del daño y su alcance, del sujeto afectado»[2].

2. FUENTES OSORIO, J. L., «El odio como delito», *Revista Electrónica de Ciencia penal y Criminología,* núm. 19, (2017), p. 3.

Expuesto lo anterior, se puede advertir que el elemento esencial del odio es un factor emotivo, puesto que se trata de una emoción de «enemistad, rechazo, hostilidad a una persona o grupo», pero se debe tener en cuenta que no cualquier ánimo hostil es relevante para el Derecho penal, en tanto que tiene que ser discriminatorio[3].

El Código penal regula el odio como delito mediante una diversidad de tipos penales que abarcan dicho odio, y además a través de una agravante de la responsabilidad penal que se puede aplicar al resto de tipos, para lo cual prevé una diversidad de motivos discriminatorios[4]. En este sentido, cabe afirmar que los delitos de odio y la circunstancia agravante de discriminación, surgieron para otorgar una protección a minorías discriminadas o en riesgo de exclusión[5], tras ser víctimas de un delito por la exteriorización de una emoción negativa por parte del victimario, ya que los delitos de odio constituyen un hecho delictivo a través del cual el autor expresa un mensaje de odio o discriminación hacia un grupo social. Por tanto, la peculiaridad de las víctimas es que son elegidas por el sujeto activo debido a su pertenencia a un grupo determinado, de modo que existe una relación directa entre la víctima como destinataria y el mensaje discriminatorio[6].

A pesar de la existencia de diversos motivos discriminatorios, los apartados siguientes se centrarán en el odio a la etnia gitana exclusivamente, para lo cual se comenzará con su explicación y ubicación en el Código penal.

---

3. Ibidem, p. 4.
4. ACHUTEGU OTAOLAURRUCHI, P., «Victimización de los delitos de odio. Aproximación a sus consecuencias y a las respuestas institucional y social», *Revista de Victimología,* núm. 5, (2017), p. 39. 33-62.
5. GUARDIOLA GARCÍA, J., «La agravante de discriminación y sus reformas: criterios interpretativos», en *Revista de Derecho penal y Criminología,* núm. 28, 2022, p. 121:«Junto a los delitos incitación a la discriminación (que castigan la emisión de un mensaje discriminatorio; la provocación discriminatoria) nuestro sistema ha recogido también supuestos en que delitos comunes resultan agravados al aparecer asociados a un discurso —motivación o razonamiento— discriminatorio (lo que puede hacerse a través de la previsión genérica de una "agravante de discriminación" o incluyendo en determinados delitos previsiones agravatorias específicas que atiendan a contextos discriminatorios), e incluso casos en que conductas generalmente atípicas alcanzan relevancia penal al presentarse asociadas en su origen —"por razón de"— a la discriminación (sin que esta asociación sea de entidad y trascendencia tal que se convierta en una clara incitación a secundarla para terceros)».
6. TAMARIT SUMALLA, J. M., «Los delitos de odio en las redes sociales», *Revista de Internet, Derecho y Política,* núm. 27, (2018), p. 19.

2. ESPECIAL MENCIÓN AL ANTIGITANISMO

Una de las formas de discriminación que se pueden mencionar es el antigitanismo, es decir, el rechazo a la etnia gitana. El antigitanismo se puede definir como «una forma de racismo que se dirige de forma específica hacia las personas romaníes, sinti, *travellers, manush* y otros grupos sociales estigmatizados bajo la etiqueta comúnmente conocida por el término anglosajón *gypsy* y por el término en castellano "gitano"»[7].

En el mismo sentido, cabe traer a colación la definición dada por el Consejo de Europa en la Recomendación de Política General n.º 13 de la Comisión Europea Contra el Racismo y la Intolerancia (ECRI)[8], que lo define como «una forma específica de racismo, una ideología basada en la superioridad racial, una forma de deshumanización y de racismo institucional alimentado por una discriminación histórica, que se manifiesta, entre otras cosas, por la violencia, el discurso del miedo, la explotación, la estigmatización y la discriminación en su forma más descarnada». Asimismo, añade que «el antigitanismo es una forma de racismo particularmente, violenta, recurrente y banalizada, y convencida de la necesidad de combatir este fenómeno a todos los niveles y por todos los medios, recordando que la discriminación contra los gitanos está basada fundamentalmente en su origen étnico y su modo de vida»[9].

> «A la definición expuesta en el párrafo precedente, añade Ismael Cortés[10], tras diferenciar los conceptos de estereotipo[11], prejuicio[12] y estigma[13], que el antigitanismo se compone por un repertorio de todos ellos, con la particularidad de conformar un archivo inconsciente histórico que configura el imaginario colectivo, de forma que los discursos de odio funcionan como disparadores que activan y desactivan el precitado archivo. De este modo,

---

7. CORTÉS, I., CARO, P. y END, M., (coords.), *Antigitanismo. Trece miradas*, Traficantes de sueños, Madrid 2021, p. 21.
8. EUROPEAN COMMISSION AGAINST RACISMO AND INTOLERANCE, *Sobre la lucha contra al antigitanismo y las discriminaciones contra los Romaníes/gitanos*, Estrasburgo 2011, p. 4.
9. Cit. por BARRAGÁN LÓPEZ, M., «Antigitanismo: el rechazo de la etnia gitana como determinante de aporofobia», *Revista Electrónica de Estudios Penales y de la Seguridad*, núm. 9, (2021). p. 3.
10. CORTÉS, I., «¿De qué hablamos cuando hablamos de antigitanismo? Dimensiones y prácticas», *Congreso internacional odio y discriminación en tiempos convulsos*, Universidad de Málaga, 2021.
11. Estereotipo: «Imagen o idea aceptada comúnmente por un grupo o sociedad con carácter inmutable». RAE, (5 de noviembre de 2021) https://dle.rae.es/estereotipo
12. Prejuicio: «opinión previa y tenaz, por lo general desfavorable, acerca de algo que se conoce mal». RAE, (5 de noviembre de 2021) https://dle.rae.es/prejuicio
13. Estigma: «2. m. Desdoro, afrenta, mala fama». RAE, (5 de noviembre de 2021) https://dle.rae.es/estigma

aquellos que propagan el odio acuden a ese archivo, seleccionan elementos y los colocan en el discurso público»[14].

En este sentido, el Eurobarómetro Especial sobre la Discriminación en Europa[15] publicado por la Comisión, el cual consiste una encuesta realizada a 28.000 personas aproximadamente pertenecientes a todos los países de la Unión Europea, y que mide fenómenos de percepción discriminatoria, ha emitido unos resultados que exponen que las personas de etnia gitana representan uno de los colectivos que reciben mayor discriminación. Además, el precitado estudio incluye los diversos colectivos que suelen ser discriminados en mayor medida: por origen étnico y color de piel, orientación sexual, identidad de género, discapacidad, edad, religión o creencia, y por ser una persona gitana. Según la encuesta del año 2019, la discriminación al pueblo gitano es la más extendida, ya que, ha tenido un resultado del 61% como media en la Unión Europea y un 65% en España, afirmando que, durante el último año, casi la mitad de las personas gitanas (49%) han vivido situaciones de discriminación o antigitanismo[16].

El alto porcentaje de las discriminaciones que recibe el pueblo gitano evidencia la necesidad de una protección del precitado colectivo por parte del legislador penal. Sin embargo, hasta hace escasos meses el Código penal no hacía mención alguna a la etnia gitana. Por ello, se debe traer a colación la reforma del Código penal, llevada a cabo por la Ley Orgánica 6/2022, de 12 de julio, complementaria de la Ley 15/2022, de 12 de julio, integral para la igualdad de trato y la no discriminación, de modificación de la Ley Orgánica 10/1995, de 23 de noviembre, del Código Penal, cuyo artículo único del preámbulo modifica el art. 22. 4 CP, quedando éste redactado en los siguientes términos:

> «4.ª Cometer el delito por motivos racistas, antisemitas, antigitanos u otra clase de discriminación referente a la ideología, religión o creencias de la víctima, la etnia, raza o nación a la que pertenezca, su sexo, edad, orientación o identidad sexual o de género, razones de género, de aporofobia o de exclusión social, la enfermedad que padezca o su discapacidad, con independencia de que tales condiciones o circunstancias concurran efectivamente en la persona sobre la que recaiga la conducta».

Asimismo, también incluye dicho tipo de discriminación en los puntos 1 y 2 del artículo 510. Esto quiere decir que la protección de las personas gitanas es parcial, en tanto que no lo ha incorporado a todos los preceptos

---

14. *Ibidem*, p. 4.
15. EUROPEAN COMISSION, «Discrimination in the European Union», *Special Eurobarometer 493*, (2019), pp. 35-158.
16. BARRAGÁN LÓPEZ, M., «Antigitanismo ...», *op. cit.*, p. 4.

del articulado del Código penal en los que aparece el listado de los tipos de discriminación.

En consecuencia, actualmente el pueblo gitano encuentra una protección específica por parte del legislador penal a través de su reconocimiento como víctimas de antigitanismo. Esto supone la visibilización del colectivo como víctimas de delitos de odio, lo cual ayudará a otorgar una mayor protección y asistencia ante este tipo de victimización. Sin embargo, cabe cuestionarse cómo deberá probarse dicha discriminación, en tanto que supone la exteriorización del fuero interno del victimario, lo cual es, en muchas ocasiones, difícil de probar.

III. LA PRUEBA EN LOS DELITOS DE ODIO: ESPECIAL MENCIÓN A LA PRUEBA INDICIARIA

En los delitos de odio, que son tipos de «especial motivación»[17], se debe acreditar cuál fue la motivación que llevó al sujeto activo del delito a actuar de esa forma. Una vez probada la motivación discriminatoria, se podrá agravar la conducta criminal mediante el art. 22.4 CP[18]. En este sentido, la Circular 7/2019, de 14 de mayo, de la Fiscalía General del Estado, sobre pautas para interpretar los delitos de odio tipificados en el artículo 510 CP, haciendo alusión a la agravante del art. 22. 4 CP expone: «Será necesario probar no solo el hecho delictivo y la participación del acusado, sino también la intencionalidad del autor, y esto es una inferencia o juicio de valor que debe ser motivada de conformidad con el art. 120.3 CE. Ello determina que las Fuerzas y Cuerpos de Seguridad habrán de incluir en sus atestados, al margen de las pruebas de la comisión del delito, los indicadores de polarización que se aprecien en la conducta investigada y que han sido expuestos *ut supra*». Asimismo, continúa afirmando que «hay que precisar que en no todo delito en el que la víctima sea una persona caracterizada por pertenecer a otra raza, etnia o nación o participar de otra ideología o religión o condición sexual, habrá de ser apreciada la agravante».

Se pronuncia la STS de 23 de noviembre de 2006 (RJ 2007, 583), haciendo referencia a la necesidad de acreditar la motivación del sujeto activo al delinquir: «(...) acreditar la motivación del autor al cometer el delito (...) supone la averiguación, en términos de carga de prueba, de un elemento motivacional que solo podrá deducirse de indicios»[19].

17. POLAINO NAVARRETE, M., *Los elementos subjetivos del injusto en la dogmática y en el Código penal*, Aranzadi, Pamplona 2021, p. 351.
18. DÍAZ LÓPEZ, J. A., *El odio discriminatorio como agravante penal. Sentido y alcance del artículo 22.4.ª CP*, Civitas, Pamplona 2013, p. 46.
19. *Ibidem*, p. 49.

1. LA PRUEBA INDICIARIA COMO PRUEBA INDIRECTA VÁLIDA

Para conocer la causa y existencia de la voluntad interna de una persona que ha exteriorizado una conducta, habrá que acudir a una serie de indicios. La controversia de la validez de los indicios radica, con base en su vinculación con el hecho delictivo, en su carácter de prueba indirecta en contraposición con la directa, ésta es, aquella que tiene carácter delictivo en sí mismo, por su naturaleza y características[20].

A diferencia de lo anterior, la prueba indiciaria tiene una relación estrecha, no con el propio hecho delictivo, sino con otro elemento relacionado con aquel, que hace dilucidar a través de la razón la comisión de un delito. De manera que, será ese elemento, probado o conocido, el que hará posible llegar a la convicción de la existencia de un hecho criminal[21], resultando la estructura del indicio, por un lado, un hecho o afirmación, y por otro, una presunción o hipótesis[22]. Además, no se puede olvidar que la prueba indirecta siempre ha sido mirada con un especial recelo, a pesar de su validez, ya que suscita cierta desconfianza[23].

Con la prueba indiciaria se pretende llegar al planteamiento de una hipótesis coherente para el esclarecimiento de los hechos, que haga creer que una determinada persona es el autor material de unos hechos. Esto tiene especial importancia en aquellos supuestos que se producen sin testigo alguno que presencie lo sucedido[24]. Por lo que, la valoración de la prueba indiciaria, encomendada a los Jueces, resulta tarea ardua por su propio carácter indirecto y su necesidad de análisis, tratándose de acercarse de la forma más correcta a la idea de que el autor de los hechos es culpable y debe ser castigado, y en contraposición el inocente absuelto[25].

En este sentido, se hace necesario acudir a la jurisprudencia del Tribunal Supremo, puesto que por ejemplo la STS de 6 de noviembre de 2019 (RJ 2019, 4934), expone:

> «Tanto el Tribunal Constitucional (...) como esta misma Sala (...), han declarado reiteradamente que el derecho a la presunción de "inocencia no se

---

20. ROCHA DEGREEF, H., *Presunciones e índicos en Juicio Penal,* ed. Ediar, Buenos Aires 1989, p. 112.
21. *Ibidem.*
22. PISFIL, D., «La prueba indiciaria y su relevancia en el Proceso Penal», *Revista de la Maestría en Derecho Procesal,* vol. 5, núm. 1, (2014), p. 123.
23. DE MIRANDA VÁZQUEZ, C., «Prueba directa vs prueba indirecta (un conflicto inexistente)», en *DOXA, Cuadernos de Filosofía del Derecho,* núm. 38, (2015), p. 74.
24. PISFIL, D., «La prueba indiciaria...», *op. cit.,* pp. 112 y 113.
25. SCHMIDT, E., *Los Fundamentos Teóricos y Constitucionales del Derecho Procesal Penal,* Ed. Bibliográfica, Buenos Aires 1957, p. 191.

opone a que la convicción judicial en un proceso penal pueda formarse sobre la base de una prueba de carácter indiciario, pero para que ésta pueda desvirtuar dicha presunción debe satisfacer, al menos, dos exigencias básicas:

1.º) los hechos base o indicios deben estar plenamente acreditados, no pudiendo tratarse de meras sospechas;

2.º) el órgano jurisdiccional debe explicitar el razonamiento a través del cual, partiendo de los indicios ha llegado a la convicción sobre el acaecimiento del hecho punible y la participación en el mismo del acusado. En estos casos el control casacional incluye tanto la constatación de que ha mediado una actividad probatoria válida como el examen del razonamiento que sirve de fundamento a la convicción judicial para constatar que responde a las reglas de la lógica y del criterio humano.

Como se señala en la sentencia de esta Sala núm. 913/1996, de 25 Nov (RJ 1996, 8000): "la relación entre los indicios probados y el hecho determinante de la responsabilidad criminal del acusado permite, de acuerdo con las reglas de la experiencia y de la lógica, llegar a la conclusión de que, si son ciertos los indicios, ha de serlo también el hecho determinante de la culpabilidad de cuya fijación se trate. Requisitos que, en su conjunto, dotando de consistencia y verosimilitud a la prueba indiciaria, la viabilizan en orden al acreditamiento de una actuación criminal. Si solo se asentase este sobre una prueba directa, serían múltiples los supuestos que se sustraerían a la acción de los Tribunales; nacen las presunciones e indicios del conocimiento de la naturaleza humana, del modo de comportarse habitual del hombre en sus relaciones con otros miembros de la sociedad, de la índole misma de las cosas. La importancia de la prueba indiciaria en el procedimiento penal radica en que, en muy varios supuestos, es el único medio de llegar al esclarecimiento de un hecho delictuoso y al descubrimiento de sus autores"».

Asimismo, para evitar la expansión punitiva del Derecho penal, la STC de 28 de septiembre de 2009 (RTC 2009, 197) afirma que «los indicios son algo más que simples sospechas, pero también algo menos que los indicios racionales que se exigen para el procesamiento o sospechas fundadas en alguna clase de dato objetivo».

2. LA PRUEBA INDICIARIA Y LA PRESUNCIÓN DE INOCENCIA

La prueba indiciaria no constituye la violación del derecho a la presunción de inocencia, siempre que, de manera objetiva, se observen los elementos necesarios para su valoración, y de manera subjetiva, se llegue a la construcción de una hipótesis delictiva[26].

---

26. PISFIL, D., «La prueba indiciaria ...», *op. cit.*, pp. 127-128.

El derecho fundamental a la presunción de inocencia, recogido en el art. 24.2 de la CE, se encuentra definido por el Tribunal Supremo, en la STS de 19 de noviembre de 2001 (RJ 2002, 350), como «El derecho fundamental a la presunción de inocencia, reconocido, aparte de en nuestra Constitución, en los más caracterizados Tratados Internacionales, como la Declaración Universal de los Derechos Humanos de 10 Dic. 1948 (art. 11.1), el Convenio Europeo de 4 Nov. 1950 (art. 6.2), y el Pacto Internacional de Derechos Civiles y Políticos de 19 Dic. 1966 (art. 14.2) y objeto de una detallada elaboración por la doctrina del TC. (SS 3/1981, 807/83, 17/84, 174/85, 229/88, 138/92, 303/93, 182/94, 86/95, 34/96 y 157/96) y de esta Sala (SS. de 31.3 y 19 Jul. 1988, 19.1 y 30 Jun. 1989, 14 Sep. 1990, 15.11 y 4 Mar. 1991, 20 Ene. 1992, 8 Feb. 1993, 30 Sep. 1994, 10 Mar. 1995, 203, 727, 754, 821 y 882 de 1996, y 798/97 de 6.6), significa el derecho de todo acusado a ser absuelto si no se ha practicado una mínima prueba de cargo, acreditativa de los hechos motivadores de la Acusación y de la intervención en los mismos del inculpado».

Así las cosas, la exigencia del respeto de dicha presunción establecida en la Constitución Española, es constituir un principio general básico que debe ser respetado por los demás textos normativos, incluyéndose por supuesto la legislación penal y procesal penal. De esta forma, la Carta Magna configura la actuación estatal utilizando criterios garantistas, entre los que se puede destacar el reconocimiento del derecho a la presunción de inocencia[27].

Para afirmar la comisión de unos hechos determinados por parte de un sujeto concreto, debe existir prueba de cargo suficiente, o en su defecto, se debe acudir al principio *in dubio pro-reo*. En este orden cosas, lo primero establece cómo ha de ser la prueba condenatoria, y lo segundo, qué hacer en caso de falta de prueba[28].

Así las cosas, resulta necesario resaltar la diferencia entre el derecho a la presunción de inocencia y el principio *in dubio pro-reo*, que en muchas ocasiones se utilizan indistintamente, ya que se dan en momentos procesales distintos.

Por un lado, la presunción de inocencia contemplado se relaciona con la valoración y carga de la prueba. De este modo, para poder acreditar que una persona determinada ha sido el sujeto activo de unos hechos delictivos,

27. MESTRE DELGADO, E., «Desarrollo jurisprudencial del Derecho constitucional a la presunción de inocencia», *Anuario de Derecho penal y Ciencias Penales,* (1985), p. 722.
28. GONZÁLEZ LAGIER, D., *Presunción de inocencia, verdad y objetividad. La Argumentación en Materia de Hecho,* Repositorio Institucional de la Universidad de Alicante, Alicante 2015, p. 2.

se debe apreciar la prueba practicada en el plenario, debiendo concurrir: por un lado, unos hechos calificados penalmente por el Código penal, revestidos de los elementos necesarios, tanto objetivos como subjetivos; y, por otro, la participación del investigado en su comisión[29].

Se pronuncia al respecto la STS de 23 de marzo de 2022 (RJ 2022, 1807): estableciendo que la presunción de inocencia será enervada cuando concurran los siguientes requisitos:

a) que el Tribunal juzgador dispuso, en realidad, de material probatorio susceptible de ser sometido a valoración;

b) que ese material probatorio, además de existente, era lícito en su producción y válido, por tanto, a efectos de acreditación de los hechos; y

c) que los razonamientos a través de los cuales alcanza el Juez de instancia su convicción, debidamente expuestos en la Sentencia, son bastantes para ello, desde el punto de vista racional y lógico, y justifican, por tanto, la suficiencia de dichos elementos de prueba.

Sin embargo, el principio *in dubio pro-reo*, se evalúa, cuando, una vez practicada la prueba, al Juzgador le quedan duda de la posible participación del acusado en los hechos delictivos investigados, debiendo resolver de manera favorable al mismo[30]. En definitiva, «el *in dubio pro-reo* se dirige al juzgador como norma de interpretación para establecer que, en aquellos casos en que se ha realizado una actividad probatoria normal, si las pruebas dejaren duda en el ámbito del juzgador de la existencia de la culpabilidad del acusado, deberá, por humanidad y justicia absolverle»[31].

En su consecuencia, ante la validez de los indicios como prueba de cargo en el proceso penal, siempre que se cumplan los requisitos establecidos en este trabajo, será totalmente posible su utilización para probar la comisión de un delito de odio hacia una persona pobre por parte del victimario. Para ello, se deberá analizar la motivación que llevó al autor a actuar, teniendo en cuenta que el vector emocional «se proyecta en la actitud personal emprendida por quien realiza el tipo»[32].

29. THOMSON REUTERS, ARANZADI, «Tema 7: Aspectos generales de la prueba en el proceso penal», *Curso de Experto en Actuaciones en Sala Penal,* material no publicado, s.f., p. 27.
30. *Ibidem,* p. 31.
31. MESTRE DELGADO, E., «Desarrollo...», *op. cit.,* p. 729.
32. POLAINO NAVARRETE, M., *Los elementos..., op. cit.,* p. 351.

IV. LAS EMOCIONES EN EL DERECHO PENAL

La Sección tercera del Tribunal Europeo de Derechos Humanos, expone, en su Sentencia 38004/2012 de 17 de julio de 2018 que «los términos "odio" y "hostilidad" se refieren a emociones intensas e irracionales de oprobio, enemistad y desprecio hacia un grupo concreto». En la misma línea, también el Tribunal Supremo, en su STS de 12 de abril de 2011 (RJ 2011, 5727), hace alusión al odio como una emoción o sentimiento.

El odio a la etnia gitana constituye una discriminación a una persona gitana por una emoción o sentimiento[33] de desprecio y rechazo al grupo al que pertenecen. Pero, ¿cómo saber si en el momento de la comisión de un hecho delictivo, el victimario lo hacía por un sentimiento de aversión a la etnia gitana para aplicar la agravante del art. 22.4.ª CP?

Las emociones, como el odio, el miedo, el asco o la ira, suponen la deshumanización del otro, mediante la absorción de la sociedad y la legitimación y justificación de la violencia empleada sobre la víctima por parte del victimario. Por ello, el Código penal, lo que hace al regular ciertas actitudes y comportamientos humanos, es prohibir la expresión de ciertas emociones. Es indudable que la bondad y la solidaridad no son dañinas como la ira o el odio, acabando las primeras en cooperación con el prójimo, y las segundas en el desmantelamiento de la dignidad ajena. Esta regulación de las emociones en el ámbito legislativo supone una variación de las mismas según los tiempos que las envuelvan, uniéndose historia y emociones. Esto es, el tiempo de un día concreto no afecta del mismo modo que lo hace el tiempo de una era entera. ¿Qué sería de la sociedad actual si al ladrón le cortaran las manos, o si el adulterio se castigara con pena de prisión? Los tiempos cambian, pero las emociones, en su justa y perfecta medida, deben ser reguladas. No es lo mismo la infidelidad de una persona a otra, aunque puede ser reprobado tanto por la persona perjudicada como por la sociedad, que

---

33. CASTILLA DEL PINO, C., *Teoría de los sentimientos*, quinta edición, Tusquets editores, Barcelona 2000, p. 63: «Mayor o menos, *un sentimiento es una conmoción*, una anhomeostasis en el sistema representado en la fórmula estándar *f(S/Ob)Cx*. Por eso, no cabe la posibilidad de experimentar una emoción sin tender, a veces de modo incontenible, a su manifestación, primero de manera extraverbal, mediante la expresión *stricto sensu*; luego, mediante el discurso verbal (...) La necesidad de sacarlo del ámbito meramente íntimo en donde se inicia el proceso parece tener carácter de urgencia, de imprescindible para el reequilibrio del sistema. Pensemos en lo difícil que resulta disimular el amor y la simpatía o el odio y la antipatía. Una emoción contenida supone un elevado grado de entropía en *una parte* del sistema —la del sujeto—, y la única forma de que la tensión decrezca es mediante su repartición con las demás áreas del sistema, es decir, a los objetos con los que el sujeto interactúa. Incluso se busca la interacción con el exclusivo objeto de comunicar la emoción que experimentamos».

la agresión física o verbal a una persona de etnia gitana por el desprecio que despierta en el victimario[34].

Así las cosas, afirmando que los delitos de odio por motivo de rechazo a la etnia gitana tienen como base una emoción, es decir, una reacción automática del ser humano que lleva a éste a actuar de una forma irracional, cabe cuestionarse si realmente hay una conexión entre las emociones y la responsabilidad y, por tanto, examinar la modulación de la responsabilidad penal que se atribuye a aquellos sujetos activos de delitos en función de su motivación emocional, es decir, «¿somos responsables en alguna medida de nuestras emociones irracionales o inapropiadas?», asimilando aquella con reprochabilidad, esto es, «un sujeto es responsable, en este sentido, de sus emociones cuando se le puede reprochar tener emociones inapropiadas, cuando es culpable de tenerlas»[35].

En este sentido, se puede traer a colación un pensamiento doctrinal que aboga por criminalizar conductas ofensivas que, aunque no constituyen actos peligrosos, sí afectan a la sensibilidad de la sociedad y a las convicciones morales que imperan en aquella. Así, se cuestiona MIRÓ LINA-

34. A modo de ejemplo, en cuanto a advertir el despertar de un sentimiento u otro en una determinada persona, a diferencia de otras personas, cabe destacar lo establecido por JÁUREGUI, J. A., *Cerebro y emociones. El ordenador emocional,* tercera edición, Maeva, Madrid, 1999, p. 240: «Fraga confiesa en sus memorias que al ser cesado como ministro *no teníamos literalmente un duro* y que *en aquel tiempo los políticos dejaban la política y aceptaban un buen cargo. Yo lo rechacé todo y me fui de verdad a casa.* Desde el punto de vista económico, del *business is business,* el ministro que *unta,* el ministro que es un mercader y aun un mercachifle del mercado secreto de las influencias vendiendo licencias y permisos como el que vende sandías, es un buen negociante. En cambio, desde el punto de vista ético es una acción reprobable catalogada como *corrupción* —metáfora significativa—. El 18 de noviembre de 1987 estuvo toda España y aun toda la aldea mundial pendiente del desenlace del secuestro de una niña de cinco años, Melodie, por la que pidieron un rescate de 1.500.000 millones de pesetas. Puede el ser humano por móviles económicos raptar a una niña de cinco años sometiéndola a ella, a sus padres y a sus familiares a un infierno dantesco. Es un buen negocio, desde las puras premisas económicas. En cambio, el sistema ético reprueba y condena esta acción como algo sórdido, algo *que no tiene nombre.* Estas dos energías poderosas —la economía y la ética— son causa y efecto. Ambos sistemas se instalan en el cerebro y presionan al individuo con fuertes palancas emocionales. Pero ¿por qué Fraga prefiere pasar apuros económicos en vez de éticos y, en cambio, los secuestradores de Melodie entran a saco en la ética más elemental con tal de llevarse unos buenos millones? Cada ordenador cerebral recibe muy diversas programaciones desde su infancia (sobre todo con el comportamiento ético de los propios padres), sin excluir el propio comportamiento».

35. GONZÁLEZ LAGIER, D., *Emociones, responsabilidad y derecho,* Marcial Pons, Madrid, 2009, pp. 125-126.

RES[36], si el Derecho penal debe castigar el precitado tipo de conductas. Para ello, se plantea si debe tutelarse penalmente el respeto a la cultura, por ejemplo, es decir, si puede castigarse penalmente la falta de respeto a la moral social, para lo cual sería necesario delimitar qué conductas y qué conductas ofensivas deben ser criminalizadas en dicho sentido. Recuerda el autor que, para poder criminalizar un acto determinado, éste debe estar tipificado y, por ende, ser considerado ilícito. Sin embargo, no todo ilícito debe ser criminalizado. Ante ello, opta por el modelo de criminalización desde mínimos, de forma que una conducta que no causa un daño sí puede ser criminalizada, pero sí debe representar una ofensa seria y cumplir unos principios que medien entre la importancia de la conducta para el sujeto activo y para la sociedad en general, y los intereses de las víctimas y la sociedad. Así, cuando una conducta no cumpla ninguna condición, es decir, ningún mínimo, no podrá ser criminalizada[37]. En cambio, afirma FEINBERG, que la intervención penal no podrá ser de la misma entidad cuando la ofensa cause un daño y cuando no lo cause[38]. En consecuencia, con este pensamiento doctrinal, se pretende otorgar una protección a las buenas emociones y castigar las malas emociones, mediante la aplicación de unos criterios de tipificación y protección con base en las bases morales aprobadas de una sociedad.

De este modo, para analizar la legitimación de las atribuciones de responsabilidad por el carácter moral, incluyendo las emociones que lo componen y que, por tanto, las personas son responsables de sus acciones, se debe atender a dos requisitos[39]: el primero, que se tenga un cierto control sobre las emociones propias, puesto que al tener un control sobre las mismas, se podría evitar el acto lesivo, es decir, existiría responsabilidad, entendida ésta como reprochabilidad; y el segundo, que las emociones puedan ser contenido, es decir, que las normas contengan emociones y se entiendan como emociones.

Expuesto lo anterior, se debe advertir que la responsabilidad de las emociones de una persona es una cuestión diferente a la de «cómo afectan las emociones realizadas bajo su influjo», es decir, se debe diferenciar el control de las emociones del control de la conducta emocional, lo cual será

36. MIRÓ LINARES, F., «Derecho penal y moral. Notas a partir de la controversia Devlin vs. Hart», *Estudios de Derecho Penal: homenaje al profesor Miguel Bajo,* Editorial Universitaria Ramón Areces, (2016), pp. 333-360.
37. MIRÓ LINARES, F., «La criminalización de conductas "ofensivas"», *Revista Electrónica de Ciencia Penal y Criminología,* núm. 17, (2015), pp. 46-52.
38. FEINBERG, J., *Harm to Others: The Moral Limits of the Criminal Law:* vol. 1, Oxford University Press, Oxford 1987, pp. 1-2.
39. GONZÁLEZ LAGIER, D., *Emociones, ..., op. cit.,* p. 127.

regulado por la legislación penal. Aunque si bien es cierto que la práctica general, en lo que al enjuiciamiento del grado de reproche que merece una acción determinada se refiere, es la atenuación de la condena en atención al influjo de las emociones en una determinada acción, también se prevé la agravación de la responsabilidad penal del victimario[40], a través del art. 22.4.ª CP que «tiene en consideración la motivación del autor para graduar su responsabilidad penal (...) que actuó por odio discriminatorio», entendido éste como «el deseo de un mal, debido al prejuicio que el autor siente hacia el estereotipo configurado a partir de una de las condiciones personales de su víctima»[41].

Según DÍAZ LÓPEZ es más relevante analizar «el prejuicio de su motivación que el hecho de que actuara guiado por una concreta emoción», es decir, tiene más importancia el aspecto discriminatorio que el aspecto emocional del motivo, a efectos de aplicar la precitada circunstancia modificativa de la responsabilidad penal, puesto que «no se aplica la agravante porque la emoción del autor fuera "odio" en lugar de "asco", sino porque era discriminatoria; por su carácter prejuicioso». Dicho autor expone un interesante ejemplo, a través del supuesto de que un sujeto asesine a personas homosexuales, exponiendo que puede ser que no sienta odio, sino compasión, porque en su fuero interno piense que se trata de personas enfermas, sin posibilidad de curación, que causan un mal para la sociedad, y la muerte sea una liberación; o asco hacia el beso entre dos personas de un mismo sexo. Pero a efectos de la aplicación del art. 22.4.ª CP es irrelevante la emoción, sino el motivo discriminatorio, ya que ni siquiera se emplea el término «odio» en la redacción del precepto[42], es decir, lo que el precitado artículo contempla son motivos discriminatorios[43] y no emociones negativas de odio.

No obstante lo anterior, con independencia de cuál sea la emoción del sujeto activo en el momento de cometer un acto delictivo, lo indudable es la existencia de un componente emocional en los actos discriminatorios, puesto que «el deseo de cometer un delito debido al prejuicio hacia un estereotipo representado por la víctima supone "odiar" a la víctima (...). Y si nos refiriéramos a estas motivaciones aludiendo únicamente al componente cognoscitivo (el prejuicio), estaríamos evitando entrar en un problema adicional derivado de agravar la responsabilidad del autor por sus motivaciones: que ello supone responsabilizarle de un acto guiado por una emoción.

40. *Ibidem*, p. 138.
41. DÍAZ LÓPEZ, J. A., *El odio discriminatorio..., op. cit.*, pp. 241-242.
42. *Ibidem.*
43. GÜERRI FERRÁNDEZ, C., «La especialización de la fiscalía en materia de delitos de odio y discriminación», *Revista para el análisis del Derecho*, núm. 1, (2015), p. 7.

Ciertamente, si identificamos esta emoción con el "odio", será solo para incidir en su carácter emocional, con independencia de que biológicamente concurra realmente, por ejemplo, asco. Pero ello no obsta para que siga siendo un acto necesariamente emocional»[44].

Las emociones se forjan en el proceso de aprendizaje del niño, puesto que «las partes prefrontales de nuestro cerebro se desarrollan en la primera infancia[45] y ello determina la forma en que nuestro cerebro reaccionará ante determinadas situaciones, es decir, determina la forma en que nos dejaremos guiar por nuestras emociones, en tanto mecanismo para tomar decisiones cuando no tenemos mucho tiempo disponible», destacando que «el 90% de nuestras decisiones parecen provenir de las emociones». Por tanto, las emociones son racionales, no hay decisiones que no estén mediadas por emociones, siendo éstas las que provocan una decisión determinada. Pero no solo las emociones se forjarán en lo aprendido en la infancia, sino también los métodos de control de las mismas. Así, «puede que un sujeto cometa un crimen de odio porque su entorno no le permitió ser capaz de no tener esa emoción. Es decir, porque la configuración de sus creencias determinó que, ante ciertas situaciones, se apoderara de él el odio». Desde esta vertiente, si se aplicará el art. 22.4.ª CP se le estaría responsabilizando por una emoción incontrolable, y en atención a la concepción mecanicista de las emociones, no se podría responsabilizar penalmente a un sujeto que no ha podido controlar sus emociones, ya que la conducta del delincuente sería predeterminada[46].

Sin embargo, trayendo a colación el caso del antigitanismo, una persona puede haber desarrollado un odio discriminatorio hacia la etnia gitana por la construcción de unas creencias y normas equivocadas, en virtud de lo aprendido en su entorno más próximo desde la infancia. Y entendiendo el odio como el deseo de un mal, tras acudir a normas erróneas ante la valoración de una situación determinada, la conducta de dicho sujeto se ajustará racionalmente a la consecución de ese deseo. Pero puede ejercitarse un control de las emociones por parte del sujeto, es decir, se puede hablar de un «autocontrol», entendido éste como «la tendencia a actuar de modo consistente con las razones que se estiman mejores en los casos en los que la motivación favorece un curso de acción distinto al que favorece un curso

44. DÍAZ LÓPEZ, J. A., *El odio discriminatorio..., op. cit.*, pp. 243 y 244.
45. OATES, J., KARMILOFF-SMITH, A. y JOHNSON, M. H., *La primera infancia en perspectiva*, Walton Hall - Milton Keynes 2012, p. 8: «Cuando el niño nace, la corteza todavía muestra un grado de plasticidad considerable y las dimensiones de algunas áreas funcionales pueden aumentar o disminuir según las pautas que rijan las vivencias prácticas y las experiencias del niño».
46. DÍAZ LÓPEZ, J. A., *El odio discriminatorio..., op. cit.*, pp. 246-251.

de acción distinto al que favorecen las mejores razones. Si el sujeto opta por seguir sus motivaciones cometiendo un delito solo por el odio discriminatorio que siente hacia el estereotipo de su víctima, se le podría responsabilizar porque no fue capaz de "autocontrol" (encauzando su deseo, su odio discriminatorio, por una vía que no fuera la comisión de un delito)»[47]. Así, y siguiendo la teoría de la acción situacional, el sujeto activo ante el abanico de posibilidades de conductas que se le presenta en una situación determinada, tras hacer uso de su «filtro moral», es decir, se le plantea la posibilidad de delinquir y delibera al respecto, tendrá que optar, y según su decisión, podrá optar por autocontrolarse[48].

Asimismo, se debe mencionar que una persona asigna a otra un estereotipo a través de un proceso mental automático debido a las condiciones personales del sujeto pasivo. En cambio, un prejuicio, es decir, cuando ya se considera como cierto el estereotipo, tiene como base un proceso mental que puede ser controlado. Dicho prejuicio es el que genera el odio discriminatorio cuando se comete un delito, por lo que, si se puede controlar la asunción de un prejuicio, también se puede responsabilizar al sujeto activo por el hecho motivado por aquel[49].

La legitimación de la agravación de la responsabilidad penal de un victimario que actúa movido por una emoción de odio discriminatorio hacia la etnia gitana reside en la posibilidad de autocontrol de las emociones y de la educación emocional que es posible. Por tanto, no solo se pueden controlar los actos que una persona quiere tener debido a una emoción determinada, sino que también se puede evitar sentir una emoción determinada, a pesar de que tradicionalmente se han entendido las emociones como fuerzas incontrolables que no dependen de la voluntad de la persona, puesto que «uno de los objetivos de la educación emocional es aprender a tener emociones adecuadas y desprendernos de las inconvenientes»[50]. Para conseguir dicho control indirecto de las emociones, se pueden destacar tres vías[51]: 1) La revisión de las creencias; la manipulación del contexto en el que surge la emoción; y 3) la revisión de nuestros deseos, y reprimirlos o evitar de tratar de satisfacerlos, puesto que las emociones surgen cuando se ven satisfechos o frustrados los deseos.

47. *Ibidem*, pp. 258-260.
48. SERRANO MAÍLLO, A. y VIEDMA ROJAS, A., «Autocontrol y moralidad individual en la causación del delito. Una prueba de la teoría de la acción situacional», *Revista Electrónica de Ciencia Penal y Criminología*, núm. 20, (2018), p. 2.
49. DÍAZ LÓPEZ, J. A., *El odio discriminatorio..., op. cit.*, pp. 269-271.
50. GONZÁLEZ LAGIER, D., *Emociones..., op. cit.*, pp. 127-130.
51. GONZÁLEZ LAGIER, D., «Los presupuestos de la responsabilidad por nuestras emociones», *Doxa*, núm. 32, (2009), p. 445.

En consecuencia, en atención a que las creencias de las cuales surgen las emociones nacen en el proceso de aprendizaje social, en virtud de la educación recibida, las emociones se pueden controlar, es decir, el victimario que comete un delito de odio contra una persona sin hogar motivado por una emoción sobre dicho colectivo puede controlar sus emociones y sus actos discriminatorios. Es este autocontrol lo que legitima la agravante de la responsabilidad penal de antigitanismo.

V. CONCLUSIONES

A la luz de lo expuesto en el desarrollo de este trabajo de investigación, se puede afirmar, por tanto, la ineludible relación entre los delitos de odio y las emociones del ser humano, entendiendo que el mero odio hacia otra persona no constituye delito, pero sí su exteriorización a través de una agresión, ya sea física o verbal.

Sin embargo, es necesario aclarar que el odio relevante para el Código penal es la discriminación aversiva hacia un grupo determinado, como es el pueblo gitano. Por tanto, ante una agresión a una persona de etnia gitana se debe presuponer la relación entre el odio interno del victimario hacia la víctima por su etnia y el exteriorizado a través de una agresión. Sin embargo, la protección específica hacia el precitado colectivo por parte de la legislación penal es muy reciente, a través de la incorporación del antigitanismo a los arts. 22.4.ª y 510 CP, pero a pesar de ello dicha protección sigue siendo parcial, ya que es necesaria su inclusión en otros preceptos que, en cambio, sí prevén otros grupos minoritarios.

Además de lo anterior, para que se puede probar el odio a la etnia gitana y se pueda aplicar la agravante correctamente, se debe acudir a la prueba indiciaria, en tanto prueba indirecta válida. Por tanto, se tendrá que hacer una labor probatoria que proteja al colectivo. Sin embargo, todavía la protección del pueblo gitana sigue siendo insuficiente, debiéndose aumentar su protección a lo largo del articulado del Código penal y previendo una política asistencial integral y efectiva.

BIBLIOGRAFÍA

ACHUTEGU OTAOLAURRUCHI, P., «Victimización de los delitos de odio. Aproximación a sus consecuencias y a las respuestas institucional y social», Revista de Victimología, núm. 5, (2017), 33-62.

BARRAGÁN LÓPEZ, M., «Antigitanismo: el rechazo de la etnia gitana como determinante de aporofobia», *Revista Electrónica de Estudios Penales y de la Seguridad*, núm. 9, (2021), 1-21.

CASTILLA DEL PINO, C., *Teoría de los sentimientos*, quinta edición, Tusquets editores, Barcelona 2000.

CORTÉS, I., «¿De qué hablamos cuando hablamos de antigitanismo? Dimensiones y prácticas», Congreso internacional odio y discriminación en tiempos convulsos, Universidad de Málaga, 2021.

CORTÉS, I., CARO, P. y END, M., (coords.), *Antigitanismo. Trece miradas, Traficantes de sueños*, Madrid 2021.

DE MIRANDA VÁZQUEZ, C., «Prueba directa vs prueba indirecta (un conflicto inexistente)», en *DOXA*, Cuadernos de Filosofía del Derecho, núm. 38, (2015), 73-100.

DÍAZ LÓPEZ, J. A., *El odio discriminatorio como agravante penal. Sentido y alcance del artículo 22.4.ª CP*, Civitas, Pamplona 2013.

EUROPEAN COMISSION, «Discrimination in the European Union», *Special Eurobarometer* 493, (2019), 35-158.

EUROPEAN COMMISSION AGAINST RACISMO AND INTOLERANCE, Sobre la lucha contra al antigitanismo y las discriminaciones contra los Romaníes/gitanos, Estrasburgo 2011, p. 4.

FEINBERG, J., *Harm to Others: The Moral Limits of the Criminal Law*: vol. 1, Oxford University Press, Oxford 1987.

FUENTES OSORIO, J. L., «El odio como delito», *Revista Electrónica de Ciencia penal y Criminología*, núm. 19, (2017), 1-52.

GONZÁLEZ LAGIER, D., «Los presupuestos de la responsabilidad por nuestras emociones», *Doxa*, núm. 32, (2009), 439-458.

– *Emociones, responsabilidad y derecho*, Marcial Pons, Madrid 2009.

– *Presunción de inocencia, verdad y objetividad. La Argumentación en Materia de Hecho*, Repositorio Institucional de la Universidad de Alicante, Alicante 2015.

GUARDIOLA GARCÍA, J., «La agravante de discriminación y sus reformas: criterios interpretativos», *Revista de Derecho penal y Criminología*, núm. 28, (2022), 117-154.

GÜERRI FERRÁNDEZ, C., «La especialización de la fiscalía en materia de delitos de odio y discriminación», *Revista para el análisis del Derecho*, núm. 1, (2015), 1-33.

JÁUREGUI, J. A., *Cerebro y emociones. El ordenador emocional,* tercera edición, Maeva, Madrid 1999.

MESTRE DELGADO, E., «Desarrollo jurisprudencial del Derecho constitucional a la presunción de inocencia», Anuario de Derecho penal y Ciencias Penales, (1985), p. 722.

MIRÓ LINARES, F., «Derecho penal y moral. Notas a partir de la controversia Devlin vs. Hart», *Estudios de Derecho Penal: homenaje al profesor Miguel Bajo,* Editorial Universitaria Ramón Areces, (2016), pp. 333-360.

– «La criminalización de conductas "ofensivas"», *Revista Electrónica de Ciencia Penal y Criminología,* núm. 17, (2015), 1-65.

OATES, J., KARMILOFF-SMITH, A. y JOHNSON, M. H., *La primera infancia en perspectiva,* Walton Hall - Milton Keynes 2012.

PISFIL, D., «La prueba indiciaria y su relevancia en el Proceso Penal», Revista de la Maestría en Derecho Procesal, vol. 5, núm. 1, (2014), pp. 119-147.

POLAINO NAVARRETE, M., *Los elementos subjetivos del injusto en la dogmática y en el Código penal,* Aranzadi, Pamplona 2021.

RAE, (5 de noviembre de 2021) https://dle.rae.es/estigma

– (5 de noviembre de 2021) https://dle.rae.es/estereotipo

– (5 de noviembre de 2021) https://dle.rae.es/prejuicio

ROCHA DEGREEF, H., *Presunciones e índicos en Juicio Penal,* ed. Ediar, Buenos Aires 1989.

SCHMIDT, E., *Los Fundamentos Teóricos y Constitucionales del Derecho Procesal Penal,* Ed. Bibliográfica, Buenos Aires 1957.

SERRANO MAÍLLO, A. y VIEDMA ROJAS, A., «Autocontrol y moralidad individual en la causación del delito. Una prueba de la teoría de la acción situacional», *Revista Electrónica de Ciencia Penal y Criminología,* núm. 20, (2018), 1-18.

TAMARIT SUMALLA, J. M., «Los delitos de odio en las redes sociales», *Revista de Internet, Derecho y Política,* núm. 27, (2018), 17-29.

THOMSON REUTERS, ARANZADI, «Tema 7: Aspectos generales de la prueba en el proceso penal», Curso de Experto en Actuaciones en Sala Penal, material no publicado, s.f.

8

Efficienza della giustizia penale e *standard* di prova a valle della «riforma Cartabia»

Jacopo Della Torre
Profesor Titular de Derecho Procesal Penal. Universidad de Génova (Italia)

I. INTRODUZIONE

Negli ultimi decenni, il tema dell'efficienza della giustizia ha oltrepassato i confini delle ricerche giuseconomiche[1], per diventare oggetto di un'attenzione sempre più generalizzata[2].

---

1. *Cfr.*, in proposito, G. Tuzet, «Effettività, efficacia, efficienza», in *Materiali per una storia della cultura giuridica*, 2016, p. 217, a cui si rinvia anche per i cospicui riferimenti dottrinali *ivi* contenuti.
2. Per una prospettiva spagnola di tale evoluzione, v. i recenti volumi di T. Armenta Deu, *Jueces, fiscales y víctimas en un proceso en transformación*, Madrid, Marcial Pons, 2023, *passim* e di S. Pereira Puigvert, F. Ordóñez Ponz, F. Rodríguez Ríos, M. J. Pesqueira Zamora (a cura di), *Modernización, eficiencia y aceleración del proceso*, Cizur

Com'è noto, nell'ambito del Consiglio d'Europa, sulla scorta della premessa secondo cui «*efficient criminal justice is a prerequisite for any democratic society based on the rule of law*»[3], è stato istituito, sin dai primi anni Duemila, un organo chiamato a monitorare ciclicamente il buon funzionamento dei sistemi giudiziari interni[4].

Per parte sua, anche l'Unione europea —considerato che «l'accesso a un sistema giudiziario efficiente è un diritto essenziale alla base delle democrazie europee (...) sancito dalle tradizioni costituzionali comuni agli Stati membri»[5]— ha, più di recente, costruito un proprio strumento di valutazione. Quest'ultimo si basa, da un lato, sull'*EU JUSTICE Scoreboard,* introdotto nel 2013 proprio al fine di monitorare i principali indicatori di efficienza, qualità e indipendenza dei sistemi giuridici della «piccola Europa»[6], nonché, da un altro, sulle relazioni della Commissione UE sullo Stato di diritto nell'UE[7].

Sulla scia di queste indicazioni, diversi Paesi hanno messo in cantiere riforme ispirate al dichiarato scopo di perseguire intenti di efficienza[8]. Un esempio paradigmatico di questa tendenza è fornito dal sistema giuridico italiano, dove ci si è spinti così in là da inserire la locuzione nella rubrica di alcuni interventi normativi, tra cui spicca la l. 27 settembre 2021, n. 134[9], attuata dal d.lgs. 10 ottobre 2022, n. 150[10] (c.d. «riforma Cartabia»); la

---

Menor, Aranzadi, 2022, *passim*. In Italia *cfr.*, invece, M. Gialuz, J. Della Torre, *Giustizia per nessuno. L'inefficienza del sistema penale italiano tra crisi cronica e riforma Cartabia,* Torino, Giappichelli, 2022, p. 1 ss.

3. La citazione è tratta dalla raccomandazione del Comitato dei ministri del Consiglio d'Europa, R (95) 12, *on the management of criminal justice,* dell'11 settembre 1995.
4. Il riferimento va, ovviamente, alla Commissione europea per l'efficienza della giustizia, istituita dalla risoluzione del Comitato dei Ministri Res (2002)12.
5. Queste sono parole della Commissione europea, espresse nella comunicazione, *Quadro di valutazione UE della giustizia. Uno strumento per promuovere una giustizia effettiva e la crescita,* COM (2013) 160 final, 27 marzo 2013, p. 1.
6. Tale meccanismo è stato istituito a seguito della comunicazione della Commissione (2013) 160 final.
7. Nel luglio 2019 la Commissione UE ha adottato la comunicazione *Rafforzare lo Stato di diritto nell'Unione. Programma d'azione,* COM (2019) 343 final, la quale ha gettato le basi per tale iniziativa.
8. Tra questi, come noto, rientra anche la Spagna, a seguito della presentazione, negli ultimi anni, di numerosi progetti di legge ispirati a obiettivi di efficienza.
9. La rúbrica della l. 134/2021 è, come noto, «delega al Governo per l'efficienza del processo penale nonché in materia di giustizia riparativa e disposizioni per la celere definizione dei procedimenti giudiziari».
10. Per un commento organico al d.lgs. 150/2022, v. D. Castronuovo, M. Donini, E.M. Mancuso, G. Varraso (a cura di), *Riforma Cartabia. La nuova giustizia penale,* Milano,

manovra che ha inteso far fronte alla grave crisi che affligge, da tempo, l'ordinamento penale nel suo complesso[11].

Ebbene, è interessante rilevare che, tra le strategie eterogenee, perseguite dal legislatore, onde raggiungere tale ambizioso scopo, vi è pure la modifica di diversi *standard* probatori di particolare rilievo, legati all'inizio del procedimento, all'archiviazione e alla sentenza di non luogo a procedere. Al di là della portata concreta di tali innovazioni, il fatto che si sia posto così l'accento sulla presenza di un nesso tra efficienza del sistema e soglie da raggiungere per compiere determinati atti del procedimento ci pare un dato rilevante. Si afferma ciò dal momento che, come avremo modo di dimostrare, queste tipologie di norme influiscono, in modo decisivo, sul buon funzionamento di un ordinamento giuridico[12]: gli *standard*, non sono solo in grado di determinare un utilizzo più razionale delle (scarse) risorse a disposizione della giustizia per contrastare i fatti di reato, ma costituiscono pure un presidio di razionalità delle decisioni e di protezione dell'innocente.

Se ciò è vero, va, peraltro, ammesso che studiare il legame tra «efficienza» e «*standard* decisori» non è agevole.

Entrambi tali concetti rimangono, infatti, «difficili» da governare, in ragione, *in primis*, dell'indeterminatezza semantica che li caratterizza. Ne deriva la necessità di compiere un'analisi volta a indagare più a fondo il rapporto tra siffatte nozioni[13]. A questo obiettivo sarà dedicato il presente lavoro, il quale si divide in due parti. Dopo aver fornito alcune precisazioni in merito ai concetti in questione, ne verranno esaminate le principali inte-

---

Wolters Kluwer - Cedam, 2023 e G. Spangher (a cura di), *La riforma Cartabia. Codice penale - Codice di procedura penale - Giustizia riparativa*, Pisa, Pacini Giuridica, 2022, nonché la *Relazione su novità normativa: la «riforma Cartabia»*, dell'Ufficio del Massimario della Cassazione, *Rel.* 2/2023, in *Sistema penale*, 10 gennaio 2023. V. anche l'articolo di M. Gialuz, «Per un processo penale più efficiente e giusto. Guida alla lettura della riforma Cartabia», in *Sistema penale*, 2 novembre 2022.

11. Per un'analisi dello sviluppo della crisi della giustizia penale italiana, si consenta il rinvio a M. Gialuz, J. Della Torre, *Giustizia per nessuno*, cit., p. 18 ss.

12. Su questo aspetto, v., in particolare, R.J. Allen, *Los estándares de prueba y los límites del análisis jurídico*, in C. Vázquez (a cura di), *Estándares de prueba y prueba científica*, Madrid, Marcial Pons, 2013, pp. 43 ss. e J. Ferrer Beltrán, *Prueba sin convicción. Estándares de prueba y debido proceso*, Madrid, Marcial Pons, 2021, pp. 109 ss.; J. Ferrer Beltrán, G. Tuzet, «Sulla necessità degli *standard* di prova per la giustificazione delle decisioni giudiziali», in *Diritto. e questioni pubbliche*, 2018, pp. 455 ss.

13. Nella letteratura di altri Paesi, approcci di questo tipo sono stati già da tempo sviluppati: un esempio paradigmatico è il saggio di R.A. Posner, «An Economic Approach to the Law of Evidence», in *Stanford Law Review*, 1999, pp. 1504 ss. e quello di A. Stein, *Foundations of Evidence Law*, Oxford, Oxford U.P., 2005, pp. 141 ss.

rrelazioni, anche mediante l'esame delle modifiche apportate dalla «riforma Cartabia», in materia di *standard* di prova.

II. LA RELAZIONE CONTROVERSA TRA «EFFICIENZA» E GIUSTIZIA PENALE

Per quanto riguarda il sistema giuridico italiano, il percorso di progressiva ascesa del concetto di «efficienza» in campo penale è stato facilitato non solo dai menzionati impulsi sovranazionali, ma anche dalla giurisprudenza interna. Emblematiche, in tal senso, sono state le sentenze in cui la Consulta ha attribuito a tale concetto il ruolo di bene portata costituzionale, spingendosi così in là da dichiarare illegittime alcune norme del codice di procedura penale, in quanto idonee a determinare stasi del rito[14].

Pur a fronte del ruolo primario affidato a tale concetto, va rilevato che il Giudice delle leggi si è dimostrato timido nel definirne i contenuti e la portata. Sennonché, proprio la circostanza per cui sia stata mantenuta in proposito una forte dose di ambiguità ha avuto un effetto collaterale: ciò ha favorito l'emergere, in parte degli interpreti, di un clima di ostilità nei confronti dell'impiego di tale nozione in ambito penale[15]. Più in particolare, la presa d'atto per cui la Corte costituzionale si è dimostrata pronta a ponderare l'efficienza con alcuni principi classici del rito penale (come quello di immediatezza)[16] ha rafforzato l'idea per cui esso potrebbe servire da strumento utile «per comprimere garanzie fondamentali»[17] e per perpetuare una visione meramente «aziendalistica» ed «economicistica» della giustizia.

---

14. Il riferimento va, ad esempio, a Corte cost., 23 gennaio 1997, n. 10 e a Corte cost. 15 maggio 1996, n. 353, rispettivamente in materia di ricusazione e di rimessione. Tra le numerose pronunce che hanno di recente attribuito a tale canone portata costituzionale, *cfr.* Corte cost., 9 maggio 2022, n. 111; Corte cost., 29 maggio 2019, n. 132.
15. V., ad esempio, l'autorevole opinione di O. Mazza, «Il processo che verrà: dal cognitivismo garantista al decisionismo efficientista», in *Archivio penale* web, n. 2, 2022 e di F. Siracusano, «Produttività, efficacia ed efficienza della giustizia penale: l'insidiosa logica economica della "Riforma Cartabia"», in *Rivista italiana di diritto e procedura penale*, 2023, 159 ss.
16. Il rinvio va a Corte cost., 29 maggio 2019, n. 132. Per una critica alla quale, v. P. Ferrua, «Il sacrificio dell'oralità nel nome della ragionevole durata: i gratuiti suggerimenti della Corte costituzionale al legislatore», in *Archivio penale* web., n. 2, 2019; O. Mazza, «Il sarto costituzionale e la veste stracciata del codice di procedura penale», *ivi*; D. Negri, «La Corte costituzionale mira a squilibrare il "giusto processo" sulla giostra dei bilanciamenti», *ivi*.
17. Sono parole di C. Cesari, *Le clausole di irrilevanza del fatto nel sistema processuale penale*, Giappichelli, Torino, 2005, p. 13.

Ora, ci pare che le preoccupazioni appena descritte, pur non andando sottovalutate, possano essere circoscritte mediante un adeguato sforzo definitorio[18]. Un'operazione, questa, che —è ben precisarlo— non è comunque semplice, dal momento che «efficienza» è termine polisemico[19]. Se ciò è vero, va, peraltro, riconosciuto che, nel dibattito penalistico italiano, è diffusa la tendenza a impiegare il vocabolo in senso «produttivo»; ovvero trattandolo come un concetto di relazione che esprime *«il soddisfacente raggiungimento di un obiettivo impiegando le risorse minime necessarie o anche il raggiungimento di un grado maggiore dell'obiettivo impiegando pari risorse»*[20]. Si noti che, concepita in questo senso, l'efficienza non rappresenta un criterio utilizzabile per scegliere un fine, ma piuttosto un parametro utile per valutare se le risorse destinate a perseguire uno scopo, *aliunde* prefissato, siano impiegate appropriatamente.

Ebbene, una definizione siffatta è idonea a sgombrare il campo dal timore di un'«efficienza» intesa in chiave puramente repressiva. E ciò in quanto, nell'odierno assetto istituzionale, né il legislatore ordinario, né tantomeno la giurisprudenza, sono liberi di individuare a piacimento gli obiettivi da perseguire mediante la «macchina penale». Al contrario, i fini da raggiungere sono stabiliti, in modo vincolante, dalla Costituzione e dalle Carte internazionali, le quali sono chiare nell'attribuire al giudice il compito di accertare la colpevolezza per un fatto di reato solo a seguito di un «giusto processo». Ne consegue che una o più norme, che tendano a massimizzare il numero di condanne pronunciate, anche al costo di sacrificare il nucleo duro dei diritti fondamentali dell'individuo, non potrebbero di certo dirsi «efficienti», in quanto le stesse non sarebbero in linea con gli scopi primari che le fonti sovraordinate attribuiscono alla giustizia.

Ciò consente di comprendere come l'efficienza, se intesa nel senso finora descritto, lungi da essere pericolosa, finisce per assumere le vesti di *criterio interpretativo implicito*, rivolto a tutti i formanti dell'ordinamento, il quale impone agli stessi di optare per quelle soluzioni normative, esegetiche e/o strutturali, che permettono di raggiungere gli scopi prefissati dalle fonti

18. Seguono questa strada anche, O. Dominioni, *Efficienza*, in C. Piergallini, G. Mannozzi, C. Sotis, C. Perini, M. Scoletta, F. Consulich (a cura di), *Studi in onore di Carlo Enrico Paliero*, t. III, *Parole dal lessico di uno studioso*, Milano, Giuffrè, 2022, pp. 1449 ss.; M. Gialuz, «La giustizia penale come servizio pubblico: completare la "riforma Cartabia"», in *Diritto penale e processo*, 2023, p. 358; C. Sotis, *Efficienza (in diritto penale)*, in C. Piergallini, G. Mannozzi, C. Sotis, C. Perini, M. Scoletta, F. Consulich (a cura di), *Studi in onore di Carlo Enrico Paliero*, cit., p. 1463. In precedenza, v. già M. Chiavario, *Garanzie ed efficienza della giustizia penale. Temi e problemi*, Torino, Giappichelli, 1998, p. 126 e V. Grevi, *Alla ricerca di un processo penale «giusto»*, Milano, Giuffrè, 2000, p. 10.
19. Sul punto v. l'ampia analisi semantica di G. Tuzet, *Effettivita*, cit., pp. 217 ss.
20. Così, C. Sotis, *Efficienza (in diritto penale)*, cit., p. 1463.

sovraordinate, in modo qualitativamente ed economicamente più appropriato, cioè minimizzando gli sprechi di risorse. Ed è significativo rilevare che in questa prospettiva si sono mosse pure le istituzioni europee, nel momento in cui hanno definito l'efficienza come «*the delivery of quality decisions within a reasonable time following fair consideration of the issues*»[21].

Non sfuggirà come un criterio così configurato sia utile per far fronte a una serie di gravi criticità proprie dei moderni sistemi di giustizia criminale. Per quanto riguarda l'Italia, non va, ad esempio, sottovalutata l'importanza che esso può assumere, tanto sul versante del diritto penale sostanziale, onde favorire una politica legislativa, ispirata dal principio di sussidiarietà penale (o di *extrema ratio*)[22], quanto a livello processuale, al fine di affrontare i problemi relativi all'enorme domanda di giustizia e al conseguente arretrato, che affliggono l'ordinamento[23].

Come si avrà modo di osservare, valutazioni di questo genere assumono una pregnanza peculiare pure nel momento in cui un ordinamento si trovi a stabilire una soglia da raggiungere per accettare come provata un'ipotesi su un fatto. Prima di soffermarsi su tale aspetto, è, tuttavia, necessario compiere alcune considerazioni preliminari relative al concetto di *standard* di prova.

III. GLI *STANDARD* DI PROVA NEL PROCEDIMENTO PENALE: PROFILI RICOSTRUTTIVI E DEFINITORI

Come punto di partenza, è utile rammentare che, le affermazioni relative ai fatti, sostenute dalle parti nell'ambito di un procedimento giudiziario, rappresentano delle mere ipotesi, che possono essere vere o false[24]. Alle prove giuridiche spetta il delicato compito di ridurre tale situazione di incertezza di fondo: esse, supportando «*the factual claims made by the parties and the findings of fact made by the decision-makers*»[25], fanno sì che la verità rimanga comunque «il Nord ossia il punto di riferimento che orienta la direzione»[26], a cui deve tendere il procedimento giudiziario[27].

21. Si allude alla definizione di «efficienza» contenuta nella *Recomendation* CM/Rec (2010) 12 del Consiglio d'Europa, *Appendix, Chapter* V, § 31.
22. *Cfr.* C. Sotis, *Efficienza (in diritto penale)*, cit., pp. 1463 s.
23. In proposito, v. M. Gialuz, J. Della Torre, *Giustizia per nessuno*, cit., pp. 11 ss.
24. In proposito, v. M. Taruffo *La semplice verità. Il giudice e la costruzione dei fatti*, Laterza, Roma-Bari, 2009, p. 218.
25. La citazione è tratta da G. Tuzet, «Assessment criteria or standards of proof? An effort in clarification», in *Artificial Intelligence and Law* 2020, p. 91.
26. Sono parole di M. Taruffo, «Fatto, prova e verità (alla luce del principio dell'oltre ogni ragionevole dubbio)», in *Criminalia* 2009, p. 317.

Ma quando può dirsi che un'ipotesi su un fatto abbia raggiunto un livello di conferma tale da poter essere considerata provata a sufficienza e, dunque, posta alla base di una decisione da cui discendano effetti giuridici?

Onde fornire una risposta, allo stesso tempo uniforme e prevedibile, a tale complesso quesito molti ordinamenti hanno ideato una tipologia specifica di regole: gli *standard* di prova[28]. Quanto appena osservato ci permette di fornire una prima definizione — necessariamente ampia, perché volta a coniugare opinioni tra loro eterogenee— del concetto in campo processuale: si tratta di norme, a seconda dei casi espresse o implicite, che indicano delle soglie minime di supporto da raggiungere, affinché un'ipotesi su un fatto possa essere accettata come provata a sufficienza da un soggetto del procedimento[29]. Siamo, evidentemente, di fronte a una categoria di previsioni di estremo rilievo pratico, in quanto «*si no disponemos de estándares de prueba predeterminados para cada tipo de casos resulta imposible determinar justificadamente que una hipótesis sobre los hechos ha sido probada*»[30].

Detto ciò, bisogna osservare che —secondo l'opinione maggioritaria— nulla impone la presenza di un unico *standard* per tutti i settori del diritto, né all'interno di una stessa tipologia di rito[31]. A questo proposito, merita, infatti, precisare che detta tipologia di regole non opera solo nel momento

---

27. Per una forte valorizzazione del concetto di verità, in ambito processuale, *cfr.*, di recente, F. Caprioli, «Verità e giustificazione nel processo penale», in *Revista Brasileira de Direito Processual Penal* 2017, p. 317 ss., nonché J. Ferrer Beltrán, *Prova e verità nel diritto*, Bologna 2004, p. 63 ss.; G. Ubertis, *Profili di epistemologia giudiziaria*, Milano 2015, p. 2, il quale ricorda che la ricerca della verità non rappresenta, di per sé, il fine ultimo del rito, ma un «fondamento indefettibile per l'emanazione di una *decisione giusta*».
28. Vale la pena di precisare che espressioni analoghe a quella oggi maggioritaria di «*standard* di prova» si sono, nel tempo, diffuse, tanto negli ordinamenti di stampo angloamericano, quanto in quelli di *civil law*. A riprova di ciò, basti pensare che, nell'ambito dei sistemi romano-canonici medievali e degli Antichi Regimi, è stata lungo utilizzata la locuzione latina «*gradus probationis*», la quale si ritrova già in Bartolo da Sassoferrato, *In Ius Universum Civile, Commentaria*: *Digestum veterum*, libro XII, tit. II *De iureiurando sive voluntario, sine necessario, sine iudiciali, lex* XXXI, Basilea 1557, p. 564, § 20 e ss.
29. Da questa prospettiva, gli *standard*, indicando quando una determinata pronuncia può essere presa, forniscono «*a decision rule to the triers of fact*» (così L. Laudan, «Is it Finally Time to Put 'Proof Beyond a Reasonable Doubt' Out to Pasture?», in *The University of Texas School of Law. Public Law and Legal Theory Research Paper Series*, n. 194, 1). Ed è proprio per questo motivo che le locuzioni "*standard* di prova" e "*standard* di decisione", pur cogliendo, a rigore, profili diversi della stessa categoria di norme, sono spesso impiegate come sinonimiche, esattamente come avverrà nel corso del presente lavoro.
30. *Cfr.* J. Ferrer Beltrán, *Prueba sin convicción*, cit., p. 24.
31. Al riguardo, v., nella letteratura italiana, tra i molti, F. Caprioli, «L'accertamento della responsabilità penale "oltre ogni ragionevole dubbio"», in *Rivista italiana di diritto e*

in cui va presa la decisione giudiziaria finale sui fatti controversi, ma in tutte le fasi in cui sia necessario verificare, anche provvisoriamente, se sia stato raggiunto un livello minimo di supporto per compiere un determinato atto del procedimento. L'esperienza insegna, più in particolare, che, se osservati da questa prospettiva, gli *standard* possono essere suddivisi in almeno tre macrocategorie. Esistono, infatti: *a*) *standard* propulsivi, che hanno il compito di indicare i requisiti da soddisfare per iniziare o per far proseguire il procedimento/processo[32]; *b*) *standard* incidentali, che servono per decidere se accogliere o meno come provata una tesi nel corso di una determinata sottofase del rito[33]; e, infine, *c*) *standard* di decisione in senso stretto, volti a guidare i giudicanti nello stabilire se sussistano elementi sufficienti perché sia emanata una condanna[34].

Comunque sia, la presa d'atto della possibile esistenza di plurimi *standard* porta a domandarsi a quale livello sia opportuno collocarne uno. A questo riguardo, va osservato che, tradizionalmente, tale scelta è influenzata, soprattutto, dal «valore sociale» dei beni giuridici che verrebbero a essere compressi, nel caso in cui venisse compiuto un atto del procedimento[35]. Ed è anche perché in ambito penale vengono in gioco diritti e beni giuridici fondamentali dell'accusato che gli *standard* penalistici sono di

---

procedura penale 2009, p. 76; F.M. Iacoviello, *La Cassazione penale. Fatto, diritto e motivazione,* Milano, Giuffrè, 2013, pp. 307 ss.; G. Garofalo, «La diversificazione degli *standard* di prova nel processo penale e nel rapporto fra giurisdizioni», in *Cassazione penale* 2020, p. 3891 ss.; G. Tuzet, *La prova ragionata,* Milano, Giuffrè, 2023, p. 226 ss.; D. Vigoni, *Giudizi prognostici e ragionevole dubbio,* in *Giudizio penale e ragionevole dubbio,* a cura di A. Incampo e A. Scalfati, Bari 2017, p. 378 ss. Per un'autorevole opinione contraria, v., però, P. Ferrua, «Onere della prova, regola di giudizio e *standard* probatorio: alla ricerca della perduta proposizione da provare», in *Cassazione penale* 2020, pp. 2639 ss., a detta del quale l'unico *standard* di prova sarebbe quello dell'al di là di ogni ragionevole dubbio, posto che al di sotto di tale soglia salterebbe il concetto stesso di provare.

32. Si pensi, ad esempio, agli *standard* che governano l'iscrizione «soggettiva» della notizia di reato (art. 335 c.p.p.); la scelta tra archiviazione ed esercizio dell'azione (art. 408 c.p.p.), oppure tra sentenza di non luogo e decreto che dispone il giudizio (art. 425 c.p.p.).
33. L'esempio paradigmatico è costituito dallo *standard* dei gravi indizi di colpevolezza per l'applicazione di una misura cautelare, previsto dall'art. 273 c.p.p.
34. Si pensi proprio ai criteri dell'al di là di ogni ragionevole dubbio, della certezza morale dell'*intime conviction*, oppure agli *standard* civilistici della *preponderance of evidence* o della *clear and convicing evidence.* Per una distinzione tra criteri decisori penalistici e civilistici, *cfr.* la recente sintesi di G. Tuzet, *La prova ragionata,* pp. 230 ss.
35. *Cfr.* J. Ferrer Beltrán, *La valutazione razionale della prova,* Milano, Giuffrè, 2012, p. 145.

regola, collocati al livello più elevato tra tutti quelli previsti da un sistema giuridico[36].

Onde rendersi conto di quanto questo approccio sia radicato, basti pensare che esso era già presente negli ordinamenti romano-canonici medioevali[37], i quali contemplavano uno *standard* molto esigente per condannare l'inquisito: seguendo il modello della costituzione «*sciant cuncti*», contenuta nel *Codex* giustinianeo[38], una condanna avrebbe potuto essere emanata unicamente laddove vi fossero state prove «più chiare della luce di mezzogiorno»[39] (*probationes luce meridiana clariores*). Attraverso questa formula si intendeva indicare una situazione di particolare evidenza[40], che poteva dirsi soddisfatta solo se, all'esito del procedimento, la prova del crimine risultasse, a seconda della terminologia impiegata dai singoli autori, «*plena*», «*indubitata*», «*apertissima*» o «*liquidissima*»[41].

Ma vi è di più.

I criminalisti continentali medievali si giovarono dell'inciso «*luce clarioribus*» anche al fine di sottolineare il maggior rigore probatorio richiesto per condannare un soggetto in ambito penale rispetto a quello civile[42]. Prendiamo quale esempio uno dei più noti giuristi italiani del Trecento: Baldo degli Ubaldi. Ebbene, non è un caso che egli sentisse la necessità di dedicare

---

36. V., in proposito, G. Tuzet, *Filosofia della prova giuridica*, Giappichelli, Torino, 2022³, p. 104. Circa la possibilità, nei moderni sistemi di giustizia penale, di applicare *standard* inferiori, a seconda dell'effettiva gravità dei beni giuridici in gioco, v. J. Ferrer Beltrán, *La valutazione razionale*, cit., p. 145.
37. Per un'analisi organica dei sistemi probatori romano-canonici, *cfr.* il recente volume di M. Damaška, *Evaluation of Evidence. Pre-Modern and Modern Approaches*, Cambridge University Press, Cambridge, 2019.
38. C. 4.19.25, *de probationibus*, la quale così prevedeva: «*sciant cuncti accusatores eam se rem deferre debere in publicam notionem, quae munita sit testibus idoneis vel instructa apertissimis documentis vel indiciis ad probationem indubitatis et luce clarioribus expedita*».
39. Si vedano, tra i tanti, E. Bossi, *Tractatus varii*, tit. *de Oppositionibus contra testes*, Lugduni, 1566, fol. 449, § 90; G. Claro, *Opera omnia sive practica civilis atque criminalis, Liber* V, *quae.* LXVI, Lugduni, 1575, fol. 455, § 3; B. Carpzov, *Pratica nova imperialis saxonica rerum criminalium, pars.* III, *quae.* CXIV, Francoforte, 1658, fol. 128, § 5; G. Mascardi, *De probationibus*, vol. I, *conclusio* 459, Francoforte, 1585, fol. 284, § 2 e 14; I. Menochio, *Consiliorum sive Responsorum, Liber V, Consilium* CDXXXI, Francoforte, 1625, fol. 71, § 41; Baldo degli Ubaldi, *In Quartum et Quintum Codicis Libr.*, tit. *De Probation.*, *Lex* XXV, *Sciant cuncti*, Lugduni 1585, § 1.
40. *Cfr.* M. Daniele, *Regole di esclusione e regole di valutazione della prova*, Torino, Giappichelli, 2009, p. 72.
41. *Cfr.*, al riguardo, A. Allard, *Histoire de la justice criminelle au seizième siècle*, Gand e Parigi 1868, 244.
42. Si veda, in proposito, G. Alessi, *Prova legale e pena. La crisi del sistema tra evo Medio e Moderno*, Napoli 1971, p. 4, a cui si rinvia anche per ulteriori riferimenti dottrinali.

ampio spazio a questa tematica all'interno del proprio commento alla costituzione *sciant cuncti*, arrivando alla conclusione per cui le prove penali dovesse superare quelle civili, non solo per quanto concerne il metodo attraverso cui venivano formate, ma anche per la loro più elevata capacità dimostrativa[43]. Così facendo, Baldo sviluppò una linea di pensiero che, tanto prima[44], quanto dopo di lui[45], rappresentò una costante per i giuristi europei, i quali erano fermi nel ritenere che «*maius est periculum ibi cautius est providendum*»[46]. Il che fa comprendere come gli ordinamenti romano-canonici avessero già instaurato un ben definito legame proporzionale tra valore dei beni giuridici in gioco in un determinato procedimento e natura più o meno esigente degli *standard* probatori. Nel penale, specie allorquando doveva essere emanata la «pena ordinaria», cioè quella determinata dalla normativa o dalla consuetudine, di norma costituita da gravi pene corporali o dalla pena di morte[47], la regola generale era quella per cui il livello probatorio da raggiungere dovesse essere il più alto possibile.

Fornite queste coordinate di base, è ora possibile indagare più a fondo il legame che sussiste tra gli *standard* di prova e l'efficienza della giustizia.

IV. IL RAPPORTO TRA EFFICIENZA DELLA GIUSTIZIA E *STANDARD* DI DECISIONE

Il rapporto tra efficienza e *standard* di decisione può essere analizzato da una prospettiva duplice. Per un verso, esaminando l'impatto che tali norme hanno sulla capacità di un sistema giuridico di raggiungere i propri scopi, in modo economicamente appropriato. Per un altro, verificando in che modo il principio di efficienza possa risultare utile nella scelta dello *standard* da adottare. Nelle prossime pagine, si prenderà le mosse dal primo angolo visuale, per poi concentrare il *focus* sul secondo.

43. Baldo degli Ubaldi, *In Quartum et Quintum Codicis Libr*, cit., § 8, il quale più precisamente affermava che le prove penali dovevano superare quelle civili per la loro «*qualitate demonstrativa*».

44. V., ad esempio, Alberto da Gandino, *Tractatus de Maleficiis*, tit. *De Praesump. et indiciis*, in *Tractatus diversi super maleficiis*, Lugduni 1555, fol. 67.

45. *Cfr.*, tra i molti, P. Farinacci, *Tractatus integer de testibus*, Norimberga 1677, fol. 129, § 31.

46. In argomento, v. Bartolomeo da Saliceto, *In Tertium & Quartum Codicis Libros, De probationibus, lex* XXV, Francoforte 1615, fol. 654.

47. *Cfr.*, al riguardo, in modo particolarmente chiaro, A. Borghi, *Instituzioni criminali*, tit. *Delle Pene*, Pisa 1768, in *www.idr.unipi.it*, p. 162, il quale alla metà del Settecento affermava ancora che «secondo l'uso del foro la pena ordinaria s'intende la pena della morte».

1. IL LEGAME TRA *STANDARD* DI PROVA E DISTRIBUZIONE DEL RISCHIO DI ERRORI GIUDIZIARI

Uno dei compiti più delicati, e al contempo discussi, svolto dagli *standard* probatori, è quello di incidere sulla distribuzione del rischio di errori tra le parti[48].

Onde approcciarsi alla tematica, è utile compiere una notazione preliminare.

Possiamo chiamare: a) «*falso negativo*», una pronuncia che consideri non provata un'ipotesi vera; b) «*falso positivo*», una che consideri provata un'ipotesi falsa. Ebbene, è facile rendersi conto di come, man mano che si decida di alzare l'asticella di uno *standard* diventerà fisiologicamente più difficile raggiungerlo in concreto. Il che ha una duplice conseguenza logica: ciò, da un lato, aumenterà il pericolo del verificarsi di un «*falso negativo*» (ovvero di non riuscire a provare a sufficienza un'ipotesi in realtà vera) e, da un altro lato, ridurrà quello del concretizzarsi di un «*falso positivo*» (ossia di ritenere provata un'ipotesi falsa).

Avere a mente tale proprietà è utile per comprendere, da un ulteriore angolo di visuale, il perché gli *standard* previsti per la decisione nell'ambito del procedimento penale siano configurati come i più esigenti. Ciò si deve al fatto che, mediante questa tipologia di norme, gli ordinamenti non cercano tanto di minimizzare il numero totale degli errori nella ricostruzione dei fatti[49], quanto piuttosto di limitare il rischio del verificarsi della categoria ritenuta più grave: la condanna di un innocente (*falso positivo*)[50].

Non è, del resto, difficile rendersi conto di come, laddove si verifichi un esito di questo tipo, le conseguenze siano peggiori rispetto a quando un colpevole venga assolto. In tale evenienza, oltre a determinarsi un palese spreco delle risorse a disposizione della giustizia per perseguire i fatti di reato (ipotesi che si concretizzerebbe anche in caso di falso negativo), si verifica pure la limitazione indebita da parte dello Stato di diritti e libertà fondamentali dell'individuo; il che finisce per frustrare alla radice il raggiungimento di svariati scopi super-primari degli ordinamenti penali, con-

48. In proposito, *cfr.* J. Ferrer Beltrán, *Prueba sin convicción*, cit., pp. 115 ss.; L. Laudan, *The Law's Flaws. Rethinking Trials and Errors?*, Milton Keynes, College Publications, 2016, pp. 88 ss.; A. Stein, *Foundations*, cit., p. 118 ss.
49. *Cfr.* G. Tuzet, *La prova ragionata*, cit., p. 226, il quale giustamente precisa che lo scopo di ridurre il numero totale di errori dovrebbe essere perseguito non tanto tramite gli *standard* di prova, ma soprattutto mediante le regole che presiedono l'ammissione, l'acquisizione e la valutazione delle prove.
50. Si veda, sul punto, G. Ubertis, «Fatto, prova e verità (alla luce del principio dell'oltre ogni ragionevole dubbio)», in *Criminalia* 2009, p. 317.

nessi tanto alla presunzione d'innocenza[51], quanto, in tempi moderni, all'attribuzione delle pene di obiettivi tendenzialmente rieducativi, posto che le sanzioni si troverebbero a essere irrogate nei confronti di soggetti non meritevoli di un tale trattamento. Alla luce di ciò, risulterà chiaro come gli *standard* decisori «finali» del rito penale, essendo volti a preservare obiettivi cardine del sistema, fungano da presidio cardine per l'efficienza complessiva della giustizia penale.

Se un tanto è vero, il passo successivo è, tuttavia, quello di chiedersi quanti esiti liberatori falsi è disposto a sopportare un ordinamento al fine di evitare una condanna erronea. Questa domanda ha avuto nel tempo risposte eterogenee[52]. Una delle posizioni più celebri assunte in proposito è quella di William Blackstone, il quale affermò: «*the law holds (...) that it is better that ten guilty persons escape, than that one innocent suffer*»[53]. Ma altri si sono spinti ancora oltre, sostenendo sia preferibile assolvere un numero più elevato di colpevoli (finanche svariate centinaia), pur di evitare la condanna di un innocente[54]. È evidente che, al fondo di queste difformità, vi sono visioni diverse, più o meno garantiste, circa la soglia in cui collocare lo *standard* per pronunciare una condanna penale.

Ebbene, a questo proposito è opportuno compiere due precisazioni.

Anzitutto, va rilevato che, laddove si tenesse a mente il solo raggiungimento di obiettivi cognitivi e di protezione dell'individuo, si sarebbe portati a imporre il raggiungimento di una certezza assoluta per irrogare una sanzione penale[55]. Tuttavia, è bene chiarire che fissare una regola di questo tipo produrrebbe gravi problemi di funzionalità per gli ordinamenti penali. Il principale è costituito dalla circostanza per cui, vista la natura logicamente non deduttiva, ma induttiva e abduttiva e, dunque, soggetta a margini di errore, del ragionamento probatorio[56], un tale criterio decisorio sarebbe, a rigore, irraggiungibile. Ne consegue, pertanto, che tale opzione di politica

51. Come giustamente rilevano J. Ferrer Beltrán, G. Tuzet, *Sulla necessità*, cit., p. 457, «se non conosciamo quando la presunzione di innocenza, come regola di giudizio, può considerarsi superata a causa delle prove disponibili, nemmeno possiamo sapere se è stata violata».

52. Per un'analisi diacronica in proposito, *cfr.* la nota sentenza della Corte suprema degli USA *Coffin et al. v. United States,* 4 marzo 1895, 156 U.S. 432.

53. W. Blackstone, *Commentaries on the Laws of England,* vol. IV, Oxford, Clarendon Press, 1770, p. 352.

54. Per ulteriori riferimenti sul punto, v. J. Ferrer Beltrán, *Prueba sin convicción*, cit., p. 126.

55. V., in proposito, J. Ferrer Beltrán, G. Tuzet, *Sulla necessità*, cit., p. 460.

56. Sulla natura probabilistica, in quanto fondata su una catena di inferenze induttive e abduttive, del ragionamento probatorio, v. M. Taruffo, *La prova dei fatti giuridici,* Milano 1992, 166 ss.; G. Tuzet, *La prova ragionata,* cit., p. 80 ss.

normativa non farebbe altro che aumentare, in modo esponenziale, il numero delle false assoluzioni, impedendo ai sistemi penali di perseguire due ulteriori loro obiettivi irrinunciabili: cioè, quello di assicurare una repressione effettiva dei fatti di reato e, conseguentemente, una protezione adeguata della collettività e delle vittime dai comportamenti criminali. Non è dunque un caso che, per mettere in guardia da una scelta del genere, Gaetano Filangieri arrivò ad affermare, già alla fine del Settecento, che «cinque gradi di più di sicurezza nei giudizi costerebbero cento gradi di meno di sicurezza nella società»[57].

Ed è proprio per evitare che uno scenario di questo tipo si possa verificare che gli ordinamenti moderni tendono a rinunciare a fissare *standard* legati alla certezza per condannare un prevenuto, prediligendo, invece, criteri probabilistici, quale l'al di là di ogni ragionevole dubbio. Tale regola, non dando rilievo a qualsiasi dubbio possibile, ma solo a quelli che raggiungono la soglia —pur dai confini sfuggenti— della ragionevolezza, va a indicare un grado (elevato) di probabilità da raggiungere per compiere tale atto del procedimento, cercando, così, di individuare un delicato equilibrio tra esigenze di garanzia e di contrasto alla criminalità.

La presa d'atto del ruolo giocato dagli *standard* nel distribuire il rischio della commissione di errori giudiziari consente, inoltre, di comprendere a quale formante debba spettare il compito di fissarli. Tenuto conto dei significativi risvolti politico-morali, derivanti da tale scelta[58], non vi sono dubbi nell'affermare che essa vada per forza presa dal legislatore; e ciò specie in ordinamenti, come quello italiano, in cui il canone di legalità assume portata costituzionale (artt. 25 e 111 Cost.). Ne consegue un chiaro *favor* per gli *standard* «espressi», rispetto a quelli «impliciti», cioè ricavati dal sistema solo in via interpretativa. Il che ci porta a dire che pure operazioni normative di positivizzazione di criteri decisori già in precedenza radicati negli indirizzi giurisprudenziali —quale quella operata in Italia dalla l. 20 febbraio 2006, n. 26 con il criterio del ragionevole dubbio[59]— vanno sempre accolte con favore: così facendo, infatti, il legislatore finisce per assumersi, seppur

57. *Cfr.* G. Filangieri, *La scienza della legislazione*, t. I, Venezia 1806, p. 157. Nello stesso senso, v. anche F. Foramiti, *Della forza legale delle prove ne giudizi criminali. Secondo il codice penale di S.M. Francesco II*, Venezia 1814, 4.

58. Insistono sul punto J. Ferrer Beltrán, G. Tuzet, *Sulla necessità*, cit., p. 459.

59. Per un commento alla lettura italiana del criterio del ragionevole dubbio, v., tra gli altri, C. Conti, *Al di là del ragionevole dubbio*, in *Novità su impugnazioni e regole di giudizio. Legge 20 febbraio 2006, n. 46 «legge Pecorella»*, a cura di A. Scalfati, Milano, Ipsoa, 2006, p. 87 ss.; P. Ferrua, *La colpevolezza oltre ogni ragionevole dubbio*, in *Il nuovo regime delle impugnazioni tra Corte costituzionale e Sezioni Unite*, a cura di Filippi, Padova, CEDAM,

ex post, la responsabilità di scelte di rilievo primario per il funzionamento della giustizia.

2. L'IMPORTANZA DEGLI *STANDARD* DI PROVA PER IL GIUDICE E PER LE PARTI

Il contributo degli *standard* all'efficienza dei sistemi giuridici non si esaurisce, tuttavia, qui. Essi assumono, del pari, una funzione «euristica» chiave, stimolando i soggetti del procedimento a ricercare e a produrre elementi di prova sufficienti a soddisfare i livelli probatori previsti per le diverse fasi del rito. Tali norme svolgono, in altre parole, un «effetto pungolo»[60], il quale, in ambito penale, assume rilievo soprattutto per gli organi titolari del potere di investigare: se collocati a un livello sufficientemente elevato, gli *standard* sono in grado di favorire lo svolgimento di indagini complete, sia a livello quantitativo che qualitativo[61]. In altri termini, sapendo di dover soddisfare criteri propulsivi e finali esigenti, gli accusatori saranno fisiologicamente portati a non lasciare inesplorati determinati nodi investigativi. È, dunque, evidente come, sotto questo angolo visuale, le regole in questione appaiono strumenti preziosi pure al fine di favorire il raggiungimento dell'obiettivo tendenziale di ricerca della verità.

In seconda battuta, gli *standard* fungono da importanti mezzi di razionalizzazione delle scelte giudiziali: fissando queste norme, il legislatore mette a disposizione dei giudici uno strumento processuale per sapere quando ritenere accettata come provata un'ipotesi sul fatto, nonché per giustificare poi, *ex post*, la decisione[62]. Nel contempo, esse si dimostrano preziose pure nell'ottica di consentire un controllo, da parte dei giudici delle impugnazioni, circa la correttezza del ragionamento probatorio: laddove

---

2007, p. 137 ss.; F.M. Iacoviello, «Lo *standard* probatorio dell'al di là di ogni ragionevole dubbio e il suo controllo in cassazione», in *Cassazione penale* 2006, p. 3869 ss.; E. Marzaduri, «Commento all'art. 5 l. n. 46/2006», in *La legislazione penale* 2007, p. 88 ss.; C.E. Paliero, «Il "ragionevole dubbio" diventa criterio», in *Guida al diritto* 2006, n. 10, p. 73 ss. A livello monografico, si vedano poi le opere di E.M. Catalano, *Ragionevole dubbio e logica della decisione*, Milano, Giuffrè, 2016; G. Dalia, *Convincimento giudiziale e ragionevole dubbio*, Milano, Wolters Kluwer - Cedam, 2018.

60. *Cfr*. R.H. Thaler, C.R. Sunstein, *Nudge. La spinta gentile*, Milano, Feltrinelli, 2014.

61. Sul principio di completezza delle indagini, valorizzato sin da Corte cost., 15 febbraio 1991, n. 88, v. E. Marzaduri, «Qualche considerazione sui rapporti tra principio di obbligatorietà dell'azione penale e completezza delle indagini preliminari», in *Sistema penale*, 14 maggio 2020; F. Siracusano, *La completezza delle indagini nel processo penale*, Torino, Giappichelli, 2005; C. Valentini, «La completezza delle indagini, tra obbligo costituzionali e (costanti) elusioni della prassi», in *Archivio penale* web, 2019, n. 3.

62. In proposito, v., in particolare, J. Ferrer Beltrán, G. Tuzet, *Sulla necessità*, cit., pp. 456 s.

adite tramite un rimedio, le corti superiori potranno censurare il mancato raggiungimento del livello richiesto nel singolo caso di specie e/o l'inadeguato adempimento degli obblighi giustificativi in proposito[63].

Come anticipato, gli *standard* rappresentano, inoltre, una garanzia di primario rilievo per gli indagati e gli imputati[64]. Tali norme fungono, infatti, da scudo avverso atteggiamenti arbitrari dell'autorità; e ciò in quanto solo il superamento delle soglie probatorie richieste dal singolo ordinamento fa sorgere in capo allo Stato il potere di limitare i diritti fondamentali dell'individuo[65]. Siffatte previsioni contribuiscono, pertanto, a legalizzare (e, di conseguenza, a ordinare) la fase decisoria: difatti, in presenza di uno *standard,* i giudici non saranno autorizzati ad assumere le proprie determinazioni a piacimento, ma dovranno verificare se sia stato raggiunto il livello di apporto stabilito dalla singola norma di riferimento.

Dalla prospettiva dei pubblici ministeri, gli *standard* sono, invece, essenziali per scegliere, in modo economicamente appropriato, quando iniziare un procedimento e/o un processo, nonché quanto solida debba essere l'accusa, onde ottenere la condanna. Il che consente di comprendere come tali regole finiscano per costituire un filtro prezioso per limitare gli sprechi di risorse. Come avremo modo di vedere a breve, la fissazione di *standard,* specie di matrice propulsiva, sufficientemente chiari ed esigenti, funge, infatti, da mezzo utile per «drenare» le imputazioni azzardate.

Quanto osservato rende chiaro come gli *standard* si riconnettano, a doppio filo, con le norme che ripartiscono tra le parti il c.d. rischio per la mancata prova dei fatti allegati[66]. Più in particolare, essi consentono all'individuo e all'autorità di sapere quando gli oneri probatori possono considerarsi soddisfatti[67]. Il che fa ben comprendere il perché nella letteratura anglosassone, accanto al concetto di *burden of production* (onere di produzione delle prove) si utilizzi pure quello di *burden of persuasion*: espressione, quest'ultima, con la quale si indica l'onere attribuito alle parti di convincere il giudice al livello imposto da uno *standard*. Al contempo, gli *standard* fissano le condizioni

63. J. Ferrer Beltrán, *Prueba sin convicción*, cit., p. 111.
64. V. ancora J. Ferrer Beltrán, *Prueba sin convicción*, cit., p. 112 s.
65. Come giustamente rilevato da, J. Ferrer Beltrán, G. Tuzet, *Sulla necessità*, cit., p. 470, se è vero che, in un sistema fondato sul libero convincimento, il giudicante deve avere un potere valutativo in ordine alla prova, questo, tuttavia, «non implica che debba avere il potere decisorio di determinare la soglia di sufficienza probatoria».
66. Sul rapporto tra oneri e *standard* di prova, *cfr.* R.J. Allen, «Burdens of proof», in *Law, Probability and Risk* 2014, p. 195 ss.
67. Per una recente analisi di tale concetto in ambito processualpenalistico, *cfr.* L. Tavassi, *L'onere della prova nel processo penale*, Milano, Wolters-Kluwer, 2020.

materiali di operatività delle c.d. «regole di giudizio in senso stretto»[68]; ovvero di quelle norme che risolvono l'incertezza processuale —e cioè la mancata prova secondo il *quantum* richiesto— in modo favorevole a una o a un'altra parte del procedimento[69]. Da questo angolo visuale, si può, insomma, ben dire che la corretta determinazione delle soglie di sufficienza probatoria rappresenta un presupposto per il buon funzionamento delle previsioni che distribuiscono tra le parti gli oneri probatori.

Ma non va trascurato come gli *standard* siano in grado di influenzare pure il successo dell'eterogeneo novero di meccanismi alternativi al procedimento ordinario, fondati sul consenso dell'imputato o sull'accordo tra più soggetti, diffusi a macchia d'olio nei sistemi penali contemporanei[70]. La dottrina ha, del resto, da tempo dimostrato come la scelta di accettare di essere giudicati sulla base di un rito accelerato sia influenzata dalla prospettiva del prevenuto di subire una condanna certa a una pena maggiore[71]. Tanto più riterranno probabile che l'autorità riesca a raggiungere il livello probatorio richiesto per irrogare una pena, quanto più gli accusati saranno portati ad accettare di subire un procedimento meno garantito, ma in grado di assicurare un vantaggio sanzionatorio. Ne consegue, insomma, che, laddove gli *standard* siano troppo indeterminati, non potendo le parti prevedere, con una sufficiente dose di affidabilità, la sorte della propria posizione, i meccanismi consensuali rischiano di non funzionare in modo adeguato[72], con tutto ciò che ne deriva in termini di maggiore affanno per il sistema.

V. GLI «*STANDARD* PROPULSIVI»: QUESTI PER TROPPO TEMPO SOTTOVALUTATI

Finora si è avuto modo di osservare come gli *standard* siano norme giuridiche fondamentali per perseguire, in modo economicamente appro-

68. Per un approfondimento sul concetto di regola di giudizio, v. P. Ferrua, voce *Regole di giudizio*, in *Enciclopedia del diritto*, Annali X, Milano 2017, p. 725 ss., nonché F.R. Dinacci, *Regole di giudizio (dir. proc. pen.)*, in *Digesto delle discipline penalistiche*, Aggiornamento VIII, Torino 2014, p. 644 s.; P. Paulesu, *La presunzione di non colpevolezza dell'imputato*, Torino 2009^2, p. 179 ss.
69. Come ricorda P. Ferrua, «Brevi appunti in tema di udienza preliminare, appello e improcedibilità», in *Discrimen* 9 dicembre 2021, 2 «la regola di giudizio è la regola che riguarda il rapporto tra i due termini di un'alternativa decisoria e dice quale sia il provvedimento da adottare in caso di dubbi».
70. Sulla diffusione globale della c.d. «giustizia negoziata», v. M. Langer, *Conviction without Trial, and the Global Administratization of Criminal Convictions*, in *Annual Review of Criminology* 2021, p. 377 ss., nonché, volendo, J. Della Torre, *La giustizia penale negoziata in Europa. Miti, realtà e prospettive*, Milano, Wolter Kluwer - Cedam, 2019.
71. Il rinvio va a M. Gialuz, J. Della Torre, *Giustizia per nessuno*, cit., p. 138 s.
72. In questo senso, v. anche J. Ferrer Beltrán, *Prueba sin convicción*, cit., p. 113.

priato, plurimi scopi fissati dalle fonti sovraordinate. Una volta chiarito tale aspetto, è opportuno ora dimostrare come il rapporto tra canone di efficienza e *standard* di prova sia biunivoco: difatti, tale criterio interpretativo risulta particolarmente prezioso, per fissare le soglie probatorie a un livello adeguato a evitare sprechi di risorse e, nel contempo, meglio salvaguardare i diritti fondamentali dell'individuo. Al fine di dimostrare tale assunto, risulta particolarmente prezioso concentrare l'attenzione sulla recente riforma italiana che ha interessato gli *standard* probatori propulsivi.

1. IL *BACKGROUND*

Prima di entrare *in medias res*, va anzitutto ricordato che il legislatore processuale penale italiano, nel momento in cui, alla fine degli anni Ottanta, ha compiuto una netta svolta accusatoria, approvando il c.d. codice Vassalli[73], aveva focalizzato i propri sforzi, in modo preponderante, sul dibattimento[74], trascurando, invece, l'importanza sistematica delle altre fasi del rito. È, del resto, risaputo che il nuovo sistema si basava su alcuni dogmi, quali le idee per cui: a) le indagini fossero una «fase che non conta e non pesa»[75]; b) fosse sufficiente caratterizzare l'udienza preliminare come filtro a maglie larghe contro le imputazioni palesemente «azzardate»[76].

Questa caratterizzazione del modello del 1988 ha influenzato anche la materia degli *standard* propulsivi[77].

Coerentemente rispetto ai menzionati presupposti, il riformatore, oltre a non essersi preoccupato di definire neppure la nozione di notizia di reato, aveva fissato criteri che si prestavano a una logica di *favor actionis*, sia per quanto concerne l'archiviazione —e il riferimento va all'ambigua nozione della sostenibilità dell'accusa in giudizio, contenuta nella versione origina-

---

73. Per una presentazione generale in lingua inglese della grande riforma, nonché dei principali interventi che hanno accompagnato il codice di procedura penale italiano nei suoi primi trent'anni di vita, *cfr.* L. Lupária, M. Gialuz, «Italian Criminal Procedure: Thirty Years After the Great Reform», in *Roma Tre Law Review* 2019, p. 26 ss.
74. In proposito, v. le acute considerazioni di A. Camon, *La fase che «non conta e non pesa»: indagini governate dalla legge?*, in *Diritto penale e processo*, 2017, p. 425.
75. Al riguardo, in termini scettici, già M. Nobili, *Diritti per la fase che «non conta e non pesa»*, in Id., *Scenari e trasformazioni del processo penale*, Padova, CEDAM, 1998, p. 35 s.
76. L'espressione ricorre in E. Amodio, «L'udienza preliminare nel nuovo processo penale», in *Cassazione penale*, 1988, p. 2172 e in O. Dominioni, *Chiusura delle indagini preliminari e udienza preliminare*, in *Il nuovo processo penale. Dalle indagini preliminari al dibattimento*, Milano, Giuffrè, 1989, p. 69.
77. *Cfr.*, sul punto, E. Marzaduri, *La riforma Cartabia e la ricerca di efficaci filtri predibattimentali: effetti deflativi e riflessi sugli equilibri complessivi del processo penale*, in *La legislazione penale*, 25 gennaio 2022, p. 13 ss.

ria dell'art. 125 disp. att. c.p.p.[78]— sia con riguardo alla sentenza di non luogo a procedere all'esito dell'udienza preliminare —e il richiamo va alla possibilità di emanarla, unicamente laddove l'innocenza del prevenuto emergesse in modo evidente[79]. L'idea di base— favorita pure dalla giurisprudenza della Corte costituzionale, la quale, in un'importante sentenza dell'inizio degli anni Novanta, ha affermato il principio per cui in casi dubbi l'azione andasse esercitata e non omessa[80], finiva, pertanto, per essere quella per cui vi fosse una sorta di «presunzione di necessità del giudizio»[81].

Non era difficile immaginare che un modello siffatto potesse produrre effetti collaterali sul piano dell'efficienza del sistema.

Da un lato, la fissazione di *standard* propulsivi poco esigenti ha consentito il perpetuarsi di esegesi molto rigide in tema di obbligatorietà dell'azione penale[82], le quali, a loro volta, hanno portato a un ingolfamento dei ruoli d'udienza.

Da un altro, questa scelta si è dimostrata controproducente pure sul piano dei diritti fondamentali degli individui: in un quadro siffatto, era, invero, inevitabile che la percentuale di soggetti fisiologicamente costretti a sopportare «la pena del processo»[83], pur a fronte di imputazioni poco istruite, si attestasse su livelli elevati[84]. Il che ha favorito il «girare a vuoto» della macchina giudiziaria; e ciò in quanto regiudicande che ben avrebbero potuto non iniziare del tutto o comunque terminare con un esito liberatorio anticipato hanno finito per rimanere pendenti, con un maggiore spreco di tempo e di risorse.

Sarà utile precisare che il legislatore non ha tardato a rendersi conto dell'errore e ha cercato di rimediare, seppur in modo molto timido.

78. In merito all'esegesi originaria di tale criterio, *cfr.* V. Grevi, *Archiviazione per «inidoneità probatoria» ed obbligatorietà dell'azione penale*, in *Il nuovo processo penale. Dalla codificazione all'attuazione*, Milano, Giuffrè, 1991, pp. 53 ss.

79. Anche se non erano mancati tentativi di leggere tale requisito in modo meno «lasco», v., ad esempio, G. Lozzi, *L'udienza preliminare nel sistema del nuovo processo penale*, in *L'udienza preliminare*, Milano, Giuffrè, 1992, pp. 18 ss.

80. Il riferimento va alla già citata Corte cost., 15 febbraio 1991, n. 88.

81. In termini giustamente critici, v. G.D. Pisapia, *Introduzione*, in *L'udienza preliminare*, cit., p. 10.

82. In argomento, *cfr.* M. Gialuz, J. Della Torre, *Giustizia per nessuno*, cit., p. 12.

83. Sull'immagine del processo come «pena» v., per tutti, F. Carnelutti, *Principi del processo penale*, Napoli, Morano, 1960, p. 55.

84. Sulle distorsioni che, sin da subito, tale criterio ha prodotto nella prassi: v. ancora G.D. Pisapia, *Introduzione*, cit., pp. 10 ss.

In questa prospettiva, vanno letti i tentativi di ampliare, negli anni Novanta, lo *standard* per l'emanazione della sentenza di non luogo a procedere. In particolare, mediante la l. 8 aprile 1993, n. 105, è stato eliminato il requisito dell'evidenza per tale esito proscioglitivo, mentre la l. 16 dicembre 1999, n. 479 si è spinta oltre, attribuendo al giudice il compito di emanarlo laddove gli elementi acquisiti risultassero insufficienti, contraddittori o comunque non idonei a sostenere l'accusa in giudizio[85].

Sennonché, è noto che tali riforme non sono riuscite a produrre gli effetti sperati: il rinvio a un criterio, quale quello della sostenibilità dell'accusa in giudizio, già interpretato da molti in un'ottica di *favor actionis*, ha consentito la sopravvivenza di orientamenti poco esigenti, tesi a facilitare lo sviluppo dibattimentale della regiudicanda[86].

Ciò è, del resto, plasticamente dimostrato dalle statistiche ufficiali del Ministero della Giustizia, le quali ci dicono che, ancora negli anni Dieci del Duemila, il sistema giuridico italiano presentava un numero sempre abnorme di proscioglimenti dibattimentali[87]. A riprova di ciò, basti pensare che, per i tribunali in composizione monocratica, ovvero quelli chiamati a gestire la maggior parte del carico giudiziario, tale parametro si è costantemente attestato su soglie persino superiori al 40% dei procedimenti definiti. E se è vero che l'avere un certo tasso di proscioglimenti è un dato positivo, perché dimostra la presenza di garanzie dibattimentali effettive, è altrettanto chiaro che quando tale valore diventa estremamente elevato, esso dimostra come i pubblici ministeri portino in giudizio casi troppo deboli, con tutto ciò che ne consegue in termini di spreco delle scarse risorse a disposizione della giustizia[88].

2. I CONTENUTI DELLA RIFORMA

A fronte di un quadro tanto problematico, la scelta della riforma Cartabia di intervenire pure in tema di *standard* propulsivi non può che essere colta, in linea di principio, con favore. Così facendo, si è cercato di espiare un «peccato originale» del codice del 1988, mai adeguatamente corretto,

85. In argomento, *cfr.* F. Cassibba, «L'"insostenibile leggerezza" dell'udienza preliminare», in *Criminalia*, 2015, pp. 71 ss.
86. V. M. Bontempelli, «Udienza preliminare ed efficienza giudiziaria», in *Diritto penale e processo*, 2021, p. 1151 s.; M. Daniele, «Il vaglio preliminare dell'accusa secondo la L. 134/2021», in *Giurisprudenza italiana*, 2022, p. 1011 s.
87. Si vedano i dati riportati in M. Gialuz, J. Della Torre, *Giustizia per nessuno*, cit., p. 141 ss., nonché da C. Valentini, *Riforme, statistiche e altri demoni*, in *Archivio penale* web, 2021, n. 3, p. 18 s.
88. In proposito, v. O. Mazza, *Il processo che verrà*, cit., p. 3, il quale giustamente precisa che l'assoluzione è il sintomo di inefficienza dell'indagini e dell'azione.

dando vita a *standard* ispirati da un obiettivo di efficienza, perché volti a consentire un utilizzo, economicamente più appropriato, dei fondi assegnati alla giustizia per la repressione della criminalità, nonché a meglio salvaguardare gli individui dal pericolo di essere per troppo tempo sottoposti a un procedimento penale, con tutti gli effetti negativi che ciò comporta.

La prima novità del nuovo sistema consiste nel fatto che la riforma ha avuto il pregio di affrontare la delicata questione dei requisiti per l'iscrizione di una *notitia criminis*[89]; tematica, questa, cruciale, onde evitare che la macchina - necessariamente costosa - del procedimento penale - vada messa in moto anche quando non è necessario.

Come precisato nella relazione illustrativa alla novella, tale intervento è stato ispirato da un duplice, lodevole, scopo: da un lato, quello di evitare che l'iscrizione continuasse a essere considerata «un mero adempimento formale, con conseguente possibile iscrizione di notizie di reato generiche (...) e di soggetti raggiunti da meri sospetti»; dall'altro, il pericolo speculare di richiedere a questi fini «requisiti troppo stringenti, con la conseguenza di ritardare sia il termine di decorrenza delle indagini, sia l'attivazione delle garanzie riconosciute alla persona sottoposta alle indagini»[90]. A tal fine, il d.lgs. 150/2022 ha attribuito a questo atto del pubblico ministero una struttura «complessa», nel quale convivono una componente «oggettiva» (ovvero la configurazione di un fatto come sussumibile in una fattispecie incriminatrice) e una «soggettiva», rappresentata dal nominativo dell'indagato.

Il primo aspetto è stato disciplinato dalla seconda parte del nuovo art. 335, comma 1, c.p.p., in forza del quale si è fornita, per la prima volta, una definizione del concetto di notizia di reato, quale «rappresentazione di un fatto, determinato e non inverosimile, riconducibile in ipotesi a una fattispecie incriminatrice»[91]. Con tale innovazione si è inteso tracciare un discrimine più netto tra l'iscrizione a registro noti (modello 21) o ignoti (modello

89. Per uno studio analitico del tema, v. A. Camon, «Registrazione della notizia di reato e tempi dell'indagine», in *Archivio penale* web, 2023, n.º 1.

90. V. *Relazione illustrativa al d.lgs. 150/2022*, in *G.U.*, Serie generale, n.º 245, 19 ottobre 2022, p. 246.

91. In dottrina si discute se i nuovi presupposti oggettivi per l'iscrizione abbiano portato all'introduzione di un vero e proprio *standard* probatorio, perché si possa parlare di «notizia di reato». Fornisce una soluzione positiva al quesito R. Aprati, «Le indagini preliminari nel progetto di legge delega della Commissione Lattanzi», in *Giustizia insieme*, 1° luglio 2021. Circa i pericoli che una tale impostazione - a nostro avviso condivisibile a livello dogmatico, posto che, a valle della riforma, un'ipotesi, per essere

44), per un verso, e quella nel registro delle pseudonotizie di reato (modello 45), per un altro, riducendo così le incertezze manifestatesi in proposito nella prassi[92], foriere di un utilizzo inefficiente delle risorse e di torsioni sul piano dei diritti fondamentali[93].

Il profilo soggettivo ha trovato, invece, regolazione tramite l'inserimento di un nuovo comma 1-*bis* all'art. 335 c.p.p.: il nominativo del prevenuto va iscritto quando, contestualmente all'emergere della notizia di reato o in epoca successiva, risultino «indizi a suo carico». In questo modo è stato esplicitato, per la prima volta, lo «*standard* probatorio al di sotto del quale il nome non può essere iscritto»[94]. Occorre tenere presente che, onde cercare di chiarire i confini della nuova norma, la relazione al d.lgs., oltre ad aver instaurato un parallelo con l'art. 63, comma 1, c.p.p., ha esplicitato la volontà di escludere, sia la sufficienza di meri «sospetti» (cioè, di un'ipotesi astratta) per l'iscrizione del nome della persona nel modello 21, sia la necessità che venga raggiunto un livello di gravità indiziaria[95].

Un sicuro *pro* della novella sta, inoltre, nell'aver introdotto una serie di istituti, volti a consentire un controllo «esterno» sul rispetto da parte del pubblico ministero delle nuove previsioni[96]. Tra questi spicca il nuovo art. 335-*quater* c.p.p., il quale contempla il meccanismo dell'accertamento del giudice, su richiesta del prevenuto, sulla tempestività dell'iscrizione del registro delle notizie di reato (c.d. «retrodatazione»). È evidente come si tratti di uno strumento prezioso, in quanto in grado di assicurare maggiore effettività ai nuovi *standard* concernenti l'iscrizione: nel caso in cui gli stessi

considerata notizia di reato e non un mero «sospetto», deve raggiungere una soglia minima di determinatezza e di verosimiglianza (e dunque di supporto che la renda concreta) - è in grado di determinare, *cfr.* A. Cabiale, «I nuovi controlli giudiziali sui tempi della fase investigativa: una riforma tanto attesa quanto indispensabile», in *Legislazione penale,* 4 marzo 2022, p. 9 s.

92. Sul punto, v. C. Conti, «L'iscrizione della notizia di reato nel prisma dell'azione: nuovi requisiti e finestre di giurisdizione», in *Diritto penale e processo* 2023, p. 142 s.
93. Al riguardo, v. C. Valentini, *La completezza,* cit., p. 9 ss.
94. *Cfr.* C. Conti, *L'iscrizione,* cit., p. 145.
95. *Cfr. Relazione illustrativa,* cit., p. 247. In quest'ottica, pare criticabile la tesi di chi ha affermato che «l'iscrizione del nome della persona alla quale il reato è attribuito si impone (...) quando gli elementi a carico della stessa abbiano un grado di consistenza tale da attingere la soglia della probabilità di fondatezza dell'accusa» (*cfr.* C.S.M., *Delibera del 22 settembre 2022,* in www.csm.it, p. 9). Tale posizione è, invero, eccessiva, posto che porta ad anticipare al momento dell'iscrizione uno *standard* rilevante soltanto in momenti successivi: in questo senso v. anche M. Gialuz, *Per un processo,* cit., p. 39, nonché, sulla stessa scia A. Camon, *Registrazione,* cit., p. 8.
96. Sui quali, v. A. Camon, *Registrazione,* cit., pp. 11 ss. Lamentava tale lacuna già A. Marandola, *I registri del pubblico ministero,* CEDAM, Padova, 2001, p. 574 s.

non siano rispettati, sarà sempre possibile censurarne *ex post* la violazione di fronte a un organo terzo[97].

Come anticipato, il legislatore non si è fermato qui, ma, onde stemperare la visione «feticistica» dell'obbligatorietà[98], ancora troppo diffusa, foriera di un ingolfamento dei ruoli di udienza, ha inteso ridurre lo iato tra gli *standard* propulsivi, che governano la fase dell'avvio del processo o del rinvio a giudizio, e quello «finale» per la decisione nel merito, il quale è stato, dunque, messo ancora più al centro del sistema.

Al riguardo, mediante la contestuale abrogazione dell'art. 125 disp. att. c.p.p. e modifica dell'art. 408, comma 1, c.p.p., è stato, anzitutto, abbandonato il criterio della non sostenibilità dell'accusa in giudizio per l'archiviazione, in favore di quello dell'assenza di elementi idonei a «formulare una ragionevole previsione di condanna». In proposito, è il caso di rilevare come la dizione letterale di tale regola —simile a quella utilizzata in altri ordinamenti[99]— non sia nata dal nulla, ma sia frutto di una positivizzazione di una formula simile che la giurisprudenza di legittimità aveva già coniato, seppur con riguardo ai presupposti per l'emanazione di una sentenza di non luogo[100]. Il che non toglie che il criterio non brilli certo per chiarezza semantica: esso, infatti, è composto da termini —tra cui l'aggettivo «ragionevole»— affetti da una notevole dose di indeterminatezza[101]. Del resto, è risaputo come attenta dottrina abbia affermato che tale vocabolo sarebbe persino «contestabile»[102], in quanto «*it is clear that it embodies a normative*

97. Come ricorda A. Camon, *Registrazione*, cit., p. 6, tale meccanismo forzerà la giurisprudenza a trovare anche una risposta più netta circa i requisiti minimi per l'iscrizione, «perché solo a fronte d'una soluzione chiara sarà possibile stabilire se gli elementi a disposizione del pubblico ministero in un certo momento lo obbligavano ad iscrivere».

98. L'espressione è di G. Falcone, *La posto in gioco. Interventi e proposte per la lotta alla mafia*, Milano, Rizzoli, 2010, p. 181.

99. Il criterio della «*reasonable prospect of conviction*» è, ad esempio, applicato in Canada (*cfr.*, in proposito, il documento del *Public Prosecution Service of Canada, Decision to Prosecute*, in www.ppsc-sppc.gc.ca, § 4.1) e nel sistema della Corte penale internazionale (*cfr.* ICC, *Policy paper on case selection and prioritisation*, in icc-cpi.int, 15 settembre 2016, p. 9).

100. Il riferimento va a Cass. pen., sez. un., 25 ottobre 1995, n. 38, in *Giur. it*, 1997, c. 1212 ss., a detta della quale «il rinvio a giudizio (avrebbe) implica (to) la concreta prevedibilità della condanna dell'imputato».

101. Per riflessioni simili, v. anche A. Cabiale, S. Quattrocolo, «Un filtro più potente precede un bivio più netto: nuove possibili prospettive di equilibrio tra udienza preliminare, riti speciali e giudizio nel quadro della riforma Cartabia», in *Giustizia insieme*, 9 gennaio 2023.

102. Per la definizione di «contestabile» *cfr.* J. Waldron, «Vagueness in Law and Language: Some Philosophical Issues», in *California Law Review* 1994, 513.

standard, but different users disagree about the detailed contents of that normative standard»[103].

A ciò va aggiunto che il nuovo *standard* assume una portata anche di matrice «prognostica»[104], come si desume dal riferimento alla necessità per il giudice di effettuare una «previsione» sulla condanna. Se è pur vero che tale scelta si giustifica in virtù dell'intento di non irrigidire troppo il sistema, è altrettanto indiscutibile che la stessa non è priva di rischi, essendo in grado di frustrare, in quota parte, la portata «drenante» della nuova previsione. Come giustamente rilevato in dottrina, la formulazione letterale del criterio potrebbe portare al perpetuarsi di indirizzi poco rigorosi che, sfruttando l'elasticità del vaglio dinamico, ammettano l'esercizio dell'azione, pur in presenza di un quadro incompleto o contradditorio, sulla base di una prognosi astratta di consolidamento dibattimentale, in chiave accusatoria, del quadro raccolto all'esito delle indagini[105]. A complicare ancora di più il quadro, sta il fatto che la regola è costruita in senso negativo e non si applica direttamente alla richiesta di rinvio a giudizio, la quale rimane immotivata[106]; caratteristiche che, a loro volta, potrebbero portare al perpetuarsi di una logica legata all'*in dubio pro actione*.

Se un tanto è vero, l'auspicio è che le cose non vadano così e che gli operatori colgano il messaggio del legislatore, il quale, pur al netto dell'infelice formulazione linguistica del criterio, mediante il richiamo espresso alla «condanna» —e dunque il criterio del ragionevole dubbio di cui all'art. 533 c.p.p.— ha inteso favorire l'abbandono del «*favor actionis* e, con esso, [del]la regola comportamentale per cui nei casi dubbi l'azione deve essere esercitata e non omessa»[107]. In altri termini, ove la nuova norma venga letta in modo rigoroso —come pare necessario, proprio in nome del principio cos-

103. *Cfr.*, ancora, J. Waldron, *Vagueness*, cit., p. 526 ss.

104. *Cfr.*, in proposito, tra i molti, oltre alla già citata *Relazione su novità normativa*, dell'Ufficio del massimario, p. 74, E. Amodio, «Filtro "intraneo" e filtro "estraneo" nella nuova disciplina del controllo per il rinvio a giudizio», in *Cassazione penale* 2022, p. 17; M. Daniele, *Il vaglio preliminare*, cit., p. 1012.

105. Il timore è giustamente espresso da M. Daniele, «L'udienza predibattimentale: una sfida per i tribunali», in *Sistema penale*, 16 gennaio 2023, p. 7 s.

106. Sul rilievo che può rivestire, a livello pratico, la scelta del provvedimento che deve essere oggetto di motivazione, *cfr.* M. Donini, «Efficienza e principi della legge Cartabia. Il legislatore a scuola di realismo e cultura della discrezionalità», in *Politica del diritto* 2021, p. 603; P. Ferrua, *Brevi appunti*, cit., p. 2; E. Marzaduri, *La riforma Cartabia*, cit., p. 15; R. Orlandi, «Riforma della giustizia penale: due occasioni mancate ed una scelta ambigua in tema di prescrizione», in *Discrimen*, 16 luglio 2021, p. 2.

107. In questo senso va la citata *Relazione su novità normativa*, dell'Ufficio del massimario, cit., p. 74. A testimonianza di come alcuni uffici si stiano effettivamente muovendo in tal senso va la Circolare 9119/2022 della Procura di Bologna, in *Sistema penale*, 27 ottobre 2022, p. 3.

tituzionale dell'efficienza— per l'avvio del processo non «potrà (...) più bastare un apprezzamento basato sulla possibilità di sostenere, in dibattimento, la tesi accusatoria "sperando" che in quella sede si riesca ad acquisire la prova della condanna»[108]. È, invece, necessario verificare la presenza *ex actis* di un compendio di evidenze idoneo, ragionevolmente, a portare a un accertamento di responsabilità al di là di ogni ragionevole dubbio[109]. Il che —secondo un orientamento oramai consolidato in dottrina e giurisprudenza— significa che le prove acquisite devono consentire al giudice di escludere la ricorrenza di due categorie di dubbi: *a*) quelli «interni», cioè che rivelino l'autocontraddittorietà o l'incapacità esplicativa dell'ipotesi accusatoria; *b*) quelli «esterni», ovvero fondati sulla contrapposizione all'accusa di una tesi alternativa innocentista, che non abbia la mera caratteristica della possibilità speculativa, ma trovi effettivo riscontro *ex actis*[110].

Al contempo, è bene precisare che la lettura appena proposta non porta a dover abbandonare del tutto la natura anche «dinamica» del criterio decisorio, che ben potrebbe essere valorizzata in determinate situazioni, come quelle in cui il giudice sia in grado di elaborare, sulla scorta degli atti processuali già presenti, «un "concreto programma istruttorio" capace di condurre all'integrazione della prova necessaria ai fini della condanna dell'imputato»[111], oppure sia in grado di pronosticare —sulla base di dati oggettivi, come il *disposition time* dell'ufficio— che il reato per cui si procede si prescriverà prima di avere il tempo per celebrare il giudizio[112].

108. *Cfr.* Circolare 9119/2022 della Procura di Bologna, cit., p. 3.

109. Così, ancora, la Circolare 9119/2022 della Procura di Bologna, cit., p. 3. In senso analogo, v., tra gli altri, F. Alvino, «Il controllo giudizio dell'azione penale: appunti a margine della "riforma Cartabia"», in *Sistema penale*, 2022, n. 3, pp. 31 ss.; M. Daniele, *L'udienza predibattimentale*, cit., p. 11; G. Garuti, «L'efficienza del processo tra riduzione dei tempi di indagine, rimedi giurisdizionali e "nuova" regola di giudizio», in *Archivio penale* web, n. 3, p. 11; G. Gatta, «Riforma della giustizia penale: contesto, obiettivi e linee di fondo della "legge Cartabia"», in *Sistema penale*, 15 ottobre 2021, p. 9; C. Santoriello, «Le nuove regole di giudizio della Riforma Cartabia, tra una positiva sinergia e una possibile eterogenesi dei fini», in *Archivio penale* web, 2022, n. 2, p. 10.

110. Tale lettura, sviluppata, *in primis*, da F.M. Iacoviello, *Lo* standard, cit., 3873 ss., è stata poi accolta dalla giurisprudenza (*cfr., ex multis*, Cass. pen., 24 ottobre 2011, n. 41110, *CED Cass.*, m. 251507, nonché, da ultimo, Cass. pen., 2 ottobre 2023, n. 39777, in *DeJure*).

111. In questo senso, v. G. Della Monica, «Il filtro della ragionevole previsione di condanna», in *Archivio penale* web, 2023, n. 2, p. 16, il quale ritiene che il presupposto per dare corso alla celebrazione del processo non sarebbe più rinvenibile «nella sua "astratta utilità", vale a dire nella ipotetica sopravvenienza di non specificate risultanze istruttorie, ma occorre avere a disposizione dati conoscitivi che consentano già di delineare, in termini concreti, il percorso probatorio attraverso il quale sia possibile approdare ad una sentenza di condanna».

112. Tale lettura è suggerita dalla Circolare 9119/2022 della Procura di Bologna, cit., p. 4. È evidentemente, d'altra parte, l'avvio di un processo, in casi del genere, sarebbe «un

Non sfuggirà come, se così intesa, la novità sia idonea a mutare in modo significativo il quadro preesistente. Essa è in grado, da un lato, di risolvere le incongruenze emerse nel corso del tempo tra *standard* posto all'esito delle indagini preliminari e possibilità per i prevenuti di richiedere il giudizio abbreviato secco[113], e, da un altro lato, di ridurre, sia il numero strabordante di giudizi da celebrare, sia il tasso elevatissimo di esiti liberatori emanati solo all'esito del dibattimento.

Tutto ciò ci porta a dire che la nuova norma, se adeguatamente valorizzata, è in grado di perseguire istanze di efficienza processuale e di protezione dell'innocente[114], nonché di favorire un'esegesi più sostenibile in concreto del canone di obbligatorietà, il quale rimane comunque tutelato «per un verso, dal controllo del giudice [sul]la completezza delle indagini e, per altro, dalla possibilità di una loro riapertura»[115].

Considerazioni analoghe valgono anche per il nuovo criterio, posto per l'emanazione di una sentenza di non luogo a procedere.

In proposito, si è modificato il comma 3 dell'art. 425 c.p.p., stabilendo, pure in questo caso, che l'esito liberatorio vada adottato quando gli elementi acquisiti non permettono di formulare una «ragionevole previsione di condanna». Onde incrementare davvero la portata «filtrante» dell'udienza preliminare è, infatti, preferibile optare per una lettura innovativa e rigorosa del *novum*, secondo la quale «in caso di prova insufficiente o dubbia, non si potrebbe più contare sulla capacità del dibattimento di perfezionare l'accertamento, ma si dovrebbe pronunciare il non luogo a procedere»[116].

Il quadro finora descritto è stato completato con l'introduzione di un istituto inedito: l'udienza di comparizione predibattimentale, a seguito di

esito del tutto improduttivo» (così, M. Daniele, *L'udienza predibattimentale*, cit., p. 12), e, pertanto, foriero di un uso non economico dei mezzi disponibili.

113. *Cfr.*, al riguardo, M. Gialuz, J. Della Torre, *Giustizia per nessuno*, cit., p. 309.

114. In proposito, v., in particolare, M. Cassano, C. Conti, «Due opposte letture della riforma Cartabia: mero efficientismo o ritorno al sistema?», in *Diritto penale e processo* 2023, p. 1268, le quali ritengono che il nuovo criterio decisorio sortisca l'effetto di migliore tutelare la presunzione d'innocenza.

115. Così, la citata *Relazione su novità normativa*, dell'Ufficio del massimario, cit., p. 75. I vantaggi della previsione sembrano prevalere sul rischio, paventato da una parte della dottrina, per cui uno *standard* così esigente sarebbe idoneo a influenzare negativamente il giudice del dibattimento. A nostro parere, tale scenario va evitato ricordando che l'avvio del processo non può mai costituire uno stigma per il prevenuto; e ciò in forza, tanto del canone di separazione delle fasi, riconducibile all'art. 111, comma 4, Cost., quanto della presunzione d'innocenza, operante fino alla sentenza definitiva.

116. Sono parole di M. Daniele, *L'udienza predibattimentale*, cit., p. 11.

citazione diretta di fronte al tribunale monocratico[117]. Si tratta di una novità mossa da un intento dichiarato: creare, anche per i reati per cui opera l'istituto della citazione diretta a giudizio, un filtro giurisdizionale volto a evitare l'onerosa celebrazione di dibattimenti inutili[118]. In linea con questi obiettivi, l'art. 554-*ter*, comma 1, c.p.p. prevede che, all'interno della nuova udienza, il giudice dibattimentale sia chiamato a far terminare, in modo anticipato, il rito mediante una sentenza di non luogo a procedere, nel caso in cui valuti, ancora una volta, non esservi una ragionevole previsione di condanna.

Non è un mistero che l'introduzione dell'udienza predibattimentale abbia rappresentato una delle novità più discusse della «riforma Cartabia». A più voci si è paventato il pericolo che la celebrazione di un'udienza ulteriore, rispetto a quelle previste dal regime previgente, lungi da produrre un beneficio, finirebbe per determinare un paradossale aumento del carico di lavoro dei tribunali[119].

Solo la prassi ci dirà se questo timore risulterà fondato; tuttavia, va notato come, se osservata dalla prospettiva della presente analisi, la scelta del legislatore di introdurre tale nuovo meccanismo risulti tutt'altro che irrazionale. E ciò in quanto l'udienza in esame costituisce uno strumento volto a restituire effettività allo *standard* probatorio previsto per l'esercizio dell'azione penale. Onde rendersi conto di ciò, è utile ricordare come i tribunali monocratici siano in difficoltà anche perché la scelta tradizionale di non prevedere un vaglio giudiziale sulla decisione dell'accusatore di attivare il processo per i reati a citazione diretta ha prodotto «frutti avvelenati», avendo favorito, a sua volta, esegesi improntate al *favor actionis*. Ebbene, mediante l'inserimento dell'udienza predibattimentale, la riforma Cartabia ha cercato di spezzare tale circolo vizioso: il legislatore ha introdotto, anche per tali fattispecie di reato, un mezzo di controllo sulla corretta applicazione da parte del pubblico ministero del criterio per l'esercizio dell'azione. Se, insomma, è indubbio che l'inserimento del meccanismo di cui agli artt. 554-*bis* e s. c.p.p. rappresenta una «scommessa»[120], vista l'esperienza non esaltante dell'udienza preliminare, è altrettanto chiaro come tale opzione non sia affatto illogica, in quanto ispirata dalla consapevolezza per cui un pre-

117. Per un'ampia bibliografia, *cfr.* L. Forte, «L'udienza predibattimentale: tra "nuova" regola di giudizio ed efficienza nel "sistema Cartabia"», in *Diritto penale e processo* 2023, pp. 456 ss.

118. *Cfr.* N. Triggiani, «L'udienza predibattimentale monocratica», in *Processo penale e giustizia* 2022, p. 144.

119. A esiti di questo tipo giunge, ad esempio, N. Triggiani, *L'udienza predibattimentale*, cit., pp. 150 ss.

120. Di «scommessa pragmatica» parla M. Gialuz, *Per un processo penale*, cit., p. 65.

supposto importante per far funzionare gli *standard* è quello di contemplare strumenti —come quello in esame— in grado di censurarne il mancato rispetto.

VI. CONCLUSIONI

Nel presente lavoro, si è avuto modo di osservare come gli *standard* probatori rappresentino meccanismi di rilievo primario per l'efficienza della giustizia. Ed è proprio sull'onda di questa consapevolezza che la «riforma Cartabia» ha, da ultimo, concentrato il *focus* sulla categoria degli *standard* propulsivi. Tale intervento va, in linea di principio, accolto con favore, dal momento che, così come in diversi ordinamenti giuridici, anche in Italia si era tradizionalmente focalizzata molto l'attenzione sugli *standard* «finali», come l'al di là di ogni ragionevole dubbio, e troppo poco su quelli operanti nelle altre fasi del rito, rischiando così di determinare esiziali sprechi di risorse, nonché lesioni dei diritti fondamentali dell'individuo. Ora il legislatore ha cercato di rimediare a tale «sbilanciamento», occupandosi anche di criteri decisori, in grado di incidere sul buon funzionamento complessivo della macchina giudiziaria. Si tratta, evidentemente, di un esempio prezioso per tutti i sistemi che presentino problemi di ingolfamento simili a quello italiano.

L'auspicio è che le innovazioni così introdotte, nonostante, come si è visto, presentino diversi punti oscuri, abbiano successo. È bene, tuttavia, avere a mente che, affinché ciò possa accadere, è necessario uno sforzo esegetico congiunto di tutti i formanti dell'ordinamento, chiamati a sfruttare appieno la capacità deflativa delle nuove previsioni. Solo, infatti, se gli interpreti saranno pronti ad abbandonare definitivamente gli approcci legati al *favor actionis*, si potrà assistere a una reale diminuzione del numero di dibattimenti da celebrare e, conseguentemente, a una progressiva riduzione dei tempi dei processi e a una migliore salvaguardia dei diritti fondamentali degli accusati. A favorire la buona riuscita della novella, sembra, peraltro, poter contribuire il fatto che, come si è visto, i nuovi criteri decisori non sono stati inseriti in modo isolato, ma sono stati accompagnati da una serie di regole processuali di fondamentale importanza, in grado, per un verso, di aiutare il consolidarsi di un significato minimo condiviso sul punto e, per l'altro, di renderne effettivo il rispetto nella prassi.

Ma bisogna rendersi conto come ciò può non bastare: è, infatti, necessario che gli uffici vengano dotati degli strumenti (in termini di mezzi e di uomini) adeguati a consentire gli operatori di rispettare le regole di giudizio più stringenti poste dal legislatore. In mancanza di risorse adeguate, neppure uno *standard* congegnato alla perfezione sarà, infatti, mai in grado di evitare il rischio di formarsi di prassi devianti, pericolose, tanto a livello di sprechi di energie processuali, quanto —e soprattutto— per i diritti fondamentali dell'individuo. L'auspicio è, pertanto, che, nel corso della presente legislatura, si continui il cammino iniziato dalla riforma Cartabia, accompagnando le modifiche normative con importanti investimenti di natura strutturale[121]. Del resto, è chiaro che solo un sistema che presti sufficiente cura, tanto alla disciplina sostanziale, processuale e penitenziaria, quanto alle dotazioni organiche e all'organizzazione del lavoro, può aspirare a essere davvero efficiente nel suo complesso.

121. In questa prospettiva sembrano andare alcune dichiarazioni recentemente espresse dall'attuale Ministro della Giustizia Carlo Nordio: *cfr.* il comunicato stampa *Nordio: «digitalizzazione e assunzioni per più efficienza»*, in *www.gnewonline.it*, 2 ottobre 2023.

9

¿Es posible una economía probatoria? Puntos críticos en torno a la eficiencia en la obtención e integración del material probatorio en el proceso

NÚRIA BORRÀS ANDRÉS
Profesora Lectora en Derecho Procesal
Universidad de Barcelona

I. EFICIENCIA Y CALIDAD DEL FENÓMENO PROBATORIO

El derecho a utilizar los medios de prueba pertinentes por cada una de las partes en el transcurso del proceso judicial es uno de los derechos fundamentales reconocidos en el artículo 24.2 de la CE. Se trata de un derecho íntimamente unido a la igualdad de las partes y al derecho de defensa, y debe entenderse comprendido en el marco del derecho a un proceso equitativo al que se refiere el artículo 6.1 del Convenio para la Protección de los Derechos Humanos[1] y de las Libertades Fundamentales y en el derecho a un proceso con las debidas garantías del artículo 14.1 del Pacto Internacional de Derechos Civiles y Políticos. En el contexto del proceso penal español, de matiz acusatorio mixto, este derecho de las partes a defenderse mediante la prueba no supone únicamente el ingreso de medios de prueba al proceso. Incluye también, observando los límites legales, el derecho del acusado a defenderse de modo activo siempre que sea necesaria la valoración de material probatorio nuevo para contrastar la hipótesis acusatoria y aportar elementos indispensables para el adecuado discernimiento de los hechos por parte del tribunal[2].

En el ámbito de la prueba judicial, entran en juego dos elementos que constituyen a su vez el principal engranaje del proceso: el respeto a los derechos fundamentales de las personas —incluidas todas las garantías de la defensa— y la necesidad, para la efectiva realización de la justicia, de una óptima aproximación a la verdad de los hechos. No se trata únicamente de aportar medios de prueba como en un escenario adversarial absoluto, sino de que tanto la articulación procesal en su conjunto como la actividad probatoria permitan el desarrollo de un proceso potencialmente capaz de sacar a la luz un relato sobre los hechos que sea lo más fiel posible a cuanto realmente haya sucedido. Esta interrelación de principios procesales y fines epistemológicos no parece fácil de armonizar ni en la teoría ni mucho menos en la práctica.

A todo lo anterior debe añadirse otra variable presente de modo cada vez más incisivo en la configuración de nuestros procesos judiciales, como es la llamada economía procesal, que nos empuja a buscar modos de agilizar el proceso y tomar decisiones desde el punto de vista de la eficiencia. Mecanismos como las transacciones, y de modo específico la conformidad en el proceso penal, son cristalizaciones patentes de esta urgencia. Si bien es cierto que la elección de estos procedimientos está motivada en la mayoría de ocasiones por ciertas estrategias defensivas, vinculadas a determinados beneficios en la pena o a la evitación de las dilaciones propias de un proceso, cierto es también que estos mecanismos tienen afectación directa en el

1. Según el cual es necesario asegurar que los medios probatorios puedan ser presentados de modo que garanticen un proceso equitativo. *Cfr.* STEDH Blücher c. República Checa, 11 abril 2005, párrafo 65.
2. Artículo 435.3.ª LEC establece que en el trámite de diligencias finales «también se admitirán y practicarán las pruebas pertinentes y útiles, que se refieran a hechos nuevos o de nueva noticia, previstos en el artículo 286».

ámbito probatorio, pues el interesado renuncia al ingreso y valoración de pruebas que podrían ser útiles para la decisión jurisdiccional. La justificación de ciertos institutos jurídicos como la citada conformidad o diferentes modalidades de procedimientos sumarios se asienta frecuentemente en las llamadas razones de economía procesal, tomándola como una ineludible exigencia del sistema. Ciertamente, el estado de colapso de la administración de justicia y la lentitud en el ámbito penal, en el cual el objeto del proceso la convierte en algo todavía más crítico, han ido configurando esta economía procesal como una condición cada vez más indispensable; motivada además por la desconfianza de la sociedad en el ejercicio de la función jurisdiccional.

En el contexto descrito, podría parecer que el ideal de la economía procesal tiene espacio en el proceso jurisdiccional solamente como consecuencia de la necesidad de encontrar una solución a la urgente situación de crisis y con el objetivo de paliar la desconfianza en la eficacia del sistema judicial. Ello ha generado reticencias en la doctrina, pues parece que estos mecanismos pueden suponer la banalización de ciertas garantías del proceso y el pasar por alto las ambigüedades o incertezas que generan algunos institutos de agilización. Sin embargo, una economía procesal saludable para el sistema también puede ser entendida e integrada como una adecuada simplificación, como el ahorro razonable de actos procesales que no resultan esenciales para los objetivos del proceso. De hecho, la actual posibilidad de filtración de medios de prueba previa al juicio oral, materializada en los actos de admisión de la prueba, tendría como fin más noble el de garantizar la calidad del material probatorio que entra al proceso. ¿Sería, pues, posible el planteamiento de una economía procesal en el ámbito probatorio que nos permitiese agilizar los procedimientos y, a la vez, tuviera consecuencias positivas para el alcance de los fines del proceso? O de otro modo, ¿prestar atención a la calidad del material probatorio y a los mecanismos que la favorecen podría llegar a simplificar y agilizar el proceso?

Aquello que en líneas generales se nos plantea como evidente es que cuando se trata de analizar la incorporación de medios probatorios al proceso, necesariamente hay que centrarse en favorecer una eficiencia en el fenómeno probatorio que esté ligada a la calidad del material probatorio incorporado. La vinculación e interdependencia entre eficiencia y calidad son la clave del dilema y deben funcionar como binomio inseparable. La eficiencia implica el cumplimiento de objetivos con los menores recursos y tiempos, de modo que no podemos hablar de eficiencia en la gestión de la prueba si no hablamos también de la calidad del material obtenido, y de la calidad del razonamiento judicial que posteriormente permitirá ese material.

Para indagar en este tema, se plantean a continuación una serie de aspectos entorno a la incorporación de la información relevante al proceso penal que podríamos considerar conflictivos. Ni los puntos abordados ni su análisis son una novedad, pues se trata de problemáticas tradicionales. Sin embargo, nos interesa abordarlos a la luz de todo lo relatado hasta el momento porque irán dejando patente que el fenómeno de la prueba no es algo aislado que se concentra en los actos de prueba realizados en el juicio bajo el principio de inmediación, sino que, aun alcanzando culminación en ese momento, la prueba se va configurando desde la misma génesis del proceso. Como consecuencia de ello, una gestión optimizada y eficiente del proceso que tenga en cuenta la calidad del material probatorio y de las hipótesis fácticas derivadas, debe prestar mucha mayor atención a todo lo que ocurre en etapas previas al juicio, en las cuales va entrando al proceso una inmensa cantidad de información.

II. ASPECTOS CONFLICTIVOS EN LA INTEGRACIÓN DEL MATERIAL PROBATORIO

1. LA DECISIÓN SOBRE LA ADMISIÓN Y RECHAZO DE LOS MEDIOS PROBATORIOS

1.1. Pertinencia y relevancia de los medios probatorios

El primer aspecto central que nos viene a la mente cuando hablamos de prueba es el derecho a usar los medios de prueba que nos favorezcan y, con ello, el derecho a que se admitan todos aquellos que sean esenciales para sostener nuestra estrategia defensiva. Es bien conocido que el derecho a la prueba no es un derecho absoluto[3], y tanto el Tribunal Constitucional como el Tribunal Supremo han condicionado este derecho a una serie de requisitos de los elementos de convicción que se pretende incorporar al debate, siguiendo las indicaciones de la ley procesal[4]. Consecuentemente, el primer límite con el que topa este propósito es la capacidad del tribunal de inadmitir determinados medios de prueba propuestos por las partes. No hablamos de medios de prueba ilícitos, sino de cualquier medio de prueba lícito que el tribunal considere que no es esencial para el objeto de discernimiento. En esta temática, podemos decir que el desarrollo discursivo jurisprudencial es prácticamente lineal y homogéneo en todo lo que llevamos de siglo,

3. STS 971/2022 de 9 de marzo 2022, FJ 1.º: «Es, pues, un derecho fundamental, aunque no sea un derecho absoluto. Ya la Constitución se refiere a los medios de prueba "pertinentes", de manera que tal derecho de las partes no desapodera al Tribunal de su facultad de admitir las pruebas pertinentes rechazando todas las demás (artículos 659 y 785.1 de la LECrim)».

4. SSTS 371/2017, de 23 de mayo de 2017, 351/2016 de 26 de abril; 498/2016, de 9 de junio.

como mínimo en sus formulaciones teóricas. Los criterios clave para la toma de esta decisión son la pertinencia y la relevancia de la prueba[5], criterios que han ido desarrollando nuestros altos tribunales principalmente mediante recursos de casación por quebrantamiento de forma motivados por la inadmisión de medios probatorios.

A. *La pertinencia como filtro ex ante*

En la fase de admisión de la prueba, el principal criterio *ex ante* que debe valorarse por el órgano juzgador es la pertinencia de las pruebas propuestas[6]. La jurisprudencia ha clarificado reiteradamente que los medios de prueba son pertinentes cuando guardan relación con los hechos del caso. Así lo explica la reciente STS 690/2022 de 17 de febrero, en la cual queda claro que las pruebas deben «venir a propósito» de la cuestión debatida. Expresa la sentencia que «la pertinencia es la relación entre las pruebas propuestas con lo que es objeto del juicio y constituye *thema decidendi,* o, también, el tema *adiuvandi,* o juicio de oportunidad o adecuación. Se predica pertinente de una prueba, en el sentido de concerniente o atinente a lo que en el procedimiento en concreto se trata, es decir, que "venga a propósito" del objeto del enjuiciamiento, que guarde auténtica relación con él».

En este primer criterio de la pertinencia, pues, el elemento de referencia para la admisión de la prueba serán los relatos de hechos que se sostienen por las partes y que les interesa probar en fase de juicio. De este modo, en el proceso penal adquiere un papel fundamental la hipótesis de la acusación, pues los elementos objetivos y subjetivos del tipo penal invocado por la parte acusadora darán lugar a multiplicidad de elementos que será necesario acreditar mediante pruebas. La pertinencia puede considerarse, de este modo, como el puente que relaciona las alegaciones u objetivos de las

5. Recientemente STS 714/2022 de 23 febrero 2022: «Ha de valorarse, como se ha dicho, los intereses en juego: el derecho de defensa, la pertinencia de la prueba propuesta y, en su caso, la necesidad de realizar el enjuiciamiento impidiendo su demora. Por ello, para una adecuada valoración del conflicto, la jurisprudencia ha proporcionado dos criterios, el de la pertinencia y el de la relevancia».
6. Art. 283 LEC: «1. No deberá admitirse ninguna prueba que, por no guardar relación con lo que sea objeto del proceso, haya de considerarse impertinente. 2. Tampoco deben admitirse, por inútiles, aquellas pruebas que, según reglas y criterios razonables y seguros, en ningún caso puedan contribuir a esclarecer los hechos controvertidos»; art. 659 LECrim: «Devuelta que sea la causa por el Ponente, el Tribunal examinará las pruebas propuestas e inmediatamente dictará auto, admitiendo las que considere *pertinentes* y rechazando las demás; art. 785.1 LECrim: "En cuanto las actuaciones se encontraren a disposición del órgano competente para el enjuiciamiento, el Juez o Tribunal examinará las pruebas propuestas e inmediatamente dictará auto admitiendo las que considere *pertinentes* y rechazando las demás, y prevendrá lo necesario para la práctica de la prueba anticipada"».

partes, tanto de la acusación como de la defensa, con los medios que pretenden usarse para alcanzar tales objetivos de acreditación. Debe existir una coherencia entre el objetivo perseguido y el medio propuesto para ello.

Así como en el proceso civil el objeto de litigio y los elementos a acreditar para la solución de la controversia suelen estar mejor delineados al inicio del juicio, en el proceso penal sucede muchas veces que el objeto de discernimiento por parte del tribunal es un relato de hechos sobre el cual no hay ninguna claridad. Son frecuentes las incógnitas, las lagunas, y las numerosas versiones alternativas y contradictorias de las partes. Por ello, si bien es cierto que la parte acusadora suele presentar un relato de hechos bastante delineado en el escrito de calificaciones provisionales, es tarea del juez durante el juicio atender a todos los indicios que le permitan plantearse hipótesis razonables a la vista del material disponible, y atender a las versiones alternativas de inocencia que pueda alegar la defensa o que él mismo pueda plantearse. Esta necesidad implica que en esta etapa el juez no deba ser excesivamente estricto en la inadmisión de pruebas, pues además de que la garantía del derecho de defensa es muy sensible en este punto[7], frecuentemente la valoración de la pertinencia es muy difícil, porque los hechos con los que la pruebas deben guardar relación no están todavía claros. Es decir, aunque hemos hablado de que la pertinencia implica que las pruebas deben venir a propósito con los hechos del caso, el análisis que los jueces realizan en este estadio se basa más bien en entender si las pruebas guardan relación con los relatos de las partes sobre tales hechos, y estos relatos pueden ser múltiples en esta fase procesal.

Es difícil, por tanto, plantearse en esta etapa filtros de un alcance significativo como los que tienen lugar en el contexto anglosajón, en el que el debate del juicio comienza mucho más delineado y el tribunal —y los jurados— se atienen a una dinámica mucho más adversarial. En atención a la importancia del derecho de defensa, ya estableció la sentencia de la Sala Primera del TS de 28 de julio de 1994 que «...vale más el exceso en la admisión de pruebas que en su denegación (...) sin que ello implique desapoderar a los juzgadores de las instancias de su potestad para pronunciarse sobre la pertinencia de las propuestas (artículo 566 LEC), sino acoger con la filosofía y sentido que inspira el artículo 24.2.º de la Constitución, en cuanto a que

7. Como establece la STC 51/1985, sentencia frecuentemente citada en este tema, «la limitación del derecho consagrado por el art. 24.2 de la CE, a servirse de las pruebas pertinentes para su defensa como un derecho constitucional, no justifica su sacrificio a intereses indudablemente dignos de su tutela, pero de rango subordinado, como pueden ser la economía del proceso, la mayor celeridad de éste o la eficacia en la Administración de Justicia. Es exclusivamente el juicio sobre la pertinencia lo que debe ser medido».

las probanzas de referencia no se manifiesten claramente ausentes de adecuación y utilidad». Por tanto, parece que la inadmisión deriva de que sea meridiano para el juez, en el momento de admitir la prueba, que el medio propuesto no es pertinente para el esclarecimiento del hecho.

A pesar de todo lo dicho, la valoración sobre la pertinencia no puede tomarse a la ligera o ser pasada por alto, pues, aunque la eficacia probatoria está muy vinculada al derecho de defensa, no son idénticas, y en ocasiones es esta confusión la que genera la falta de aplicación de un criterio necesario de economía procesal. La observación de la práctica permite comprobar que en ocasiones la prueba es excesiva, se admiten pruebas impertinentes, y no se valora la relevancia a la hora de admitir o no las pruebas. Nos parece ilustrativa, en este sentido, la síntesis que de ello expone la Sentencia del TSJ de Madrid, n.º 3584/2021 de 22 de marzo, en su FJ 4.º: «La pertinencia es la relación entre las pruebas propuestas con lo que es el objeto de enjuiciamiento. No obstante, aunque esté la prueba relacionada con el proceso, esto no supone que deba ser admitida inexcusablemente, pues también entran en juego los derechos a la tutela judicial efectiva, a un proceso sin dilaciones indebidas y los principios de economía procesal, que pueden determinar la inadmisión de pruebas que, siendo pertinentes, pueden ser consideradas superfluas, redundantes o desproporcionadas en relación con la infracción objeto de enjuiciamiento».

Entra en juego, en este punto, el segundo criterio citado, el criterio de relevancia, que, si bien parece que puede tener un papel en la fase de admisión, en realidad la práctica y la jurisprudencia han ido relegando su valoración a fases muy posteriores, concretamente, a la fase de recurso.

B. *La relevancia como filtro de necesidad ex post*

Si la pertinencia es el criterio a tener en cuenta en la valoración *ex ante* de la admisibilidad de los medios de prueba, la relevancia de la prueba es un criterio que se valora con posterioridad a la decisión de inadmisión de medios probatorios, con el objetivo de comprobar si esa decisión supuso indefensión. Del estudio jurisprudencial en la materia, se entiende que los medios de prueba son relevantes cuando el conocimiento por parte del juzgador de la información que aportan, de modo individual, implicaría una probable afectación en la conformación del juicio de hecho y, por tanto, una probable afectación del sentido de la decisión judicial[8]. Es decir, este criterio

8. STS 714/2022, de 23 febrero 2022, FJ 1.º: «La relevancia presenta un doble aspecto, el funcional, relativo a los requisitos formales necesarios para la práctica y desarrollo de la prueba y de la impugnación; y el material, relativo a la potencialidad de la prueba denegada con relación a una alteración del fallo de la sentencia». En el mismo sentido,

de la relevancia es el que nuestra jurisprudencia ha ligado al concepto de necesidad de la prueba en el análisis *ex post* de la afectación del derecho a la utilización de los medios de prueba pertinentes[9]. La vinculación entre el derecho a la admisión de medios de prueba y el principio de la relevancia de la prueba implica que, pese a poder haber sido admitida la prueba en el proceso por ser pertinente[10], no se produce vulneración del derecho constitucional cuando la prueba rechazada, o bien no practicada habiendo sido admitida, no hubiese tenido la capacidad para alterar el resultado de la resolución final. Es por ello por lo que la relevancia de los medios de prueba que analizan los tribunales de instancias superiores es análoga al término de utilidad o necesidad de la prueba, y puede formularse del modo siguiente: a la vista del sentido de la sentencia, la prueba inadmitida, siendo pertinente, no era necesaria, pues el sentido del fallo hubiese sido el mismo. Con ello, se entiende que su práctica habría sido inútil.

Esta transformación del criterio de pertinencia al criterio de relevancia para establecer los límites del derecho a aportar pruebas al proceso lo encontramos explícitamente en la STS 714/2022 de 23 febrero, que especifica en su FJ 1.º que «la prueba debe aparecer como indispensable para formarse un juicio correcto sobre los hechos justiciables. La necesidad es requisito inmanente del motivo de casación previsto en el art. 850.1 LECrim. Si la prueba rechazada carece de utilidad o no es "necesaria" a la vista del desarrollo del juicio oral y de la resolución recaída, el motivo no podrá prosperar. El canon de "pertinencia" que rige en el momento de admitir la prueba se muta por un estándar de "relevancia" o "necesidad" en el momento de resolver sobre un recurso por tal razón».

A la vista de lo anterior, es nítido que para la admisión de las pruebas en el proceso la pertinencia de las pruebas es requisito necesario, pero no suficiente, pudiendo ser rechazadas por irrelevantes. Sin embargo, la dificultad para la limitación de pruebas en base a la relevancia, y por tanto

---

STS 971/2022 de 9 de marzo 2022, citando las SSTS n.º 1591/2001, de 10 de diciembre y STS n.º 976/2002, de 24 de mayo: «ha de ser relevante, de forma que tenga potencialidad para modificar de alguna forma importante el sentido del fallo, a cuyo efecto el Tribunal puede tener en cuenta el resto de las pruebas de que dispone».

9. Artículo 659.1 LECrim: «Devuelta que sea la causa por el Ponente, el Tribunal examinará las pruebas propuestas e inmediatamente dictará auto, admitiendo las que considere *pertinentes* y rechazando las demás»; Artículo 785.1 LECrim: «En cuanto las actuaciones se encontraren a disposición del órgano competente para el enjuiciamiento, el Juez o Tribunal examinará las pruebas propuestas e inmediatamente dictará auto admitiendo las que considere pertinentes y rechazando las demás...»; artículo 429.2 LEC: «Una vez admitidas las pruebas *pertinentes* y útiles se procederá a señalar la fecha del juicio...».

10. STS 714/2022 de 23 febrero 2022, FJ 1.º.

también para la economía procesal, surge del hecho de que, si decíamos que la pertinencia de la prueba es a menudo incierta en el estadio previo al juicio, la relevancia de ésta parece todavía más oscura en este momento. De hecho, acabamos de citar que la relevancia está ligada a la capacidad del singular medio de prueba para incidir en una modificación del fallo, de modo que, sin conocimiento de la información que irán revelando los distintos medios de prueba, la relevancia estricta de cada uno de ellos es difícil de predecir.

Ante esta incógnita, nos parece interesante destacar que la relevancia de la prueba tiene en realidad dos fases de protagonismo, en las que puede valorarse a la luz de criterios diferentes. En la fase de recurso, contando ya con toda la práctica de la prueba y en conocimiento de la sentencia, la relevancia significará analizar en qué medida la información que una prueba denegada hubiese aportado tendría la potencialidad de modificar el fallo. Esto es lógico porque en fase de recurso de casación, aquello que se está resolviendo es la vulneración del derecho de defensa, y no es suficiente para ello que la vulneración haya sido formal, sino que se requiere que sea una indefensión de tipo material[11].

En la fase de admisión de la prueba, sin embargo, el análisis de la relevancia puede incluir más variables y orientarse, custodiando el derecho de defensa, a fines de economía procesal. Como es evidente, en este estadio la valoración de la relevancia no puede hacerse a la luz del sentido del fallo, pues éste se desconoce. Aquello que sí se puede predecir en este momento es el tipo de conocimiento o información potencialmente extraíbles de un medio de prueba concreto, es decir, el aspecto desconocido al que ese medio probatorio pretende arrojar luz. Determinando esto, podría valorarse cuántos medios de prueba de los que se están proponiendo se dirigen a ese mismo objetivo, para discernir si son o no redundantes. La redundancia de la prueba sería, pues, aquello que debe evitarse; sería el opuesto a la relevancia de la prueba en la fase de admisión.

2. LA PROBLEMÁTICA DE LA PRUEBA ILÍCITA

Un segundo punto conflictivo cuando hablamos de introducción de información relevante al proceso es la admisión o el rechazo de información

11. STS 771/2010, de 23 de septiembre: «No es la prueba pertinente indebidamente denegada sino la prueba necesaria indebidamente denegada la que puede dar lugar a la indefensión con relevancia constitucional». STS 690/2022, de 17 de febrero, FJ 1.º: «Pues bien, en este caso ante el planteamiento de esta primera cuestión hay que precisar que hemos reiterado en esta Sala del Tribunal Supremo que ante el alegato de indefensión en este tipo de casos debe reconducirse la exposición a la indefensión material, no a la formal».

derivada de prueba ilícita, es decir, de conocimiento obtenido mediante vulneración de derechos fundamentales. El desarrollo jurisprudencial en relación con este tema ha sido cambiante a lo largo del tiempo, y la STC 114/1984, de 29 de noviembre, paradigmática por establecer de un modo claro en España la norma de la ineficacia de las pruebas ilícitas, se considera ya superada. La inicial doctrina ha ido siendo delineada y matizada por vía jurisprudencial[12], justificándose progresivamente la asunción por parte del juzgador de información obtenida indirecta, pero también directamente, a partir de prácticas vulneradoras de derechos fundamentales[13].

La primera sentencia que supuso un matiz importante a la citada anteriormente fue la STC 81/1998, de 2 de abril, a través de la cual se diseñó la conocida «teoría de la conexión de antijuridicidad». Por medio de esta sentencia y la jurisprudencia posterior que avala la doctrina en ella asentada, se matiza la teoría de los frutos del árbol envenenado y la nulidad de la prueba deja de ser radical y definitiva. De este modo, se otorga al órgano judicial un margen de ponderación casuística frente a pruebas reflejas, mediante el cual puede valorar la gravedad de la injerencia y el grado de vinculación de las pruebas indirectas con las que vulneraron el derecho fundamental sustantivo de modo directo.

La disparidad de justificaciones para paliar la ineficacia de pruebas con origen ilícito ha convertido esta institución en un fenómeno complicado, de configuración muy casuística, criticado por algunos autores como una desvirtuación del sistema contraria a los principios procesales básicos[14]. La reciente STC 97/2019, de 16 de julio, va en línea de seguir otorgando margen a los jueces para paliar los efectos de la ineficacia de la prueba ilícita y ha seguido aportando elementos para el debate. Se trata de una sentencia que avala la STS 116/2017, de 23 de febrero, dictada en el conocido caso Falcciani. En líneas generales, el núcleo de la sentencia versa sobre la ineficacia de la prueba ilícita cuando ha sido obtenida por particulares conculcando derechos fundamentales, y el tribunal estableció que serán válidas estas pruebas siempre que los particulares actúen con absoluta desconexión de toda actividad estatal y ajena, en su origen, a la voluntad de prefabricar pruebas. No es nuestra intención ahondar en esta temática, pues se escapa del objeto de este trabajo, sino simplemente destacar que se trata de un tema conflictivo,

12. STS 261/2006, de 14 de marzo; STC 22/2003, de 10 de febrero; STC 86/1995, de 6 de junio; STC 81/1998, de 2 de abril, entre muchas otras.
13. Entre otros muchos casos, la doctrina más tradicional sobre inadmisión de prueba ilícita ha sido matizada por la STC 97/2019, de 16 de julio, avalando la STS 116/2017, de 23 de febrero dictada en el conocido como caso Falcciani.
14. ASENSIO MELLADO, J. M., «La STC 97/2019, de 16 de julio. Descanse en paz la prueba ilícita», *Diario La Ley*, núm. 9499, 16 de octubre de 2019.

y que la reticencia al descarte total de la prueba ilícita muestra, como veremos a continuación, que el proceso judicial no está formado por compartimentos estancos, sino que se trata de un proceso cognoscitivo complejo que debe ser analizado en conjunto.

2.1. La fiabilidad epistémica de la prueba ilícita

Es significativo, a efectos de la reflexión que presentamos, plantearse cuál es la comprensible —pero no siempre justificable—, motivación que subyace a este interés de no cerrar en banda la posibilidad del tribunal de acceder a la información aportada por estas pruebas. En línea de principio, esta motivación deriva del temor a la pérdida de información relevante para el proceso, pues se ha equiparado la información obtenida mediante estas pruebas con información útil para el fin epistemológico del proceso, para el alcance de la verdad de los hechos. Plasma esta idea la citada STC 97/2019, de 16 de julio, en su FJ. 4.º, estableciendo una dicotomía entre verdad y derechos, remarcando la necesidad de ponderar entre el interés de búsqueda de la verdad y el interés de garantía de los derechos de los ciudadanos: «En realidad el problema de la admisibilidad de la prueba ilícitamente obtenida se perfila siempre en una encrucijada de intereses, debiéndose así optar por la necesaria procuración de la verdad en el proceso o por la garantía —por el ordenamiento en su conjunto— de las situaciones jurídicas subjetivas de los ciudadanos. Estas últimas acaso puedan ceder ante la primera exigencia cuando su base sea estrictamente infraconstitucional, pero no cuando se trate de derechos fundamentales que traen su causa, directa e inmediata, de la norma primera del ordenamiento. En tal supuesto puede afirmarse la exigencia prioritaria de atender a su plena efectividad, relegando a un segundo término los intereses públicos ligados a la fase probatoria del proceso».

De un modo parcialmente opuesto a este razonamiento, más recientemente se ha justificado la inadmisibilidad de prueba ilícita precisamente en la poca fiabilidad epistémica que presentan estas pruebas Se ha sugerido que, si bien la teoría de la nulidad de prueba ilícita pudo surgir como remedio persuasorio contra los abusos policiales, la propia vulneración del derecho fundamental podría sugerir manipulación o falta de fiabilidad del material obtenido y, consecuentemente, la nulidad de la prueba sería, al mismo tiempo, beneficiosa a nivel epistémico[15]. Se trata de una reflexión muy interesante y a tener en cuenta pues, si esto fuera así, y lo es en ciertos casos, nos conduciría a una armonización entre los dos intereses principales

15. NIEVA FENOLL, J., «Policía judicial y prueba ilícita. Regla de exclusión y efecto disuasorio: un error de base», Diario La Ley, núm. 9068, (2017).

del proceso penal. Es posible que lo anterior pueda aplicarse, por ejemplo, a confesiones derivadas de tortura o a hallazgos de material criminal en domicilios o lugares análogos cuyo registro se realizó sin autorización judicial y sin videograbación, etc., en los cuales el modo de practicar la diligencia no permite descartar que haya existido manipulación del material probatorio. Pero debe reconocerse también la posibilidad de que esta falta de fiabilidad epistémica de la prueba ilícita no siempre sea tal. En muchas ocasiones, cerrarse a ese tipo de información para la resolución del proceso, si bien es adecuado en términos de garantías constitucionales, es como mínimo molesto en términos estrictos de razonamiento epistémico[16].

2.2. El potencial de permanencia de la información en el proceso

Orientando esta reflexión hacia los aspectos que nos interesa resaltar, cabe decir que existe también una problemática no resuelta, no solamente en el ordenamiento español sino también en el ámbito comparado, consistente en el momento en que esa información ilícita es declarada como tal y descartada del proceso valorativo. En el ámbito español, la prueba ilícita suele impugnarse en la fase de juicio oral, puesto que se da a la defensa la oportunidad de hacerlo una vez iniciado el plenario, en el trámite de cuestiones previas[17], y se declara su ilicitud en la misma sentencia, lo que manifiesta el conocimiento de ella por el juez sentenciador en la mayoría de ocasiones. Esta permisibilidad de la existencia de la información, a pesar de que posteriormente no pueda valorarse, es algo más criticable.

En el momento de dictar la sentencia, el juez puede dejar de lado esa información y atender a otros elementos de corroboración, no citándola en la sentencia ni usándola como punto de apoyo de ninguna inferencia probatoria. No obstante, es muy difícil asegurar que la valoración de conjunto de la capacidad incriminatoria de todas las pruebas lícitas o el descarte de duda razonable no estén influidos, aunque no conste en la motivación, por el conocimiento de la información inadmisible. Pero yendo un poco más allá, podemos plantearnos hasta qué punto la influencia de la información ilícita se expresa solamente en la fase probatoria del juicio. Imaginemos, por ejemplo, que descartamos dicho medio de prueba en fase de admisión o incluso en fase de instrucción: esa información podría seguir en cierto modo en el proceso, en un nivel más psicológico o motivacional, por ejemplo en el caso de que el Fiscal o la policía que llevan a cabo la investigación basaran la dirección de las indagaciones hacia la verificación de una sola hipótesis,

16. LAUDAN, L., «Confessions, Poison Fruit, and Other Exclusions», en *Truth, Error, and Criminal Law: An Essay in Legal Epistemology* (Cambridge Studies in Philosophy and Law: 2006), pp. 171-193.
17. Art. 786.2 LECrim.

que es la de la culpabilidad del investigado, fundamentada en esa información obtenida mediante vulneración de derechos fundamentales. Se genera, entonces, una fase preliminar de instrucción en términos puramente incriminatorios y, en cierta manera incluso más agresivos, porque los agentes tienen el propósito de encontrar elementos que fundamenten una culpabilidad de la que están seguros, obviando la fuente principal que les desveló esa información.

Con todo ello, no pretendemos llevar este dilema a un punto de no retorno, ni magnificar las consecuencias negativas de ciertos actos ilícitos si éstos son eliminados a tiempo del proceso, pero lo que queremos destacar es que la información que sale a la luz en las fases previas al juicio oral tiene un potencial de permanencia en el proceso muy significativo, del que es difícil desligarse, aunque todas estas informaciones no tengan, ni deban tener, un lugar explícito en el expediente procesal. Es por ello, que aflora de nuevo la convicción de que un proceso fiable y eficiente debe prestar atención y meticulosidad a todas las fases del proceso. La idea que acabamos de expresar se corrobora al dirigir la mirada sobre el tercer aspecto que queremos abordar, consistente en la tradicional delimitación entre diligencias de investigación y medios de prueba.

3. LA INTEGRACIÓN DE LAS DILIGENCIAS DE INVESTIGACIÓN EN LA ACTIVIDAD PROBATORIA

3.1. Ambigüedad e inconsistencias jurisprudenciales

El ámbito más controvertido cuando hablamos de actividad probatoria y lo vinculamos a la economía procesal o a la agilización del proceso, lo encontramos en la difícil delimitación entre las diligencias de investigación y la actividad probatoria. Sin duda alguna, es en el engranaje y la delineación entre estos dos ámbitos en el que se concentra la mayor ineficiencia del proceso penal, duplicidades, redundancias e inoportunas dilaciones. No es una temática sencilla, y sus puntos conflictivos principales son dos: la posibilidad de incorporar la información de las diligencias de investigación en el ámbito probatorio del juicio oral, y la posibilidad de limitar las diligencias de investigación a aquellas estrictamente necesarias, para evitar la reiteración de pruebas y no prolongar excesivamente la fase de instrucción.

Aunque la legislación y la doctrina se hayan esforzado mucho en delimitar la fase de instrucción y la fase de juicio oral como etapas diferentes del proceso, con sus cometidos propios, la interrelación entre ambas adquiere una complejidad mucho mayor en la práctica forense y no ha sido fácil delinear criterios que resuelvan con claridad los conflictos citados en el párrafo anterior. La dificultad de esta cuestión se hace evidente en el estudio del desarrollo jurisprudencial, que, en un constante ejercicio de reciclaje de argumentos, ha ido sorteando los desafíos que estos aspectos presentan en la práctica. Así pues, si existe algún principio que la doctrina procesal tiene aparentemente claro es la falta de valor probatorio de las diligencias de investigación[18], así como la existencia, a su vez, de subterfugios para una aplicación ligera de este criterio. De hecho, la constante remisión a los artículos sobre diligencias de investigación en la regulación procesal de la prueba sigue vinculando de modo confuso y contradictorio estos dos elementos del proceso[19].

Como decíamos, la regla general apunta a que los resultados de las actuaciones de investigación realizadas en sede de instrucción y, por supuesto, en la investigación policial preprocesal, no pueden fundamentar una sentencia condenatoria porque no poseen naturaleza de prueba de cargo[20]. Además, la posibilidad de trasladar estas diligencias al juicio oral mediante ciertos mecanismos como la lectura de las declaraciones sumariales (artículo 730 LECrim.) excluye igualmente que puedan fundamentar una sentencia condenatoria si no existen otros elementos probatorios que corroboren externamente la participación del sujeto en los hechos indicados en la declaración. Este criterio está jurisprudencialmente asentado de modo

18. GÓMEZ ORBANEJA, E.; HERCE QUEMADA, V., *Derecho procesal penal,* (Madrid, 1981); GONZÁLEZ JIMÉNEZ, A., *Las diligencias policiales y su valor probatorio* (Barcelona, 2014); ILLUMINATI, G., *La presunzione d'innocenza dell'imputato* (Bologna, 1984); MIRANDA ESTRAMPES, M., *La mínima actividad probatoria en el proceso penal* (Barcelona, 1997); NIEVA FENOLL, J., «El Discutido valor probatorio de las diligencias policiales», en *Jurisdicción y proceso*: estudios de ciencia jurisdiccional, Madrid: Marcial Pons, 2009), p. 347-374; PRIETO CASTRO Y FERRANDIZ, L.; GUTIÉRREZ DE CABIEDES, P.; FERNÁNDEZ DE HEREDIA, E., *Derecho procesal penal* (Pamplona, 1989); VEGAS TORRES, J., *Presunción de inocencia y prueba en el proceso penal,* (Madrid, 1993).

19. PASTOR LÓPEZ, M., El proceso de persecución..., ob. cit., p. 34: «...las normas correspondientes al juicio oral, contenidas en el Libro III, tienen en muchos aspectos necesidad de ser complementadas con preceptos del Libro II, como supletorios, especialmente en materia de prueba, lo cual no deja de ser anómalo puesto que, según el propio legislador constataba de manera concluyente en la Exposición de Motivos, las diligencias sumariales de investigación y comprobación del supuesto delito, no son verdaderas pruebas, siendo su naturaleza meramente accesoria o de "preparación"». También en NIEVA FENOLL, Jordi, «La instrucción como falsa "primera instancia" del proceso penal... ob. cit., p. 10: "(...) la casi nula regulación de la prueba documental, en beneficio de remisiones a la regulación de la instrucción, lo cual, si verdaderamente deben existir esas remisiones —que personalmente opino que no—, debieran ser en sentido justamente inverso, es decir, del juicio oral a la instrucción».

20. SSTS 1244/2001, de 25 de junio y 1952/2001, de 14 de noviembre.

muy extenso[21]. No obstante, con la misma reiteración jurisprudencial se han acogido numerosas posibilidades de traer al plenario las actuaciones sumariales e incluso extraprocesales cuando se hayan cumplido ciertos requisitos procesales en su obtención[22] o, no habiendo sido así, mediante su introducción en el acervo probatorio a través de medios de prueba complementarios[23].

En nuestro ordenamiento, el régimen y requisitos que se exigen a la prueba anticipada y preconstituida han servido de inspiración para ir admitiendo la presencia de ciertas diligencias en la fase de juicio oral que, aun no siendo en realidad ninguno de los dos supuestos anteriores, sirven como elementos de convicción[24]. Esta práctica adquiere fuerza sobre la base del artículo 714 LECrim, que permite la lectura de las declaraciones sumariales de testigos, y por extensión de los acusados y peritos[25], cuando presenten contradicciones con aquello declarado en plenario[26]. Además, la posibilidad del tribunal de atender a unas u otras declaraciones y escoger libremente aquellas que resulten más verosímiles, pudiendo perfectamente decantarse por las declaraciones de la instrucción, se encuentra extendida en la juris-

21. SSTC 113/1985, STC 137/1988, de 7 de julio; STC 51/1995, de 23 de febrero; STC 161/1990, de 19 de octubre; STS 337/1996, de 24 de enero; STS 8895/2001, de 14 de noviembre; STS 6398/2003, de 17 de octubre; STS 414/2015, de 12 de febrero.
22. STC 137/1988 de 7 de julio; STC 80/1986, de 17 de junio, FJ. 3.º: «...las formalidades constitucionales y procesales que rigen actualmente la práctica de las pruebas ante la policía y el Juez de Instrucción puedan conferirles valor probatorio susceptible de ser apreciado en conciencia por la jurisdicción penal cuando se reproducen en el juicio oral con las garantías de contradicción y oralidad legalmente establecidas» (FJ. 3.º).
23. STC 217/1989, de 21 de diciembre; STC 303/1993, de 25 de octubre; STC 79/1994, de 14 de marzo, STC 22/2000, de 14 de febrero; STC 188/2002, de 14 de octubre, STS 1458/2004 de 3 de marzo.
24. ARMENTA DEU, T., *Lecciones de derecho procesal penal*, 11.ª ed. (Marcial Pons: Madrid, 2018), p. 173: «Sobre unos principios, sustancialmente correctos (solo pueden ser valoradas como prueba las practicadas en el juicio), la propia ley cita una serie de excepciones (prueba anticipada) y la necesidad y la práctica han ido desarrollando una aplicación extensiva del mismo (prueba preconstituida), cuyo riesgo es la desnaturalización del repetido principio y la vuelta de hecho a que las actividades de la instrucción devengan determinantes».
25. STS 414/2015 de 12 de febrero, FJ 2.º, con cita de la STC 82/1988, de 28 de abril, FJ 3.º: «Este precepto, pese a referirse exclusivamente al testigo (a diferencia del tenor literal del apartado primero del art. 46.5 LOTJ que contempla también al acusado y al perito), lo hemos considerado aplicable al acusado, sin merma alguna del derecho a la presunción de inocencia».
26. STC 31/1981, de 28 de julio, FJ. 4.º; STC 217/1989, de 21 diciembre, FJ. 5.º: «"...no significa que la condena se base en el interrogatorio policial, que no constituye por sí mismo actividad probatoria, sino, antes al contrario, que lo declarado en el juicio oral y en las diligencias policiales y sumariales practicadas con las debidas garantías y formalidades, sometidas a contradicción" en la vista oral, permitió al Juzgador contrastar la mayor veracidad de unas y otras».

prudencia[27] y se aprecia un mayor recurso a ella cuando, por la naturaleza de los indicios sobre la culpabilidad que llegan al juicio oral, se advierte una mayor reticencia del juzgador a absolver al acusado. Esta reticencia se percibe, principalmente, cuando las declaraciones sumariales son confesiones del acusado o cuando, pese a ser insuficiente el acervo probatorio para fundamentar una condena, existen ciertos hechos, como las versiones cambiantes de los acusados, que hacen dudar al juzgador sobre su inocencia. En la introducción de ciertas diligencias de investigación, principalmente declaraciones de testigos, imputados y coimputados, se desvirtúan las premisas fácticas y procesales propias de la prueba anticipada y preconstituida, puesto que se traen al juicio oral declaraciones que pueden ser perfectamente reproducidas en el plenario.

La constatación de todo lo dicho nos lleva a plantearnos de nuevo cuánto de evitable es una cierta permeabilidad entre fases procesales en el proceso judicial. Esta permeabilidad entre etapas procesales tiene también afectación en el ámbito de la simplificación y de la economía procesal. Cuando constatamos que algunas informaciones ya han sido introducidas en el proceso, la necesidad de su reiteración se nos presenta como una traba a la eficiencia; y la posibilidad de que con esa reiteración se altere la información ya introducida provoca también conflictos a nivel epistemológico que comprensiblemente generan resistencias, y que no son de fácil resolución.

3.2. La complicada escisión entre fase previa y juicio oral

Tiene sentido que existan diligencias de investigación que se realizan en estadios previos del proceso aun siendo materialmente las mismas que luego podrán practicarse en el juicio oral. Todo ello es lógico porque existen determinadas diligencias que, si bien pueden y deben practicarse en la etapa de juicio oral, practicarlas previamente es necesario a los fines de la investigación, no como acreditación o verificación de hipótesis, sino precisamente como búsqueda de la información que permita el planteamiento de esas hipótesis. También el auge actual de los medios tecnológicos en el escenario delictivo y las posibilidades tecnológicas de investigación explican la creciente relevancia de las diligencias practicadas durante la etapa de

27. STC 82/1988 de 28 de abril; STS 1778/2004, de 16 de marzo de 2004; «"Tal declaración de la recurrente es perfectamente valorable, pudiendo el Tribunal de instancia, en caso de disparidad de versiones alzaprimar la superior credibilidad de una u otra declaración siempre que lo haga de forma razonada. En el presente caso, debemos recordar la doctrina tanto del TEDH como del Tribunal Constitucional que tiene declarado que el silencio del acusado, en el ejercicio de no declarar, puede ser objeto de valoración cuando el cúmulo de pruebas de cargo reclame una explicación, por su parte, de los hechos de suerte que su silencio puede estimarse como una ratificación del contenido incriminatorio de otras pruebas" (FJ. 4.º)».

investigación. Muchas de las diligencias realizadas a través de estos medios tecnológicos son la única vía de acceso a la información clave para el esclarecimiento de los hechos. ¿Qué es lo que sucede entonces? Una vez obtenida toda esa información relevante, no puede hacerse desaparecer del proceso. Una gran mayoría de los datos obtenidos durante la fase de instrucción no se circunscriben exclusivamente a la investigación del delito; su resultado muchas veces también es útil para el enjuiciamiento, aunque generalmente se exija la validación posterior mediante pruebas de corroboración.

En la línea de lo dicho, el Acuerdo del Pleno no jurisdiccional del TC de 2015 sobre el valor de las declaraciones ante la policía, que explícitamente prohibía la introducción al juicio de declaraciones autoinculpatorias ante la policía, no negaba del todo la asunción de la información de allí extraída a otros efectos, como por ejemplo la realización de ciertas inferencias lógicas derivadas del hecho de que el imputado hubiera mostrado conocimiento sobre detalles del delito posteriormente corroborados mediante otras diligencias. A lo largo de todo el proceso penal, lo que nos encontramos es un proceso cognoscitivo cuya información se va incorporando a diferentes niveles, algunos procesales o de matiz más probatorio, pero también a nivel psicológico, cognitivo, o emocional. La práctica procesal lidia constantemente con la enorme dificultad de deslindar las dos grandes fases del proceso penal a nivel de gestión e interpretación de la información.

El ordenamiento procesal se ha encargado de regular estas dos fases por separado, y la doctrina ha tenido su papel tratando de definirlas y estudiarlas independientemente. La epistemología ha hecho un buen trabajo tratando de entender los diferentes tipos de razonamiento que subyacen a sus tareas. Aun así, lo que no puede negarse es que las actividades de investigación, probatorias y de enjuiciamiento que se desarrollan con relación a unos hechos delictivos guardan un vínculo fáctico común. Las hipótesis que llegan a juicio y todo el material probatorio contienen dentro de si toda su génesis investigadora. Y muchas veces, la dinámica del juicio oral en sí misma no es suficiente para subsanar los errores cometidos en la fase de instrucción, debidos a una errónea construcción de hipótesis o al desarrollo de estas sobre indicios débiles o interpretaciones sesgadas.

La importancia de la cuestión se encuentra en que esta teórica separación entre la fase previa al juicio y el juicio oral ha influido a la hora de prestar una sorprendente poca atención a la regulación de la corrección epistemológica de la fase de instrucción, de su neutralidad, y de la imparcialidad de los órganos que intervienen en ella, hecho que se agrava cuando el sistema presupone una recogida imparcial de material por parte de las autoridades de investigación. Por mucho que neguemos la influencia de la instrucción en la sentencia existiendo una fase probatoria en el juicio oral, lo que encontramos en la práctica es un frecuente traslado del centro de información del proceso de la fase de juicio oral a la fase de instrucción. Con todo ello, no se pretende afirmar que estas dos fases sean iguales y puedan confundirse, sino todo lo contrario: son fases diferentes, pero para garantizar una adecuada y eficiente actividad probatoria es necesario reconocer la vital importancia de la fase preliminar en el proceso penal, y redirigirla a aquellas tareas de investigación que le son propias, sin permitir que un exceso de celo en esta fase se superponga a la actividad probatoria propia del juicio oral. He aquí, en esta última tendencia, un lastre importante para la agilización de los procesos.

3.3. Tendencias para la agilización: el ahorro de la fase probatoria

La citada centralidad informativa de la instrucción es algo que subyace a la actual tendencia a reforzar la conformidad con el fin de evitar la celebración del juicio, patente tanto en el último anteproyecto de Ley de Enjuiciamiento Criminal[28] como en el Proyecto de Ley de Medidas de Eficiencia Procesal[29], que se encarga de regular de un modo amplio la conformidad penal. Se trata de un movimiento que no es ni mucho menos nuevo en España, y tiene parangón en el derecho comparado y en todos los países de nuestro entorno, pues en las últimas décadas los ordenamientos europeos han levantado la mirada hacia el sistema norteamericano de resolución negociada de conflictos, sumidos también en las mismas crisis de ineficiencia y ralentización de la justicia.

En el modelo procesal holandés, por ejemplo, se ha reforzado, sobre todo a partir del año 2000[30], la figura del Fiscal en la etapa previa de investigación, así como su discrecionalidad para la resolución de casos en evitación del juicio oral[31]. Una vez ha finalizado la investigación, el Fiscal puede decidir sobre el sobreseimiento o sobre la resolución del caso mediante mecanismos de transacción —*transaction*— y la figura de la *penal order*[32]. En otros países del entorno, como Alemania y Portugal, se han adoptado figu-

28. Anteproyecto de Ley de Enjuiciamiento Criminal de 2020, redactado por una comisión de expertos bajo la dirección del entonces ministro de Justicia del Partido Socialista Juan Carlos Campo.

29. Proyecto de Ley de medidas de eficiencia procesal del servicio público de Justicia, de 22 de abril de 2022.

30. GROENHUIJSEN, M., «Some main findings of "Strafvordering 2001" and the subsequent reform of Dutch criminal procedure», en *The reform of the Dutch Code of Criminal Procedure in Comparative Perspective*, Nijhoff Publishers, Leiden 2012, p. 45.

31. VAN DE BUNT, H., VAN GELDER, J. L., «The Dutch Prosecution Service», *Crime and Justice*, vol. 41, núm. 1 (2012), p. 138.

32. TAK, J. P., *The Dutch Criminal Justice System*, Wolf Legal Publishers, Nijmegen 2008.

ras similares, aunque es importante destacar que, a diferencia del modelo holandés, en estos casos la pena es propuesta por el Fiscal, pero dictada por el Juez, como garantía de una mayor imparcialidad y del respeto al principio de jurisdiccionalidad en la aplicación de la pena[33]. En el ámbito procesal penal italiano encontramos una figura que se ha identificado como el máximo exponente del *plea bargaining* norteamericano. Se trata de la figura del *pattegiamento o applicazione de la pena su richiesta delle parti*, regulada en los artículos 444 y ss. del CPP it. Este mecanismo se articula como un procedimiento especial que comienza con una solicitud, formulada por el acusado y por el Ministerio Fiscal, o por uno de ellos con el consentimiento del otro; de aplicación de una pena que, teniendo en cuenta la reducción de un tercio de la misma, no supere los cinco años de privación de libertad[34].

Esta tendencia, probablemente cuestionable a la luz de algunos principios, tiene lógica en algunos casos desde el punto de vista de la economía procesal. Debido a la unicidad de las fuentes de prueba y a la evidente relación entre la información extraída en la fase de instrucción y los hechos que deben esclarecerse en el juicio, puede darse que una vez finalizada la investigación preliminar, también se haya generado un conjunto informativo potencialmente completo para la resolución del caso. Ante la presencia de toda esta información, podría presentarse como superficial y repetitiva la práctica de un juicio y parecería efectiva la conformidad en aras a una cierta economía probatoria, siempre y cuando la parte acusada haya tenido posibilidad de ejercer su defensa. Sin embargo, por las dificultades que todavía presenta nuestra fase de instrucción para hacer frente a sesgos incriminatorios y a generar verdaderos conjuntos probatorios neutrales, nos parece importante un llamado a la precaución. El impulso indiscriminado de la conformidad sin una revisión significativa de la articulación de la investigación, y sin una revisión de la calidad de la información probatoria sobre la que se fundamenta el pacto entre las partes, puede ser peligrosa tanto a nivel epistémico como a nivel del derecho de defensa.

Por otro lado, y también en relación con la agilización y la eficiencia, si el ahorro del juicio oral se establece como objetivo primordial, esta tendencia puede tener como contrapartida el excesivo engrosamiento de la fase previa al juicio con independencia de que finalmente las partes opten o no por uno de estos mecanismos de resolución anticipada. La asignación a la fase de instrucción de la función de evitar los juicios puede acarrear la

33. En el ordenamiento alemán, esta figura recibe el nombre de proceso por mandato —*Strafbefehlsverfahren*— (arts. 407 a 412 StPO), y en el ordenamiento portugués es el llamado *proceso sumarísimo*, regulado en los artículos 392 a 398 del Código Procesal penal del país.
34. Artículo 444.1 CPP it.

transformación de la tarea de investigación de la fase previa en una tarea de fundamentación de la hipótesis acusatoria, y la consecuente identificación del juicio de acusación con el juicio de culpabilidad[35]. De hecho, es este juicio anticipado de culpabilidad el que permite la resolución anticipada del proceso. Pues bien, si esto sucediese, podría no ser beneficioso a efectos de simplificación, pues de hecho ya sucede actualmente que los órganos encargados de la investigación la suelen dirigir hacia cometidos de reforzamiento de hipótesis que exceden la inicial ideación de la instrucción, tanto en el tiempo que se invierte como en el contenido y material que se genera.

III. POSIBILIDADES PARA LA EFICIENCIA DEL ENGRANAJE PROBATORIO

Frente al panorama expuesto, no es fácil llevar a cabo una reflexión conjunta sobre qué significa la eficiencia o la economía procesal aplicada al fenómeno probatorio, y cómo debería articularse en lo concreto del proceso. Sin embargo, de las reflexiones anteriores se desprende que la eficiencia procesal en este ámbito, más que un corte radical del proceso o la eliminación de fases que pueden llegar a ser esenciales, implica una distribución más equilibrada de tareas entre etapas procesales y entre órganos intervinientes. Es importante, para ello, prestar atención a la citada interrelación entre todas las fases del proceso, y a la influencia que tiene toda información incorporada al proceso en el posterior devenir del mismo. Teniendo esto en cuenta, nos disponemos a indicar algunos puntos que pueden permitir una mejora en el modo de obtener e incorporar la información en el proceso penal.

1. REVALORIZAR LA FASE DE ADMISIÓN PROBATORIA

En primer lugar, es necesario prestar mayor atención a la fase de admisión de la prueba. Si bien las partes interesadas en el proceso proyectan e imaginan una gran cantidad de elementos que pueden reforzar sus posiciones o las alegaciones que sostienen, no todos ellos son necesarios y útiles para la resolución del núcleo de la controversia[36]. Se apuntaba líneas más atrás que en la fase de admisión probatoria el criterio para la filtración de las pruebas es principalmente el criterio de pertinencia. Sin duda alguna, es exigible la valoración seria de este criterio por parte de los jueces. Sin

35. En el Anteproyecto de Ley de Enjuiciamiento Criminal española de 2020, la Exposición de Motivos establece con claridad diáfana que «la misión del juez en la audiencia preliminar del nuevo modelo de proceso es la de proceder al juicio de acusación y determinar, por tanto, si la acción penal interpuesta está suficientemente fundada».

36. VÁZQUEZ, C., «La admisibilidad de las pruebas periciales y la racionalidad de las decisiones judiciales», *DOXA, Cuadernos de Filosofía del Derecho*, núm. 38 (2015), p. 127.

embargo, nos planteamos también: ¿es inviable la aplicación de un criterio de relevancia *ex ante* para la propuesta y admisión de las pruebas? ¿Existe algún actor del proceso que pudiera estar capacitado para realizar esta tarea con mayor exhaustividad?

Bajo mi punto de vista, en el proceso penal el Ministerio Fiscal podría realizar un análisis más estricto de la relevancia de la prueba que propone, con fines de economía procesal. Como se advierte, es difícil concretar y exigir legalmente esta tarea, pero sí podría ser asumida por la Fiscalía como un principio orientador en su trabajo, pues la agilización del proceso también es un interés público. La Fiscalía tiene en sus manos el expediente del caso y conoce todo aquello actuado en fase de instrucción, los aspectos necesitados de acreditación en fase de juicio y los medios de prueba de los que dispone para ello. Hasta el momento, la costumbre suele ser la de proponer como prueba todo aquello con lo que se ha tenido contacto en fases previas, tanto si ha servido para los fines investigativos como si tiene potencialidad de tipo probatorio. Por otro lado, en numerosas ocasiones se plantean largas listas de medios de prueba o de testigos sin especificar con exactitud qué aspectos controvertidos pretenden esclarecer. La mejora de esta práctica, es decir, una mayor exigencia por parte del órgano judicial de un trabajo exhaustivo de la Fiscalía concretando los puntos esenciales a los que cada medio de prueba se orienta, permitiría al juez valorar mejor en la fase de admisión si éstos son o no redundantes y, por tanto, si deben admitirse por su relevancia.

El Proyecto de Ley de Medidas de Eficiencia Procesal (2022) planteaba una modificación en los artículos 785, 786, 787 y 802 LECrim., con la finalidad de regular una audiencia a la que debería citarse al Ministerio Fiscal y a las partes, así como a los acusados. Se preveía por el proyecto de ley que esta audiencia tuviera como finalidad la admisión de pruebas y la celebración de una posible conformidad[37]. Si bien parece, por el desarrollo de la ley, que este acto está más orientado a facilitar la conformidad que a una optimización de la fase de admisión probatoria, podría aprovecharse su celebración como una oportunidad para dar más importancia y realizar con mayor meticulosidad la depuración de material probatorio impertinente e irrelevante, cuando no se justifique adecuadamente su utilidad y sea patente dicha irrelevancia.

Un último elemento a tener en cuenta en relación con esta cuestión es la posibilidad de que los jueces, conociendo los extremos que deben ser acreditados en cada caso concreto, puedan decidir que determinados medios

37. Exposición de Motivos del Proyecto de Ley de Medidas de Eficiencia Procesal, ap. III.

probatorios admitidos no se realicen posteriormente, cuando sea evidente que el punto controvertido en cuestión ha sido ya resuelto o el medio probatorio que se proponía para ello deje de ser idóneo. Si la decisión está debidamente justificada, dando oportunidad a las partes para que aleguen lo que crean conveniente en relación con dicha decisión, nos parece que no queda vulnerado el derecho de defensa de la parte proponente. De este modo lo entiende también la sentencia del TSJ de Madrid, n.º 3584/2021 de 22 de marzo, que advierte lo siguiente: «a diferencia de la pertinencia que se mueve en el ámbito de la admisibilidad como facultad del Tribunal para determinar inicialmente la prueba que genéricamente es pertinente por admisible (STS 17.1.91), la "necesidad" de su ejecución se desenvuelve en el terreno de la práctica, de manera que medios probatorios inicialmente considerados como pertinentes, pueden lícitamente no realizarse por muy diversas circunstancias (STS. 21.3.95), que eliminen de manera sobrevenida su condición de indispensable y forzosa, como cualidades distintas de la oportunidad y adecuación propias de la idea de pertinencia».

2. FORMACIÓN EN INVESTIGACIÓN CRIMINAL Y EPISTEMOLOGÍA

En los últimos proyectos de Ley de Enjuiciamiento Criminal se plantean reformas que atañen a la fase previa al juicio oral, principalmente la sustitución del juez instructor por el Ministerio Fiscal como director de la instrucción. Este cambio, si bien tiene sentido y es justificable en base a las tareas propias de la Fiscalía y aquellas atribuidas a los órganos judiciales, debe ir acompañado de una revisión significativa de los cometidos y modos de hacer en la fase previa al juicio oral. Si la Fiscalía asume esta etapa, debe tener muy claro cuál es su papel en la dirección de los órganos policiales, en la orientación de las investigaciones hacia una búsqueda neutral de vestigios que favorezca también las tesis exculpatorias y en la formulación de hipótesis sobre el crimen que sea correctas epistemológicamente[38]. Como hemos tenido tiempo de comprobar, aquello que se genera y valida en la fase de instrucción tiene una enorme repercusión en fases posteriores, y la corrección del juicio no solamente depende de éste, sino de la corrección de todo lo actuado anteriormente. También la simplificación y la eficiencia de la fase probatoria en el juicio tiene vinculación con la simplificación de las tareas de investigación y la racionalización de lo actuado con anterioridad.

38. MOSCATELLI, L., «La importancia de la abducción en la etapa de investigación criminal», Quaestio facti. Revista Internacional sobre Razonamiento Probatorio, núm. 5 (2023), pp. 128-129.

Para la consecución de estos objetivos, un primer punto de optimización consiste en la previsión de una mayor formación de los órganos policiales en materia epistemológica, de modo que sean ampliamente conscientes de su cometido principal, y del ámbito epistemológico en el que desarrollan su trabajo. La fase de investigación tiene un cometido propio asociado a la naturaleza abductiva que es propia de la etapa inicial de un proceso encaminado a la reconstrucción de la verdad. El itinerario mental de abducción nos dirige a la decisión sobre qué explicación de un determinado fenómeno que observamos en la realidad resulta posible, o simplemente la más plausible, de modo que este proceso se conoce como la «inferencia a la mejor explicación»[39]. Por tanto, en el nivel de la abducción la hipótesis planteada no es una afirmación de la que podamos predicar su necesidad, sino solamente una posible premisa explicativa de los hechos observados. La tarea de los investigadores en un proceso penal consiste, precisamente, en esta generación de hipótesis mediante el razonamiento imaginativo[40]. Es vital pues, para que los órganos policiales no se excedan en sus funciones ni sobrecarguen la instrucción, que sean conscientes de que en esta etapa procesal no nos situamos todavía en la tarea de fundamentación inductiva de las hipótesis, sino en la previa generación de estas, labor que exige la puesta en práctica de la imaginación y la creatividad[41]. Nos ubicamos en el ámbito de la posibilidad, y nada más.

La simplificación o minimización del contenido de la fase de instrucción no significa que no deban realizarse las diligencias oportunas, pues es evidente que en el proceso de formulación de hipótesis se recaba material, y para ello se realizan actos de investigación. Sin embargo, estas diligencias están enfocadas primordialmente a la clarificación del fenómeno observable, habida cuenta de que en la mayoría de los casos el hecho delictivo aparece en un primer momento como un hecho borroso y fragmentado. La investigación constituye un trabajo de campo para recabar elementos que permitan ampliar y definir el panorama, para que la elaboración de hipótesis parta de una imagen más delineada y fidedigna del hecho. No se dirigen estas dili-

39. VARGAS VÉLEZ, Orion, «Abducción, deducción e inducción: tres herramientas básicas para el razonamiento probatorio», en AGUDELO MEJÍA, Dimaro Alexis; PABÓN GIRALDO, Liliana Damaris (coords.), *La prueba: teoría y práctica* (Colombia, 2019), p. 66.

40. SCHUM, David, *Los fundamentos probatorios del razonamiento probabilístico*, traducción y edición a cargo de Orión Vargas (Xpress Estudio Gráfico y Digital, 2016), p. 577. En esta obra el autor expone un esquema que ilustra el itinerario de generación de hipótesis e hipótesis alternativas a partir de la observación de fenómenos observables sorprendentes.

41. SCHUM, David, *Los fundamentos probatorios del razonamiento probabilístico*, traducción y edición a cargo de Orión Vargas (Xpress Estudio Gráfico y Digital, 2016), pp. 572 y ss.

gencias, por el contrario, a la comprobación de la verdad de hipótesis selladas, mediante la realización de actos cuyo objetivo no es la proposición o la justificación de la proposición, sino la verificación definitiva.

¿Cuál es, pues, la relación de este aspecto con el principio de economía procesal? Si el proceso penal exige a la fase previa una fundamentación probabilística de la hipótesis incriminatoria resultante y la traslada del ámbito de la posibilidad al ámbito epistemológico de la probabilidad, es evidente que los actores que intervienen en ella, policía judicial y órganos directores de la instrucción, invertirán una parte ingente de su tiempo en la práctica de diligencias encaminadas a justificar suficientemente su hipótesis a nivel probatorio, asumiendo tareas de valoración propias del juicio de acusación, así como la tarea de verificación genuina de la fase de juicio oral. Es necesario, pues, crear una policía judicial formada, que el órgano director de la instrucción tenga claro el cometido a realizar y lo oriente desde la neutralidad y, que también en esta etapa previa al juicio las diligencias a realizar sean filtradas por el criterio de pertinencia y por el criterio de relevancia.

3. EL ANÁLISIS DE PERTINENCIA EN LAS FASES PREVIAS DEL PROCESO

Del mismo modo que hablábamos de la pertinencia como criterio para la admisión de las pruebas, o como característica de los medios probatorios para un enjuiciamiento óptimo, también la pertinencia como criterio y como filtro tiene cabida en la fase previa al juicio oral y, como ya hemos visto reiteradas veces, la aplicación de este criterio tendrá consecuencias en la formación de material, más ingente o limitado, que posteriormente llegará a juicio. Uno de los retos que se plantea al órgano que dirige la instrucción es la decisión acerca de la planificación y práctica de las diligencias de investigación, es decir, la determinación de aquellas actuaciones que deben realizarse para la correcta averiguación de los hechos. La descripción de las diligencias como «pertinentes» que la ley acoge en diversos preceptos parece acertada, pero la cuestión problemática, sin embargo, es la carencia de contenido específico de este concepto y la falta de consideración en la práctica.

Las diligencias de investigación tienen que ser, por un lado, pertinentes en relación con la investigación en si misma, es decir, útiles para la averiguación de los hechos, de modo que tengan relación con el suceso supuestamente cometido y los extremos de este que es necesario que salgan a la luz[42]. Si bien en la fase probatoria la pertinencia se predica en relación con

42. RAMOS DÁVILA, Liza, «El principio de pertinencia en la investigación del delito», *Actualidad Penal*, núm. 30 (2016), p. 280.

aquello que quiere demostrarse, en esta fase previa se predica en relación con aquello que se quiere averiguar. En la fase de admisión de la prueba, por la explícita vinculación de este acto con la depuración probatoria, este criterio tiene un espacio más tangible para su apreciación. El juez, llegue a hacerlo o no de modo exhaustivo, sabe que tiene el cometido de discernir sobre este aspecto y, con más o menos concreción, da cuenta de ello. Sin embargo, en fase de instrucción está mucho más difuminado quién, cuándo y cómo debe valorar la pertinencia de las diligencias de investigación y, fuera de aquellas situaciones en las cuales un juez decide sobre diligencias vulneradoras de derechos fundamentales, las diligencias se llevan a cabo sobre la base de la experiencia o la intuición policial, sin explicitar en modo alguno la mencionada pertinencia. Se entiende también en esta fase que la valoración de la pertinencia sea complicada y los márgenes deban ser amplios pues, como sucedía en el terreno probatorio del enjuiciamiento, en ocasiones la pertinencia de la medida será conocida en cuanto se haya practicado.

En segundo lugar, y este es el extremo más importante para los fines de economía procesal, las diligencias deben ser pertinentes en relación con la fase procesal en que la investigación tiene lugar, pertinencia directamente vinculada con el papel de cada fase en el conjunto del proceso. Esto nos lleva, de nuevo, a una reflexión sobre la finalidad epistemológica de la fase de instrucción y el material que a través de ella es necesario y suficiente recoger. Si bien en la fase probatoria del juicio hablábamos de la pertinencia como criterio vinculado a la idoneidad de los medios probatorios, en la fase de investigación, es de vital importancia añadir también a la pertinencia una connotación vinculada a la necesidad. La pregunta que deben plantearse aquí los órganos de investigación, y más concretamente el Ministerio Fiscal y el juez instructor como garantes de la legalidad es: ¿hasta dónde es necesario investigar en fase de instrucción? Para resolverlo, es esencial no perder de vista la distinción entre la fase de instrucción como preparación del juicio oral, y la fase de juicio oral como esclarecimiento y fijación de los hechos y atribución definitiva de las responsabilidades penales.

Planteamos de nuevo, pues, la posibilidad de que no todo tenga cabida en el proceso penal, y que sean los órganos encargados de la instrucción, específicamente el Ministerio Fiscal y el juez instructor, quienes asuman el papel de filtrar las demandas de investigación policiales y de las partes en atención a si son necesarias en la fase de investigación o, por el contrario, se trata de diligencias que, siendo pertinentes, pueden ser planteadas más adelante en la fase probatoria. El criterio que debería tener en cuenta el Juez para apreciar la pertinencia de las actuaciones de la instrucción será, por un lado, la necesidad de practicar esas diligencias para que sea viable la apertura del juicio oral y, por otro lado, la urgencia de estas, es decir, que no siendo necesarios sus resultados para la apertura del juicio, el retraso en su práctica pueda hacer desaparecer la información que pueden aportar. Esta apreciación más exhaustiva de las diligencias que es necesario llevar a cabo, puede aportar un rol al Ministerio Fiscal y a los jueces de instrucción que, si bien sea colaborativo con las fuerzas policiales, sea útil a efectos de fiscalización de sus tareas de indagación, por un lado, y de evitación de dilaciones indebidas, por otro.

IV. CONCLUSIONES

En la actual crisis de lentitud del sistema judicial, que ni es reciente ni es solamente una crisis de lentitud, la eficiencia de los procesos se ha convertido en uno de los objetivos a alcanzar, dando lugar a numerosas propuestas legislativas en el ámbito procesal y organizativo, que incluyen tanto tímidas reformulaciones del proceso como herramientas técnicas que puedan simplificar y automatizar los procedimientos. En este contexto, el principio de economía procesal ha ido adquiriendo relevancia hasta el punto de que, en ocasiones, su presencia justifica ciertos recortes procesales de los que no llegamos a plantearnos las consecuencias a nivel de calidad y corrección, y no solo rapidez, del sistema. A lo largo de este trabajo, hemos expuesto y confirmado la conclusión de que la eficiencia del sistema debe aunar, en la medida de lo posible, ambos intereses del proceso: la búsqueda de la verdad en el mayor grado posible y la celeridad del proceso. En otras palabras, calidad epistémica y simplificación no son enemigas, sino que la corrección epistemológica del proceso incluye en si misma una distribución equilibrada y racional de tareas, que tiene como consecuencia la eliminación de actos reiterativos y a la vez perturbadores en la reconstrucción de la verdad.

En el ámbito de la prueba, la simplificación y racionalización no se circunscribe únicamente a la fase de admisión probatoria, de modo que la economía procesal en este campo no implica únicamente la mayor filtración de pruebas o la directa eliminación del juicio y, con ello, de la etapa probatoria. Se ha ido comprobando que el proceso penal es un proceso sin solución de continuidad, formado por un seguido de fases que no son impermeables, y en el que todas las actuaciones anteriores van dejando huella en la conformación de lo que sucede posteriormente. Dos consecuencias se desprenden de esta comprobación: la primera de ellas es que la corrección epistémica del juicio, que es un elemento de la eficiencia del proceso, pasa por la optimización en la calidad epistémica de la fase de investigación. Es necesario, pues, dotar de medios y formación a los órganos de la investigación para que su trabajo les lleve a una mejor formulación de hipótesis.

La segunda consecuencia es que la simplificación del proceso y su celeridad exigen que en cada etapa del proceso se lleven a cabo únicamente aquellas actuaciones necesarias para la consecución del fin propuesto. Ello implica que tengamos muy claro para qué está ideada cada fase del proceso, con el objetivo de no sobrecargarla de actuaciones que exceden a su finalidad. Así pues, es necesario llevar a cabo una más exhaustiva filtración de medios probatorios al inicio del juicio, dando mayor importancia al criterio de pertinencia y, sobre todo, de relevancia de la prueba. Esta tarea podría ser asumida de una manera más minuciosa, por parte del Ministerio Fiscal al inicio de la etapa de juicio oral, debiendo justificar con más rigor la oportunidad de admitir cada uno de los medios propuestos. Como complemento, es también necesario apreciar y valorar los criterios de pertinencia y relevancia en las fases previas al juicio, y ejecutar en fase de instrucción las diligencias indispensables para aquello que es tarea de la instrucción, la generación de hipótesis necesarias para la apertura del juicio, eliminando la actual sobreabundancia de diligencias encaminadas la verificación definitiva de las hipótesis. Esta tarea debería ser también un cometido de la Fiscalía y de los jueces de instrucción, con el objetivo de velar por la celeridad y por la adecuada la satisfacción de las garantías procesales de los ciudadanos.

BIBLIOGRAFÍA

ARMENTA DEU, T., *Lecciones de derecho procesal penal*, 11.ª ed., Marcial Pons, Madrid 2018.

ASENSIO MELLADO, J. M., «La STC 97/2019, de 16 de julio. Descanse en paz la prueba ilícita», *Diario La Ley*, núm. 9499, 16 de octubre de 2019.

GÓMEZ ORBANEJA, E.; HERCE QUEMADA, V., *Derecho procesal penal*, Madrid 1981.

GONZÁLEZ JIMÉNEZ, A., *Las diligencias policiales y su valor probatorio*, J.M. Bosch Editor, Barcelona 2014.

GROENHUIJSEN, M.; KOOIJMANS, T. (eds.), *The Reform of the Dutch Code of Criminal Procedure in Comparative Perspective*, Nijhoff Publishers, Leiden 2012.

ILLUMINATI, G., *La presunzione d'innocenza dell'imputato*, Zanichelli, Bologna 1984.

LAUDAN, L., «Confessions, Poison Fruit, and Other Exclusions, en *Truth, Error, and Criminal Law: An Essay in Legal Epistemology*», Cambridge Studies in Philosophy and Law, 2006.

MIRANDA ESTRAMPES, M., *La mínima actividad probatoria en el proceso penal*, JM Bosch Editor, Barcelona 1997.

MOSCATELLI, L., «La importancia de la abducción en la etapa de investigación criminal», *Quaestio facti. Revista Internacional sobre Razonamiento Probatorio*, núm. 5 (2023), pp. 128-129.

NIEVA FENOLL, J., «Policía judicial y prueba ilícita. Regla de exclusión y efecto disuasorio: un error de base», *Diario La Ley*, núm. 9068 (2017).

– «El Discutido valor probatorio de las diligencias policiales», *en Jurisdicción y proceso: estudios de ciencia jurisdiccional*, Marcial Pons, Madrid 2009.

PASTOR LÓPEZ, M., *El proceso de persecución. Análisis del concepto, naturaleza y específicas funciones de la instrucción criminal*, Universidad de Valencia Servicio de Publicaciones, Valencia 1979.

RAMOS DÁVILA, L., «El principio de pertinencia en la investigación del delito», *Actualidad Penal*, núm. 30 (2016), pp. 7-10.

SCHUM, D., *Los fundamentos probatorios del razonamiento probabilístico*, traducción y edición a cargo de Orión Vargas, Xpress Estudio Gráfico y Digital, Madrid 2016.

TAK, J. P., *The Dutch Criminal Justice System*, Wolf Legal Publishers, Nijmegen 2008.

VAN DE BUNT, H.; VAN GELDER, J.-L., «The Dutch Prosecution Service», *Crime and Justice*, vol. 41, núm. 1 (2012), pp. 117-140.

VARGAS VÉLEZ, O., «Abducción, deducción e inducción: tres herramientas básicas para el razonamiento probatorio», en AGUDELO MEJÍA, A.; PABÓN GIRALDO, L. (coords.), *La prueba: teoría y práctica*, Universidad de Medellín, Medellín 2019.

VÁZQUEZ, C., «La admisibilidad de las pruebas periciales y la racionalidad de las decisiones judiciales», *DOXA, Cuadernos de Filosofía del Derecho*, núm. 38 (2015), pp. 101-130.

10

El derecho a la prueba en el juicio de apelación: cuestiones críticas y perspectivas futuras

LORENZO AGOSTINO
Investigador Postdoctoral en Derecho Procesal Penal
Università di Pisa

I. ANULACIÓN DE LA SENTENCIA ABSOLUTORIA: LAS SOLUCIONES ADOPTADAS POR LOS SISTEMAS ITALIANO Y ESPAÑOL PARA AJUSTARSE A LA JURISPRUDENCIA DEL TRIBUNAL EUROPEO DE DERECHOS HUMANOS

Cuando se habla de la prueba en apelación, el pensamiento no puede dejar de dirigirse a la cuestión de la anulación de la decisión absolutoria (y, más en general, de la adopción de una decisión peor, al menos desde el punto de vista del acusado, que la dictada en primera instancia) y a las numerosas sentencias adoptadas por el Tribunal de Estrasburgo en la materia.

Resulta casi superfluo recordar que, al elaborar lo que podríamos denominar un verdadero *vademecum* de la actividad instructora en apelación, el

Tribunal Europeo llamó la atención sobre la tendencia de muchos ordenamientos jurídicos, entre ellos (también) el italiano y el español, a admitir la *reformatio in peius* de la resolución impugnada sobre la base de la mera relectura del acta de la prueba practicada en primera instancia en cumplimiento de los principios de contradicción, oralidad e inmediación[1].

Las repercusiones de estas sentencias en el contexto de los ordenamientos jurídicos nacionales han sido considerables, lo que ha llevado al desarrollo de medidas para evitar el riesgo de que las sentencias en primera instancia se modifiquen haciendo caso omiso de los principios del juicio justo.

Pues bien, la comparación de las soluciones adoptadas por Italia y España, ambas condenadas por el Tribunal Europeo[2], revela profundas diferencias en cuanto a las opciones reglamentarias adoptadas.

Tras un primer intento, que se remonta a 2006[3], de esterilizar el fenómeno de la anulación de las sentencias absolutorias mediante la introducción de la prohibición de que el Ministerio Fiscal (y otros) recurrieran este tipo de decisiones[4] —intento que cayó bajo el hacha del Tribunal Constitucional, que consideró que la legislación vulneraba el principio de igualdad de armas, dado que el acusado conservaba el derecho a recurrir las senten-

---

1. Algunos de los pronunciamientos más conocidos son: TEDH de 26 mayo 1988, Ekbatani c. Suecia; TEDH de 18 mayo 2004, Destrehem c. Francia; TEDH de 5 julio 2011, Dan c. Moldavia; TEDH de 5 marzo 2013, Manolachi c. Rumanía; TEDH de 4 junio 2013, Hanu c. Rumanía. Por lo que respecta al ordenamiento italiano, TEDH de 29 junio 2017, Lorefice c. Italia y TEDH de 20 octubre 2020, Tondo c. Italia, en el que la última véase NULLO, L., «Il caso Tondo c. Italia: una nuova condanna europea per il mancato rispetto del principio di oralità in appello» en *Archivio penale web*, 2021, f. 2. Para un análisis de las sentencias del Tribunal Europeo al respecto, véase TESORIERO, S., «La rinnovazione della prova dichiarativa in appello alla luce della CEDU» en *Diritto penale contemporaneo, Rivista trimestrale*, 2014, f. 3-4, pp. 239 ss.; AIUTI, V., «Impugnazioni e principio di immediatezza nella giurisprudenza della Corte di Strasburgo» en *Diritto penale e processo*, 2015, p. 1440 ss.; AIUTI, V., «L'art. 603 c.p.p. dopo Dan c. Moldavia: un *casebook*» en *Giurisprudenza italiana*, 2016, pp. 1002 ss.
2. En relación con el ordenamiento jurídico español, véase, por ejemplo, TEDH de 21 septiembre 2010,Marcos Barrios c. España.
3. Ley 46/2006, de 20 de febrero.
4. Para un comentario sobre la reforma, véase, entre otros, BARGI, A., «I nuovi ambiti oggettivi delle impugnazioni» en GAITO, A. (dir.), *La nuova disciplina delle impugnazioni dopo la «legge Pecorella»*, Giappichelli, Torino, 2006, pp. 151 ss.; MARANDOLA A., «Nuovo regime dei casi d'appello» en SCALFATI, A. (dir.), *Novità su impugnazioni penali e regole di giudizio*, Ipsoa, Trento, 2006, pp. 121 ss.; PRESUTTI, A., «L'inappellabilità delle sentenze di proscioglimento tra regola ed eccezione» en BARGIS, M. y CAPRIOLI, F. (dirs.), *Impugnazioni e regole di giudizio nella legge di riforma del 2006. Dai problemi di fondo ai primi responsi costituzionali*, Giappichelli, Torino, 2007, pp. 51 ss.

cias condenatorias[5]—, la situación se estabilizó con la Ley 103/2017, de 23 de junio. Esta reforma, al adoptar la orientación desarrollada en la materia por las Secciones Unidas del Tribunal de Casación[6], ha establecido la obligación del juez de renovar la instrucción en caso de recurso del Ministerio Fiscal contra una sentencia absolutoria por motivos relacionados con la valoración de una prueba declarativa[7] formada en el curso del juicio en primera instancia o a resultas de la práctica de pruebas ordenada en el juicio abreviado[8]. La intervención ha supuesto, por tanto, una ampliación de la casuística en la que, excepcionalmente, se permite la realización de actividades probatorias en apelación, reforzando las facultades de la fiscalía.

5. Corte cost. de 24 enero 2007, n. 26, §§ 6 ss. de la consideración en derecho, en *Giurisprudenza costituzionale,* 2007, pp. 221 ss., con observaciones de BARGI, A. y GAITO, A., «Il ritorno della Consulta alla cultura processuale inquisitoria (a proposito della funzione del p.m. nelle impugnazioni penali)» y de CAPRIOLI, F., «Inappellabilità delle sentenze di proscioglimento e "parità delle armi" nel processo penale».
6. Ver, en particular, Cass., Sez. Un., de 28 abril 2016, Dasgupta, § 8, in *Diritto penale contemporaneo,* 5 octubre 2016, con comentario de LORENZETTO, E., «*Reformatio in peius* in appello e processo equo (art. 6 CEDU): fisiologia e patologia secondo le Sezioni Unite».
7. Así se establece en el artículo 603 § 3-*bis codice di procedura penale* (c.p.p.). Sobre esta norma, véase AIUTI, V., «Obbligo di rinnovazione e prova dichiarativa (comma 58 L. N. 103/2017)» en MARANDOLA, A. y BENE, T. (dirs.), *La riforma della giustizia penale,* Giuffré, Milán, 2017, pp. 243 ss.; BALSAMO, A., «La rinnovazione dell'istruttoria dibattimentale» en PULVIRENTI, A. (dir.), *Le impugnazioni penali dopo la riforma,* Giappichelli, Torino, 2018, pp. 167 ss.; BELLUTA, H. y LUPÁRIA, L., «La rinnovazione dell'istruzione dibattimentale tra legge e giurisprudenza tra legge e giurisprudenza: punti fermi ... e non» en CANZIO, G. y BRICCHETTI, R. (dirs.), *Le impugnazioni penali,* Giuffré, Milán, 2019, pp. 345 ss.; CAPONE, A., «Appello del pubblico ministero e rinnovazione istruttoria» en BARGIS, M. y BELLUTA, H. (dirs.), *La riforma delle impugnazioni tra carenze sistematiche e incertezze applicative (commento alla legge 23 giugno 2017, n. 103 e al d.lgs. 6 febbraio 2018, n. 11),* Giappichelli, Torino, pp. 53 ss.; DELL'ANNO, P., «La rinnovazione dell'istruttoria dibattimentale in appello», en RANALDI, G. (dir.), *La riforma delle impugnazioni penali. Semplificazione, deflazione, restaurazione,* Pisa University Press, Pisa, 2019, pp. 187 ss.; MARANDOLA, A., «L'appello riformato», Cedam, Milán, 2020, pp. 159 ss.; SURACI, L., «La rinnovazione del dibattimento in caso di proscioglimento» en SPANGHER G. (dir.), *La riforma Orlando. Modifiche al Codice penale, Codice di procedura penale e Ordinamento penitenziario,* Pacini, Pisa, 2017, pp. 255 ss.
8. Se trata de una integración hecha al artículo 3 por el decreto legislativo 150/2022, de 10 de octubre (reforma Cartabia) con el fin de adaptar la norma a TEDH de 25 marzo 2021, Di Martino y Molinari c. Italia, para un comentario al que puede remitirse AGOSTINO, L., «*Overturning* della sentenza di proscioglimento nel giudizio abbreviato: per la Corte europea non è necessaria la rinnovazione istruttoria» en *Archivio penale web,* 2021, f. 2. Sobre este nuevo régimen, véase, *inter alia,* BONTEMPELLI, M., «Le modifiche relative all'appello» en BENE, T., BONTEMPELLI, M. y LUPÁRIA DONATI, L. (dirs.), *Nuove dinamiche del procedimento penale,* en GATTA, G.L. y

El ordenamiento jurídico español, por el contrario, se ha movido casi en la dirección contraria, al tratar de evitar el riesgo de reformas peyorativas de la sentencia de primera instancia en apelación mediante la restricción de las facultades del órgano de enjuiciamiento, sin llegar, no obstante, a privarle del derecho a recurrir.

En concreto, la Ley 41/2015 de 5 de octubre, en continuidad sustancial con el Borrador del Código Procesal Penal de 2013, limitó la facultad de la parte pública de invocar el error en la valoración de la prueba cometido por el primer juzgador, pudiendo a lo sumo invocar la insuficiencia o irrazonabilidad de la argumentación sobre el punto de hecho; la inobservancia manifiesta de las reglas probatorias; o la falta de valoración de alguna de las pruebas. En esencia, la reforma de 2015 estimó el recurso por error en la apreciación de la prueba, pero lo limitó a aspectos que no requerían inmediación[9].

Esta opción parecía, además, confirmada por el (no aprobado) Anteproyecto de Ley Orgánica de enjuiciamiento criminal de 2020, que reservaba al condenado el derecho a recurrir «para pedir la revisión de la valoración de la prueba». A la acusación, en cambio, sólo se le dio la posibilidad de alegar la «[i]rracionalidad, arbitrariedad o manifiesta insuficiencia de la motivación fáctica de la sentencia».

Las razones que subyacen al diferente enfoque adoptado por los legisladores italiano y español al abordar el problema de la reforma *in peius* de la sentencia de primera instancia por motivos relativos a la valoración de la prueba declarativa son esencialmente dos.

Por un lado, existe una motivación histórica, vinculada al papel que el recurso de apelación ha desempeñado a lo largo de los años en los sistemas considerados: mientras que en Italia la revisión del fondo de la sentencia representa una garantía con una larga tradición a sus espaldas y es accesible esencialmente sin límites por todas las partes del proceso, no ocurre lo

---

GIALUZ, M., *Riforma Cartabia. Le modifiche al sistema penale*, Giappichelli, Torino, 2024, pp. 411 ss.; LA ROCCA, E.N. y MANGIARACINA, A., «Le impugnazioni ordinarie: tra "efficienza" e snellimento» en CASTRONUOVO, D., DONINI, M., MANCUSO, E.M. y VARRASO, G., *Riforma Cartabia. La nuova giustizia penale*, Cedam, Milán, 2023, pp. 902 ss.; TESORIERO, S., «Il nuovo art. 603 comma 3-bis c.p.p.: la rinnovazione della prova dichiarativa in appello (torna) al servizio dell'immediatezza» en BARGIS, M., BELLUTA, H. (dirs.), *L'ennesima riforma delle impugnazioni tra aspettative deluse e profili controversi*, Giappichelli, Torino, 2023, pp. 127 ss.

9. LARA LÓPEZ, A. M., «The Retrial Model in Spain» en MORÃO, H. y TAVARES DA SILVA, R. (dirs.), *Fairness in Criminal Appeal. A Critical and Interdisciplinary Analysis of the EctHR Case-Law*, Springer, Cham, 2023, p. 63.

mismo en España, ya que sólo desde principios de la década de 2000, bajo el impulso de la jurisprudencia del Comité de Derechos Humanos[10], se ha tendido a generalizar el recurso de apelación.

Por otro lado, desde un punto de vista más puramente técnico, se toma en consideración la diferencia en la estructuración del recurso de apelación en los sistemas examinados, dado que en Italia el objeto del recurso no está delimitado por los motivos, sino por los puntos de la sentencia de primera instancia que son objeto de los mismos[11], con la consecuencia de que el acto es susceptible de recoger cualquier agravio y no es, por tanto, posible seleccionar *ex ante* las peticiones de las partes, como ocurre en España donde, precisamente con el fin de evitar la revocación de la sentencia absolutoria tras una nueva valoración a partir de la prueba practicada oralmente ante el primer juez, se han modificado los motivos por los que el Ministerio Fiscal puede recurrir.

La solución elegida por el ordenamiento jurídico italiano ha sido criticada por la doctrina por ser susceptible de conducir a una desigualdad de trato entre la posición del fiscal y la del acusado: si al fiscal se le ha concedido un verdadero «derecho potestativo»[12] para resumir las pruebas orales erróneamente apreciadas en primera instancia, el acusado, en cambio, no puede hacer otra cosa que instar a los jueces a utilizar los poderes de investigación que les confiere el código[13]. En otras palabras, no está claro por qué el con-

10. Comité de Derechos Humanos de Naciones Unidas de 20 julio 2000, Gómez Vázquez c. España, sobre el que ver FAIRÉN GUILLÉN, V., «Comentarios a la comunicación del Comité de Derechos Humanos de la ONU y condena a España en el caso Gómez Vázquez v. España» en *Anales de la Real Academia de jurisprudencia y legislación*, f. 31, 2001, pp. 13 ss. En el mismo sentido, *ex plurimis*, Comité de Derechos Humanos de Naciones Unidas de 10 julio 2003, Semey c. España; Comité de Derechos Humanos de Naciones Unidas de 7 agosto 2003, Sineiro Fernandez c. España; Comité de Derechos Humanos de Naciones Unidas de 1 noviembre 2004, Alba Cabriada c. España; Comité de Derechos Humanos de Naciones Unidas de 18 agosto 2009, Carpintero Uclés c. España.
11. Ello también es consecuencia de la reforma Cartabia, que, si bien estableció, en el primer párrafo del artículo 598-bis c.p.p., que el Tribunal *«giudica sui motivi, sulle richieste e sulle memorie»*, no introdujo ninguna novedad en cuanto a la cognición del juez, que sí se guiará por los motivos del recurso, pero no estará vinculado a ellos. Para tales consideraciones, véase LA ROCCA, E. N. y MANGIARACINA, A., «Le impugnazioni ordinarie: tra "efficienza" e snellimento», cit., p. 849.
12. Utilice este término CAPONE, A., «Appello del pubblico ministero e rinnovazione istruttoria», cit., p. 68 (nuestra traducción).
13. *Cfr.* CAPONE, A., «Appello del pubblico ministero e rinnovazione istruttoria», cit., p. 77. En el mismo sentido CERESA-GASTALDO, M., «La riforma dell'appello, tra malinteso garantismo e spinte deflative» en *Diritto penale contemporaneo, Rivista trimestrale*, 2017, f. 3, p. 168 e NACAR, B., «La rinnovazione dell'istruttoria

denado no puede hacer uso del mismo arsenal de que dispone el fiscal para reformar las sentencias absolutorias[14].

De ello se desprende, en esencia, que las dos soluciones al problema de la revocación de la absolución a las que ha recurrido el ordenamiento jurídico italiano, es decir, la eliminación del recurso del fiscal y la introducción de la obligación del juez de segunda instancia de oír al testigo en caso de recurso de la acusación, han acabado suscitando las mismas dudas en cuanto a la igualdad de las partes. Sin embargo, si la parte que salió penalizada tras la entrada en vigor de la primera de las dos intervenciones legislativas mencionadas fue el fiscal, la Ley del 2017 ha dado lugar a un desequilibrio más grave en detrimento del acusado, cuya posición, en apelación, debería estar sometida en cambio a una disciplina (al menos) similar a la de la acusación, dado que está en juego su libertad personal.

II. REPLANTEAR LA ESTRUCTURA DEL JUICIO DE APELACIÓN ITALIANO: SUGERENCIAS DESDE LA EXPERIENCIA ESPAÑOLA

En el estado de la técnica, es decir, en presencia de un recurso de apelación con libre crítica, en el que la cognición del juez está delimitada por los puntos de la sentencia de primera instancia susceptibles de recurso, la única vía posible para resolver el problema parece ser la eliminación del recurso del fiscal, a menos que quieras convertir la segunda instancia en un nuevo juicio, en el cual, independientemente de la parte impugnante, habría que repetir la actividad probatoria realizada en la primera instancia (solución impracticable por obvias razones de economía procesal[15]).

---

dibattimentale in appello: dubbi applicativi e questioni di legittimità costituzionale» en *Diritto penale e processo*, 2018, pp. 314 ss. *Contra* BRONZO, P., «La nuova ipotesi di rinnovazione dell'istruttoria dibattimentale in appello» en BACCARI, G.M., BONZANO, C., LA REGINA, K. y MANCUSO, E.M., *Le recenti riforme in materia penale. Dai decreti di depenalizzazione (d.lgs. n. 7 e n. 8/2016) alla legge «Orlando» (l. n. 103/2017)*, Cedam, Padova, 2017, p. 417, según el cual, por el contrario, la disposición condiciona la aceptación de las críticas del fiscal, aun cuando sean totalmente persuasivas, a la finalización de las actividades de investigación.

14. Son críticos en este punto GAITO, A. y LA ROCCA, E.N., «Il diritto al controllo nel merito tra immediatezza e ragionevole dubbio» en *Archivio penale web*, 2017, f. 3. p. 23, que subrayan que las ventajas conferidas al fiscal por el artículo 603 § 3-*bis*, no se conceden al acusado que, aunque esté convencido del error de condena basado en declaraciones susceptibles de una valoración diferente, ve excluido a priori su derecho a la refutación oral ante el juez de instancia.

15. Por otro lado, el tiempo que debe dedicarse al contradictorio compromete de lleno la estructura del juicio, convirtiéndose en un elemento capaz de alargar su duración, con la consecuencia de que se requiere un juicioso equilibrio entre garantías y eficacia

Con referencia a la exclusión del Ministerio Fiscal del catálogo de legitimados para recurrir[16], sin embargo, hay que destacar que, aunque el Tribunal Constitucional lo haya excluido, autorizados estudiosos sostienen que la facultad del fiscal de recurrir las sentencias absolutorias representa una de las declinaciones del principio de obligatoriedad de la acción penal[17].

Por lo tanto, una solución alternativa debería pasar por replantear la estructura del juicio en segunda instancia, cuyo objeto debería delimitarse en función de los motivos del recurso, lo que permitiría circunscribir los supuestos de recurso del Ministerio Fiscal[18], como ha ocurrido en España.

Por supuesto, la solución española tampoco estuvo exenta de críticas, ya que podía dar lugar a una desigualdad entre las partes, impidiendo que la acusación pudiera deducir cualquier error en la valoración de las pruebas[19].

Sin embargo, si se examina más detenidamente, tal desigualdad de trato no parece carecer de fundamento, no sólo porque las fuentes internacionales remiten el derecho a recurrir al condenado y no a la acusación, sino sobre todo porque tal asimetría se justifica por la presunción de inocencia: como afirman las Secciones Unificadas del Tribunal de Casación a propósito de la obligación del tribunal de apelación de reanudar la instrucción antes de revocar la sentencia absolutoria, la decisión exculpatoria refuerza «consi-

---

(BELLUTA, H., «Prospettive di riforma dell'appello penale: tra modifiche strutturali e microchirurgia normativa» en BARGIS, M. y BELLUTA, H. (dirs.), *Impugnazioni penali. Assestamenti del sistema e prospettive di riforma*, Giappichelli, Torino, 2013, p. 247).

16. Exclusión que fue sugerida de nuevo por la Comisión Lattanzi (sobre el que ver CIAMPI, S., «Metamorfosi dell'appello: considerazioni sull'abolizione del gravame del pubblico ministero» en *Archivio penale web*, 2022, f. 1) y, más recientemente, por la Ley 114/2024, de 9 de agosto, que redujo los casos de recurso del fiscal (sobre el que ver LUDOVICI, L., «Disegno di legge c.d. Nordio: nuove garanzie processuali tra fughe in avanti e false partenze» en *Legislazione penale*, 7 mayo 2024, pp. 23 ss. y MAZZA, O., «Prolegomeni di un giusto processo penale» en *Archivio penale web*, 2023, f. 2, pp. 12 ss.).
17. Para esta tesis, sobre todo, GREVI, V., «Appello del pubblico ministero e obbligatorietà dell'azione penale» en *Cassazione penale*, 2007, p. 1414 y, más recientemente, DELLA TORRE, J., «La Corte costituzionale promuove i limiti all'appello del pubblico ministero avverso le sentenze di condanna dell'imputato» en *Rivista di diritto processuale*, 2020, p. 1331. *Contra, inter alia*, PERONI, F., «L'istruzione dibattimentale nel giudizio d'appello», Cedam, Padova, 1995, p. 167.
18. BARGIS, M. y BELLUTA, H., «Linee guida per una riforma dell'appello» en BARGIS, M. y BELLUTA, H. (dirs.), *Impugnazioni penali*, cit., p. 293.
19. MASCARELL NAVARRO, M. J., «El recurso de apelación penal por error en la apreciación de la prueba» en JUAN SÁNCHEZ, R. y ARMENGOT VILAPLANAP, A., *Justicia penal y sus reformas: Los retos de la eficiencia, la seguridad y las garantías procesales*, Tirant lo Blanch, Valencia, 2022, pp. 338 s.

derablemente la presunción de inocencia»[20], por lo que es totalmente legítimo poner límites a la posibilidad de revisarla; y es a la misma presunción de inocencia a la que hay que acudir para justificar el mantenimiento, en manos del condenado (o, en todo caso, del absuelto con una fórmula no del todo liberatoria), de la facultad de provocar una nueva valoración de la fiabilidad de las fuentes declarativas ante el tribunal de primera instancia. De hecho, tal y como afirmaba el apdo. LXXXI de la Exposición de Motivos del Anteproyecto de Ley Orgánica de Enjuiciamiento Criminal de 2020, «[s]olo el condenado puede pedir, en definitiva, una verdadera revisión de los hechos declarados probados en la sentencia condenatoria impugnada pues solo él puede alegar la vulneración del derecho a la presunción de inocencia en su doble dimensión de regla de juicio y regla probatoria».

Por lo que respecta al derecho del acusado a provocar la nueva valoración de la prueba declarativa en el segundo juicio, la doctrina italiana siempre ha puesto de relieve la vulnerabilidad, en términos de garantías de la defensa, que resulta de los estrechos límites dentro de los cuales el código de procedimiento penal contiene las posibilidades del acusado de estimular una nueva audiencia de la fuente de prueba de cuya credibilidad tiene, con razón, motivos para dudar: puesto que «la inmediación es una garantía de la fiabilidad de la decisión penal, y es esencial para entender si las dudas sobre la culpabilidad que han surgido en la apelación pueden realmente decirse que son razonables», en caso de apelación por el acusado «la nueva audiencia oral de la prueba declarativa debería operar incondicionalmente»[21].

Si bien esto es impecable desde un punto de vista teórico, no puede dejar de advertirse que tal apertura podría acarrear una serie de problemas desde el punto de vista de la economía procesal, ya que, si cada vez que el acusado se quejara de la valoración de una prueba declarativa, ésta tuviera que ser reexaminada, los Tribunales de Apelación verían incrementada su carga de trabajo.

III. EL USO DE GRABACIONES DE VÍDEO EN APELACIÓN

En el estado actual, con un fiscal que impugna la absolución por motivos de fiabilidad de la fuente de prueba, obteniendo por defecto un nuevo exa-

20. Cass., Sez.Un 9 de enero de 2017, Patalano, § 7, en *Diritto penale contemporaneo*, 8 mayo 2017, con comentario de LUPÁRIA, L. y BELLUTA, H., «Ragionevole dubbio e prima condanna in appello: solo la rinnovazione ci salverà?» (nuestra traducción).
21. DANIELE, M., «L'avvenire del processo penale. Tre voci a confronto. Intervista di Paolo Ferrua, a Marcello Daniele, Daniele Negri e Sergio Lorusso» en *Legislazione penale*, 10 abril 2021, p. 23 (nuestra traducción).

men de la fuente de prueba, esta última solución parece ser la única capaz de salvar el recurso de la censura desde el punto de vista del respeto del principio de igualdad de armas.

Pero desde una perspectiva *de iure condendo*, si se excluyera a la acusación de tal posibilidad, sería legítimo pensar en disposiciones destinadas a equilibrar, por una parte, el derecho del acusado a obtener una revisión de la valoración de las declaraciones del testigo y, por otra, la necesidad de limitar la repetición de la actividad probatoria en segunda instancia.

Desde este punto de vista, un indicio sin duda destacable lo representa una de las innovaciones introducidas por la reforma Cartabia de 2022, a saber, la previsión (artículo 510 § 2-bis c.p.p.) de que el examen de las fuentes declarativas in primera instancia deba documentarse no sólo en la forma clásica de las actas, sino también mediante reproducción audiovisual, a reserva de la eventual indisponibilidad de medios técnicos[22].

Ahora bien, frente a la obligación de grabar en vídeo la vista, cabría pensar en introducir un derecho del acusado-apelante a solicitar, no la nueva grabación de la fuente declarativa, sino el visionado, ante el juez y de forma contradictoria entre las partes, del examen realizado en primera instancia, de modo que permita al Tribunal de Apelación decidir ya no sobre la base de los actos del juicio, sino teniendo conocimiento, aunque sólo sea mediado por la pantalla, de lo acontecido en aquella vista[23]. Esto es, por otra

---

22. Sobre esta novedad, véase: BOLOGNARI, M., «Il nuovo volto del dibattimento tra depotenziamento del contraddittorio e rinnovato ruolo dirigistico del giudice» en CATALANO, E.M., KOSTORIS, R.E. y ORLANDI, R. (dirs.), *Riassetti della penalità, razionalizzazione del procedimento di primo grado, giustizia riparativa*, Giappichelli, Torino, 2023, pp. 221 ss.; CURTOTTI, D., «Videoregistrazioni e collegamenti da remoto» en *Giurisprudenza italiana*, 2023, p. 1183; LUDOVICI, L., «Il "nuovo" giudizio di primo grado sospeso tra le ombre del passato e i chiaro-scuri del futuro» en SPANGHER, G. (dir.), *La riforma Cartabia. Codice penale - Codice di procedura penale - Giustizia riparativa*, Pacini, Pisa, 2022, pp. 508 ss; MANCUSO, E.M., «Le nuove dinamiche del giudizio» en CASTRONUOVO, D., DONINI, M., MANCUSO, E.M. y VARRASO, G., *Riforma Cartabia*, cit., pp. 820 ss.
23. En opinión de DELLA TORRE, J., «La crisi dell'appello penale nel prisma della statistica giudiziaria» en *Archivio penale web*, 2022, f. 2, p. 50 la utilización de esta forma de documentación de la toma de declaraciones puede servir a los jueces de segunda instancia para valorar mejor, frente a la fría redacción, la prueba declarativa, formada en el curso de la primera instancia del procedimiento. Sobre el uso de grabaciones de vídeo en apelación, véase también AIUTI, V., «Contributo allo studio dell'appello penale. Tra principio di immediatezza e doppio grado di giurisdizione», Giappichelli, Torino, 2023, pp. 335 ss. En términos más generales, sobre los beneficios que puede reportar a los procesos penales el uso de las formas más avanzadas de documentación, GALGANI, B., «Forme e garanzie nel prisma dell'innovazione tecnologica. Alla ricerca di un processo penale "virtuoso"», Cedam, Milán, 2022, pp. 352 ss.

parte, lo que parecía permitir el artículo 736.3 del Anteproyecto de Ley Orgánica de enjuiciamiento criminal de 2020, según el cual, «[s]i se admitiera la práctica de nuevos medios de prueba, la parte apelada podrá solicitar al tribunal la repetición de todas o algunas de las pruebas practicadas en la instancia al objeto de que el tribunal de apelación pueda valorarlas todas de manera conjunta», pero «[l]a repetición podrá sustituirse por la lectura del acta o el visionado de la grabación si todas las partes se muestran conformes».

Sin embargo, la disponibilidad de la grabación en vídeo de la vista en primera instancia no parece sustituir a la audiencia directa del testigo a efectos de revocar la absolución en apelación[24]. Y ello no sólo porque, precisamente en un caso español, el Tribunal Europeo consideró que se había producido una violación del proceso equitativo por la revocación de la absolución tras el mero visionado de la grabación de vídeo[25], sino también y sobre todo por la reflexión sobre la jurisprudencia de Estrasburgo en punto de *sole or decisive rule*.

Como es bien sabido, el Tribunal de Estrasburgo ha desarrollado una especie de test (el llamado «test Al-Khawaja»)[26] que debe aplicarse en el caso de una condena pronunciada a pesar de la falta de contrainterrogatorio, destinado a investigar la existencia de una buena razón para apartarse del método dialéctico de formación de la prueba, el peso de la prueba en la decisión final y, por último, la presencia de elementos capaces de compensar el perjuicio[27]. Esto test fue ampliado más allá de su ámbito de aplicación inicial, es decir, el de la ausencia del testigo en primera instancia, con la necesidad de basarse en las declaraciones tomadas en la fase de instrucción, por la sentencia *Dan c. Moldova n.º 2*: esta sentencia consideró que estos principios también son aplicables en la hipótesis de que, en apelación, no

24. Sobre el riesgo de que, disponiendo de un documento audiovisual, el tribunal de apelación limite o deniegue la audiencia física del testigo, véase TESORIERO, S., «Il nuovo art. 603 comma 3-bis c.p.p.: la rinnovazione della prova dichiarativa in appello (torna) al servizio dell'immediatezza», cit., p. 163.

25. TEDH de 29 marzo 2016, Gómez Olmeda c. España, en la que ver MORÃO, H., «On the Legitimacy of the ECtHR's Criminal Appeal Immediacy Requirements» en MORÃO, H y TAVARES DA SILVA, R. (dirs.), Fairness in Criminal Appeal, cit., p. 200.

26. TEDH de 15 diciembre 2011, Al-Khawaja y Tahery c. Reino Unido, §§ 119-147 en *Diritto penale contemporaneo*, 17 enero 2012, con comentario de ZACCHÉ, F., «Rimodulazione della giurisprudenza europea sui testimoni assenti (*working paper*)».

27. TEDH de 15 diciembre 2015, Schatschaschwili c. Alemania, § 116, en *Cassazione penale*, 2016, p. 2626, con comentario de CASIRAGHI, R., «Conferme e smentite dalla Grande Camera in materia di testimoni assenti».

sea posible oír de nuevo la fuente declarativa con el fin de anular la absolución[28].

Ahora bien, entre los factores compensatorios pertinentes según dicha jurisprudencia figura precisamente la existencia de una grabación del interrogatorio de la fuente declarante cuya audición ha resultado imposible[29]. Esto significa, por supuesto, que el Tribunal de Estrasburgo admite efectivamente el recurso a la grabación en vídeo a efectos de la anulación de la sentencia absolutoria, pero sólo en casos excepcionales, cuando sea imposible volver a tomar declaración al testigo en presencia.

BIBLIOGRAFÍA

AGOSTINO, L., «Overturning della sentenza di proscioglimento nel giudizio abbreviato: per la Corte europea non è necessaria la rinnovazione istruttoria» en *Archivio penale web*, 2021, f. 2.

AIUTI, V., «Impugnazioni e principio di immediatezza nella giurisprudenza della Corte di Strasburgo», en *Diritto penale e processo*, 2015, p. 1440.

– «L'art. 603 c.p.p. dopo Dan c. Moldavia: un casebook», en *Giurisprudenza italiana*, 2016, p. 1002.

– «Obbligo di rinnovazione e prova dichiarativa (comma 58 L. N. 103/2017)» en Marandola, A. y Bene, T. (dirs.), *La riforma della giustizia penale*, Giuffré, Milán, 2017, p. 243.

– «Contributo allo studio dell'appello penale. Tra principio di immediatezza e doppio grado di giurisdizione», Giappichelli, Torino, 2023.

BALSAMO, A., «La rinnovazione dell'istruttoria dibattimentale» en Pulvirenti, A. (dir.), *Le impugnazioni penali dopo la riforma*, Giappichelli, Torino, 2018, p. 167.

28. TEDH de 10 noviembre 2020, Dan c. Moldavia (n. 2), § 55, sobre el que véanse los comentarios de GAITO, A., «Ancora alla ricerca di un passaggio a Nord-Ovest... oltre il giudizio d'appello» en *Archivio penale web*, 2020, f. 3; GIUNCHEDI, F., «*In claris non fit interpretatio.* "Dan c. Moldavia 2" impone rinnovazioni effettive» en *Archivio penale web*, 2020, f. 3; LA ROCCA, E. N., «Quale immediatezza, ora?» en *Archivio penale web*, 2020, f. 3; MANGIARACINA, A., «Dan v. Moldavia 2: la rinnovazione in appello tra itinerari sperimentati e cedimenti silenziosi», en *Archivio penale web*, 2020, f. 3; PARLATO, L., «La seconda puntata del "caso Dan": la Corte europea insiste sull'effettività della rinnovazione in appello», en *IlPenalista*, 25 enero 2021.
29. TEDH de 15 diciembre 2015, Schatschaschwili c. Alemania, § 127.

BARGI, A., «I nuovi ambiti oggettivi delle impugnazioni» en Gaito, A. (dir.), *La nuova disciplina delle impugnazioni dopo la «legge Pecorella»*, Giappichelli, Torino, 2006, p. 151.

BARGI, A. y GAITO, A., «Il ritorno della Consulta alla cultura processuale inquisitoria (a proposito della funzione del p.m. nelle impugnazioni penali)» en *Giurisprudenza costituzionale*, 2007, p. 240.

BARGIS, M. y BELLUTA, H., «Linee guida per una riforma dell'appello» en Bargis, M. y Belluta, H. (dirs.), *Impugnazioni penali. Assestamenti del sistema e prospettive di riforma*, Giappichelli, Torino, 2013, p. 283.

BELLUTA, H., «Prospettive di riforma dell'appello penale: tra modifiche strutturali e microchirurgia normativa» en Bargis, M. y Belluta, H. (dirs.), *Impugnazioni penali. Assestamenti del sistema e prospettive di riforma*, Giappichelli, Torino, 2013, p. 235.

BELLUTA, H. y LUPÁRIA, L., «La rinnovazione dell'istruzione dibattimentale tra legge e giurisprudenza tra legge e giurisprudenza: punti fermi ... e non» en Canzio, G. y Bricchetti, R. (dirs.), *Le impugnazioni penali*, Giuffré, Milán, 2019, p. 345.

BOLOGNARI, M., «Il nuovo volto del dibattimento tra depotenziamento del contraddittorio e rinnovato ruolo dirigistico del giudice» en CATALANO, E.M., KOSTORIS, R.E. y ORLANDI, R. (dirs.), *Riassetti della penalità, razionalizzazione del procedimento di primo grado, giustizia riparativa*, Giappichelli, Torino, 2023, p. 207.

BONTEMPELLI, M., «Le modifiche relative all'appello» en BENE, T., BONTEMPELLI, M. y LUPÁRIA DONATI, L. (dirs.), *Nuove dinamiche del procedimento penale*, en GATTA, G.L. y GIALUZ, M., *Riforma Cartabia. Le modifiche al sistema penale*, Giappichelli, Torino, 2024, p. 397.

BRONZO, P., «La nuova ipotesi di rinnovazione dell'istruttoria dibattimentale in appello» en Baccari, G.M., Bonzano, C., La Regina, K. y Mancuso, E.M. (dirs.), *Le recenti riforme in materia penale. Dai decreti di depenalizzazione (d.lgs. n. 7 e n. 8/2016) alla legge «Orlando» (l. n. 103/2017)*, Cedam, Padova, 2017, p. 409.

CAPONE, A., «Appello del pubblico ministero e rinnovazione istruttoria» en Bargis, M. y Beluta, H. (dirs.), *La riforma delle impugnazioni tra carenze sistematiche e incertezze applicative (commento alla legge 23 giugno 2017, n. 103 e al d.lgs. 6 febbraio 2018, n. 11)*, Giappichelli, Torino, p. 53.

CAPRIOLI, F., «Inappellabilità delle sentenze di proscioglimento e "parità delle armi" nel processo penale» en *Giurisprudenza costituzionale*, 2007, p. 250.

CASIRAGHI, R., «Conferme e smentite dalla Grande Camera in materia di testimoni assenti» en *Cassazione penale*, 2016, p. 2626.

CERESA-GASTALDO, M., «La riforma dell'appello, tra malinteso garantismo e spinte deflative» en *Diritto penale contemporaneo, Rivista trimestrale*, 2017, f. 3, p. 163.

CIAMPI, S., «Metamorfosi dell'appello: considerazioni sull'abolizione del gravame del pubblico ministero» en *Archivio penale web*, 2022, f. 1.

CURTOTTI, D., Videoregistrazioni e collegamenti da remoto» en *Giurisprudenza italiana*, 2023, p. 1183.

DANIELE, M., «L'avvenire del processo penale. Tre voci a confronto. Intervista di Paolo Ferrua, a Marcello Daniele, Daniele Negri e Sergio Lorusso» en *Legislazione penale*, 10 abril 2021.

DELL'ANNO, P., «La rinnovazione dell'istruttoria dibattimentale in appello», en Ranaldi, G. (dir.), *La riforma delle impugnazioni penali. Semplificazione, deflazione, restaurazione*, Pisa University Press, Pisa, 2019, p. 187.

DELLA TORRE, J., «La Corte costituzionale promuove i limiti all'appello del pubblico ministero avverso le sentenze di condanna dell'imputato» en *Rivista di diritto processuale*, 2020, p. 1331.

– «La crisi dell'appello penale nel prisma della statistica giudiziaria» en *Archivio penale web*, 2022, f. 2.

FAIRÉN GUILLÉN, V., «Comentarios a la comunicación del Comité de Derechos Humanos de la ONU y condena a España en el caso Gómez Vázquez v. España» en *Anales de la Real Academia de jurisprudencia y legislación*, f. 31, 2001, p. 13.

GAITO, A. y LA ROCCA, E.N., «Il diritto al controllo nel merito tra immediatezza e ragionevole dubbio» en *Archivio penale web*, 2017, f. 3.

GAITO, A., «Ancora alla ricerca di un passaggio a Nord-Ovest... oltre il giudizio d'appello» en *Archivio penale web*, 2020, f. 3.

GALGANI, B., «Forme e garanzie nel prisma dell'innovazione tecnologica. Alla ricerca di un processo penale "virtuoso"», Cedam, Milán, 2022.

GIUNCHEDI, F., «*In claris non fit interpretatio.* "Dan c. Moldavia 2" impone rinnovazioni effettive» en *Archivio penale web*, 2020, f. 3.

GREVI, V., «Appello del pubblico ministero e obbligatorietà dell'azione penale» en *Cassazione penale*, 2007, p. 1414.

LARA LÓPEZ, A. M., «The Retrial Model in Spain» en Morão, H y Tavares Da Silva, R. (dirs.), *Fairness in Criminal Appeal. A Critical and Interdisciplinary Analysis of the EctHR Case-Law*, Springer, Cham, 2023, p. 43.

LA ROCCA, E.N., «Quale immediatezza, ora?» en *Archivio penale web*, 2020, f. 3.

– y Mangiaracina, A., «Le impugnazioni ordinarie: tra "efficienza" e snellimento» en Castronuovo, D., Donini, M., Mancuso, E.M. y Varraso, G., *Riforma Cartabia. La nuova giustizia penale*, Cedam, Milán, 2023, p. 841.

LORENZETTO, E., «*Reformatio in peius* in appello e processo equo (art. 6 CEDU): fisiologia e patologia secondo le Sezioni Unite» en *Diritto penale contemporaneo*, 5 octubre 2016.

LUDOVICI, L., «Il "nuovo" giudizio di primo grado sospeso tra le ombre del passato e i chiaro-scuri del futuro» en Spangher (dir.), *La riforma Cartabia. Codice penale - Codice di procedura penale - Giustizia riparativa*, Pacini, Pisa, 2022, p. 508.

LUDOVICI, L., «Disegno di legge c.d. Nordio: nuove garanzie processuali tra fughe in avanti e false partenze» en *Legislazione penale*, 7 mayo 2024

LUPÁRIA, L. y BELLUTA, H., «Ragionevole dubbio e prima condanna in appello: solo la rinnovazione ci salverà?» en *Diritto penale contemporaneo*, 8 mayo 2017.

MANCUSO, E.M., «Le nuove dinamiche del giudizio» en Castronuovo, D., Donini, M., Mancuso, E.M. y Varraso, G., *Riforma Cartabia. La nuova giustizia penale*, Cedam, Milán, 2023, p. 820.

MANGIARACINA, A., «Dan v. Moldavia 2: la rinnovazione in appello tra itinerari sperimentati e cedimenti silenziosi», en *Archivio penale web*, 2020, f. 3.

MARANDOLA, A., «Nuovo regime dei casi d'appello» en Scalfati, A. (dir.), *Novità su impugnazioni penali e regole di giudizio*, Ipsoa, Trento, 2006, p. 121.

– «L'appello riformato», Cedam, Milán, 2020.

MASCARELL NAVARRO, M. J., «El recurso de apelación penal por error en la apreciación de la prueba» en Juan Sánchez, R. y Armengot Vilaplanap, A., *Justicia penal y sus reformas: Los retos de la eficiencia, la seguridad y las garantías procesales*, Tirant lo Blanch, Valencia, 2022, p. 289.

MAZZA, O., «Prolegomeni di un giusto processo penale» en *Archivio penale web*, 2023, f. 2.

MORÃO, H., «On the Legitimacy of the ECtHR's Criminal Appeal Immediacy Requirements» en Morão, H y Tavares Da Silva, R. (dirs.), *Fairness in Criminal Appeal. A Critical and Interdisciplinary Analysis of the EctHR Case-Law*, Springer, Cham, 2023, p. 197.

NACAR, B., «La rinnovazione dell'istruttoria dibattimentale in appello: dubbi applicativi e questioni di legittimità costituzionale» en *Diritto penale e processo*, 2018, p. 314.

NULLO, L., «Il caso Tondo c. Italia: una nuova condanna europea per il mancato rispetto del principio di oralità in appello» en *Archivio penale web*, 2021, f. 2.

PARLATO, L., «La seconda puntata del "caso Dan": la Corte europea insiste sull'effettività della rinnovazione in appello» en *IlPenalista*, 25 enero 2021.

PERONI, F., «L'istruzione dibattimentale nel giudizio d'appello», Cedam, Padova, 1995.

PRESUTTI, A., «L'inappellabilità delle sentenze di proscioglimento tra regola ed eccezione» en Bargis, M. y Caprioli, F. (dirs.), *Impugnazioni e regole di giudizio nella legge di riforma del 2006. Dai problemi di fondo ai primi responsi costituzionali*, Giappichelli, Torino, 2007, p. 51.

SURACI, L., «La rinnovazione del dibattimento in caso di proscioglimento» en Spangher G. (dir.), *La riforma Orlando. Modifiche al Codice penale, Codice di procedura penale e Ordinamento penitenziario*, Pacini, Pisa, 2017, p. 255.

TESORIERO, S., «La rinnovazione della prova dichiarativa in appello alla luce della CEDU» en *Diritto penale contemporaneo, Rivista trimestrale*, 2014, f. 3-4, p. 239.

TESORIERO, S., «Il nuovo art. 603 comma 3-bis c.p.p.: la rinnovazione della prova dichiarativa in appello (torna) al servizio dell'immediatezza» en BARGIS, M. y BELLUTA, H. (dirs.), *L'ennesima riforma delle impugnazioni tra aspettative deluse e profili controversi*, Giappichelli, Torino, 2023, p. 127.

ZACCHÉ, F., «Rimodulazione della giurisprudenza europea sui testimoni assenti (*working paper*)» en *Diritto penale contemporaneo*, 17 enero 2012.

11

El recurso de casación penal por error en la valoración de documentos (art. 849.2 LECRIM) [1]. Contenido, aplicación y razones para su eliminación en aras de conseguir un recurso objetivado

Gabriel Caro Herrero
Contratado Predoctoral en Universidad de Castilla-La Mancha

I. INTRODUCCIÓN

Participar en el I Congreso Internacional organizado por la Red de Investigación *Probaticius*, celebrado en el mes de mayo en la Universidad Nacional de Educación a Distancia, es sin duda un gran privilegio. Además,

1. Este trabajo ha sido realizado gracias al contrato predoctoral del Plan Propio de la Universidad de Castilla-La Mancha del que disfruto.

se une la oportunidad de poder aportar un trabajo escrito al libro final de resultados.

Durante las sesiones que se llevaron a cabo en el Congreso tuvimos la ocasión de contemplar la disertación sobre distintos temas relacionados con la prueba, algunos verdaderamente innovadores acerca de la prueba electrónica, inteligencia artificial, *Big Data*, etc. En otro lado, temas que quizá quepa encuadrar dentro de una categoría clásica: prueba indiciaria, prueba ilícita, valor probatorio de las declaraciones de co-investigados, prueba indiciaria, etc.

Nuestra aportación confluye en uno de esos temas que quizás podríamos situar dentro de un encuadre clásico: el recurso de casación penal por error en la prueba documental (art.849.2 LECRIM), la única vía que existe para pretender que la Sala II rectifique el relato de hechos probados de la instancia y, a su través, dicte un pronunciamiento materialmente distinto.

El objetivo de este trabajo será analizar su contenido, las exigencias que el Tribunal Supremo ha marcado para considerar cumplimentado el requisito. Sin embargo, no nos limitaremos a realizar una mera disertación teórica o descriptiva, pues ahondaremos en la razón de utilidad de esta particularidad casacional y la pondremos en contraposición con el horizonte futuro de la casación penal: su objetivación. Ya adelantamos que, fruto de la generalización de la segunda instancia en nuestro orden penal, resulta cada vez más presente la idea de que la casación penal pueda algún día quedar orientada, en cuanto a su tarea primordial, a la tutela objetiva de la norma jurídica, procesal o sustantiva, el *ius constitutionis*. En el contexto descrito, esta figura del error en la valoración de la prueba documental como puerta de entrada a la casación terminaría por desaparecer.

II. ELEMENTOS TRONCALES

La redacción del art.849.2 LECRIM resulta, *a priori*, bastante ilustrativa e integradora de los elementos que resultarán exigibles para su prosperabilidad. Solamente se estimará el recurso planteado a través de esta vía cuando haya existido error en la apreciación de la prueba, basado en documentos que obren en autos, que demuestren la equivocación del juzgador sin resultar contradichos por otros elementos probatorios. Es un canal de impugnación configurado para resolver la disonancia producida entre lo recogido en un documento y el *factum* fruto de una equivocación del juzgador. No obstante, merece la pena examinar en profundidad la prolífica jurisprudencia de la Sala II que se ha construido sobre la base de este enunciado.

1. CONTENIDO ESENCIAL

Tomando como muestra la reciente STS 346/2023 de 31 de marzo (ROJ 1446/2023), debemos tener en cuenta que la previsión del art. 849.2.º de la LECRIM exclusivamente se dirige a un objetivo claro: modificar, suprimir o adicionar el relato histórico mediante la incorporación de datos incontrovertibles acreditados a través de un documento. Parte de la premisa del error, que habrá de concretarse cuando el órgano de instancia incluye en la narración histórica elementos fácticos no acaecidos, cuando omite otros de la misma naturaleza que hubieran tenido lugar o cuando describe sucesos de manera diferente a como realmente se produjeron[2]. La sección de los hechos probados de la sentencia, generalmente un fragmento, será aquello que se habrá de poner en contraposición directa con el documento.

El art. 849.2 LECRIM es un mecanismo diseñado para la corrección de inexactitudes fácticas, no jurídicas, de carácter relevante, es decir, aquellos con la suficiente trascendencia como para alterar o modificar el fallo de la sentencia[3]. Esta pretendida alteración del *factum* ha de servir no como un fin, sino como un medio para crear una premisa distinta sobre la que aplicar el derecho positivo y obtener un resultado distinto[4]. Por tanto, el error acreditado con documentos no es suficiente, quedan a extramuros aquellos errores que, si se subsanasen, no tendrían suficiente capacidad para modificar el fallo en ninguno de sus aspectos; aquellos errores que, por referirse a cuestiones accesorias o irrelevantes para la condena, absolución o para la cuantificación de la pena, no pueden provocar la revocación, al menos parcial, de la sentencia recurrida[5].

Lo anterior enunciado no debe llevarnos tampoco a considerar que lo exigido para el error del art. 849.2 LECRIM es algo particular y novedoso. Es regla constante de nuestro sistema de recursos que la impugnación de

2. En el mismo sentido confluyen, STSS 1008/2022 de 9 de enero (ROJ 1/2023), 823/2022 de 18 de octubre (ROJ 3818/2022) y 228/2013 de 22 de marzo (ROJ 1919/2013) entre otras.
3. SSTS 96/2023, de 15 de febrero (ROJ 476/2023) y 439/2022, de 4 de mayo (ROJ 1638/2022).
La sección de los hechos probados o también identificada en ocasiones como la *plataforma fáctica* o *narración histórica* desde la que se construye el cuerpo y desenlace de la resolución. *Vid*.- PÉREZ CRUZ-MARTÍN, A. J.: «La configuración del derecho a los recursos en el Convenio Europeo de Derechos Humanos, Pacto Internacional de Derechos Civiles y Políticos y Constitución Española de 1978». *Revista Xurídica Galega*, núm. 21, 1998, p. 59.
4. GIMENO SENDRA, V.: *Manual de Derecho Procesal Penal*, Ed. Castillo de Luna, Madrid, 2018, p. 667.
5. MORENO CATENA, V.: «El recurso de apelación y la doble instancia penal». Aequitas, Revista Cuatrimestral del Poder Judicial, núm.4,2013, pp. 51 y 52.

las resoluciones se ha de dirigir siempre con el objetivo de cambiar el fallo y no su contenido argumentativo, ya sea fáctico o puramente jurídico[6]. Además, el elemental principio de conservación de los actos y de economía procesal no permite la anulación de resoluciones judiciales, con el eventual reenvío de las actuaciones al momento de la sentencia, por defectos que carezcan de la relevancia suficiente como para llegar a modificar el sentido de la decisión[7].

En cualquier caso, una correcta técnica casacional exige siempre que se plantee con carácter preferente el motivo o motivos del recurso que recaigan sobre el elemento fáctico de la condena respecto de aquel que solo tiene virtualidad para producir efectos en la dimensión puramente sustantiva de la sentencia, el art. 849.1 LECRIM, que exige el pleno respeto al relato de hechos probados[8].

No pensemos que el legislador encuadró ambas cuestiones, error de hecho y de derecho, bajo la categoría de infracción de ley fruto de un error de técnica legislativa, sino que lo hizo más bien siguiendo la ficción teórica, pero acertada, de que, si el hecho se ha apreciado de forma errónea, errónea será igualmente la aplicación del derecho sustantivo que sobre él se realice[9]. Ambos apartados del art. 849 LECRIM están íntimamente conectados.

Tal y como puede deducirse con facilidad, el legislador diseñó este requisito teniendo como premisa mantener la coherencia en torno a una de las piedras angulares de nuestro proceso penal: la inmediación, principio que obliga a que la convicción fáctica del juez sea formada únicamente por aquello que ha percibido, visto y oído directamente[10]. La inmediación es esencial para la práctica de los medios de prueba personales puesto que el juzgador, al estar necesariamente presente, podrá tanto preguntar a las partes y testigos sobre los puntos que le resulten dudosos como poder observar al declarante y ver sus reacciones[11]. El Juez que bajo inmediación

---

6. STS 368/2021, de 30 de abril (ROJ 1576/2021).
7. MORENO CATENA, V.: «El recurso de apelación...» p. 52.
8. STS 44/2023, de 30 de enero de 2023 (ROJ 254/2023).
   No resulta conveniente plasmar los motivos de infracción de ley, art. 849 apartados 1.º y 2.º, en pie de igualdad por la contradicción que ello supone (SSTS 96/2023, de 15 de febrero; ROJ 476/2023, y 845/2021, de 4 de noviembre; ROJ 4134/2021).
9. En este sentido BACIGALUPO ZAPATER, E.: «Presunción de inocencia, (*in dubio pro reo*) y recurso de casación». *Anuario de Derecho Penal,* vol. 41, núm. 2, 1988, p. 386.
10. VIDAL FERNÁNDEZ, B.: *Introducción al Derecho procesal.* Ed. Tecnos, 2017, Madrid, p. 238.
11. NIEVA FENOLL, J.: «Inmediación y valoración de la prueba: el retorno de la irracionalidad». *Civil Procedure Review,* vol. 3 núm.1, 2012. p. 22.

ha presenciado la práctica de la prueba personal posee un conocimiento privilegiado del que carecen los sucesivos que revisen la causa.

Ya que el contacto directo con el conjunto de la prueba no es propio de la intervención jurisdiccional en casación, solo el error podrá evidenciarse con documentos, sin que pueda pretenderse que el Tribunal aprecie el error a través del resultado obtenido de la práctica de otros medios prueba en la instancia o recurrir a conjeturas o complejas argumentaciones que impliquen encadenar una valoración sucesiva de otros medios de prueba junto con el documento, de la misma forma en que tampoco se admitirá que el dato que acredite el documento se encuentre en contradicción con otros elementos de prueba[12].

Solo respecto de la prueba documental la posición del órgano de casación y de instancia es idéntica en orden a la apreciación directa, no es una traición a la inmediación: el documento se presenta en idénticas condiciones y puede ser percibido de igual manera[13]. Esta es la razón por la que el precepto se refiere solamente a documentos, por ser inmunes a la inmediación, y no porque la prueba documenta tenga un valor probatorio cualificado en nuestro proceso penal, al contrario, la libre valoración de la prueba no reconoce preferencia alguna a la documental sobre ninguna otra, ni testifical, ni pericial, ni de otra clase[14].

Precisamente la base de la inmediación justifica a la perfección el estrecho cauce que establece la norma: lo que se pretende acreditar con el documento no puede estar contradicho por otros elementos de prueba pues si concurren otros de carácter personal que desmienten lo que se deduce del documento la contradicción no podrá solventarse ya que el Tribunal de casación carece de inmediación sobre aquellos[15].

Por tanto, el núcleo del requisito, lo que determinará el éxito del recurso planteado por este cauce, se identifica con que el tenor de los documentos acredite en casación, de forma incontrovertible a como debió hacerlo en la

12. SSTS 677/2022, de 4 de julio (ROJ 2818/2022), 152/2023, de 3 de marzo (ROJ 1227/2023) y 595/2022, de 15 de junio (ROJ 2513/2022).
13. Como bien entran a explicar las SSTS 529/2017, de 6 de julio (ROJ 2740/2017), 278/2018, de 8 de junio (ROJ 2056/2018) y 868/2021, de 12 de noviembre (ROJ 4152/2021).
14. SSTS 439/2022, de 4 de mayo (ROJ 1638/2022), 412/2022, de 27 de abril (ROJ 1645/2022) y 855/2021, de 17 de noviembre (ROJ 4311/2021).
15. STSS 547/2020, de 26 de octubre (ROJ 3467/2020), 368/2018, de 18 de julio (ROJ 2945/2018) y 491/2021, de 3 de junio (ROJ 2266/2021).
No obstante, una concreción alternativa podría descansar en que no debería descansar en que los documentos los que se encontrasen contradichos o no con otros medios de prueba sino el error en sí mismo respecto al total de la prueba practicada. *Vid.*- NIEVA FENOLL, J.: *El hecho y el derecho en la casación penal.* Ed. Bosch, 2000, Barcelona, p. 175.

instancia[16], una contradicción de su contenido con los enunciados del relato fáctico de la sentencia de forma tan manifiesta, indiscutible y clara que se evidencie el error de la decisión del Tribunal por haberse separado sin fundamento del resultado de la prueba[17].

Debemos admitir que el estrecho cauce procesal del art. 849.2 LECRIM no admite una construcción inversa a lo que hemos señalado hasta ahora. Es decir, no puede pretenderse a través de esta vía negar que un documento posea valor probatorio o, mejor dicho, reprochar que el órgano de enjuiciamiento ha conferido valor probatorio a un documento que no debería tenerla por no ser consistente, pues solo cabe encuadrar en el art. 849.2 LECRIM aquellas situaciones en que lo indiscutible de un documento no ha sido tomado en consideración y se ha resuelto equivocadamente o en contradicción con él[18].

Debemos tener en cuenta, y esto es importante, que tampoco el alegado error en la valoración de la prueba documental, a través del art. 849.2, permite una nueva valoración de la prueba documental en su conjunto a través de un razonamiento concatenado sobre el contenido de distintos documentos[19]. No cabe encuadrar dentro del art. 849.2 la estrategia del recurrente de enlazar distintos documentos obrantes en la causa para convencer al Supremo de una realidad diferente a la que se ha proclamado en los hechos probados a partir del conjunto de la prueba practicada[20]. En el siguiente apartado continuamos por esta senda.

---

16. Importante este matiz que introducen las SSTS 595/2022, de 15 de junio (ROJ 2513/2022) y 417/2020, de 21 de julio (ROJ 2532/2020).
17. STS 763/2022, de 15 de septiembre (ROJ 3356/2022).
Otras resoluciones que confluyen en el mismo sentido (por todas, STS 677/2022, de 4 de julio; ROJ 2818/2022) nos mencionan que el documento ha de poner de manifiesto la arbitrariedad de la decisión del Tribunal por haberse separado sin fundamento del resultado de la prueba, que no el error. Esta cuestión no es baladí y tendremos ocasión de examinarla más adelante al analizar la razón de utilidad del art. 849.2 LECRIM.
18. STS 278/2018, de 8 de junio (ROJ 2056/2018). Aunque ya hemos citado esta resolución anteriormente, no vemos incorrecto añadir que representa un punto cardinal en el estudio del cauce procesal del art. 849.2 LECRIM. Con la ponencia de D. Antonio del Moral se aborda una disertación extraordinaria sobre esta figura. Será citada en más ocasiones en este trabajo.
19. STSS 637/2014 de 23 de septiembre (ROJ 4718/2014) y 371/2014 de 7 de mayo (ROJ 1622/2014).
20. STS 1023/2023, de 26 de abril (ROJ 1718/2023).
El profesor NIEVA FENOLL, J.: «El hecho y el derecho en la casación penal...», pp. 177 y 178, señala acertadamente que se pierde la ocasión de apreciar determinados errores en la valoración de documentos que, para detectarlos, sería necesario tomar la información arrojada por el resto de medios probatorios. Señala, a su vez, que

2. CONDICIONES PARTICULARES DEL DOCUMENTO

Cuando nos referimos a esa capacidad de acreditar sin necesidad de acudir a otros apoyos, debemos tener en cuenta que el documento ha de incluir circunstancias o datos que, por sí mismos y de forma clara y patente, choquen frontalmente con lo declarado, acreditando así indubitadamente la desviación que en la apreciación de la prueba se denuncia[21]. Esto nos conduce irremediablemente a ahondar en una idea que la jurisprudencia ha acuñado hasta la saciedad, sin la cual el documento no podrá tener efectos probatorios en casación: la literosuficiencia[22].

Un documento merece la consideración de literosuficiente cuando por sus condiciones aporta una certeza capaz de desarmar, de manera clara para un tercer observador, la conclusión alcanzada por el Tribunal *a quo*[23]. Si llegado el caso, para acreditar un error, fuese necesario enlazar el documento con el contenido revelado por otros medios estaríamos ante un problema de valoración global de la prueba, que desborda por completo el cauce del art. 849.2 y solo sería invocable a través del art. 852 por infracción de precepto constitucional, concretamente vulneración de la garantía de la presunción de inocencia (24.2 CE) y bajo serios matices[24]. Volveremos sobre este punto al analizar la razón de utilidad del art. 849.2.

De manera sucinta, para comprender mejor la noción de literosuficiencia, podemos traer a colación el ejemplo contenido en la STS 704/2018 de 15 de enero (ROJ 36/2019) en la cual se descarta que concurra tal condición. En un procedimiento seguido por diversos delitos económicos se trató de hacer valer que uno de los condenados, a quien los hechos probados señalaron como administrador de hecho de una de las mercantiles encausadas, no podía haber asumido tal condición debido a que en una escritura notarial incorporada a la causa se le otorgaba inequívocamente un poder especial para actuar como apoderado, sin ninguna otra consideración de la que extraer que hubiera adquirido un poder de dirección encubierta en la empresa. Como bien razona la Sala, ese documento es literosuficiente para demostrar aquello que recoge, que el condenado fue nombrado en un momento determinado apoderado, pero en ningún caso la escritura tiene

---

podría haberse optado por la solución austriaca, la *Aktenwidrigkeit*, que permite extraer el error sobre la base de toda la documentación, en sentido amplio, obrante en autos.

21. STS 704/2018, de 15 de enero (ROJ 36/2019).
22. STS 556/2020, de 29 de octubre (ROJ 3543/2020), 368/2021, de 30 de abril (ROJ 1576/2021) y 360/2023, de 16 de mayo (ROJ 2280/2023).
23. STS 1008/2022 de 9 de enero de 2023 (ROJ 1/2023).
24. SSTS 556/2020, de 29 de octubre (ROJ 3543/2020) o 246/2022, de 16 de marzo (ROJ 947/2022), entre otras.

capacidad para desacreditar que realizara determinadas conductas de un administrador en la sombra y, valiéndose de esta circunstancia, favoreciese la comisión delictiva.

Volviendo al hilo temático, según decíamos arriba, si un documento, además de cumplir con la nota de literosuficiencia, no tiene ningún otro medio de prueba practicado en la causa que contradiga la información que revela su contenido entonces podremos afirmar que ese documento posee plena autarquía demostrativa y deberá, necesariamente, desplegar sus efectos en sede casacional[25].

No obstante, debemos tener en cuenta que la idea de literosuficiencia también ha sido precisada por la Sala II en aras de evitar errores de los recurrentes. Hablamos de una serie de pautas de idoneidad que sirven de premisa para orientar cuándo un determinado elemento documentado no puede en ningún caso ser tomado en cuenta como literosuficiente por claro que resulte su contenido, generalmente por no ser independiente o por carecer de autonomía u objetividad necesaria[26]. También, como idea global, podemos afirmar que quedan huérfanos de esa idoneidad aquellos documentos que carecen de autenticidad intrínseca o sustantiva, aquellos que no pueden garantizar la verdad material de las manifestaciones que recogen y únicamente poseen, en el mejor de los casos, capacidad para acreditar que la manifestación contenida se realizó, la llamada autenticidad formal o extrínseca[27].

Veamos los puntos clave que desarrollan lo descrito en el párrafo anterior.

1.-En primer lugar, no pueden tenerse como documentos aquellos que naturalmente han sido elaborados o confeccionados por los propios acusados unilateralmente, en los que la composición de su contenido quede únicamente a su merced[28]. Tales como declaraciones de voluntad, un diario del acusado, cartas o un contrato suscrito solo por los procesados.

25. SSTS 189/2023, de 15 de marzo (ROJ 1220/2023) y 17/2020, de 28 de enero (ROJ 487/2020). También ATS 205/2023, de 16 de febrero (ROJ 2306/2023).

26. STS 77/2020, de 25 de febrero (ROJ 657/2020). Esta sentencia es absolutamente determinante para conocer aquello que necesariamente no podrá tener cabida en el cauce casacional del art. 849.2 LECRIM. Con verdadera exhaustividad se enumeran hasta 59 supuestos que carecen de esa idoneidad a la que hemos hecho referencia.

27. APARICIO CALVO-RUBIO, J.: «Protección constitucional del derecho al recurso en el proceso penal». *Revista Española de Derecho Constitucional*, núm 22, 1988, p. 246.

28. *Vid.*- STS 154/2022, de 22 de febrero de 2022 (ROJ 687/2022) o 506/2021, de 10 de junio (ROJ 2271/2021). En esta última citada se recoge el caso de la remisión por parte del acusado de un burofax en requerimiento de pago a otro sujeto por una determinada

2.-En segundo lugar, aunque el término documento puede utilizarse en ocasiones de manera genérica, es necesario que a efectos del art. 849.2 se tenga en cuenta únicamente aquello que representa una verdadera prueba documental. Una interpretación que se orienta de forma restrictiva. De actuar de forma contraria, si se analizase la errónea valoración de la prueba a partir del prisma de un documento que, en realidad, no es prueba, se produciría el mayor error de hecho posible[29].

No podemos englobar dentro de la categoría de prueba documental, por ejemplo, a diligencias de investigación sumariales, aunque se encuentren documentadas, como la transcripción de una comunicación intervenida o una confesión prestada en instrucción, tampoco aquellas pruebas personales que se encuentren documentadas por cualquier medio ya sea escrito, sonoro o visual, como la declaración de la víctima en el plenario[30]. También se excluye el contenido de las declaraciones del atestado policial, por su mero valor de denuncia a tenor del art. 297 LECRIM[31]. A su vez, quedan fuera del control casacional las fotografías y documentos de video y sonido puesto que las razones técnicas que las engloban son analizables, por idoneidad, desde el prisma de la inmediación, además de que en numerosas ocasiones resulta necesario contrastarlas, aunque solo sea por contextualizar, con medios de prueba personal[32].

Es más, aunque se trate de documentos que sí pueden encuadrarse dentro de lo que cabría esperar de la prueba documental, no puede tener acogida un intento temerario de tratar de acreditar el error en un documento que ha sido declarado falso en la causa o, como mínimo, calificado en la instancia de mendaz o sin credibilidad al ser puesto en contraste con otros medios probatorios[33].

---

cantidad para tratar de demostrar así el precio de una transmisión. También encontramos situaciones en que se pretende con la indicación de un currículum vitae en que se expresa que el acusado se encuentra en posesión de un determinado título (STS 101/2021, de 5 de febrero; ROJ 317/2021).

29. APARICIO CALVO-RUBIO, J.: «Protección constitucional del derecho al recurso...», p. 247.
Caso distinto sería, por ejemplo, si a un acusado se le condenase utilizando como único fundamento las manifestaciones del atestado policial. Ahí no existe un error en la valoración de la prueba, como en siguientes párrafos analizamos, sino una vulneración del derecho a la presunción de inocencia (24.2 CE) y sería canalizable a través de la vía del 852 LECRIM por infracción de precepto constitucional.

30. SSTS 1002/2021, de 17 de diciembre (ROJ 4939/2021), 154/2020, de 18 de mayo (ROJ 1347/2020) y 191/2021, de 3 de marzo (ROJ 831/2021) entre otras.

31. STS 154/2020, de 18 de mayo (ROJ 1347/2020).

32. STS 106/2021, de 10 de febrero (ROJ 441/2021).

33. SSTS 101/2021, de 5 de febrero (ROJ 317/2021) y 278/2018 de 8 de junio (ROJ 2056/2018).

Se excluyen también con carácter expreso las sentencias judiciales. Ya sean de distinto orden jurisdiccional, aunque sirvan teóricamente de antecedente, dado que se rigen por principios y presupuestos que son distintos a los del orden penal y por tanto no vinculan a éste; o del mismo orden penal, pues carecen de la virtualidad suficiente para que en proceso distinto y por jueces diferentes, no pudiendo sobreponerse éstos a la apreciación de los jueces posteriores y obligar a los siguientes a estar o pasar por los hechos anteriores declarados probados, salvo que entre las dos resoluciones concurra la identidad de cosa juzgada[34].

3.-En tercer lugar, no es baladí apuntar el origen del documento respecto al proceso penal. Solo serán considerados documentos aquellas representaciones gráficas del pensamiento, generalmente por escrito, o al menos que su contenido se materialice en un soporte estable, creadas con finalidad probatoria y destinadas a surtir efecto en el tráfico jurídico, originadas o producidas fuera de la causa e incorporadas a ella con posterioridad[35]. Se exige con carácter general que el documento sea extrínseco a la causa[36]. No obstante, puede admitirse alguna excepción y englobar a efectos del art. 849.2 LECRIM algún documento originado en el seno del proceso penal, por ejemplo, un resguardo de la consignación judicial, realizada antes del juicio oral, para el pago de la indemnización al perjudicado a efectos de pretender la aplicación de una atenuante de reparación del daño que no se reflejó en sentencia[37]. En cualquier caso, no se admite la incorporación *ex novo* de documentos con ocasión del recurso de casación y, por tanto, hemos de hablar de un documento incorporado a las actuaciones desde el momento procesal oportuno.

3. EL TRATAMIENTO PARTICULAR DE LOS INFORMES PERICIALES

Hemos reservado deliberadamente para tratar en un apartado específico la cuestión de los informes periciales. La Sala II ha seguido un particular tratamiento procesal de este medio de prueba que merece ser examinado con detalle pues, aunque la regla general ha descansado en no considerarlos adecuados conforme a los requisitos del camino casacional del art. 849.2 LECRIM, sí se ha mostrado proclive a establecer reglas excepcionales para su estimación. Fruto de la experiencia forense la Sala II ha mostrado las razones para sustentar esta tesis de la exclusión y a continuación las desarrollamos.

34. STS 77/2020, de 25 de febrero (ROJ 657/2020) y 341/2020 de 22 de junio (ROJ 2835/2020).
35. STS 104/2017, de 21 de febrero (ROJ 685/2017).
36. SSTS 150/2022, de 22 de febrero (ROJ 748/2022) y 101/2021, de 5 de febrero (ROJ 317/2021). También el ATS 346/2023, de 10 de abril (ROJ 4765/2023).
37. Es el caso que estima la STS 438/2018, de 3 de octubre (ROJ 3253/2018).

En primer lugar, ha de tomarse en cuenta que nos estamos refiriendo a una prueba de apreciación discrecional o libre y no legal o tasada y, por tanto, desde el punto de vista normativo la ley precisa que el Tribunal valorará los dictámenes periciales según las reglas de la sana crítica y, por tanto, no resultan vinculantes para el órgano de enjuiciamiento[38]. Las reglas de la sana crítica son un patrón ciertamente abierto y personal, quedando el Tribunal en una plena situación de libertad a la hora de valorar los dictámenes periciales; limitado únicamente por las exigencias de la lógica, los conocimientos científicos y las máximas de la experiencia[39]. Es por la sujeción a las reglas de la sana crítica de los informes periciales que no son literosuficientes para evidenciar el error en la valoración de la prueba que se denuncia[40].

A lo anterior hay que añadir que las pruebas periciales son en realidad pruebas personales, acentuándose ese carácter cuando el perito comparece ante el Tribunal y responde a las preguntas que se le formulan aclarando o completando aspectos relevantes de su dictamen[41]. En efecto, cuando el dictamen pericial ha sido ratificado o ampliado en juicio, el resultado de esta prueba queda sujeta al principio de inmediación, a valorar en el contexto de libre apreciación conjunta de toda la prueba practicada en virtud del art. 741 LECRIM[42].

Por último, el peculiar carácter de la prueba pericial se circunscribe a que no se trata de pruebas que aporten aspectos fácticos, sino criterios que puedan auxiliar al órgano jurisdiccional en la interpretación y valoración de los hechos, sin modificar las facultades que le corresponden en orden a la valoración de la prueba[43].

Dentro de esa mínima flexibilidad que hemos comentado al principio, el Tribunal Supremo ha admitido dos posibles excepciones que pueden servir para evidenciar y corregir el hecho erróneamente probado[44]:

1.-En base a un error de traslación al hecho probado del resultado inequívoco arrojado por el dictamen pericial. Esto sucederá cuando existiendo un solo dictamen, o varios absolutamente coincidentes, sin disponer el

38. ATS 205/2023, de 16 de febrero (ROJ 2306/2023).
39. ATS 33/2022, de 23 de diciembre (ROJ 17239/2021).
40. STS 650/2022, de 27 de junio (ROJ 2927/2022).
41. SSTS 161/2022, de 23 de febrero (ROJ 961/2022) y 161/2022 de 23 de febrero (ROJ 961/2022).
42. STS 65/2023, de 8 de febrero (ROJ 343/2023).
43. STS 422/2021, de 19 de mayo (ROJ 2136/2021).
44. Las dos excepciones las podemos encontrar en las SSTS 360/2023, de 16 de mayo (ROJ 2280/2023) y 853/2021, de 10 de noviembre (ROJ 4124/2021).

órgano de otras pruebas sobre los mismos elementos fácticos, hubiera sido estimado el dictamen o dictámenes coincidentes como base única del hecho probado, pero, sin embargo, al incorporar la información a dicha declaración lo hiciera de un modo incompleto, fragmentario, mutilado o contradictorio, alterándose de modo relevantemente su sentido originario. En otras palabras, un error cometido por el juzgador al incorporar el resultado de la prueba pericial a los hechos probados.

2.- En base a una interpretación irrazonable o la ausencia de esta. Sucede cuando, contando solamente con dicho dictamen o dictámenes coincidentes y no concurriendo otras pruebas sobre el mismo punto fáctico, el Tribunal de instancia hubiera llegado a conclusiones divergentes con las de los citados informes, sin expresar razones que lo justificasen u ofreciendo una explicación que no resulta razonable. En otras palabras, cuando se haya llegado a conclusiones divergentes con las de los citados informes de manera ajena a la sana crítica o al fundamento de la razón[45].

Un ejemplo, dentro de las escasísimas veces que se ha aplicado la excepción mencionada sobre informes periciales la encontramos en la STS 240/2016 de 29 de marzo (ROJ 1404/2016)[46]. En un proceso seguido por homicidio, dos informes periciales de psiquiatría y medicina legal resultaron coincidentes en un punto: la verificación del estado de ansiedad extrema y miedo que sufrió el acusado al ejecutar el hecho y que pudo mermar su capacidad de libre actuación. El contenido de dichos informes fue parcialmente rechazado por el órgano *a quo* y los privó de efecto probatorio bajo una explicación no ajustada a la razón. Primero porque entendieron que no existió ese posible trastorno mental transitorio alegado por la defensa debido a que pocos minutos después de producirse el suceso, el condenado refirió a un agente de la Guardia Civil detalladamente lo que había acontecido. Para el órgano de instancia, según su ciencia, es un hecho totalmente incompatible con la amnesia que provoca el trastorno mental, por lo que no toma en consideración en su totalidad el informe pericial emitido por los doctores. El juzgador manifestó saber —en consonancia con otra sentencia de Audiencia Provincial que cita en el mismo sentido— que el miedo insuperable coloca a quien lo sufre en un estado emocional de tal intensidad que le priva del normal uso de su raciocinio. En otras palabras, no se asumió a afectos probatorios el contenido de ambos dictámenes, única prueba practicada al efecto para comprobar si el acusado actuó bajo miedo extremo y

45. STS 145/2022, de 17 de febrero (ROJ 643/2022).
46. Sentencia de la que se hace eco MARTÍN MUÑOZ, J.: «La magia del pronombre "mío" reflexiones sobre el miedo insuperable con ocasión de la STS 240/2016, de 29 de marzo». Revista de Derecho Penal y Criminología, núm. 20, 2018, pp. 451-483.

ello le produjo un trastorno mental transitorio, debido a que antepuso como filtro su ciencia privada. El motivo esgrimido por el recurrente fue estimado.

Los que desde luego sí parecen quedar excluidos acerca de poder ser examinados en sede casacional son los informes psicológicos de credibilidad subjetiva del testimonio de las víctimas y similares. Estos dictámenes expresan la opinión de quienes los emiten, opinión que no puede, ciertamente, por sí misma, desvirtuar la presunción de inocencia cuando el Juez o Tribunal, que son quienes tienen la responsabilidad constitucional de juzgar, no han obtenido una convicción ausente de toda duda razonable, aunque sí puedan ser utilizados para reforzar la convicción condenatoria[47].

4. ALGUNAS PRECISIONES FORMALES

En adición a lo expuesto hasta ahora, podemos añadir una síntesis de ciertos elementos que también ha precisado la Sala II y que no pueden quedar ausentes de un recurso de casación planteado por error en la valoración de la prueba documental. Podemos integrarlos en dos líneas[48]:

1.- Han de citarse con toda precisión y claridad los documentos en que se base la queja casacional, incorporados a la causa, con designación expresa de aquellos particulares de donde se deduzca inequívocamente el error padecido[49]. Además de individualizar el documento acreditativo del error, precisar los concretos extremos del mismo que demuestren claramente la equivocación en la que se dice incurrió el Tribunal.

La cita expresa del documento con sus particulares deberá efectuarse en el escrito de anuncio del motivo (art. 855 LECRIM), aunque el formalismo

47. STS 368/2021, de 30 de abril (ROJ 1576/2021).

48. Esta síntesis de requisitos formales la extraemos de lo dispuesto de manera conjunta entre las SSTS 368/2021, de 30 de abril (ROJ 1576/2021) y 572/2022, de 8 de junio (ROJ 2444/2022).

49. A título meramente ilustrativo podemos reproducir un fragmento exacto de la STS 278/2018, de 8 de junio (ROJ 2056/2018): «*Se arma el motivo (849.2.º LECrim) de manera esmerada, ordenada e impecable formalmente, lo que, como se ha dicho, es poco habitual. No solo se resaltan gráficamente (mediante su tachado visualizable)los fragmentos de la sentencia que deberían ser suprimidos, sino que, además, como complemento de la argumentación, se recoge todo el documento con el propósito, loable y digno de gratitud, de aliviar las tareas de localización en una causa de las dimensiones de la presente; dificultades que en todo caso, como ya se ha dicho y no importa reiterarlo, se han visto dulcificadas si no totalmente despejadas, por la magnífica labor de gestión documental atribuible a la oficina judicial mediante la digitalización e indexado de toda la documentación. También, -justo es reconocerlo- por la ayuda prestada por recurrentes al señalar folios, tomos, lugares, minutaje de la sesión correspondiente o, incluso como en este caso, trasladando íntegramente el documento al escrito de recurso*».

se ha flexibilizado permitiendo que tal designación se efectúe en el escrito de formalización del recurso.

2.-El recurrente debe llevar a cabo, al menos, un mínimo esfuerzo tendente a la justificación argumental como causa de la impugnación, a evidenciar de forma clara la concurrencia del error. Paralelamente deberá introducir necesariamente una propuesta de nueva redacción del *factum* derivada del error de hecho denunciado en el motivo y contraponerlo con el resultado fáctico plasmado en el relato de hechos probados y que se estima erróneo. No olvidemos que siempre que se pretenda utilizar la vía del art. 849.2 LECRIM para obtener una rectificación del *factum* ha de mantenerse presente que no es un fin en sí mismo, sino un medio para crear una premisa distinta a la establecida y, consecuentemente, obtener como resultado final una consecuencia jurídica diferente tras una nueva aplicación de la norma sustantiva.

III. EXCEPCIÓN PARA TENER EN CUENTA: SU USO DESDE LAS PARTES ACUSADORAS

Aunque hasta ahora hemos disertado los elementos principales que dan sentido al art. 849.2 LECRIM, debemos exponer una circunstancia que es necesario tener presente y que afecta de lleno a las partes acusadoras. Todo recurso de casación, como comprobaremos en las sucesivas líneas, que se plantee para transformar la absolución en condena o para agravar la condena sufrida utilizando como vía el art. 849.2 LECRIM queda prácticamente abocado a un resultado estéril[50].

En la recepción de la doctrina del Tribunal Europeo de Derechos Humanos, el Tribunal Supremo ha fijado que, cuando el órgano *ad quem* ha de conocer de cuestiones de hecho y de derecho estudiando incluso los elementos de la cuestión de la culpabilidad o la inocencia, no puede, por motivos de equidad en el proceso, resolver sin la apreciación directa del testimonio del acusado que sostiene que no ha cometido el hecho delictivo que se le imputa[51].

La STS 368/2021 de 30 de abril (ROJ 1576/2021) se hace eco de que las pautas hermenéuticas que viene marcando el Tribunal Constitucional al aplicar el derecho fundamental a un proceso con todas las garantías (en

50. Como bien nos introduce DÍAZ MARTÍNEZ, M.: «Límites a las facultades revisoras de las sentencias absolutorias en apelación y casación: principio de inmediación y derecho de defensa». *Revista de Derecho Penal y Criminología*, núm. 9,2013, p. 134.

51. ATS núm. 346/2023, de 10 de abril (ROJ 4765/2023) a partir de la STEDH de 10 de marzo de 2009, caso *Igual Coll* c. España.

concreto: inmediación, contradicción y oralidad), y también del derecho de defensa en el proceso penal. Estas estructuras hacen muy difícil la revisión de la convicción probatoria del órgano de instancia en los casos en que han existido pruebas personales en el juicio celebrado, algo más que habitual en nuestro proceso penal. Hasta tal punto que, cuando el reexamen de la sentencia recurrida no se circunscribe a cuestiones estrictamente jurídicas, es poco viable que operen los recursos de apelación y casación para revisar las sentencias absolutorias o agravar la condena dictada en la instancia.

Discurriendo a través de la doctrina del Tribunal Constitucional en este aspecto, podemos citar para el tema que analizamos la STC 142/2011, de 26 de septiembre. En ella se anula la condena dictada en apelación contra tres sujetos acusados de un delito contra la Hacienda Pública que habían sido absueltos por el Juzgado de lo Penal. En esta ocasión, el Tribunal Constitucional considera que no se ha infringido el derecho a un proceso con todas las garantías desde la perspectiva del principio de inmediación, ya que la condena en apelación se fundamentó en la prueba documental y en la pericial documentada. Sin embargo, sí entiende que se ha conculcado el derecho de defensa por no haber sido oídos los acusados por el órgano de apelación que acabó condenándolos.

La STS 191/2021 de 3 de marzo (ROJ 831/2021) continúa esta estela. Aclara y refuerza la obligación de dar audiencia directa al acusado por el Tribunal *ad quem* antes de resolver, aunque la decisión del recurso se base en prueba documental o pericial, o en una revisión de inferencias. La Sala II consolida que, cuando en un recurso devolutivo se suscitan cuestiones de hecho relacionadas directa o indirectamente con la valoración de pruebas de las que depende la condena *ex novo* del acusado, resulta imprescindible la celebración de vista pública en segunda instancia. Solo así el órgano de apelación podría resolver tomando conocimiento directo e inmediato de dichas pruebas. Añade la Sala en esta sentencia que los principios de publicidad, inmediación y contradicción exigen, como ya hemos visto, que el órgano *ad quem* oiga personalmente a testigos, peritos y acusados, a fin de llevar a cabo su propia valoración y ponderación y poder corregir la efectuada por el órgano de instancia. No se puede revisar contra reo en un recurso devolutivo la prueba sin haber seguido estas pautas, tampoco a través del art. 849.2.º.

No está de más añadir que, la verdadera razón para excluir el error en la valoración de documentos como cauce para agravar la sentencia de instancia descansa en que el juez *ad quem* solo posee conocimiento directo de los documentos, mientras que el juez *a quo* lo posee del resto de medios de prueba por lo que su conocimiento es más privilegiado. No es posible que un órgano cuyo conocimiento es más limitado pueda realizar una modificación peyorativa sobre el reo.

Además, la posibilidad de que el acusado comparezca personalmente en la vista de casación en virtud de un recurso frente a la sentencia absolutoria fue rechazada, por Acuerdo de Pleno no jurisdiccional de la Sala Segunda del Tribunal Supremo de fecha 19 de diciembre de 2012[52]. Con lo cual queda totalmente clausurada la posibilidad de llevar a cabo la pretendida revisión fáctica contra el reo en casación, por carecer de base legal todo intento de introducir medios de prueba personales en este momento procesal.

Solo podrá revocarse en casación la sentencia absolutoria para obtener una condena, o agravar la resolución condenatoria, si el recurso se plantea por la vía de los márgenes de la categoría de infracción de ley, pero revisando cuestiones puramente jurídicas[53], de derecho sustantivo, es decir, solamente la vía del art. 849.1 LECRIM tiene capacidad para transmutar en sede casacional una sentencia absolutoria en condenatoria o agravar la condenatoria[54].

Ahora bien, queda un pequeño espacio para el éxito en los recursos de casación planteados por las partes acusadoras sobre elementos probatorios. El recurso a través del art. 849.2 planteado por una de las partes acusadoras podría prosperar solo en aquellos casos en los que la valoración probatoria del documento asumida en la instancia resulte absolutamente arbitraria, ajena a las máximas de experiencia, las reglas de la lógica y, en fin, alejada del canon constitucional de valoración racional de la prueba[55]. En su caso correspondería la anulación de la sentencia y reenvío al Tribunal de instancia para que dictase una nueva sentencia, aplicable también si el recurso se planteó vía art. 852 LECRIM desde alguna acusación, pero nunca pronunciar una segunda sentencia agravatoria por el tribunal *ad quem* por estas razones[56].

Sí se permite, sin lugar a reservas, acudir a la vía del art. 849.2 LECRIM para corregir el relato de hechos probados en lo tocante a la responsabilidad

52. STS 559/2019, de 19 de noviembre (ROJ 3716/2019).
53. STS 182/2020, de 19 de mayo (ROJ 1153/2020).
54. STS 641/2017, 28 de septiembre (ROJ 3461/2017).
55. STS 278/2018, de 12 de junio (ROJ 2405/2018).
56. STS 278/2018, de 8 de junio, caso Noss, (ROJ 2056/2018). Resolución que nos aclara que el reenvío no podrá hacerse de oficio, sino que la parte ha de solicitarlo expresamente en su recurso, puesto que no cabe la anulación de sentencias de oficio (ex. art. 240.2. LOPJ). Sí es cierto que una sentencia anterior, STS146/2014, de 14 de febrero

civil y solicitar el incremento de condena en este aspecto, o la condena *ex novo* si en su momento fue omitida, puesto que se trata de una pretensión distinta respecto del elemento punitivo y sujeta solamente a reglas civiles, no a las propias de la pretensión penal[57].

IV. RAZÓN DE UTILIDAD EN NUESTRO SISTEMA CASACIONAL

Una vez realizada la correspondiente disertación sobre este particular camino procesal es necesario reflexionar y ahondar en por qué en nuestro sistema casacional se insertó el error en la valoración de la prueba documental como una de las vías cardinales de recurso. Esto nos hará reflexionar mejor sobre su proyección a futuro.

1. LA INTERDICCIÓN DE LA ARBITRARIEDAD (ART. 9.3. CE)

La propia Sala II reconoce que constituye una modalidad atípica en lo que cabe esperar de un recurso de casación, una peculiaridad muy notoria, que se encuentra amparada en la siguiente razón: permitir impugnar la apreciación de la prueba hecha en la instancia mediante una fórmula útil para la interdicción de la arbitrariedad de los poderes públicos (art. 9.3 CE), para aquellos supuestos muy concretos en que, existiendo una prueba indubitada sobre un extremo determinado, el órgano *a quo* la había desconocido y, en su virtud, establecido los hechos probados a espaldas de tal medio probatorio[58].

Podemos extraer que, a criterio de la Sala II, toda vez que un Tribunal judicial se aparte sin fundamento del resultado probatorio que nos arroja un documento entonces estamos ante una decisión arbitraria[59]. También lo estaremos cuando exista una contradicción irracional respecto del contenido del documento[60]. Bajo estas apreciaciones, la Sala II está asumiendo su obligación de actuar contra la arbitrariedad, de proteger al justiciable de una inoportuna aplicación de la ley fruto de un error de hecho patente y

---

STS 278/2018, de 8 de junio, caso Noss, (ROJ 2056/2018). Resolución que nos aclara que el reenvío no podrá hacerse de oficio, sino que la parte ha de solicitarlo expresamente en su recurso, puesto que no cabe la anulación de sentencias de oficio (ex. art. 240.2. LOPJ). Sí es cierto que una sentencia anterior, STS146/2014, de 14 de febrero

57. STS 763/2022, de 15 de septiembre (ROJ 3356/2022).
58. Principalmente SSTS 96/2023, de 15 de febrero (ROJ 476/2023) y 911/2021, de 24 de noviembre (ROJ 4326/2021). Aunque en la misma estela AATS 205/2023, de 16 de febrero (ROJ 2306/2023) y 33/2022, de 23 de diciembre (ROJ 17239/2021).
59. SSTS 346/2023, de 31 de marzo (ROJ 1446/2023), 595/2022, de 15 de junio (ROJ 2513/2022) y 152/2023, de 3 de marzo (ROJ 1227/2023) entre otras.
60. STS 146/2014, de 14 de febrero (ROJ 864/2014).

claro que se presenta ante sus magistrados[61], además de su función uniformadora del Derecho.

Aunque para el Tribunal Supremo la interdicción de la arbitrariedad es el fundamento que sostiene la presencia del error en la valoración de la prueba documental, en las siguientes líneas entramos a mostrar nuestra parcial discrepancia con esta puntualización.

En esencia, no consideramos adecuada la equiparación establecida en cuanto a significado de arbitrariedad y error craso, más bien creemos que son conceptos distintos[62]. La arbitrariedad es un concepto sinónimo, tanto en el lenguaje común como en el jurídico, de una injusticia ostensible producida por la actuación carente de fundamento y solo sustentada por el capricho[63]. La arbitrariedad es un modo de actuación marcado fundamentalmente por la voluntad del poder público, *sit pro ratione voluntas*, así lo quiero así lo mando, que generalmente llevará consigo la ausencia de motivación[64].

En complemento a lo que decíamos, en un sentido más particular, la arbitrariedad en el Poder Judicial viene concretada por la ausencia total o parcial de la debida motivación de las sentencias, incluso la ausencia de sujeción al debido precedente[65]. No obstante, debemos tener en cuenta que existen ocasiones en que nos encontramos con la existencia formal de argumentación y, sin embargo, ello no evita que la resolución judicial resulte fruto de un mero voluntarismo judicial o exprese un proceso deductivo irracional o absurdo, siendo por tanto esa argumentación una mera apariencia[66]. La arbitrariedad está proscrita para todos los Poderes Públicos en el artículo 9.3 de la CE, ya que, al fin y al cabo, la actuación arbitraria es la contraria a la justicia, a la razón o a las leyes, y obedece a la exclusiva voluntad del agente público[67].

61. BACIGALUPO ZAPATER, E.: «Presunción de inocencia...», pp. 385 y 386.
62. MORENO CATENA, V.: «El recurso de casación y la doble instancia...», p. 33.
63. GARCÍA DE ENTERRÍA, E.: «¿Es inconveniente o inútil la proclamación de la interdicción de la arbitrariedad como principio constitucional?». *Revista de Administración Pública*, núm.124, 1991, p. 225.
64. GONZÁLEZ ALONSO, A.: «La discrecionalidad y su control. Diferenciación con la arbitrariedad y con los conceptos jurídicos indeterminados». *Revista CEFLegal*, núm. 98, 2009, p. 139.
65. LEGUINA VILLA, J.: «Principios generales del Derecho y Constitución». *Revista de Administración Pública*, núm. 114, 1987, p. 33.
66. CALAZA LÓPEZ, S. y LÓPEZ GUIZÁN, A. M.: «Recepción de la noción arbitrariedad en la jurisdicción contencioso-administrativa española». *Revista de Derecho UNED*, núm.7, 2010, pp. 55 y 56. A partir de la STC 96/2005, de18 de abril.

Como hemos podido comprobar en apartados anteriores, no es necesario que se constate que el órgano *a quo* haya optado deliberadamente y por su sola voluntad por prescindir de un determinado documento injustamente para que se desplieguen los efectos del art. 849.2 LECRIM. La arbitrariedad lleva inserta consigo no solo la actuación carente de fundamento sino el elemento volitivo y consciente de actuar de tal forma, y esto no parece asimilable a lo que resulta de equivocarse al valorar un documento. No resulta extraño que un órgano pueda errar en la interpretación de un documento o en el análisis de sus datos e informaciones, aun cuando el error sea garrafal, pero ello no implica que se esté actuando de una forma arbitraria. Lo mismo sucede cuando simplemente el órgano omite por descuido valorar un documento relevante, carecerá de fundamento, pero no por su voluntad. De igual manera en que no es lo mismo alcanzar un resultado irrazonable al valorar la prueba por mera equivocación que realizar un proceso deliberado de valoración irrazonable o absurda de la misma, aquí radica a nuestro juicio la diferencia.

2. LA SIMPLE TUTELA DEL INTERÉS SUBJETIVO

Cuando entramos a asumir que la tesis de que la razón de utilidad se corresponde con la necesidad de corregir el error grave cometido por el órgano de enjuiciamiento, y no necesariamente la arbitrariedad, debemos plantearnos de nuevo qué sentido tiene en un recurso de casación mantener un margen de esta naturaleza. La respuesta no es otra que la de garantizar el interés subjetivo o la tutela del *ius litigatoris* sobre las cuestiones de hecho, de la única manera en que un tribunal de casación puede hacerlo: en aquello tocante a documentos, por las razones de inmediación que hemos explicado.

Sin ánimo de ahondar en la cuestión, pues ello desbordaría el contenido de este trabajo, antes de que con la Ley 41/2015 de 5 de octubre se generalizase el sistema de apelación en el orden penal, resultaba necesario mantener un recurso que diera respuesta a la posibilidad de impugnar las sentencias condenatorias de las audiencias provinciales. De ahí que se configurase la casación con tintes que sirvieran para la revisión íntegra de la condena. Revisión que quedó correspondida en su contenido con la vía que el legislador daba al Tribunal Supremo para acceder no solo a las cuestiones

67. STS de 20 de noviembre de 2013 (ROJ 5997/2013) comentada en RÓDENAS CALATAYUD, A.: «La derrotabilidad de las reglas el límite entre el derecho dúctil y el derecho arbitrario». *Anales de la Cátedra Francisco Suárez*, núm.1 Extra, 2021, p. 62.

jurídicas sino también a las fácticas en que se fundamenta la declaración de culpabilidad, a través del control de la aplicación de las reglas procesales y de valoración de la prueba[68].

Aunque la casación penal sea igualmente un recurso extraordinario, que incluye la indicada finalidad de la depuración y control de la aplicación del Derecho por los tribunales de instancia, su configuración quedó construida para garantizar en paridad y de modo inseparable la tutela de los intereses subjetivos de las partes procesales, a fin de configurar un medio idóneo y efectivo del recurrente para hacer valer su derecho a la revisión del fallo[69]. Se daba así cumplimiento a la finalidad de reexamen del art. 14.5 del Pacto Internacional de los Derechos Civiles y Políticos a la que debíamos dar respuesta y se optó por reforzar un sistema de casación ampliada[70]. Solo así se pudo preservar el carácter primordial de protección de los derechos subjetivos de las partes a través de la revisión íntegra de la causa —con la exclusión de aquellas cuestiones de prueba íntimamente comprometidas por la inmediación— para, a partir de ahí, desarrollar la tarea nomofiláctica[71].

A nuestro juicio parece más acertado asumir que la verdadera razón de existencia es la tutela del interés subjetivo concretada en la equivocación del juzgador, más que la justificación de interdicción de la arbitrariedad que es algo mucho más restrictivo, y que su encuadre actual no es más que la presencia derivada de aquello que, en su momento, resultó necesario mantener para garantizar un recurso efectivo en el orden penal.

68. STC 116/2006, de 24 de abril.
Sobre esta temática ya tuve ocasión de ahondar en profundidad. *Vid.*- CARO HERRERO, G.: «El modelo de casación contencioso-administrativo: análisis sobre su utilidad e idoneidad como garantía de reexamen en los procedimientos de naturaleza sancionadora». *Revista General de Derecho Procesal,* núm. 59, 2023, pp. 19-25.

69. GIMENO SENDRA, V.: *Derecho procesal penal.* Ed. Colex, Madrid, 2007, p. 760.
Sigue la misma estela SANZ HERMIDA, A.: «El recurso de casación en el sistema España: la casación penal». En RAMÍREZ ROMERO, C.: *El recurso de casación en el estado constitucional de derechos y justicia,* Corte Nacional de Justicia de Ecuador, Quito, 2013, p. 226.

70. También CALDERÓN CUADRADO, M. P.: *La segunda instancia penal.* Ed. Aranzadi, Pamplona 2005, pp. 29-31.
Ampliación de la casación que resulta prácticamente equiparable a la conformación de un modelo de apelación limitada según FERNÁNDEZ LÓPEZ, M.: «La reforma del recurso de apelación penal». Revista General de Derecho Procesal, núm.11, 2007, p. 4.

71. MARTÍNEZ ARRIETA, A.: El recurso de casación y de revisión penal. Control de la presunción de inocencia, ed. Tirant lo Blanch, Valencia, 2010, pp. 62 y 63.
MORENO CATENA, V.: «El recurso de apelación y la doble instancia...», p. 31 afirma que más que de ampliación de la casación, fruto del 849.2 LECRIM y demás vicisitudes, estamos ante una ruptura en la naturaleza de la casación.

Ahora bien, que nos refiramos a la tutela subjetiva como fundamento del art. 849.2 LECRIM no debe llevarnos al terreno de la confusión y pensar que en realidad supone un mecanismo idóneo para la tutela de la presunción de inocencia[72]. No parece adecuado circunscribir este motivo a cuestionar la validez, ausencia o suficiencia de prueba de cargo contra el condenado pues se trata, como deriva del propio tenor literal del precepto, de una cuestión valorativa de un documento en concreto[73].

No son pocas las situaciones en que los recurrentes utilizan este motivo como punta de lanza para acceder al terreno casacional y lograr una revisión sobre la presunción de inocencia, aun llegando a desbordar así el cauce del motivo[74]. No faltan, como decimos, situaciones en que se pretende por la vía del art. 849.2 LECRIM que el Supremo lleve a cabo una nueva ponderación de la prueba obrante en autos a través de la introducción de una posible convicción distinta o relato alternativo[75], una íntegra revalorización de la prueba[76].

Se omite por los recurrentes, quién sabe si en ocasiones a propósito, que el motivo del art. 849.2 LECRIM no permite en ningún caso una nueva evaluación del acervo probatorio en su conjunto[77].

Toda vez que exista una tesis alternativa de descargo seguida por la defensa, fundada en medios probatorios, de la que el órgano se haya apartado sin razonamiento debido entonces estamos en el terreno de la presunción de inocencia[78], pero no del error en la valoración de la prueba.

---

72. También descarta la posibilidad de asimilar presunción de inocencia y art. 849.2 NIEVA FENOLL, J.: «El hecho y el derecho en la casación penal...», p. 200. Aun cuando PÉREZ TREMPS, P.: «La Constitución como motivo de casación y la inexistencia de casación por infracción de la Constitución». *Cuadernos de Derecho Público*, núm.7, 1999, p. 143, nos reconoce que en los primeros años de andadura del proceso penal constitucional se alcanzó un cierto grado de identificación al respecto.
73. ARMENTA DEU, T.: «La reforma del recurso de apelación y la generalización de la segunda instancia...» p. 60.
74. SSTS 189/2023, de 15 de marzo (ROJ 1220/2023), 157/2023, de 8 de marzo (ROJ 1261/2023), 677/2022, de 4 de julio (ROJ 2818/2022) y 444/2022, de 5 de mayo (ROJ 1734/2022).
75. SSTS 650/2022, de 27 de junio (ROJ 2927/2022), 1021/2021, de 11 de enero (ROJ 37/2022), 823/2021, de 28 de octubre (ROJ 3977/2021), 560/2021, de 24 de junio (ROJ 2652/2021) y 326/202,1 de 22 de abril (ROJ 1408/2021).
    ATS 346/2023, de 10 de abril (ROJ 4765/2023).
76. SSTS 299/2021, de 8 de abril (ROJ 1236/2021) y 444/2022, de 5 de mayo (ROJ 1734/2022).
77. SSTS 246/2022, de 16 de marzo (ROJ 947/2022) y 150/2022, de 22 de febrero (ROJ 748/2022).
78. CAAMAÑO DOMÍNGUEZ, F.: «Esperando al juez de garantías (a propósito del nuevo Anteproyecto de Ley de Enjuiciamiento Criminal». *Revista Española de Derecho Constitucional*, núm. 124, 2022, p. 21.

En síntesis, el motivo del art. 849.2 LECRIM no tiene como razón de utilidad el desvirtuar el cuadro armónico de prueba. Si lo que se trata es de impugnar el razonamiento o motivación seguida en la causa, la suficiencia o escasez del material probatorio para fundar la culpabilidad o, en su caso, la ausencia de prueba de cargo válida introducida en el proceso entonces la vía adecuada solo podrá ser la invocación de la presunción de inocencia a través del art. 852 LECRIM[79]. De la misma forma, tampoco se puede, por regla general, asumir que la utilidad del recurso encauzado por error en la valoración del documento vendrá fundamentada por el derecho a la tutela judicial efectiva (art. 24.1 CE) desde el punto de vista de las acusaciones[80].

V. PERSPECTIVA DE FUTURO: UN CAMBIO HACIA LA OBJETIVACIÓN

Después del análisis expuesto hasta ahora debemos cerrar con un apartado para la reflexión, que sintetizamos con la siguiente pregunta: ¿Sigue siendo necesario mantener vigente el error en la valoración de la prueba del art. 849 LECRIM? Existen distintos argumentos que nos conducen a discurrir por este sentido y plantear su eliminación en aras de consagrar un recurso progresivamente objetivado en el orden penal.

Como punto de partida, podemos examinar el contenido que la STS 254/2013 (ROJ 1574/2023) integra al examinar el motivo invocado por el recurrente[81]:

> *«El uso —¡abuso!— del art. 849.2 LECrim es tan frecuente, como infrecuente su manejo correcto (SSTS 368/2018, de 18 de julio). Este recurso constituye una muestra más de esa afirmación, que no sorprenderá a ningún operador familiarizado con la casación. Se explica esa paradoja seguramente por la rígida disciplina procesal que rodea la configuración legal del motivo, convirtiéndolo en terreno bien abonado para provocar no pocos tropezones en quienes echan mano de él seducidos, quizás, por su amplísima y aparentemente ambiciosa etiqueta definidora —error en la valoración de la prueba—, pero ignorando o despreciando los muy exigentes requisitos, adosados a esa genérica categorización. Esos estrictos condicionantes derivan de la necesidad de armonizar la posibilidad de revisión y modificación de cuestiones fácticas que encierra esa causal con la naturaleza extraordinaria del recurso de casación y el respeto al principio de inmediación que inspira nuestra normativa».*

79. DE HOYOS SANCHO, M.: «La presunción de inocencia en el anteproyecto de ley de enjuiciamiento criminal de noviembre de 2020». *Revista Aranzadi de Derecho y Proceso Penal*, núm. 63, 2021, p. 171.
80. STS 146/2014, de 14 de febrero (ROJ 864/2014). En el mismo sentido ALCÁCER GUIRAO, R.: «Garantías de la segunda instancia, revocación de sentencias absolutorias y recurso de casación». InDret, Revista para el Análisis del Derecho, núm.1, 2012, p. 19.
81. En el mismo tenor SSTS 580/2022, de 9 de junio (ROJ 2350/2022) y 763/2021, de 7 de octubre (ROJ 3624/2021).

De lo anterior descrito podemos percibir el sentir de la Sala II sobre la utilización del motivo en sede casacional. Quizás este motivo, cuya utilidad para la tutela del interés subjetivo era incontestable cuando la apelación no se encontraba generalizada en nuestro sistema, esté dando muestras de un posible agotamiento. Podríamos establecer el símil, si se nos permite, acerca de que esta parte de nuestra casación penal ha quedado relegada casi como sucede con el apéndice intestinal del ser humano: imprescindible en un momento del pasado, pero un obstáculo cuando dejó de serlo por razones evolutivas.

Encontramos innumerables ejemplos de cómo los recurrentes utilizan este motivo de manera desviada hacia otras finalidades, bien no admisibles en casación o bien propias de otros mecanismos. Esto se explica, en cierta medida, porque en no pocas ocasiones, a pesar de existir un defectuoso planteamiento por los recurrentes, la Sala II ha reconstruido, casi de oficio, la dirección del recurso en cada caso en base a la voluntad impugnativa subyacente de aquel, generalmente, trasladando el objeto del recurso del error en prueba documental al estudio de la vulneración de la presunción de inocencia[82].

Sin embargo, el agotamiento sistémico del art. 849.2 LECRIM no viene circunscrito, en esencia, al incorrecto uso realizado por los recurrentes. Más bien, debemos centrar nuestra atención en el estado actual del sistema de recursos en el orden penal.

Al configurarse la segunda instancia general para toda sentencia, las dictadas por las audiencias provinciales como órgano de enjuiciamiento serán revisadas por los correspondientes TSJ. Esto ha cambiado el paradigma del recurso de casación.

Es imprescindible detenernos a examinar el contenido de la reciente STS 65/2023, de 8 de febrero (ROJ 343/2023) que expone ciertas notas a tener en cuenta: al existir una segunda instancia en forma de apelación no puede entenderse el recurso de casación como una instancia adicional más que se suma a las dos anteriores y en la que pueda reiterarse el contenido del recurso de apelación para ver si el Supremo estima lo que no estimó el TSJ. Tampoco puede permitirse la introducción de cuestiones novedosas que pudiendo haber sido alegadas anteriormente no lo fueron. Además, el recurso de casación ha de entablarse directamente con la sentencia de ape-

82. SSTS 504/2021, de 10 de junio (ROJ 2270/2021), 496/2021, de 9 de junio (ROJ 2269/2021), 350/2021, de 28 de abril (ROJ 1697/2021), 485/2021, de 3 de junio (ROJ 2248/2021), 422/2021, de 19 de mayo (ROJ 2136/2021). ATS 212/2023, de 16 de febrero (ROJ2047/2023).

lación, rebatiendo sus argumentos, pero no para reproducir la misma línea argumental.

Si trasladamos la anterior consideración a la impugnación vía error en la valoración de la prueba documental, lo cierto es que la presencia del motivo desentona con la actual ordenación de recursos. Aunque una misma infracción o motivo puede ser impugnado tanto en apelación y casación, los elementos sustentantes que dan razón a la impugnación no deben ser idénticos. Ante esta situación descrita, ¿no resulta a efectos prácticos repetitivo e incluso innecesario plantear el error en la valoración del documento también en casación? Es decir, puede ser que una audiencia se equivoque, naturalmente, al valorar el documento, pero, si ya ha sido denunciado y comprobado este extremo en apelación por el TSJ ¿Qué valor añadido aporta un segundo examen del error en casación?

En todo caso, al menos podemos afirmar que el recurrente deberá centrar el núcleo de su recurso de casación en este aspecto frente al razonamiento del TSJ acerca de que no existió error de base documental para luego centrarse en la justificación del error en sí. En otras palabras, lo que se pone en tela de juicio en casación es lo resuelto por el TSJ sin entrar en consideraciones reiterativas[83].

La propia Sala II ya ha mostrado su interés acerca de que el recurso de casación penal gire hacia el lado de la objetivación y que la tutela objetiva, el *ius constitutionis*, guarde la posición preferente. Debemos examinar en este sentido el tenor literal de la STS 326/2023 de 10 de mayo (ROJ 1963/2023): «*Ahora, una vez superada la necesidad de atender la revisión de las sentencias condenatorias exigidas por los Tratados Internacionales, la casación ha de ir dirigida a satisfacer las exigencias necesarias de seguridad jurídica y del principio de igualdad de los ciudadanos ante la ley, a través de la función nomofiláctica, esto es, fijar la interpretación de la ley para asegurar la observancia de ambos principios, propiciando que la ley se aplique por igual a todos los ciudadanos y que la aplicación de la norma penal sea previsible*».

Lo anterior enunciado nos sirve de enlace para entrar a exponer el contenido del anteproyecto de Ley de Enjuiciamiento Criminal del año 2020 (en lo sucesivo ALECRIM) para comprobar el modelo de transición casacional que, en el futuro, previsiblemente encontraremos.

En su exposición de motivos, se indica que el propósito de la nueva ley a estos efectos sería completar el tránsito hacia un modelo de casación eficiente y moderno, que permita al Tribunal Supremo ejercer la función uni-

83. STS 439/2022, de 4 de mayo (ROJ 1638/2022).

ficadora de doctrina que solo él puede desempeñar en el ámbito penal. Para ello se aclara, en primer lugar, que el recurso de casación tiene por objeto la formación de doctrina jurisprudencial vinculante sin que constituya una segunda revisión de la legalidad del proceso previo, alcanzándose una separación definitiva entre casación y apelación. A efectos de lograr el propósito expuesto, la presente ley se suma a la tendencia generalizada en la legislación procesal de los últimos tiempos y recurre al concepto jurídico indeterminado del interés casacional, tanto para recursos planteados por infracción de derecho sustantivo como de carácter procesal por vulneración de precepto constitucional, que son los dos motivos consagrados en el 744 ALECRIM.

Ese interés casacional objetivo común a los dos motivos y necesario para la admisión del recurso lo concreta el art. 745 en estas situaciones:

1.-Negativa u oposición manifiesta del órgano judicial a aplicar la doctrina del Tribunal Supremo.

2.-Existencia de jurisprudencia contradictoria entre los TSJ o la sala de apelación de la Audiencia Nacional.

3.-El recurso permita a la Sala II un cambio de doctrina fruto de un proceso de reflexión interna.

Para el caso de las infracciones procesales por vulneración de precepto constitucional se introduce, en particular, que el recurso plantee una cuestión nueva sobre las que no haya doctrina de la propia Sala de lo Penal del Tribunal Supremo o del Tribunal Constitucional.

Aunque el anteproyecto de LECRIM del 2020 quizás no termine de materializarse, tarde o temprano el recurso de casación penal se verá objetivado y reconducido estrechamente al cumplimiento de la función nomofiláctica, dentro de la tendencia seguida por el legislador en los últimos años. Con ocasión de la LO 6/2007, de 24 de mayo, se objetivó el recurso de amparo con la introducción del requisito de especial trascendencia constitucional; con la LO 7/2015 de 21 de julio se objetivó la casación contencioso-administrativa con la introducción del interés casacional objetivo para la formación de jurisprudencia y a través de un instrumento de urgencia, el RD 5/2023 de 28 de junio, se ha generalizado recientemente el interés casacional objetivo para el orden civil, tanto a nivel sustantivo como procesal, aunque con alguna excepción en materia de tutela de derechos fundamentales[84].

84. Es cierto, a pesar de su avanzada objetivación, que la LEC en su art. 477.5 indica que el introducir en vía casacional la valoración de la prueba y la fijación de hechos no

Una vez fuese materializada la casación penal como un auténtico recurso extraordinario en todos sus vértices, la Sala II quedaría enfocada a emanar su tan necesaria doctrina legal, mejorando su calidad y cerrando los tan indeseados vacíos jurisprudenciales, con la seguridad añadida de que los quebrantamientos de forma o de otro carácter procesal han podido discutirse en el recurso de apelación[85]. Al dejar de revisar medios de prueba, se terminaría así con la desnaturalización del recurso de casación y ese particular papel asumido hasta ahora, más propio una instancia procesal ordinaria[86].

VI. COROLARIO

La vía casacional del art. 849.2 de la LECRIM representa en esencia una vía angosta y de difícil viabilidad. Así lo ha confirmado en innumerables sentencias el Tribunal Supremo. En un contexto de libre valoración de la prueba en que los distintos medios probatorios confluyen de manera contradictoria para la acreditación de los hechos es complicado encontrar situaciones en que un documento no se encuentre rebatido por alguna otra prueba, generalmente personal, o precise de ser valorado en adición a otro de su misma clase. Además, su efectividad desde el lado de las partes acusadoras está seriamente mermada y se antoja, tal como hemos comprobado, como un mecanismo eficaz solamente para que la causa sea devuelta al órgano *a quo* y que vuelva a valorar el documento o bien modificar cuestiones de responsabilidad civil.

Podemos concluir, a la vista de los elementos analizados, que los recurrentes tampoco hacen un uso preciso de esta citada vía impugnativa, tratando de orientar su estrategia por cuestiones más propias de la presunción de inocencia, invocando como documentos elementos que obran en actuaciones y que ni pueden ser prueba documental ni poseen capacidad demostrativa. En algunos casos, incluso, utilizando el art. 849.2 LECRIM para lograr una nueva valoración de la prueba en su conjunto.

En un sistema de recursos en que la apelación contra toda sentencia dictada en el orden penal está garantizada y, en su caso, pueden ser anali-

---

podrán ser objeto de recurso de casación, salvo error de hecho, patente e inmediatamente verificable a partir de las propias actuaciones.

85. Tras el estudio de los anteproyectos de 2011 y 2013 así lo concluyó GIMENO SENDRA, V.: *La simplificación de la justicia penal y civil.* Ed. Agencia Estatal del Boletín Oficial del Estado,2020, Madrid, pp. 134 y 156.
86. *Vid.*- ARMENTA DEU, T.: «La reforma del recurso de apelación...» p. 60.

zados los vicios en la valoración de la prueba, no parece que la continuidad del error basado en documentos en casación pueda seguir sostenida.

Quizás sea el momento de revisar las canalizaciones del recurso de casación a fin de conseguir un instrumento destinado a la formación de jurisprudencia de calidad, su defensa objetiva y la tutela en su aplicación por parte de los demás órganos del orden penal sacrificando, a cambio, la rama estudiada.

BIBLIOGRAFÍA

ALCÁCER GUIRAO, R.: «Garantías de la segunda instancia, revocación de sentencias absolutorias y recurso de casación». *InDret, Revista para el Análisis del Derecho,* núm.1, 2012.

APARICIO CALVO-RUBIO, J.: «Protección constitucional del derecho al recurso en el proceso penal». *Revista Española de Derecho Constitucional,* núm. 22, 1988.

ARMENTA DEU, T.: «La reforma del recurso de apelación y la generalización de la segunda instancia». *Justicia,* 2016, núm. 1.

BACIGALUPO ZAPATER, E.: «Presunción de inocencia, (in dubio *pro-reo*) y recurso de casación». *Anuario de Derecho Penal,* vol. 41, núm. 2, 1988.

CAAMAÑO DOMÍNGUEZ, F.: «Esperando al juez de garantías (a propósito del nuevo Anteproyecto de Ley de Enjuiciamiento Criminal». *Revista Española de Derecho Constitucional,* núm. 124, 2022.

CALAZA LÓPEZ, S. y LÓPEZ GUIZÁN, A. M.: «Recepción de la noción arbitrariedad en la jurisdicción contencioso-administrativa española». *Revista de Derecho UNED,* núm.7, 2010.

CALDERÓN CUADRADO, M. P.: *La segunda instancia penal.* Ed. Aranzadi, Pamplona 2005.

DÍAZ MARTÍNEZ, M.: «Límites a las facultades revisoras de las sentencias absolutorias en apelación y casación: principio de inmediación y derecho de defensa». *Revista de Derecho Penal y Criminología,* núm. 9,2013.

DE HOYOS SANCHO, M.: «La presunción de inocencia en el anteproyecto de ley de enjuiciamiento criminal de noviembre de 2020». *Revista Aranzadi de Derecho y Proceso Penal,* núm. 63, 2021.

FERNÁNDEZ LÓPEZ, M.: «La reforma del recurso de apelación penal». *Revista General de Derecho Procesal,* núm.11, 2007.

GARCÍA DE ENTERRÍA, E.: «¿Es inconveniente o inútil la proclamación de la interdicción de la arbitrariedad como principio constitucional?». *Revista de Administración Pública,* núm.124, 1991.

GIMENO SENDRA, V.: *Manual de Derecho Procesal Penal,* Ed. Castillo de Luna, Madrid, 2018.

– *Derecho procesal penal.* Ed. Colex, Madrid, 2007.

– *La simplificación de la justicia penal y civil.* Ed. Agencia Estatal del Boletín Oficial del Estado,2020, Madrid.

GONZÁLEZ ALONSO, A.: «La discrecionalidad y su control. Diferenciación con la arbitrariedad y con los conceptos jurídicos indeterminados». *Revista CEFLegal,* núm. 98, 2009.

LEGUINA VILLA, J.: «Principios generales del Derecho y Constitución». *Revista de Administración Pública,* núm. 114, 1987.

MARTÍN MUÑOZ, J.: «La magia del pronombre «mío» reflexiones sobre el miedo insuperable con ocasión de la STS 240/2016, de 29 de marzo». Revista de Derecho Penal y Criminología, núm. 20, 2018.

MARTÍNEZ ARRIETA, A.: *El recurso de casación y de revisión penal. Control de la presunción de inocencia.* Ed. Tirant lo Blanch, Valencia, 2010.

MORENO CATENA, V.: «El recurso de apelación y la doble instancia penal». Aequitas, Revista Cuatrimestral del Poder Judicial, núm.4,2013.

NIEVA FENOLL, J.: «Inmediación y valoración de la prueba: el retorno de la irracionalidad». *Civil Procedure Review,* vol. 3 núm.1, 2012.

– *El hecho y el derecho en la casación penal.* Ed. Bosch, 2000, Barcelona.

PÉREZ CRUZ-MARTÍN, A. J.: «La configuración del derecho a los recursos en el Convenio Europeo de Derechos Humanos, Pacto Internacional de Derechos Civiles y Políticos y Constitución Española de 1978». *Revista Xurídica Galega,* núm. 21, 1998.

PÉREZ TREMPS, P.: «La Constitución como motivo de casación y la inexistencia de casación por infracción de la Constitución». *Cuadernos de Derecho Público,* núm.7, 1999.

RÓDENAS CALATAYUD, A.: «La derrotabilidad de las reglas el límite entre el derecho dúctil y el derecho arbitrario». *Anales de la Cátedra Francisco Suárez,* núm.1 Extra, 2021.

SANZ HERMIDA, A.: «El recurso de casación en el sistema España: la casación penal». En RAMÍREZ ROMERO, C.: *El recurso de casación en el estado constitucional de derechos y justicia,* Corte Nacional de Justicia de Ecuador, Quito, 2013.

VIDAL FERNÁNDEZ, B.: *Introducción al Derecho procesal.* Ed. Tecnos, 2017, Madrid.

12

Acceso y valoración de material formado por Comisiones parlamentarias de investigación en el proceso penal

BRIAN BUCHHALTER MONTERO
Personal Docente e Investigador en formación (FPU)
Universidad Complutense de Madrid

I. INTRODUCCIÓN: LA COMPLICADA RELACIÓN ENTRE INVESTIGACIÓN PARLAMENTARIA Y ACTIVIDAD JUDICIAL

Que la relación entre CPI y el proceso penal es compleja ha sido, desde antiguo, puesto de relieve[1]. Ya hizo notar Ernst von Beling durante la

1. Además de las usuales abreviaturas (CCAA, CE, CP, LAJ, LEC, LECrim, LO, MF, TC o TS, por ejemplo) han sido empleadas las siguientes: BOJG (Boletín Oficial de la Junta General del Principado de Asturias); BOParLaRioj (Boletín Oficial del Parlamento de

tumultuosa República de Weimar algunas de las dificultades que estas indagaciones paralelas pueden suscitar[2]. De lo que se trata en las siguientes líneas no es, sin embargo, de analizar en abstracto la ya clara (STC 77/2023, de 20 de junio, FJ 3 A)[3] compatibilidad entre la actividad parlamentaria y judicial sobre unos mismos hechos. De lo que se trata, más bien, es de abordar un particular problema que se plantea cuando un proceso penal se incoa tras una indagación parlamentaria sobre unos mismos hechos: el acceso y valoración de la información parlamentaria en el proceso.

II. FLUJO DE INFORMACIÓN DEL PARLAMENTO AL PROCESO

Prescindiendo ahora de mayores debates sobre el fundamento y la naturaleza jurídica de las CPI, abordar el problema procesal planteado exige diferenciar nítidamente las diversas clases de informaciones que puede crear un Parlamento en ejercicio de su actividad indagatoria.

1. INFORMACIÓN PARLAMENTARIA: NO SE TRATA DE PRUEBA PRECONSTITUIDA

Por información parlamentaria se entiende aquí toda clase de hechos o actos plasmados en soporte material o digital por el Parlamento. Es indiferente si aquellos suceden fuera o dentro de su sede. Puede quedar documentada esa información en las *publicaciones* de las Cámaras, que dan cuenta de la «totalidad de los debates y de todos los informes, dictámenes o documentos» (art. 69 RCD); en las *actas*, que recogen manifestación de intervinientes, incidencias y acuerdos (art. 65.1 RCD); o también en las grabaciones de las sesiones que se hacen públicas (en el portal web del Congreso de los Diputados, por ejemplo). De ahí deriva, por tanto, que la definición de *documento* del art. 26 CP deba ser ponderada con cautela respecto del Dere-

---

La Rioja); BVerfG (Tribunal Constitucional Federal de Alemania); CPI (Comisión parlamentaria de investigación); DSAM (Diario de Sesiones de la Asamblea de Madrid); DSCG (Diario de Sesiones de las Cortes Generales); GG (Constitución de Alemania); PUAG (Ley federal de comisiones parlamentarias de investigación de Alemania); RANFr (Reglamento de la Asamblea Nacional Francesa); RCD (Reglamento del Congreso de los Diputados); RSen (Reglamento del Senado); StPO (Ordenanza procesal penal de Alemania); y UAG (Ley estatal de comisiones parlamentarias de investigación en Alemania: Hamburgo, Brandemburgo o Baviera, por ejemplo). Aprovecho la nota para agradecer sus sugerencias al Prof. Abdalla Khalaf Reda (Universidad Complutense de Madrid).

2. Beling, E., *Deutsches Reichstrafprozeßrecht*, Walter de Gruyter & Co., Berlin und Leipzig, 1928, pp. 50 y 51.

3. Hoy, que la simultaneidad es admisible, deriva directamente de los arts. 3.2 LO 5/1984 y 64.4.b) RCD. Y efectivamente, el legislador está habilitado para limitar o restringir esa coexistencia, pero no puede prohibirla *ad eternum* (como sí sucede en Francia): Arts. 6.I.III de la Ordenanza Núm. 58-1100 de 17 de noviembre de 1958 y 139.2 RANFr.

cho procesal penal. Y no solo porque la propia norma se restringe «(a) los efectos de [ese] Código» (es decir, para delimitar *qué es delito*) sino porque una relevante fuente de información de las CPI (las declaraciones de comparecientes) no es *documental* por mucho que aparezca plasmada en un *soporte material que expresa una narración* (art. 26 CP). Es, tan solo, una prueba personal documentada. Efectivamente, si a los efectos del art. 849.2.º LECrim no es posible considerar *prueba documental* un atestado policial o una declaración testifical que conste por escrito[4], una elemental analogía lleva a la misma conclusión para las declaraciones dadas ante una CPI. Es decir, cuando deba acceder al proceso alguna información proveniente del Parlamento en un «soporte material que exprese o incorpore datos, hechos o narraciones» (por ejemplo, el DSCG: art. 95.2.º RCD) no puede atenderse solo al vehículo formal en que consta, sino al contenido de lo que allí aparece documentado: las conclusiones que elabora una CPI sí son documento (público: art. 317.5.º LEC)[5] en el sentido del art. 849.2.º LECrim.

Por otra parte, la información producida en el Parlamento no conforma prueba preconstituida alguna (arts. 448, 449, 772 y 797.2 LECrim). Esta se caracteriza (además de por ser excepcional)[6] por, no siendo repetible en el juicio oral, haber sido conformada ante el Juez de instrucción[7] con las garantías de contradicción e inmediación procedentes[8]. No es el caso de la información producida por y ante las CPI. No son las declaraciones prestadas ante una CPI, en general, irrepetibles: salvo que fallezca el compare-

4. STS (Sala II) 577/2014, de 12 de julio, FJ 11. En la doctrina, *cfr.* Banacloche Palao, J. y Zarzalejos Nieto, J., *Aspectos fundamentales del Derecho procesal penal*, 5.ª ed., La Ley, Madrid, 2021, p. 375; Armenta Deu, T., *Lecciones de Derecho procesal penal*, 10.ª ed., Marcial Pons, Madrid, 2017, p. 305; o Prieto-Castro y Ferrándiz, L. y Gutiérrez de Cabiedes, E., *Derecho procesal penal*, 2.ª ed., Tecnos, Madrid, 1978, p. 249.
5. Por las actas del Parlamento son responsables los Letrados: el Letrado Secretario General respecto de la Mesa (art. 35.1 RCD), del Pleno y de la Junta de Portavoces (art. 35.1 analog.) y los Letrados de las respectivas CPI (art. 45 RCD), bajo la supervisión de los Secretarios de las Mesas (arts. 34, 45 y 65 RCD), como reseña Ripollés Serrano, M. R., «Artículo 95», en Ripollés Serrano, M. R. (coord.), *Comentarios al Reglamento del Congreso de los Diputados*, Congreso de los Diputados, Madrid, 2012, p. 711. Por el DSCG es formalmente responsable la Secretaría General, aunque materialmente se encarga de ello un servicio específico (*ibid*).
6. Muerza Esparza, J. J., «Sobre los límites a la prueba preconstituida en el proceso penal», *Revista General de Derecho Procesal*, Núm. 39, 2016, p. 10.
7. Esta es la autoridad «que, por estar institucionalmente dotada de independencia e imparcialidad, asegura la fidelidad del testimonio y su eventual eficacia probatoria»: STC 33/2015, de 2 de marzo, FJ 4 e).
8. STC 182/1989, de 3 de noviembre, FJ 2; STC 150/1989, de 25 de septiembre, FJ 2 A); STC 51/1990, de 26 de marzo, FJ 2; STC 56/2010, de 4 de octubre, FJ 3 b); STC 344/2006, de 11 de octubre, FJ 4 c); STC 170/2006, de 5 de junio, FJ 5; o STC 92/2006, de 27 de marzo, FJ 2.

ciente o se encuentre en el extranjero o en paradero desconocido, podrá ser llamado a dar testimonio en instrucción y en el juicio oral. Tampoco son esas declaraciones prestadas ante una autoridad suficientemente cualificada como para salvaguardar los derechos procesales necesarios (ni tampoco hay norma que lo prevea, como sí el 773.2.II LECrim respecto del MF). De tal manera, lo que las CPI pueden garantizar es que la declaración se ha producido, pero no que lo declarado sea efectivamente verdad (a pesar de la coacción psicológica que produce el art. 502.3 CP y su constante invocación, que no solo realizan los vocales[9], sino también la Presidencia de la CPI[10]).

Tampoco garantizan las CPI que el debate que se haya podido suscitar en ellas sea *suficientemente* contradictorio. Nada de eso las exime, sin embargo, de garantizar lo máximo posible los derechos fundamentales de los afectados (art. 53.1 CE). Efectivamente, el carácter político de las CPI no las absuelve de cumplir con la CE ni tampoco puede encubrir, bajo los nebulosos contornos de la *oportunidad*, la arbitrariedad (ya expulsada del Derecho español: art. 9.3 CE). Así, no puede confundirse la acreditación de la declaración ante una CPI con que su contenido sea efectivamente cierto y que, por tanto, pueda elevarse *ipso iure* lo depuesto a la categoría de prueba[11]. Tampoco las excepciones que el TC ha admitido respecto de la *prueba preconstituida* ante la Policía (que se trate de datos objetivos e incontestables, irrepetibles en juicio)[12] pueden tener excesivo recorrido (y menos cuando las declaraciones ante las CPI sean autoincriminatorias, pues ni

9. *Cfr.* DSCG - Congreso de los Diputados, Comisión de investigación sobre la utilización partidista en el Ministerio del Interior, Núm. 8, 5 de julio de 2017, p. 47; y DSCG - Congreso de los Diputados, Comisión de investigación relativa a la presunta financiación ilegal del PP, Núm. 81, 18 de septiembre de 2018, pp. 43, 44 y 47; o DSCG - Congreso de los Diputados, Comisión de investigación relativa a la utilización ilegal de efectivos, medios y recursos del Ministerio del Interior, con la finalidad de favorecer intereses políticos del PP y anular pruebas inculpatorias para este partido en casos de corrupción, durante los mandatos de Gobierno del PP, Núm. 7, 25 de marzo de 2021, p. 22.

10. Incluso realiza el recordatorio la Presidencia de la CPI respecto de personas que ostentan notoriamente la condición de investigados en un proceso penal. *Cfr.* DSCG - Congreso de los Diputados, Comisión de investigación relativa a la utilización ilegal de efectivos, medios y recursos del Ministerio del Interior, con la finalidad de favorecer intereses políticos del PP y anular pruebas inculpatorias para este partido en casos de corrupción, durante los mandatos de Gobierno del PP, Núm. 5, 17 de marzo de 2021, p. 2.

11. STC 33/2015, de 2 de marzo, FJ 4 e); STC 165/2014, de 8 de octubre, FJ 2 a); STC 53/2013, de 28 de febrero, FJ 4; STC 68/2010, de 18 de octubre, FJ 5 b); STC 68/2010, de 18 de octubre, FJ 5.

12. STC 303/1993, de 25 de octubre, FJ 5 B).

siquiera ante la Policía ha admitido el TC un valor totalizante)[13]. De tal manera, si «(...) la Policía no está facultada por sí sola para preconstituir prueba en relación con las averiguaciones que realice en el marco de sus actividades de prevención o comprobación del delito»[14], parece lógico que tampoco estén habilitadas para ello las CPI.

2. ACCESO DE LA INFORMACIÓN PARLAMENTARIA AL PROCESO

Sobre el acceso de la información parlamentaria al proceso penal ya ha tenido ocasión de pronunciarse el TS. Efectivamente, la STS (Sala II) 497/2020, de 8 de octubre, se ocupó de la legalidad de la valoración de unas declaraciones prestadas ante una CPI del Parlamento del País Vasco, que figuraban transcritas en las actuaciones pero que no habían sido introducidas en el juicio oral mediante lectura y que tampoco fueron ratificadas por los testigos en juicio a presencia de las partes. Inexistente la contradicción no era posible, por tanto, fundar resolución alguna en tales declaraciones. A ese respecto, rechazó el TS con razón que el cauce adecuado para acceder al proceso fuera la lectura que prevén los arts. 714.I y 730.1 LECrim, por referirse a las practicadas «en el sumario»[15]. La solución es congruente con la doctrina del TC, que tampoco ha admitido el acceso de las declaraciones prestadas ante la Policía (no repetidas ante el Juez de Instrucción)[16] al juicio oral a través de tales preceptos[17]. También lo es con la antigua posición del TS que, en el Acuerdo del Pleno No Jurisdiccional de la Sala II del TS de 3 de junio de 2015, ha mantenido la imposible aplicación de tales preceptos a esos efectos. Existen, sin embargo, otros cauces por los que está habilitada esa información parlamentaria para acceder al proceso en sus distintas fases:

---

13. STC 173/1985, de 16 de octubre, FJ 2; o STC 68/2010, de 18 de octubre, FJ 5.
14. Martínez Santos, A., «Confesión y prueba penal: el valor procesal de las declaraciones autoinculpatorias realizadas ante la Policía», *Revista General de Derecho Procesal*, Núm. 45, 2018, p. 38.
15. STS (Sala II) 497/2020, de 8 de octubre, FJ 3. La solución es lógica si se considera que el art. 730.1 LECrim tampoco es el cauce adecuado para incorporar al juicio oral las declaraciones prestadas ante el MF conforme al art. 773.2.II LECrim (Armenta Deu, T., *Leciones..., op. cit.*, p. 306).
16. Martínez Santos, A., «Confesión y prueba penal...», *op. cit.*, p. 10: «(...) Nada obstaría, en cambio, a la utilización de dichos trámites cuando la declaración policial autoinculpatoria (o la dada ante una CPI) se hubiera repetido ante el Juez de Instrucción; en este supuesto, la rectificación o retratación posterior de su contenido en el acto del juicio oral, o la imposibilidad material de su reproducción durante el mismo, podrían dar lugar a su válida introducción mediante la lectura pública del acta en la que se documentó la declaración ante el Juez (...)».
17. STC 68/2010, de 18 de octubre, FJ 5 b).

2.1. Al procedimiento preliminar

Al procedimiento preliminar puede acceder la información parlamentaria de diversas formas: bien puede acceder a iniciativa de las partes o por iniciativa oficial.

A. Aportación por y a instancia de parte

a. En denuncia o querella

La aportación de información en la denuncia o la querella es la posibilidad más coherente con los arts. 76.1 CE, 3.2 LO 5/1984 y 52.5 RCD. Y, a pesar de que los arts. 76.1 CE y 52.5 RCD solo se refieren a la remisión del resultado o de las conclusiones de la investigación, parece también lógico (como prevé el art. 3.2 LO 5/1984) que cualquier indicio de criminalidad se pueda poner en conocimiento de la autoridad competente, se produzca en el momento en que se produzca y conste como conste. Puesta la información en conocimiento del MF y si este decide interponer querella (o presentar denuncia)[18], deberá acompañarla de los extractos del DSCG en que funde su sospecha de criminalidad, lo que no impide indicar otros posibles medios de acreditación de los hechos (como los testigos que hayan presenciado la declaración). Lo mismo vale para otras personas que, sin ser parlamentarios (ujieres de la Cámara, por ejemplo), hayan presenciado (o tenido noticia de) una conducta indiciariamente criminal. En tal caso, bien lo pondrán en conocimiento del MF (o de otra autoridad: art. 259 LECrim) o bien denunciarán o interpondrán ellos mismos la querella que estimen procedente (arts. 125 CE y 101 LECrim), acompañando también el extracto del DSCG. Nada obsta, por otra parte, a que en la querella o en la denuncia se transcriban (a veces, en la práctica, maliciosamente)[19] las declaraciones ante las CPI y que el instructor, por sí mismo, acceda a ellas (*cfr. infra*). La puesta en conocimiento de tal *notitia criminis* dará lugar, pues, a la incoación de un sumario (art. 299 LECrim). Y, por otro lado, nada impide que se haga citar

18. No impone el art. 271 LECrim la obligación del MF de deducir siempre querella, como mantiene Gimeno Sendra (*Derecho procesal penal*, 2.ª ed., Thomson Reuters - Civitas, Cizur Menor, 2015, p. 329), sino, simplemente, de *ejercitar* la acción penal en querella (porque no hay otra opción). Esto no impide que pueda el MF presentar una denuncia y, posteriormente, si lo considera oportuno, querella. Así deriva del art. 191.1 CP que se refiere expresamente a la «denuncia del MF» y, de hecho, así sucede en la práctica con otros delitos: ATS s/n., de 18 de junio de 2020, FJ 1; STS (Sala II)126/2023, de 23 de febrero, AH 1; ATS 62/2023, de 22 de diciembre, FJ 1; ATS 20376/2022, de 18 de mayo, FJ 1; STS (Sala II) 646/2021, de 16 de julio, FJ 4; o STS (Sala II) 160/2021, de 24 de febrero, FJ 9.

19. ATS 20004/2023 (Sala II), de 11 de enero, FJ 7. No siempre, sin embargo: AAP La Coruña (Secc. 6.ª) 88/2021, de 26 de marzo, FJ 2 C).

a quienes han tenido conocimiento de la declaración por otras vías (tal como se cita, en ocasiones, a los agentes que han realizado escuchas telefónicas para que den cuenta de ellas)[20].

b. Solicitud al instructor

Incoado ya el sumario, las partes podrán solicitar, conforme al art. 311.I LECrim, que el Juez instructor practique las diligencias necesarias, consistentes en tal caso en que se incorpore al sumario la información parlamentaria que corresponda, lo que puede suceder en cualquier momento del procedimiento preliminar[21].

B. Requerimiento del instructor

Además, la información producida por el Parlamento puede acceder al sumario por mandato del Juez instructor (art. 315.II LECrim), que la requerirá bien a las partes o a terceros (incluidas las Cámaras), sin que nadie haya excitado, necesariamente, esa diligencia. Por otra parte, el Juez puede haber tomado conocimiento de tales hechos por cualquier medio (por ejemplo, por haber visto la declaración en la televisión o por haber leído en la prensa que tales declaraciones pueden tener relevancia penal).

a. A las partes o a terceros, distintos de las Cámaras

Por otra parte, si las partes o un tercero están en posesión de *copias* de documentos en que conste alguna información parlamentaria, será de aplicación el art. 575.I LECrim, conforme al cual «(t)odos están obligados a exhibir los objetos y papeles que se sospeche puedan tener relación con la causa» (igualmente: arts. 118 CE y 17.1 LOPJ), con el insalvable límite de no obligar a quien teme responsabilidad penal a entregar tales documentos y contribuir, por tanto, a su incriminación[22].

---

20. *Cfr*. Tomé García, J. A., *Curso de Derecho Procesal Penal*, 2.ª ed., Dykinson, Madrid, 2019, p. 455; o Martínez Santos, A., «Confesión y prueba penal...», *op. cit*., p. 28.
21. Moreno Catena, V. y Cortés Domínguez, V., *Derecho procesal penal*, 10.ª ed., Tirant lo Blanch, Valencia, 2021, p. 491.
22. También ante las CPI rige el *nemo tenetur se ipsem acusare*. Se de un derecho habitual y exitosamente invocados en la *praxis* parlamentaria. Para la estatal: *cfr*. DSCG - Congreso de los Diputados, Comisión de investigación relativa a la utilización ilegal de efectivos, medios y recursos del Ministerio del Interior, con la finalidad de favorecer intereses políticos del PP y de anular pruebas inculpatorias para este Partido en casos de corrupción, durante los mandatos de Gobierno del PP, Núm. 5, 17 de marzo de 2021, p. 3; DSCG - Congreso de los Diputados, Comisión de investigación sobre la crisis financiera de España y el programa de asistencia financiera, Núm. 34, 27 de febrero de 2018, p. 42; o DSCG - Congreso de los Diputados, Comisión de investigación

b. A las Cámaras

Lo más lógico, sin embargo, es pensar que directamente reclamará el instructor la documentación a las Cortes Generales. Estas deberán, conforme al art. 196 LECrim (y 118 CE y 17.1 LOPJ), remitir la información pertinente, salvo que alguna circunstancia excepcionalísima lo impida (como la puesta en peligro de la seguridad del Estado, por ejemplo) y siempre que el Juez de Instrucción no pueda garantizar suficientemente la debida reserva[23]. Si hubiera que registrar los edificios de algunas Cámaras para obtener alguna documentación se estará al art. 548 LECrim, que obliga al Juez instructor a solicitar autorización del Presidente de la Cámara. El espíritu del precepto (ya antiguo)[24] viene hoy reforzado por el art. 66.3 CE, que prescribe la inviolabilidad de las Cortes (enlazándola con la de los parlamentarios: art. 71.2 CE)[25]. Y, efectivamente, el texto del 66.3 CE conduce a pensar que el constituyente tuvo presente la necesidad de proteger el local

---

sobre el accidente ferroviario ocurrido en Santiago de Compostela el 24 de julio de 2018, Núm. 97, 17 de octubre de 2018, p. 7. Para la autonómica: *cfr.* DSAM - Comisión de investigación sobre las presuntas irregularidades producidas en el Instituto de Derecho Público de la Universidad Rey Juan Carlos y otras, Núm. 848, 15 de febrero de 2019, p. 50997. De hecho, en algunas CCAA ha sido incluso normativamente reconocido: *cfr.* Anexo contenido en la Resolución de la Presidencia reguladora de las comparecencias en las comisiones de investigación sobre asuntos de interés público para la Comunidad Autónoma de La Rioja, de 25 de abril de 2017 (BOParLaRioj, Serie A, Núm. 122, p. 3283). En el extranjero también es lugar común su admisión expresa, por ejemplo: art. 8.X de la Ley belga de 30 de mayo de 1880; o §§ 19 UAGBrand y 21 UAGHamb.

23. La declaración de secreto de sumario no puede impedir que el Juez instructor mismo ponga a disposición de las CPI la documentación reservada cuando el Parlamento garantice fehacientemente la reserva de la documentación. *Cfr.* Fenucci, F., *I limiti dell'' inchiesta parlamentare*, 3.ª ed., Giuffrè, Milano, 1999, p. 183: «(...) la autoridad judicial, mientras la investigación esté en curso, no podría en ningún caso remitir los documentos a la comisión de investigación que investiga los mismos hechos, a menos que también se comprometa a mantener un secreto absoluto sobre ellos (...)». En tal supuesto no puede entenderse lesionado el bien jurídico protegido que tutela el art. 466.2 CP: no queda obstruida la justicia cuando aquellas condiciones se dan en la *provisión de información* (que no es *revelación*). A esta obligación de colaborar no puede tampoco oponérsele la sanción disciplinaria que prevé el art. 417.12 LOPJ, pues prevista para el Juez o Magistrado que revelare hechos o datos conocidos en el ejercicio de su función, solo puede exigirse cuando la revelación «cause algún perjuicio a la tramitación de un proceso o cualquier persona». Es decir, si no se causa perjuicio alguno (o si se causa y este no es imputable al Juez) no podrá exigírsele responsabilidad alguna que, en todo caso, debería entenderse excluida por el cumplimiento de un deber constitucional (art. 20.7.º CP), derivado del art. 109 CE. Cuestión distinta será la responsabilidad de las Cortes Generales por esa fuga de información.
24. *Cfr.* art. 430 LECrim 1872, con idéntico tenor.
25. STC 87/2022, de 28 de junio, FJ 3.3.C.a); STC 45/2022, de 23 de marzo, FJ 13.1.4.C.a); STC 71/2021, de 18 de marzo, FJ 3.A.a); STC 124/2001, de 4 de junio, FJ 4; y STC 206/1992, de 27 de noviembre, FJ 3.

de las Cortes (como deriva también de la jurisprudencia constitucional o de otros preceptos como el art. 77.1 CE)[26]. Por eso, no creo que a esta obligación de pedir permiso obste el art. 15.3 LO 4/2015, que dispone lo siguiente: «Para la entrada de edificios ocupados por organismos oficiales o entidades públicas, no será preciso el consentimiento de la autoridad o funcionario que los tuviere a cargo». La especial protección que merece la sede de las Cortes, sin embargo, no puede significar que este el Parlamento absuelto, en todo caso, de su deber constitucional (art. 118 CE) de colaborar con los órganos jurisdiccionales (como se ha propuesto en alguna ocasión)[27].

2.2. A la fase intermedia

La llamada fase intermedia cobija diversas decisiones: si el proceso se sobresee, si se practican nuevas diligencias o si se declara la apertura del juicio oral[28]. La distinta regulación en el procedimiento abreviado y en el procedimiento ordinario exige diferenciar:

A. Procedimiento ordinario

Siendo idóneo el procedimiento ordinario, cuando el Juez de Instrucción estime suficiente la investigación o lo solicite el MF (siempre que no haya otro acusador), se dictará auto de conclusión del sumario, remitiéndose las actuaciones al Tribunal competente correspondiente (art. 622.I LECrim), ante la que se sustancia la fase intermedia. Nombrado un ponente en el Tribunal competente para que se instruya de la causa (art. 626.I LECrim) y dado traslado a las partes (art. 627.I LECrim), podrán estas interesar que se revoque el auto de conclusión del sumario para practicar alguna nueva diligencia (art. 631.I LECrim). Interesando la práctica de alguna nueva diligencia se podrá acordar o no el acceso de tal información parlamentaria al proceso.

B. Procedimiento abreviado

En el procedimiento abreviado la fase intermedia transcurre ante el Juez de Instrucción, al que corresponde ponderar el resultado de la indagación. Cuando aquel dicta auto de transformación de las diligencias previas en procedimiento abreviado (imputando formalmente a los investigados: art. 779.1.4.ª LECrim) debe dar traslado al MF y a las acusaciones (no a la defensa, a la que solo resta posteriormente impugnar en reposición y en

26. ATC 147/1982, de 22 de abril, FJ 5.
27. García Mahamut, R., *Las Comisiones Parlamentarias de Investigación en el Derecho Constitucional Español*, McGrawHill, Aravaca (Madrid), 1996, p. 277.
28. Banacloche Palao, J. y Zarzalejos Nieto, J., *Aspectos fundamentales...*, *op. cit.* p. 255.

apelación)[29] para que se pronuncien al respecto. En este trámite, además de interesar el sobreseimiento o la apertura de juicio oral, las partes acusadoras podrán solicitar que se practiquen diligencias complementarias (arts. 780.2 LECrim), a las que se *accederá* si el solicitante es el MF (art. 780.2.I LECrim)[30]. Por tal vía se introducirá, en la fase intermedia del procedimiento abreviado, la información parlamentaria que corresponda.

2.3. Fase de juicio oral

Declarada la apertura de juicio oral tanto en el procedimiento ordinario (art. 632 LECrim) como en el procedimiento abreviado (art. 783.1 LECrim), deben distinguirse dos momentos:

A. Con anterioridad al acto del juicio

Abierto el juicio oral, pero todavía no comenzadas sus sesiones, debe el órgano enjuiciador decidir en auto sobre los medios de prueba propuestos (arts. 658 y 659 en el procedimiento ordinario; 785.1 LECrim, en el abreviado). También podrá acceder tal información al proceso si, indicada por la defensa, el órgano judicial recaba su remisión, conforme al art. 784.2 LECrim, «a los efectos de la práctica de la correspondiente prueba en las sesiones del juicio oral». No existe, entonces, efecto impeditivo alguno que hubiera obligado a la defensa a solicitar la incorporación de tal documentación al procedimiento preliminar, pues «(...) la preclusión que resulta de la finalización por resolución firme de unas diligencias sumariales atañe a la actividad sumarial misma, es decir a la práctica de diligencias de esa naturaleza (...)»[31] y no, por tanto, a esta solicitud que ampara el art. 784.2 LECrim.

B. Durante el acto del juicio

Durante el acto del juicio, quedan expeditas diversas vías por las que puede acceder la información parlamentaria al proceso (dejando al margen las vías de los arts. 714.I y 730.1 LECrim, cuando sean procedentes):

29. Al respecto, *cfr*. Khalaf Reda, A., «La falta de intervención de la defensa en la fase intermedia del procedimiento abreviado», *Justicia*, Núm. 1, 2023, pp. 431 y ss.
30. La redacción del precepto es, por cierto, deficiente: la «tipificación de los hechos (*rectius*: conductas)» no corresponde a las partes, sino al legislador cuando aprueba la norma penal. Lo que corresponde a las partes acusadoras es, aquí, instar la práctica de nuevas diligencias para aclarar los hechos (entre los que, quizás, existirán conductas que deben ser *calificadas* por las partes acusadoras, pero no tipificadas.
31. STS (Sala II) 1024/2021, de 3 de marzo de 2022, FJ 2.4.

a. Art. 729.2.º y 3.º LECrim

Por este cauce podrá acceder aquella información parlamentaria, siempre: a) que el Tribunal la considere «para la comprobación de cualquiera de los hechos que hayan sido objeto de los escritos de calificación» (art. 729.2.º LECrim); o b) que las partes propongan (o de oficio ordene el Tribunal)[32] su incorporación para «acreditar alguna circunstancia que pueda influir en el valor probatorio de la declaración de un testigo» (art. 729.3.º LECrim). Esta posibilidad que prevé el art. 729 LECrim (compatible con la configuración contradictoria del proceso penal español[33], salvo ejercicio exagerado por el Tribunal[34]) habilita, por tanto, a las partes para proponer diligencias de tal clase y al Tribunal sentenciador para ordenarlas de oficio si, en el curso del debate, deviene necesaria determinada prueba. Se trata, en el caso del supuesto del art. 729.3.º LECrim de una «prueba sobre la prueba»[35], que no necesariamente debe ser testifical[36]. Puede consistir, por tanto, en la incorporación de información documental procedente del Parlamento.

Por ejemplo: El testigo X declara que Z ya no es su «amigo del alma»[37]. Posteriormente, Z resulta investigado en un proceso penal y X llamado a declarar. En el proceso declara X que le une, con Z, una gran amistad. En tal supuesto, podrán las partes servirse del art. 729.3.º LECrim, a efectos de que se admita en el acto el extracto del DSCG que pudiera poner en duda el valor probatorio de aquella declaración. También podrá *ex officio* ordenarlo el juzgador, con base en la misma norma.

b. Art. 785.1.II LECrim

Conforme al art. 785.1.II LECrim pueden reiterarse (como «cuestión previa»[38]) las peticiones de prueba que hayan sido inadmitidas con base en

32. STS (Sala II) 724/2020, de 2 de febrero, FJ 3.
33. STS (Sala II) 626/2019, de 18 de diciembre, FJ 28.
34. STS (Sala II) 392/2018, de 26 de julio, FJ 9: «(...) Lo que en ningún caso puede hacer el Tribunal es sustituir a la acusación en su obligación constitucional de aportar la prueba de cargo. No es por tanto admisible la sustitución por el Tribunal de la actividad probatoria de las acusaciones de tal forma que la única prueba utilizada para desvirtuar la presunción de inocencia sea la practicada por iniciativa del Tribunal por la vía del art. (729.2.º LECrim) (...)». No está habilitado el Tribunal, por esta vía, para «cubrir las carencias en la aportación probatoria de las partes» (Nieva Fenoll, J., *Derecho Procesal III - Proceso penal*, Tirant lo Blanch, Valencia, 2019, p. 38).
35. STS (Sala II) 1016/2022, de 18 de enero (de 2023), FJ 2.1.
36. STS (Sala II)788/2022, de 28 de septiembre, FJ 2.1; STS (Sala II) 163/2019, de 26 de marzo, FJ 4; o STS (Sala II) 641/2017, de 28 de septiembre, FJ 9.
37. *Cfr.* DSCG - Congreso de los Diputados, Comisión de investigación relativa a la presunta financiación ilegal del PP, Núm. 36, 6 de marzo de 2018, p. 34.
38. STS (Sala II) 610/2018, de 29 de noviembre, FJ 4.

el art. 785.1.I LECrim. En tal supuesto, se incorporarán a la causa «los informes, certificaciones y documentaciones que el Ministerio Fiscal y las demás partes estimen oportuno y el Juez o Tribunal admitan» (art. 785.1.II LECrim *in fine*).

c. Art. 786.2 LECrim

Mismo acceso al juicio oral garantiza, mediatamente, el art. 786.2 LECrim. A su amparo, abrirá el Juez un turno de intervenciones tras la lectura de escritos de acusación y defensa para que puedan las partes opinar lo que estimen oportuno «sobre el contenido y finalidad de las pruebas propuestas *o que se propongan para practicarse en el acto*» (la cursiva es nuestra). De tal manera, podrán las partes, a la vista de lo que se desprenda de tal lectura, proponer la práctica de nuevas pruebas. Entre ellas, que se incorpore a la causa —y posteriormente se lea— el extracto correspondiente del DSCG.

2.4. En impugnación

El acceso de la información parlamentaria a las distintas alzadas exige diferenciar, dada la complejidad del sistema de impugnaciones del proceso penal español, varios supuestos. Fuera de tratamiento quedan los recursos en que no puede acceder prueba documental alguna, como sucede en casación, en que los hechos son intangibles (salvo que se revise la prueba documental *que obra en autos* [pero no otra nueva]: art. 849.2.º LECrim). En cualquier caso, no toda la información parlamentaria que constara en autos podría acceder por esta vía a la casación, pues las declaraciones de los comparecientes son *prueba documentada* y no *documental*, de manera que no quedan abarcadas por el art. 849.2.º LECrim.

A. En reforma y súplica

El recurso de reforma procede contra toda resolución interlocutoria (auto o providencia)[39] dictada por un órgano unipersonal de instrucción (arts. 216 y 217 LECrim para el procedimiento ordinario y 766.1 LECrim para el abreviado). Por su parte, el recurso de súplica procede contra las mismas resoluciones dictadas por órganos colegiados (art. 236 LECrim)[40]. Solicitando la corrección de una resolución, es posible agregar al escrito de

39. Banacloche Palao, J. y Zarzalejos Nieto, J., *Aspectos fundamentales..., op. cit.*, p. 360.
40. En reposición o en revisión son impugnables las decisiones de los LAJ (arts. 238 bis y ter LECrim). La imposibilidad de impugnar la resolución por el LAJ del recurso de reposición (art. 238 bis LECrim *in fine*) fue declarada contraria a la CE por la STC 151/2020, de 22 de octubre.

interposición la información parlamentaria que se estime pertinente para modificar el sentido de la resolución. Por esa vía puede acceder al proceso.

B. En apelación (y en queja)

Adolece la LECrim una regulación dispersa y compleja del recurso de apelación, que viene configurado de diversa manera en función del tipo de procedimiento en que se interponga[41]. En lo que aquí interesa, debe distinguirse entre la apelación: a) contra resoluciones interlocutorias y autos definitivos; y b) contra resoluciones definitivas que resuelven la inocencia o no del acusado.

a. Contra resoluciones interlocutorias y autos definitivos

Procede apelación contra los autos que expresamente admite la LECrim (arts. 216 y 217 LECrim), incluso algunos definitivos (arts. 220.III LECrim o 676 LECrim). El régimen es distinto en el procedimiento abreviado y en el procedimiento ordinario:

Cuando la apelación se interpone para impugnar una resolución dictada por el Juez de instrucción en el marco de un procedimiento ordinario (arts. 216 y 217 LECrim), sustanciados los trámites previos, señalará el LAJ día para la vista en que las partes podrán, ante el superior jerárquico, «informar lo que tuvieren por conveniente a su derecho» (art. 230.I LECrim). Expresamente admite el art. 231.I LECrim la presentación de «los documentos que tuvieren por conveniente en justificación de sus pretensiones», no siendo admisible otro medio de prueba (art. 231.II LECrim).

En el procedimiento abreviado es de aplicación el art. 766.3 LECrim, que obliga a los apelantes a acompañar al recurso «los documentos justificativos de las peticiones formuladas». Por esta vía podrá acceder la información parlamentaria relevante para el proceso.

b. Contra resoluciones definitivas que deciden sobre la culpabilidad o inocencia del acusado

Tras la generalización de la apelación por la Ley 41/2015 es posible impugnar resoluciones que deciden sobre la culpabilidad o inocencia del

41. También en el enjuiciamiento rápido de determinados delitos (art. 803.I LECrim) y por los Juzgados de Instrucción en el juicio por delitos leves (art. 976.2 LECrim), que no interesan aquí. Fuera del análisis queda la apelación contra sentencias y ciertos autos dictados por el Magistrado-Presidente del Tribunal del Jurado constituido en la AP y en primera instancia, que se rige por los arts. 846 bis.a) - f) LECrim. En esta última alzada no es posible proponer ni practicar prueba, de manera que carece aquí de interés: Gimeno Sendra, V., *Derecho procesal..., op. cit.*, p. 906.

acusado ante diversos Tribunales *ad quem*, siguiendo el procedimiento de los arts. 790 y ss. (a los que se remite el art. 846 ter.3 LECrim, relativo a la apelación contra resoluciones de la AP y de la Sala de lo Penal de la AN). En tales supuestos, el escrito de interposición del recurso es el lugar idóneo para proponer la aportación de la información parlamentaria relevante, a) que no se hubiera podido proponer en primera instancia; o b) que fuera indebidamente denegada; o c) que las diligencias propuestas y admitidas no fueran practicadas por causa no imputable al recurrente (art. 790.3 LECrim). Admitido el escrito por el Tribunal *a quo*, se da traslado a las otras partes para que puedan proponer prueba (art. 790.5 LECrim).

C. La revisión de la cosa juzgada con base en información parlamentaria

En los trámites del recurso (o acción) de anulación de sentencias dictadas en ausencia del acusado (art. 783 LECrim) es posible practicar prueba, aunque está restringida a comprobar la «concurrencia o no de los requisitos legalmente prevenidos para la celebración del juicio en ausencia» [42]. Su relevancia a estos efectos, como la del incidente excepcional de nulidad de actuaciones (art. 241 LOPJ) [43], es escasa. Sí presenta mayor importancia el llamado juicio (o recurso) de revisión. A su amparo, es posible rescindir una sentencia firme condenatoria «que haya valorado como prueba un documento o testimonio declarados después falsos»: art. 954.1.a) LECrim. Para que la revisión pueda prosperar, la jurisprudencia exige: a) que exista una sentencia firme condenatoria; b) que el perjudicado se encuentre sufriendo condena por ella; c) que exista (en principio) [44] otro pronunciamiento firme en causa penal que ponga de relieve, en este caso, la falsedad de la decla-

---

42. STS (Sala II) 922/2000, de 12 de mayo, FJ 3, citando el Acuerdo del Pleno no Jurisdiccional de la Sala II del TS, de 3 de marzo de 2000.
43. Este tiene por objeto «solucionar la vulneración de un derecho fundamental en casos muy concretos: cuando contra la sentencia en la que esa vulneración se produce no cabe recurso, siempre y cuando la infracción de contenido constitucional no haya podido ser alegada mientras el proceso se encontraba pendiente, ni tampoco mediante los recursos ordinarios»: ATS (Sala II) s/n., de 28 de abril de 2023, FJ 1.
44. La frase segunda del art. 954.1.a) LECrim establece lo siguiente: «No será exigible la sentencia condenatoria cuando el proceso penal iniciado a tal fin sea archivado por prescripción, rebeldía, fallecimiento del encausado u otra causa que no suponga una valoración de fondo». Acoge la norma, introducida por la Ley 41/2015, aquellas tesis que consideraban el archivo por prescripción, rebeldía, fallecimiento o cualquier otra causa «que no suponga una valoración de fondo» como obstáculos a una quizás legítima revisión. *Cfr.* Garciandía González, P. M., «Motivos de revisión penal: análisis de la nueva configuración del art. 954 de la Ley de Enjuiciamiento Criminal tras la reforma de 2015 y al amparo de la jurisprudencia del Tribunal Supremo», *Revista General de Derecho Procesal*, Núm. 39, 2016, p. 8.

ración prestada ante la CPI; y d) que exista relación entre la declaración reputada falsa y la condena[45]. De concurrir tales requisitos, es posible instar la revisión de la cosa juzgada con base en información parlamentaria. La jurisprudencia del TS conoce algunos supuestos análogos a los que pudiera plantear una CPI: la relativamente reciente STS (Sala II) 365/2023, de 18 de mayo ha anulado una sentencia condenatoria que se sustentó en una declaración falsa de una menor. O, por ejemplo, la STS (Sala II) 203/2017, de 28 de marzo, que ha retirado del tráfico jurídico una condenada basada en la declaración falsa de un testigo protegido. De tal manera, si la resolución condenatoria se hubiera sustentado (no total [pues no es posible: *cfr. infra*] pero sí notablemente) en una declaración falsa prestada ante una CPI, es posible solicitar la rescisión de aquella condena y, de tal manera, accedería la información parlamentaria al proceso.

III. VALORACIÓN DE LA INFORMACIÓN EN EL PROCESO

Claro cómo accede al proceso en sus distintas fases la información parlamentaria, procede ahora abordar qué especialidades plantea su valoración, sabiendo que carece el Derecho español de una previsión parangonable al art. 24 Ley holandesa de 11 de octubre de 1977:

> «Salvo en el caso del artículo 25 (que castiga el falso testimonio prestado ante una CPI), las declaraciones realizadas ante una comisión de investigación o a petición suya nunca podrán ser utilizadas como prueba ante un Tribunal, ni contra la persona que las haya realizado ni contra terceros».

Es decir, el Derecho holandés niega *a radice* el valor probatorio en cualquier clase de proceso a las declaraciones prestadas ante una CPI, salvo que se trate de perseguir el falso testimonio. Lo mismo sucede en Estados Unidos desde una antigua Ley de 1857, aunque el significado de esa previsión fue allí distinto: pretendía garantizar el acceso a la información de las CPI, de manera que el Parlamento estadounidense compensaba la prohibición de acogerse a la Quinta Enmienda (lo que hoy sí se admite)[46] con la garantía

45. STS (Sala II) 106/2016, de 18 de febrero, FJ 1.
46. *Cfr.* Zeserson, P., «Fifth Amendment Waiver in Congressional Investigations», *Intramural Law Review of New York University*, Núm. 18, 1962, pp. 62 y ss.; Stamps, N., «The Power of the Congress to Inquire and Punish for Contempt», *Baylor Law Review*, Vol. 4, 1951, pp. 44 y ss.; Gage, S. M., «Constitutional Limitations upon Congressional Investigations», *University of California - Los Ángeles, Law Review*, Vol. 5, Núm. 4, 1958, p. 655; Brice, B. E., «Constitutional Aspects of Congressional Investigations into Subversive Activities», *Southwestern Law Journal*, Vol. 8, Núm. 2, 1954, pp. 219 y ss.; o Hoffmann, W. F., «The Legitimate Functions of a Congressional Investigation», *Rutgers Law Review*, Vol. 9, Núm. 3, 1955, p. 532.

de que lo dicho no serviría para incriminación alguna (propia, y no de terceros, como prohíbe el Derecho holandés)[47]. No es este el caso de España:

1. PRESUPUESTO DE LA VALORACIÓN

Que esté legitimado el Tribunal para valorar la información que ha accedido al juicio oral (o a la audiencia celebrada en la segunda instancia) presupone que haya sido garantizada la contradicción. Únicamente la prueba así practicada es idónea para enervar la presunción de inocencia y para evitar resoluciones sorpresivas («*Überraschungsentscheidungen*»[48]) dañosas para la credibilidad y autoridad de los Tribunales y del Estado de Derecho. No puede oponerse a este entendimiento del principio de contradicción el tenor del art. 726 LECrim. De él no deriva que esté habilitado el Tribunal para fundamentar su decisión en cualesquiera documentos presentes en la instrucción, sino tan solo en aquellos sobre los que ha habido debate[49]. A pesar de ello, la Sala II del TS ha declarado valorable una grabación transcrita, que no se reprodujo en el juicio oral y sobre la que no hubo contradicción[50].

2. VALORACIÓN EN CONCRETO

Una vez que la documentación parlamentaria ha accedido al proceso y ha sido discutida oralmente (en el acto del juicio o en la audiencia en impugnación), podrá el Tribunal valorar «según su conciencia las pruebas practicadas en juicio» (art. 741.I LECrim) y dictar sentencia. La valoración de tales pruebas, como la de todas las demás, es libre. La ponderación de información procedente de las CPI reclama abordar, sin embargo, dos circunstancias:

2.1. Escasas garantías en la investigación parlamentaria

Atribuir a la información procedente del Parlamento un valor probatorio concreto exige partir de que la indagación parlamentaria no ofrece las

---

47. *Cfr.* Capello, H. J., «Congressional Investigations and Individual Rights», *Catholic University Law Review*, Vol. 2, 1951 - 1952, pp. 35.
48. S. del BVerfG de 24 de septiembre de 2003 (2 BvR - 1436/02), ap.134 y ss. En procesos civiles y en arbitraje, *cfr.* Auernig, K., *Das Überraschungsverbot - Verhinderung und Bekämpfung von Überraschungsentscheidungen im Zivilprozess und im Schiedsverfahren*, Diss., UW, Wien, 2018.
49. Y, efectivamente, «(s)olo con la lectura se satisface el principio de inmediación de esa prueba y el principio de oralidad y el de publicidad, de modo que actúa como presupuesto condicionante de su validez como prueba de cargo» (Muerza Esparza, J., «Sobre...», *op. cit.*, pp. 9 y 10).
50. STS (Sala II) 254/2023, de 13 de abril, FJ 3.

mismas garantías que el proceso penal (ni tiene por qué hacerlo), lo que no exime al Estado de garantizar suficientemente también allí los derechos fundamentales (art. 53.1 CE). Lo contrario sería admitir que existen procedimientos estatales en que el ser humano puede ser (en perjuicio de su dignidad: art. 10.1 CE)[51] degradado a la categoría de objeto. De tal manera, la información parlamentaria habrá sido normalmente obtenida en condiciones y circunstancias no homologables a las de un proceso con todas las garantías. La situación a que se enfrenta el Tribunal en la valoración de estos documentos es, *mutatis mutandis*, similar a la que se enfrenta cuando debe ponderar un acta de inspección de la AEAT. Sobre el valor probatorio de esta última, ha señalado el TC que será el de las pruebas documentales y, por tanto, libremente apreciado por el Tribunal[52]. Es decir, «el acta será prueba, libremente valorada, siempre que la inspección fiscal se haya desarrollado bajo la vigencia de los principios citados, y que, en otro caso, ni siquiera debe tener la consideración de medio probatorio»[53]. Lo mismo vale para la información que procede del Parlamento (ponderando, eso sí, su naturaleza).

2.2. Distinto material probatorio

El valor probatorio de la información parlamentaria que accede al proceso penal debe abordarse, tras estas consideraciones generales, distinguiendo dos clases informaciones: las que provienen de las declaraciones de los comparecientes y las que provienen de las conclusiones de las CPI.

A. Declaraciones de comparecientes

a. Consideraciones generales

Del valor probatorio de las declaraciones de los comparecientes se ha ocupado la STS (Sala II) 497/2020, de 8 de octubre, que ha optado por la precaución: las actas de las sesiones del Parlamento dan cuenta de lo que ha sido declarado, pero no de que lo declarado sea cierto (FJ 3). Así, en la medida en que las declaraciones ante las CPI se prestan sin respetar las

51. Efectivamente, el reconocimiento de garantías procesales impide que el afectado por la indagación parlamentaria adquiera el carácter de *objeto* de aquella, perdiendo su condición de *sujeto*. *Cfr.* Buchholz, B. K., *Der Betroffene im parlamentarischen Untersuchungsausschuß - Eine verfahrensrechtliche und grundrechtsdogmatische Untersuchung, insbesondere zur strafrechtlichen Behandlung von Falschaussagen*, Duncker & Humblot, Berlin, 1990, p. 114. *Cfr.* también: Steffani, W., «Betroffener als Verfahrensobjekt»?: Der «"Fall Orgaß" in Hamburg», *Zeitschrift für Parlamentsfragen*, Vol. 20, Núm. 1, 1989, pp. 54 y ss.
52. STC 212/1990, de 20 de diciembre, FJ 5.
53. Moreno Catena, V. y Cortés Domínguez, V., *Derecho procesal..., op. cit.*, p. 491.

garantías del proceso penal y que ninguna certeza pueden garantizar, su valor probatorio es reducido[54]. De ahí no se sigue, sin embargo, que carezcan de «todo valor probatorio»[55], ni que, por tanto, «estén privadas de eficacia»[56]. Tampoco se entiende por qué no podrían «servir para una incriminación directa»[57]. Para lo que no son idóneas es, *por sí solas*, para fundar responsabilidad criminal, pero no en connivencia con otras pruebas.

b. Algunas (inasumibles) soluciones formuladas sobre su valor probatorio

Respecto del problema del valor probatorio de tales declaraciones se han propuesto en la doctrina algunas soluciones. Ninguna de ellas puede, sin embargo, prosperar:

aa) La irrelevancia del *fin no judicial.*

Se ha mantenido que las declaraciones prestadas ante una CPI no están habilitadas para desplegar trascendencia alguna ante un Tribunal por, entre otros motivos haber sido recibidas por un órgano político y para un fin político[58]. Esta tesis, sin embargo, debe decaer. Que las declaraciones se presten ante un órgano parlamentario no excluye que sean prestadas ante un órgano del Estado y que, con respeto a los derechos fundamentales, puedan ser valoradas (con la cautela que su propia naturaleza exige). Si en su obtención no existe mácula alguna, si acceden al procedimiento con corrección y si posteriormente existe posibilidad de contradecirlas en el juicio oral, nada puede impedir que sean valoradas[59]. Afirmar lo contrario sería tanto como suponer que las declaraciones que constan en una escritura pública no podrán nunca ser valoradas (por no haber sido obtenidas para

---

54. Planchadell Gargallo, A., «Valor probatorio de declaraciones prestadas en comisiones de investigación», *Revista de derecho y proceso penal,* Núm. 61, 2021, p. 376.
55. Torres Bonet, M., *Las comisiones de Investigación, instrumentos de control parlamentario del gobierno,* Congreso de los Diputados, Madrid, 1999, p. 384.
56. Massó Garrote, M. F., *Poderes y límites de la investigación parlamentaria en el Derecho Constitucional español,* Congreso de los Diputados, Madrid, 2001, p. 151.
57. Gude Fernández, A., *Las comisiones parlamentarias de investigación,* Universidad de Santiago de Compostela, Santiago de Compostela, 2000, p. 276.
58. Massó Garrote, M. F., *Poderes y límites..., op. cit.,* p. 151.
59. Así se ha reconocido expresamente, por ejemplo, en la doctrina boliviana: «De tal material probatorio (el formado ante una CPI), la autoridad judicial podrá tener consideración y hacer uso siempre que este haya sido transmitido en el respeto de las garantías procesales mínimas que integran el derecho de defensa de la persona»: Sinagra, A., «Las comisiones parlamentarias de investigación en el ordenamiento boliviano», en Freire, C. (coord.), *Las comisiones parlamentarias de investigación en los ordenamientos latinoamericanos,* Academia Parlamentaria (Cámara de Diputados de Chile), Universidad Central, RiL editores, Santiago de Chile, Chile, 2017, p. 44.

un *fin judicial*) o afirmar que no podrá ser nunca valorada una diligencia policial (cuya finalidad es solo mediatamente judicial). Esta posición no es conciliable ni con la doctrina del TC (que admite el valor probatorio de tales diligencias policiales en contraste o concurrencia con otros elementos de prueba)[60] ni tampoco con el Acuerdo del Pleno No Jurisdiccional de la Sala II del TS de 3 de junio de 2015 que, más estrictamente, admite su eficacia para «constituir un hecho base para legítimas y lógicas inferencias». Y, efectivamente, aunque las declaraciones prestadas ante una CPI no tengan valor probatorio de cargo *directo*, ni sean prueba preconstituida (*cfr.* II.1), «si el hecho de su existencia se pone en relación con otros datos acreditativos a través de verdaderos medios de prueba, pueden llegar a contribuir a formar la convicción del tribunal»[61]. Entonces, admitir que la información parlamentaria no es valorable supondría que una declaración ante una CPI impedirá posteriormente a un Tribunal acceder a información necesaria para ejercitar las funciones que la CE le obliga. Es decir, estarían los Tribunales privados de acceder a la información necesaria para ejercer la función jurisdiccional e, incluso, esa circunstancia podría instrumentalizarse por los grupos políticos para perturbar un (futuro) proceso penal en su contra: basta que la mayoría citara a comparecer a un correligionario y que este declarase ante la CPI sobre hechos constitutivos de delito para que, por esos mismos motivos, no estuviera legitimado un Tribunal para fundar condena en ellos.

bb) El imposible valor tasado.

Por otra parte, se ha propuesto la necesidad de otorgar a las declaraciones prestadas ante una CPI un valor probatorio concreto y tasado[62]. Esta tesis no puede tampoco prosperar. En primer lugar, por ser incompatible con el principio de la libre valoración de la prueba que rige en el proceso penal español (art. 741.I LECrim), en la medida en que supone retornar al ya superado sistema de valoración legal de la prueba. La concesión de valor legal tampoco puede prosperar, en segundo lugar, porque la (por naturaleza flexible) *praxis* de las CPI repele cualquier concreción *in abstracto* de un valor probatorio concreto y unificador.

B. Las conclusiones de las CPI: no están los Tribunales vinculados

La valoración de las conclusiones de las CPI presenta alguna particularidad, aunque carezca el Derecho español de una norma equiparable al art. 44.4 GG, conforme al cual las decisiones de las CPI están exentas de debate

60. STC 165/2014, de 8 de octubre, FJ 2 d).
61. Martínez Santos, A., «Confesión y prueba penal...», *op. cit.*, p. 13.
62. García Mahamut, R., *Las Comisiones...*, *op. cit.*, p. 276.

judicial («*sind der richterlichen Erörterung entzogen*»). La norma *prohíbe* (priva: *entzieht*), entonces, a los Tribunales alemanes valorar las resoluciones de las CPI. *In fine* reconoce el precepto la libertad de los Tribunales para valorar y juzgar como tengan por conveniente los *hechos* indagados por el Parlamento (sin que pueda ignorarse que tales conclusiones han existido). De tal manera, lo que impide la norma es que los Tribunales controlen el contenido político de las resoluciones de las CPI (por razones históricas y por garantizar la responsabilidad del Parlamento en decisiones políticas). Lo que no prohíbe (ni tampoco puede prohibir: art. 19.4 GG) la norma es que las resoluciones de las CPI puedan ser fiscalizadas y controladas cuando sean lesivas de un derecho fundamental[63].

La situación entre nosotros es distinta: las conclusiones de las CPI sí son susceptibles de valoración y discusión por un Tribunal. Es decir, no solo pueden ser valorados libremente los hechos (como prevé el art. 44.4 GG), sino también las conclusiones del Parlamento. Legitima la CE, entonces, para valorar libremente los hechos declarados *probados* por una CPI: las conclusiones no afectan a las resoluciones judiciales (art. 76.1 CE), lo que tanto quiere decir que no son idóneas las conclusiones de las CPI para modificar las resoluciones como que estas no deben, necesariamente, atenerse a aquellas. Así, su valoración es libre, de modo que los hechos declarados *probados* por las conclusiones de una CPI pueden ser tomados en consideración por un Tribunal, aunque no son vinculantes.

Ahora bien, lo que no pueden desconocer los Tribunales es el *hecho* de que existen tales conclusiones (las conclusiones en su facticidad). Y para lo que tampoco están habilitados los Tribunales penales, en este caso, es para sustentar totalmente un juicio de responsabilidad criminal en las conclusiones de las CPI, como ya ha señalado el TS[64]. Y, efectivamente: la STS (Sala II) 798/1995, de 10 de julio, reprendiendo la legítima imaginativa de un Letrado ha aclarado que las conclusiones de las CPI no son *conditio sine qua non* para proceder, lo que no impide que puedan producir «importantes efectos penales cuando su contenido háyase trasladado al Ministerio Fiscal»[65]. Por tanto, las conclusiones (sí susceptibles de valoración) no pueden sustentar por sí solas un juicio de responsabilidad penal. Ahora bien, en conjunción con otros elementos, sí son idóneas para enervar la presunción de inocencia y, por tanto, a imponer una sanción penal. Por ejemplo: tras una muy minuciosa indagación parlamentaria, queda claro en el Parlamento que el accidente A *pudo haber sido causado* (y no que lo fue) por la

63. En general, *cfr.* Di Fabio, U., *Rechtsschutz im parlamentarischen Untersuchungsverfahren*, Duncker & Humblot, Berlin, 1988.
64. STS (Sala II) 497/2020, de 8 de octubre, FJ 3.
65. FJ 38.

gravísima negligencia de, entre otros, el piloto P. El Tribunal T, encargado de enjuiciar penalmente la cuestión, se sirve de las conclusiones formuladas por las CPI para, junto con otros elementos probatorios de mayor peso, condenar a P por su negligencia.

2.3. Valoración de información obtenida con lesión de normas jurídicas

A la valoración de la información obtenida o formada en el Parlamento puede obstar haber sido producida en lesión del Derecho. Así, la falta de diligencia de las CPI en su actividad indagatoria puede suponer (en función de la intensidad de la afectación) un entorpecimiento de un proceso penal concomitante, pues la información obtenida en vulneración del ordenamiento jurídico podrá impedir la valoración por parte de los Tribunales[66]. Se trata del clásico problema de las prohibiciones de valoración de la prueba, cuyo abordaje no es en España ni siquiera unitario en terminología[67]. En relación con el Parlamento deben distinguirse dos situaciones: que el acervo probatorio haya sido (*pre*)formado por el Parlamento en vulneración de un derecho fundamental o en lesión de una norma, cuyo objeto no sea la tutela de un derecho de tal clase.

A. Prueba prohibida: la lesión de derechos fundamentales

Establece el art. 11.1 LOPJ que «(n)o surtirán efecto las pruebas obtenidas, directa o indirectamente, violentando los derechos o libertades fundamentales»[68]. La obtención *directa* de una prueba violentando derechos fundamentales no presenta aquí especial complejidad[69]. Más dificultades plantea la referencia a la obtención indirecta de pruebas[70]. El tratamiento de esta cuestión en España ha ido variando con el devenir de los años: en primer término, asumió el TC la doctrina del fruto del árbol prohibido, negando severamente toda eficacia al material derivado de una prueba obtenida

66. Álvarez Ossorio-Fernández, C., *Teoría y práctica de la investigación parlamentaria en las Cortes Generales*, Universidad de Cádiz, Cádiz, 2000, p. 153.

67. *Cfr.* Pérez-Cruz Martín, A., «Tema 16», AA.VV., *Derecho procesal penal*, 3.ª ed., Thomson Reuters - Civitas, Cizur Menor (Navarra), 2014, p. 556; o López-Barajas Perea, I., «La eficacia refleja de la prueba prohibida», *Revista General de Derecho Procesal*, Núm. 19, 2009, pp. 3 y 4.

68. Sobre su *iter* parlamentario: De la Oliva Santos, A., «Racionalidad y normatividad», en De la Oliva, A., *Estudios sobre derecho, justicia y libertad*, Universidad Nacional Autónoma de México, México, 2006, pp. 190 y ss.

69. Aun así, en otros países, el legislador ha mostrado preocupación por la posible utilización por las CPI de medios prohibidos para interrogar en las comparecencias. Así, el § 24.6 PUAG declara expresamente aplicable en la indagación parlamentaria el § 136a StPO, que describe medios de interrogación prohibidos y la imposible valoración posterior de su resultado en el proceso.

70. López-Barajas Perea, I., «La eficacia refleja...», *op. cit.*, p. 4.

lesionando un derecho fundamental[71]. Una década más adelante viró (legítimamente)[72] la jurisprudencia del TC hacia una postura más matizada, que exige una poco clara «conexión de antijuricidad» (STC 81/1998, de 2 de abril, FJ 4) para privar de eficacia a una prueba derivada de una obtenida en lesión de un derecho fundamental. Se trata de establecer «un nexo entre unas y otras (pruebas) que permita afirmar que la ilegitimidad constitucional de las primeras se extiende también a las segundas (...)»; para determinar si concurre o no esa conexión es necesario ponderar: a) la naturaleza de la vulneración del derecho y el resultado producido; y b) las necesidades esenciales de tutela que ese derecho exige en el caso concreto. De esta manera:

> «(...) sólo si la prueba refleja resulta jurídicamente ajena a la vulneración del derecho y la prohibición de valorarla no viene exigida por las necesidades esenciales de tutela del mismo cabrá entender que su efectiva apreciación es constitucionalmente legítima, al no incidir negativamente sobre ninguno de los aspectos que configuran el contenido del derecho fundamental sustantivo (...)» (FJ 4).

Se trata, por tanto, de comprobar si concurre una relación de causalidad no solo natural, sino también jurídica entre ambas pruebas. Aunque en la doctrina del TC no quede excesivamente claro qué es esta causalidad jurídica, no puede prosperar la posición que mantiene la suficiencia de la *causalidad natural* para afirmar relación entre las pruebas y, por tanto, para excluir las contaminadas del acervo probatorio. Esta tesis, que mantiene por ejemplo Asencio Mellado[73], no puede salir adelante por diversas razones. En primer lugar, porque no permite conocer exactamente en qué condiciones es posible afirmar esa causalidad natural (lo que en ocasiones es imposible, por el estado de la técnica actual)[74]. Y, en segundo lugar, porque carece de un correctivo normativo que impida una extensión desbocada de la causalidad natural: ya en el Derecho penal se ha planteado esta discusión hace

71. STC 114/1984, de 29 de noviembre, FJ 3.
72. Lozano Eiroa, M., «Prueba prohibida y confesión: la excepción de la «conexión de antijuricidad»», *Revista General de Derecho Procesal*, Núm. 28, 2012, p. 3, que recuerda con acierto la libertad del TC para decidir al respecto. En contra se ha manifestado J. M., Asencio Mellado («Prueba ilícita: declaración y efectos», *Revista General de Derecho Procesal*, Núm. 26, 2012, p. 47), que pretende encontrar un fundamento constitucional al art. 11.1 LOPJ y así, por tanto, reducir el ámbito de apreciación del TC al respecto. Tampoco la «plena efectividad de los derechos fundamentales» (p. 48) puede exigirse solo para el sujeto pasivo del proceso penal, sino también para otros intervinientes, cuya legítima pretensión *a un proceso debido* no es menor que la del que lo sufre.
73. Asencio Mellado, J. M.ª, «Prueba ilícita...», *op. cit.*, p. 49.
74. Heinrich, B., *Strafrecht - Allgemeiner Teil*, 7.ª ed., Kohlhammer Stuttgart, 2022, p. 78.

varias décadas y hoy es dominante entender que la mera causalidad natural no es suficiente para enlazar penalmente una acción con un resultado. De serlo, por ejemplo, sería causal en ese sentido la acción de parir de la madre del agente que interviene una comunicación sin autorización judicial. Como correctivo se ha ido imponiendo la doctrina de la imputación objetiva que exige (salvo divergencias doctrinales), para atribuir a un sujeto una conducta *como suya*, los siguientes requisitos: a) que la acción cree un riesgo jurídicamente no permitido; b) y que ese riesgo no permitido se transforme en el resultado concreto que presupone el tipo objetivo del delito[75]. Es decir, cuando la acción del Estado no cree un riesgo jurídicamente no permitido o cuando esa acción riesgosa no se haya materializado en el resultado concreto, no es lícito excluir la prueba.

Tales consideraciones deben trasladarse al material probatorio que, incubado en el Parlamento, será después valorado (o no) por el Tribunal. Así, cuando la lesión de un derecho fundamental originada en el Parlamento se haya materializado en una prueba concreta (una declaración, por ejemplo), habrá que ponderar en el caso concreto si las pruebas vinculadas a aquella se encuentran unidas o no por tal conexión de antijuricidad (para cuya afirmación no basta causalidad natural). Y efectivamente, que «*the public interest cannot be relied on to justify the use of answers compulsorily obtained in a non-judicial investigation to incriminate the accused during the trial proceedings*»[76], no puede significar que el Estado (por mandato de la sociedad), renuncie a toda capacidad de perseguir el crimen.

B. Prueba ilícita: la lesión de otras normas

Cuando la prueba se ha obtenido vulnerando otras normas (como, por ejemplo, las que conforman el llamado «derecho procesal interno»[77] de la indagación parlamentaria: los Reglamentos de las Cámaras), la consecuencia jurídica no es *ipso iure* la nulidad. Deberá estarse a la gravedad de la ilicitud y aplicar, consecuentemente, los arts. 238 y ss. LOPJ.[78] Por ejemplo: se cursa la citación para comparecer indebidamente (bien ignorando los

75. *Cfr.* Heinrich, B., *Strafrecht...*, *op. cit.*, pp. 86 y ss.
76. STEDH de 29 de junio de 2007 (O'Halloran y Francis c. Reino Unido), § 42. O, lo que es lo mismo, «*public interest concerns cannot justify measures which extinguish the very essence of an applicant's defence rights*»: STEDH de 13 de septiembre de 2016 (Ibrahim y otros c. Reino Unido), § 252. También: STEDH de 11 de julio de 2006 (Jalloh c. Alemania), § 97; STEDH de 10 de marzo de 2009 (Bykov c. Rusia), § 93; o STEDH de 18 de febrero de 2010 (Aleksandr Zaichenko c. Rusia), § 39.
77. Torres Bonet, *Las comisiones...*, p. 271.
78. *Cfr.* Banacloche Palao y Zarzalejos Nieto, *Aspectos...*, pp. 322 y 323.

plazos mínimos[79] o bien utilizando un medio inapropiado[80]) y el llamado a comparecer se hace presente ante la CPI y declara que su compañero de partido, P, ha financiado ilegalmente su campaña electoral. Si esas declaraciones dieran lugar a la incoación de un proceso penal, no podrá enten-

79. La citación debe practicarse con, al menos, 15 días de antelación respecto de la fecha en que se debe comparecer, aunque circunstancias de extrema y urgente necesidad (debidamente justificadas) facultan a las CPI para cursar una citación en menor plazo, nunca inferior a 3 días, conforme a los arts. 2.2 LO 5/1984 y 52.2.a) RCD. La *praxis* parlamentaria se muestra poco diligente a este respecto, siendo normalmente cursadas las citaciones en el plazo de urgencia, con desmedro, sobre todo, de las posibilidades de *defensa* que pudieran asistir al afectado por la investigación (lo que, en todo caso, habrá de ponderarse en el supuesto concreto): Jiménez Díaz, A., «Artículo 52», en Ripollés Serrano, M. R. (coord.), *Comentarios..., op. cit.*, p. 442; y Hernández Oliver, B. «Artículo 76», en Pérez Tremps, P. y Saiz Arnaiz, A. (dirs.) y Montesinos Padilla, C. (coord.), *Comentario a la Constitución Española - Libro homenaje a Luis López Guerra*, Tirant lo Blanch, Valencia, 2018, p. 1199. La citación para comparecer en el plazo de urgencia respecto de testigos y peritos cuando no concurre tal circunstancia no puede considerarse más que una falta de cortesía. Respecto de estos plazos, debe entenderse excluida (en términos generales) la facultad que el art. 91.1 RCD concede a la Mesa de la Cámara para la prórroga o reducción, pues los plazos señalados para solicitar una comparecencia ante la CPI vienen imperativamente marcados por la LO 5/1984, es decir, no en «este Reglamento» (como exige el RCD). Una interpretación teleológica conduce a asumir, sin embargo, la posibilidad de prorrogar los plazos para comparecer, siempre que concurra alguna causa que lo justifique suficientemente (como, por ejemplo, que el compareciente se encuentre imposibilitado por algún motivo transitorio). En tal caso, habrán de ponderarse los derechos de los comparecientes, en conjunción con el *ius in officium* de los parlamentarios (art. 23.2 CE), que exige no retrasar en exceso una comparecencia a la que tienen derecho.

80. En algunas Asambleas Legislativas de las CCAA se ha admitido de manera expresa la posibilidad de cursar la notificación por correo electrónico (como lo impone, a sus efectos, el art. 779.1.1.ª.II LECrim). Así, la Mesa de la Junta General del Principado de Asturias ha prescrito que la citación para comparecer se realice directamente por correo electrónico, «de acuerdo con los datos de contacto que obren en la Secretaría General» (BOJG, XI, B, de 3 de junio de 2020: doc. 22), admitiendo, eso sí, que causas justificadas pudieran imponer la notificación por correo certificado. Esta decisión no puede, sin embargo, estimarse conforme a Derecho. En primer término, porque el art. 41.1.VI de la Ley 39/2015 (jerárquicamente superior a la resolución de la Mesa de la Cámara) solo permite la utilización del correo electrónico —cuando así lo haya solicitado el interesado: art. 66.1.b)— y, además, solo para enviar *avisos de notificación*, «pero no para la práctica de notificaciones». En segundo término, el TC ha declarado contraria a Derecho la notificación de una demanda por correo electrónico, por no poder garantizar suficientemente el acceso al proceso de quien depende de tal acto para conocerlo: STC 47/2019, de 8 de abril, FJ 4 a); STC 150/2019, de 25 de noviembre, FJ 3. Y aunque no se trata de un supuesto idéntico, siendo la primera comunicación y, por tanto, de la que depende la *personación* en el Parlamento (cuya omisión es penalmente reprochable: art. 502.1 CP), parece lógico desechar el correo electrónico como medio válido para realizar la notificación. Así lo ha hecho, también, el art. 37.I de la Ley uruguaya Núm. 16698, de 25 de abril de 1995, que exige la notificación en «forma personal».

derse que la lesión de los preceptos relativos al tiempo o al modo de la citación para comparecer, son de tal entidad que impiden la incriminación posterior. Es necesario, por tanto, valorar la infracción particular cometida, pues si bien es cierto que las formas y requisitos de proceso son cruciales, «no toda irregularidad formal puede convertirse en un obstáculo insalvable»[81].

IV. A MODO DE CONCLUSIÓN

El Parlamento hace constar información en diversos vehículos formales: las conclusiones de las CPI son, para el proceso penal, pruebas documentales; no lo son, sin embargo, las declaraciones que ante ellas se prestan (aunque consten en el mismo DSCG). No es esa información, tampoco, prueba preconstituida. Su acceso al proceso es la ordinaria de la información que consta en documentos y de las pruebas personales documentadas. Su valoración es, garantizada la contradicción, libre. La CE impone, eso sí, tener en consideración algunas especialidades: las conclusiones de las CPI no son vinculantes para los Tribunales (art. 76.1) y estos pueden, por tanto, no solo valorar libremente los hechos (como expresamente admite el Derecho alemán: art. 44.4 GG), sino también el contenido del informe final. Aun así, no debe soslayarse que el Parlamento es parco en la protección de los derechos fundamentales y que, por tanto, la valoración de esa información debe ser prudente: no puede fundarse una condena solo en información parlamentaria, pero sí en connivencia con otras pruebas. Las tesis que pretenden o bien reducir todo el valor probatorio de la información parlamentaria (con base en un pretendido y nocivo *fin no judicial*) o atribuirle un determinado valor legal (en desmedro de la libre valoración de la prueba) deben desecharse. Finalmente, la lesión de derechos fundamentales durante la indagación parlamentaria impide la valoración de tal información en un proceso posterior. No lo impide, eso sí, la quiebra de normas procesales internas del Parlamento, que no se haya traducido en lesión de un derecho fundamental.

BIBLIOGRAFÍA

ÁLVAREZ OSSORIO-FERNÁNDEZ, C., *Teoría y práctica de la investigación parlamentaria en las Cortes Generales*, Universidad de Cádiz, Cádiz, 2000.

ARMENTA DEU, T., *Lecciones de Derecho procesal penal*, 10.ª ed., Marcial Pons, Madrid, 2017.

81. STC 84/2005, de 18 de abril, FJ 2 b).

ASENCIO MELLADO, J. M., «Prueba ilícita: declaración y efectos», *Revista General de Derecho Procesal*, Núm. 26, 2012.

AUERNIG, K., *Das Überraschungsverbot - Verhinderung und Bekämpfung von Überraschungsentscheidungen im Zivilprozess und im Schiedsverfahren*, Diss., UW, Wien, 2018.

BANACLOCHE PALAO, J. y ZARZALEJOS NIETO, J., *Aspectos fundamentales del Derecho procesal penal*, 5.ª ed., La Ley, Madrid, 2021.

BELING, E., *Deutsches Reichstrafprozeßrecht*, Walter de Gruyter & Co., Berlin und Leipzig, 1928.

BRICE, B. E., «Constitutional Aspects of Congressional Investigations into Subversive Activities», *Southwestern Law Journal*, Vol. 8, Núm. 2, 1954.

BUCHHOLZ, B. K., *Der Betroffene im parlamentarischen Untersuchungsausschuß - Eine verfahrensrechtliche und grundrechtsdogmatische Untersuchung, insbesondere zur strafrechtlichen Behandlung von Falschaussagen*, Duncker & Humblot, Berlin, 1990.

CAPELLO, H. J., «Congressional Investigations and Individual Rights», *Catholic University Law Review*, Vol. 2, 1951 - 1952.

DE LA OLIVA SANTOS, A., «Racionalidad y normatividad», en De la Oliva, A., *Estudios sobre derecho, justicia y libertad*, UNAM, México, 2006.

DI FABIO, U., *Rechtsschutz im parlamentarischen Untersuchungsverfahren*, Duncker & Humblot, Berlin, 1988.

FENUCCI, F., *I limiti dell ''inchiesta parlamentare*, 3.ª ed., Giuffrè, Milano, 1999.

GAGE, S. M., «Constitutional Limitations upon Congressional Investigations», *University of California - Los Ángeles, Law Review*, Vol. 5, Núm. 4, 1958.

GARCÍA MAHAMUT, R., *Las Comisiones Parlamentarias de Investigación en el Derecho Constitucional Español*, McGrawHill, Aravaca (Madrid), 1996.

GARCIANDÍA GONZÁLEZ, P. M., «Motivos de revisión penal: análisis de la nueva configuración del art. 954 de la Ley de Enjuiciamiento Criminal tras la reforma de 2015 y al amparo de la jurisprudencia del Tribunal Supremo», *Revista General de Derecho Procesal*, Núm. 39, 2016.

GIMENO SENDRA, V., «Cuestiones prejudiciales devolutivas y "non bis in idem" en el proceso penal», *Revista General de Derecho Procesal,* Núm. 1, 2003.

– *Derecho procesal penal,* 2.ª ed., Thomson Reuters - Civitas, Cizur Menor, 2015.

GUDE FERNÁNDEZ, A., *Las comisiones parlamentarias de investigación,* USC, Santiago de Compostela, 2000.

HEINRICH, B., *Strafrecht - Allgemeiner Teil,* 7. Aufl., Kohlhammer Stuttgart, 2022.

HERNÁNDEZ OLIVER, B. «Artículo 76», en Pérez Tremps, P. y Saiz Arnaiz, A. (dirs.) y Montesinos Padilla, C. (coord.), *Comentario a la Constitución Española - Libro homenaje a Luis López Guerra,* Tirant lo Blanch, Valencia, 2018.

HOFFMANN, W. F., «The Legitimate Functions of a Congressional Investigation», *Rutgers Law Review,* Vol. 9, Núm. 3, 1955.

JIMÉNEZ DÍAZ, A., «Artículo 52», en Ripollés Serrano, M. R. (coord.), *Comentarios al Reglamento del Congreso de los Diputados,* Congreso de los Diputados, Madrid, 2012.

KHALAF REDA, A., «La falta de intervención de la defensa en la fase intermedia del procedimiento abreviado», *Justicia,* Núm. 1, 2023.

LÓPEZ-BARAJAS PEREA, I., «La eficacia refleja de la prueba prohibida», *Revista General de Derecho Procesal,* Núm. 19, 2009.

LOZANO EIROA, M., «Prueba prohibida y confesión: la excepción de la "conexión de antijuricidad"», *Revista General de Derecho Procesal,* Núm. 28, 2012.

MARTÍNEZ SANTOS, A., «Confesión y prueba penal: el valor procesal de las declaraciones autoinculpatorias realizadas ante la Policía», *Revista General de Derecho Procesal,* Núm. 45, 2018.

MASSÓ GARROTE, M. F., *Poderes y límites de la investigación parlamentaria en el Derecho Constitucional español,* Congreso de los Diputados, Madrid, 2001.

MORENO CATENA, V. y CORTÉS DOMÍNGUEZ, V., *Derecho procesal penal,* 10.ª ed., Tirant lo Blanch, Valencia, 2021.

MUERZA ESPARZA, J. J., «Sobre los límites a la prueba preconstituida en el proceso penal», *Revista General de Derecho Procesal*, Núm. 39, 2016.

NIEVA FENOLL, J., *Derecho Procesal III - Proceso penal*, Tirant lo Blanch, Valencia, 2019.

PÉREZ-CRUZ MARTÍN, A., «Tema 16», AA.VV., *Derecho procesal penal*, 3.ª ed., Thomson Reuters - Civitas, Cizur Menor (Navarra), 2014.

PLANCHADELL GARGALLO, A., «Valor probatorio de declaraciones prestadas en comisiones de investigación», *Revista de derecho y proceso penal*, Núm. 61, 2021.

PRIETO-CASTRO y FERRÁNDIZ, L. y GUTIÉRREZ DE CABIEDES, E., *Derecho procesal penal*, 2.ª ed., Tecnos, Madrid, 1978.

RIPOLLÉS SERRANO, M. R., «Artículo 95», en Ripollés Serrano, M. R. (coord.), *Comentarios al Reglamento del Congreso de los Diputados*, Congreso de los Diputados, Madrid, 2012.

SINAGRA, A., «Las comisiones parlamentarias de investigación en el ordenamiento boliviano», en Freire, C. (coord.), *Las comisiones parlamentarias de investigación en los ordenamientos latinoamericanos*, Academia Parlamentaria (Cámara de Diputados de Chile), Universidad Central, RiL editores, Santiago de Chile, Chile, 2017.

STAMPS, N., «The Power of the Congress to Inquire and Punish for Contempt», *Baylor Law Review*, Vol. 4, 1951.

STEFFANI, W., «Betroffener als Verfahrensobjekt?»: Der «Fall Orgaß in Hamburg», *Zeitschrift für Parlamentsfragen*, Vol. 20, Núm. 1, 1989, pp. 54 y ss.

TOMÉ GARCÍA, J. A., *Curso de Derecho Procesal Penal*, 2.ª ed., Dykinson, Madrid, 2019.

TORRES BONET, M., *Las comisiones de Investigación, instrumentos de control parlamentario del gobierno*, Congreso de los Diputados, Madrid, 1999.

ZESERSON, P., «Fifth Amendment Waiver in Congressional Investigations», *Intramural Law Review of New York University*, Núm. 18, 1962.

13

Los contraindicios, sus diferentes categorías y los supuestos en que pueden corroborar la tesis acusatoria

ABDALLA KHALAF REDA
Contratado Predoctoral UCM
Departamento de Derecho Procesal y Derecho Penal
Universidad Complutense de Madrid

I. APROXIMACIÓN AL CONCEPTO DE CONTRAINDICIO

Los contraindicios pueden definirse como los indicios de descargo que introduce la defensa con la finalidad de aminorar el potencial incriminatorio de los indicios de cargo que se derivan de las pruebas practicadas a instancia de la acusación. Como indica MAGRO SERVET, «frente a la virtualidad de los indicios, resulta evidente que la defensa también puede poner la figura del contraindicio para tratar de contrarrestar la eficacia de los indicios y restar virtualidad a esta suma de los mismos que puedan determinar la condena»[1].

Se puede advertir como en la definición acuñada hemos hablado de «indicios de cargo que se derivan de las pruebas practicadas», puesto que el indicio forma parte del método para probar en que se concretan las presunciones judiciales (concretamente es el hecho base de la presunción) y no de un medio probatorio como tal. Por consiguiente, el indicio se deriva de la prueba de cargo practicada porque el indicio como tal no es una prueba que pueda ser propuesta por las partes, que pueda ser admitida por el órgano judicial y, finalmente, que pueda practicarse en el acto del juicio oral[2].

De todas estas consideraciones se pueden extraer las dos principales notas del contraindicio. En primer término, se deriva de la prueba de descargo que ofrece la parte pasiva procesal en ejercicio de su derecho de defensa, con independencia de que la carga de la prueba corresponda exclusivamente a la acusación. En segundo lugar, se dirige a restar virtualidad a los indicios puestos de manifiesto con la prueba practicada a instancia de la acusación, y, al igual que estos, no recae directamente sobre el mismo hecho delictivo que se pretende —en el caso de la defensa— poner en duda o probar su inexistencia, sino precisamente sobre los indicios de

1. MAGRO SERVET, V., «Contraindicio versus prueba indiciaria en el proceso penal», *La Ley Penal*, n.º 145, julio de 2020, p. 2. Idénticamente, las SSTS 97/2023, de 15 de febrero (ECLI:ES:TS:2023:568), y 155/2023, de 8 de marzo (ECLI:ES:TS:2023:1263), de las que fue ponente el autor citado, cuando afirman que «en esto último consiste la tesis del contraindicio que puede oponer la defensa a los indicios plurales que puede ir ofreciendo y relatando la acusación para, con ello, ir destruyendo los indicios de ésta y apagar el requisito de la pluralidad de estos que se ha exigido la jurisprudencia (...)». En idéntico sentido se expresa MONSERRAT QUINTANA, A., *Derechos fundamentales en el proceso penal*, J. M. Bosch Editor, Barcelona, 2022, p. 312; al afirmar que la pretensión principal del contraindicio es «sembrar la duda o contradecir abiertamente el haz indiciario que se le opone en sentido incriminatorio».

2. En el mismo sentido, TOMÉ GARCÍA, J. A., *Curso de Derecho Procesal Penal*, 2.ª ed., Dykinson, Madrid, 2019, p. 471; quien cita las elocuentes palabras del profesor SERRA DOMÍNGUEZ sobre el particular, el cual señala que «no existen otras diferencias entre presunción e indicio que la resultante de integrar momentos distintos de un mismo juicio», que también podemos encontrar en su obra «Función del indicio en el proceso penal», *Estudios de Derecho procesal*, Ediciones Ariel, Barcelona, 1969, 704. Igualmente, se muestran críticos con el empleo de expresiones como «prueba indiciaria» NIEVA FENOLL, J., *Derecho Procesal III. El proceso penal*, Tirant lo Blanch, Valencia, 2019, p. 399; y GÓMEZ COLOMER, J. L., *El indicio de cargo y la presunción judicial de culpabilidad en el proceso penal*, Tirant lo Blanch, Valencia, 2021, p. 185; quien las califica como «erróneas» porque «ignoran su verdadera naturaleza (de hecho base de la presunción) y confunden la realidad».

signo contrario derivados de las pruebas practicadas por las partes acusadoras.

Igualmente, es importante destacar que en las líneas que siguen vamos a tratar los contraindicios en un contexto en el que no consiguen desmontar la conclusividad de la prueba indiciaria de la acusación, esto es, cuando las coartadas de la defensa hayan fracasado por ser inverosímiles, falsas o no convincentes. Y del mismo modo, cuando la jurisprudencia citada se refiera a los contraindicios y el valor que tienen para reafirmar la tesis de las partes acusadoras, lo hará en este concreto contexto. No obstante, hay que remarcar que con el simple ofrecimiento de una versión alternativa por parte del acusado basada en indicios para que confronte con la versión de cargo también sustentada en indicios se cumple la única premisa necesaria para entender que estamos en presencia de un contraindicio.

Así pues, un contraindicio no es un elemento de descargo que no consigue poner en duda los elementos indiciarios aportados por las partes acusadoras para el definitivo desmantelamiento del estado de inocencia inherente a todo acusado, por ser falso, inverosímil o no convincente[3], sino más bien las alegaciones realizadas por la defensa con el fin de ofrecer una hipótesis alternativa sobre la implicación del acusado en el hecho delictivo, con total independencia del posterior juicio valorativo que realice el órgano de enjuiciamiento sobre dichos elementos exculpatorios, conforme al art. 741 LECrim[4], y si resultan suficientes para ofrecer dudas sobre la autoría o participación del sujeto pasivo en el delito enjuiciado, o si, a la inversa, carecen de la necesaria verosimilitud para desvirtuar la eficacia de los indicios incriminatorios de la acusación.

---

3. Como incorrectamente se señala en PAZ RUBIO, J. M., *et al.*, *La prueba en el proceso penal: su práctica ante los tribunales*, Colex, Madrid, 1999, p. 289; al definir los contraindicios como «aquellos hechos que son utilizados por el inculpado en su defensa o descargo y, que resultan ser falsos, revelándose así, en indicio de signo inculpatorio en su contra». Idéntico error se aprecia en DE MIRANDA VÁZQUEZ, C., «Indicios y presunciones en la doctrina jurisprudencial de la Sala 2.ª del Tribunal Supremo», *Diario La Ley*, n.º 7549, de 18 de enero de 2011, p. 8. No obstante, esta confusión terminológica se puede apreciar en la propia jurisprudencia, y al respecto indica la STS 1009/2003, de 8 de julio (ECLI:ES:TS:2003:4818), que la expresión *contraindicio* «originariamente fue empleada para hacer referencia a las manifestaciones exculpatorias de un acusado que su Defensa no lograba probar en el juicio o que eran desmentidas por otras pruebas».
4. Entiende GÓMEZ COLOMER, J. L., *El indicio de cargo y la presunción judicial de culpabilidad en el proceso penal*, cit., p. 149; que, en el caso de los indicios, el principio de libre valoración de la prueba «se relaja porque se interpreta menos rígidamente», puesto que «cuando existe prueba de cargo y el juez penal está íntimamente convencido de su existencia, debe condenar, mientras que si no existe prueba de cargo, pero sí indicios de cargo, su libre convencimiento no lo va a ser sobre una prueba de cargo, sino

Por consiguiente, podemos dividir los contraindicios en tres categorías genéricas según los efectos que produzcan en la valoración de la práctica probatoria y el propio devenir del proceso penal. En primer lugar, nos encontramos con los contraindicios exitosos, que consiguen desmontar la conclusividad de la prueba indiciaria de la acusación y que, por tanto, impiden que se dicte una sentencia condenatoria basada en prueba indiciaria de cargo[5].

En segundo término, nos encontramos con los contraindicios que no tienen la necesaria fuerza para anular la virtualidad probatoria de los indicios de la acusación y sobre los que, de manera genérica, ha venido entendiendo la doctrina jurisprudencial que pueden servir para corroborar la culpabilidad del sujeto pasivo cuando se cuente con el debido soporte probatorio basado en prueba directa o por indicios, puesto que lo que en ningún caso cabe es completar las lagunas lógicas o empíricas de la prueba de cargo para enervar la presunción de inocencia del acusado utilizando sus propias manifestaciones o la tesis de descargo introducida por la defensa.

---

sobre un nivel probatorio inferior, englobando en una presunción ese indicio de cargo». Para el citado autor, el convencimiento judicial en estos casos no se fundaría en «una prueba directa indubitada, sino en una máxima de la experiencia, que no hay que probar (...), sólo expresar de manera no absurda en la resolución, lo que permite un mayor abanico de interpretaciones». El argumento de fondo que permite sostener al antedicho comentarista una desvalorización del principio de libre valoración cuando se está en presencia de prueba indiciaria radica en una suerte de subsidiariedad en relación con la prueba directa, como también ha puesto de manifiesto CLIMENT DURÁN, C., *La prueba penal*, Tomo I, Tirant lo Blanch, Valencia, 2005, p. 889. En contra de atribuir una menor eficacia a la prueba indiciaria en relación con la prueba directa se sitúan, entre otros autores, SERRA DOMÍNGUEZ, M., «Función del indicio en el proceso penal», cit., p. 710; MIRANDA ESTRAMPES, M., *La mínima actividad probatoria en el proceso penal*, J. M. Bosch Editor, Barcelona, 1997, p. 226; y CORDÓN AGUILAR, J. C., *Prueba indiciaria y presunción de inocencia en el proceso penal*, Instituto Vasco de Derecho Procesal, San Sebastián, 2012, p. 47. En la jurisprudencia también encontramos pronunciamientos en esta línea. La STS 1001/2022, de 22 de diciembre (ECLI:ES:TS:2022:4805), afirma que «la prueba indiciaria o indirecta no goza necesariamente de menor valor o fuerza que la prueba directa. Su admisibilidad no es fruto de la resignación como irremediable concesión a criterios defensistas para evitar intolerables impunidades. No. La doctrina sobre la prueba indiciaria no encierra una relajación de las exigencias de la presunción de inocencia. Es más: la prueba indiciaria es muchas veces fuente de certezas muy superiores a las que brindaría una pluralidad de pruebas directas unidireccionales y concordantes».

5. Como afirma GÓMEZ COLOMER, J. L., *El indicio de cargo y la presunción judicial de culpabilidad en el proceso penal*, cit., p. 97; si el contraindicio se prueba «es suficiente para generar al menos la duda y por ello, bien por medio del derecho a la presunción de inocencia (al enervar la prueba de cargo), bien por la máxima *in dubio pro reo* (al generar dudas), la absolución está garantizada».

En tercer lugar, distinguiremos una nueva categoría de contraindicios, no tratada por vía jurisprudencial, en la que los elementos de descargo, a pesar de que no son capaces de desvirtuar la eficacia probatoria del cuadro indiciario abriendo una fisura en la racionalidad de la hipótesis de la acusación, no deben sumarse a la tesis de la acusación, por ser indicios que son verosímiles, por más que no logren convencer al órgano judicial según el estándar de probabilidad aplicable.

II. EL GENÉRICO EMPLEO DE LOS CONTRAINDICIOS COMO CORROBORACIÓN DE LA CONVICCIÓN DE CULPABILIDAD

Estas alegaciones de descargo realizadas por la defensa con el objetivo de conseguir su exculpación se encuentran con el problema de que, cuando carecen de la suficiente entidad como para desmontar o poner en duda la hipótesis fáctica de la acusación, no solo no desvirtúan la eficacia probatoria de los indicios de cargo, sino que también pueden servir para corroborar la convicción de culpabilidad alcanzada con base en dichos elementos probatorios. De este modo, nos situamos en las dos últimas categorías de contraindicios señaladas al final del apartado anterior, dejando de lado los contraindicios que logran desvirtuar los indicios de la acusación, evitando así la pluralidad e interrelación de los restantes indicios[6] como para inferir racionalmente la participación del acusado en el delito enjuiciado.

Abriendo un breve paréntesis, de lo anterior se deriva que el acusado no tiene reconocido como tal un derecho a mentir en ejercicio de su derecho de defensa, como afirman algunos autores, de entre los que destacamos a ASENCIO MELLADO[7]. Esto es así porque, de lo contrario, la falsedad de su declaración exculpatoria sería del todo impune y, en consecuencia, no se deduciría ninguna consecuencia gravosa para el mismo por el empleo de

6. Salvo cuando estemos en presencia de un solo indicio con especial potencia acreditativa, lo que es admitido por la jurisprudencia; entre las más recientes, véase la STS 614/2023, de 14 de julio (ECLI:ES:TS:2023:3487), aunque no sin discrepancias con otras resoluciones del TS, como es el caso de la problemática STS 532/2019, de 4 de noviembre (ECLI:ES:TS:2019:3504), que niega «cualquier posibilidad de que un indicio aislado pudiera servir para construir una presunción». En el plano doctrinal, CORDÓN AGUILAR, J. C., *Prueba indiciaria y presunción de inocencia en el proceso penal*, cit., p. 139; defiende la suficiencia de un único indicio sobre la base de que «la eficacia de la prueba indiciaria para destruir la presunción de inocencia deriva, esencialmente, no del número de indicios con que se cuente, sino de la solidez y fundamento del nexo que se logre identificar entre hecho-indiciante y afirmación presumida».
7. ASENCIO MELLADO, J. M., *Prueba prohibida y prueba preconstituida*, Trivium, Madrid, 1989, p. 126; y, más recientemente, «Las partes en el proceso penal (II). Partes acusadas», en *Derecho Procesal Penal*, Tirant lo Blanch, Valencia, 2020, p. 86. Postura también

contraindicios falsos o carentes de la necesaria entidad para restar fuerza a los indicios aportados por la acusación[8].

Volviendo al tema principal que nos ocupa, ya en la STS de 20 de diciembre de 1986 (ECLI:ES:TS:1986:7261) se afirmaba que «si el imputado, que carece de la carga probatoria, introduce defensivamente un dato nuevo en el proceso y tal dato se revela que es falso, su simple resultado negativo no puede ser reputado irrelevante o intrascendente». Esto ha provocado que un importante sector doctrinal se muestre crítico con la posibilidad de extraer consecuencias desfavorables de las declaraciones y coartadas del acusado en ejercicio de su derecho a no declarar contra sí mismo y a no confesarse culpable como medio de defensa.

Este es el caso de LÓPEZ BARJA DE QUIROGA, quien entiende que «una cosa es que se admita la prueba de indicios y otra cosa es que se acepte la argumentación de forma inversa (...). Esto no tiene nada que ver con la argumentación lógica que soporta la prueba de indicios, pues, de la falta de prueba de un hecho (si se considera que no se ha probado o que es inverosímil la explicación), no cabe deducir como consecuencia que otro hecho (carente de todo enlace con aquél) está probado»[9].

---

mantenida por GÓMEZ DEL CASTILLO Y GÓMEZ, M., *El comportamiento procesal del imputado (silencio y falsedad)*, Bosch, Barcelona, 1979, p. 47; LÓPEZ BARJA DE QUIROGA, J., «El derecho a guardar silencio y a no incriminarse», *Manuales de Formación continuada*, n.º 22, Centro de Documentación Judicial, Madrid, 2004, p. 592; y ASENCIO GALLEGO, J. M., *El derecho al silencio como manifestación del derecho de defensa*, Tirant lo Blanch, Valencia, 2017, pp. 242 y 243.

8. En este mismo sentido se ha posicionado el Tribunal Constitucional, quien ha perfilado el alcance de los derechos a no declara contra uno mismo y a no confesarse culpable en el contexto de las alegaciones defensivas mendaces, afirmando en su Sentencia 149/2009, de 15 de junio (BOE núm. 172, de 17 de julio de 2009), que no puede concluirse que los mismos «consagren un derecho fundamental a mentir, ni que se trata de derechos fundamentales absolutos o cuasi absolutos que garanticen la total impunidad cualesquiera que sean las manifestaciones vertidas en un proceso, o la ausencia absoluta de consecuencias derivadas de la elección de una determinada estrategia defensiva». En el ámbito doctrinal, véase BANACLOCHE PALAO, J., «El derecho a ser informado de la acusación, a no declarar contra sí mismo y a no confesarse culpable», *Cuadernos de Derecho Público*, n.º 10, 2000, p. 197; del mismo autor, con ZARZALEJOS NIETO, J., *Aspectos fundamentales de Derecho procesal penal*, 6.ª ed., La Ley, Madrid, 2023, pp. 290 y 310; y LÓPEZ MARCHENA, M. A., «Las coartadas falsas del investigado/acusado. Consecuencias jurídico-procesales en las fases de investigación y enjuiciamiento», *La Ley Penal*, n.º 150, mayo de 2021, p. 24.

9. LÓPEZ BARJA DE QUIROGA, J., *Tratado de Derecho Procesal Penal*, Editorial Aranzadi, Cizur Menor, 2004, p. 1381. En el mismo sentido, MARTÍNEZ ARRIETA, A., «La prueba indiciaria», en GONZÁLEZ-CUELLAR SERRANO, N., *et al.*, *La prueba en el proceso penal*, Ministerio de Justicia, Madrid, 1993, p. 63; quien entiende que cuando

También se muestra desacorde con esta línea jurisprudencial MIRANDA ESTRAMPES, quien afirma que «una indicación inexacta o falsa puede tener como motivo la ocultación de un hecho distinto del que es objeto del procedimiento penal, y sin relación con el mismo, o incluso puede tratarse de personas que siendo realmente inocentes piensen que lo mejor es mentir porque si dicen la verdad nadie les creerá»[10]. Argumento que es secundado por CORDÓN AGUILAR al entender que la falsedad de la explicación del acusado puede deberse a causas distintas de la intención de ocultar su participación en el delito, como puede ser el temor a que la realidad de lo sucedido devenga poco creíble por su espontaneidad[11].

Con independencia de las críticas doctrinales recibidas, este es un posicionamiento que se ha mantenido en la doctrina jurisprudencial de la Sala Segunda del TS, afirmando en este sentido la más reciente STS 861/2022, de 3 de noviembre (ECLI:ES:TS:2022:3976), que «los denominados contraindicios —como las coartadas poco convincentes— no deben servir para considerar al acusado culpable (SSTC 24/97 y 229/98) aunque sí pueden ser idóneos para corroborar la convicción de culpabilidad alcanzada con apoyo de prueba directa o indiciaria, que se sumen a la falsedad o falta de credibilidad de las explicaciones dadas por el acusado (SSTC 76/90 y 220/98)»[12].

Como se puede apreciar, las anteriores resoluciones se refieres a las *coartadas falsas* y *no convincentes* dentro de los contraindicios que puede plantear la defensa, lo que no impide apreciar otras Sentencias de nuestro

---

el sujeto pasivo del proceso ofrece al órgano judicial una versión sobre los hechos que se demuestra falsa o inexacta, lo único que hace es negar la imputación realizada en su contra; y también ASENCIO MELLADO, J. M., «Las partes en el proceso penal (II). Partes acusadas», cit., p. 87; quien señala que el descubrimiento de la falsedad de una versión exculpatoria solo autoriza a afirmar que esta es falsa, pero no que la contraria es verdadera.

10. MIRANDA ESTRAMPES, M., *La mínima actividad probatoria en el proceso penal*, cit., p. 250. Por su parte, NIEVA FENOLL, J., *Derecho Procesal III. El proceso penal*, cit., p. 350; afirma que las mentiras del reo «pueden ser fruto de simples errores, frecuentes cuando uno está nervioso».

11. CORDÓN AGUILAR, J. C., *Prueba indiciaria y presunción de inocencia en el proceso penal*, cit., pp. 64 y 65.

12. Sin perjuicio de la continuidad que hemos establecido entre la primera sentencia del siglo pasado citada y la que se recoge en este párrafo, LÓPEZ MARCHENA, M. A., «Las coartadas falsas del investigado/acusado. Consecuencias jurídico-procesales en las fases de investigación y enjuiciamiento», cit., pp. 22-24; distingue dos estadios en la configuración de la doctrina jurisprudencial sobre el valor de probatorio de las coartadas del acusado: uno inicial en el que la coartada falsa tenía la consideración de indicio incriminatorio indirecto valorable en pie de igualdad con el resto de pruebas para formar la convicción del órgano judicial; y uno posterior, y más matizado, en el

Alto Tribunal que mantienen igual postura en relación con contraindicios de diferente naturaleza.

La STS 61/2023, de 7 de febrero (ECLI:ES:TS:2023:346), expresa que «si bien ni el silencio ni la coartada inverosímil del imputado pueden convertirse en indicios fuertes de culpabilidad, sin peligro de lesionar de manera intolerable el derecho a la no autoincriminación, ello no implica que dichos comportamientos no puedan tenerse en cuenta, bien como indicio o contraindicio, fuente a su vez de prueba indiciaria (doctrina clásica), bien como mecanismo de "refuerzo indiciario de segundo grado" de la solidez probatoria de los medios acreditativos propuestos por las acusaciones (...), bien como mero "elemento de respaldo de la inferencia probatoria obtenida por el Tribunal a partir de los verdaderos indicios"»[13].

Ahora bien, consideramos incorrecta esta equiparación entre el silencio y las coartadas inverosímiles a la hora de extraer inferencias probatorias que coadyuven a la condena del acusado, pues como indica ASENCIO GALLEGO, cuando el acusado declara está llevando a cabo una conducta activa, «mientras que el silencio, por su naturaleza, implica una actitud pasiva de quien lo ejercita, el cual, al no declarar, está dejando que sean las acusaciones quienes tengan la carga de acreditar el relato de hechos inculpatorio y la participación del interrogado en los mismos»[14].

Así pues, del silencio del acusado no debe derivarse, en ningún caso, inferencia alguna que corrobore la culpabilidad, mientras que, estando en

---

que no se le confiere a la cortada falsa la condición de indicio, sino de elemento valorativo de refuerzo de las demás pruebas directas o indiciarias. Sin embargo, el autor citado termina reconociendo que en la práctica no existen diferencias sustanciales entre ambos planteamientos y que, incluso, algunas de las sentencias que exponen la nueva línea jurisprudencial lo que hacen es recurrir a las de la precedente interpretación para argumentar el empleo de los contraindicios como elemento valorativo en orden de formar el convencimiento judicial.

13. De hecho, por autores como MAGRO SERVET, V., *Guía de problemas prácticos y soluciones del juicio oral*, La Ley, Madrid, 2006; se llegó a afirmar que «si existe una mínima actividad probatoria que no esté configurada como prueba directa el Tribunal podrá utilizar la propia declaración del acusado en el plenario para de la misma inferir la autoría si existe incoherencia con el resto del material probatorio practicado en el plenario». Según este planteamiento, cualquiera que sea el contraindicio, si no consigue desmontar la hipótesis de la acusación permite pasar al extremo contrario y así emplearse como elemento probatorio en contra del acusado, aunque el defecto de la coartada sea simplemente de coherencia.

14. ASENCIO GALLEGO, J. M., *El derecho al silencio como manifestación del derecho de defensa*, cit., p. 285. Como indica MIRANDA ESTRAMPES, M., *La mínima actividad probatoria en el proceso penal*, cit., p. 255; el ejercicio del derecho al silencio «no supone, en el proceso penal, ni un reconocimiento tácito de los hechos, ni siquiera una negación de los mismos, por lo que la presunción de inocencia permanece incólume».

presencia de los indicios de descargo, puede considerarse en algunos supuestos que su infructuoso empleo por el sujeto pasivo procesal puede, a su vez, confirmar la convicción de culpabilidad alcanzada con base en la prueba directa o indiciaria aportada por la acusación.

En consecuencia, podemos apreciar que, cualquiera que sea la naturaleza del contraindicio, nuestra jurisprudencia autoriza su toma en consideración por el órgano sentenciador para formar su convicción acerca de la culpabilidad del acusado cuando existan otros elementos probatorios, directos o indiciarios, que apuntan inequívocamente hacia esa dirección. Fijado lo anterior, en estas líneas no trataremos simplemente de sumarnos a esta línea jurisprudencial que considera que pueden extraerse elementos inferenciales desfavorables del contraindicio del acusado, ni tampoco criticarla defendiendo la opinión doctrinal que entiende que bajo ningún supuesto deben derivarse consecuencias desfavorables de la falsedad en las declaraciones del acusado.

Por el contrario, trataremos de diferenciar entre las categorías de contraindicios que pueden existir cuando no logran su finalidad de desvirtuar la eficacia probatoria de los indicios de cargo, de las que hemos hecho un esbozo al analizar la jurisprudencia de nuestro Alto Tribunal acerca de la corroboración de la convicción de culpabilidad que pueden suponer los contraindicios. Así, debemos necesariamente distinguir entre los contraindicios no convincentes bajo el estándar de prueba con el que estos elementos exculpatorios se ponen en relación con los indicios de la acusación y los contraindicios que, directamente, se prueban como falsos.

III. LOS CONTRAINDICIOS NO CONVINCENTES SEGÚN EL ESTÁNDAR DE VALORACIÓN PROBATORIA

En este apartado nos ocuparemos de los contraindicios no convincentes respecto a los cuales la jurisprudencia ha entendido que, al igual que los que se demuestran como falsos o que son inverosímiles, también pueden corroborar la convicción judicial de culpabilidad que se alcanza con las restantes pruebas. Esta categoría de contraindicios tiene lugar en la concreta situación en la que, frente a la hipótesis de la acusación, se presentan por la defensa coartadas que, según el criterio de valoración probatoria del juzgador, no tienen el potencial necesario para conseguir la absolución del acusado, pero que al mismo tiempo tampoco pueden tacharse de inverosímiles.

A este respecto debemos preguntarnos cual es el estándar de valoración probatoria con el que estos contraindicios de la defensa se relacionan por el juzgador con los indicios de cargo y determinar que los primeros *no son convincentes* en aras de conducir a la absolución del acusado. Si acudimos a la jurisprudencia del Tribunal Supremo, veremos que no queda claro si el estándar que se debe emplear es el de la culpabilidad «más allá de toda duda razonable» o el de la «probabilidad prevaleciente».

Un claro ejemplo de esta indefinición lo encontramos en la STS 532/2019, de 4 de noviembre (ECLI:ES:TS:2019:3504), en la que se afirma que «la prueba indiciaria es la suma enlazada y no desvirtuada de una serie de datos; datos base, que a través de ellos, permiten al Juez arribar el hecho consecuencia por medio de un explícito juicio de inferencia fundado en un razonamiento lógico-inductivo en el que la solidez de los indicios avalan la solidez de la conclusión, siempre en los términos propios de la certeza judicial y que se puede concretar en la fórmula sacramental que emplea el Tribunal Europeo de Derechos Humanos; "certeza más allá de toda duda razonable"»[15].

Pero al mismo tiempo en el que se defiende el estándar del «más allá de toda duda razonable», en la última de las reglas que recoge la citada resolución se afirma que «para que la hipótesis acusatoria pueda prosperar, consiguiéndose la enervación de la presunción de inocencia, se le debe exigir una "probabilidad prevaleciente"» con respecto a aquellas hipótesis explicativas de los mismos indicios, entre las que se puede contar la tesis fáctica de descargo[16].

15. En el plano doctrinal, señala TARUFFO, M., *La prueba*, traducción de MANRÍQUEZ, L. y FERRER BELTRÁN, J., Marcial Pons, Madrid, 2008, p. 274; que el estándar de la prueba más allá de toda duda razonable «expresa la exigencia de que la culpabilidad del imputado sea demostrada con un altísimo grado de confirmación, prácticamente equivalente a la certeza». Esta noción de certeza predicable de este estándar probatorio puede verse en alguna de las definiciones doctrinales sobre el propio concepto de prueba; así SILVA MELERO, V., *La prueba procesal*, Tomo I, Editorial Revista de Derecho Privado, Madrid, 1963, p. 31; afirma que «desde el punto de vista procesal el concepto de prueba aparece indudablemente unido a la finalidad de obtener la certeza procurando el convencimiento judicial, en relación a la verdad o falsedad de una afirmación o a la existencia o inexistencia de un hecho». A nivel jurisprudencial señala la STS 450/2023, de 14 de junio (ECLI:ES:TS:2023:3201), que «debe insistirse en que no cualquier duda formulada debilita el alto grado de conclusividad exigible para que la inferencia pueda destruir la presunción de inocencia. La duda que la neutraliza es la razonable: esto es, la duda justificada razonablemente y no arbitraria. La consistencia de la duda razonable no se justifica en sí misma sino contrastándola con los argumentos que fundan la condena. Como a la inversa, la contundencia de la hipótesis de condena tampoco se mide en sí sino según su capacidad para neutralizar la propuesta absolutoria».
16. Con anterioridad a la antedicha resolución, la jurisprudencia del Tribunal Supremo ha dejado entrever este criterio de prevalencia a la hora de confrontar la hipótesis

Este estándar de valoración probatoria, como indica su propia denominación, conllevaría la confrontación de la tesis de la acusación basada en indicios y la tesis de descargo sustentada en contraindicios bajo el criterio de probabilidad. Es decir, se produciría una recíproca comparación entre las probabilidades de las dos hipótesis, comparación de la que se infiere que una es más probable que la otra. Según este estándar probatorio, que en abstracto no tiene por qué ser contrario a la presunción de inocencia[17], sería suficiente para dictar una sentencia condenatoria la existencia de más de un 50% de probabilidad de que los hechos hayan sucedido conforme a la tesis acusatoria[18].

Para IGARTUA SALAVERRÍA es una sinrazón la confrontación de la hipótesis de la acusación y defensa en términos de probabilidad, pues mientras que la primera siempre debe estar presente para demostrar la culpabilidad del acusado, motivo por el cual sí debe ser valorada por el juzgador en términos de *probabilidad*, la segunda puede aportarse, sin ser imprescindible su existencia, y no se encuentra dirigida a demostrar lo probable que es su hipótesis de descargo sino a evidenciar la limitada probabilidad de la hipótesis de la acusación, motivo por el cual debe ser valorada bajo el criterio de la *verosimilitud*[19].

---

acusatoria basada en prueba indiciaria y la hipótesis defensiva basada en contraindicios. Dispone la STS 732/2013, de 10 de octubre (ECLI:ES:TS:2013:5466), que «la seguridad de una inferencia, su precisión, se produce cuando aquélla genera la conclusión más probable sobre el hecho a probar. En el fondo, esta idea no es ajena a una probabilidad estadística que se presenta como la probabilidad prevaleciente. En suma, resultará probada la hipótesis sobre el hecho que se fundamente sobre diversas inferencias presuntivas convergentes cuando esa hipótesis esté dotada de un grado de confirmación prevaleciente respecto de otras hipótesis a las que se refieren otras inferencias presuntivas, mucho más débiles y por tanto incapaces de alterar la firmeza de aquella que se proclama como predominante».

17. Como se indica en HERNÁNDEZ GARCÍA, J., *et al.*, «99 cuestiones básicas sobre la prueba en el proceso penal», *Manuales de Formación Continuada*, Centro de Documentación Judicial, Madrid, 2009, p. 649; «de la presunción de inocencia deriva un estándar de prueba *en negativo*: la hipótesis de la culpabilidad debe —por lo menos— ser más probable que la hipótesis de la defensa. El principio constitucional no impone un estándar que vaya más allá. Por encima de este umbral ya sería posible cualquier estándar probatorio que el legislador dispusiera (...), con lo que —en rigor— no sería el principio constitucional el que marca el contenido de la ley ordinaria sino, al contrario, es la ley la que sube el estándar probatorio o lo deja donde estaba».

18. MUÑOZ ARANGUREN, A., «La valoración judicial de la prueba de indicios: una lectura crítica de la Sentencia del Tribunal Supremo, Sala Segunda, n.º 532/2019, de 4 de noviembre», *Diario La Ley*, n.º 9586, de 4 de marzo de 2020, p. 7.

19. IGARTUA SALAVERRÍA, J., «La prueba indiciaria a la deriva», cit., p. 11; quien distingue la *probabilidad*, como grado de confirmación que los medios de prueba aportan a una hipótesis, de la *verosimilitud*, como equivalente a la normalidad anudada a la

Siguiendo este razonamiento, podría entenderse inadmisible la utilización de la regla de la «probabilidad prevaleciente» para analizar el potencial exculpatorio de los contraindicios aportados por la defensa del acusado en la medida en que los mismos deben valorarse exclusivamente bajo el prisma de su verosimilitud, y no confrontarlos con los indicios de cargo bajo el criterio de su probabilidad, de manera que una hipótesis alternativa mínimamente verosímil desarticularía la conclusividad de las pruebas de cargo de carácter indiciario bajo el estándar de prueba de «más allá de toda duda razonable»[20].

De lo anterior se deriva la falta de concreción de nuestros tribunales cimeros sobre el parámetro para valorar el contraindicio de la defensa y sobre las reglas epistémicas de juicio para acreditar la culpabilidad del acusado, y aun cuando se tomase en cuenta también la probabilidad de la hipótesis exculpatoria y no solo su verosimilitud[21], hay una conclusión que se muestra con total claridad: no se puede predicar respecto del estándar de prueba en el proceso penal la fórmula de la «probabilidad prevaleciente» y al mismo tiempo exigir la certeza en la culpabilidad «más allá de toda duda razonable».

---

marcha ordinaria de los sucesos; y especifica que la apreciación de cada una de estas propiedades tiene lugar en una etapa diferente del razonamiento probatorio, pudiendo concluir la verosimilitud (o su ausencia) sin necesidad de esperar a la fase en la que se aprecia la probabilidad, en tanto que «una hipótesis es verosímil no cuando se aportan pruebas concretas para confirmarla sino cuando se muestra o se argumenta su conformidad con el acontecer regular de las cosas».

20. IGARTUA SALAVERRÍA, J., «La prueba indiciaria a la deriva», cit., p. 11; quien entiende que el nivel de convicción «más allá de toda duda razonable» no puede alcanzarse si los indicios presentes en el acervo probatorio no impiden la existencia de una hipótesis verosímil acomodada al discurrir habitual de los sucesos en el mundo físico, con total independencia de que se encuentren o no los elementos de prueba necesarios para su corroboración. En un sentido parecido se pronuncia la STS 136/2022, de 17 de febrero (ECLI:ES:TS:2022:680), cuando afirma que «mientras la condena presupone la certeza de la culpabilidad, neutralizando la hipótesis alternativa, la absolución no presupone la certeza de la inocencia sino la mera no certeza de la culpabilidad. La absolución no se deriva de la prueba de la inocencia sino de la frustrada prueba de la culpabilidad más allá de toda duda razonable. De ahí que una hipótesis exculpatoria mínimamente verosímil arruine la probabilidad concluyente —la conclusividad— que exige el mencionado estándar».

21. Extremo que también es defendible en atención a que, a pesar de que la probanza de los hechos que pueden fundamentar la condena corresponde a las partes acusadoras, la jurisprudencia ha entendido que cuando la defensa introduce un hecho exculpatorio la carga de su prueba recae sobre esta parte pasiva del proceso. Así, la STS 167/2023, de 8 de marzo (ECLI:ES:TS:2023:1228), expresa que «la coartada o excusa ofrecida por el acusado no tiene que ser forzosamente desvirtuada por la acusación, ya que la presunción de inocencia exige partir de la inocencia del acusado respecto de los hechos delictivos que se le imputan, pero en absoluto obliga a dar por sentada

Consiguientemente, de no estar previsto este estándar de probabilidad, el grado de conclusividad derivado del resultado de la prueba podría verse excluido simplemente como consecuencia de una mínima verosimilitud de la hipótesis alternativa formulada por la defensa, que, en un principio, no necesitaría ser confirmada por elementos de prueba[22]. Ahora bien, una explicación del acusado dirigida a demostrar la limitada probabilidad de la hipótesis de la acusación y, en consecuencia, a desmontar la conclusividad que pueda derivarse de ella, puede no ser *convincente* a ojos del juzgador si considera, bajo el criticado estándar de la probabilidad prevaleciente, que es más probable la tesis de la acusación basada en indicios que la de descargo apoyada en contraindicios.

Pero está totalmente al margen de las reglas de la lógica que deben regir la valoración probatoria que un contraindicio que cuenta con la necesaria verosimilitud como para parangonarse con los indicios de cargo, si finalmente no consigue *convencer* al juzgador porque, tras la confrontación entre ambas hipótesis siguiendo el estándar de la «probabilidad prevaleciente», la tesis de la acusación sigue siendo más elevada en probabilidad que la de la defensa, se utilice esta última como elemento de refuerzo de la culpabilidad. Lo que no consigue convencer de un extremo no sirve *per se* para convencer de lo contrario, máxime cuando la tesis de exculpatoria de la defensa es plausible, aunque menos probable que la hipótesis de la acusación.

---

la veracidad de sus afirmaciones (SSTC 197/95; 36/96; 49/98). En otras palabras: la carga de la prueba de los hechos exculpatorios recae sobre la defensa». En el plano doctrinal también se ha entendido que los hechos exculpatorios aducidos por la defensa deben probarse; a modo de ejemplo, MAGRO SERVET, V., «Contraindicio versus prueba indiciaria en el proceso penal», cit., p. 2; y MONSERRAT QUINTANA, A., *Derechos fundamentales en el proceso penal*, cit., p. 313. Por su parte, GÓMEZ COLOMER, J. L., *El indicio de cargo y la presunción judicial de culpabilidad en el proceso penal*, cit., pp. 110 y 112; va más allá y afirma que frente a la amenaza de la presunción de culpabilidad —que el autor aprecia a raíz del reconocimiento del indicio de cargo que integra unas presunciones que únicamente pueden operar para fundar la culpabilidad del perjudicado por ellas— «es el acusado quien tiene que demostrar que no existe, o que existiendo es ilegal, arbitraria, irracional o ilógica».

22. En contra de este estándar de valoración probatoria parece situarse también el argumentario de LÓPEZ BARJA DE QUIROGA, J., *Tratado de Derecho Procesal Penal*, cit., p. 1382; quien directamente rechaza la confrontación de la alternativa acusatoria y la de la defensa, afirmando que «no se trata de calcular cuál alternativa es más lógica (...), ni cuál parece más convincente, sino que lo que debe examinarse es si la alternativa inferencial del acusado es lógica. De manera que si esta alternativa es lógica, ya basta para la duda y, en consecuencia, la única conclusión es la absolución». Concluye recalcando que «no hay un enfrentamiento de verosimilitudes de distintas versiones. En otras palabras, no es cuestión decidir cuál de las alternativas es más lógica, sino si la del acusado lo es; únicamente cuando no lo sea, afirmaremos la ausencia de alternativas y podrá aceptarse el juicio de inferencia planteado por la acusación».

IV. LOS CONTRAINDICIOS FALSOS COMO ELEMENTO DE REFUERZO DE LA CULPABILIDAD

Tras analizar los motivos por los que los contraindicios no convincentes no deberían emplearse por el órgano jurisdiccional como refuerzo complementario de la convicción de culpabilidad, nos detenemos ahora en una segunda y muy disímil categoría de contraindicios que, a diferencia de la anterior y en consonancia con la línea jurisprudencial que viene aplicándose desde antaño, sí pueden tomarse en consideración por el juzgador: los contraindicios falsos. La diferencia entre unos contraindicios y otros es fácilmente advertible.

En el caso de los contraindicios *no convincentes* se encuentra presente un mínimo grado de verosimilitud que, precisamente, es el que ocasiona la necesidad de la recíproca confrontación con la tesis acusatoria que se resuelve en términos de probabilidad, mientras que en el caso de las hipótesis exculpatorias basadas en contraindicios que se demuestran como falsos por los distintos elementos probatorios presentes en la causa, esa constatada *falsedad* es la que impide que se pueda inferir ningún grado de plausibilidad o verosimilitud.

Más claramente: en el primer caso los contraindicios son menos probables que los elementos de cargo con los que cuenta la acusación —al margen que de no preverse la regla de la «probabilidad prevaleciente» se debería absolver al acusado en los supuestos de proximidad entre la hipótesis de la acusación y de la defensa al poderse albergar una duda razonable sobre la culpabilidad del acusado—, mientras que, en el segundo, estos elementos de descargo se demuestran, por alguna de las restantes pruebas incontrovertibles presentes, directamente como falsos.

Veamos la toma en consideración de la coartada falsa como elemento valorativo de reforzamiento de la convicción judicial de culpabilidad en un pronunciamiento de nuestro Alto Tribunal. La STS 339/2018, de 6 de julio (ECLI:ES:TS:2018:2744), confirma la condena por un delito de homicidio en el que la autoría se basó en una pluralidad de indicios[23] que descartaban cualquier comportamiento autolítico o por muerte accidental de la víctima.

23. Indicios relativos al lugar en el que se encontró el cadáver (una oquedad de una escollera artificial en la que era imposible que el cadáver hubiera accedido por el oleaje), al estado en el que apareció el cadáver (cuerpo completamente desnudo y con las muñecas ligadas con un sujetador), al lugar en el que se produjo la muerte (las muestras de arena extraídas del cadáver coincidían en lo sustancial con las obtenidas en el lugar en que fue hallado), la fecha en la que tuvo lugar la muerte (testimonio de la

A modo de corroboración de la convicción de culpabilidad se hizo referencia a tres coartadas falsas. En primer lugar, la negación inicial del conocimiento de la playa en la que está el espigón en el que fue ocultado el cadáver, puesta en evidencia con una fotografía de su presencia anterior en el mismo lugar de los hechos con otros amigos. En segundo lugar, la prueba de la falsedad de la versión del acusado cuando dijo que dejó a la víctima en la playa porque esta quiso llamar por teléfono a otro amigo cuando no tenía saldo para realizar llamadas, sino solo para recibirlas[24]. Y, en tercer lugar, el testimonio de los padres del acusado sobre la hora a la que volvió a casa el acusado (que resultaba incompatible con las referencias horarias que se derivaban de las demás pruebas, incluida la declaración del acusado) y las razones por las que no dejaron hablar con él a la madre de la víctima[25].

Por medio de este caso real podemos ver con claridad los supuestos en que los contraindicios falsos del acusado pueden confirmar la fortaleza conclusiva de la hipótesis de la acusación basada en indicios. Así, es necesario, en primer término, que a raíz de la prueba practicada en el juicio oral la hipótesis de la culpabilidad haya alcanzado un nivel elevado de conclusividad que, en presencia de coartadas alternativas de la defensa que se demuestran como falsas, no solo no sirven para neutralizar la fortaleza de la inferencia de culpabilidad, como podría suceder en el caso de los contraindicios que no logran convencer al juzgador de la inocencia del acusado, sino que directamente refuerzan la racionalidad de la hipótesis acusatoria basada en indicios.

---

madre de la víctima, que fue la última que mantuvo contacto telefónico con ella, y el informe pericial que analizó la cobertura del teléfono móvil de la víctima), y su relación con el acusado (quien, tras negar que conociera la zona, reconoció haber estado con la víctima en la playa y haber mantenido relaciones sexuales).

24. Sobre las dos primeras coartadas falsas afirma la Sentencia de apelación, dictada por la Sala Civil y Penal del Tribunal Superior de Justicia de Cataluña en fecha 17 de julio de 2017 (ECLI:ES:TSJCAT:2017:5033), que «a todo ello se une, como elemento corroborador de la bondad y del acierto de la declaración de autoría y de culpabilidad del homicidio, la constatación de la falsedad de las explicaciones inicialmente ofrecidas, a modo de coartada, por el acusado a terceros y a la Policía -antes de su detención, un mes y medio después del descubrimiento del cadáver- sobre las circunstancias en que se había separado de la víctima».

25. En relación con la tercera de las coartadas falsas la Sentencia de casación (STS 339/2018, de 6 de julio —ECLI:ES:TS:2018:2744—) afirmó que «su coartada no ha obtenido respaldo alguno, pues el Jurado negó credibilidad al testimonio de los padres según un razonamiento que el Tribunal de apelación respaldó explícitamente ante las evidentes contradicciones e imprecisiones de aquellos. En este caso, la falsedad de la coartada esgrimida por el acusado, tal y como la valoraron el Jurado y el Tribunal de apelación, reforzó la inferencia en tanto que excluyó la razonabilidad de la versión alternativa ofrecida por el acusado».

En el ejemplo expuesto, si tras la cortada que ofrece el acusado —de que fue la víctima la que le pidió que le dejase sola en la playa puesto que iba a llamar a otro amigo— no se encontrase presente la circunstancia de que la línea de móvil de la víctima carecía de saldo para efectuar llamadas, seguramente esa misma versión exculpatoria para justificar que no tuvo ninguna relación con la muerte de la víctima, tampoco hubiera podido restablecer el estado de inocencia desvirtuado por los numerosos indicios de cargo existentes. Y no por ello debe utilizarse para corroborar la culpabilidad a la que apuntan los indicios. Pero en el caso en el que, adicionalmente, se constata la imposibilidad de efectuar llamadas por parte de la víctima, esa prueba de la falsedad de la coartada del acusado puede sumar en el silogismo probatorio que conduce a la culpabilidad.

En contra de este posicionamiento se sitúa ASENCIO GALLEGO, quien expresa que es curiosa la interpretación «de lo que es un indicio y un contraindicio sin relación directa con la prueba del indicio, salvo la subjetiva, creada en el ánimo del Juzgador sobre la veracidad del investigado amparado por el derecho a no ser veraz. Una sospecha o impresión judicial es considerada contraindicio sin más datos que la sensación creada en el Tribunal». Y añade que cuando la falta de veracidad en las declaraciones del sujeto pasivo es entendida como un elemento indirecto de refuerzo de la tesis acusatoria no sólo se vulnera «el derecho de defensa material, sino que también están provocando, consciente o inconscientemente, una inversión de la carga de la prueba en la defensa»[26]. Sin embargo, este razonamiento incurre en varios defectos.

En primer lugar, la interpretación sobre el valor de la coartada falsa del acusado parte de una premisa de obligada observancia: es necesario que en el bagaje probatorio se encuentren presentes numerosos elementos de carácter directo o indiciario, de por sí suficientes para fundamentar la condena del acusado. Pero ello, bajo ningún concepto, conlleva una inversión de la carga de la prueba. Lo que ocurre en estos supuestos es que las explicaciones del acusado y las coartadas defensivas que introduce, lejos de proporcionar una duda sobre los hechos de la acusación, lo que provocan, como consecuencia de su falsedad, es un reforzamiento de la tesis acusatoria al

26. ASENCIO GALLEGO, J. M., *El derecho al silencio como manifestación del derecho de defensa*, cit., pp. 240 y 241. Por su parte, y rechazando este planteamiento en términos de carga de la prueba, afirma NIEVA FENOLL, J., «La razón de ser de la presunción de inocencia», *InDret*, n.º 1, 2016, pp. 10 y 11; que «la carga de la prueba es una institución que sólo se utiliza en una situación realmente extrema: la ausencia de prueba», lo que, a su juicio, es muy complicado que suceda cuando ya se ha llegado a la fase de enjuiciamiento, de manera que en estos casos «el juez podrá concluir la culpabilidad o inocencia en función de su libre apreciación».

descartarse cualquier fisura que pudiera existir. En otros términos, ayudan a cerrar la conclusividad de una hipótesis acusatoria ya alcanzada con las demás pruebas.

Menos categórico se muestra MIRANDA ESTRAMPES cuando afirma que «en un principio, la inferencia de la culpabilidad del acusado en base a la simple falsedad o inverosimilitud de sus declaraciones sería contraria al derecho fundamental de presunción de inocencia y supondría una inversión de la carga de la prueba, que corresponde siempre a la acusación»[27].

Indirectamente el citado autor nos da la clave sobre la problemática de la carga de la prueba en el caso de los contraindicios falsos: ciertamente su toma en consideración supondría una inversión de la carga de la prueba si la inferencia de culpabilidad se alcanzase «simplemente» con base en la falsedad de la coartada. Sin embargo, desde el momento en el que la doctrina jurisprudencial de la Sala Segunda del Tribunal Supremo exige que esas coartadas falsas sean tenidas en cuenta por el órgano judicial para formar su convicción junto con los demás indicios de cargo de la acusación, y nunca de manera aislada, se puede derivar la incorrección de entender invertida la carga de la prueba en estos supuestos.

En segundo lugar, en el caso de los contraindicios falsos su toma en consideración como corroboración de la culpabilidad no parte de una sospecha ni de una impresión judicial sino, precisamente, de una falsedad acreditada objetivamente por los demás medios de prueba. Podría partir de una impresión judicial cuando el contraindicio *no convence* al órgano judicial, pero no en el caso en el que *se prueba* como falso. Extremo que, de nuevo, pone de manifiesto la necesidad de distinguir las distintas categorías de contraindicios que puede haber.

En tercer lugar, el indicio de descargo o contraindicio falso tiene relación directa con la prueba del indicio de cargo desde el momento en el que se dirige a desmentirlo, refiriéndose, en la mayoría de los supuestos, al mismo

27. MIRANDA ESTRAMPES, M., *La mínima actividad probatoria en el proceso penal*, cit., p. 251; autor que, dicho sea de paso, se muestra en contra de cualquier utilización de las coartadas falsas a efectos de concluir la culpabilidad del sujeto pasivo procesal. Así, expresa en la p. 254 de su obra que «no creemos que la coartada falsa pudiera ser utilizada, dentro de la estructura jurídica de la prueba indiciaria, como un indicio más integrante de la afirmación base, ni tampoco para justificar la necesaria concurrencia de la pluralidad de indicios como elemento integrante de la prueba indiciaria». Estas palabras muestran la confusión doctrinal que acompaña el tratamiento de esta materia, pues como hemos indicado, el empleo de los contraindicios falsos no puede servir para suplir la pluralidad de los indicios y dotar así de una firmeza previamente ausente al hecho indiciado, en tanto que la culpabilidad de por sí debe poder deducirse de los elementos presentes en el bagaje probatorio.

hecho periférico respecto al dato fáctico a probar por la acusación. Veámoslo con un ejemplo:

En un supuesto delito de agresión sexual cometido en un hotel en el que estaban hospedados agresor y víctima, esta última refirió que el acusado se dirigió a su habitación y que, en este contexto, tuvo lugar el encuentro sexual mediando violencia. Por su parte, la versión exculpatoria del sujeto pasivo consistía en afirmar que el encuentro sexual fue consentido y que, como muestra de ello, fue la víctima la que se dirigió a su habitación del hotel. Entre el acervo probatorio se encuentra una grabación del vestíbulo principal del hotel que separa cada una de las alas del edificio en el que se encontraban las habitaciones de la víctima y del acusado. En dicha grabación, unos minutos antes de la hora a la que refirió la víctima que había tenido lugar el delito sexual, se puede ver al acusado cruzando por dicho vestíbulo hacia la zona en la que se encuentra la habitación de la víctima.

Podemos apreciar en este ejemplo la interrelación que surge entre el contraindicio falso y la hipótesis de la culpabilidad en relación con uno de los datos fácticos periféricos a la agresión sexual violenta: el lugar en el que tuvo lugar. De este modo, si una de las pocas coartadas que puede articular el acusado en relación con ese dato se muestra falsa por medio de una prueba incontrovertible como es la grabación del vestíbulo del hotel, dicha falsedad puede considerarse un elemento de corroboración de la hipótesis de la culpabilidad[28]. Así, no solo se está negando la preponderancia del indicio de descargo frente a la hipótesis de la acusación, constatándose por el juzgador la consecuente imposibilidad de desbaratar su conclusividad, sino que, además, surge una intrínseca imbricación entre esa cortada falsa

28. Hipótesis que, recalquemos, debe seguir infiriéndose del resto de pruebas practicadas, que pueden incluir otros indicios (en este caso ficticio, por ejemplo, el testimonio de las personas que estaban hospedadas en la habitación contigua y que, a la hora en la que sucedieron los hechos, escucharon unos inusuales gritos), y entre las que ocupa un lugar especial en estos casos de delitos contra la libertad sexual la declaración testifical de la víctima superando los tres parámetros de contraste (ausencia de incredibilidad subjetiva, verosimilitud del testimonio y persistencia en la incriminación) fijados por la jurisprudencia (entre las más recientes, véase la STS 553/2023, de 5 de julio —ECLI:ES:TS:2023:3051—). Como hace notar FUENTES SORIANO, O., «Los procesos por violencia de género. Problemas probatorios tradicionales y derivados del uso de las nuevas tecnologías», *Revista General de Derecho Procesal*, n.º 44, 2018, p. 8; la verosimilitud en el testimonio de la víctima mediante la corroboración de determinados datos periféricos nos sitúa de nuevo en el campo de la prueba indiciaria, por lo que «más ajustado a la verdad -aunque, quizás, menos demagógico- resultaría reconocer que la mera declaración de la víctima no será, en principio, suficiente para desvirtuar la presunción de inocencia del acusado pues, al margen de otras consideraciones (credibilidad subjetiva y persistencia en la incriminación), va a requerir siempre de la práctica de prueba indiciaria sobre determinados datos».

y la hipótesis de la culpabilidad que puede concluir con el reforzamiento de esta última.

V. CONCLUSIONES

Las conclusiones que podemos extraer de todo cuanto hemos expuesto en relación con los contraindicios de la defensa y la necesidad de diferenciar entre sus distintas categorías en orden a poder considerarlos como elemento de corroboración de la convicción de culpabilidad son las siguientes:

I. Los contraindicios son los elementos de descargo que introduce la defensa con la finalidad de desvirtuar los indicios de la acusación que pudieran determinar la condena. Tienen una estructura similar y, al mismo tiempo, inversa a la del indicio de tal manera que no recaen sobre el mismo supuesto fáctico que encaja en el tipo penal sobre el que versa el proceso. Así pues, debe quedar superada la atávica concepción del contraindicio como indicio que actúa en contra de la parte pasiva procesal en adición a los demás indicios de cargo.

II. Los contraindicios pueden dividirse en tres categorías genéricas en función de si logran su objetivo de contrarrestar los indicios de cargo y de si, en caso contrario, pueden considerarse como elementos inferenciales complementarios para confirmar la tesis de la acusación. Por consiguiente, habrá contraindicios que enerven la prueba de cargo o que, al menos, generen dudas suficientes como para conducir a la absolución; otros que no consigan ese cometido y que pueden, adicionalmente, servir como confirmación de la culpabilidad alcanzada con las demás pruebas de cargo; y, finalmente, otros que deben considerarse en todo caso como neutrales.

III. Esta distinción entre las dos últimas categorías de contraindicios no se encuentra presente en la jurisprudencia donde se viene considerando que cualquier contraindicio que no consiga su finalidad exculpatoria puede sumar a la convicción de culpabilidad alcanzada por prueba directa o indiciaria. De este modo, la doctrina jurisprudencial habla indistintamente de coartadas inverosímiles, falsas o no convincentes, cuando, en realidad, la naturaleza de cada uno de esos contraindicios y los motivos por los que no consiguen desmontar los indicios de la acusación son del todo diferentes. Por tanto, será preciso distinguir los contraindicios no convincentes de aquellos que se demuestran como falsos.

IV. Para determinar cuándo una tesis basada en contraindicios no es convincente hay que acudir a los estándares de valoración probatoria. Es de sobra conocido el estándar del «más allá de toda duda razonable», que exige un nivel de probabilidad de la tesis acusatoria cercano a la certeza.

Sin embargo, a la vez que se enuncia este canon, la jurisprudencia más reciente ha establecido el estándar de la «probabilidad prevaleciente», donde es suficiente para condenar que el nivel de probabilidad de la tesis acusatoria se sitúe por encima que el que se deriva de la tesis defensiva. La incompatibilidad entre ambos estándares trasluce la falta de concreción en la jurisprudencia del Tribunal Supremo de las reglas epistémicas para acreditar la culpabilidad del acusado.

V. Consideramos que la condena penal debe producirse solo cuando la certeza de la tesis acusatoria conlleve el rechazo de cualquier tesis alternativa de la defensa y no simplemente cuando esta última es inferior en probabilidad, aunque también esté dotada de verosimilitud. Pero aun utilizándose el estándar de la «probabilidad prevaleciente», esta concreta clase de contraindicios que no logran convencer al órgano judicial no deben utilizarse como elemento de refuerzo de la culpabilidad, sino simplemente considerarse neutrales: no sirven para convencer de la hipótesis defensiva pero tampoco para cerrar la conclusividad de la hipótesis de la acusación.

VI. Por último, los contraindicios que se demuestran como falsos pueden constituir una corroboración de la culpabilidad alcanzada con base en los demás elementos probatorios de cargo, pues no solo no neutralizan la hipótesis acusatoria, sino que, por su intrínseca falsedad, refuerzan la racionalidad de los indicios de cargo referidos al mismo hecho periférico que se pretende demostrar. Este es el único supuesto en el que los contraindicios de la defensa deberían emplearse como corroboración de la convicción de culpabilidad e, igualmente, así debería establecerse por la jurisprudencia de nuestro Alto Tribunal diferenciándolos de otras categorías de contraindicios, como los que no son convincentes.

BIBLIOGRAFÍA

ASENCIO GALLEGO, J. M., *El derecho al silencio como manifestación del derecho de defensa*, Tirant lo Blanch, Valencia, 2017.

ASENCIO MELLADO, J. M., *Prueba prohibida y prueba preconstituida*, Trivium, Madrid, 1989.

– «Las partes en el proceso penal (II). Partes acusadas», en *Derecho Procesal Penal*, Tirant lo Blanch, Valencia, 2020.

BANACLOCHE PALAO, J., «El derecho a ser informado de la acusación, a no declarar contra sí mismo y a no confesarse culpable», *Cuadernos de Derecho Público*, n.º 10, 2000.

BANACLOCHE PALAO, J./ZARZALEJOS NIETO, J., *Aspectos fundamentales de Derecho procesal penal*, 6.ª ed., La Ley, Madrid, 2023.

CLIMENT DURÁN, C., *La prueba penal*, Tomo I, Tirant lo Blanch, Valencia, 2005.

CORDÓN AGUILAR, J. C., *Prueba indiciaria y presunción de inocencia en el proceso penal*, Instituto Vasco de Derecho Procesal, San Sebastián, 2012.

DE MIRANDA VÁZQUEZ, C., «Indicios y presunciones en la doctrina jurisprudencial de la Sala 2.ª del Tribunal Supremo», *Diario La Ley*, n.º 7549, de 18 de enero de 2011.

FUENTES SORIANO, O., «Los procesos por violencia de género. Problemas probatorios tradicionales y derivados del uso de las nuevas tecnologías», *Revista General de Derecho Procesal*, n.º 44, 2018.

GÓMEZ COLOMER, J. L., *El indicio de cargo y la presunción judicial de culpabilidad en el proceso penal*, Tirant lo Blanch, Valencia, 2021.

GÓMEZ DEL CASTILLO Y GÓMEZ, M., *El comportamiento procesal del imputado (silencio y falsedad)*, Bosch, Barcelona, 1979.

HERNÁNDEZ GARCÍA, J., *et al.*, «99 cuestiones básicas sobre la prueba en el proceso penal», *Manuales de Formación Continuada*, n.º 51, Centro de Documentación Judicial, Madrid, 2009.

IGARTUA SALAVERRÍA, J., «La prueba indiciaria a la deriva», *Diario La Ley*, n.º 9611, de 13 de abril de 2020.

LÓPEZ BARJA DE QUIROGA, J., «El derecho a guardar silencio y a no incriminarse», *Manuales de Formación continuada*, n.º 22, Centro de Documentación Judicial, Madrid, 2004.

– *Tratado de Derecho Procesal Penal*, Editorial Aranzadi, Cizur Menor, 2004.

LÓPEZ MARCHENA, M. A., «Las coartadas falsas del investigado/acusado. Consecuencias jurídico-procesales en las fases de investigación y enjuiciamiento», *La Ley Penal*, n.º 150, mayo de 2021.

MAGRO SERVET, V., *Guía de problemas prácticos y soluciones del juicio oral*, La Ley, Madrid, 2006.

– «Contraindicio versus prueba indiciaria en el proceso penal», *La Ley Penal*, n.º 145, julio de 2020.

MARTÍNEZ ARRIETA, A., «La prueba indiciaria», en GONZÁLEZ-CUELLAR SERRANO, N., *et al.*, *La prueba en el proceso penal*, Ministerio de Justicia, Madrid, 1993.

MIRANDA ESTRAMPES, M., *La mínima actividad probatoria en el proceso penal*, J. M. Bosch Editor, Barcelona, 1997.

MONSERRAT QUINTANA, A., *Derechos fundamentales en el proceso penal*, J.M. Bosch Editor, Barcelona, 2022.

MUÑOZ ARANGUREN, A., «La valoración judicial de la prueba de indicios: una lectura crítica de la Sentencia del Tribunal Supremo, Sala Segunda, n.º 532/2019, de 4 de noviembre», *Diario La Ley*, n.º 9586, de 4 de marzo de 2020.

NIEVA FENOLL, J., «La razón de ser de la presunción de inocencia», *InDret*, n.º 1, 2016.

– *Derecho Procesal III. El proceso penal*, Tirant lo Blanch, Valencia, 2019.

SERRA DOMÍNGUEZ, M., «Función del indicio en el proceso penal», *Estudios de Derecho procesal*, Ediciones Ariel, Barcelona, 1969.

SILVA MELERO, V., *La prueba procesal*, Tomo I, Editorial Revista de Derecho Privado, Madrid, 1963.

PAZ RUBIO, J. M., *et al.*, *La prueba en el proceso penal: su práctica ante los tribunales*, Colex, Madrid, 1999.

TARUFFO, M., *La prueba*, traducción de MANRÍQUEZ, L. y FERRER BELTRÁN, J., Marcial Pons, Madrid, 2008.

TOMÉ GARCÍA, J. A., *Curso de Derecho Procesal Penal*, 2.ª ed., Dykinson, Madrid, 2019.

B)
… y la innovación del proceso

14

Derecho probatorio, evolución tecnológica y lógica del razonamiento judicial

LUCA LUPÁRIA DONATI
Università degli Studi di Milán

SUMARIO: I. PROBABILIDAD Y PRUEBA. II. CIENCIA ESTADÍSTICA Y GARANTÍA DE LA LÓGICA DE LAS DECISIONES. III. INTELIGENCIA ARTIFICIAL, JUEZ Y LIBRE CONVICCIÓN. IV. CORROBORATION RULES E INTELIGENCIA ARTIFICIAL.

I. PROBABILIDAD Y PRUEBA

El mío será un informe de orden general destinado a delinear algunas directivas hacia las que se dirige, o debería dirigirse, la ciencia del derecho probatorio contemporáneo. Me centraré en dos aspectos. El primero será el de una, por decirlo así, nueva lógica del razonamiento judicial; el segundo será el del impacto de la evolución tecnológica en la valoración de la prueba.

El aspecto que más me interesa de lo que he llamado nueva lógica es el impacto reciente de la teoría de la probabilidad en la lógica del derecho de las pruebas.

La existencia de un entrelazamiento entre la lógica de la probabilidad y la teoría de la determinación judicial constituye una afirmación sobre la que sería pleonístico detenerse[1]. Sobre el punto es suficiente recordar los innu-

1. J. SHAPIRO, *Probability and Certainty in XVII Century England: a Study of the Relationship between Natural Science, Religion, History, Law and Literature*, Princeton, 1983;

merables tratados de finales del siglo XX o, más sugestivamente, recordar cómo las investigaciones sobre los «grados de probabilidad» comenzaron gracias a: *i)* filósofos que eran al mismo tiempo estudiosos de derecho (piénsese en Leibniz, que obtuvo un doctorado en derecho y, precisamente a partir de casos judiciales, desarrolló el discurso sobre la probabilidad[2]); *ii)* filósofos que, en cualquier caso, consideraban indispensable poner a prueba sus intuiciones en ejemplos de carácter procesal[3] tal vez entrando en el terreno, desde siempre fascinante, de las modalidades de apreciación de las declaraciones testimoniales[4].

El proceso penal moderno se ve impetuosamente investido de datos estadísticos y valoraciones de carácter probabilístico, capaces de asumir la calidad de fuente de convencimiento a través de los canales de la *scientific evidence* o del *expert witness.*

Desde la época de la Escuela positiva y de los primeros intentos de aplicar las disciplinas científicas a la investigación criminal, se ha delineado una parábola bien precisa que solo un observador descuidado podría desconocer. A partir del célebre caso Dreyfus (en el que la *statistical evidence* y la doctrina probabilística llegaron al mundo de las Cortes a través de los consultores de excepción Bertillon y Poincarè[5]), y pasando por los *leading case* norteamericanos Risley[6], Collins[7], Skipper[8], hasta llegar a la triste historia judicial inglesa de Sally Clark, condenada por el asesinato de dos de sus hijos, ambos fallecidos en la cuna pocas semanas después de haber nacido[9]. Un papel importante en este terrible ejemplo de error judicial lo

---

I. ROSONI, QUae singula non prosunt collecta iuvant. *La teoria della prova indiziaria nell'età medioevale e moderna,* Milano, 1995, p. 235.

2. G. LEIBNIZ, *Nuovi saggi sull'intelletto umano,* II vol., Bari, 1911, p. 602.

3. J. BERNOULLI, *ARs Conjectandi,* 1713; N. BERNOULLI, *Dissertatio inauguralis mathematico-juridica de usu artis conjectandi in jure,* Basileae, 1709; N. J. A. CONDORCET, *Essai sur l'application de l'analyse à la probabilitè des décisions rendues à la pluralitè des voix,* Paris, 1785.

4. J. BENTHAM, *RAtionale of Judicial Evidence. Specially Applied to English Practice,* London, 1827; G. BOOLE, *On the Application of the Theory of Probabilities to the Question of the Combination of Testimonies on Judgments,* en 21 *Transactions of the Royal Society of Edimburg,* 1857, p. 597.

5. F. TARONI - C. CHAMPOD - P. MARGOT, *Forerunners of Bayesianism in Early Forensic Science,* en 38 *Jurimetrics,* 1998, p. 183; D. H. KAYE, *REvisiting Dreyfus: A More Complete Account of a Trial by Mathematics,* en 91 *Minn. L. Rev.,* 2007, p. 825.

6. People v. Risley, 214 N.Y. 75 (1915).

7. People v. Collins, 438 P. 2d 33 (1968).

8. State v. Skipper, 637 A. 2d 1101 (1994).

9. J. BATT, *STolen Innocence: A Mother's Fight for Justice. The Authorized Story of Sally Clark,* London, 2004.

desempeñó la *statistical evidence* presentada por el Prof. Roy Meadow en relación con el grado de probabilidad de que dos niños de una familia acomodada puedan ser víctimas de «*cot death*» (SIDS). La acusada fue absuelta en segundo grado, gracias también a la intervención de la *Royal Statistical Society*, que escribió un memorial técnico para refutar el planteamiento teórico del consultor del demandante.

II. CIENCIA ESTADÍSTICA Y GARANTÍA DE LA LÓGICA DE LAS DECISIONES

En definitiva, los jueces del nuevo y del viejo continente cada vez más recursivamente están llamados a confrontarse con las elaboraciones de la ciencia estadística. Frente a estos reconocimientos de un estado de hecho que podríamos llamar pacífico[10], legítimamente se esperaría que en nuestros países florecieran estudios jurídicos y decisiones jurisprudenciales para explorar las nuevas relaciones entre la lógica de la incertidumbre desarrollada en el ámbito epistemológico y la cultura de las pruebas penales, al igual que esperaríamos el desarrollo de líneas de investigación destinadas a hacer accesibles a los abogados y magistrados los instrumentos básicos de la estadística, así como inteligibles las reglas y cuantificaciones numéricas típicas del razonamiento probabilístico[11].

Sin embargo, nada de esto está en el horizonte. Casi que la relación entre probabilidad y prueba penal constituya una especie de tabú o, en todo caso, un argumento que no se debe valorar de manera excesiva. Por eso, dirigiéndome a los jóvenes, quiero impulsar esta línea de investigación.

Todos estamos de acuerdo en que para determinar en un tribunal lo que es *beyond any reasonable doubt* no es necesario un lógico o un estadístico, sino más bien un juez de experiencia, dotado de una preparación completa y acorde con los tiempos, ya que, como decía Cardozo, «todavía no se ha escrito la tabla de logaritmos para darnos la fórmula de la justicia». Esto, sin embargo, no significa que aquellos que están llamados a juzgar no puedan beneficiarse de modelizaciones, ejemplos de razonamientos probabilísticos que, por mucho que sean utilizados por todos nosotros en la vida real, desafortunadamente, no son intuitivos y pueden dar lugar a falacias y errores.

10. P. TILLERS, *EVidence, Uncertainty and the Rule of Law*, en 66 *Boston U. L. Rev.*, 1986, p. 381; G. SHAFER, *A Mathematical Theory of Evidence*, Princeton, 1976.
11. C. AITKEN - P. ROBERTS - G. JACKSON, *FUndamentals of Probability and Statistical Evidence in Criminal Proceedings: Guidance for Judges, Lawyers, Forensic Scientists and Expert Witnesses*, Royal Statistical Society, London, 2010.

No podemos aceptar que en el juicio penal se pueda prescindir de un bagaje cognoscitivo que es patrimonio sedimentado de otros importantes dominios y que, por otra parte, no prive al magistrado de su individualidad de apreciación, sino que simplemente facilite su utilizo, y un control posterior, en consonancia con la garantía de la lógica de las decisiones[12].

Los estudios de los últimos años sobre el llamado *trial by probabilities,* no me parece que vayan, por lo tanto, en la dirección de una deshumanización de la justicia, sino más bien en el sentido de un apoyo a la preparación del juez, de una prevención de los errores judiciales y de una contribución a la transparencia del modo en que se llega a dictar sentencia[13].

Ciertamente, cuanto más nos adentramos en este campo, más evidentes nos parecen las debilidades de nuestro percibir y la complejidad de nuestro razonamiento. Pero no es ocultando las limitaciones del hombre, que inevitablemente se convierten en los límites de la verificación judicial, que llegaremos a algún tipo de progreso en la cultura del proceso penal.

III. INTELIGENCIA ARTIFICIAL, JUEZ Y LIBRE CONVICCIÓN

Pasemos entonces al segundo breve tema que quisiera abordar. La condición actual que ve al juez rodeado (y tal vez, dentro de poco, cercado) por herramientas de inteligencia artificial[14]. Hoy me interesa específicamente el tema de la libre convicción[15].

Con la AI, el decisor de carne y hueso no se ha desapoderado de la valoración de las pruebas, sino que el instrumento técnico «inteligente» desempeña una función de ayuda —auxiliar—, en una óptica colaborativa[16].

En esta situación, se amplifican las dudas clásicas sobre la relación entre persuasión judicial y prueba científica[17]: el poder argumentativo del *ipse dixit* del experto; el problema de la naturaleza oracular de la evidencia científica; la propensión de la *artificial intelligence* a «embaucar», como dicen los americanos, la capacidad de discernimiento del jurado (pero al mismo

12. W. TWINING, *REthinking Evidence: Exploratory Essays,* Oxford, 1990.
13. L. LUPÁRIA, TRial by probabilities. *Qualche annotazione «eretica»,* en *La Corte d'Assise,* 2012, p. 155.
14. A. GARAPON - J. LASSEGUE, *JUstice Digitale: Révolution Graphique et Rupture Anthropologique,* Paris, 2018.
15. G. CANZIO - L. LUPÁRIA DONATI, *PRova scientifica e processo penale,* Cedam, 2022.
16. L. LUPÁRIA DONATI, *ARTificial Intelligence in Criminal Courts. Opportunity or Threat?* en *Legal Challenges in the New Digital Age,* a cura di M.D. GREEN - A. M. LÓPEZ RODRÍGUEZ - M. L. KUBICA, LEiden, 2021, p. 160 ss.
17. M. TARUFFO, *JUdicial Decisions and Artificiale Intelligence,* en *6 Artif. Intell. Law,* 1998, p. 311 ss.

tiempo de aquel juez togado que, frente a elementos de alta especialización técnica, no se presenta tan diferente al jurado).

Sin embargo, no quiero centrarme en los problemas, sino en un posible efecto positivo generado, en la cima de la libre convicción, por el empleo de la AI en el juicio penal.

Muchos escritos recientes nos recuerdan cómo la «ilustre fórmula» de la libre convicción, se ha vuelto con el tiempo más venerable de lo que era a los ojos de sus iniciales patrocinadores.

Son temas conocidos por la mayoría: en la época de la Revolución Francesa, con un sistema de pruebas legales ya en pleno colapso, los arquitectos de la moderna determinación de los hechos eligieron la libre evaluación probatoria definitivamente no sobre la base de la creencia de que el *fact-finding* libre de reglas fuera un destino ideal desde un punto de vista epistémico. Los reformadores europeos lo adoptaron sobre todo porque consideraban que los mecanismos de *preuve légale* no fueran adaptables al jurado. En fuerte reacción contra el aparato de *ancien régime* y sus degeneraciones (denunciadas, como es sabido, también por Beccaria) terminaron, a falta de algo mejor, por acoger esa *second best solution.*

En resumen, un *faute de mieux*, en lugar de un paradigma epistémico perfecto para la determinación judicial. El propio Bentham, pasado a los libros de historia como partidario de la libre convicción, en realidad habría preferido introducir algunas reglas de equilibrio, de encauzamiento del albedrío y del error humano, pero se vio obligado a señalar que no había ninguna buena en ese momento. Sin excluir, sin embargo, la posibilidad de que en el futuro podrían haber sido concebidas[18].

Es entonces como si estuviéramos esperando, desde aquellos tiempos, un cambio: una nueva entrada de pruebas legales «negativas», de preceptos de corroboración que puedan definir mejor los límites de la determinación judicial.

IV. CORROBORATION RULES E INTELIGENCIA ARTIFICIAL

A la luz de algunas de estas consideraciones, autores como Damaška, parece confiar en la capacidad de la evolución científica de valorizar estas *negative legal proof*[19]. Lo hace con convicción, sin temor a que este camino pueda conducir, al mismo tiempo, a pruebas legales positivas, ya que nin-

18. J. BENTHAM, *RAtionale of Judicial Evidence*, vol. 5, Edimburgo, 1843, p. 216.
19. M. DAMAŠKA, *Evaluation of Evidence: Pre-Modern and Modern Approaches*, Cambridge, 2018.

gún ordenamiento, en 2023, jamás impondría a un juez condenar a un hombre cuando su mente racional le aconsejaría absolverlo.

¿Existe entonces un ámbito de acción que pueda ser encomendado a la inteligencia artificial para reducir el peligro de sobreestimación judicial de pruebas específicas? Creo que sí.

No podemos, por ejemplo, descartar la hipótesis de que se puedan acuñar reglas probatorias capaces de limitar —precisamente en sentido negativo— el poder del juez de condenar en ausencia de una *cientific corroboration of evidence.* Se trata de una perspectiva influenciada por la convicción arraigada de que algunas pruebas tradicionales, de las que ya somos adictos a la utilización, ya no sean capaces de fundamentar la sentencia de condena más allá de toda duda razonable: *is it not possible that the danger of miscarriages of justice caused by reliance on shaky evidence is understimated?*, escribe precisamente Damaška[20].

Las consideraciones recién formuladas pueden transferirse fácilmente al terreno de la inteligencia artificial. No parece peregrino especular con la puesta a punto, en las próximas décadas, de *corroboration rules* en virtud de las cuales —en relación con un determinado catálogo de pruebas— la convicción del juez no podría ser, de por sí, suficiente para condenar, en ausencia de una serie de elementos de confirmación procedentes de la AI (a los que el juez deberá necesariamente recurrir si «desea» llegar a la decisión de responsabilidad a cargo del acusado).

Entonces se podrá llegar a un uso de la *artificial intelligence* como elemento de apoyo capaz de proporcionar un control, un *check,* que pueda reforzar el valor de un elemento dado, de otro modo no utilizable como único pilar de una decisión contraria al acusado.

Estas consideraciones, un poco contraintuitivas y provocadoras, sirven entonces para mostrar cómo el desarrollo de la AI puede despertar debates clásicos que persisten en el fondo. Si en la literatura contemporánea las llamadas pruebas legales negativas ya no merecen ser vistas con desaprobación, como reliquias de la justicia penal del *ancien régim,* pues, una vez admitida la inteligencia artificial en el rito penal, ya no tendría sentido limitar el uso de esta herramienta cognitiva a disposición del juez; por el contrario, habría que imponer su utilización en los casos en que el juez tradicional pudiera llegar hoy a una condena a pesar de un riesgo concreto de

20. M. DAMAŠKA, *In Evaluation of Evidence: Pre-Modern and Modern Approaches,* cit., p. 148.

error judicial[21]. En esos casos, debería recurrir a la AI para ascender a un nivel epistémico superior. Se podría hablar de *rules requiring AI corroboration of evidence.*

La inteligencia artificial, con todo su carácter aún por explorar, con las vacilaciones que justamente engendra en nosotros, representa una espléndida ocasión para repensar el tema de la prueba como posible, aunque no inmediato, inicio de una nueva era[22].

21. *Un viaggio al termine della giustizia. Alla ricerca di anticorpi per la condanna dell'innocente,* en LUCA LUPARIA DONATI (DIr.), *L'errore giudiziario,* Giuffrè Francis Lefebvre, 2021, p. 1.
22. LUCA LUPARIA DONATI, *Intelligenza artificiale e libero convincimento del giudice,* en *Prova scientifica e processo penale,* cit., p. 943.

15

Algunos problemas probatorios en la lucha italiana contra la criminalidad organizada: acerca del registro remoto, el uso de señuelos y las investigaciones encubiertas[1]

PILAR MARTÍN RÍOS
Catedrática de Derecho Procesal
Universidad de Sevilla

I. CONSIDERACIONES PREVIAS: JUSTIFICACIÓN DEL ESTUDIO

En el presente trabajo vamos a centrar nuestra atención en un ámbito, el de la lucha contra la criminalidad organizada, que —entre otras consideraciones— se caracteriza por el recurso a técnicas especiales de investigación. Estas, por las notas que les son propias[2], pueden llegar a comprometer las garantías de los sujetos investigados y tener repercusiones, por

1. Este trabajo es resultado de una estancia realizada como *Visiting professor* en la Facoltà di Giurisprudenza de la Università Cattolica del Sacro Cuore (Milán). Se enmarca, igualmente, en el Proyecto «Biomedicina, Inteligencia Artificial, Robótica y Derecho: los Retos del Jurista en la Era Digital» (PID2019-108155RB-I00).
2. Que les permiten, debe reconocerse, llegar más lejos y más rápido que con cualquier otro género de diligencias.

ello, en la valoración del material probatorio que proporcionen. Son estos eventuales problemas probatorios los que justifican la realización de este estudio.

Aunque el fenómeno de la delincuencia organizada no es una preocupación exclusivamente italiana —más bien, puede considerarse como un fenómeno generalizado—, es cierto que en Italia ha dado lugar a la creación de un verdadero *doppio binario*[3], que suscita recurrentes debates doctrinales. Puesto que, en ocasiones, se ha puesto el foco sobre aspectos que han pasado más inadvertidos en nuestro país, hemos optado por examinar esta materia en relación con el tratamiento que se le da en el ordenamiento italiano, teniendo presente la utilidad práctica que pueda reportarnos el examen de esta realidad comparada.

Procede aclarar, en primer término, de qué hablamos cuando aludimos a la criminalidad organizada. En Italia, esta categoría se entiende, cada vez con mayor frecuencia, como un *genus* abierto[4], que engloba cualquier tipo de asociación para delinquir, no solo las vinculadas (como pudiera pensarse) a actividades mafiosas. La corrupción, por ejemplo —cuyo combate se ha erigido en una bandera de los últimos gobiernos italianos[5]—, asume en la praxis las connotaciones de una verdadera organización criminal, que opera más a nivel sistémico que individual. Precisamente en este ámbito, el legislador italiano ha adoptado diferentes estrategias legislativas, amparadas en la existencia de lo que ha considerado una «emergenza corruttiva». En este sentido, es significativa la previsión de medidas premiales, que se traducen en la introducción de nuevas atenuantes y eximentes. En particular, resulta especialmente reseñable la conocida como «eximente de colaboración procesal»[6], prevista en el art. 323-ter del Código penal italiano como consecuencia de la Ley núm. 3 del 2019.

---

3. RICCIO, G., «Raggionando sul doppio binario», Archivio Penale, núm. 2 (2017).
4. GIORDANO, L., «Dopo le Sezioni Unite sul "captatore informatico": avanzano nuove questioni, ritorna il tema della funzione di garanzia del decreto autorizzativo», *Diritto Penale Contemporaneo*, núm. 3 (2017), pp. 186 y 187.
5. Pensemos en la ley, tan gráficamente, llamada «Spazzacorrotti» (Ley de 9 de enero de 2019, núm. 3), que se sitúa en la línea del llamado «pugno duro» contra la corrupción. Al respecto, *vid.* PADOVANI, T. [«La spazzacorrotti. Riforma delle illusioni e illusioni della reforma», *Archivio Penale*, núm. 3 (2018), pp. 1-11] y RIPPA, F. [«Novità legislative interne», *Processo penale e giustizia*, núm. 2 (2019), pp. 296 y 297). Denuncia DE VITA, A. («La nuova legge anticorruzione e la suggestione salvifica del Grande Inquisitore. Profili sostanziali della l. 9 gennaio 2019, núm. 3», *Processo penale e giustizia*, núm. 4 (2019), p. 947] cómo la corrupción se afronta, más que como una emergencia real, como un pretexto en el camino hacia una transformación iliberal del sistema penal italiano.

Teniendo presente que gran parte de la actividad criminal ligada a la delincuencia organizada se desarrolla en entornos virtuales —o bien emplea, para su comisión, instrumentos informáticos—, vamos a ceñir nuestro estudio a tres cuestiones muy concretas, vinculadas todas ella al empleo en este ámbito de diligencias de investigación de tipo tecnológico: el uso del registro remoto, el empleo de agentes encubiertos y la creación de sitios web «señuelos». Existen, por supuesto, muchas más especialidades relacionadas con la investigación de la delincuencia organizada (medidas extraordinarias relativas a registros y a escuchas telefónicas, por ejemplo, o especialidades relativas a la declaración de testigos[7]), que, por desbordar el ámbito de este, serán atendidas en sucesivos trabajos.

II. EL REGISTRO REMOTO Y EL *CAPTATORE INFORMÁTICO*

Bajo diversas denominaciones (*virus di Stato, agente intrusore, spia di Stato* o *Trojan horse*), encontramos en Italia una diligencia de investigación especialmente polémica[8]: el *captatore informatico*[9].

Con algunos matices, se trataría del equivalente, en el sistema español, al registro remoto, previsto en el art. 588 *septies* LECrim. Procede, pues, realizar un breve recordatorio de las principales notas que definen a este.

Seguramente, y debido a la intrusión que supone en la esfera de derechos de quien la soporta, también en España se trate de una de las diligencias de investigación de carácter tecnológico más problemáticas y cuestionadas. Regulada en el art. 588 *septies* de la LECrim desde el año 2015[10],

6. Sobre este particular, *vid.* MASIERO, A. F., «La leva premiale nel prisma delle fattispecie corruttive. Brevi osservazioni a margine della causa di non punibilità ex art. 323-ter c.p.», *Archivio Penale*, núm. 2 (2021), pp. 1-16. *Cfr.*, asimismo, MASULLO, M. N., «"L" emersione del patto corruttivo: il nuovo fronte degli strumenti premiali e investigativi», Rivista italiana di diritto e procedura penale, vol. 62, núm. 3 (2019), pp. 1257-1287.
7. Y, muy particularmente, de los arrepentidos o «pentiti».
8. Es muy significativo, de hecho, que en 2016 un numeroso grupo de profesores de Derecho procesal penal de la Universidad de Turín difundieran un documento acerca de los problemas que plantean los *captatori* (accesible en: https://www.dg.unito.it/do/forms.pl/FillOut?_id=goux).
9. Previsto en los artículos 266, 267, 268, 270 y 271 del *Codice di procedura penale* italiano (en adelante, cpp).
10. En virtud de la Ley Orgánica 13/2015, de 5 de octubre, de modificación de la ley de enjuiciamiento criminal para el fortalecimiento de las garantías procesales y la regulación de las medidas de investigación tecnológica.

presenta la singularidad de permitir acceder a la información que existe en la «esfera virtual» del investigado sin que este tenga conocimiento de ello[11], a diferencia de lo que sucede con el registro de dispositivos de almacenamiento masivo de información digital. Ese dato es, precisamente, el que dota de una particularidad especial a esta diligencia y el que, a su vez, aconseja que las prevenciones y garantías que la revistan deban ser objeto de singular supervisión.

Al margen del necesario cumplimiento de los principios de especialidad, idoneidad, excepcionalidad, necesidad y proporcionalidad en la adopción de esta medida, precedida siempre de autorización judicial, la LECrim solo permite su adopción cuando se trate de investigar ciertos delitos[12]: aquellos cometidos en el seno de organizaciones criminales, delitos de terrorismo, delitos cometidos contra menores o personas con capacidad modificada judicialmente, delitos contra la Constitución, de traición y relativos a la defensa nacional, delitos cometidos a través de instrumentos informáticos o de cualquier otra tecnología de la información o la telecomunicación o servicio de comunicación.

Respecto al modo en que se ejecutará la medida, en el art. 588 *septies* se dice que el acceso será «a distancia», lo que va de suyo —y resulta, por tanto, redundante— cuando se habla de un examen «remoto y telemático». En su descripción se prevén dos actuaciones distintas: la «utilización de datos de identificación y códigos», por una parte, y el empleo de *software*, por otra. Son dos intervenciones claramente diferentes, aunque su objetivo sea común: el acceder, de forma remota y telemática a cierta información, esté contenida en un dispositivo concreto (ordenador u otro dispositivo electrónico o, incluso, un instrumento de almacenamiento masivo de datos

11. El hecho de que el precepto aluda al investigado como titular o usuario del dispositivo registrado, hace que surja la duda acerca de la posible práctica de esta diligencia respecto de terceros distintos al investigado pero que hagan uso de dispositivos que sean relevantes para la investigación, habida cuenta de que la LECrim no prevé nada sobre este punto. A nuestro juicio, sería una opción perfectamente posible, aun cuando la proporcionalidad y necesidad de la medida habría de justificarse especialmente en esos casos de afectación a terceros. En igual sentido, *vid.* BACHMAIER WINTER, L., «Registro remoto de equipos informáticos y principio de proporcionalidad en la Ley Orgánica 13/2015», *Boletín del Ministerio de Justicia*, año 71, núm. 2195 (2017), p. 29.

12. Como advierte GÓMEZ COLOMER, J. L. («El aumento del intervencionismo público en la investigación del delito. Una reflexión al hilo del acto de investigación criminal de registro remoto de equipos informáticos (coloquialmente llamado "del gusano informático")», en *Derecho probatorio y otros estudios procesales: Vicente Gimeno Sendra. Liber amicorum*, Ediciones Jurídicas Castillo de Luna, Madrid, 2020, p. 839), sorprende que se incluyan delitos que, en algún caso, podrían no tener la gravedad que el principio de proporcionalidad exigiría.

informáticos, dice la ley) o se halle, de una forma menos tangible, alojada en un sistema informático o en una base de datos.

En la doctrina y jurisprudencia italiana se han generado interesantes debates acerca del empleo de esta técnica investigativa[13]. Al igual que sucede con nuestro registro remoto, el *captatore* permite registrar, a distancia, la actividad que desarrolla una persona en su esfera «virtual». Sus potencialidades son enormes, puesto que posibilita tanto la búsqueda de lo estático («búsqueda *online*») como de lo dinámico, es decir, de lo que vaya apareciendo en el tiempo que dure la intrusión («vigilancia *online*»).

Además de la ambivalencia señalada, esta diligencia puede llegar a ser «instrumental» de otras de naturaleza tecnológica, como la localización o la captación de imágenes y sonidos. No en vano, podrá hacerse uso de ella para activar remotamente tanto micrófonos como cámaras de ordenadores o teléfonos móviles, actuar como un *keylogger* y conocer la ubicación de un terminal[14]. Lo cierto es que, a través de esta técnica, podría también realizarse una intervención de comunicaciones telefónicas o telemáticas, pues permite el monitoreo de aquellas que mantenga el investigado durante el período en que dure el registro remoto.

No obstante la posibilidad técnica de emplear el *captatore* de este modo tan amplio, en Italia no existe acuerdo en la doctrina acerca de cuál ha de ser su alcance. Ha de admitirse que la ya referida ley «Spazzacorrotti» ha supuesto una ampliación de las hipótesis en que cabe su uso[15], siguiendo la línea iniciada por el Decreto legislativo de 29 diciembre de 2017, núm. 216, que lo extendió a las investigaciones de delitos contra la Administra-

13. Críticamente, sobre el examen a distancia, *vid.* BARGI, A., «La riforma c.d. "Orlando" tra istanze di rinnovamento e retaggi emergenziali della politica del doppio binario», *Archivio Penale*, núm. extra 1 (2018).
14. En Italia, se entiende que el «captatore informatico» tiene la capacidad de interceptar flujos de comunicación (correo electrónico, conversaciones Voip como Skype, mensajes tipo WhatsApp, actividad de *screenshot* y de *keylog*), y también de activar cámara y micrófono, además del GPS. *Vid.* NOCERINO (NOCERINO, W., «Il captatore informatico: un Giano bifronte. Prassi operative vs. risvolti giuridici», *Cassazione Penale*, núm. 2 (2020), p. 827) y TORRE (TORRE, M., *Il captatore informatico. Nuove tecnologie investigative e rispetto delle regole processuali*, Giuffrè, Milano, 2017, pp. 12 y ss.). Entiende GIORDANO, L., «Dopo le Sezioni Unite sul "captatore informatico": avanzano nuove questioni, ritorna il tema della funzione di garanzia del decreto autorizzativo», *cit.*, p. 179) que se trata de un instrumento de investigación imprescindible para superar las dificultades en la interceptación de comunicaciones VOIP, así como los flujos de comunicación gestionados por ISP americanos (Microsoft, Google, Yahoo, Apple...).
15. Críticamente, acerca de la ampliación en esta ley de lo que considera «métodos de investigación extremadamente invasivos e insidiosos», *vid.* VITA, A. («La nuova legge anticorruzione e la suggestione salvifica del Grande Inquisitore...», *cit.*, p. 947).

ción Pública cometidos por funcionarios públicos[16]. Nada se dice, en cambio, en cuanto a las otras posibles utilidades que pudiera tener, como la intervención de comunicaciones, el examen de *Dropbox* o de la nube, o su eventual empleo como GPS, entre otras potenciales funcionalidades. Tal circunstancia está planteando serias dudas acerca de la constitucionalidad de esos usos que, actualmente, dada la carencia de regulación legal expresa, se vienen considerando como *atípicos*[17].

Si tenemos en cuenta las —antagónicas— líneas seguidas por la Corte de Casación Penal en diversas resoluciones en esta materia, hemos de reconocer que se trata de recelos justificados. Mientras que en algunos supuestos se han admitido expresamente esos otros posibles usos[18], la famosa sentencia *Scurato*, dictada por la Corte de Casación Penal italiana en 2016, pese a referirse al *captatore* como un instrumento de investigación penal «polivalente», recoge solo su utilización como grabadora de conversaciones «entre presentes». Así pues, lejos de despejar incógnitas, esta resolución ha contribuido a incrementar la incertidumbre acerca del posible uso «extensivo» del registro remoto[19].

Interesa destacar que, en España, ese posible uso múltiple del registro remoto no lo prevé la LECrim, sino que es una Circular de la FGE[20] la que contempla, expresamente, que a través de él se pueda conocer no solo lo que existe en un dispositivo en un momento determinado sino, también, lo que se va añadiendo o borrando del mismo durante el tiempo que dure la medida. A nuestro juicio —discrepando así de la interpretación de la FGE en este punto[21], que la considera como un registro «dinámico»—, el registro

16. Línea continuada por la Ley núm. 7/2020.

17. Debe aclararse, llegados a este punto, que en el sistema procesal penal italiano no existe un modelo de prueba tasada, lo que implica que el juez está expresamente autorizado para asumir pruebas que no estén previstas en la ley (art. 189 cpp). Como recuerda CAPRIOLI, F. («Il "captatore informatico" come strumento di ricerca della prova in Italia», *Rev. Bras. de Direito Processual Penal*, vol. 3, núm. 2 (2017), p. 486), la admisión de una prueba «atípica» requiere del cumplimiento de tres condiciones: 1) debe tratarse de una prueba idónea para la determinación de los hechos; 2) su obtención no puede afectar a la libertad moral del interesado; 3) antes de su admisión, el juez tiene que oír a las partes sobre los métodos de obtención de pruebas.

18. El recurso al *captatore* para acceder, por ejemplo, a documentos almacenados en ordenadores personales, ha sido reconocido en la sentencia Cass. Sez. V, núm. 16556, de 14 de octubre de 1999.

19. GIORDANO, L., «Dopo le Sezioni Unite sul "captatore informatico": avanzano nuove questioni, ritorna il tema della funzione di garanzia del decreto autorizzativo», *cit.*, p. 178.

20. La Circular 5/2019, de 6 de marzo, de la FGE, sobre registro de dispositivos y equipos informáticos.

21. En la Circular apenas referida.

remoto es una figura híbrida. Si bien es una diligencia que puede captar información vinculada a procesos comunicativos («dinámica», por tanto), sería perfectamente posible que se empleara para obtener información no asociada a tales procesos[22] («estática», en consecuencia).

No debe ocultársenos, por otro lado, que aceptar el carácter «multiusos»[23] del registro remoto puede plantear interrogantes acerca de cuál sea la normativa aplicable cuando se acuerde, por ejemplo, la interceptación de las comunicaciones telemáticas a través de este registro remoto: ¿sería la correspondiente al registro remoto o, por el contrario, la aplicable a la interceptación de comunicaciones telemáticas? Y si se empleara la técnica remota para acceder al contenido estático de un dispositivo de almacenamiento masivo de información digital ¿debería exigirse en tal operación la presencia del fedatario, que sí es requerida (no por la LECrim, pero sí por la FGE[24]) en el caso de registro *in situ*[25]?

La insuficiente previsión normativa de esta figura, tanto en nuestro ordenamiento como en el italiano, dificulta la determinación de su alcance objetivo y, en consecuencia, de las garantías exigibles para su práctica, lo que puede originar importantes problemas probatorios. Al no pronunciarse el legislador acerca de si el registro remoto es un instrumento para llevar a cabo otras diligencias —como el registro de dispositivos, la intervención de comunicaciones, la grabación de conversaciones o la localización—, surge la duda de si ha de acompañarse de las garantías que se prevén para aquellas. En España, además, el hecho de que para esta medida se prevea la

22. Contenidos de archivos fotográficos, por ejemplo, o bien documentos almacenados en el dispositivo o en la nube.
23. En Portugal, donde se plantean problemas similares en torno al uso del registro remoto, ha sido denominada como «herramienta cameleónica» (CAMPOS, J., «A investigação oculta em ambiente digital. A utilização de *malware*», *Revista Portuguesa de Ciência Criminal*, año 32, núm. 1 (2022), p. 170).
24. La Circular de la FGE Circular 5/2019, sobre registro de dispositivos y equipos informáticos sostiene que, en la realización de copias de los datos que puedan existir en un momento determinado en un sistema o equipo informático, deberá promoverse la intervención del Letrado de la Administración de Justicia como medio indispensable para preconstituir la prueba: «Se realizará el volcado de los datos en su presencia, levantándose acta en la que se hagan constar todas las circunstancias del mismo (fecha y hora, alcance, contenido, forma, etc.) y se precintará el soporte en el que se almacenen los datos volcados, para así garantizar su identidad e integridad. En los casos en los que no resulte posible la presencia del Letrado de la Administración de Justicia, el volcado se llevará a cabo por los agentes facultados judicialmente para la ejecución de la medida, quienes también deberán levantar acta lo más precisa posible de su actuación. En este caso, la práctica de la prueba en el acto del juicio oral requerirá la declaración testifical de los agentes para acreditar la identidad e integridad de los datos volcados)».
25. Salvo, claro está, que se realice en la vía pública o por razones de urgencia o flagrancia.

duración máxima de un mes —plazo que no se corresponde con el que la LECrim contempla para el resto de diligencias de carácter tecnológico— contribuye a aumentar la confusión sobre este punto.

Se trata de una cuestión que no ha de abandonarse a la interpretación, dada su relevancia. A falta de una deseable regulación legal, estas incógnitas han tratado de ser resueltas por la ya referida Circular 5/2019, que sostiene que la solución tiene que venir dada por el contenido de la medida y no, como pudiera pensarse *a priori*, por el medio que se emplee. De ese modo, si a través de *malware* se procediera, por ejemplo, a la intervención de comunicaciones telemáticas, deberían aplicarse las garantías que, según la LECrim, son propias de estas. De igual manera, si se usara el registro remoto para grabar comunicaciones orales, entendemos que (al igual que se exige en el art. 588 *bis* g) LECrim) la Policía Judicial pondrá a disposición de la autoridad judicial el soporte original o copia electrónica auténtica de las grabaciones e imágenes, que deberá ir acompañado de una transcripción de las conversaciones que considere de interés.

Aun cuando la actividad de investigación desplegada deba regirse, como decíamos, por el contenido de la medida en sí, parece evidente que el empleo del registro remoto como instrumento para su desarrollo implicará el respeto, también, de las exigencias propias de dicho registro.

Así, por ejemplo, a pesar de que sí se prevea esa eventualidad para las diligencias que se practiquen a través de él, no será posible hacer uso de esta técnica en situaciones de urgencia, lo que implicará que el registro remoto nunca pueda activarse sin previo control del juez[26].

En el mismo sentido, el art. 588 *septies* LECrim exige que en el auto judicial habilitante se especifique el *software* mediante el que se ejecutará el control de la información. Dejando al margen la escasa virtualidad práctica de esta previsión —ante la inexistencia de un catálogo previo de programas que puedan ser usados y la falta de especificación de conforme a qué requisitos técnicos habrá de hacerse[27]—, se trata de un requisito que habrá de satisfacerse en todo caso, con independencia de qué actuación concreta (intervención de comunicaciones, localización, grabación de imágenes o sonidos...) se persiga con el empleo de esta técnica.

26. A diferencia de cuanto sucede en el ordenamiento italiano, que permite, por razones de urgencia, que se emplee el *captatore* con la única autorización del *Pubblico Ministero*, recabándose a continuación la validación judicial.
27. Información que, en Italia, ha de ser proporcionada por el Ministerio de Justicia (art. 89.2 cpp).

En cualquier caso, sería de agradecer que el legislador aclarara convenientemente todos estos aspectos que son objeto de interpretaciones dispares, habida cuenta de la incidencia decisiva que podrían tener sobre el valor probatorio de lo obtenido mediante esta diligencia.

Con independencia de que se trate de un instrumento polivalente o de que se use solo para tales grabaciones «entre presentes»[28] —como afirma la sentencia *Scurato*—, lo cierto es que aún podemos identificar un problema adicional a los ya expuestos: si admitimos que el virus empleado para el registro remoto permite seguir a la persona (sea para monitorizar, de forma itinerante y ubicua, a través del dispositivo infectado, toda su actividad en el mundo «virtual», sea para registrar ciertas conversaciones), sería perfectamente posible que se grabaran escenas, sonidos o conversaciones que se hubieran desarrollado dentro de un domicilio particular.

Puesto que no contamos con un *software* que permita anticipar dónde se va a desplazar el sujeto investigado, esta circunstancia plantea un problema insoslayable: en España, impediría cumplir con el requisito de que el auto que habilite para grabar en domicilios los contemple de manera expresa, pues ello requeriría que estuvieran previa y perfectamente identificados. En Italia, el problema surge porque su ordenamiento únicamente permite que se practique una grabación en un domicilio particular si se considera que es en ese lugar en el que se está cometiendo el delito investigado. Solo en la investigación de un delito vinculado a la criminalidad organizada la grabación en domicilios particulares estará siempre permitida.

Toda vez que, como dijimos, la sentencia *Scurato* destaca la idea de que el *captatore* puede ser usado para grabar conversaciones «entre presentes», esto es, sin que la determinación del lugar donde tengan lugar se entienda como condición de su validez, un sector considerable de la doctrina italiana

28. El hecho de que en la sentencia *Scurato* se aluda a las conversaciones «entre presentes» es una muestra de la evolución que, a este respecto, se observa en Italia: frente al uso, tradicional, de la expresión «interceptaciones ambientales», que hacen referencia a su desarrollo en un concreto y determinado «ambiente» (así, la famosa sentencia *Musumeci* (Cass. Sez. VI, de 26 de mayo de 2015, núm. 27100), exigió que el decreto que autorizara su uso especificara los lugares en que se iba a realizar la captación), el cpp utiliza la locución «interceptaciones *entre presentes (fra presenti)*», que carece ya de esa connotación localista y trae consigo, en consecuencia, que la determinación del lugar donde se va a producir la intervención de las conversaciones de los sujetos de interés no se considere como un presupuesto de legitimidad de la medida. *Vid.* GIORDANO, L., «Dopo le Sezioni Unite sul "captatore informatico": avanzano nuove questioni, ritorna il tema della funzione di garanzia del decreto autorizzativo», *cit.*, p. 178.

concluye que el uso del *captatore* habría de limitarse a la investigación de delitos de criminalidad organizada[29].

III. LAS OPERACIONES ENCUBIERTAS/*SOTTO COPERTURA*

El agente encubierto o *undercover* (*sotto copertura*, en Italia,) se emplea, con cierta frecuencia, en la lucha contra la delincuencia organizada[30]. Tanto el agente «físico» como el «virtual» o «informático», que opera en comunidades virtuales bajo una identidad supuesta, proporcionan información ciertamente útil para la investigación penal y pueden plantear, también, interesantes problemas probatorios.

En Italia, la regulación del agente encubierto se contiene en el art. 9 de la Ley núm. 146/2006, que ratifica y ejecuta la Convención y los Protocolos de Naciones Unidas contra el crimen organizado transnacional. Tras la Ley núm. 162/1990, que reconoció la no punibilidad de las actuaciones de la policía judicial que procediera a la adquisición simulada de sustancias psicotrópicas y estupefacientes[31], la Ley núm. 356/1992 introdujo la figura del agente infiltrado como instrumento contra la criminalidad mafiosa. Con independencia de que existan aún hoy normas sectoriales —especialmente, en materia de pornografía y explotación sexual infantil— que mantienen su autonomía, la mayoría de las regulaciones que existían en la materia han

29. *Vid.* AMATO, G., «*Reati di criminalità organizzata: possibile intercettare conversazioni o comunicazioni con un captatore informatico*», *Guida al diritto, núm.* 34-35 (2016), p. 79. CAJANI, F. [«Odissea del captatore informatico», *Cassazione Penale*, núm. 4143 (2016), p. 4149] considera, sin embargo, que cabría su uso en delitos distintos, en el caso de que se tratase de grabar en lugares identificados previamente en la petición de autorización, si es allí donde se está desarrollando la actividad criminal, o bien, de no haberse especificado aquellos previamente, cuando no se tratase de domicilios particulares. En similar sentido, *vid.* GIORDANO, L., «Intercettazioni: sì all'uso del trojan anche per reati diversi da quelli di criminalità organizzata», Ilquotidianogiuridico.it, 14 de noviembre de 2017. Abundando en esta idea, del mismo autor, *vid.* «Dopo le Sezioni Unite sul "captatore informatico": avanzano nuove questioni, ritorna il tema della funzione di garanzia del decreto autorizzativo», *cit.*, p. 181. Advierte GIORDANO (*ibidem*, pp. 181, 183 y 184) de los riesgos de que se cometan «abusos investigativos» bajo el paraguas del concepto «criminalidad organizada», empleándose el delito asociativo como «contenedor» de otros distintos, con objeto de permitir el uso del *captatore* en su investigación. A este respecto, concluye: «para conjurar este peligro, solo resta confiar en la profesionalidad del Ministerio Fiscal y del Juez de Instrucción».

30. Se trata de una figura que fue reconocida por las Naciones Unidas en la Convención de Viena contra el tráfico ilícito de estupefacientes y sustancias psicotrópicas, de 1988. Más adelante, se abordó su regulación en la Convención de Palermo contra la delincuencia transnacional organizada, en el año 2000.

31. Posteriormente, el art. 7 de la Ley núm. 82/1991 contempló el pago simulado de rescates, en las hipótesis de secuestro con extorsión.

sido reconducidas bajo el paraguas de la ya aludida Ley núm. 146/2006, una vez que entró en vigor la Ley núm. 136/2010.

De la lectura de la regulación de esta figura se desprenden dos aspectos relevantes: el primero, que en Italia se permite que, para hacer frente a la criminalidad organizada, se realicen investigaciones *sotto copertura* sin más control que el del *Pubblico Ministero*[32]. Si nos referimos, en concreto, a la figura del agente encubierto informático[33], ha de advertirse de que será necesario que recaiga autorización judicial para proceder a cada puntual y concreto intercambio de archivos de contenido ilícito que se realice.

Realizando un examen comparativo con nuestra normativa vigente, encontramos que, en España, el art. 282.1 *bis* LECrim[34] permite que sea el Ministerio Fiscal (eso sí, dando cuenta inmediata al Juez) el que autorice la actuación encubierta de un agente policial. En los casos de agentes encubiertos informáticos[35], en cambio, el apartado sexto del mismo precepto solo prevé que sea el Juez de Instrucción el que autorice tal inmisión, lo que constituye una diferencia importante que parece responder al mayor potencial lesivo que presenta este género de intervención respecto al agente infiltrado «tradicional».

Al igual que sucede en Italia, el apartado sexto del art. 282 *bis* LECrim exige que cada intercambio o envío de archivo ilícito vaya precedido, como se avanzó, de una autorización judicial específica.

El segundo aspecto digno de mención se refiere a la posibilidad de que la actuación de un *agente sotto copertura* acabe convirtiéndolo en un verdadero *agente provocatore*. En la actuación contra ciertos delitos vinculados a la pornografía infantil —además de para la investigación de la criminalidad

---

32. Art. 9 de la Ley núm. 146/2006.
33. Contemplado en el apartado segundo del art. 9 de la Ley núm. 146/2006 y en el apartado segundo del art. 14 de la Ley núm. 269/1998.
34. Que es el precepto que regula la figura del agente encubierto informático, que se prevé no solo para la investigación de supuestos de criminalidad organizada, sino también de «delitos cometidos a través de instrumentos informáticos o de cualquier otra tecnología de la información o la comunicación o servicio de comunicación» [art. 588 *ter* a) LECrim].
35. Sobre esta materia, *vid.* GARCIMARTÍN MONTERO, R. (*Los medios de investigación tecnológicos en el proceso penal*, Aranzadi, Cizur Menor, 2018) y RIZO GÓMEZ, B. («La infiltración policial en internet. A propósito de la regulación del agente encubierto informático en la ley orgánica 13/2015, de 5 de octubre, de modificación de la ley de enjuiciamiento criminal para el fortalecimiento de las garantías procesales y la regulación de las medidas de investigación tecnológica», en *Justicia penal y nuevas formas de delincuencia*, FERNÁNDEZ LÓPEZ, M. y ASENCIO MELLADO, J. M.ª (Dirs.), Tirant lo Blanch, Valencia, 2017, pp. 98-123).

organizada— las fronteras no parecen excesivamente nítidas[36]. A este respecto, se ha señalado[37] cómo, en la praxis italiana, las operaciones *under cover* contra la pedofilia en Internet se han venido caracterizando por una progresión gradual: de una dimensión explorativa (que simplemente buscaba rastros de la comisión de delitos), se pasó a una «proactiva» (que crean ocasiones para dicha comisión), llegando, incluso, a una «provocativa», que llega a inducir a los internautas al intercambio de archivos.

Pese a que la prohibición de recurrir a la provocación al delito no aparece expresamente prevista en ley alguna, la doctrina italiana[38] concluye, con buen criterio, que su empleo debe considerarse prohibido en su ordenamiento jurídico[39]. En definitiva, pese a que en ocasiones se ha tratado de justificar tal forma de investigación por la gravedad y carácter especialmente repulsivo de los delitos así investigados, no podemos obviar cómo afectan a las más elementales garantías de defensa y resultan, asimismo, lesivas del *fair play* investigador[40].

Por su parte, en España[41] existe consenso en torno a la idea de que la provocación policial excluiría la imputabilidad de quien hubiera cometido

---

36. SCEVI, P., «Riflessioni sul ricorso all'agente sotto copertura quale strumento di accertamento dei reati di corruzione», *Archivio Penale*, núm. 1 (2019), pp. 5 y 15).
37. BACCARI, G. M. y MARRAFFINO, M., «Le prospettive di utilizzo delle *chatbot* nel procedimiento penale», *Diritto penale e processo*, núm. 8 (2021), p. 1010.
38. *Vid.* CATERINI, M. y ROCCA, M. [«L'agente sotto copertura al limite della provocazione», *Ordines*, núm. 1 (2022), pp. 181 y 182] y FRAGASSO, B. [«Provocazione di polizia e responsabilità penale», *Rivista italiana di diritto e procedura penale*, núm. 2 (2022), pp. 707 y ss.]. Referido a la provocación en la lucha contra la corrupción, *vid.* DE CARO, A. («La legge c.d. spazza corrotti: si dilata ulteriormente la frattura tra l'attuale politica penale, i principi costituzionali e le regole del giusto processo», *Processo penale e giustizia*, núm. 2 (2019), p. 285), PADOVANI, T. («La spazzacorrotti. Riforma delle illusioni e illusioni della riforma», *cit.*, p. 5) y SESSA, A. [«Le indagini passive nella legge núm. 3 del 2019 (c.d. legge "spazzacorrotti"): il sistema penale (anti)democratico alla prova della provocazione coperta», Archivio Penale, núm. 2 (2020), pp. 1-56].
39. PISANI, V., *Informatori, notizie confidenziali e segreto di polizia*, Giuffrè, Milano, 2007, p. 65.
40. LUPÀRIA, L., «Processo penale e tecnologia informática», *Diritto dell'Internet*, núm. 3 (2008), p. 174.
41. De igual modo, el TEDH se manifiesta claramente contrario a la provocación policial, como se aprecia en las sentencias dictadas en los casos *Teixeira de Castro c. Portugal* (sentencia de 9 de junio de 1998), *Edward and Lewis c. UK* (sentencia de 27 de octubre de 2004) y ***Ramanauskas c. Lithuania (sentencia de 5 de febrero de 2008)***, en las que se insiste en la idea de que las exigencias de un proceso justo impiden el uso de pruebas obtenidas como resultado de una «incitación policial».

un delito como consecuencia de aquella[42]. En el ámbito concreto que ahora nos ocupa, además, el propio art. 282 *bis* LECrim excluye expresamente la posibilidad de que se actúe de ese modo. Como en tantas otras ocasiones, la dificultad mayor radicará en probar que la conducta enjuiciada ha respondido a una incitación policial previa o bien, en sentido contrario, que su desarrollo ha transcurrido de forma autónoma y desvinculada de dicha intervención previa.

Con la intención de disipar cualquier posible duda al respecto, el último Anteproyecto de LECrim, al contemplar las investigaciones encubiertas en canales cerrados de comunicación[43], indica, de manera expresa, que la actividad policial que consista en intercambiar o enviar archivos ilícitos no tendrá la consideración de instigación, promoción o provocación a la comisión de delito.

Dejando a un lado las previsiones teóricas, y desde un punto de vista práctico, la intervención del *agente sotto copertura* en Italia, en el ámbito informático, no difiere de la que sería propia, en España, del agente encubierto virtual, pues su actuación suele ceñirse a la adquisición simulada de material pedopornográfico. Resulta sencillo, teniendo en cuenta la actividad que despliegan, establecer un paralelismo entre la actuación del agente informático encubierto y la entrega vigilada[44], tanto en España como en Italia. En muchas ocasiones, el buen fin de la investigación aconsejará no intervenir y permitir ese intercambio, con objeto de obtener resultados de mayor entidad. En concreto, el apartado sexto del art. 282 *bis* LECrim[45] establece que —siempre que cuente con autorización específica para ello—, el agente encubierto informático podrá intercambiar o enviar por sí mismo

42. La STS 2114/2014, de 13 de mayo (ECLI:ES:TS:2014:2114, RJ 2014, 2961) y la STS 1954/2015, de 24 de abril (ECLI:ES:TS: 2015:1954, RJ 2015, 1866).
Para un completo examen de la cuestión, *vid.* CASTELLVÍ MONTSERRAT, C., Provocar y castigar*: el agente provocador y la impunidad del sujeto provocado*, Tirant lo Blanch, Valencia, 2020, y El delito provocado. Límites y fundamentos*: un análisis crítico de la construcción* jurisprudencia, Tirant lo Blanch, Valencia, 2017. *Vid.*, asimismo, VELASCO NÚÑEZ, E., «Entregas vigiladas, infiltración y agente encubierto en Internet», *Justicia*, 2010 (núm. 1-2) p. 262.
43. En el proyectado —en el año 2020— art. 509.4.
44. Defendiendo la aplicación de las técnicas propias de la entrega vigilada a la delincuencia organizada informática —con anterioridad a la reforma operada en la LECrim por la referida LO 13/2015— *vid.* VELASCO NÚÑEZ, E., «Entregas vigiladas, infiltración y agente encubierto en Internet», *cit.*, p. 253.
45. Introducido por la LO 13/2015, de 5 de octubre, de modificación de la Ley de Enjuiciamiento Criminal para el fortalecimiento de las garantías procesales y la regulación de las medidas de investigación tecnológica.

archivos ilícitos por razón de su contenido[46], así como analizar los resultados de los algoritmos aplicados para la identificación de dichos archivos ilícitos.

Si bien la propia LECrim prevé que los agentes encubiertos informáticos intercambien o envíen archivos —lo que constituye, de hecho, una práctica habitual—, no han de ignorarse los problemas que surgen cuando tratamos de determinar de qué manera se va a obtener el material que va a ser, después, objeto de intercambio. Es llamativo que ni en Italia ni en España se regula esta cuestión, lo que contribuye a incrementar los problemas probatorios que se identifican como consecuencia del empleo de esta técnica.

Sin duda, el empleo de material incautado en operaciones anteriores no sería una opción admisible, habida cuenta del daño adicional que se ocasionaría a las víctimas de aquellas acciones. Es sabido que, en otros países, se crea este género de material con auxilio de la Inteligencia Artificial. Sin embargo, la creación de contenido «falso» podría ser considerada, incluso, como una incitación a delinquir, por lo que creemos que —salvo que se contemplara normativa y debidamente esa posibilidad— habría que evitar tales prácticas. Especialmente, porque los límites entre lo que constituye una observación de los presuntos responsables y lo que conforma, en cambio, una verdadera provocación para delinquir, son, en estas ocasiones, muy difusos.

El Anteproyecto de LECrim de 2020 se pronuncia sobre otro aspecto que suele ser objeto de polémica. Aunque la norma se refiere solo al agente encubierto «físico», no vemos objeción en aplicar la misma tesis a aquel de carácter informático. En concreto, en su proyectado art. 505.3, se afirma: «el agente encubierto podrá entrar en el domicilio de la persona investigada con el consentimiento de su titular, aunque haya sido prestado con desconocimiento de su condición de agente de la autoridad». En otros términos, no se excluye el valor probatorio de lo que se obtenga como consecuencia de un engaño realizado por un agente encubierto. El vigente art. 282 *bis*, 7, de la LECrim, sin descender a ese detalle, admite que puedan realizarse grabaciones de imágenes y conversaciones mantenidas entre el agente y el sujeto investigado en domicilios privados, sin que se le atribuya relevancia alguna al hecho de que la confianza del investigado haya sido obtenida

46. No podemos detenernos ahora, pese a su interés, en los problemas que plantea la inexistente definición legal de qué ha de entenderse por «archivos ilícitos en razón de su contenido» a que alude el art. 282 *bis*, apartado 6, de la LECrim. Para un examen más detenido de esta cuestión, nos remitimos a VELASCO NÚÑEZ, E., «Registros remotos sobre equipos informáticos. El agente encubierto virtual», en *Los medios técnicos e investigación criminal* (REYES LÓPEZ, J. I., coord.), Madrid, 2019, pp. 230 y ss.

mediante el uso de una identidad ficticia. También el Proyecto de LECrim de 2012 lo decía de una manera más nítida: «El agente encubierto podrá entrar en el domicilio de otro o en un lugar cerrado cuando sea autorizado para ello por alguno de los moradores o por una persona autorizada. El consentimiento del morador para la entrada del agente encubierto en su domicilio será válido, aunque para su obtención el agente se valga del engaño que deriva del uso de la identidad supuesta» (art. 408.1). En todo caso, se trata de una interpretación lógica, teniendo en cuenta que lo obtenido trae causa de esa original simulación.

Trasladando esta cuestión al plano virtual, surgen algunos interrogantes: la actuación del agente encubierto informático, tanto en España como en Italia, se limita a las redes cerradas. Se parte de la base, en consecuencia, de que no haría falta autorización judicial cuando se tratara de intervenir en redes de naturaleza abierta. Pero ¿y si esa actuación en una red abierta fuera precedida de la comisión de un engaño por parte de un agente policial? ¿Crear un perfil falso en una red social[47] —de libre acceso— entraría dentro de las labores que puede realizar la Policía sin control del juez? Habitualmente, se viene entendiendo —no sin reservas— que la monitorización de las fuentes abiertas se identifica, precisamente, con el simple hecho de entrar en ellas haciendo uso de una identidad ficticia, sin que ello suponga una injerencia del Estado en la vida privada que precise de intervención judicial. Mayor complejidad presenta el supuesto de que el agente acceda a un foro o una red social tras haber sido admitido como «amigo»[48] gracias al empleo de un perfil falso, lo que podría considerarse que excede de la mera monitorización a que aludíamos. La falta de previsiones legales al respecto solo nos permite aventurar posibles respuestas a estas preguntas, a la espera de una cumplida atención por parte del legislador.

IV. LOS SITIOS WEB «SEÑUELO»/*SITI CIVETTA*

Abundando en el examen de las técnicas investigadoras empleadas para combatir la criminalidad organizada, hemos de hacer mención al papel que desempeñan los sitios web «trampa»/*honey pots* en la investigación criminal del delito. Conocidos en Italia como *siti civetta*, pretenden atraer[49] a posibles delincuentes mediante la creación de páginas web que puedan resultarles de interés.

47. Dejando ahora al margen que se trata de prácticas expresamente prohibidas por las propias empresas que gestionan las redes sociales.
48. Incluso como «amigo de un amigo», en algunas ocasiones.
49. Como la miel a las moscas, de ahí la terminología empleada. Aunque se basen en el mismo concepto, se diferencian de los *honey monkeys* en que estos «saltan» de un sitio web a otro, rastreándolos, en una búsqueda activa de contenido malicioso.

La diferencia más reseñable con nuestra realidad es que, en Italia, existe una previsión normativa de tales señuelos de la que, en España, carecemos. La activación de sitios web se encuentra, en concreto, regulada en el art. 14 de la Ley núm. 269/1998[50], y se especifica que, para su creación, deberá contarse con autorización del *Pubblico Ministero*. La jurisprudencia italiana ha ido completando la escasa regulación normativa de esta cuestión. Ha sido la Corte de Casación Penal la que ha establecido que la utilización de *siti civetta* exige que estos cuenten con elementos de advertencia, de modo que sea evidente que quien accede a ellos lo hace con la intención de conseguir o compartir material pedopornográfico, excluyéndose así los posibles accesos que sean meramente casuales[51]. Se tratan de evitar, de esta manera, importantes problemas probatorios.

Es llamativo que, en España, carezcamos de regulación sobre este particular. Nada excluye que puedan existir protocolos de actuación acerca de la creación de sitios web *ad hoc* que se encuentren protegidos por secreto oficial pero, en cualquier caso, se trataría de previsiones que se situarían al margen de cualquier normativa conocida —y, por tanto, susceptible de control— en nuestro país. Con independencia de lo anterior, creemos que su uso complicaría la admisión como prueba de lo así obtenido, teniendo en cuenta que se trata, a nuestro juicio, de técnicas que se sitúan peligrosamente cerca de la provocación policial.

No resulta extraño, sin embargo, que en Italia existan previsiones de este tenor. Es justo reconocer que cuentan con algunas medidas que los sitúan a la vanguardia de la erradicación de la pedopornografía, y que —en virtud de una ley de 2015[52]— se están aplicando, también, a los delitos vinculados al terrorismo. Así, por ejemplo, la obligación de los proveedores de servicios de elaborar listas negras y hacer filtrados, de impedir o prohibir el acceso a determinados dominios web y de retirar el contenido ilícito existía, incluso, con anterioridad al Reglamento 2021/1232[53]. En concreto, la Ley núm. 38,

50. Que contiene las Normas contra la explotación de la prostitución, la pornografía y el turismo sexual en perjuicio de menores, como nuevas formas de esclavitud.
51. Cass. sez. III, 6 de octubre de 2010.
52. Ley núm. 43, de 17 de abril de 2015.
53. Que convierte en obligatorio el uso de técnicas de filtrado que, voluntariamente, realizaban los ISP.
Como se recoge en al considerando núm. 7 del Reglamento 2021/1232, algunos proveedores de determinados servicios de comunicaciones interpersonales ya utilizaban de forma voluntaria tecnologías específicas con el fin de detectar el abuso sexual de menores en línea cometido en sus servicios y denunciarlo a las autoridades policiales y a las organizaciones que actúan en interés público contra los abusos sexuales de menores, escaneando el contenido, incluidas imágenes y texto, o los datos de tráfico de las comunicaciones, mediante el uso, en algunos casos, de datos históricos.

de 6 de febrero de 2006, en materia de represión contra la explotación sexual de niños y la pedopornografía a través de Internet, introdujo previsiones muy importantes en el combate contra este género de delincuencia, que supusieron la modificación de la aludida Ley núm. 269/1998. Así, en su art. 14 *bis* se contempla la creación (dentro del Ministerio del Interior) del *Centro nazionale per il contrasto della pedopornografia sulla rete Internet.* En el art. 14 *ter*, por su parte, se introdujeron obligaciones para los proveedores de servicios de la sociedad de la información que se presten a través de redes de comunicación electrónica. En su virtud, se les obliga a informar al *Centro* referido de las empresas o sujetos que difunda, distribuyan o comercien con material pedopornográfico. En el art. 14 *quater*, finalmente, se preveía el uso de instrumentos técnicos para impedir el acceso a sitios web que difunden material pedopornográfico y la obligación de los proveedores de servicios de usar instrumentos de filtrado y de evitar que los usuarios puedan acceder a los sitios web que aparecen en la *black list* que elabora el Centro nacional contra la pornografía infantil en Internet[54].

En España, como es sabido, se realizan filtrados automáticos en las comunicaciones electrónicas, en el ámbito de actuación contra la pornografía infantil[55]. Incluso antes del Reglamento de 2021, los ISP solían elaborar listas negras, con apoyo en las políticas de privacidad que los usuarios aceptan cuando contratan con ellos y en atención, también, a la normativa norteamericana existente en la materia (especialmente, en cuanto a la pornografía infantil)[56]. Sin embargo, no contamos con una norma nacional que, de manera similar a cuanto sucede en Italia, contemple expresamente estas actuaciones en el ámbito de la criminalidad organizada. Tampoco, por tanto, con una regulación de las garantías de que deberían revestirse, lo que contribuiría a evitar conflictos en la valoración del material probatorio obtenido[57].

54. *Vid.* SIGNORATO, S., *Le indagini digitali. Profili strutturali di una metamorfosi investigativa*, Giappichelli, Torino, 2018, pp. 311-317.
55. A este respecto, RODRÍGUEZ LAINZ, J. L. («Sobre la licitud del uso de herramientas de filtrado automático de contenidos y metadatos en comunicaciones electrónicas en la lucha contra la pornografía infantil», *Diario La Ley*, núm. 10247, 2023), analiza dos relevantes sentencias en esta materia: la STS 694/2020 y la STS 807/2022.
56. Advirtiendo de los riesgos de que esas técnicas se basen en consentimientos de usuarios amparados en normas de protección de datos más laxas que las propias del Derecho de la Unión Europea, *vid.* RODRÍGUEZ LAINZ, J. L., «Reflexiones sobre el tratamiento de datos personales por prestadores de servicios de comunicaciones vía internet para la lucha contra abusos sexuales de menores en línea en el Reglamento (UE) 2021/1232», *Diario La Ley*, núm. 9974 (2021), p. 6 de la edición *online.*
57. Repárese, por ejemplo, en el hecho de que en Italia se exige que el Ministro del Interior rinda cuentas al Parlamento anualmente acerca de la elaboración de las aludidas «listas negras», lo que contribuye a evitar la arbitrariedad en su elaboración.

V. CONCLUSIONES

A la vista de lo expuesto en los apartados precedentes, podemos concluir que, pese a que existen previsiones en la normativa italiana en la lucha contra la delincuencia organizada que serían de deseable importación por nuestro país, tanto en uno como en otro sistema se advierte la necesidad de una normativa, si no exhaustiva (lo que sería ciertamente difícil en una materia tan cambiante), sustancialmente más completa que la vigente. Solo de ese modo, evitando lagunas legales que amparen interpretaciones dispares sobre aspectos fundamentales, pueden prevenirse problemas probatorios de notable entidad. Ha de tenerse presente, además, que hemos tenido ocasión de analizar diligencias de investigación especialmente invasivas, con un enorme potencial para comprometer, en la búsqueda de información penalmente relevante, derechos y garantías fundamentales. En el caso italiano, además, la represión de conductas delictivas particularmente execrables ha auspiciado el surgimiento de conductas proactivas de las que debemos apartarnos.

A nuestro juicio, el punto de partida para abordar la necesaria previsión de una normativa suficiente en esta materia ha de ser el «principio de neutralidad tecnológica» que, referido a la protección de datos personales, es sugerido por la Directiva (UE) 2016/680[58]. Siendo evidente, además, que la ciencia siempre irá por delante en el desarrollo de procedimientos cada vez más perfeccionados, deberá el legislador —y no la doctrina ni la jurisprudencia— trazar una línea infranqueable, un sustrato mínimo de garantías fundamentales que habrán de ser preservadas en todo caso para evitar que conflictos sobre valoración de pruebas den lugar, paradójicamente, a la impunidad de las conductas que se pretende reprimir.

BIBLIOGRAFÍA

AMATO, G., «*Reati di criminalità organizzata: possibile intercettare conversazioni o comunicazioni con un captatore informatico*», *Guida al diritto*, núm. 34-35 (2016).

BACCARI, G. M. y MARRAFFINO, M., «Le prospettive di utilizzo delle *chatbot* nel procedimiento penale», *Diritto penale e processo*, núm. 8 (2021).

58. Directiva del Parlamento Europeo y del Consejo, de 27 de abril de 2016 relativa a la protección de las personas físicas en lo que respecta al tratamiento de datos personales por parte de las autoridades competentes para fines de prevención, investigación, detección o enjuiciamiento de infracciones penales o de ejecución de sanciones penales, y a la libre circulación de dichos datos y por la que se deroga la Decisión Marco 2008/977/JAI del Consejo.

BACHMAIER WINTER, L., «Registro remoto de equipos informáticos y principio de proporcionalidad en la Ley Orgánica 13/2015», *Boletín del Ministerio de Justicia*, año 71, núm. 2195 (2017).

BARGI, A., «La riforma c.d. "Orlando" tra istanze di rinnovamento e retaggi emergenziali della politica del *doppio binario*», *Archivio Penale*, núm. extra 1 (2018).

CAJANI, F., «Odissea del captatore informatico», *Cassazione Penale*, núm. 4143 (2016).

CAMPOS, J., «A investigação oculta em ambiente digital. A utilização de *malware*», *Revista Portuguesa de Ciência Criminal*, año 32, núm. 1 (2022).

CAPRIOLI, F., «Il "captatore informatico" come strumento di ricerca della prova in Italia», *Rev. Bras. de Direito Processual Penal*, vol. 3, núm. 2 (2017).

CATERINI, M. y ROCCA, M., «L'agente sotto copertura al límite della provocazione», *Ordines*, núm. 1 (2022).

CASTELLVÍ MONTSERRAT, C., *El delito provocado. Límites y fundamentos: un análisis crítico de la construcción* jurisprudencia, Tirant lo Blanch, Valencia, 2017.

– *Provocar y castigar: el agente provocador y la impunidad del sujeto provocado*, Tirant lo Blanch, Valencia, 2020.

DE CARO, A., «La legge c.d. spazza corrotti: si dilata ulteriormente la frattura tra l'attuale politica penale, i principi costituzionali e le regole del giusto processo», *Processo penale e giustizia*, núm. 2 (2019).

DE VITA, A., «La nuova legge anticorruzione e la suggestione salvifica del Grande Inquisitore. Profili sostanziali della l. 9 gennaio 2019, núm. 3», *Processo penale e giustizia*, núm. 4 (2019).

FRAGASSO, B., «Provocazione di polizia e responsabilità penale», *Rivista italiana di diritto e procedura penale*, núm. 2 (2022).

GARCIMARTÍN MONTERO, R., *Los medios de investigación tecnológicos en el proceso penal*, Aranzadi, Cizur Menor, 2018.

GIORDANO, L., «Dopo le Sezioni Unite sul "captatore informatico": avanzano nuove questioni, ritorna il tema della funzione di garanzia del decreto autorizzativo», *Diritto Penale Contemporaneo*, núm. 3 (2017).

GIORDANO, L., «Intercettazioni: sì all'uso del trojan anche per reati diversi da quelli di criminalità organizzata», Ilquotidianogiuridico.it, 14 de noviembre de 2017.

LUPÀRIA, L., «Processo penale e tecnología informática», *Diritto dell'Internet*, núm. 3 (2008).

MASIERO, A. F., «La leva premiale nel prisma delle fattispecie corruttive. Brevi osservazioni a margine della causa di non punibilità ex art. 323-ter c.p.», *Archivio Penale*, núm. 2 (2021).

MASULLO, M. N., «L'emersione del patto corruttivo: il nuovo fronte degli strumenti premiali e investigativi», *Rivista italiana di diritto e procedura penale*, vol. 62, núm. 3 (2019).

NOCERINO, W., «Il captatore informatico: un Giano bifronte. Prassi operative vs risvolti giuridici», *Cassazione Penale*, núm. 2 (2020).

PADOVANI, T., «La spazzacorrotti. Riforma delle illusioni e illusioni della riforma», *Archivio Penale*, núm. 3 (2018).

PISANI, V., *Informatori, notizie confidenziali e segreto di polizia*, Giuffrè, Milano, 2007.

RICCIO, G., «Raggionando sul doppio binario», *Archivio Penale*, núm. 2 (2017).

RIPPA, F., «Novità legislative interne», *Processo penale e giustizia*, núm. 2 (2019).

RIZO GÓMEZ, B., «La infiltración policial en internet. A propósito de la regulación del agente encubierto informático en la ley orgánica 13/2015, de 5 de octubre, de modificación de la ley de enjuiciamiento criminal para el fortalecimiento de las garantías procesales y la regulación de las medidas de investigación tecnológica», en *Justicia penal y nuevas formas de delincuencia*, FERNÁNDEZ LÓPEZ, M. y ASENCIO MELLADO, J. M.ª (Dirs.), Tirant lo Blanch, Valencia, 2017.

RODRÍGUEZ LAINZ, J. L., «Reflexiones sobre el tratamiento de datos personales por prestadores de servicios de comunicaciones vía internet para la lucha contra abusos sexuales de menores en línea en el Reglamento (UE) 2021/1232», *Diario La Ley*, núm. 9974 (2021).

RODRÍGUEZ LAINZ, J. L., «Sobre la licitud del uso de herramientas de filtrado automático de contenidos y metadatos en comunicaciones electrónicas en la lucha contra la pornografía infantil», *Diario La Ley*, núm. 10247 (2023).

SCEVI, P., «Riflessioni sul ricorso all'agente sotto copertura quale strumento di accertamento dei reati di corruzione», *Archivio Penale*, núm. 1 (2019).

SESSA, A., «Le indagini passive nella legge núm. 3 del 2019 (c.d. legge "spazzacorrotti"): il sistema penale (anti)democratico alla prova della provocazione "coperta"», *Archivio Penale*, núm. 2 (2020).

SIGNORATO, S., *Le indagini digitali. Profili strutturali di una metamorfosi investigativa*, Giappichelli, Torino, 2018.

TORRE, M., *Il captatore informatico. Nuove tecnologie investigative e rispetto delle regole processuali*, Giuffrè, Milano, 2017.

VELASCO NÚÑEZ, E., «Entregas vigiladas, infiltración y agente encubierto en Internet», *Justicia*, núm. 1-2 (2010).

– «Registros remotos sobre equipos informáticos. El agente encubierto virtual», en *Los medios técnicos e investigación criminal* (REYES LÓPEZ, J. I., coord.), Madrid, 2019.

16

Biometría, evolución tecnológica y proceso penal: urge un cambio de ritmo en nombre de la proporcionalidad*

Gianluca Borgia
Investigador postdoctoral en Derecho procesal penal
Università di Pisa

* El presente trabajo forma parte de la investigación realizada en el marco de la financiación concedida por la Fundación Privada Manuel Serra Domínguez (VIII Convocatoria de ayudas).
Al tratarse de una reelaboración de la ponencia presentada en el I Congreso Internacional PROBATICIUS «Retos de la prueba en el proceso actual» (Madrid, 11 y 12 de mayo de 2023), el presente trabajo no tiene en cuenta las novedades normativas y jurisprudenciales que se han producido desde entonces, como, en particular, la aprobación del Reglamento sobre AI (Reglamento 2024/1689/UE) y la sentencia del TEDH, de 4 de julio de 2023, *Glukhin v. Rusia*, que, por lo demás, confirman en gran medida los asupicios formulados en las conclusiones.

I. INTRODUCCIÓN

Aunque evocan un fenómeno reciente, las aplicaciones de la biometría —o ciencia de medir las características biológicas típicas de los organismos vivos[1]— con fines públicos se remontan a tiempos tan remotos como el Antiguo Egipto: mediante el desarrollo de un sistema para registrar las características físicas y de comportamiento distintivas de los trabajadores, se intentaba garantizar que los alimentos suministrados se distribuyeran equitativamente entre ellos[2].

Muchos años después y, concretamente, entre finales del siglo XIX y principios del XX, cuando se desarrollaron los primeros estudios sobre huellas dactilares, incluso el proceso penal quedó fascinado por la ciencia en cuestión, en la que vislumbró de inmediato la posibilidad de obviar las criticalidades que siempre habían afectado y siguen afectando a las técnicas de reconocimiento basadas en la memoria de los testigos[3].

Al fin y al cabo, tanto las características biométricas anatómicas (la huella dactilar, el iris, la retina, la geometría de la mano, los rasgos faciales somáticos etc.) como las fisiológicas (el timbre vocal, la dinámica de la firma, la forma de andar etc.) presentan al menos un doble orden de propiedades que explican la tendencia a utilizarlas con fines de identificación: en efecto, se distinguen por su «universalidad» y, al mismo tiempo, por su «singularidad»[4].

---

1. En este respecto v. BUENO DE MATA, Federico, «Biometría e investigación criminal», en *Revista Eletrônica de Direito Processual*, núm. 3(21), 2020, p. 124, según el cual el término «biometría» «se deriva de las palabras griegas "*bios*" de vida y "metron" de medida y no sería otra cosa que la investigación basada en el estudio de métodos automáticos para el reconocimiento único de humanos basados en uno o más rasgos conductuales o físicos intrínsecos, de esta forma esta técnica se basa en el reconocimiento de individuos mediante rasgos corporales únicos».
2. SMITH, Marcus y MILLER, Seumas, *Biometric Identification, Law and Ethics*, Springer, Cham, 2021, p. 2.
3. CHAMPOD, Christophe y TISTARELLI, Massimo, «Biometric Technologies for Forensic Science and Policing: State of the Art», en TISTARELLI, Massimo y CHAMPOD, Christophe (dirs.), *Handbook of Biometrics for Forensic Science*, Springer, Cham, 2017, p. 2.
4. V. FRUCTUOSO FREIRE MONTERO, Antón, «El reconocimiento facial como instrumento de investigación y prevención del delito», en *Anuario da Facultade de Dereito da Universidade da Coruña*, 2022, p. 65 y SACCHETTO, Ernestina, «Spunti per una riflessione sul rapporto fra biometria e processo penale», en *Diritto penale contemporaneo - Rivista trimestrale*, nùm. 2, 2019, p. 467, a la que también remitimos para un análisis detallado de las técnicas de identificación biométrica más utilizadas, tanto anatómicas como dinámicas (pp. 469-472).

Concretamente, el primer término se refiere a la posibilidad de encontrar las características en cuestión en cualquier individuo, mientras que el segundo alude a su capacidad individualizadora, es decir, de distinguir a un sujeto de todos los demás.

Otra particularidad nada irrelevante, aunque se refiera principalmente a las características biométricas anatómicas, es la tendencia a la inmutabilidad en el tiempo, que hace posible la identificación incluso muchos años después de un hecho determinado[5].

Hoy, al cabo de más de un siglo, es la irrupción en escena de las tecnologías de las TIC la que pone de actualidad el debate[6]. En este sentido, estamos asistiendo a la aparición de nuevos dispositivos que, gracias a las posibilidades que ofrecen las tecnologías más avanzadas y la inteligencia artificial, no sólo han dado literalmente un vuelco a la actividad de identificación en términos de eficacia y rapidez, sino que también han abierto nuevas —y en cierto modo inquietantes— perspectivas.

II. UN CASO PARADIGMÁTICO: LAS TECNOLOGÍAS DE RECONOCIMIENTO FACIAL AUTOMATIZADO

Sin duda es emblemático lo que ha ocurrido con el reconocimiento facial automatizado, que, en relativamente poco tiempo, ha robado el protagonismo a los métodos de identificación más tradicionales.

Desde un punto de vista técnico, al igual que ocurre con otras tecnologías basadas en la biometría, tras una primera fase de adquisición de los datos biométricos brutos, constituidos precisamente por la imagen de un rostro humano, el sistema extrapola ciertas características de la cara, como «la posición de los ojos, de la nariz, de las fosas nasales, de la barbilla y de las orejas»[7], funcionales a la creación de un «*template*» o «modelo biométrico». Después, este modelo se compara con los datos archivados y, en el

5. V. FRUCTUOSO FREIRE MONTERO, Antón, «El reconocimiento facial como instrumento de investigación y prevención del delito», cit., p. 65.
6. En este sentido, véase ya BUENO DE MATA, Federico, «Biometría e investigación criminal», cit., pp. 123 ss.
7. LÓPEZ, Rita, «Riconoscimento facciale tramite *software* e individuazione del sospettato», en SCALFATI, Adolfo (dir.), *Le Pre-investigazioni*, Giappichelli, Torino 2020, p. 298. A este respecto, v. también SACCHETTO, Ernestina, «Face to face: il complesso rapporto tra *automated facial recognition technology* e processo penale», en *Legislazione penale (web)*, 16 de octubre de 2020, p. 3.

caso de que de la operación surja, con cierta probabilidad, que las dos imágenes se refieren a la misma persona, se produce el llamado «*matching*»[8].

Además de escanear una imagen y detectar si retrata un rostro (la que se denomina «*detection*»), las tecnologías en examen pueden utilizarse para verificar la identidad de un sujeto mediante una comparación «*one-to-one*» entre el *template* detectado y el que se supone que pertenece a la misma persona (la que se denomina «*verification*»), o para identificar a un individuo mediante la comparación «*one-to-many*» de su modelo biométrico con los contenidos en una *watchlist* específicamente creada (la que se denomina «*identification*»)[9].

Ya hemos abordado en otro trabajo el valor añadido de estas herramientas en términos de *performance* de las actividades de investigación[10]. Por lo tanto, nos limitaremos aquí a resumir sus ventajas más destacadas.

En primer lugar, al explotar imágenes faciales, las *automated facial recognition technologies* no requieren la cooperación del destinatario de la detección, como ocurre, por ejemplo, con la recogida de huellas dactilares o de ADN.

Además, no es necesario crear infraestructuras *ad hoc* para su funcionamiento, ya que, en determinadas condiciones, el *software* correspondiente puede instalarse en circuitos de cámaras preexistentes[11].

Asimismo, incluso en lo que respecta a las bases de datos de imágenes, pueden utilizarse las creadas para otros fines, como es el caso de las que recogen los permisos de conducir. Por no hablar de aquellos dispositivos

8. V. ARTICLE 29 DATA PROTECTION WORKING PARTY, *Opinion 02/2012 on facial recognition in online and mobile services*, 22 de marzo de 2012, p. 2 (disponible en el siguiente enlace: *https://www.pdpjournals.com/docs/87997.pdf*).

9. *Cfr.* LÓPEZ, Rita, «Riconoscimento facciale tramite *software* e individuazione del sospettato», cit., p. 298.

10. Desde este punto de vista, permítanos referirnos a BORGIA, Gianluca, «Reconocimiento facial automatizado y derechos fundamentales en el proceso penal: entre las experiencias nacionales y la perspectiva de la Unión Europea», en PEREIRA PUIGVERT, Sílvia y PESQUEIRA ZAMORA, María Jesús (dirs.), *Modernización, eficiencia y aceleración del proceso*, Aranzadi, Cizur Menor, 2022, pp. 175 ss.; ID., «Profili sistematici delle tecnologie di riconoscimento facciale automatizzato, anche alla luce dei futuribili sviluppi normativi sul fronte eurounitario», en *Legislazione penale (web)*, 11 de diciembre 2021, pp. 3 ss.

11. V. el experimento realizado por la policía de Hamburgo sobre el que informa la EUROPEAN UNION AGENCY FOR FUNDAMENTAL RIGHTS, «*Facial recognition technology: fundamental rights considerations in the context of law enforcement*», disponible en el siguiente enlace: *https://fra.europa.eu/sites/default/files/fra_uploads/fra-2019-facial-recognition-technology-focus-paper.p df*), p. 12.

de última generación, como la aplicación desarrollada por *Clearview AI*, que permiten incluso la comparación con imágenes encontradas en la *web* a través de las redes sociales[12].

Por último, cabe señalar que existen sistemas capaces de funcionar en «tiempo real», es decir, de extraer el perfil biométrico de todas las personas que pasan por el espacio vigilado y realizar las operaciones de comparación pertinentes de forma instantánea. Algo por tanto muy cercano a una herramienta de vigilancia masiva[13].

Para dar un ejemplo de las ventajas de estos instrumentos, consideremos un caso reciente que captó la atención de la opinión pública italiana. Tras el apuñalamiento de una turista israelí en la estación Termini de Roma, la policía tardó sólo unas horas en identificar al autor[14]. Y ello gracias al uso de un *software* de reconocimiento facial automatizado llamado «SARI», acrónimo de «*Sistema Automatico di Riconoscimiento delle Immagini*», capaz de comparar un perfil biométrico dado con los contenidos en una base de datos que actualmente consta de unos 18 millones de registros policiales[15]. Por lo tanto, no es difícil darse cuenta de que una operación de este tipo, si no se hubiera llevado a cabo con la ayuda de esta herramienta, podría haber durado varias semanas o incluso meses.

III. PERSPECTIVAS DE INGRESO EN EL PROCESO PENAL. EL DEBATE EN ITALIA Y ESPAÑA

Como demuestra este último caso, era natural que estas tecnologías aparecieran pronto en la escena del proceso penal. De ahí la importancia de reflexionar sobre la adecuación del marco jurídico actual para «gobernar» tal cambio.

---

12. V. *Cfr.* NERONI REZENDE, Isadora, «Facial recognition in police hands: Assessing the "Claerview case" from a European perspective», en *New Journal of European Criminal Law*, 2020, núm. 3(11), pp. 375 ss., según la cual «*Clearview now combines its technology with a database of three billion images published on internet*» (p. 376).
13. A este respecto, v. DELLA TORRE, Jacopo, «Novità dal Regno Unito: il riconoscimento facciale supera il vaglio della *High Court of Justice*», en *Diritto penale contemporaneo - Rivista trimestrale*, núm. 1, 2020, pp. 232 y 233; ID., «Tecnologie di riconoscimento facciale e procedimento penale», en *Rivista italiana di diritto e procedura penale*, 2022, pp. 1072 ss.; GIALUZ, Mitja, «Intelligenza artificiale e diritti fondamentali in ambito probatorio», en *Giurisdizione penale, intelligenza artificiale ed etica del giudizio*, Giuffrè, Milano, 2021, pp. 54 ss.
14. *Cfr.* la noticia disponible en el siguiente enlace: *https://www.fanpage.it/roma/come-funziona-il-software- che-ha-identificato-laggressore-di-termini-pochi-secondi-per-riconoscerlo/*.
15. V. GIALUZ, Mitja, «Intelligenza artificiale e diritti fondamentali in ambito probatorio», cit., p. 55.

Tomando como referencia el debate doctrinal sobre el reconocimiento facial automatizado que se está produciendo en la actualidad tanto en Italia como en España, observamos que, en referencia a la actividad de mera identificación, la vía de entrada se identifica, respectivamente, en los artículos 349 *codice di procedura penale* (en adelante «c.p.p.»)[16] y 373 LECrim[17], que otorgan a la policía judicial la posibilidad de proceder de forma libre a la adopción de cuantas medidas sean necesarias para la identificación del sospechoso y con independencia de su voluntad.

Pues bien, a este respecto, no puede dejar de observarse cómo la idea que subyace en ambos preceptos es fruto de la convicción de que la actividad de toma de datos biométricos tiende a ser irrelevante desde el punto de vista de los derechos fundamentales de las personas afectadas, salvo que, para proceder a dicha actividad, sea necesario afectar al *habeas corpus* tradicionalmente entendido, como atestiguan los artículos 224-*bis* c.p.p. y 363 LECrim, es decir, aquellas disposiciones que, en los dos ordenamientos jurídicos considerados, regulan la toma forzosa de muestras biológicas exigiendo garantías muy distintas[18].

---

16. *Cfr.* DELLA TORRE, Jacopo, «Tecnologie di riconoscimento facciale e procedimento penale», cit., p. 1080; GIALUZ, Mitja, «Intelligenza artificiale e diritti fondamentali in ambito probatorio», cit., p. 63.
    Más concretamente, el apartado 2 del artículo 349 establece que «*Alla identificazione della persona nei cui confronti vengono svolte le indagini può procedersi anche eseguendo, ove occorra, rilievi dattiloscopici, fotografici e antropometrici nonché altri accertamenti*».
17. V. FRUCTUOSO FREIRE MONTERO, Antón, «El reconocimiento facial como instrumento de investigación y prevención del delito», cit., p. 73.
18. Ambas disposiciones exigen que se respete el principio de proporcionalidad, así como la intervención previa del juez.
    Para facilitar la comprensión, se reproduce a continuación el texto del artículo 224-*bis* c.p.p.: «*1. Quando si procede per delitto non colposo, consumato o tentato, per il quale la legge stabilisce la pena dell'ergastolo o della reclusione nel massimo a tre anni, per i delitti di cui agli articoli 589 bis e 590 bis del codice penale e negli altri casi espressamente previsti dalla legge, se per l'esecuzione della perizia è necessario compiere atti idonei ad incidere sulla libertà personale, quali il prelievo di capelli, di peli o di mucosa del cavo orale su persone viventi ai fini della determinazione del profilo del DNA accertamenti medici, e non vi è il consenso della persona da sottoporre all'esame del perito, il giudice, anche d'ufficio, ne dispone con ordinanza motivata l'esecuzione coattiva, se essa risulta assolutamente indispensabile per la prova dei fatti. 2. Oltre a quanto disposto dall'articolo 224, l'ordinanza di cui al comma 1 contiene a pena di nullità: a) le generalità della persona da sottoporre all'esame e quanto altro valga ad identificarla; b) l'indicazione del reato per cui si procede, con la descrizione sommaria del fatto; c) l'indicazione specifica del prelievo o dell'accertamento da effettuare e delle ragioni che lo rendono assolutamente indispensabile per la prova dei fatti; d) l'avviso della facoltà di farsi assistere da un difensore o da persona di fiducia; e) l'avviso che, in caso di mancata comparizione non dovuta a legittimo impedimento, potrà essere ordinato l'accompagnamento coattivo ai sensi del comma 6; f) l'indicazione del luogo, del giorno, e dell'ora stabiliti per il compimento dell'atto e delle modalità di compimento. 3. L'ordinanza di cui al comma 1 è notificata all'interessato, all'imputato e al suo difensore nonché alla persona offesa almeno tre giorni prima di*

Por lo que respecta a las actividades de investigación o probatorias *stricto sensu*, en el sistema italiano, se ha hecho referencia a veces a la mera actividad de grabación de vídeo realizada fuera de contextos privados[19], y a veces a la categoría de las denominadas «pruebas atípicas» del artículo 189 c.p.p.[20].

También en el sistema español se ha evocado la regulación de la «captación de imágenes en lugares o espacios públicos» *ex* art. 588 *quinquies* a) LECrim junto con la de la prueba pericial, cuyo valor probatorio queda sin embargo remitido, conforme al art. 741 LECrim, al principio de apreciación de la prueba en conciencia por el Tribunal[21].

Se confirma así la creencia de que los sistemas automatizados de reconocimiento facial tendrían una escasa incidencia en los derechos fundamentales.

---

quello stabilito per l'esecuzione delle operazioni peritali. 4. Non possono in alcun modo essere disposte operazioni che contrastano con espressi divieti posti dalla legge o che possono mettere in pericolo la vita, l'integrità fisica o la salute della persona o del nascituro, ovvero che, secondo la scienza medica, possono provocare sofferenze di non lieve entità. 5. Le operazioni peritali sono comunque eseguite nel rispetto della dignità e del pudore di chi vi è sottoposto. In ogni caso, a parità di risultato, sono prescelte le tecniche meno invasive. 6. Qualora la persona invitata a presentarsi per i fini di cui al comma 1 non compare senza addurre un legittimo impedimento, il giudice può disporre che sia accompagnata, anche coattivamente, nel luogo, nel giorno e nell'ora stabiliti. Se, pur comparendo, rifiuta di prestare il proprio consenso agli accertamenti, il giudice dispone che siano eseguiti coattivamente. L'uso di mezzi di coercizione fisica è consentito per il solo tempo strettamente necessario all'esecuzione del prelievo o dell'accertamento. Si applicano le disposizioni dell'articolo 132, comma 2. 7. L'atto è nullo se la persona sottoposta al prelievo o agli accertamenti non è assistita dal difensore nominato».

19. *Cfr.*, por ejemplo, lo expuesto por el Ministerio del Interior italiano en la documentación justificativa de la solicitud dirigida al *Garante per la protezione dei dati personali* para la implantación del *software* de reconocimiento facial denominado «SARI-Real Time» disponible en el siguiente enlace: https://www.garanteprivacy.it/web/guest/home/ docweb/-/docweb-display/docweb/9575877

20. [20] V. TORRE, Marco, «Nuove tecnologie e trattamento dei dati personali nel processo penale», in *Diritto penale e processo*, 2021, pp. 1052 ss. y, críticamente, DELLA TORRE, Jacopo, «Tecnologie di riconoscimento facciale e procedimento penale», cit., p. 1081; GIALUZ, Mitja, «Intelligenza artificiale e diritti fondamentali in ambito probatorio», cit., p. 64; y, *si licet*, BORGIA, Gianluca, «Profili sistematici delle tecnologie di riconoscimento facciale automatizzato, anche alla luce dei futuribili sviluppi normativi sul fronte eurounitario», cit., pp. 9 ss.
En la jurisprudencia italiana, este punto de vista parece haber sido adoptado implícitamente por la decisión de la Suprema Corte di Cassazione penale, Sección IV, 13 de julio de 2023, núm. 39551.

21. *Cfr.* FRUCTUOSO FREIRE MONTERO, Antón, «El reconocimiento facial como instrumento de investigación y prevención del delito», cit., p. 72 y, críticamente, ORTIZ PRADILLO, Juan Carlos, «Big Data, vigilancias policiales y geolocalización: nuevas dimensiones de los derechos fundamentales en el proceso penal», en *Diario La Ley*, núm. 9955, Sección Doctrina, 18 de noviembre de 2021, p. 12.

En efecto, por lo que se refiere a la grabación de imágenes, se observa que, para los dos sistemas procesales considerados, cuando se realiza en lugares públicos, esta actividad puede llevarse a cabo de manera tendencialmente libre[22].

En cuanto al artículo 189 c.p.p. y al artículo 741 LECrim, cabe señalar que acaban centrándose exclusivamente en la capacidad demostrativa del instrumento. Esto no quiere decir que dicho perfil sea irrelevante, como atestigua el acalorado debate sobre la fiabilidad de los dispositivos considerados, a los que se ha acusado, por ejemplo, de dar lugar a resultados poco fiables y a menudo discriminatorios y de no ser susceptibles de una verificación adecuada de su funcionamiento debido a las exigencias de protección del secreto industrial y de la propiedad intelectual[23].

Sin embargo, considerar únicamente estos aspectos es eludir por completo el plano de la admisibilidad y, en definitiva, considerar que no es necesario circunscribir los supuestos y modalidades de utilización de las tecnologías de reconocimiento facial automatizado[24]. En el caso de Italia, esta indiferencia se explica en cierta medida por la ausencia de disposiciones constitucionales que protejan expresamente el derecho a la intimidad en público o el derecho a la autodeterminación informativa: de hecho, sólo la intimidad del domicilio, las comunicaciones y la correspondencia se evo-

---

22. V. TRIGGIANI, Nicola, «Le videoriprese investigative e l'uso dei droni», en SCALFATI, Adolfo (dir.), *Le investigazioni atipiche*, II ed., Giappichelli, Torino, 2019, p. 171.
23. Permítanos referirnos, a este respecto, a BORGIA, Gianluca, «Reconocimiento facial automatizado y derechos fundamentales en el proceso penal: entre las experiencias nacionales y la perspectiva de la Unión Europea», cit., pp. 180-183 y 190 ss. En términos más generales, sobre los problemas que plantean a este respecto los instrumentos de IA, v. DINACCI, Filippo Raffaele, «Intelligenza artificiale tra quantistica matematica e razionalismo critico: la necessaria tutela di approdi euristici», en *Processo penale e giustizia*, 2022, p. 1630 ss.
24. En particular, el artículo 189 c.p.p. reza así: «1. *Quando è richiesta una prova non disciplinata dalla legge, il giudice può assumerla se essa risulta idonea ad assicurare l'accertamento dei fatti e non pregiudica la libertà morale della persona. Il giudice provvede all'ammissione, sentite le parti sulle modalità di assunzione della prova*».
Pues bien, sobre la extrema vaguedad del artículo 189 c.p.p. no hay dudas: «una vez establecido el límite de la libertad moral y el de la idoneidad para la averiguación de los hechos», este precepto «deja al órgano de enjuiciamiento total libertad para determinar la forma de obtención de la prueba atípica, sin perjuicio de la necesidad de confrontación con las partes, previa, cuando sea posible, o posterior en relación con los actos sorpresivos» (CONTI, Carlotta, *Accertamento del fatto e inutilizzabilità nel processo penale*, Cedam, Padova, 2007, p. 168, traducción nuestra).
En cuanto a la capacidad demostrativa, conviene aclarar que este requisito se consideró, no sin duras críticas, adecuado para transponer los parámetros señalados en el famoso asunto *Daubert* resuelto por el Tribunal Supremo de los Estados Unidos a principios de los años noventa y adoptado, con algunos «ajustes», por nuestra Corte

can en la Carta fundamental[25]. Más difícil resulta explicar esta desprotección desde la perspectiva del sistema español, si sólo se atiende al tenor de los apartados 1 y 4 del artículo 18 de la Constitución[26].

IV. EL MAYOR NIVEL DE GARANTÍA OFRECIDO POR EL SISTEMA EUROPEO DE PROTECCIÓN DE DATOS

Sea como fuere, este planteamiento debe enfrentarse a uno de los sistemas de protección de datos más avanzados del mundo, el europeo.

Desde este punto de vista, destaca sin duda el derecho a la autodeterminación informativa, surgido al otro lado del Atlántico a finales del siglo XX como respuesta precisamente al desarrollo de las técnicas fotográficas e importado al viejo continente por la jurisprudencia del Tribunal Europeo de Derechos Humanos relativa al artículo 8 del Convenio a través del dere-

---

di Cassazione (a este respecto v. CAIANIELLO, Michele, «L'ammissione della prova scientifica nel processo italiano», en CANZIO, Giovanni y LUPÁRIA DONATI, Luca (dirs.), *Prova scientifica e processo penale*, Cedam, Milano, II ed., 2022, pp. 192-195.; CAPRIOLI, Francesco, «La scienza "cattiva maestra": le insidie della prova scientifica nel processo penale», en *Cassazione penale*, 2008, p. 3529; UBERTIS, Giulio, «La prova scientifica e la nottola di Minerva», en *Argomenti di procedura penale*, vol. II, Giuffrè, Milano, 2006, p. 204 ss.; DOMINIONI, Oreste, *La prova penale scientifica*, Giuffrè, Milano, 2005, p. 83 ss.).

Para una comparación con la realidad española v., recientemente, precisamente sobre el tema del reconocimiento facial, PÉREZ ESTRADA, Miren Josune, «La inteligencia artificial como prueba científica en el proceso penal español», en *Revista Brasileira de Direito Processual Penal*, núm. 2(7), 2021, p. 1402, la cual afirma que «[a]l contrario que en otros países, no existe en España un procedimiento estandarizado que permita dilucidar si una determinada técnica puede considerarse prueba científica o qué parámetros tiene que cumplir para llegar a serlo. La determinación de la cientificidad de la inteligencia artificial a los efectos de considerarla como prueba es un tema que deberá abordarse a medida que se perfeccione la técnica o se generalice su uso.

Como nos recuerda Gómez Colomer los criterios de cientificidad quesirven para considerar que una prueba tiene la categoría de científica en nada tienen que ver con la admisibilidad de la prueba que se rige por el criterio de la pertinencia judicial. Ni tampoco influyen sobre la valoración de la prueba que realice el juez en virtud del principio de libre valoración de la prueba que rige en el proceso penal».

También se pueden encontrar interesantes reflexiones desde una perspectiva comparada en ALVARADO URÍZAR, Agustina, *Teoría jurídica de la regla de exclusión de prueba ilícita. Inutilizabilidad e ineficacia de la prueba: diálogo italo-español*, Milano 2017, *passim* (Tesis doctoral dirigida por el Profesor Luca Lupária Donati y por la Profesora Teresa Armenta Deu).

25. Sobre este tema, v. CARNEVALE, Stefania, «Autodeterminazione informativa e processo penale: le coordinate costituzionali», en NEGRI, Daniele (dir.), *Protezione dei dati personali e accertamento penale. Verso la creazione di un nuovo diritto fondamentale?*, Aracne, Roma, 2007, pp. 3 ss.

26. ORTIZ PRADILLO, Juan Carlos, «Big Data, vigilancias policiales y geolocalización: nuevas dimensiones de los derechos fundamentales en el proceso penal», cit., p. 8.

cho al respeto de la vida privada[27]. Con el tiempo, el Juez alsaciano también llegó a afirmar que los datos biométricos tienen un «carácter intrínsecamente privado»[28], lo cual ciertamente no se pierde cuando dicha información está disponible en público.

Sin embargo, incluso si se quiere prescindir de este planteamiento, cabe dudar de que los *software* de reconocimiento facial automatizado puedan asimilarse a la mera grabación de vídeos o imágenes, ya que los primeros revelan información agregada que puede obtenerse como resultado (y sólo como resultado) de su uso, al no ser públicamente observables.

Precisamente de este planteamiento se hace eco en cierta medida en la sentencia *Gaughran c. Reino Unido* de 2020[29], relativa a la conservación de datos biométricos por las fuerzas policiales, en la que el Tribunal de Estrasburgo atribuyó un peso decisivo a efectos de la violación del artículo 8 CEDH al hecho de que las imágenes de rostros almacenadas en bases de datos fueran entonces susceptibles de tratamiento automático por herramientas de reconocimiento facial[30].

Cambiando el enfoque de la gran a la pequeña Europa, con la entrada en vigor del artículo 8 de la Carta de Niza, «los individuos ya no son sólo titulares de la "clásica" libertad negativa a no ser objeto de injerencias en su esfera personal (el corazón del antiguo derecho a la *privacy*), sino también de una libertad positiva a ejercer un control efectivo sobre el flujo de sus datos personales, es decir, sobre aquella información que identifica o hace identificable, directa o indirectamente, a una persona física»[31]. Y esta libertad positiva debe ser protegida mediante la predisposición de un cuerpo de reglas y principios.

Desde este punto de vista, no es de extrañar que sea precisamente en las normas adoptadas para desarrollar este derecho[32] donde por primera vez se preste especial atención a los datos biométricos.

---

27. ALLEGREZZA, Sílvia, «Giustizia penale e diritto all'autodetrminazione dei dati personali nella regione europea», en NEGRI, Daniele (dir.), *Protezione dei dati personali e accertamento penale.* cit., pp. 62 ss.
28. TEDH, 4 de diciembre de 2008, *Marper c. Reino Unido,* § 104.
29. TEDH, 13 de febrero de 2020, *Gaughran c. Reino Unido,* §§ 66-70.
30. *Cfr.* MARCIANTE, Manfredi, «La Corte Europea sulla raccolta e conservazione dei dati biometrici a tempo indeterminato», en *Giurisprudenza italiana,* 2020, p. 530.
31. LUPÁRIA DONATI, Luca, «*Privacy,* diritti della persona e proceso penale», en *Diritto penale e processo,* 2019, p. 1454 (traducción nuestra). A este respecto v. también GALGANI, Benedetta, «Giudizio penale, *habeas data* e garanzie fondamentali», en *Archivio penale (web),* 8 de febrero de 2019, pp. 1-8.
32. *Cfr.* nuevamente GALGANI, Benedetta, «Giudizio penale, *habeas data* e garanzie fondamentali», cit., pp. 4 y 5.

Más concretamente, centrándonos *ratione materiae* en la Directiva 2016/680/UE, es sin duda significativo lo ya expuesto en el considerando 37, que pone de relieve el carácter especialmente sensible de tales datos en cuanto a los derechos y libertades que su tratamiento puede afectar.

Además, en consonancia con esta toma de conciencia definitiva de los riesgos inherentes a la utilización de dicha información, los datos biométricos —definidos en el apartado 13 del artículo 3 como aquellos «datos personales obtenidos a partir de un tratamiento técnico específico, relativos a las características físicas, fisiológicas o de conducta de una persona física que permitan o confirmen la identificación única de dicha persona, como imágenes faciales o datos dactiloscópicos»[33]— se incluyen en el ámbito de aplicación operativo del artículo 10, que establece requisitos de tratamiento adicionales a los impuestos por las disposiciones anteriores: si para la generalidad de los datos personales el tratamiento correspondiente debe responder, sobre la base de las disposiciones combinadas de los artículos 4, 8 y 9, a los principios de licitud y finalidad, respecto de los datos (más) sensibles, entre los que se encuentran, precisamente, los biométricos, se exige el cumplimiento (también) de los cánones de legalidad (el tratamiento debe estar «autoriz[ado][por] el Derecho de la Unión o del Estado miembro») y estricta necesidad («solo se permitirá cuando sea estrictamente necesario») y la introducción de salvaguardias adecuadas para los derechos y libertades del interesado que contrapesen tal injerencia.

Detrás de este régimen «reforzado» de protecciones no es difícil discernir la intención de garantizar, con referencia a esta categoría específica de datos personales, el pleno cumplimiento de ese principio de proporcionalidad que debe ser la brújula de cualquier restricción de un derecho fundamental[34]: de hecho, el artículo 52 CDFUE afirma —haciéndose eco de lo consagrado en el artículo 8 § 2 CEDH— que «[c]ualquier limitación del ejercicio de los derechos y libertades reconocidos por la presente Carta

33. En línea con lo destacado en relación con la jurisprudencia del TEDH, respecto a las fotografías, el Reglamento 2016/679/UE, en su considerando 51, establece que el correspondiente tratamiento «no debe considerarse sistemáticamente tratamiento de categorías especiales de datos personales, pues únicamente se encuentran comprendidas en la definición de datos biométricos cuando el hecho de ser tratadas con medios técnicos específicos permita la identificación o la autenticación unívocas de una persona física».
34. Sobre el principio de proporcionalidad véase, con diferentes matices, BELVINI, Lorenzo, *Principio di proporzionalità e attività investigativa*, ESI, Napoli, 2022, pp. 7-81; SCOMPARIN, Laura y CABIALE, Andrea, «The Proportionality Test in Directive 2014/41/EU: Present and Future of a Fundamental Principle», en *Eurojus*, núm. 2, 2022, p. 72 ss.; NICOLICCHIA, Fabio, *I controlli occulti e continuativi come categoria probatoria*, Cedam, Milano, 2020, pp. 107 ss.; NEGRI, Daniele, «Compressione dei diritti di

deberá ser establecida por la ley y respetar el contenido esencial de dichos derechos y libertades. Dentro del respeto del principio de proporcionalidad, sólo podrán introducirse limitaciones cuando sean necesarias y respondan efectivamente a objetivos de interés general reconocidos por la Unión o a la necesidad de protección de los derechos y libertades de los demás».

Así lo confirma hoy una reciente decisión del TJUE, que ofrece además interesantes puntualizaciones sobre el sentido que debe atribuirse a determinadas disposiciones del artículo 10 de la Directiva que no son precisamente cristalinas.

Se trata de la sentencia en el asunto C-205/21[35], en la que el Tribunal de Luxemburgo debía pronunciarse sobre la compatibilidad con la Directiva de la legislación búlgara en la medida en que ésta prevé, como norma general, la toma de fotografías para el archivo, la toma de huellas dactilares y la toma de muestras para el análisis de ADN respecto de todas las personas acusadas de una infracción penal sancionable de oficio[36].

Más concretamente, una primera cuestión se refería a las características que debe tener la fuente jurídica que prevé dicho tratamiento.

A este respecto, resulta de gran interés el pasaje de la decisión en el que se señala que el significado de la expresión «el tratamiento debe estar autorizado por el Derecho de la Unión o de los Estados miembros» debe «determinarse a la luz» del artículo 52, apartado 1, CDFUE, según el cual las limitaciones al ejercicio de un derecho fundamental deben estar «establecida por la ley»[37].

---

libertà e principio di proporzionalità davanti alle sfide del processo penale contemporáneo», en *Rivista italiana di diritto e procedura penale,* 2020, pp. 3 ss.; ARMENTA DEU, Teresa, «Orden europea de investigación y exclusión probatoria. Admisibilidad, impugnación y denegación en el estado de enjuiciamiento en el de ejecución cuando se aprecie vulneración de un derecho fundamental», en GONZALEZ CANO, María Isabel (dir.), Orden europea de investigación y prueba transfronteriza en la Unión Europea, Tirant lo Blanch, Valencia, 2019, pp. 783; DANIELE, Marcello, «I chiaroscuri dell'OEI e la bussola della proporzionalità», en KOSTORIS, Roberto Edoardo y DANIELE, Marcello (eds.), L*'ordine europeo di indagine penale. Il nuovo volto della raccolta transnazionale delle prove nel d.lgs. n. 108 del 2017,* Giappichelli, Torino, 2018, pp. 58 ss.; CAIANIELLO, Michele, «Il principio di proporzionalità nel procedimento penale», en *Diritto penale contemporáneo - Rivista trimestrale,* núm. 3-4, 2014, pp. 144 ss.; ORLANDI, Renzo, «La riforma del processo penale fra correzioni strutturali e tutela "progressiva" dei diritti fondamentali», en *Rivista italiana di diritto e procedura penale,* 2014, pp. 1156 ss.; GONZÁLEZ-CUÉLLAR SERRANO, Nicolás, *Proporcionalidad y derechos fundamentales en el proceso penal,* Colex, Madrid, 1990, *passim.*

35. TJUE, 26 de enero de 2023, *V.S.*, asunto C-205/21.
36. TJUE, 26 de enero de 2023, *V.S.*, cit., § 64.
37. En particular, se consideran las sentencias TEDH, 2 de agosto de 1984, *Malone c. Reino Unido,* § 67, y TEDH, 12 de enero de 2010, *Gillan y Quinton c. Reino Unido,* § 77

En consonancia con la jurisprudencia del Tribunal de Estrasburgo[38], se precisa a continuación que esta exigencia no se refiere (únicamente) a la naturaleza de la fuente normativa, sino (también y) sobre todo a su calidad: en efecto, la base jurídica que autoriza la limitación del derecho fundamental en cuestión debe definir el alcance de dicha limitación de forma suficientemente clara y precisa para evitar injerencias arbitrarias por parte de la autoridad.

En definitiva, es indiferente que sea el acto por el que se transpone la Directiva a nivel nacional u otra normativa como la reguladora del proceso penal, incluso preexistente, la que autorice el tratamiento, pero en todo caso es necesario que dicha fuente reúna las características que garanticen la seguridad jurídica y, por tanto, que «los interesados y los órganos jurisdiccionales competentes» estén en condiciones de poder «determinar con precisión en particular, las condiciones en las que puede tener lugar ese tratamiento y los objetivos que puede satisfacer legalmente»[39].

Los argumentos relativos a los contornos de la exigencia de estricta necesidad también merecen atención.

A este respecto, el Tribunal pasa del considerando 37 a precisar, con carácter preliminar, que la *ratio* del artículo 10 es garantizar una «mayor protección» de los datos especialmente sensibles.

De ahí la convicción de que esta disposición impone condiciones «reforzadas» en comparación con las señaladas, en general, por el artículo 8 directiva. A este respecto, el tratamiento no sólo debe perseguir un objetivo legítimo y resultar adecuado para su consecución, sino que también requiere, por una parte, que sea el menos intrusivo de los medios disponibles y, por otra, que dicho objetivo sea de tal relevancia que pueda sopesarse con la especial gravedad de la injerencia[40].

Así, desde el primer punto de vista, se exige que el objetivo perseguido no pueda alcanzarse recurriendo a categorías de datos que no estén comprendidas en las del artículo 10: en el presente caso las del «estado civil», cuya obtención podría ser «por sí sola» suficiente[41].

En segundo lugar, se subraya que la noción de «delito doloso perseguible de oficio» no garantiza que se persiga un delito suficientemente grave. Y el hecho de que ya deba haberse formulado formalmente una acusación

38. TJUE, 26 de enero de 2023, *V.S.*, cit., § 65.
39. TJUE, 26 de enero de 2023, V.S., cit., § 66.
40. TJUE, 26 de enero de 2023, V.S., cit., §§ 116 y 117.
41. TJUE, 26 de enero de 2023, V.S., cit., § 133.

contra el interesado, como también establece la legislación búlgara, no acredita por sí mismo la necesidad de la obtención de sus datos biométricos en relación con el procedimiento penal en curso o con cualquier otro procedimiento que pueda haberse incoado[42].

Incluso a la luz de estas especificaciones, es evidente que las disposiciones de los artículos 349 o 189 c.p.p. y de los artículos 373, 588 quinquies a) o 741 LECrim —que, por lo demás, no han sufrido modificación alguna tras la introducción por Italia y España de sus respectivas normativas de transposición de la Directiva[43]— son a lo sumo adecuadas para identificar los fines de dicho tratamiento, mientras que, al no identificar los casos y la modalidad en que puede tener lugar, permiten su uso desproporcionado.

Baste decir que, mediante el recurso a tales disposiciones, los sistemas automatizados de reconocimiento facial podrían utilizarse para cualquier tipo de delito y sin tener que ofrecer justificación alguna en cuanto a la imposibilidad de lograr el mismo fin perseguido recurriendo a métodos menos aflictivos.

Por lo tanto, al invocar su aplicabilidad no sólo se acaba haciendo caso omiso de los requisitos de la Directiva, sino que también (y sobre todo) se eluden los límites impuestos por la CDFUE.

V. RAZONES Y PERSPECTIVAS DE UN ULTERIOR INCREMENTO DEL ESTÁNDAR DE GARANTÍA

Una representación plástica de las características que debería tener una disposición destinada a permitir el reconocimiento facial automatizado en el proceso penal para ser realmente respetuosa con los artículos 8 apartado 2 CEDH y los artículos 8 y 52 apartado 1 CDFUE la ofrece hoy la famosa propuesta de reglamento sobre inteligencia artificial del COM (2021) 206 *final*.

En concreto, la letra d) del apartado 1 del artículo 5 de la propuesta establece, en primer lugar, la prohibición general del uso con fines policiales de sistemas de identificación biométrica en tiempo real en lugares accesibles al público.

Las posibles excepciones se limitan *ab origine* a las hipótesis contempladas en la misma disposición cuando sea «estrictamente necesario para alcanzar», «la detección, la localización, la identificación o el enjuiciamiento

42. TJUE, 26 de enero de 2023, V.S., cit., § 130.
43. En este sentido, se alude al Decreto Legislativo 51/2018, de 18 de mayo, y a la LO 7/2021, de 26 de mayo, que en esencia se limitan a replicar el contenido de la Directiva.

de la persona que ha cometido o se sospecha que ha cometido alguno de los delitos» incluidos en las 32 categorías contempladas en la Decisión marco 2002/584/CE por la que se establece la orden de detención europea, y siempre que, con arreglo al Derecho nacional, dichos delitos sean punibles en el Estado miembro de que se trate con «una pena o una medida de seguridad privativas de libertad cuya duración máxima sea al menos de tres años».

En el siguiente apartado 2, se añade que la utilización de los sistemas en cuestión también deberá calibrarse en función de la «naturaleza de la situación», así como de las «consecuencias» que puedan derivarse «para los derechos y libertades de todas las personas afectadas», teniendo especialmente en cuenta, en el primer caso, la «gravedad», la «probabilidad» y la «magnitud» del perjuicio causado por la no utilización del sistema (letra a) y, en el segundo caso, la «gravedad», la «probabilidad» y la «magnitud» de las consecuencias mencionadas (letra b).

Por tanto, se trata de una doble evaluación de abstracta proporcionalidad: la primera, realizada a nivel de la Unión Europea, la segunda, que corresponderá a cada ordenamiento jurídico nacional declinar con «normas detalladas» en la medida en que decida permitir el recurso a los *software* en cuestión (apartado 4).

Pero hay más. En efecto, junto a las condiciones que acaban de examinarse, la propuesta impone otro requisito que dista mucho de ser trivial: toda utilización de las tecnologías en cuestión debe ir precedida de la concesión de una autorización por parte de una autoridad judicial del Estado miembro, expedida tras una solicitud motivada y de conformidad con las normas nacionales detalladas antes mencionadas. En particular, la necesidad y proporcionalidad de la medida en relación con al menos uno de los fines permitidos deben establecerse sobre la base de «pruebas objetivas» o «indicios claros». La única hipótesis en la que puede prescindirse de la autorización se refiere a posibles situaciones de urgencia, sin perjuicio, no obstante, de la obligación de obtener una validación (apartado 3).

Reflexionando sobre este último requisito, se observa, en primer lugar, que la propuesta marcaría así un *upgrade* en términos de salvaguardas en comparación con lo que exige la Directiva 2016/680/UE, que, como se ha visto, no prevé una reserva de jurisdicción.

Además, la ausencia de tal reserva toca uno de los *«nervios en carne viva»* de la legislación de la UE en materia de protección de datos. Téngase en cuenta que, durante los trabajos preparatorios que precedieron a la adopción de la Decisión marco 2008/977/JAI, que —como es bien sabido—

constituye la precursora de la citada Directiva, el Parlamento Europeo subrayó la importancia de prever un control judicial previo precisamente en relación con el tratamiento de datos sensibles[44].

En segundo lugar, la previsión de la necesidad de pasar por el control previo de un órgano judicial tendría también la ventaja de cristalizar a nivel normativo lo que sólo se afirmaba jurisprudencialmente y, por tanto, susceptible de ser cuestionado por un siempre posible *revirement*.

Intentemos explicarlo mejor. Como efectivamente ha señalado la doctrina, aunque el artículo 8 CDFUE proporciona «una protección bastante avanzada», presenta un «problema, sin embargo, (no pequeño) consistente», precisamente, «en la falta de una clara reserva de jurisdicción»: es «cierto que el Tribunal de Justicia ha vinculado en varios casos el artículo 8 a la necesidad de intervención de una autoridad judicial», «pero no hay que olvidar que la jurisprudencia representa un formante "fluido"»[45].

Una demostración de la absoluta actualidad de esta última observación es la propia sentencia a la que acabamos de referirnos. En efecto, en el marco de la misma remisión prejudicial que dio lugar a dicha decisión, el juez búlgaro cuestionó la legitimidad de su propia legislación que, si bien prevé, en caso de falta de consentimiento por parte del sospechoso, la intervención previa del tribunal, no obstante reduce a este último a un mero «tramitadores de papeles», en la medida en que no está autorizado a realizar ninguna evaluación de los fundamentos de la acusación que, como hemos dicho, es el requisito previo para legitimar la recogida de muestras biométricas[46].

44. A este respecto v. DI PAOLO, Gabriella, «La circolazione dei dati nello spazio giudiziario europeo dopo Prüm», en *Cassazione penale*, 2010, p. 1984 y, *si licet*, BORGIA, Gianluca, «Il trattamento di dati personali a fini di prevenzione, di indagine, di accertamento e di perseguimento di reati o di esecuzione di sanzioni penali: quali passi avanti alla luce dei recenti sviluppi?», en MANTELERO, Alessandro y POLETTI, Dianora (dir.), *Regolare la tecnologia: il Reg. UE 2016/679 e la protezione dei dati personali. Un dialogo fra Italia e Spagna*, Pisa University Press, Pisa, 2018, p. 499

45. GIALUZ, Mitja, «Intelligenza artificiale e diritti fondamentali in ambito probatorio», cit., pp. 57 ss. (traducción nuestra), que, a modo de ejemplo, recuerda las decisiones TJUE, 8 de abril de 2014, *Digital Rights Ireland Ltd.*, asuntos C-293/12 e C-594/12 y TJUE, 2 de marzo de 2021, *H.K.*, asunto C-746/18.

46. Este es el tenor exacto de la pregunta formulada al Tribunal: «¿Es compatible con el artículo 6, letra a), de la Directiva 2016/680, en relación con el artículo 48 de la (CDFUE), una ley nacional —artículo 68, apartado 4, de la *zakon sa Ministerstvo na vatreshnite raboti* (Ley del Ministerio del Interior —DV n.º 53, de 27 de junio de 2014) — que establece la obligación de que el tribunal ordene recabar forzosamente datos

Aquí, como ocurre a menudo, el Tribunal «juega» con los errores cometidos en la formulación de la cuestión por los órganos jurisdiccionales nacionales para no pronunciarse o, en todo caso, aplazar la toma de posición sobre un aspecto que podría tener repercusiones considerables en varios Estados miembros.

Así, se pasa de las condiciones impuestas por los artículos 8 y 52 CDFUE por limitar el derecho a la protección de datos personales, a la tutela judicial que debe ofrecerse en virtud del artículo 47 CDFUE a todos aquellos que consideren que han sufrido una violación injusta de un derecho, incluido, por tanto, el derecho en cuestión.

Desde este punto de vista, se afirma que «el hecho de sustraer temporalmente al control del juez la valoración de las pruebas en las que se basa la imputación formal del interesado y, por tanto, la recogida de sus datos biométricos y genéticos, puede resultar justificado durante la fase preliminar» ante el riesgo de que este cumplimiento ralentice la investigación, siempre que, luego, en el curso del juicio, se reconozca la posibilidad de cuestionar esa base probatoria[47].

Ahora bien, planteada en estos términos, la cuestión se expone a un doble orden de objeciones.

En primer lugar, podría abordarse mediante el mecanismo de la validación, concebido para operar precisamente cuando, por razones de necesidad y urgencia, no es posible esperar la autorización judicial previa.

En segundo lugar, la tutela judicial, garantía que —en el sentido que aquí le atribuye el Tribunal de Justicia— tiene una connotación fuertemente subjetiva, ciertamente no puede sustituir a la reserva judicial, que en cambio se caracteriza por rasgos eminentemente objetivos[48].

En efecto, mientras la primera tiene por objeto remediar la lesión de un derecho, la segunda pretende más bien evitar que tal lesión se produzca

personales (realización de fotografías de identificación, toma de huellas dactilares y obtención de muestras para la elaboración de un perfil de ADN) cuando una persona investigada por un delito público doloso se niega a colaborar voluntariamente en la obtención de dichos datos personales, sin que el tribunal pueda apreciar si existen motivos fundados para presumir que la persona ha cometido la infracción penal por la que es investigado?».

47. TJUE, 26 de enero de 2023, *V.S.*, cit., § 100.

48. Para una visión general sobre el tema, *cfr.* ALLEGREZZA, Sílvia, «Judicial Review as a Fundamental Right: Article 47 of Charter», en EAD. y COVOLO, Valentina (dirs.), *Effective Defence Rights in Criminal Proceedings. A European and Comparative Study on Judicial Remedies*, Cedam, Milano, 2018, pp. 97 ss.; y también desde la perspectiva de

mediante la intervención —precisamente— *ex ante* del único órgano dotado de los requisitos de independencia e imparcialidad.

Por no hablar de que, cuando se deniega la autorización previa, se protege al acusado de cualquier intento posterior de asignar valor probatorio a los resultados de las operaciones, a la luz de la equidad general del proceso[49].

En honor a la verdad, cabe señalar que aún no se ha dicho la última palabra: en efecto, el propio juez búlgaro, evidentemente insatisfecho con la respuesta ofrecida por el Juez luxemburgués, ha propuesto una nueva remisión prejudicial, cuyo tenor no parece ofrecer margen alguno para eludir o «desplazar» el enfoque[50].

Sin embargo, independientemente de cuál sea el resultado de este segundo asunto, el caso no puede sino hacer reflexionar sobre hasta qué punto el planteamiento del Tribunal de Justicia puede cambiar repentinamente o, en cualquier caso, variar sobre la base de un método casuístico.

Pues bien, una intervención como la prevista por la propuesta de Reglamento pondría fin a toda incertidumbre. Por lo tanto, cabe esperar no sólo que esta propuesta se apruebe pronto, sino también que se tome como modelo para la introducción de normativas *ad hoc* también para técnicas de identificación distintas de las que operan en tiempo real.

En resumen, y en última instancia, en palabras de un ilustre estudioso, ha llegado el momento de «pasar a la acción normativa»[51].

---

los sistemas español e italiano, respectivamente, ARMENTA, Teresa, OROMÍ, Susanna, PEREIRA, Sílvia y ALDAY, Fernando, «Spain», en ALLEGREZZA, Sílvia y COVOLO, Valentina (dirs.), *Effective Defence Rights in Criminal Proceedings.*, pp. 431 ss. y GIALUZ, Mitja, «Il diritto alla giurisdizione dell'imputato e della vittima tra spinte europee e carenze dell'ordinamento italiano», en *Rivista italiana di diritto e procedura penale*, 2019, pp. 75 ss.

49. La expresión recuerda el conocido criterio de evaluación identificado por el TEDH, sobre el que v. SÁNCHEZ YLLERA, Ignacio, «La aparente irrelevancia de la prueba ilícita en la jurisprudencia del Tribunal Europeo de Derecho Humanos», en *Teoría y derecho*, núm. 14, 2013, pp. 231 ss.

50. *Cfr.* Petición de decisión prejudicial, asunto C-80/23 (fecha de presentación: 14 de febrero de 2023).

51. GASCÓN INCHAUSTI, Fernando, «Eficiencia procesal y sistema de inteligencia artificial: la necesidad de pasar a la acción normativa», en PEREIRA PUIGVERT, Sílvia y PESQUEIRA ZAMORA, María Jesús (dirs.), *Modernización, eficiencia y aceleración del proceso*, cit., pp. 39 ss.

BIBLIOGRAFÍA

ALVARADO URÍZAR, Agustina, *Teoría jurídica de la regla de exclusión de prueba ilícita. Inutilizabilidad e ineficacia de la prueba: diálogo italo-español,* Milano 2017, (Tesis doctoral dirigida por el Profesor Luca Lupária Donati y por la Profesora Teresa Armenta Deu).

ALLEGREZZA, Sílvia, «Giustizia penale e diritto all'autodetrminazione dei dati personali nella regione europea», en NEGRI, Daniele (dir.), *Protezione dei dati personali e accertamento penale. Verso la creazione di un nuovo diritto fondamentale?*, Aracne, Roma, 2007, p. 59.

– «Judicial Review as a Fundamental Right: Article 47 of Charter», en EAD., COVOLO, Valentina (dirs.), *Effective Defence Rights in Criminal Proceedings. A European and Comparative Study on Judicial Remedies,* Cedam, Milano, 2018, p. 97.

ARMENTA DEU, Teresa, «Orden europea de investigación y exclusión probatoria. Admisibilidad, impugnación y denegación en el estado de enjuiciamientoo en el de ejecución cuando se aprecie vulneración de un derecho fundamental», en GONZALEZ CANO, María Isabel (dir.), *Orden europea de investigación y prueba transfronteriza en la Unión Europea,* Tirant lo Blanch, Valencia, 2019, p. 767.

ARMENTA, Teresa, OROMÍ, Susanna, PEREIRA, Sílvia y ALDAY, Fernando, «Spain», en ALLEGREZZA, Sílvia y COVOLO, Valentina (dirs.), *Effective Defence Rights in Criminal Proceedings. A European and Comparative Study on Judicial Remedies,* Cedam, Milano, 2018, p. 431.

BELVINI, Lorenzo, *Principio di proporzionalità e attività investigativa,* ESI, Napoli, 2022.

BORGIA, Gianluca, «Il trattamento di dati personali a fini di prevenzione, di indagine, di accertamento e di perseguimento di reati o di esecuzione di sanzioni penali: quali passi avanti alla luce dei recenti sviluppi?», en MANTELERO, Alessandro y POLETTI, Dianora (dir.), *Regolare la tecnologia: il Reg. UE 2016/679 e la protezione dei dati personali. Un dialogo fra Italia e Spagna,* Pisa University Press, Pisa, 2018, p. 495.

– «Profili sistematici delle tecnologie di riconoscimento facciale automatizzato, anche alla luce dei futuribili sviluppi normativi sul fronte eurounitario», en *Legislazione penale (web),* 11 de diciembre 2021.

BORGIA, Gianluca, «Reconocimiento facial automatizado y derechos fundamentales en el proceso penal: entre las experiencias nacionales y la perspectiva de la Unión Europea», en PEREIRA PUIGVERT, Sílvia y PESQUEIRA ZAMORA, María Jesús (dirs.), *Modernización, eficiencia y aceleración del proceso*, Aranzadi, Cizur Menor, 2022, p. 175.

BUENO DE MATA, Federico, «Biometría e investigación criminal», en *Revista Eletrônica de Direito Processual*, núm. 3(21), 2020, p. 121.

CAIANIELLO, Michele, «Il principio di proporzionalità nel procedimento penale», en *Diritto penale contemporáneo – Rivista trimestrale*, núm. 3-4, 2014, p. 144.

– «L'ammissione della prova scientifica nel processo italiano», en CANZIO, Giovanni y LUPÁRIA DONATI, Luca (dirs.), *Prova scientifica e processo penale*, Cedam, Milano, II ed., 2022, p. 189.

CAPRIOLI, Francesco, «La scienza "cattiva maestra": le insidie della prova scientifica nel processo penale», en *Cassazione penale*, 2008, p. 3520.

CARNEVALE, Stefania, «Autodeterminazione informativa e processo penale: le coordinate costituzionali», en NEGRI, Daniele (dir.), *Protezione dei dati personali e accertamento penale. Verso la creazione di un nuovo diritto fondamentale?*, Aracne, Roma, 2007, p. 3.

CONTI, Carlotta, *Accertamento del fatto e inutilizzabilità nel processo penale*, Cedam, Padova, 2007.

CHAMPOD, Christophe y TISTARELLI, Massimo, «Biometric Technologies for Forensic Science and Policing: State of the Art», en TISTARELLI, Massimo y CHAMPOD, Christophe (dirs.), *Handbook of Biometrics for Forensic Science*, Springer, Cham, 2017, p. 1.

DANIELE, Marcello, «I chiaroscuri dell'OEI e la bussola della proporzionalità», en KOSTORIS, Roberto Edoardo y DANIELE, Marcello (eds.), *L'ordine europeo di indagine penale. Il nuovo volto della raccolta transnazionale delle prove nel d.lgs. n. 108 del 2017*, Giappichelli, Torino, 2018, p. 55.

DELLA TORRE, Jacopo, «Novità dal Regno Unito: il riconoscimento facciale supera il vaglio della *High Court of Justice*», en *Diritto penale contemporaneo - Rivista trimestrale*, núm. 1, 2020, p. 231.

– «Tecnologie di riconoscimento facciale e procedimento penale», en *Rivista italiana di diritto e procedura penale*, 2022, p. 1057.

DINACCI, Filippo Raffaele, «Intelligenza artificiale tra quantistica matematica e razionalismo critico: la necessaria tutela di approdi euristici», en Processo penale e giustizia, 2022, p. 1626.

DI PAOLO, Gabriella, «La circolazione dei dati nello spazio giudiziario europeo dopo Prüm», en *Cassazione penale*, 2010, p. 1969.

DOMINIONI, Oreste, *La prova penale scientifica*, Giuffrè, Milano, 2005.

FRUCTUOSO FREIRE MONTERO, Antón, «El reconocimiento facial como instrumento de investigación y prevención del delito», en *Anuario da Facultade de Dereito da Universidade da Coruña*, 2022, p. 64.

GALGANI, Benedetta, «Giudizio penale, *habeas data* e garanzie fondamentali», en *Archivio penale (web)*, 8 de febrero de 2019.

GASCÓN INCHAUSTI, Fernando, «Eficiencia procesal y sistema de inteligencia artificial: la necesidad de pasar a la acción normativa», en PEREIRA PUIGVERT, Sílvia y PESQUEIRA ZAMORA, María Jesús (dirs.), *Modernización, eficiencia y aceleración del proceso*, Aranzadi, Cizur Menor, 2022, p. 39.

GIALUZ, Mitja, «Il diritto alla giurisdizione dell'imputato e della vittima tra spinte europee e carenze dell'ordinamento italiano», en *Rivista italiana di diritto e procedura penale*, 2019, p. 75.

– «Intelligenza artificiale e diritti fondamentali in ambito probatorio», en *Giurisdizione penale, intelligenza artificiale ed etica del giudizio*, Giuffrè, Milano, 2021, p. 51.

GONZÁLEZ-CUÉLLAR SERRANO, Nicolás, *Proporcionalidad y derechos fundamentales en el proceso penal*, Colex, Madrid, 1990.

LÓPEZ, Rita, «Riconoscimento facciale tramite *software* e individuazione del sospettato», en SCALFATI, Adolfo (dir.), *Le Pre- investigazioni*, Giappichelli, Torino 2020, p. 295.

LUPÁRIA DONATI, Luca, «*Privacy*, diritti della persona e proceso penale», en *Diritto penale e processo*, 2019, p. 1448.

MARCIANTE, Manfredi, «La Corte Europea sulla raccolta e conservazione dei dati biometrici a tempo indeterminato», en *Giurisprudenza italiana*, 2020, p. 529.

NEGRI, Daniele, «Compressione dei diritti di libertà e principio di proporzionalità davanti alle sfide del processo penale contemporáneo», en *Rivista italiana di diritto e procedura penale,* 2020, p. 3.

NERONI REZENDE, Isadora, «Facial recognition in police hands: Assessing the "Claerview case" from a European perspective», en *New Journal of European Criminal Law,* 2020, núm. 3(11), p. 375.

NICOLICCHIA, Fabio, *I controlli occulti e continuativi come categoria probatoria,* Cedam, Milano, 2020.

ORLANDI, Renzo, «La riforma del processo penale fra correzioni strutturali e tutela "progressiva" dei diritti fondamentali», en *Rivista italiana di diritto e procedura penale,* 2014, p. 1133.

ORTIZ PRADILLO, Juan Carlos, «Big Data, vigilancias policiales y geolocalización: nuevas dimensiones de los derechos fundamentales en el proceso penal», en *Diario La Ley,* núm. 9955, Sección Doctrina, 18 de noviembre de 2021.

PÉREZ ESTRADA, Miren Josune, «La inteligencia artificial como prueba científica en el proceso penal español», en *Revista Brasileira de Direito Processual Penal,* núm. 2(7), 2021, p. 1385.

SACCHETTO, Ernestina, «Face to face: il complesso rapporto tra *automated facial recognition technology* e processo penale», en *Legislazione penale (web),* 16 de octubre de 2020.

– «Spunti per una riflessione sul rapporto fra biometria e processo penale», en *Diritto penale contemporaneo - Rivista trimestrale,* núm. 2, 2019, p. 465.

SÁNCHEZ YLLERA, Ignacio, «La aparente irrelevancia de la prueba ilícita en la jurisprudencia del Tribunal Europeo de Derecho Humanos», en *Teoría y derecho,* núm. 14, 2013, p. 231.

SCOMPARIN, Laura y CABIALE, Andrea, «The Proportionality Test in Directive 2014/41/EU: Present and Future of a Fundamental Principle», en *Eurojus,* núm. 2, 2022, p. 72 ss.

SMITH, Marcus y MILLER, Seumas, *Biometric Identification, Law and Ethics,* Springer, Cham, 2021.

TORRE, Marco, «Nuove tecnologie e trattamento dei dati personali nel processo penale», in *Diritto penale e processo,* 2021, p. 1042.

TRIGGIANI, Nicola, «Le videoriprese investigative e l'uso dei droni», en SCALFATI, Adolfo (dir.), *Le investigazioni atipiche,* II ed., Giappichelli, Torino, 2019, p. 161.

UBERTIS, Giulio, «La prova scientifica e la nottola di Minerva», en *Argomenti di procedura penale,* vol. II, Giuffrè, Milano, 2006.

17

Problemática relativa a la conservación de E-evidence

ELISABET CUETO SANTA EUGENIA
Profesora Ayudante Doctora de Derecho Procesal en la Universidad Pontificia Comillas (Facultad de Derecho, ICADE)

1. CONCEPTO DE PRUEBA ELECTRÓNICA Y SU CONTEXTO

1.1. LA DIGITALIZACIÓN Y EL AUGE DE LA PRUEBA ELECTRÓNICA TRANSFRONTERIZA

En la actualidad el mundo está experimentando un constante proceso de cambio, y las nuevas tecnologías están desempeñando un papel cada vez más importante en nuestra vida diaria. Estas tecnologías se han vuelto comunes en diversos aspectos como el trabajo, la educación, el entretenimiento, la comunicación y las interacciones sociales. Podría decirse que la digitalización está remodelando la manera en que las personas se conectan entre sí y con su entorno, y esto incluye la forma en que funciona el sistema legal tanto a nivel local como global.

Dentro del campo jurídico, la digitalización ha tenido un impacto notable tanto en la manera en que se llevan a cabo los procedimientos legales, como se pudo observar en las audiencias virtuales durante la pandemia[1], así como en la simplificación de ciertos trámites, lo que ha llevado a una reducción en el tiempo y los costos relacionados con la documentación en papel. Además, recientemente ha surgido la posibilidad de presentar pruebas electrónicas en los procesos legales. Sin embargo, no hay un consenso claro entre los expertos en cuanto a la definición precisa de lo que implica la prueba electrónica[2]. En este sentido, resulta necesario explorar las diferentes interpretaciones del término «prueba electrónica», con el objetivo de luego analizar las herramientas de colaboración procesal que existen y las dificultades que presenta conservar este tipo de pruebas.

La prueba electrónica —a menudo denominada *e-evidence*, debido a la abreviatura del término anglosajón *«electronic evidence»*— es toda aquella información recogida en soporte digital que resulta capaz de aportar evidencias con valor probatorio en un proceso judicial[3]. Esta información electrónica en principio tiene que poder ser sometida al criterio de peritos informáticos, para determinar su autenticidad y ser aportados en un juicio de un modo que su contenido resulte relevante para el caso[4].

Resulta necesario hacer hincapié en que la prueba electrónica es la combinación de dos elementos: un elemento técnico o *hardware* y uno lógico o *software*[5]. Así, podríamos decir que por un lado está el soporte físico de la prueba —que es el continente— y por otro la información guardada en él —que es el contenido— [6]. Aunque en ocasiones el *hardware* puede constituir una fuente de prueba en sí misma —porque lo que interese al caso sea el teléfono, el ordenador o el pendrive en sí mismo debido a cuestiones concretas relativas al caso—, en el presente trabajo, nos dedicaremos a analizar la prueba electrónica pensando en el software o información digital, porque es la que puede perderse, modificarse o quedar almacenada en algún servidor externo a la jurisdicción del tribunal que la precisa. La *e-evidence* entendida como los datos o *software*, engloba diversas entidades tales como correos electrónicos, mensajes de texto, registros de llamadas, archivos de audio, documentos electrónicos, fotografías, grabaciones de video y otros tipos de información digital.

---

1. Esto fue abordado por MARTÍN OSTOS, J., (2020), p. 84.
2. Acerca de las dificultades para definir la prueba electrónica, *vid.* SANJURJO RÍOS, L. (2021), p. 324 y DEPAUW, S. (2017), p. 66.
3. Definición tomada de ORTUÑO NAVALÓN, M. C. (2014), p. 34.
4. *Vid.* BUENO DE MATA, F. (2014), p. 99.
5. *Vid.* BUENO DE MATA, F. (2014), p. 104.
6. *Vid.* ABEL LLUCH, X. y PICÓ I JUNOY, J., (2011), pp. 37 Y 38.

La prueba electrónica en el contexto relevante para el presente estudio se puede clasificar principalmente en dos categorías: en primer lugar, están los datos informáticos que se almacenan en sistemas o dispositivos informáticos y en segundo lugar se encuentran los datos que se envían utilizando medios de comunicación electrónica, como correos electrónicos u otras aplicaciones de mensajería instantánea. Esta distinción adquiere relevancia en relación con el tema abordado, ya que cuando los sistemas y servidores informáticos en los cuales se guarda la prueba están ubicados fuera de la jurisdicción del tribunal que los necesita, la cooperación judicial internacional se vuelve esencial[7].

De este modo, a lo largo del presente trabajo entenderemos la prueba electrónica como el elemento lógico o software y abordaremos la importancia de evitar que estos datos se vean dañados o modificados y las complicaciones relativas a su conservación, especialmente en los casos en los que están almacenados en un servidor cuya jurisdicción excede la del tribunal que está enjuiciando el asunto —porque en esos casos en los que se hace patente la importancia de cooperar a nivel internacional para conservar y entregar información y datos digitales que constituyen prueba electrónica—.

1.2. DIFICULTADES PARA CONSERVAR *E-EVIDENCE*

A la hora de abordar la complejidad inherente a la cadena de custodia de pruebas electrónicas, resulta importante velar por que se adopten las precauciones necesarias para que las fuentes de prueba se conserven en el mismo estado en el que fueron aportadas para su incorporación al proceso[8]. Lograr que las pruebas no sufran modificaciones o manipulaciones, resulta especialmente complejo en los casos de *e-evidence* debido a la naturaleza de este tipo de prueba, porque están compuestas por datos y archivos almacenados en dispositivos y eso los hace inherentemente más susceptibles a la modificación o manipulación que los objetos físicos, que por lo general requieren un esfuerzo físico considerable para ser alterados[9].

La custodia de pruebas físicas, en contraposición con la *e-evidence*, consiste en conservar los objetos, elementos o documentos en algún lugar de forma diligente hasta la celebración de la vista en la que todas las pruebas sean practicadas. La custodia de *e-evidence* es mucho más compleja porque la prueba digital no se presenta necesariamente de forma material —ya que

7. Al respecto, *vid.* FONTESTAD PORTALES, L. (2022), p. 79 y ss.
8. *Vid.* ORTUÑO NAVALÓN, M. C. (2014), p. 102.
9. Acerca de esta complejidad en la preservación de e-evidence, *vid.* SANJURJO RÍOS, L. (2021), p. 327.

su naturaleza electrónica implica que su soporte en principio no sea necesariamente físico—. Muchas pruebas electrónicas se almacenan en servidores en línea o en dispositivos que pueden ser accesibles de forma remota a través de internet. Esto crea la posibilidad de que personas no autorizadas intenten acceder y modificar estos datos desde cualquier lugar del mundo. Además, existen diversas herramientas y software disponibles que facilitan la edición y manipulación de datos electrónicos, permitiendo que los usuarios puedan modificar documentos, imágenes, correos electrónicos y otros tipos de elementos que pueden constituir prueba electrónica.

Uno de los desafíos más evidentes a la hora de conservar *e-evidence* es la rápida obsolescencia de los medios de almacenamiento y formatos de archivo. Los dispositivos y sistemas informáticos utilizados para conservar y presentar pruebas electrónicas pueden volverse obsoletos en un corto período de tiempo[10]. Esto puede resultar en dificultades para acceder a la prueba almacenada en formatos más antiguos o incompatibles con las tecnologías actuales. Los archivos que una vez fueron fácilmente accesibles podrían convertirse en «archivos cerrados» debido a la falta de hardware o software compatible. Además, la obsolescencia tecnológica puede afectar la autenticidad y la integridad de la prueba electrónica. A medida que los sistemas y los formatos cambian, existe un riesgo inherente de que los datos electrónicos puedan dañarse, corromperse o alterarse.

Independientemente de la obsolescencia de los medios, lo cierto es que los datos informáticos pueden resultar alterados con facilidad, amén de que en ocasiones los servidores online dejan de funcionar y cabe la posibilidad de que los datos desaparezcan. Este asunto resulta un problema claro en relación con la conservación de *e-evidence*. Para evitar que los datos informáticos relevantes para un caso desaparezcan, es imprescindible adoptar las medidas necesarias para que las fuentes probatorias —especialmente aquellas que se encuentran disponibles en alguna web y no están almacenadas en un servidor accesible para quienes precisan aportarla a la causa—, no sean eliminadas ni modificadas. Este tipo de medidas a menudo implican la preconstitución procesal de la prueba[11] o su anticipación. A este respecto cabe destacar que la prueba anticipada implica que la práctica probatoria se desarrolle en un momento previo al inicio del juicio oral, mientras que la prueba preconstituida es aquella que, en vez de ser practicada por el órgano enjuiciador, es practicada ante el órgano que está instruyendo el procedimiento[12]. Tanto la preconstitución de la prueba electró-

10. Al respecto, *vid.* ARBÓS Y LLOBET, R. (2011), p. 348 y ss.
11. Al respecto, *vid.* SANJURJO RÍOS, E. I. (2020), p. 204.
12. *Vid.* MUERZA ESPARZA, J. (2016), p. 2.

nica como su práctica anticipada se presentan como posibilidades viables para evitar que la prueba electrónica se vea alterada.

La opción de practicar anticipadamente este tipo de prueba se presenta como alternativa a llevar a cabo otras prácticas que a la larga pueden resultar más conflictivas, como es el caso de aportar pantallazos o impresiones de un texto que originalmente formaba parte de un mensaje electrónico o de una página web —en un intento de que dicha información no desaparezca del servidor, pero suponiendo cierta complejidad después demostrar que efectivamente los mensajes fueron enviados así y no están falseados o modificados— [13].

Aparte de los cambios continuos en la tecnología y el riesgo de manipulación de datos, la preservación de la prueba electrónica también se ve desafiada por las potenciales vulnerabilidades en la seguridad de los sistemas o servidores informáticos donde se almacena la información. Los incidentes de hackeo o ataques cibernéticos pueden poner en riesgo la integridad de los datos almacenados, lo que a su vez puede tener un efecto directo en la pérdida de fuentes de prueba especialmente relevantes para un caso[14].

En estrecha relación con eso, cabe mencionar que en el contexto de europeo existe una regulación para la colaboración entre países contra la ciberdelincuencia (Convenio de Budapest), y que en 2022 se aprobó un segundo protocolo adicional a dicho Convenio, estableciendo una serie medidas procesales para diversos ciberdelitos, de cara a fomentar una cooperación internacional que permita que los distintos Estados firmantes puedan coordinarse a la hora de investigar ciberdelincuencia[15].

En general, el hecho de que este tipo de pruebas estén compuestas por datos y archivos almacenados en dispositivos electrónicos o servidores implica que por lo general son inherentemente más susceptibles a la modificación o manipulación que los objetos físicos, que generalmente requieren un esfuerzo físico considerable para ser alterados. Por medio de una serie

13. Acerca de la complejidad de demostrar la autenticidad de conversaciones mantenidas de forma telemática a la hora de aportar dichas conversaciones como prueba, *vid.* BORGES BLAZQUEZ, R. (2018), p. 536 y ss.
14. En relación con el impacto de la delincuencia informática, *vid.* SÁNCHEZ DOMINGO, M. B. (2014), pp. 235 y ss.
15. *Vid.* Second Additional Protocol to the Convention on Cybercrime on enhanced cooperation and disclosure of electronic evidence, Consejo de Europa, Estrasburgo 12 de mayo de 2022. Página web del Consejo de Europa: https://www.coe.int/en/web/conventions/full-list?module=treaty-detail&treatynum=224, visitada por última vez el 10 de septiembre de 2023.

de herramientas y software los documentos, imágenes, correos electrónicos y otros tipos de prueba digital pueden modificarse de manera relativamente sencilla. Debido a todas esas dificultades que surgen a la hora de conservar prueba electrónica, es importante el hecho de que exista protocolo estandarizado que facilite la custodia y entrega de dichas pruebas sin que estas sean modificadas.

2. INTENTOS DE REGULACIÓN AL RESPECTO

2.1 CONTEXTO EUROPEO Y NORMATIVA PRECEDENTE

La interconexión del mundo en el que vivimos es innegable, dado que las nuevas tecnologías y medios de comunicación no conocen fronteras. Dada dicha interconexión, los procesos en los que se practica prueba electrónica han aumentado exponencialmente[16], y todos los desafíos relacionados con la *e-evidence* han supuesto una preocupación para la Unión Europea que, en el año 2018, elaboró una propuesta de reglamento para incorporar la prueba electrónica[17] dentro de los procedimientos, regulando las órdenes de entrega y conservación de la misma —tal como será abordado en el apartado siguiente—. Dicha propuesta fue aprobada en el pasado mes de julio de 2023 en un reglamento[18] que regula diversas cuestiones relativas a la cooperación judicial internacional en materia penal —desde asuntos relacionados con la conservación de prueba electrónica, que atañen al presente trabajo, hasta cuestiones relativas a la ejecución de penas privativas de libertad a raíz de procesos penales—.

Previo a esta regulación, cabe destacar que la UE ya había dado pasos en materia de cooperación penal internacional por medio de la promulgación de una Directiva relativa a órdenes de investigación[19]. Este tipo de órdenes, consisten en una resolución judicial emitida o validada por una autoridad judicial de un Estado Miembro de la UE para llevar a cabo una o varias medidas de investigación en otro Estado Miembro, con el fin de

16. Al respecto, *vid.* QUICK, D., CHOO, K. K. R, (2014), pp. 273 and ss.
17. Propuesta de Reglamento del Parlamento Europeo y del Consejo sobre las órdenes europeas de entrega y conservación de pruebas electrónicas a efectos de enjuiciamiento penal, disponible en https://eur-lex.europa.eu/legal-content/ES/TXT/?uri=CELEX:52018PC0225, visitada por última vez el 17 de mayo de 2023.
18. Sobre las órdenes europeas de producción y las órdenes europeas de conservación a efectos de prueba electrónica en procesos penales y de ejecución de penas privativas de libertad a raíz de procesos penales.
19. Directiva 2014/41 CE del Parlamento Europeo y del Consejo, de 3 de abril de 2014, relativa a la orden europea de investigación en materia penal.

practicar pruebas para un proceso penal o para obtenerlas cuando estas ya obren en poder de las autoridades competentes[20].

La directiva relativa a las órdenes de investigación europeas establece una serie de estándares que sientan las bases de la cooperación judicial internacional en materia penal dentro de la Unión Europea, como por ejemplo el hecho de que la orden tenga que ser emitida por una autoridad del Estado Miembro o que se tengan que cumplir una serie de requisitos de necesidad, proporcionalidad y la existencia de un caso nacional similar. Esto sirve para que se respeten las jurisdicciones nacionales, a la vez que se crea un clima de confianza entre los distintos Estados Miembros, de cara a promover una cooperación que resulte efectiva.

Además, las órdenes de investigación se establecen de un modo bastante homogéneo en lo que se refiere a la forma de proceder, porque este tipo de órdenes se emiten por medio de un formulario que está normalizado y se traducen a la lengua oficial del Estado miembro de la UE de ejecución o a cualquier otra lengua indicada por dicho Estado miembro[21].

En general, la implementación de la directiva sobre la orden europea de investigación resultó indiscutiblemente beneficiosa dentro de la UE, simplificando y agilizando el proceso de investigación y enjuiciamiento y promoviendo la cooperación internacional, brindando a los tribunales acceso a pruebas que se encuentran fuera de su jurisdicción nacional. Esta herramienta no solo estableció una base para garantizar derechos procesales homogéneos en toda la Unión Europea, sino que también sentó las bases para la colaboración entre los Estados miembros en la lucha contra el delito a nivel transfronterizo.

No obstante, esta normativa se centraba en cuestiones generales de cooperación y no abordaba de manera específica la prueba electrónica. En el contexto actual, donde la *e-evidence* está ganando cada vez más importancia, carecer de una regulación específica al respecto suponía un obstáculo que debía ser subsanado y por eso promulgación del reglamento cuyo contenido se analiza en el presente trabajo es tan relevante.

Antes de analizar las herramientas concretas de conservación y entrega de prueba electrónica propuestas por la UE, resulta imprescindible mencionar que la directiva relativa a las órdenes de investigación no es la única regulación relevante previa a estos instrumentos; sino que, debido a la

20. Al respecto, *vid.* JIMENO BULNES, M. (2016), pp. 151 y ss.
21. Acerca de las particularidades del respeto y reconocimiento mutuo entre Estados Miembros en este sentido, *vid.* GUERRERO PALOMARES, S. (2022), p. 108.

naturaleza de la *e-evidence*, se hace necesario revisar y respetar la regulación relativa a la protección de datos durante la conservación y entrega de este tipo de pruebas[22]. Así, es importante mencionar la existencia de estándares mínimos en materia de protección de datos dentro de la UE —establecidos en una normativa a menudo apodada GDPR debido a sus siglas en inglés, provenientes de las iniciales de las palabras *General Data Protection Regulation*[23]—. Esto es crucial cuando se reúnen pruebas transfronterizas dentro de la Unión Europea (UE) o cuando se trata de datos concernientes a sujetos residentes dentro de la UE[24]. Aunque el respeto a esta normativa GDPR no es una cuestión exclusiva de la prueba electrónica, lo cierto es que esta resulta extremadamente importante siempre que se traten datos sensibles. El hecho de que exista un marco global que regule el tratamiento de datos personales entre los miembros de la UE es clave, no sólo dentro de la Unión Europea, sino también incluso con terceros países[25]. La regulación relativa a la protección de datos tiene que cumplirse cuando se conserven o entreguen pruebas electrónicas[26], y en principio cuando se soliciten datos de un particular se le habrá de informar sin demoras indebidas —aunque cabe mencionar que en ocasiones, de conformidad con el derecho nacional del Estado que emita una orden de producción o conservación, demorar o restringir la información u omitir informar a la persona cuyos datos se solicitan, en la medida y mientras que se esto suponga una medida necesaria y proporcional en una sociedad democrática, teniendo debidamente en cuenta los derechos fundamentales y los intereses legítimos de la persona física afectada, para evitar que se obstaculicen indagaciones, investigaciones o procedimientos oficiales o judiciales; evitar que se cause perjuicio a la prevención, detección, investigación o enjuiciamiento de infracciones penales o a la ejecución de sanciones penales; proteger la seguridad pública; prote-

22. *Vid.* DUMORTIER, J., GRYFFROY, P., ROEX, R., SHIN VAN DER SYPE, Y. (2022), pp. 116 y ss.

23. Regulation (EU) 2016/679 of the European Parliament and of the Council of 27 April 2016 on the protection of natural persons with regard to the processing of personal data and on the free movement of such data, and repealing Directive 95/46/EC (General Data Protection Regulation).

24. Sobre la relevancia de esto y la concepción de los derechos digitales como fundamentales, *vid.* DOWD, R., (2022), pp. 195 y ss.

25. En este sentido, cabe mencionar que el GDPR se utiliza como marco cuando se solicita la presentación o conservación de pruebas electrónicas a Estados que no pertenecen a la UE, como es el caso del Reino Unido, por ejemplo. *Vid.* DAVIES, G., (2022), pp. 121 and ss.

26. *Vid.* Reglamento (UE)2023/1543 del Parlamento Europeo y del Consejo de 12 de julio de 2023 sobre las órdenes europeas de producción y las órdenes europeas de conservación a efectos de prueba electrónica en procesos penales y de ejecución de penas privativas de libertad a raíz de procesos penales, art. 5.6.

ger la seguridad nacional; o proteger los derechos y libertades de otras personas[27].

2.2. REGULACIÓN DE LA UNIÓN EUROPEA RELATIVA A LA PRODUCCIÓN Y CONSERVACIÓN DE PRUEBA ELECTRÓNICA

El reglamento de la Unión Europea[28] establece dos posibles herramientas: las órdenes de producción de prueba electrónica y las órdenes de conservación de prueba electrónica. Cabe mencionar que, a tenor de dicho reglamento, la prueba electrónica se entiende como los datos de los abonados, datos de tráfico o datos de contenido almacenados por un prestador de servicios, o en nombre de un prestador de servicios, en formato electrónico, en el momento de la recepción de una orden de conservación o producción[29].

El reglamento define cada uno de los tipos de datos que pueden constituir prueba electrónica de cara a fomentar cierta claridad en relación con el tipo de información que puede ser objeto de una orden de conservación o producción. Así, define los datos de los abonados como cualesquiera datos que obren en poder de un prestador de servicios relativo a la suscripción a sus servicios, en relación con la identidad del abonado o cliente, como nombre, fecha de nacimiento, dirección postal o geográfica, facturación y pagos, número de teléfono o dirección de correo electrónico o el tipo de servicio y su duración, incluidos los datos técnicos que identifiquen las medidas técnicas correspondientes o las interfaces, utilizadas o facilitadas al abonado o cliente en el momento del registro o activación inicial, y los datos relativos a la validación del uso del servicio, excluyendo las contraseñas u otros medios de autenticación utilizados en lugar de una contraseña que hayan sido facilitados por un usuario o creados a petición de un usuario; los datos solicitados con el único fin de identificar al usuario como las direcciones IP y, cuando sea necesario, los puertos de origen y el sello de tiempo pertinentes, a saber, la fecha y la hora o equivalentes técnicos de dichos identificadores e información conexa, cuando así lo soliciten las autoridades policiales o las autoridades judiciales con el único fin de identificar al usuario

27. A tenor de lo expuesto en el art. 13 del Reglamento (UE) 2023/1543, *cit.* y en relación con el art. 13 de la Directiva (UE) 2016/680 del Parlamento Europeo y del Consejo de 27 de abril de 2016 relativa a la protección de las personas físicas en lo que respecta al tratamiento de datos personales por parte de las autoridades competentes para fines de prevención, investigación, detección o enjuiciamiento de infracciones penales o de ejecución de sanciones penales, y a la libre circulación de dichos datos y por la que se deroga la Decisión Marco 2008/977/JAI del Consejo.
28. Reglamento (UE) 2023/1543, *cit.*
29. *Vid.* Reglamento (UE) 2023/1543, *cit.*, art. 3.

en una investigación penal específica; los datos de tráfico como aquellos datos relacionados con la prestación de un servicio ofrecido por un prestador de servicios que sirvan para facilitar información contextual o adicional sobre dicho servicio y sean generados o tratados por un sistema de información del prestador de servicios, tales como el origen y destino de un mensaje u otro tipo de interacción, la ubicación del dispositivo, la fecha, la hora, la duración, el tamaño, la ruta, el formato, el protocolo utilizado y el tipo de compresión, y otros metadatos de las comunicaciones electrónicas y los datos, que no sean datos de abonados, relativos al inicio y final de una sesión de acceso del usuario a un servicio, tales como la fecha y hora del acceso, la conexión al servicio y la desconexión del servicio y los datos de contenido cualesquiera datos en formato digital, como texto, voz, vídeos, imágenes y sonidos, que no sean datos de abonados o datos de tráfico[30]. Es importante mencionar que tanto las órdenes de conservación como las de producción tienen que cumplir con la normativa de protección de datos de la UE[31] y esto cobra especial sentido en relación con los datos de los abonados y los datos solicitados con el único fin de identificar al usuario.

La primera de las herramientas que revisaremos es, pues, la orden de producción de fuentes de información de índole tecnológica. Así, las órdenes europeas de producción de pruebas electrónicas en procesos penales son instrumentos legales que permiten a los países miembros de la Unión Europea solicitar y obtener pruebas electrónicas relevantes para la investigación y el enjuiciamiento de delitos[32]. Este tipo de instrumento sirve para solicitar la entrega de datos almacenados por un proveedor de servicios de pago ubicado en otra jurisdicción y que sean necesarios como prueba en investigaciones o procesos penales.

Uno de los requisitos fundamentales que tiene que cumplir la orden de producción es la intervención de una autoridad judicial, que es quien emite o valida la orden[33]. A tenor del art. 4 del reglamento[34], se entiende como autoridad en este sentido a un juez, tribunal, juez de instrucción o fiscal competentes en el asunto de que se trate, o cualquier otra autoridad competente, según la defina el Estado emisor que, en el asunto de que se trate, actúe en calidad de autoridad de investigación en procesos penales y tenga competencia para ordenar la obtención de pruebas de conformidad con el Derecho nacional (en tal caso, la orden europea de producción será validada, previo examen de su cumplimiento de las condiciones de emisión en

30. *Cfr.* Reglamento (UE) 2023/1543, *cit.*, art. 3.
31. Al respecto, *vid.* ROJSZCZAK, M. (2022), p. 1018.
32. Sobre esto, *vid.* FUENTES SORIANO, O. (2020), pp. 281 y ss.
33. *Vid.* PÉREZ TORTOSA, F. (2022), p. 240.
34. *Cfr.* Reglamento (UE) 2023/1543, *cit.*, art. 4.

virtud del presente Reglamento, por un juez, tribunal, juez de instrucción o fiscal del Estado emisor).

La presencia de esa autoridad sirve para promover la proporcionalidad y necesidad de la orden en el caso específico. Esto es útil para controlar la legalidad y pertinencia de las medidas, así como para evitar posibles vulneraciones de derechos fundamentales que las medidas puedan conllevar. La legalidad es clave dentro del proceso penal e implica que las actuaciones respondan a la seguridad jurídica, que en el objeto de este trabajo se traduce específicamente en la exigencia de una aplicación clara y coherente de las reglas y normas jurídicas relativas a la admisión y valoración de la prueba en el proceso penal[35]. En resumen, el hecho de que quien emita la orden sea una autoridad judicial, tiene la función de controlar la legalidad y pertinencia de las medidas, evitando a su vez posibles vulneraciones de derechos fundamentales.

De este modo, es relevante tener en cuenta que las pruebas electrónicas cuya entrega se solicita deben resultar relevantes y útiles para la resolver el caso concreto, sin que puedan ser desproporcionadas en relación con el objetivo perseguido. También es necesario que la obtención de esas pruebas se lleve a cabo de forma lícita, en aras de que se respete el principio de seguridad jurídica —es decir, implicando que las autoridades que participen en la producción de las pruebas actúen de un modo que se ajuste a la ley—. En estrecha relación con esto, cabe mencionar que la orden de producción limita las solicitudes a datos almacenados en servidores (vetando que se entreguen datos tecnológicos que procedan de interceptar redes de telecomunicaciones en tiempo real) y a órdenes emitidas en un proceso penal respecto de una infracción concreta que esté siendo investigada. Este último punto es relevante porque excluye de forma tajante que la orden pueda tener como objeto prevenir la delincuencia y que estas órdenes se empleen en procesos que no sean de índole penal (como por ejemplo podría ser el caso de las infracciones administrativas).

En estrecha relación con esto, cabe mencionar que la orden de producción está restringida en relación con la materia acerca de la cual se emite. En este sentido, solo podrá emitirse una orden en el caso en el que exista una medida similar para la misma infracción en una situación comparable a nivel nacional en el Estado emisor. Asimismo, se establece otro límite en relación con el umbral de aplicabilidad de la herramienta: las órdenes de producción de datos de transacciones o de datos de contenido solo se podrán emitir para infracciones penales punibles en el Estado emisor con

35. El principio de legalidad penal y su relación con la seguridad jurídica en el contexto europeo es revisado por PERISTERIDOU, C. (2015), pp. 58 and ss.

una pena máxima de privación de libertad de al menos tres años, o para delitos específicos a que se refiere la propuesta y cuando exista un vínculo específico con herramientas electrónicas y delitos cubiertos por la Directiva sobre terrorismo. Además, el reglamento establece la posibilidad de que si el destinatario considera, basándose únicamente en la información contenida en la orden, que esta podría interferir con las inmunidades o privilegios, o con las normas sobre determinación o limitación de la responsabilidad penal relacionadas con la libertad de prensa o la libertad de expresión en otros medios de comunicación, en virtud del derecho del Estado de ejecución, informará a la autoridad emisora y a la autoridad de ejecución[36].

En resumen, las órdenes de producción pueden denegarse cuando los datos solicitados estén protegidos por inmunidades o privilegios establecidos por la regulación nacional del estado que debería ejecutar la orden, en situaciones excepcionales en las que existan motivos fundados para suponer de forma objetiva y concreta que ejecutar la orden conllevaría vulnerar derechos fundamentales, si la orden fuese contraria al principio *non bis in idem* o si la conducta que dio origen a la emisión de la orden no fuese constitutiva de infracción penal con arreglo al derecho del Estado de ejecución[37]. Todas estas acotaciones existen con la intención de que la cooperación judicial entre estados se dé de una forma que respete las jurisdicciones nacionales y sus respectivos sistemas de derecho penal. Esto queda patente en el reglamento por medio de la regulación de procedimientos para emplear en caso de que se den conflictos de leyes entre los países que solicitan los datos y quienes los entregan o incluso tercero países[38].

Antes de tramitar una orden de producción, se ha de llevar a cabo un análisis exhaustivo de la utilidad, pertinencia y legalidad de la prueba que se está solicitando. Esto se hace con el objetivo de garantizar que la orden se utilice de manera apropiada y respetando los derechos fundamentales. En este contexto, es importante recordar que la pertinencia y utilidad se evalúan por medio de un análisis pormenorizado de la relación entre la prueba y el tema central del proceso, revisando si hay razones sólidas para descartar la posibilidad de que la prueba concreta contribuya a esclarecer los hechos discutidos[39].

En contraposición con la orden de producción, la orden de conservación se presenta como una herramienta auxiliar de la anterior. Su finalidad es evitarla retirada, supresión o alteración de datos que sean pertinentes en

36. *Cfr.* Reglamento (UE) 2023/1543, *cit.*, art. 10.5.
37. *Cfr.* Reglamento (UE) 2023/1543, *cit.*, art. 12.
38. Esto está regulado en los arts. 17 y 18.
39. *Vid.* BUENO DE MATA, F. (2014), pp. 228 y 229.

todas las situaciones en las que la producción de esos datos pueda llevar tiempo[40]. En otras palabras, este tipo de órdenes se emiten con el objetivo de que las fuentes probatorias no dejen de estar disponibles ni sean alteradas antes de poder ser producidas.

Al igual que la orden de producción, la orden de conservación también habrá de ser adoptada por una autoridad —entendiendo dicha autoridad en los mismos términos en los que se entendía en la orden de producción—. De este modo, una orden de este tipo consiste en una decisión vinculante emitida por una autoridad de un Estado Miembro de la Unión Europea, que sirve para obligar a un proveedor de servicios tecnológicos dentro de la UE a conservar pruebas electrónicas a efectos de una solicitud de producción subsiguiente.

Dado que los objetivos de ambos tipos de órdenes son distintos, los requisitos fundamentales también varían. En concreto, cabe destacar que para las órdenes de conservación no se fija un umbral de posibles conductas cometidas, sino que cualquier información o datos informáticos que sea solicitada puede ser objeto de orden de conservación. Esto se debe a que, de cara a realizar la producción posterior, se realizará el análisis necesario para comprobar si la conducta se ajusta para que la prueba sea entregada, pero en el momento de conservar la información o datos electrónicos prima la rapidez en la actuación debido al riesgo de desaparición o alteración de datos en las fuentes[41].

En general, tanto la orden de producción como la de conservación son útiles y podría decirse que ambas resultan complementarias. Por un lado, la orden de conservación tiene un alcance amplio y puede aplicarse a cualquier tipo de prueba electrónica, sin importar la naturaleza de la conducta asociada, aspecto que se explora en etapas posteriores y que sí resulta relevante de cara a emitir una orden de producción. En conjunto sirven para, en primer lugar, prevenir la eliminación de una prueba específica alojada en un servidor o sistema digital y en segundo lugar, si se cumplen los requisitos previamente indicados, conseguir que la prueba en cuestión se suministre a la autoridad que está llevando a cabo la instrucción o resolución de un proceso penal concreto.

2.3. PROCESO DE IMPLEMENTACIÓN DE LA NORMATIVA

Las herramientas abordadas en el apartado anterior forman parte de una propuesta de regulación del Parlamento Europeo y del Consejo acerca

40. SANJURJO RÍOS, E. I. (2020), pp. 219 y ss.
41. Sobre esto, *vid.* LARO GONZÁLEZ, E. (2022), p. 295.

de las órdenes de producción y conservación de *e-evidence* dentro de la UE. La propuesta se originó en el año 2018, pero lo cierto es que todavía no está en vigor. Esto no significa que los Estados Miembros de la Unión Europea hayan rechazado la idea de su aplicación. De hecho, el sentir general es establecer reglas claras sobre cómo manejar y presentar pruebas electrónicas dentro de la Unión Europea es un asunto importante. Sin embargo, el proceso de aprobación de esta regulación llevó más tiempo del esperado.

Así, entre 2018 y 2022 no hubo grandes avances al respecto, aunque a finales de 2022 hubo una reunión de la Comisión para tratar el asunto en detalle[42], en la que se firmó un acuerdo político relativo a la propuesta de creación de las órdenes de conservación y producción. Dicho acuerdo, no obstante, al ser de índole política, precisa una ratificación formal por parte del Parlamento y el Consejo —constituyendo, en definitiva, una mera declaración de intenciones—. En esa reunión, la Comisaría Europea de Asuntos de Interior proclamó que *«las nuevas normas sobre pruebas electrónicas son necesarias de manera urgente para que nuestras autoridades judiciales y policiales puedan actuar con eficacia en la lucha contra el terrorismo, la ciberdelincuencia y otras formas graves de delincuencia»*[43]. Esto sirvió para poner de relieve la importancia de contar con un acuerdo para luchar contra quienes cometen delitos de forma anónima en internet, que a menudo terminan quedando impunes debido a las dificultades inherentes a que una jurisdicción nacional trate de perseguir delitos online en un mundo interconectado.

Tras la reunión de la Comisión, también el Comité de Representantes Permanentes se reunió para realizar un análisis del texto propuesto, introduciendo una serie de sugerencias de mejora que culminaron en un texto de enero de 2023 y que recogía todas las propuestas de enmienda al reglamento de cara a su aprobación[44]. Todas esas sugerencias fueron tenidas en cuenta para, por fin, promulgar el texto del Reglamento[45], que vio la luz en

42. Noticia acerca de la reunión, página web de la Comisión: https://ec.europa.eu/commission/presscorner/detail/en/ip_22_7246, visitada por última vez el 6 de junio de 2023.
43. *Cfr.* Noticia acerca de la reunión, *cit.*, visitada por última vez el 6 de junio de 2023.
44. Documento oficial de la Unión Europea: Proposal for a Directive of the European Parliament and of the Council laying down harmonised rules on the designation of designated establishments and the appointment of legal representatives for the purpose of gathering electronic evidence in criminal proceedings, en https://data.consilium.europa.eu/doc/document/ST-5449-2023-INIT/en/pdf, visitado por última vez el 6 de junio de 2023.
45. Reglamento UE, *cit.*

julio de 2023, junto a una Directiva[46] también relativa a la prueba electrónica.

El hecho de que se hayan promulgado ambos instrumentos es muestra de la preocupación de la UE por la materia, dado que por un lado se crea un Reglamento —que es directamente aplicable a todos los Estados Miembros de la UE—, y sienta las bases de lo que necesariamente todos los Estados Miembros deben cumplir; y por otro lado de forma añadida se establece una Directiva —que, si bien conlleva una obligación en relación con los objetivos que propone, no es aplicable de forma directa sino que ofrece a los Estados la competencia de desarrollar y elaborar una legislación interna que cumpla con las cuestiones dispuestas en la directiva—.

El Reglamento, tal como hacían las propuestas previas, fundamentalmente se centra en establecer normas y procedimientos relacionados con las órdenes europeas de producción y conservación de pruebas electrónicas en procesos penales. Además, cabe mencionar que también aborda otras cuestiones como por ejemplo la ejecución de penas privativas de libertad derivadas de dichos procesos.

En resumen, el reglamento constituye un instrumento útil porque amplía el alcance de la cooperación internacional en el ámbito de la prueba electrónica en procesos penales, amén de establecer normas y procedimientos comunes para para la producción y conservación de pruebas electrónicas entre los Estados miembros de la Unión Europea, estandarizando las maneras de proceder a pesar de las distintas jurisdicciones nacionales y ofreciendo consistencia en la cooperación trasfronteriza de casos penales.

Por su parte, la Directiva tiene como objetivo establecer normas armonizadas en relación con cuestiones concretas de la prueba electrónica. Para ello, establece dos conceptos clave: los «establecimientos designados» y los «representantes legales», que cada Estado miembro deberá regular conforme a su legislación nacional. De este modo, por un lado, los «establecimientos designados» son entidades específicas designadas por los Estados miembros para cooperar en la obtención de pruebas electrónicas en procesos penales. Estos establecimientos se encargan de colaborar con las autoridades judiciales, aplicando de forma correcta la normativa relativa a la producción y conservación de evidencia electrónica. Por otro lado, la Directiva establece la necesidad de crear «representantes legales» que actúan en

46. Directiva (UE) 2023/1544 del Parlamento Europeo y del Consejo, de 12 de julio de 2023, por la que se establecen normas armonizadas para la designación de establecimientos designados y de representantes legales a efectos de recabar pruebas electrónicas en procesos penales.

nombre de personas físicas o jurídicas que no residen en el territorio de un Estado miembro, pero que están involucradas en procesos penales que requieren la obtención de pruebas electrónicas. En general, esto busca mejorar la cooperación internacional y garantizar el respeto de los derechos fundamentales en el proceso de obtención de pruebas electrónicas en contextos transfronterizos.

3. CONCLUSIONES

Considerando que vivimos en una era en la que la tecnología desempeña un papel fundamental en nuestras vidas y en la que la sociedad está constantemente conectada, es evidente que la prueba electrónica es esencial. Este tipo de prueba, que consiste en datos almacenados en sistemas o servidores, a menudo puede ser fácilmente ocultada, alterada o destruida. Además, es común que los servidores que contienen la *e-evidence* necesaria para un caso se encuentren fuera de la jurisdicción del país que la necesita.

Por lo tanto, para obtener prueba electrónica clave en un proceso, especialmente en casos penales donde esa prueba puede ser crucial para demostrar la culpabilidad del investigado o los hechos en cuestión, es crucial establecer herramientas de cooperación judicial internacional. En el contexto de la Unión Europea, la preocupación por establecer una base sólida para la cooperación en asuntos de *e-evidence* ha llevado a la creación de dos herramientas legales específicas: las órdenes de conservación y producción.

Dichas herramientas están reguladas por un Reglamento y una Directiva, que expone que ambas están diseñadas para complementarse mutuamente: la orden de conservación se utiliza para preservar datos informáticos específicos, protegiéndolos contra alteraciones o eliminación mientras se tramita la orden de producción. Por otro lado, la orden de producción permite que los datos necesarios para la prueba electrónica sean proporcionados por el Estado Miembro en cuya jurisdicción se encuentran los servidores al Estado Miembro que los necesita. Es decir, que la orden de conservación a menudo se emplea como una medida preventiva que permite que los datos permanezcan a buen recaudo hasta que se tramite su entrega, mientras que la de producción se centra en la entrega en sí.

Cabe mencionar que, para utilizar estas herramientas, se deben cumplir ciertos requisitos y garantías, como la participación de una autoridad judicial, la evaluación de la necesidad y proporcionalidad, y que la conducta tipificada de la que se acusa al investigado se ajuste a ciertos criterios: que los datos solicitados no estén protegidos por inmunidades o privilegios establecidos por la regulación nacional del estado que debería ejecutar la orden, que la orden no contravenga derechos fundamentales o el principio e *non bis in idem* o que la conducta que dio origen a la emisión de la orden no fuese constitutiva de infracción penal con arreglo al derecho del Estado de ejecución o, en caso de constituir una, que la pena prevista para la misma no sea de privación de libertad de al menos tres años.

En resumen, estas herramientas son valiosas en la lucha conjunta de la Unión Europea contra el crimen, especialmente en el ámbito de los delitos cibernéticos, dada la naturaleza digital de estos y confiamos en que sirvan a su propósito de cooperación penal internacional.

BIBLIOGRAFÍA

ABEL LLUCH, X. y PICÓ I JUNOY, J. (2011). *La prueba electrónica*. Bosch.

ARBÓS Y LLOBET, R. (2011). Conservación del documento electrónico. En *La prueba electrónica* (pp. 348-370). Bosch.

BORGES BLAZQUEZ, R. (2018). La prueba electrónica en el proceso penal y el valor probatorio de conversaciones mantenidas utilizando programas de mensajería instantánea. *Revista Boliviana de Derecho*, 25, pp. 536-549.

BUENO DE MATA, F. (2014). *Prueba electrónica y proceso 2.0*. Tirant lo Blanch.

DAVIES, G. (2022). Police Access to electronic evidence stored overseas: cooperation between the EU and the UK post- Brexit. En *Criminal Law and Justice in the European Union* (pp. 137-149). Clarus Press.

DEPAUW, S. (2017). Electronic evidence in criminal matters: how about e-evidence instruments 2.0? *Freedom Under Pressure, International Conference, Abstracts*. Presented at the Freedom Under Pressure, Ghent.

DOWD, R. (2022). *The birth of digital Human Rights*. Palgrave Mcmillan.

DUMORTIER, J., GRYFFROY, P., ROEX, R., SHIN VAN DER SYPE, Y. (2022). *European privacy and data protection law*. Wolters Kluwer.

FONTESTAD PORTALES, L. (2022). La cooperación judicial internacional en red. En *El uso de las TICs en la cooperación jurídica penal internacional: construyendo la sociedad digital del futuro* (pp. 73-96). Colex.

FUENTES SORIANO, O. (2020). Europa ante el reto de la prueba digital. El establecimiento de instrumentos probatorios comunes: las órdenes europeas de entrega y conservación de pruebas electrónicas. En *Era digital, sociedad y derecho* (pp. 281-319). Tirant lo Blanch.

GUERRERO PALOMARES, S. (2022). La «cooperación» penal internacional entre fiscales europeos delegados en el ámbito de la prueba transfronteriza y el uso de las nuevas tecnologías. En *El uso de las TICs en la cooperación jurídica penal internacional: construyendo la sociedad digital del futuro,* (pp. 97-115). Colex.

JIMENO BULNES, M. (2016). Orden europea de investigación en materia penal. En *Aproximación legislativa versus reconocimiento mutuo en el desarrollo del espacio judicial europeo: una perspectiva multidisciplinar* (pp. 151-208). Bosch.

LARO GONZÁLEZ, E. (2022). Prueba penal transfronteriza: de la orden europea de investigación a las órdenes europeas de entrega y conservación de pruebas electrónicas. *Revista de Estudios Europeos,* 79, pp. 285-303.

MARTÍN OSTOS, J. (2020). Justicia y pandemia en España (2020). *Revista de estudios jurídicos y criminológicos,* 2, pp. 75-98. https://doi.org/10.25267/rejucrim.2020.i2.04

MUERZA ESPARZA, J. (2016). Sobre los límites a la prueba preconstituida en el proceso penal. En *Revista General de Derecho Procesal* (N. 39).

ORTUÑO NAVALÓN, M. C. (2014). *La prueba electrónica ante los tribunales,* Tirant lo Blanch.

PÉREZ TORTOSA, F. (2020). La propuesta de implantación de las órdenes europeas de entrega y conservación de pruebas electrónicas como instrumentos complementarios a la orden europea de investigación. En *A vueltas con la transformación digital de la cooperación jurídico penal internacional* (pp. 231-250). Aranzadi.

PERISTERIDOU, C. (2015). *The principle of legality in European criminal law,* Ed. Intersentia Ltd.

QUICK, D., CHOO, K. K. R. (2014). Impacts of increasing volume of digital forensic data: A survey and future research challenges. *Digital Investigation,* 11, 4, pp. 273-294.

ROJSZCZAK, M. (2022). E-evidence Cooperation in Criminal Matters from an EU Perspective. *The Modern Law Review,* Vol. 85, No. 4, pp. 997-1028.

SÁNCHEZ DOMINGO, M. B. (2014). Instrumentos de carácter material en materia penal: la lucha contra la delincuencia informática. En *Nuevas aportaciones al espacio de libertad, seguridad y justicia. Hacia un derecho procesal europeo de naturaleza civil y penal* (pp. 223-253). Comares.

SANJURJO RÍOS, E. I. (2020). Proceso penal y volatilidad/mutabilidad de las fuentes de pruebas electrónicas: sobre la conveniencia y el modo de asegurarlas eficazmente. En *Exclusiones probatorias en el entorno de la investigación y prueba electrónica* (pp. 195-240). Ed. Reus.

SANJURJO RÍOS, L. (2021). Hacia una nueva realidad en las relaciones jurídicas entre particulares: nuevas tecnologías, prueba electrónica y su repercusión en el derecho procesal civil español. En *Economía, Empresa y Justicia. Nuevos retos para el futuro* (pp. 322-344). Dykinson.

18

A vueltas con la ilicitud de la prueba electrónica por vulneración de derechos fundamentales en el proceso penal

FRANCESC ORDÓÑEZ PONZ
Abogado

SUMARIO: I. ALGUNAS CONSIDERACIONES SOBRE LA INCORPORACIÓN DE LAS NUEVAS TECNOLOGÍAS AL PROCESO JUDICIAL. II. LA PRUEBA ELECTRÓNICA. *1. Concepto y características de prueba electrónica. 2. Un breve apunte sobre prueba electrónica y procedimiento penal.* III. LA ILICITUD DE LA PRUEBA ELECTRÓNICA EN EL MARCO DEL PROCEDIMIENTO PENAL POR VULNERACIÓN DE DERECHOS FUNDAMENTALES. *1. La Ilicitud probatoria. 2. Posibles Derechos fundamentales vulnerados en la obtención de la prueba electrónica.* 2.1. Derecho Fundamental a la intimidad personal y familiar, derecho al honor y derecho a la propia imagen, (18.1CE). 2.2. Derecho Fundamental a la Inviolabilidad del Domicilio. 2.3. Derecho Fundamental al secreto de las comunicaciones. 2.4. Derecho Fundamental a la Protección de Datos. 2.5. ¿Estamos ante un nuevo Derecho Fundamental?; El Derecho al entorno virtual. IV. A MODO DE CONCLUSIÓN. BIBLIOGRAFÍA.

I. ALGUNAS CONSIDERACIONES SOBRE LA INCORPORACIÓN DE LAS NUEVAS TECNOLOGÍAS AL PROCESO JUDICIAL

En los últimos años, en el marco de la doctrina procesal, se ha vuelto común investigar sobre Inteligencia Artificial, algoritmos o sobre las Tecnologías de la Información y de la Comunicación (en lo que sigue, TICs) e incluso algunos autores han dado un paso más allá y se han atrevido a estudiar el metaverso[1] o el juez robot[2].

Aunque hoy en día prácticamente todo el mundo esté habituado al uso de las TICs, el crecimiento y su expansión ha sido progresivo, por este motivo, el legislador ya se venía preparando para poder contrarrestar la irrupción de un cambio de paradigma: la transición de lo analógico a lo digital. Esta transición también la podemos evidenciar en el campo de la probática. Hemos pasado de utilizar, por ejemplo, la prueba documental como un medio de prueba referente para esclarecer los hechos delictivos, a servirnos de la prueba electrónica para evidenciar la realidad de unos hechos[3].

Como primera conceptualización del término acudiremos a la definición que acuñó BUENO DE MATA, entendiendo la prueba electrónica como «*aquel medio electrónico que permite acreditar hechos relevantes para el proceso, ya sean físicos o incluso electrónicos y que se compone de dos elementos necesarios para su existencia, los cuales determinan la especialidad de la prueba electrónica con relación al resto de medios probatorios: un elemento técnico, y un elemento lógico o software*»[4].

Si centramos el estudio de la prueba electrónica al procedimiento penal debemos anticipar que hasta la promulgación de la Ley Orgánica 13/2015, para el fortalecimiento de las garantías procesales y la regulación de las medidas de investigación tecnológica, no existía regulación alguna sobre prueba electrónica o sobre medidas de investigación incardinadas a afron-

1. BUENO DE MATA, Federico, «Del metaverso a la metajurisdicción: desafíos legales y métodos para la resolución de conflictos generados en realidades virtuales inmersivas», *Revista de privacidad y derecho digital,* Vol. 7, Núm. 27, 2022, pp. 19-59.
2. GÓMEZ COLOMER, Juan Luis, *El Juez Robot. La independencia judicial en peligro,* Tirant lo Blanch, Valencia, 2023.
3. Fíjense en la importancia de una prueba electrónica; imaginemos un supuesto en que un testigo, llamémosle A, declara en sede judicial que el sujeto B cometió un delito de robo en casa habitada el sábado 22 de abril de 2023 a las 22:45 y que el sujeto B aporta una fotografía a través de su Smartphone mediante la cual puede acreditar que ese día y hora se encontraba en un concierto situado a 300km del lugar de la comisión delictiva. ¿Qué medio de prueba consideran ustedes qué le será más útil al juez para emitir un veredicto? *A priori,* en el caso expuesto, todo hace indicar que la prueba electrónica será más fiable que la declaración testifical. Pero, ¿esto es siempre así? Nos atreveríamos a decir que no, ya que ni la tecnología es infalible, ni toda prueba electrónica aportada en un procedimiento será verdadera. Ello, no obstante, he querido utilizar dicho ejemplo para evidenciar la relevancia que la prueba electrónica está teniendo y tendrá en el proceso judicial.
4. BUENO DE MATA, Federico, *Prueba electrónica y proceso 2.0,* Tirant lo Blanch, Valencia, 2014, p. 103.

tar la persecución de delitos que operan o se sirven de las TICs. Desde la perspectiva de la persecución delictiva, estas medidas se han vuelto imprescindibles para el esclarecimiento de los nuevos delitos (o los tradicionales, pero llevados a cabo por medio de un dispositivo tecnológico) aparecidos como consecuencia del avance y la globalización de la tecnología. Gracias a su desarrollo normativo, la Policía judicial puede abordar el descubrimiento de los hechos delictivos con más precisión y obtener pruebas sobre la comisión delictiva con más fiabilidad. Ahora bien, esto también puede convertirse en un *arma de doble filo* en relación con los derechos y garantías procesales que amparan al procesado, habida cuenta de la injerencia que supone para los Derechos Fundamentales (en lo que sigue, DDFF) del investigado la invasión de su esfera más íntima. Nos referimos al derecho al honor, a la intimidad personal, a la inviolabilidad del domicilio, al secreto de las comunicaciones, a la protección de datos e incluso el derecho a un entorno virtual. La predominante posición de los DDFF, en relación con la incorporación al proceso de fuentes de prueba que hayan sido obtenidas vulnerando DDFF, acarrea la inmediata prohibición de valorar su contenido debido a la regla de la exclusión procesal[5], por considerarse en tal caso que nos encontramos ante una prueba ilícita.

En este estado de cosas, el objetivo de este estudio es reflexionar sobre la ilicitud de la prueba electrónica en el marco de un proceso penal. Para ello, analizaremos desde una perspectiva procesal el concepto de prueba electrónica, los elementos que la caracterizan, para, finalmente, relacionarla con la ilicitud probatoria en el procedimiento penal como consecuencia de la vulneración de DDFF.

II. LA PRUEBA ELECTRÓNICA

1. CONCEPTO Y CARACTERÍSTICAS DE PRUEBA ELECTRÓNICA

Por muy asombroso que parezca en nuestro Ordenamiento Jurídico no existe ninguna referencia legislativa que nos proporcione un significado concreto sobre prueba electrónica. Parece ser que el legislador ha hecho caso omiso a la relación entre los avances tecnológicos y el material probatorio y, aunque existan referencias legislativas sobre el documento electrónico, la firma electrónica o sobre los medios de la reproducción de la imagen, el sonido o la palabra, no existe ninguna regulación específica sobre las pruebas electrónicas, cuyo contenido es superlativo en relación con la regulación existente.

5. ARMENTA DEU, Teresa, *La prueba ilícita (un estudio comparado)*, Marcial Pons, Madrid, 2009; ASENCIO MELLADO, José María, *Prueba prohibida y prueba preconstituida*, Editorial Trivium, Madrid, 1989.

Si ponemos la mirada en el panorama supranacional encontramos distintos textos internacionales, ratificados por España, que hacen referencia a la prueba electrónica o a la prueba digital, pero ninguno de ellos aporta una conceptualización del término, hecho que, sin lugar a duda, adolece este campo de estudio[6]. Para poder encontrar una primera aproximación legal del concepto debemos acudir a la Decisión 2002/630/JAI del Consejo de 22 de julio de 2002, relativa a la cooperación policial y judicial en materia penal (AGIS), que, aun y no ser vinculante, sirve de apoyo para conformar una noción sobre el concepto de prueba electrónica. El Consejo define prueba electrónica como «*aquella información obtenida a partir de un dispositivo electrónico o medio digital el cual sirve para adquirir convencimiento sobre un hecho*»[7]. Aun cuando esta concepción solo aporta pequeños reflejos en torno a la complejidad y envergadura de esta modalidad probatoria, introduce algunos elementos que la caracterizan: dispositivos o medios electrónicos con los cuales lograr una convicción a partir de la información obtenida mediante ellos.

En otro orden de ideas, la doctrina versada en el estudio de las nuevas tecnologías y la prueba sí que ha intentado conceptualizar el término, así como exponer los rasgos que la caracterizan. En la introducción de este estudio, como primera aproximación al concepto de prueba electrónica, proponíamos la desarrollada por el autor BUENO DE MATA en su monografía denominada la *prueba electrónica y proceso 2.0*. Ahora bien, debido a los avances tecnológicos el concepto está en constante evolución. Otra muestra de ello es que con el paso de los años el propio autor ha modificado sustancialmente su contenido[8].

---

6. A saber: Convenio de Budapest de 2001, ratificado por España en septiembre de 2010 por medio de Instrumento de Ratificación del Convenio sobre la Ciberdelincuencia, hecho en Budapest el 23 de noviembre de 2001; Directiva del Parlamento Europeo y del Consejo por la que se establecen normas armonizadas para la designación de representantes legales a efectos de recabar pruebas para procesos penales; O Reglamento del Parlamento Europeo y del Consejo sobre las órdenes europeas de entrega y conservación de pruebas electrónicas a efectos de enjuiciamiento penal.
7. https://www.boe.es/doue/2002/203/L00005-00008.pdf, (última consulta, el 31 de julio de 2023).
8. En este caso, el autor determina que el concepto acuñado por el mismo requería alguna modificación, entendiendo por prueba electrónica como «*aquel medio electrónico que permite acreditar hechos relevantes para el proceso, ya sean hechos físicos o incluso electrónicos, y que se compone de dos elementos necesarios para su existencia, los cuales determinan la especialidad de la prueba electrónica en relación al resto de medios probatorios: un elemento técnico que hará referencia bien a un hardware en sede judicial o bien a un canal electrónico cuando se presente mediante un sistema de gestión procesal informatizado, y un elemento lógico o software que tendrá naturaleza intangible*» en BUENO DE MATA, Federico, «Propuestas y retos en torno a la prueba electrónica a tenor de las últimas reformas procesales», *Revista de Privacidad y Derecho Digital*, n.º 5, 2016, p. 81.

En la misma línea, otros autores también han efectuado su propia definición de prueba electrónica, veámoslo. Para SANCHÍS CRESPO sería «*aquella información contenida en un dispositivo electrónico a través del cual se adquiere el conocimiento de un hecho controvertido, bien mediante el convencimiento psicológico, bien al fijar este hecho como cierto atendiendo a una norma legal*»[9]. Por su parte, ABEL LLUCH, determina que «*puede definirse como la información obtenida a partir de un dispositivo electrónico o medio digital, el cual sirve para formar la convicción en torno a una afirmación relevante para el proceso*»[10]. Indistintamente de la definición a la que nos acojamos, en todas ellas podemos apreciar que la componen los siguientes elementos: la obtención de cualquier tipo de información y que ésta se produzca, almacene o se transmita por un medio digital. En el caso de estas pruebas, si retomamos la clásica distinción entre fuente y medio de prueba[11], la fuente de prueba sería la información obtenida, cuyo contenido puede ser físico o digital, y el medio sería el modo en que se introduce ésta al proceso (testifical, documental, pericial) y no el dispositivo electrónico como aparentemente podría parecer.

Dejando atrás el contenido, las pruebas electrónicas presentan unos rasgos comunes que las caracterizan y las hacen diferentes a otras pruebas. Su rasgo más característico es la heterogeneidad debido a la multitud de fuentes de prueba que se pueden incluir en el marco de la prueba electrónica, desde el contenido en una página web, una conversación mantenida entre dos personas por medio de una red social o una aplicación de mensajería instantánea, la *dirección ip* de un ordenador o bien un vídeo almacenado en un dispositivo electrónico, entre otros.

La volatilidad, la anonimización o la manipulación probatoria también son características que representan a la prueba electrónica y, a su vez, mantienen una cierta conexión entre ellas. Nos referimos a qué es volátil a consecuencia de la facilidad y velocidad en que se pueden transmitir, difundir y hacer desaparecer los datos almacenados en un soporte electrónico o aquellos almacenados en archivos remotos ubicados en internet o en mismo dispositivo[12]. El manto que cubre las actuaciones llevadas a cabo en la red influye negativamente a la hora de determinar quién acometió un ilícito

9. SANCHÍS CRESPO, Carolina, «La prueba en soporte electrónico», *Las Tecnologías de la Información y de la Comunicación en la administración de justicia. Análisis sistemático de la Ley 18/2011, de 5 de julio*, Thomson Reuters, Aranzadi, Navarra, 2012, p. 713.
10. ABEL LLUCH, Xavier y PICÓ JUNOY, Joan, *La prueba electrónica, Op. Cit.*, p. 23.
11. MONTERO AROCA, Juan, *La prueba en el proceso civil*, 3.ª Ed., Civitas, Madrid, 2002.
12. BONACHERA VILLEGAS, Raquel, «El registro de archivos informativos, una cuestión necesitada de regulación», *Revista General de Derecho Procesal*, Iustel, n.º 27, 2012, p. 2.

penal, pues la anonimización faculta a los autores a crear perfiles o cuentas falsas, modificar la localización de los terminales e inclusive generar material probatorio falso[13]. Y eso no es todo, también existe la posibilidad de que un sujeto actúe en nombre de un tercero usurpando su identidad[14], en tal caso no solamente se estaría cometiendo el delito en cuestión, sino que además el autor estaría vulnerando DDFF de un tercero como puede ser el derecho a la intimidad o a la propia imagen.

Anteriormente decíamos que las fuentes de prueba obtenidas en la red podían provenir de una red social o una página web. La información obrante en dichas aplicaciones, redes sociales o páginas web, normalmente es pública y cualquier persona puede acceder a ella. A esto se le denomina *canales de comunicación abiertos*, su contraparte, los *canales de comunicación cerrados*, serán aquellos que para poder acceder a su contenido tienes que ser aceptado o se precisa de una contraseña o invitación para acceder al contenido de la información[15]. En estos supuestos hallamos otra de las características de la prueba electrónica, la privacidad en relación con el acceso al contenido, puesto que solamente se considera información pública a aquella contenida en un *canal de comunicación abierto*, mientras que, para acceder a un canal cerrado de comunicación, tal y como establece el artículo 282 bis de la LECrim, será necesaria una autorización judicial para poder obtener información obrante en un *canal cerrado de comunicación*.

Finalmente, haremos referencia a la ubicuidad como rasgo característico de la prueba electrónica[16]. La ubicuidad se nos presenta como una dificultad para investigar un delito y para poder obtener material probatorio que sus-

---

13. Testigo de ello es la Sentencia del Tribunal Supremo 300/2015, de 19 de mayo, cuando se afirma que *«la prueba de una comunicación bidireccional mediante cualquiera de los múltiples sistemas de mensajería instantánea debe ser abordada con todas las cautelas. La posibilidad de una manipulación de los archivos digitales mediante los que se materializa ese intercambio de ideas, forma parte de la realidad de las cosas. El anonimato que autorizan tales sistemas y la libre creación de cuentas con una identidad fingida, hacen perfectamente posible aparentar una comunicación en la que un único usuario se relaciona consigo mismo»*. En el mismo sentido, DELGADO MARTÍN, Joaquín, «¿Cómo afrontar la complejidad de la prueba digital? Una visión práctica para los profesionales del Derecho», *Revista de Derecho Digital e Innovación*, n.º 2, 2019.
14. ARRABAL PLATERO, Paloma, *La prueba tecnológica, Op. Cit.*, pp. 51-52.
15. El TC en la STC 241/2012, de 17 de diciembre, define canal abierto de comunicación como aquel canal del que no puede predicarse su confidencialidad. Por su parte, en la STC 170/2013, de 13 de octubre, conceptualiza el término canal cerrado de comunicación a aquel canal en el que existe una expectativa fundada y razonable de confidencialidad respecto al conocimiento de las comunicaciones mantenidas.
16. Debemos advertir que este rasgo solamente reluce cuando el material probatorio se extrae de la red, ya que no toda prueba electrónica podrá ser obtenida en la red, únicamente es una posibilidad más.

tente la comisión delictiva, dado que internet no cuenta con límites geográficos y la transnacionalidad de los actos llevados a cabo puede llegar a ocasionar conflictos para determinar la competencia territorial en la investigación de un delito[17]. Por el momento, y a expensas de una regulación unitaria que determine quién debe ser competente para investigar esta tipología de delitos, nuestro Ordenamiento Jurídico se sirve de los postulados del Tribunal Supremo (en lo que sigue, TS) que determinó que en estos casos el delito se comete en todas las jurisdicciones en las que se haya realizado algún elemento del tipo, abogando así por la teoría de ubicuidad[18].

2. UN BREVE APUNTE SOBRE PRUEBA ELECTRÓNICA Y PROCEDIMIENTO PENAL

Aun y echando en falta una regulación completa sobre la prueba electrónica, el procedimiento penal se sirve de la LEC, de la jurisprudencia del TS o del Tribunal Constitucional (en lo que sigue, TC) y de los Convenios Internacionales para colmar un vacío legal que entendemos que no debería de tardar en completarse debido a la especialidad y complejidad de la prueba electrónica, así como para garantizar una verdadera seguridad jurídica para los justiciables.

Partiendo de esta premisa, para conocer el ámbito de aplicación de la prueba electrónica en el marco del proceso penal debemos acudir al artículo 14.2 del Convenio de Budapest sobre Ciberdelincuencia, el cual establece que serán de aplicación sus disposiciones cuando se investiguen delitos cometidos por medio de un sistema informático, pero también cuando se pretendan obtener pruebas electrónicas para esclarecer cualquier tipo de delito[19], así pues, podemos apreciar que su ámbito de aplicación será doble[20].

Con el objetivo de cumplimentar el contenido de la prueba electrónica, tanto el TS como el TC han sentado jurisprudencia a fin de dar contenido a diferentes elementos necesarios del procedimiento, tales como la pertinen-

17. PEREIRA PUIGVERT, Sílvia, «Determinación de la jurisdicción y competencia para la persecución penal del ciberdelito», *El sistema jurídico ante la digitalización. Estudios de Derecho Público*, Tirant lo Blanch, Valencia, 2021.
18. El Pleno del Tribunal Supremo mediante el Acuerdo No Jurisdiccional de 3 de febrero de 2005.
19. DELGADO MARTÍN, Joaquín, *Investigación tecnológica y prueba digital en todas las jurisdicciones, Op, Cit.*, p. 299.
20. El primer tipo de delitos hace referencia a la ciberdelincuencia, es decir, aquellos ilícitos penales acometidos en el ciberespacio, es decir, el ámbito artificial creado por medios informáticos, entre ellos: delitos realizados contra equipos, datos o sistemas informáticos (contra la integridad, confidencialidad y disponibilidad), pero también

cia de la prueba electrónica[21], su impugnación[22], su valoración[23], su validez como prueba[24] o la ilicitud probatoria[25].

Debido a que la obtención, aportación, practica y valoración de la prueba electrónica sobrepasan el objeto de este estudio, cuyo contenido se desarrollará en trabajos venideros, nos detendremos en analizar la ilicitud de la prueba electrónica por vulneración de DDFF, de ello tratará el siguiente epígrafe.

III. LA ILICITUD DE LA PRUEBA ELECTRÓNICA EN EL MARCO DEL PROCEDIMIENTO PENAL POR VULNERACIÓN DE DERECHOS FUNDAMENTALES

1. LA ILICITUD PROBATORIA

La protección de los DDFF es un tema capital en el proceso penal. Con la asunción de la democracia y la posterior incorporación de la Carta Magna al Ordenamiento Jurídico Español se blindaron ciertos derechos, denominados DDFF, cuyo respeto ha de prevalecer en todo momento por encima de otros derechos a fin y efecto de proteger la esfera más privada de los ciudadanos[26].

En el campo de la probática los DDFF juegan también un papel muy relevante. El legislador, siguiendo los postulados del TC, en la STC 114/1984[27], incorporó en nuestro Ordenamiento Jurídico, a través el artículo 11.1 LOPJ, el principio de la exclusión de las pruebas ilícitas, esto implica que aquella prueba obtenida o introducida al proceso vulnerando, de forma directa o indirecta, DDFF no debe surgir efecto. Expresado en otros térmi-

---

para aquellos delitos tradicionales llevados a cabo por medio de dispositivos digitales (estafa, amenaza, coacción). Por su parte también serán de aplicación sus disposiciones cuando lo que se pretenda sea obtener o aportar al procedimiento cualquier fuente de prueba electrónica con la que esclarecer algún delito de los considerados tradicionales, nos referimos, por ejemplo, a la aportación en un procedimiento penal de un vídeo que contribuya al esclarecimiento de un delito de robo en casa habitada.

21. STC 107/2021, de 13 de mayo.
22. STS 2205/2019, de 27 de junio; STS 1251/2021, de 25 de noviembre.
23. STS 649/2019, de 20 de diciembre.
24. STS 167/2020, 19 de mayo; SAN 23/2019, de 20 noviembre.
25. STS 116/2017, de 23 de febrero.
26. Algunos autores sostienen que el catálogo de Derechos Fundamentales no debe considerarse *numerus clausus*, sino que como consecuencia del avance social éstos están en constante evolución.
27. STC 114/1984, de 29 de noviembre, determinó que «la admisión en el proceso de una prueba ilícitamente obtenida implicará infracción del artículo 24.2 de la Constitución, porque una prueba así obtenida no es una prueba pertinente». Sobre esta sentencia

nos, esta prueba no podrá ser valorada y deberá ser excluida del proceso por su escasa fiabilidad al haberse obtenido por unos cauces ilícitos[28]. A pesar de la conceptualización que acabamos de ofrecer, señala ARMENTA DEU que el concepto de prueba ilícita no es unívoco, ya que la ilicitud de la prueba puede provenir de diferentes fuentes, aunque como argumenta la autora, la ilicitud a la que se refiere el art. 11.1 LOPJ únicamente hace referencia a la prueba obtenida, directa o indirectamente, vulnerando DDFF[29].

El eterno debate sobre la exclusión del procedimiento de aquel material probatorio obtenido vulnerando DDFF gira alrededor del deber del Estado de perseguir la comisión de un delito y la salvaguarda de los DDFF de la persona investigada. Tal es la magnitud de la presente disyuntiva que la doctrina jurisprudencial sobre prueba ilícita ha ido dando tumbos con el paso del tiempo, lo veremos a continuación.

Si hacemos referencia a la obtención de una prueba vulnerando directamente un DF no caben ninguna duda sobre su ilicitud. Ahora bien, cuando nos fijamos en su obtención de forma indirecta, o lo que es lo mismo, la denominada *prueba refleja,* su aportación al proceso suscita alguna que otra controversia. El origen de la controversia lo introduce el artículo 11.1 LOPJ al determinar que las pruebas indirectamente obtenidas vulnerando DDFF también deben ser excluidas del procedimiento. En base a este precepto también se excluirán del proceso aquellas pruebas que aun y ser obtenidas de forma lícita, derivan o tienen su origen en las anteriores, esto es, una prueba lícita *per se,* pero contaminada de inconstitucionalidad desde su origen, debido a que se obtuvo mediante la utilización de información o conocimientos adquiridos de manera ilícita. Ejemplo de tal afirmación lo encon-

---

CAMPANER MUÑOZ se ha pronunciado afirmando que «*el TC distinguió entre la infracción de normas infraconstitucionales y la conculcación de Derechos Fundamentales, aparejando tan sólo a esta última la sanción de nulidad. Y ello con base en la privilegiada posición e inviolabilidad de los derechos y libertades fundamentales (artículo 10.1CE)*» en CAMPANER MUÑOZ, Jaime, *La confesión precedida de la obtención inconstitucional de fuentes de prueba,* Aranzadi, Navarra, 2021, p. 53.

28. DE URBANO CASTRILLO, Eduardo, TORRES MORATO, Miguel Ángel, *La prueba ilícita penal, Estudio jurisprudencial,* Aranzadi, sexta edición, Cizur Menor, 2012, pp. 38.41.

29. A la vista de lo anterior, para referirse a otros supuestos de ilicitud probatoria la doctrina española hace referencia a la prueba irregular y a la prueba prohibida. A grandes rasgos, la prueba irregular es aquella que se aporta al proceso vulnerando una disposición legal que no esté relacionada con los DDFF. Por su parte, la prueba prohibida es aquella que no puede ser admitida en un proceso, dado que el legislador así lo ha previsto en un texto legal, sin que el fundamento de la prohibición sean los DDFF o las garantías procesales del investigado. En ARMENTA DEU, Teresa, *La prueba ilícita, Op. Cit.,* p. 31.

tramos en la STC 85/1994[30] que determinó que «*toda prueba que tuviera derivación inmediata de la prueba inconstitucional debería ser declarada sin efecto*». A tenor de dicha sentencia, el TS concretó sus términos con la STS 448/1997[31], de 4 de marzo, resolviendo que «*la prohibición de la prueba constitucionalmente ilícita y de su efecto reflejo pretende otorgar el máximo de protección a los derechos fundamentales constitucionalmente garantizados y, al mismo tiempo, ejercer un efecto disuasor de conductas anticonstitucionales en los agentes encargados de la investigación criminal ('Deterrence effect). (...) Prohibir el uso directo de estos medios probatorios y tolerar su aprovechamiento indirecto constituiría una proclamación vacía de contenido efectivo, e incluso una incitación a la utilización de procedimientos inconstitucionales que, indirectamente, surtirían efecto. Los frutos del árbol envenenado deben estar, y están (art. 11.1 de la LOPJ), jurídicamente contaminados*». La interpretación del precepto llevada a cabo, primero por el TC y más tarde por el TS, supone la adopción por parte de la jurisprudencia de la *doctrina norteamericana de los frutos del árbol envenenado,* para ello, es decir, para que la prueba refleja plasme sus efectos mediante la conculcación de DDFF, se precisa que exista una relación causal entre la prueba lícita y la prueba obtenida inconstitucionalmente[32].

Aunque la doctrina mayoritaria respalde la exclusión de la *prueba refleja*[33], una corriente minoritaria[34] rechaza dicha exclusión atendiendo a la disyuntiva que apelábamos *ut supra,* esto es, la limitación del derecho del Estado a investigar conductas delictivas produciendo así una notoria desprotección social[35]. En atención a lo antedicho, empero, debemos advertir que la jurisprudencia viene admitiendo excepciones[36] en las que la prueba refleja, o prueba indirectamente ilícita obtenida vulnerando DDFF, se toma en consideración y podrá poder ser utilizada en el procedimiento desco-

30. STC 85/1994, de 14 de marzo.
31. STS 448/1997, de 4 de marzo.
32. Un estudio pormenorizado de la doctrina de los frutos del árbol envenenado la podemos encontrar en CAMPANER MUÑOZ, *La confesión precedida de la obtención inconstitucional de fuentes de prueba, Op. Cit.,* pp. 51-110.
33. SENTÍS MELENDO, Santiago, *La prueba. Los grandes temas del derecho probatorio,* Ejea, Buenos Aires, 1978, p. 168.
34. PASTOR BORGOÑÓN, Blanca, «Eficacia en el proceso de las pruebas ilícitamente obtenidas», *Justicia, Revista de Derecho Procesal,* 1986, pp. 356 y ss.
35. Sobre las diferentes posiciones doctrinales con relación a la prueba ilícita podemos encontrar un estudio detallado en CHOCLÁN MONTALVO, José Luis, «La prueba videográfica en el proceso penal: validez y límites», *Revista del Poder Judicial* n.º 38, junio de 1995.
36. La STS 8/2000, de 17 de enero, precisa que «*la prohibición de valoración de pruebas derivadas de las obtenidas inicialmente con vulneración de derechos fundamentales sustantivos sólo se produce si la ilegitimidad de las pruebas originales se transmite de las derivadas, ya que las pruebas derivadas pueden ser constitucionalmente legítimas, si ellas no se han obtenido mediante la vulneración de un derecho fundamental; consecuencia de ello es que no pueda*

nectándola así de la prueba ilícita cuando no se cumpla la teoría de la conexión de antijuricidad. Lo que se pretende con la teoría de la conexión de antijuricidad es que exista un *plus* con relación a la causalidad entre la prueba ilícitamente obtenida y la prueba refleja. Sobre este extremo el TS, a través de la STS 81/1998, determinó que para valorar si la prueba refleja debe ser declarada inconstitucional se deberá analizar cada caso en concreto y efectuar un examen conjunto del derecho vulnerado y de su resultado, para luego valorar dicho resultado desde una perspectiva interna y externa. De esta forma, la valoración interna permitirá conocer la índole y características del derecho sustantivo vulnerado y si existe alguna ruptura de conexión entre la prueba inconstitucionalmente obtenida y la causalmente conectada con ella. Por su parte, con la valoración externa se conseguirán determinar las necesidades esenciales de tutela exigidas por la realidad y efectividad de este derecho. En tal caso, deberá comprobarse si la exclusión de la prueba en cuestión cumple o no con un efecto disuasorio de conductas inconstitucionales por parte de los investigados.

Siguiendo la tendencia marcada por las más recientes sentencias del Tribunal de Garantías, la teoría de la conexión de la antijuricidad se manifiesta en ciertos supuestos, veámoslos:

En primer lugar, la excepción de la *fuente de prueba independiente* opera cuando las pruebas que se pretenden excluir por considerarse derivadas de una violación anterior de un DF, en realidad derivan de una fuente independiente obtenida sin violentar los derechos del investigado[37] y, por lo tanto, su obtención se considera válida al estar desconectada de aquella efectuada inicialmente vulneradora de DDFF. En segundo lugar, el *descubrimiento inevitable*[38] se nos presenta como una excepción de la ilicitud de la prueba refleja por cumplirse, según el Alto Tribunal, con la desconexión de antijuricidad. Esta excepción faculta a la parte acusadora a emplear una prueba derivada de carácter ilícito siempre que consiga demostrar de manera concluyente que dicha prueba se hubiera obtenido de todos modos, con independencia de la existencia del nexo causal entre

---

sostenerse que su incorporación al proceso implique lesión del derecho a un proceso con todas las garantías. De manera que es posible que la prohibición de valoración de las pruebas originales no afecte a las derivadas, si entre ambas, en primer lugar, no existe relación natural, o si, en segundo lugar, no se da la conexión de antijuridicidad».

37. FIDALGO GALLARDO, C., *Las «pruebas ilegales» de la «exclusionary rule» estadounidense al artículo 11.1 LOPJ*, Centro de Estudios Políticos y Constitucionales, Madrid, 2003, p. 438. En otros términos, STC 86/1995, de 5 de junio.

38. Sentencias ilustrativas del descubrimiento inevitable en nuestro Ordenamiento Jurídico: STS 974/1997, de 4 de julio; STS 161/1999, de 3 de febrero; STS 818/2011, de 21 de julio; STS 116/2013, de 21 de febrero; STS 364/2013, de 25 de abril; STS 651/2018, de 14 de diciembre. La última de ellas, STS 3487/2023, de 14 de julio de 2023.

la infracción del DF y la fuente de prueba obtenida mediante el uso de medios legales e independientes a la acción inconstitucional que permitió su obtención[39]. En tercer lugar, el *hallazgo casual* constituye una excepción a la regla general de la ilicitud de una prueba refleja por considerar la fuente de prueba obtenida un descubrimiento sorpresivo o inesperado relativo a un delito que no era objeto de la investigación inicial, pero que su hallazgo es secundado por una intervención anterior restrictiva de DDFF, ya sea ordenada o no judicialmente, cuyo objetivo era obtener fuentes de prueba relacionadas con un delito distinto al de las pruebas halladas casualmente[40]. De dar con un *hallazgo causal* durante la práctica de una diligencia de investigación lícita debemos considerar de forma diferente el efecto del hallazgo según si el descubrimiento presupone la realización de un delito conexo o de un delito independiente[41]. En otro orden de ideas, cuando el *hallazgo causal* sea obtenido durante la práctica de una diligencia de investigación ilícita, independientemente de que las evidencias obtenidas sean constitutivas de un delito conexo o independiente, el material probatorio encontrado casualmente deberá considerarse nulo, ya que su obtención proviene de una práctica vulneradora de DDFF. Ahora bien, es necesario traer a colación la STS 811/2012, de 30 de octubre, donde el TS admite como prueba un hallazgo causal obtenido durante la práctica de una diligencia de investigación autorizada, cuyo fundamento de la autorización se sustentaba en una fuente de prueba obtenida ilícitamente, por haber sido obtenida *de buena fe y con la pertinente*

39. SALAS CALERO, Luis, «Aspectos materiales y procesales del principio acusatorio: problemas probatorios, prueba ilícita y procesos penales socialmente relevantes. La exclusión de pruebas ilícitamente obtenidas en el Derecho Procesal de los Estados Unidos» en *Revista del Poder* Judicial, n.º 66, 2002.

40. STS 1004/1999, de 18 de junio; STS 1990/2002, de 29 de noviembre; STS 320/2011, de 22 de abril; STS 988/2011, de 30 de septiembre; STS 291/2013, de 14 de marzo.

41. Si nos encontramos evidencias que conllevan el hallazgo causal de un delito conexo, las fuentes de prueba obtenidas serán incorporadas a la causa inicial al guardar una relación directa con el delito inicialmente investigado, no obstante, para ello, será necesario que el Juez que ordenó la medida restrictiva de DDFF emita un auto ampliando las diligencias de investigación inicialmente autorizadas, cuando ello no suponga una excesiva complejidad o dilación del proceso y siempre que el Juez, una vez analizada la diligencia de actuación practicada, evaluada en el marco en que se produjo el hallazgo casual, se deduzca una imposibilidad manifiesta de haber solicitado la medida que pudiera incluir la fuente de prueba obtenida causalmente de un delito conexo en el momento en que se solicitó la realización de la medida limitadora de derechos DDFF. Por su parte, cuando el hallazgo presuponga la comisión de un delito independiente, por no guardar conexión con el delito investigado, el hallazgo se considerará una *notitia criminis* y deberá iniciarse la investigación de un nuevo proceso penal en virtud de los indicios de la comisión delictiva obtenida.

autorización judicial[42], independientemente de que la prueba inicialmente obtenida de forma ilícita y que fundamenta la autorización de la diligencia de investigación que da origen al hallazgo causal fuera declarada nula por vulneración de DDFF tanto directa como indirectamente[43].

Por último, nos encontramos con la *excepción del nexo causal atenuado*. En este caso, las fuentes de prueba obtenidas no serán excluidas del procedimiento cuando la conexión entre la actuación policial inconstitucional y la obtención de la fuente de prueba derivada se haya atenuado tanto que no pueda proyectarse la ilicitud de la primera sobre la prueba refleja[44]. En otras palabras, el Juez deberá fijar dentro de una escala de valores de causalidad la relación entre la prueba ilícitamente obtenida y la derivada o refleja de ésta para determinar si existe un nexo de conexión suficientemente elevado para poder considerar la prueba refleja como ilícita[46].

Más allá de las excepciones a las que hemos hecho referencia hasta el momento, en 2017, con ocasión del desenlace de la causa conocida como la *Lista Falcciani*, algunos autores concluyen que los pronunciamientos, primero del TS[46] y luego del TC[47], suponen *«la muerte de la prueba ilícita»*[48]. De forma global, estas sentencias vienen a exponer que la admisión de la ineficacia de una prueba deriva siempre de «un juicio de experiencia», de un análisis de cada caso, de los intereses en juego, aunque concurran en el supuesto concreto los mismos elementos de análisis, es decir, una vulneración de DDFF y una norma que establece, sin excepciones, la ineficacia de

42. Sobre esto, GALVEZ MUÑOZ afirma que la excepción de buena fe de la jurisprudencia consiste en no aplicar la regla de la exclusión cuando no se alcanza el fin preventivo pretendido con su exclusión, ya que no hay disuasión cuando el infractor cree estar obrando de conformidad con el Ordenamiento Jurídico, en GALVEZ MUÑOZ, Luis, *La ineficacia de la prueba obtenida con violación de Derechos Fundamentales, Op. Cit.*, pp. 132-133.
43. Otras sentencias que tratan el hallazgo causal obtenido mediante la práctica de una diligencia de investigación vulneradora de DDFF: STS 994/1997, de 4 de julio; STC 81/1998, de 2 de abril; STC 22/2003, de 10 de febrero; STC 131/2010, de 2 de diciembre; STC 132/2012, de 2 de diciembre; STC 241/2012, de 17 de diciembre.
44. *Vid.* STS 60/1997, de 25 de enero; STC 66/2009, de 9 de marzo.
45. El autor FIDALGO GALLARDO determina que algunos de los factores que nos pueden ayudar a determinar la relación de causalidad entre la primera y la segunda fuente de prueba son: el tiempo transcurrido entre la ilicitud de la primera y la obtención de la prueba derivada; los acontecimientos intervinientes entre la ilegalidad de la primera y la obtención de las derivadas; la gravedad de la violación originaria o la naturaleza de la prueba derivada, en FIDALGO GALLARDO, Carlos, *las «pruebas ilegales» de la «exclusionary rule» estadounidense al artículo 11.1 LOPJ. Op. Cit.*, p. 441 y 442.
46. STS 116, 2017, de 23 de febrero.
47. STC 97/2019, de 16 de julio.
48. ASENCIO MELLADO, José María, «La STC 97/2019, de 16 de julio. Descanse en paz prueba ilícita», *Diario la Ley*, n.º 9499, Sección Tribuna, 16 de octubre, 2019.

la prueba así obtenida. Esta afirmación la sustentan de la siguiente forma: Primero, la regla de la exclusión no deriva del contenido esencial del DF vulnerado, sino que es una garantía consecuencia de la posición preferente de los DDFF de la CE. Segundo, la pretensión de la exclusión de la prueba ilícita, que deriva de la posición preferente de los DDFF, tiene naturaleza procesal, por lo que ha de ser abordada desde el punto de vista de las garantías del proceso justo, es decir, las provenientes del artículo 24.2 CE, mediante el cual la ineficacia de la prueba ilícita constituye una garantía objetiva propia y autónoma. Tercero, la ineficacia de la prueba ilícita deberá someterse a un análisis concreto con el que concluir si su uso rompe el equilibro y la igualdad entre las partes, esto es, en términos del Alto Tribunal, la integridad del proceso en cuestión como proceso justo y equitativo. En este sentido, el Tribunal deberá ponderar en cada caso los intereses en tensión para dar acogida preferentemente en la decisión a uno u otro de ellos (interés público en la obtención de la verdad procesal e interés también en el reconocimiento de la plena eficacia de derechos constitucionales). La hipotética vulneración del orden constitucional sólo puede producirse por referencia a los derechos que cobran existencia en el ámbito del proceso (art. 24.2 CE). La decisión sobre la prueba ilícita enfrenta al órgano judicial a una encrucijada de intereses, debido a que debe decidir, efectuando un juicio ponderativo, sobre la admisibilidad de los elementos de convicción obtenidos con vulneración previa de un DF sustantivo. En definitiva, la prueba se considerará ilícita si tras efectuar una ponderación entre el interés de perseguir un delito *versus* la salvaguarda de los DDFF del ciudadano, la cual cosa, a nuestro entender, comporta que los derechos del ciudadano resulten dañados, puesto que el deber del estado por perseguir un delito deja en una posición de inferioridad al ciudadano en el procedimiento. Todo lo expuesto hasta ahora comporta una situación de inseguridad jurídica para el afectado, dado que el propio Tribunal será quien decida sobre el alcance de la ilicitud de la prueba refleja sin tener que someterse a ningún criterio más allá que el de la regla de la sana critica, o lo que es lo mismo, la apreciación según su propio arbitrio.

Veremos cómo avanza la doctrina jurisprudencial en los próximos años o si el legislador, a la luz de los últimos pronunciamientos del Tribunal de Garantías Constitucionales, elabora una regulación sobre la ilicitud probatoria que vaya más allá de los postulados que establece el artículo 11.1 LOPJ. Ahora bien, desde nuestra perspectiva, la tesis jurisprudencial que viene adoptándose desde finales de los años noventa sobre los efectos de la prueba obtenida directa o indirectamente vulnerando DDFF no conduce a nada más que a dilucidar y privar de la protección sobre DDFF que legalmente ampara a los ciudadanos.

2. POSIBLES DERECHOS FUNDAMENTALES VULNERADOS EN LA OBTENCIÓN DE LA PRUEBA ELECTRÓNICA

Acabamos de exponer el recorrido jurisprudencial que ha vivido la prueba ilícita obtenida mediante la de la vulneración de DDFF y su efecto reflejo. Llegados a este punto, es el momento de exponer el catálogo de DDFF que pueden ser vulnerados al incorporar al procedimiento penal una prueba electrónica cuya obtención, directa o indirectamente, se efectúe vulnerando estos derechos.

2.1. Derecho Fundamental a la intimidad personal y familiar, derecho al honor y derecho a la propia imagen, (18.1CE)

El artículo 18.1 CE incorpora tres derechos diferentes en un mismo precepto, ello, no obstante, se trata de Derechos Fundamentales independientes entre ellos. Siguiendo la estructura del legislador, trataremos en este apartado los tres derechos, pero desarrollando su contenido de forma independiente.

Según reconoce la STC 115/2010, el Derecho fundamental a la intimidad personal y familiar *«garantiza al individuo un ámbito reservado de su vida, vinculado con el respeto a su dignidad como persona frente a la acción y el consentimiento de los demás, sean estos poderes públicos o simples particulares»*. Por otra parte, la STC 115/2013, de 9 de mayo, impone el deber de terceros a abstenerse de toda intromisión en la esfera íntima y la prohibición de hacer uso de lo así conocido. En este sentido, el ámbito de protección que abasta este DF incluye tanto derechos para quien lo ostenta, así como la obligación para un tercero de no interferir en la vida íntima de una persona[49].

Vinculando este derecho a la prueba electrónica, MARTÍN DELGADO lo diferencia según si la evidencia probatoria se ha obtenido en un dispositivo electrónico, mediante la realización de actividades en internet o a través de datos de navegación web[50]. Sobre los dispositivos electrónicos se ha pronunciado el TC determinando que la información contenida en dis-

49. Extensa es la jurisprudencia que hace referencia a los límites de este Derecho, pudiéndose incorporar dentro de su ámbito de protección todas aquellas situaciones que permiten mantener una voluntad de reserva por parte del sujeto, salvo que, de forma intencional o consciente, el valedor de este derecho lleve a cabo actividades o participe en actuaciones en las que se exponga al conocimiento ajeno. Por poner algún ejemplo: STC 12/2012, de 30 de enero; STC 241/2012, de 17 de diciembre. En el mismo sentido, pero en relación con la intimidad de un menor de edad en el ámbito familiar: *Vid.* STS 850/2014, de 26 de noviembre; STS 864/2015, de 10 de diciembre.

50. DELGADO MARTÍN, Joaquín, *Investigación tecnológica y prueba digital en todas las jurisdicciones*, *Op. Cit.*, pp. 105-109.

positivos electrónicos afecta en todo caso a la intimidad personal[51]. Huelga decir que la injerencia a este DF sin la oportuna autorización judicial implicará la ilicitud de la prueba y por lo tanto su nulidad[52]. Más controvertido será el derecho a la intimidad cuando nos referimos a las actividades efectuadas en internet. En este caso, los datos o informaciones difundidos en internet tienen carácter público, puesto que el titular de la actividad desplegada acepta tácitamente su difusión siempre que ésta sea difundida en *canales de comunicación abiertos*[53]. Dicho esto, cuando la información divulgada se lleve a cabo en un *canal cerrado de comunicación* y el intercambio de la información sea entre personas determinadas, su conocimiento por parte de un tercero ajeno a la conversación afecta al secreto de las comunicaciones[54]. Por su parte, al referirnos a los datos provenientes de la navegación web debemos abordarlo desde dos extremos distintos. Por un lado, el hecho de acceder a un contenido que pueda contener datos sensibles por incorporar información sobre un aspecto de la vida privada de un tercero[55] y, por otro lado, la huella digital que puede dejar un usuario en internet, es decir, el acceso a datos de navegación almacenada en el navegador de un usuario puede comprometer a su intimidad al poder ser revelados sus hábitos de consulta[56].

Es el turno ahora de examinar el Derecho al honor, cuyo papel es también relevante a efectos de prueba electrónica, máxime si nos referimos a

51. STC 173/2011, de 7 de noviembre.
52. Esto no es siempre así, hay que interpretarlo con matices, dado que el Alto Tribunal ya se ha pronunciado sobre este extremo. Por ejemplo, con la STS 287/2017, de 19 de abril, al afirmar que no existirá vulneración del derecho a la intimidad cuando se extraiga información para aportarla en un proceso judicial de un equipo informático de uso familiar compartido. O la más reciente: STS 597/2022, de 15 de junio.
53. VELASCO NUÑEZ, Eloy, «Investigación procesal penal de redes, terminales, dispositivos informáticos, imágenes, GPS, balizas, etc.; la prueba tecnológica», en *Diario la Ley*, n.º 8183, Sección Doctrina, 4 de noviembre de 2013, p. 13.
54. Aunque sobrepase el contenido de este estudio, queremos dejar apuntado que aquí juega un papel relevante el *agente encubierto informático* cuya actividad puede servir para esclarecer delitos, pero en ningún caso para provocarlos. De ello hemos hablado en: ORDOÑEZ PONZ, Francesc, «La cibercriminalidad y las investigaciones encubiertas en canales cerrados de comunicación. Aciertos y "olvidos" del anteproyecto de LECrim de 2020», *Fodertics 10.0: estudios sobre derecho digital* (González Pulido, Irene, coord. y Bueno de Mata, Federico, dir.), Comares, Granada, 2022, pp. 109-121.
55. MEGÍAS QUIRÓS, José Justo, «Privacidad e internet; intimidad, comunicaciones y datos personales», en *Anuario de Derechos Humanos*, n.º 3, 2002, pp. 515- 560.
56. Caso Copland: Sentencia de 3 de abril de 2007 del Tribunal Europeo de Derechos Humanos, «es lógico pues que los correos electrónicos enviados desde el lugar de trabajo estén protegidos en virtud del art. 8, como debe estarlo la información derivada del seguimiento del uso personal de Internet».

aquella información divulgada por terceros en las redes sociales. Entendemos por Derecho al honor a aquella garantía constitucional que protege a los ciudadanos frente a los ataques recibidos hacia su reputación personal, ya sea mediante la difusión de expresiones, mensajes, infamaciones o vejaciones, provocando objetivamente el descrédito de una persona[57]. Además, en el mismo sentido, debemos manifestar que este derecho conculca con el derecho a la libertad de expresión y a la opinión pública, siendo necesario que se efectúe una ponderación entre la asunción de un derecho y otro[58]. Si fijamos nuestra mirada en las redes sociales, es decir, el impacto que puede generar la difusión de contenido en Facebook, Twitter, Instagram o TikTok, debido a que una multitud de personas puede ser conocedora de la información difundida, puede constituir una afección al derecho al honor de una persona, ahora bien, como ocurría con los demás derechos, sola se considerará ilícita la prueba obtenida en un *canal cerrado de comunicación.*

Finalmente, el TC también delimita el contenido del DF *a la propia imagen* configurándolo como aquél derecho derivado de la dignidad humana y encaminado a determinar la información gráfica generada por sus rasgos físicos personales, pudiendo llegar a una dimensión pública[59], en este sentido sostiene ARRABAL PLATERO[60] que *«este derecho protege los rasgos o atributos característicos que individualizan e identifican a un sujeto (imagen y voz) del conocimiento de terceras personas que no cuentan con el consentimiento del titular del derecho, independientemente de la finalidad que se persiga con su difusión»*[61]. Así las cosas, como ocurría con el Derecho al honor, la publicación de imágenes en la red puede ser susceptible de vulnerar un DF, siempre y cuando se cumpla con la premisa anunciada *ut supra*, es decir, cuando se obtenga la imagen o la voz de forma ilícita en un *canal cerrado de comunicación.*

57. Entre otras, STC 14/2003, de 28 de enero y STC 216/2006, de 3 de julio. Debemos advertir, no obstante, que solamente existirá una intromisión ilegítima al derecho al honor cuando la información difundida sea de interés público y su contenido sea considerado veraz. A saber: STS 134/1999, de 15 de julio; STS 154/1999 o STS 52/2002, de 25 de febrero.
58. STS 1089/2008, de 12 de noviembre; STS 849/2008, de 19 de septiembre; STS 65/2009, de 5 de febrero; STS 111/2009, de 19 de febrero; STS 507/2009, de 6 de julio; STS 17/2011, de 1 de febrero; STS 35/2017, de 19 de enero.
59. STC N117/1994, de 25 de abril.
60. ARRABAL PLATERO, Paloma, La prueba tecnológica: aportación, práctica y valoración, *Op. Cit.*, pp. 128-129.
61. Siempre que, tal y como exige el TC, con la imagen se reconozca al sujeto que aparece en ella y no se cuente con su consentimiento al ser difundida STC 287/2004, de 26 de marzo; STS 6068/2004, de 17 de junio; STS 735/2004, de 19 de julio.

2.2. Derecho Fundamental a la Inviolabilidad del Domicilio

Dejamos a un lado el artículo 18.1 CE y nos centraremos en analizar el Derecho a la inviolabilidad del domicilio del 18.2 CE. Este derecho otorga la licencia a su titular, ya sea una persona física o jurídica[62], a salvaguardarse de un ataque, entrada o permanencia de un tercero en su propio domicilio con la finalidad de que la esfera más íntima y reservada de una persona quede protegida. Que el derecho a la inviolabilidad de domicilio sea un DF no implica que se trate de un derecho ilimitado, ya que la propia CE limita su contenido determinando así cuando no debe considerarse la entrada de un tercero en un domicilio una intromisión ilegítima de derechos[63]. Aunque *a priori* este Derecho solamente aparente hacer referencia a la inviolabilidad del domicilio, la jurisprudencia[64] también ha asimilado el concepto a otras categorías quedando su alcance también protegido con el mismo efecto por este derecho, a saber: pensión, hostal, habitación alquilada, camarote de una embarcación, despacho profesional no abierto al público, una cueva, un buzón de correo o una taquilla personal[65].

Con la irrupción de las nuevas tecnologías también se ha dotado de contenido a la «*intrusión virtual*» del domicilio. RICHARD GONZÁLEZ la define como «*aquella injerencia en el domicilio que se produce a distancia sin procederse a la entrada material en el mismo y que permite observar lo que allí acaece sin el consentimiento de sus titulares*»[66]. En este sentido, en la intromisión virtual no existe un contacto directo con el domicilio, pero se asemeja a cuando

62. La jurisprudencia es clara alrededor de quien ostenta la condición de valedor del Derecho Fundamental a la inviolabilidad del domicilio otorgando dicha facultad tanto a las personas físicas como jurídicas. A saber: STS 471/1997, de 7 de abril; STS 312/2009, de 25 de marzo; STS 54/2015, de 16 de marzo.

63. Cuando el juez autorice la entrada, nos encontremos delante la comisión de un delito flagrante o el titular del derecho consienta el acceso este derecho podrá limitarse. Ello, no obstante, el consentimiento debe ser otorgado por una persona capaz, informada, libre, expreso, claro e inequívoco. *Vid. STS* 699/22014, de 28 de octubre; STS 628/2021, de 2 de abril; STS 922/2010, de 28 de octubre.

64. *Vid.* STS 1165/2009, de 25 de octubre; STS 157/2015, de 9 de marzo; STS 181/2005, de 18 de noviembre; STS 513/2014, de 24 de junio; STS 165/2013, de 26 de marzo; STS576/2002, de 3 de septiembre; STS 966/2010, de 29 de octubre.

65. Así las cosas, como hemos podido apreciar con este elenco de ejemplos, al configurarse jurisprudencialmente una concepción amplia del término domicilio, el elemento clave para que el derecho pueda producir su efecto es que se trate de un espacio físico cerrado donde se desarrolle la vida de forma constante o habitual. Entre otras, *Vid.* STS 1165/2009, de 25 de octubre; STS 157/2015, de 9 de marzo; STS 181/2005, de 18 de noviembre; STS 513/2014, de 24 de junio; STS 165/2013, de 26 de marzo.

66. RICHARD GONZÁLEZ, Manuel, «Nulidad de la prueba por intromisión virtual en domicilio. Una breve reflexión sobre la observación policial ilícita de la Jurisprudencia», *Diario La Ley*, n.º 8788, sección Reseña de Jurisprudencia, Madrid, 2016, p. 1.

la policía accede de modo sorpresivo al domicilio constitucionalmente protegido. Sobre esto, la jurisprudencia se ha manifestado abogando por limitar el derecho a acceder a través de medio técnicos al domicilio (nos referimos a hacerlo a través de teleobjetivos, prismáticos, telescopios, drones[67]), salvo que se cumpla alguno de los límites impuestos en la CE para limitar el acceso al domicilio. Otra manifestación de la intrusión virtual nos la presenta ORTIZ PRADILLO[68] al hacer referencia a la «vigilancia acústica del domicilio», ésta refiere a la utilización de medios de escucha y su posterior empleo como fuente de prueba en el procedimiento, llevada a cabo sin necesidad de acceder físicamente al interior del domicilio, ocasionando así una vulneración del derecho a la inviolabilidad del domicilio[69].

2.3. Derecho Fundamental al secreto de las comunicaciones

El Derecho al secreto de las comunicaciones (18.3 CE), es uno de los derechos más violentados con relación a la ilicitud de la prueba electrónica. Los efectos de este derecho vislumbran cuando un tercero intercepta o tiene conocimiento de una comunicación ajena, es decir, llevada a cabo sin el consentimiento de los titulares, ya sean personas físicas o jurídicas, nacionales o extranjeras, independientemente de si el carácter del contenido de la conversación es íntimo o de notorio interés público[70]. Ahora bien, ¿qué entendemos por comunicación? El TC se ha pronunciado al respecto refiriéndose a comunicación como aquel proceso comprendido entre dos partes, en el que se emite un mensaje, pudiendo ser expresado no solamente por palabras, sino también en signos o señales que componen otras clases

67. STS 329/2016, de 20 de abril. «*Cuando los agentes utilizan instrumentos ópticos que convierten la lejanía en proximidad, no puede ser naturalizada con el argumento de que el propio morador no ha colocado obstáculos que impidan la visión exterior. El domicilio como recinto constitucionalmente protegido no deja de ser domicilio cuando las cortinas no se hallan debidamente cerradas*».
68. ORTIZ PRADILLO, Juan Carlos, *Problemas procesales de la ciberdelincuencia, Op. Cit.*, p. 172.
69. Como vemos, la inviolabilidad del domicilio vinculada a la obtención de prueba electrónica se manifiesta de forma particular, puesto que en este caso lo que se pretende es limitar el acceso y garantizar el domicilio de injerencias llevadas a cabo mediante dispositivos digitales y, aunque no exista un acceso físico, el efecto virtual que supone el acceso, de hacerse sin la preceptiva autorización, comporta la misma afectación al derecho que el acceso físico a la vivienda.
70. Es importante destacar que las conversaciones son libres entre quienes las contraen, esto implica que en ningún caso un interviniente en ésta podrá invocar la protección del artículo 18.3 CE si el otro interviniente revela la información de la comunicación a un tercero. Por lo tanto, no se le vulnera el derecho al secreto de las comunicaciones a quien formó parte de la conversación.

de lenguaje[71] e inclusive se considera que el secreto a la comunicación también abasta la identidad subjetiva del interlocutor[72].

El ámbito de protección del DF al Secreto de las Comunicaciones opera en *comunicaciones cerradas* a través cualquier medio o canal de transmisión (teléfono, postal, telegráfico, fibra óptica, onda de radio, mensajes instantáneos). Sin embargo, en ningún caso prosperará la invocación de este derecho cuando la conversación sea llevada a cabo en un *canal abierto de comunicación* (blogs, foros, redes sociales abiertas, comunicaciones radiofónicas, circuitos electrónicos cerrados, TV por cable o a la carta[73]), ya que para que este derecho resulte conculcado los destinatarios de la conversación deben ser determinadas o determinables. Como ocurría con los demás DF analizados hasta el momento, el Derecho al secreto de las comunicaciones no es un derecho ilimitado, su efecto podrá restringirse a través de una autorización judicial suficientemente motivada, siempre y cuando la autorización se base una investigación en curso, cuya infracción revista especial gravedad, atendiendo al bien jurídico protegido, a la relevancia social del mismo y a la existencia de indicios sobre el hecho constitutivo del delito y las personas investigadas[74].En suma, según lo antedicho, podemos evidenciar que tendrán la condición pruebas ilícitas aquellas obtenidas sin autorización judicial producto del acceso a datos transmitidos por redes en procesos de

71. Ahora bien, como viene afirmando el Tribunal Europeo de Derechos Humanos, a partir de la STEDH de 2 de agosto de 1984, (caso Malone c. Reino Unido, el DF al Secreto de las Comunicaciones no sólo abasta el contenido de la comunicación, sino también otros aspectos externos de la misma. El Convenio de Budapest los nombra *datos de tráfico*, y los define como «*cualquier dato informático relativo a una comunicación por medio de un sistema informático, generado por un sistema informático como elemento de la cadena de comunicación, que indiquen el origen, destino, ruta, hora, fecha, tamaño y duración de la comunicación o el tipo de servicio subyacente*» Muestra de ello, de modo ejemplificativo, es la STC 281/2006, de 9 de octubre; En este sentido, en la STS 54/2016, de 10 de mayo, el TS admite como medio de comunicación emoticonos del WhatsApp.
72. La STC 142/2012, de 7 de julio, determina que también forma parte del secreto a las comunicaciones la identidad subjetiva de los interlocutores, por lo que también supondrá una vulneración a este derecho la entrega de listados de llamadas telefónicas por las compañías de teléfono, el acceso al registro de llamadas entrantes y salientes grabadas en un teléfono móvil.
73. Quedan excluidas del secreto de comunicaciones por el artículo 64, c, del Real Decreto 424/2005, de 15 de abril, por el que se aprueba el Reglamento sobre las condiciones para la prestación de servicios de comunicaciones electrónicas, el servicio universal u la protección de los usuarios. También se excluyen las comunicaciones llevadas a cabo entre una persona y un dispositivo electrónico.
74. Reviste especial importancia la autorización contenida en el auto, pues la limitación del derecho no podrá ultrapasar ni el plazo autorizado para su intervención ni tampoco el tiempo imprescindible para poder preconstitur la prueba del hecho punible y la participación de su autor, tampoco podrán ser investigadas personas ni hechos distintos a los autorizados judicialmente.

comunicación[75], el acceso a datos contenidos en dispositivos electrónicos[76] y el acceso a información subida a internet cuyo acceso esté destinado a personas determinadas o determinables, es decir, información obrante en *canales cerrados de comunicación*.

2.4. Derecho Fundamental a la Protección de Datos

La proliferación de los avances tecnológicos, también de internet, en el ámbito personal, profesional o social, ha suscitado que en múltiples ocasiones compartamos nuestra información personal con empresas, Administraciones Públicas o terceros de un modo desmesurado y sin conocer muy bien el alcance de las consecuencias que se pueden derivar para nuestra propia intimidad. Vista la creciente tendencia a proporcionar información personal y los grandes riesgos que puede conllevar su difusión en masa, en los últimos años, su protección se ha constituido como DF[77]. Ahora bien, no es hasta la STC 292/2000, de 30 de noviembre, cuando se dota de contenido constitucional al Derecho a la protección de datos, según palabras del Alto Tribunal, este derecho «*atribuye a su titular un haz de facultades consistente en diversos poderes jurídicos cuyo ejercicio impone a terceros deberes jurí-*

75. Este supuesto hace referencia a toda conversación mantenida mediante una red telemática (red social, aplicación de mensajería instantánea, chat privado, etc...) entre dos personas. Como se ha dicho antes, para que exista una vulneración a este derecho la conversación debe ser revelada por un tercero ajeno a la conversación, siempre que éste no ostente el consentimiento de una de las partes para difundir el contenido de la conversación. *Vid.* MORENILLA RODRÍGUEZ, José María, «El derecho al respeto de la esfera privada en la jurisprudencia del Tribunal Europeo de Derechos Humanos», *Cuadernos de Derecho Judicial,* Consejo General del Poder Judicial, Madrid, 1993, pp. 322 y ss.
76. La STC 173/2011, de 7 de noviembre, dispone que «el ordenador es un instrumento útil para la emisión o recepción de correos electrónicos, pudiendo quedar afectado en tal caso, no sólo el derecho al secreto de las comunicaciones del art. 18.3 CE (por cuanto es indudable que la utilización de este procedimiento supone un acto de comunicación), sino también el derecho a la intimidad personal (art. 18.1 CE), en la medida en que estos correos o "emails", escritos o ya leídos por su destinatario, puedan almacenados en la memoria del terminal informático utilizado». Habida cuenta de esta sentencia la jurisprudencia vienen asimilando el ordenador a cualquier dispositivo electrónico: *Vid.* STC 115/2013 y STC 142/2012. En este caso tendrá una transcendencia notoria si la conversación ya ha terminado, si está en curso, e incluso si el destinatario ha leído el mensaje, lo tiene archivado o aun no lo ha recibido. Para un estudio más exhaustivo sobre el tema, *Vid.* DELGADO MARTÍN, Joaquín, *Investigación tecnológica y prueba digital en todas las jurisdicciones, Op. Cit.,* pp. 123-129.
77. La STC 254/1993, de 20 de junio, otorga contenido constitucional a la Protección de Datos. El TC determina que «*el artículo 18.4 CE forma parte de la respuesta a una nueva forma de amenaza concreta a la dignidad y a los derechos de las personas, de forma, en último término, no muy diferente a como fueron originándose e incorporándose históricamente los distintos derechos fundamentales*».

dicos, que no se contienen en el derecho fundamental a la intimidad, y que sirven a la capital función que desempeña este derecho fundamental: garantizar a la persona un poder de control sobre sus datos personales, lo que sólo es posible y efectivo imponiendo a terceros los mencionares deberes de hacer. A saber: el derecho a que se requiere el consentimiento para la recogida y uso de los datos personales, el derecho a saber y ser informado sobre el destino y uso de esos datos y el derecho a acceder, rectificar y cancelar dichos datos. En definitiva, el poder de disposición sobre los datos personales» [78].

Al margen de la regla general de licitud, existe un régimen jurídico singular para el tratamiento de datos personales, regulado en los artículos 236 bis a 236 decies de la LOPJ. Este régimen especial se activa cuando los datos deban de ser aportados a un proceso judicial, habida cuenta de que en el proceso judicial la protección de datos debe convivir con otros DDFF y principios fundamentales [79]. Esta especialidad conduce a que no se requiera el consentimiento del interesado para el tratamiento de sus datos en el proceso judicial, independientemente de si son aportados por las partes procesales o si son obtenidos a solicitud del propio órgano judicial (art. 236 quáter LOPJ). Desde la panorámica que acabamos de exponer, ¿cuándo debemos considerar a un dato como prueba ilícita? Atendiendo a las prescripciones normativas de nuestro Ordenamiento Jurídico, tanto la Policía como los Jueces, en el desarrollo de sus funciones públicas, podrán obtener legítimamente datos personales de un tercero, siempre que se respeten los requisitos procesales que establece la ley procesal, en nuestro caso la LECrim [80]. Ahora bien, cuando un dato personal sea obtenido por un tercero y no se cuente con el consentimiento de su titular y lo que pretenda sea

78. Asentado que la protección de datos se contempla como un DF debemos advertir que esta protección no es ilimitada. Nos explicamos. Para que el tratamiento de datos se considere lícito, el interesado debe haber consentido su transmisión o bien sustentarse en alguna disposición legal basada en derecho, en este sentido, el artículo 6 del RGPD determina los requisitos que marcan la licitud de su tratamiento.

79. Tales como: la tutela judicial efectiva y el derecho de defensa (24 CE), la libertad de información (20.3 CE), la publicidad en las actuaciones (123 CE), satisfacer otros fines relevantes, como pueden ser la protección de la independencia judicial y de los procedimientos judiciales (23.1 CE) o el cumplimiento de una misión realizada en interés público o en el ejercicio de poderes públicos conferidos al responsable del tratamiento (art. 6 RGPD).

80. Así las cosas, cuando se solicite la realización de una medida de investigación tecnológica (registro de un dispositivo de almacenamiento masivo de información, captación de imágenes o registro remoto de dispositivos de almacenamiento masivo de información) deberán seguirse las prescripciones halladas del Capítulo IV al Capítulo X del Título VIII, Libro II. De no hacerse siguiendo los parámetros que establece la Ley procesal en relación con las medidas de investigación tecnológica las fuentes de prueba halladas serán consideradas ilícitas y por lo tanto la prueba deberá apartarse del procedimiento.

incorporarlo al proceso, ya sea por ser este parte en el mismo o bien porque lo facilita a un Juez o a la Policía por iniciativa propia, la regla general establece que dicha prueba deberá ser considerada nula al vulnerar el DF que emana del artículo 18.4 CE. Sin embargo, tal como hemos explicado en el segundo epígrafe de este trabajo, la jurisprudencia ha venido determinado que no toda prueba obtenida por un particular con vulneración de un DF, directa o indirectamente, debe considerarse siempre nula, sino que deberá valorarse en cada caso las circunstancias concretas que conducen a valorar su validez[81].

2.5. ¿Estamos ante un nuevo Derecho Fundamental?; El Derecho al entorno virtual

Como hemos podido apreciar a lo largo de este estudio, la aparición de nuevas tecnologías, nuevas formas de investigación criminal e incluso la aparición de nuevos derechos ha comportado que al obtener una prueba electrónica puedan conculcarse distintos DDFF a la vez. Para salvaguardar el conjunto de estos derechos, el legislador viene refiriéndose a la aparición de un nuevo DF independiente que aúna conjuntamente la violación de diferentes DDFF: *El Derecho Fundamental al propio entorno virtual*[82].

El derecho al propio entorno virtual, como sostiene la jurisprudencia, «*está integrado, sin perder su genuina sustantividad como manifestación de derechos constitucionales de nomen iuris propio, de toda la información en formato electrónico que, a través del uso de las nuevas tecnologías, ya sea de forma consciente o inconsciente, con voluntariedad o sin ella, va generando el usuario, hasta el punto*

81. STS 508/2017, 287/2017, 116/2017, de 23 de febrero, entre otras muchas.
82. Para poner un ejemplo ilustrativo sobre este Derecho, imaginemos que un juez autoriza la entrada y registro en un piso por la presunta comisión de un delito contra la salud pública. En dicha entrada y registro la policía incauta toda la droga que encuentra en la casa y un ordenador portátil del investigado. Resulta que el auto autorizando la entrada y registro no contenía autorización judicial para acceder al contenido interno del ordenador y, al llegar a comisaria, la Policía efectúa un volcado de toda la información habida en el dispositivo electrónico. En tal caso, la información obrante del ordenador, obtenida sin respetar las reglas procesales, podría llegar a vulnerar diferentes DF: el DF al Secreto de las Comunicaciones (en relación con el sistema de mensajería interno del ordenador), el DF a la Intimidad Personal (por contener un listado de contactos o fotografías personales) e incluso el DF a la Protección de Datos (dado que el ordenador contiene datos personales y de geolocalización), ¿o uno de solo que comprenda todos? En el ejemplo que acabamos de plasmar, considerar cada uno de estos datos separadamente y bajo un régimen de protección diferente es insuficiente para garantizar una protección eficaz del sujeto titular de estos derechos. Es por ello por lo que el Legislador otorga un tratamiento unitario a los datos contenidos en los ordenadores y teléfonos móviles, reveladores del perfil personal del investigado.

de dejar un rastro susceptible de seguimiento para los poderes públicos»[83]. No somos conscientes aun del anclaje que comportará la aparición de este Derecho, pero habida cuenta de la variedad de derechos que pueden verse comprometidos con el acceso al dispositivo no nos cabe ninguna duda de que cada vez se recurrirá más a este derecho para proteger los posibles DDFF afectados con el acceso sin autorización a un dispositivo electrónico.

IV. A MODO DE CONCLUSIÓN

El respeto de los DDFF ha de prevalecer por encima de cualquier otro derecho. Ahora bien, como se ha apreciado a lo largo de este estudio, el efecto de estos derechos no es ilimitado. El Estado dispone de mecanismos para poder restringirlos en aras de satisfacer el Derecho estatal a perseguir un ataque cometido contra un bien jurídico considerado relevante para la sociedad. Al margen de los casos previstos por la Ley, toda fuente de prueba obtenida vulnerando DDFF, tanto de forma directa o indirecta, debería considerarse ilícita según los postulados del artículo 11.1 de la LOPJ operando así la doctrina de la exclusión probatoria. Ello, no obstante, aunque ninguna prescripción normativa establezca nada distinto al respecto, la consolidada doctrina jurisprudencial ha determinado que esto no es así, o, mejor dicho, no es así del todo. Hemos podido comprobar que existen diferentes excepciones que permiten introducir como material probatorio al proceso aquellas fuentes de prueba obtenidas vulnerando indirectamente DDFF, siempre que se cumpla con la teoría de la conexión de la antijuricidad. Incluso la más reciente jurisprudencia redibuja la doctrina determinando que para una prueba refleja pueda considerase ilícita, deberá efectuarse una ponderación entre los DDFF afectados y cuan puede verse comprometido el proceso en relación con la tutela judicial efectiva que emana del artículo 24.2 CE.

Sobre este último extremo, y aun y ser firmes valedores del Derecho del Estado de perseguir los delitos, no podemos compartir la doctrina jurisprudencial del Alto Tribunal. En primer lugar, porque la teoría de la antijuricidad requiere de un plus de conexión entre el DF conculcado y la fuente de prueba obtenida, cuando a nuestro modo de ver la simple conexión debería conducir a la ilicitud de la prueba refleja. En segundo lugar, porque entendemos que los DDFF son el límite que no debe poder ser ultrapasado. En este sentido, consideramos que el legislador ya ha determinado en qué casos pueden limitarse los DDFF y fuera de estos, toda prueba obtenida vulnerando algún DDFF, independientemente de si la conexión entre la vulneración es más fuerte o débil, debería suponer la inmediata exclusión

83. STS 204/2016, de 10 de marzo.

del proceso. No podemos estar más de acuerdo con CAMPANER MUÑOZ cuando afirma que la desprotección social que puede producir no investigar un delito no debería ni entrarse a valorar, puesto que si se hubiera respetado el DF en el momento de obtener el material probatorio, los actos de investigación no deberían ser anulados y, por lo tanto, no se ocasionaría ningún tipo de deportación social[84]. De modo que, basándonos en los dos argumentos que acabamos de ofrecer, no podemos compartir la tesis jurisprudencial efectuada por el Tribunal de Garantías Constitucionales y refrendada, en mayor o menor medida, por el TS. Si no se cumple con el marco de juego predeterminado ocasionamos tal degradación de la seguridad jurídica del ciudadano que nos puede llegar a hacer cuestionar si realmente hemos dejado atrás el sistema inquisitivo.

En otro orden de ideas, la irrupción de las nuevas tecnologías y su tardía incorporación a nuestro Ordenamiento Jurídico, si lo comparamos con la utilización de éstas para llevar a cabo conductas delictivas, ha conducido a tener un marco normativo fragmentado, desordenado y muchas veces incluso limitado o sin contenido. En este estudio hemos advertido de la necesidad de conjurar un marco normativo adecuado a las necesidades que su uso comporta, máxime en relación con la prueba electrónica. En este sentido, hemos podido analizar los distintos DDFF que pueden verse afectados al obtener ilícitamente fuentes de prueba electrónica. El ilimitado entorno virtual donde se hallan dichas pruebas comporta que el acceso al material probatorio sea más asequible que el acceso a otra clase de contenido probatorio. Igual de importante es la variedad de derechos que pueden ser fragmentados al obtener una fuente de prueba: intimidad, honor, imagen personal, secreto de comunicaciones, protección de datos. Es por estos motivos que abogamos porque el legislador se adhiera a los postulados del TC e incorpore en nuestro Ordenamiento Jurídico el *Derecho al Entorno Virtual,* un derecho más amplio donde tengan cabida las diferentes vulneraciones constitucionales que pueden ocasionarse con el acceso a un dispositivo electrónico. El Desarrollo de este nuevo Derecho de construcción jurisprudencial contribuiría a proteger la esfera más íntima del investigado, ya que el acceso a un dispositivo electrónico puede contener información personal de toda índole que, de no contar con las garantías suficientes, su incorporación al proceso puede llegar a constituir una potencial prueba refleja obtenida vulnerando DDFF. Ante este estado de cosas, entendemos que el Derecho al entorno virtual conduce a proteger de forma más directa los derechos de aquellos ciudadanos investigados por un delito cometido por o mediante las nuevas tecnologías. Con esto no nos referimos a que este

84. CAMPANER MUÑOZ, Jaime, *La confesión precedida de la obtención inconstitucional de fuentes de prueba, Op. Cit.,* pp. 56.

Derecho devenga ilimitado, sino que con su constitución se lograría que la motivación contenida en la autorización que limite dicho derecho sea lo suficientemente fundada como para poder restringir los distintos DDFF que pueden verse comprometidos al acceder a un dispositivo electrónico.

Por todo lo expuesto hasta el momento, imploramos un desarrollo normativo que salvaguarde los intereses de los ciudadanos, pero que no olvide de satisfacer el Derecho estatal de perseguir delitos, ante la situación que nos encontramos ocasionada por la irrupción de las nuevas tecnologías en nuestra sociedad. Asimismo, pretendemos que las investigaciones sean llevadas a cabo respetando derechos y garantías, puesto que ni todo vale para descubrir la verdad ni la intervención del Estado en el ejercicio de su derecho a perseguir delitos debe imponerse por encima de otros Derechos, mucho menos cuando estos son considerados Fundamentales. De no hacerse así, ¿Qué sentido tiene atribuir a un Derecho la condición de Fundamental?

BIBLIOGRAFÍA

ABEL LLUCH, Xavier y PICÓ JUNOY, Joan, *La prueba electrónica*, Bosch, Barcelona, 2011.

ARMENTA DEU, Teresa, *La prueba ilícita (un estudio comparado)*, Marcial Pons, Madrid, 2009.

ARRABAL PLATERO, Paloma, La prueba tecnológica: aportación, práctica y valoración, Tirant lo Blanch, Valencia, 2020.

ASENCIO MELLADO, José María, «La STC 97/2019, de 16 de julio. Descanse en paz prueba ilícita», *Diario la Ley*, n.º 9499, Sección Tribuna, 16 de octubre, 2019.

– *Prueba prohibida y prueba preconstituida*, Editorial Trivium, Madrid, 1989.

BONACHERA VILLEGAS, Raquel, «El registro de archivos informativos, una cuestión necesitada de regulación», *Revista General de Derecho Procesal*, Iustel, n.º 27, 2012.

BUENO DE MATA, Federico, «Del metaverso a la metajurisdicción: desafíos legales y métodos para la resolución de conflictos generados en realidades virtuales inmersivas», *Revista de privacidad y derecho digital*, Vol. 7, Núm. 27, 2022.

– «Propuestas y retos en torno a la prueba electrónica a tenor de las últimas reformas procesales», *Revista de privacidad y derecho digital,* n.º 5, 2016.

– *Prueba electrónica y proceso 2.0,* Tirant lo Blanch, Valencia, 2014.

CAMPANER MUÑOZ, Jaime, *La confesión precedida de la obtención inconstitucional de fuentes de prueba,* Aranzadi, Navarra, 2021.

CHOCLÁN MONTALVO, José Luis, «La prueba videográfica en el proceso penal: validez y límites», *Revista del Poder Judicial,* n.º 38, junio de 1995.

DELGADO MARTÍN, Joaquín, «¿Cómo afrontar la complejidad de la prueba digital? Una visión práctica para los profesionales del Derecho», *Revista de Derecho Digital e Innovación,* n.º 2, 2019.

– *Investigación tecnológica y prueba digital en todas las jurisdicciones,* La Ley, Madrid, Ed. 2, 2018.

– La prueba digital. Concepto, clases, aportación al proceso y valoración, *Diario La Ley,* n.º 6, Sección Ciberderecho, 2017.

FIDALGO GALLARDO, C, *Las «pruebas ilegales» de la «exclusionary rule» estadounidense al artículo 11.1 LOPJ,* Centro de Estudios Políticos y Constitucionales, Madrid, 2003.

GALVEZ MUÑOZ, Luis, *La ineficacia de la prueba obtenida con violación de Derechos Fundamentales,* Aranzadi, Navarra, 2003.

GÓMEZ COLOMER, Juan Luís, *El Juez Robot. La independencia judicial en peligro,* Tirant lo Blanch, Valencia, 2023.

MEGÍAS QUIRÓS, José Justo, «Privacidad e internet; intimidad, comunicaciones y datos personales», en *Anuario de Derechos Humanos,* n.º 3, 2002.

MONTERO AROCA, Juan, La prueba en el proceso civil, 5.ª ed., Civitas, Madrid, 2007.

MORENILLA RODRÍGUEZ, José María, «El derecho al respeto de la esfera privada en la jurisprudencia del Tribunal Europeo de Derechos Humanos», *Cuadernos de Derecho Judicial,* Consejo General del Poder Judicial, Madrid, 1993.

ORTIZ PRADILLO, Juan Carlos, *Problemas procesales de la ciberdelincuencia,* Colex, Madrid, 2013.

PASTOR BORGOÑÓN, Blanca, «Eficacia en el proceso de las pruebas ilícitamente obtenidas», *Justicia, Revista de Derecho Procesal,* 1986.

PEREIRA PUIGVERT, Sílvia, «Determinación de la jurisdicción y competencia para la persecución penal del ciberdelito», *El sistema jurídico ante la digitalización. Estudios de Derecho Público y criminología,* Tirant lo Blanch, Valencia, 2021.

RICHARD GONZÁLEZ, Manuel, «Nulidad de la prueba por intromisión virtual en domicilio. Una breve reflexión sobre la observación policial ilícita de la Jurisprudencia», *Diario La Ley,* n.º 8788, sección Reseña de Jurisprudencia, Madrid, 2016.

SALAS CALERO, Luís, «Aspectos materiales y procesales del principio acusatorio: problemas probatorios, prueba ilícita y procesos penales socialmente relevantes. La exclusión de pruebas ilícitamente obtenidas en el Derecho Procesal de los Estados Unidos» en *Revista del Poder* Judicial, n.º 66, 2002.

SANCHÍS CRESPO, Carolina, «La prueba en soporte electrónico», *Las Tecnologías de la Información y de la Comunicación en la administración de justicia. Análisis sistemático de la Ley 18/2011, de 5 de julio,* Thomson Reuters, Aranzadi, Navarra, 2012.

SENTÍS MELENDO, Santiago., *La prueba. Los grandes temas del derecho probatorio,* Ejea, Buenos Aires, 1978.

VELASCO NUÑEZ, Eloy, «Investigación procesal penal de redes, terminales, dispositivos informáticos, imágenes, GPS, balizas, etc.; la prueba tecnológica», en *Diario la Ley,* n.º 8183, Sección Doctrina, 4 de noviembre de 2013.

Retos probatorios vinculados al proceso civil

A)
Aspectos probatorios en el proceso civil

19

La prueba de ADN en los procesos judiciales de determinación de la filiación

BELÉN ROMERO GARCÍA-ARANDA
Doctora en Derecho. Profesora de Derecho Procesal
Universidad Rey Juan Carlos

I. INTRODUCCIÓN

En el proceso judicial civil de determinación de la filiación, la prueba técnica del Ácido Desoxirribonucleico (en adelante ADN)[1] se ha convertido en el instrumento más fiable para acreditar la existencia o no de vínculo biológico entre las partes, sustituyendo a las pruebas testificales y periciales empleadas antes de su aparición.

El derecho a la propia identidad[2] abarca el derecho a conocer el origen biológico y, desde que a mediados del siglo pasado se descubriera la estruc-

1. Sus siglas en ingles DNA (deoxyribonucleic acid).
2. Derecho consagrado en los artículos 7 y 8 de la Convención sobre los derechos del niño de 20 de noviembre de 1989.

tura del ADN por James D. Watson y Francis Crick, la ciencia ha posibilitado que el concepto jurídico de *filiación legítima* se halle vinculado a la única y verdadera realidad biológica[3].

El órgano enjuiciador requiere de la ciencia, como fuente inestimable de conocimiento, para verificar alguno de los hechos afirmados por las partes en el proceso, configurándose la pericia de ADN como una de las pruebas más aptas para la confirmación de los hechos de la filiación[4].

Actualmente, el problema principal que puede plantearse no es, como ocurría antes de que Alec Jeffreys y sus colaboradores posibilitaran la determinación del vínculo genético, entre dos personas, a través del análisis de su ADN, la imposibilidad de constatar, con un ínfimo margen de error, la existencia del nexo biológico discutido, sino lograr realizar dicho análisis de ADN a los litigantes en el proceso de filiación, pues se requiere el consentimiento de los sujetos para su práctica y, la negativa de uno de ellos, es suficiente para que no pueda llevarse a la práctica[5].

Esto no es una cuestión trivial, puesto que la determinación de la filiación, como hemos dicho, es una manifestación del derecho a la identidad y se encuentra protegido por nuestra Constitución, que prevé la obligación, por parte del Estado, de favorecer la investigación de la paternidad biológica[6]. Esto se debe a que en los procesos civiles de filiación no solo se persigue la satisfacción de intereses de carácter privado de las partes, sino que también se tutelan intereses sociales, pues la determinación del vínculo filial conllevará el despliegue de una serie de efectos y el reconocimiento de derechos a favor del hijo o hija en atención al principio *favor fili,* como son el derecho al nombre y apellidos, el derecho de alimentos, a la nacionalidad o derechos sucesorios, entre otros.

Nuestro ordenamiento jurídico no contiene regulación concreta sobre cómo practicar estas pruebas científicas en el ámbito del proceso civil de filiación, la regulación, en general, es parca y referenciada a su empleo en el proceso penal[7]. El uso de los datos relativos al ADN cuenta con numerosas dificultades, sobre todo, en lo que se refiere a su obtención, debido al carácter

3. MOJICA GÓMEZ, L., «La prueba técnica ADN en los procesos sobre filiación»., Estud. Socio-Juríd vol.5 no.1 Bogotá Jan./June 2003.
4. ALFARO VALVERDE, L., «Repensando la prueba de ADN en el proceso de filiación. Una prueba pericial no exenta de error»., https://doi.org/10.18800/dys.202102.005
5. *Op. Cit.* MOJICA GÓMEZ, L., «La prueba técnica ADN en los procesos sobre filiación»., Estud. Socio-Juríd. vol.5 no.1 Bogotá Jan./June 2003.
6. Artículo 39.2 CE.
7. Marco jurídico en el proceso penal constituido por: Ley Orgánica 15/2003, de 25 de noviembre, de modificación del Código Penal, se reformó la Ley de Enjuiciamiento

sensible de dichos datos y por la carencia de un marco jurídico que regule de forma adecuada su empleo[8]. En el ámbito del proceso civil de filiación, la Ley de Enjuiciamiento Civil, prevé la posibilidad de que puedan emplearse todo tipo de prueba, incluidas las biológicas. No obstante, también determina la posibilidad de que, a pesar de no poder practicar la prueba de ADN, debido a la falta de consentimiento por parte de algún sujeto implicado, pueda determinarse la filiación basada en otros indicios[9].

Por ello el objetivo de este trabajo es poner de manifiesto la relevancia de la prueba de ADN en los procesos de determinación de la paternidad o maternidad biológica y su problemática jurídica, pero sin ahondar en los aspectos técnicos y científicos de esta prueba pericial, que considero compete a los especialistas en la materia.

II. LA PRUEBA DE ADN Y SU CARÁCTER IRREFUTABLE

La prueba de ADN puede ser definida como la técnica científica, biológica y médica que posibilita el establecimiento de la identidad genética y el vínculo filial legítimo entre un sujeto y su progenitor.

Los análisis de ADN constituyen una prueba de gran valor e incuestionable protagonismo en el ámbito de la investigación judicial de la paternidad o maternidad biológica, siendo hoy en día, la prueba estándar en los procesos de filiación.

Para poder entender la gran relevancia de esta prueba, debido a su ínfimo porcentaje de error, es necesario conocer que todo ser humano surge de la unión de dos gametos o células, un óvulo y un espermatozoide, de cuya unión surge una única célula de la que surgen todas las demás células que conforman un organismo humano. Debido a este complejo proceso, la configuración genética de cada persona es única y heredada de sus progenitores biológicos, siendo posible hallar toda la información sobre sus características genéticas mediante el análisis de su ADN[10]. Cada célula cuenta con 46 cromosomas, salvo el óvulo y el esperma que solo tienen 23, por ello es necesario su unión para engendrar a un ser humano. Para poder constatar

---

Criminal a fin de proporcionar cobertura jurídica, de la que carecían hasta entonces, a determinadas prácticas de investigación. Ley Orgánica 10/2007, de 8 de octubre, reguladora de la base de datos policial sobre identificadores obtenidos a partir del ADN.

8. Ley Orgánica 10/2007, de 8 de octubre, reguladora de la base de datos policial sobre identificadores obtenidos a partir del ADN. Exposición de Motivos (I).
9. Ley 1/2000, de 1 de enero, de Enjuiciamiento Civil. Artículo 767.
10. *Op. Cit.* MOJICA GÓMEZ, L., «La prueba técnica ADN en los procesos sobre filiación»., Estud. Socio-Juríd vol.5 no.1 Bogotá Jan./June 2003: «El ADN es una larga molécula compuesta por dos hileras paralelas formadas de cuatro sustancias distintas

la filiación biológica es necesario que el hijo o hija tenga dos o más de los marcadores genéticos del supuesto padre o madre, en caso contrario debe quedar descartada la paternidad o maternidad biológica, con una certeza total, constituyendo el análisis de los ADN, de los sujetos implicados en el proceso, la prueba más precisa para poder determinar la relación jurídico filial entre ellos[11].

Desde los años ochenta, debido a la evolución y desarrollo de la ciencia, se ha venido aplicando el conocimiento experto en todos los campos de estudio, incluido el jurídico. La ciencia se emplea como un instrumento de acreditación de los hechos afirmados por las partes, en el ámbito del proceso judicial, siendo el proceso una herramienta para la averiguación de la verdad, posibilitando el conocimiento experto, reducir el margen de error en el proceso, siendo cada vez más frecuente, que las partes tiendan a probar sus versiones de los hechos, a través de informes de especialistas basados en la ciencia[12].

En concreto, la prueba de ADN se emplea fundamentalmente para la identificación genética en el ámbito de la investigación criminal y, para la determinación del parentesco genético en el ámbito de los procesos civiles de determinación de la filiación, constituyéndose, hoy en día, la pericia del ADN, como la prueba científica más idónea para establecer la identidad genética de un sujeto y el vínculo filial, con respecto a quien le engendró.

III. LA PRÁCTICA DE LA PRUEBA DE ADN EN EL PROCESO CIVIL

En nuestro ordenamiento jurídico la regulación sobre la práctica de la prueba de ADN está referenciada, fundamentalmente, al ámbito de la investigación criminal y la determinación del sujeto responsable, como fin primordial de la instrucción penal, pues es un requisito ineludible para poder abrir la fase de juicio oral, en la que se juzgan los hechos punibles, sancionando al responsable, en el caso de merecerlo.

(llamadas nucleótidos): adenina, citosina, guamina y timina». El perfil del ADN de cada persona gráficamente se expresa con un «código de barras» parecido al que llevan ciertos productos comerciales para ser identificados. Cada banda presente en el «código de barras» del hijo ha de aparecer en el «código de barras» de la madre o en el del padre (véase sobre esto Rouger, op. cit., pp. 38 y 39; y Ocaña Rodríguez, La filiación en España. Jurisprudencia y doctrina, Granada, 1993, p. 195).

11. *Op. Cit.* ALFARO VALVERDE, Luis, «Repensando la prueba de ADN en el proceso de filiación. Una prueba pericial no exenta de error»., https://doi.org/10.18800/dys.202102.005

12. *Ibid,em.* p. 6.

La ciencia ha venido posibilitando que esa identificación pueda llevarse a cabo a través de nuevos instrumentos técnicos como el cotejo de huellas dactilares, comparación de perfiles, muestras biológicas, análisis de sangre, entre otros. Las técnicas de ADN se han convertido en uno de los pilares de la criminalística actual, girando, la mayoría de las investigaciones en torno al intercambio de muestras biológicas autor-víctima-escenario del crimen. No obstante, no debemos olvidar que el investigado es titular de una serie de derechos de los que no puede verse privado, siendo complejo lograr el equilibrio entre el correcto empleo de los medios de identificación aportados por la ciencia y puestos a disposición de la justicia, y los derechos fundamentales de los sujetos implicados, destacando el derecho a no declarar, a no confesarse culpable o la presunción de inocencia[13]. Ante este conflicto, el legislador, hace relativamente poco[14], ha optado por posibilitar la obtención coactiva de las muestras biológicas, en algunos supuestos, para lograr la identificación genética de condenados por delitos graves[15], o investigados a través de la técnica del frotis bucal. La obtención de dichas muestras salivares deberá ser autorizada por el juez de instrucción, que podrá acordar, a través de resolución motivada, las «medidas coactivas mínimas indispensables», que deberán ser proporcionadas a las circunstancias del caso y respetuosas con su dignidad[16].

---

13. ÁLVAREZ DE NEYRA, S.: «El uso de la coacción en la toma de muestras de ADN»; https://masterabogacia-umh-icae.umh.es/2015/11/12/el-uso-de-la-coaccion-en-la-toma-de-muestras-de-adn/
14. L.O. 1/2015, de 30 de marzo, por la que se modifica la L.O. 10/1995, de 23 de noviembre, del Código Penal («B.O.E.» 31 marzo).
15. Ley Orgánica 10/1995, de 23 de noviembre, del Código Penal, artículo 129 bis: «*Si se trata de condenados por la comisión de un delito grave contra la vida, la integridad de las personas, la libertad, la libertad o indemnidad sexual, de terrorismo, o cualquier otro delito grave que conlleve un riesgo grave para la vida, la salud o la integridad física de las personas, cuando de las circunstancias del hecho, antecedentes, valoración de su personalidad, o de otra información disponible pueda valorarse que existe un peligro relevante de reiteración delictiva, el juez o tribunal podrá acordar la toma de muestras biológicas de su persona y la realización de análisis para la obtención de identificadores de ADN e inscripción de los mismos en la base de datos policial. Únicamente podrán llevarse a cabo los análisis necesarios para obtener los identificadores que proporcionen, exclusivamente, información genética reveladora de la identidad de la persona y de su sexo.*
Si el afectado se opusiera a la recogida de las muestras, podrá imponerse su ejecución forzosa mediante el recurso a las medidas coactivas mínimas indispensables para su ejecución, que deberán ser en todo caso proporcionadas a las circunstancias del caso y respetuosas con su dignidad».
16. Real Decreto de 14 de septiembre de 1882, aprobatorio de la Ley de Enjuiciamiento Criminal, artículo 520, 6, c, segundo párrafo: «*Si el detenido se opusiera a la recogida de las muestras mediante frotis bucal, conforme a las previsiones de la Ley Orgánica 10/2007, de 8 de octubre, reguladora de la base de datos policial sobre identificadores obtenidos a partir del*

En el proceso civil de filiación, a diferencia de lo que venimos comentando en torno al proceso penal, no hay regulación concreta sobre la práctica de la prueba de ADN, a pesar de que, hoy en día, nuestro ordenamiento jurídico prevé que la determinación judicial de la maternidad y la paternidad podrá lograrse a través de cualquier medio de prueba, incluida la biológica. Esto es así porque la determinación de la filiación no es una cuestión baladí, sino que afecta al derecho a la identidad de todo ser humano, además de que, se despliegan una serie de efectos en atención al principio de favor filii como son el reconocimiento de los derechos sucesorios o de alimentos, entre otros. No obstante, a pesar de esa carencia de regulación, la prueba del ADN, como ya hemos comentado, se ha convertido, debido a su ínfimo margen de error y su elevado valor probatorio, en la prueba biológica fundamental en los procesos judiciales de determinación de la filiación, no obstante, su puesta en práctica conlleva cierta problemática jurídica como analizaremos más adelante, sobre todo cuando no se presta el consentimiento por alguna de las partes, puesto que, no es posible la vía coactiva para la obtención de las muestras biológicas necesarias para realizar los análisis de ADN en este tipo de procesos, a diferencia de lo que ocurre en el ámbito de la investigación criminal, a pesar de que dicho análisis puede practicarse no solo a través de la obtención de muestras de sangre, sino también a través del empleo de técnicas menos invasivas con muestras de saliva, cabello o restos óseos.

En los procesos judiciales de filiación, la práctica de la prueba de ADN puede acordarse, por el juez, a instancia de alguna de las partes o del Ministerio Fiscal, no obstante, también podrá acordarse de oficio, al ser uno de los procesos especiales previstos en el Libro IV de la Ley de Enjuiciamiento Civil (en adelante LEC)[17]. Sin embargo, lo normal es que, si no se insta por las partes, dicho dictamen pericial se proponga por la fiscalía, que deberá ser parte, con carácter preceptivo, en estos procesos sobre determinación o impugnación de la filiación, tal y como determina el artículo 749 de la LEC, aunque no haya promovido el proceso ni deba asumir la defensa de alguna de las partes. Esto es así porque, en el objeto de este tipo de proceso, subyace un interés público que sobrepasa el mero interés particular de los litigantes, al afectar a su estado civil[18].

ADN, el juez de instrucción, a instancia de la Policía Judicial o del Ministerio Fiscal, podrá imponer la ejecución forzosa de tal diligencia mediante el recurso a las medidas coactivas mínimas indispensables, que deberán ser proporcionadas a las circunstancias del caso y respetuosas con su dignidad».

17. *Ibid,*em artículo 752.1.º, 2.º párrafo: «*Sin perjuicio de las pruebas que se practiquen a instancia del Ministerio Fiscal y de las demás partes, el tribunal podrá decretar de oficio cuantas estime pertinentes*».

La prueba de ADN tiene naturaleza de prueba pericial, a la que le son aplicables las disposiciones normativas reguladoras de este tipo de prueba[19] y, deberá ser valorada de conformidad con el principio de libre valoración de la prueba, atendiendo, el juez, a criterios de lógica, sana crítica o experiencia[20], sin poder atenerse a criterios reglados de valoración, al no estar vinculado a las disposiciones de la LEC en materia de fuerza probatoria del interrogatorio de las partes, de los documentos públicos y de los documentos privados reconocidos, siendo inaplicable, también, las normas relativas a la admisión de hechos o la conformidad de las partes, que tampoco vinculará al órgano enjuiciador[21], pudiendo llegar a determinarse la filiación, incluso, en ausencia del dictamen pericial sobre la base de otro tipo de pruebas. En definitiva, en este tipo de proceso, de forma especial, se refuerza el principio de oficialidad en detrimento del principio de aportación de parte y del principio dispositivo, que son la regla general en el ámbito del proceso civil.

El momento procesal oportuno para que los litigantes hagan la proposición de la práctica de la prueba de ADN, al tramitarse, este tipo de proceso, de conformidad con las reglas del juicio verbal, con algunas especialidades procedimentales[22], será en los escritos iniciales de demanda y contestación, si lo consideran necesario o conveniente para sus intereses, pudiendo aportar el dictamen pericial en ese momento o solicitar la designación de perito

---

18. Doctrina de la Fiscalía General del Estado asentada en la Circular núm. 1/2001 de la Fiscalía General del Estado, sobre la incidencia de la nueva Ley de Enjuiciamiento Civil en la intervención del Fiscal en los procesos civiles. Punto VII. 3. A:... «*El Fiscal, cuya actuación estará dirigida a la defensa de la legalidad y del interés público conforme a los arts. 124 de la Constitución y 3.6 del EOMF, no deberá, en modo alguno, soslayar la salvaguarda de otros valores y derechos constitucionales como son los de asegurar la protección integral de los hijos y garantizar la asistencia de todo orden a los hijos habidos dentro o fuera del matrimonio, que consagran los apartados 2 y 3 del art. 39 de la Constitución, así como los derechos a la dignidad de la persona y al libre desarrollo de la personalidad del art. 10.1 del texto constitucional en cuyo ámbito cabe incluir el derecho a conocer la propia filiación biológica. El respeto y protección de tales valores y derechos deberán presidir sus intervenciones...*».
19. QUESADA GONZÁLEZ, M. C.; «La prueba del ADN en los procesos de filiación»; https://dialnet.unirioja.es/descarga/articulo/2028948.pdf: «*Las pruebas biológicas de la paternidad son pruebas periciales pese a su especialidad (STS de 21 de diciembre de 1989 [RJ 1989, 8858])*».
20. Ley 1/2000, de 7 de enero, de Enjuiciamiento Civil; artículo 348: Valoración del dictamen pericial: «*El tribunal valorará los dictámenes periciales según las reglas de la sana crítica*».
21. *Ibidem* artículo 752. 2.
22. *Ibidem* Artículo 753.

judicial, que será a su costa, sin perjuicio de lo que se determine, posteriormente, en la sentencia, sobre las costas[23]. No obstante, en la fase de la vista, cuando las alegaciones, aclaraciones o pretensiones complementarias lo requieran, podrán las partes solicitar su práctica o la designación de perito judicial.

La práctica de la prueba biológica será admitida, a través de auto, por el juez, en el plazo de 5 días desde la contestación, cuando se considere que su realización es útil y pertinente, por guardar relación con el objeto del proceso y servir al esclarecimiento de los hechos, pudiendo ser denegada en caso contrario, no obstante, conviene puntualizar, que el Tribunal Supremo ha manifestado el carácter «esencial, fiable e idóneo» de la prueba biológica para la determinación del hecho de la procreación[24].

En cuanto a la legitimación, son aplicables las normas contenidas en los artículos 131 y siguientes del Código Civil (en adelante CC)[25], que atribuyen legitimación activa, para ejercitar la acción de reclamación de la filiación, a cualquiera que tenga un interés legítimo, distinguiendo, a continuación, el legislador, según se trate de filiación matrimonial o extramatrimonial, con o sin posesión de estado. Conviene destacar, no obstante, que, en los supuestos de reclamación de filiación no matrimonial, la jurisprudencia consolidada del Tribunal Supremo atribuye legitimación al padre biológico, a pesar de que, de forma expresa, el artículo 133 CC, sólo hace referencia al hijo, habiéndose superado, en definitiva, a través de la jurisprudencia, la literalidad de dicha disposición legislativa, en atención a una interpretación adecuada de los artículos 131, 133 y 134 de la legislación civil[26]. Además, la LEC atribuye legitimación activa al Ministerio Fiscal en supuestos de mino-

23. *Ibidem* Artículo 339.2.

24. *Op. Cit.* QUESADA GONZÁLEZ, M. C.; «La prueba del ADN en los procesos de filiación»; https://dialnet.unirioja.es/descarga/articulo/2028948.pdf Página 521: «*En este sentido se afirma en la STS de 16 de julio de 2004 (RJ 2004, 5178): "la realización de esa prueba pericial no sólo adquiere la condición de pertinente, sino también de necesaria, hasta tal punto que la nueva legislación procesal la desvincula del principio de aportación de parte (art. 752.1, párrafo segundo LECiv)". En otras sentencias el TS considera a las pruebas biológicas como un medio probatorio esencial, fiable e idóneo para la determinación del hecho de la generación (sic, entre otras, la STS de 16 junio 2004 [RJ 2004, 3855]). En la sentencia de 31 de marzo de 2004 (RJ 2004, 1718) el TS afirmó que en los supuestos que pudiéramos calificar de intermedios (es decir, en aquellos en que existen indicios a favor de la filiación, pero insuficientes para que se declare la paternidad con fundamento sólo en ellos) resulta esencial la prueba biológica, cuya fiabilidad roza el 100 por 100*».

25. Tal y como determina el artículo 764.1 LEC, que hace remisión expresa a la legislación civil.

26. Doctrina de la Fiscalía General del Estado asentada en la Circular núm. 1/2001 de la Fiscalía General del Estado, sobre la incidencia de la nueva Ley de Enjuiciamiento Civil en la intervención del Fiscal en los procesos civiles. Punto VII. 3. A, a) hace

ría de edad o discapacidad con medidas de apoyo para el ejercicio de la acción[27]. Por lo que respecta a la legitimación pasiva, además de la presencia preceptiva del fiscal, el legislador determina que podrán ser parte demandada, en los procesos de determinación de la filiación, los progenitores, los hijos y, para el caso de que alguno de estos hubiese fallecido, los herederos[28].

Siempre que se haya acordado, por el juez, la práctica de la prueba pericial del ADN, como regla general, deberá llevarse a cabo antes de la celebración de la vista o, cuando se proponga en el mismo acto, el juez deberá interrumpir su celebración, pues se trata de una prueba que se práctica separadamente, fuera del juicio, debiendo ser citadas las partes, con al menos 48 horas de antelación[29], para que acudan al centro especializado al que la autoridad judicial ha encomendado la realización de dicha pericia.

La LEC deja abierta la posibilidad de determinar la filiación a través de otros medios probatorios distintos a la prueba biológica, pudiendo ser considerada improcedente, incluso, si se pudiera constatar la paternidad o maternidad por otras vías. No obstante, al desconocerse, en la fase de proposición de prueba, si el resto de pruebas serán suficientes para convencer al juez sobre la existencia o no de vínculo filial entre las partes, se entiende que deberá admitirse siempre que sea propuesta, debiendo el Ministerio Fiscal promover su realización, como prueba anticipada[30], cuando las partes no lo hayan hecho, con el fin de evitar posibles futuras interrupciones, pues se trata de una prueba, que por su singularidad, no puede practicarse en el acto de la vista[31].

Conviene puntualizar que la prueba biológica, como regla general, se llevará a la práctica en la primera instancia, pero es posible su práctica en

---

referencia a las siguientes sentencias: «*entre otras, SSTS 604/2000, de 20 de junio y 863/2000, de 2 de octubre*».

27. *Op. Cit.* Ley 1/2000, de 7 de enero, de Enjuiciamiento Civil. Artículo 765.

28. *Ibidem* Artículo 766: «*En los procesos a que se refiere este capítulo serán parte demandada, si no hubieran interpuesto ellos la demanda, las personas a las que en ésta se atribuya la condición de progenitores y de hijo, cuando se pida la determinación de la filiación y quienes aparezcan como progenitores y como hijo en virtud de la filiación legalmente determinada, cuando se impugne ésta. Si cualquiera de ellos hubiere fallecido, serán parte demandada sus herederos*».

29. *Ibidem* Artículo 291.

30. *Ibidem* Artículo 293.1: «*Previamente a la iniciación de cualquier proceso, el que pretenda incoarlo, o cualquiera de las partes durante el curso del mismo, podrá solicitar del tribunal la práctica anticipada de algún acto de prueba, cuando exista el temor fundado de que, por causa de las personas o por el estado de las cosas, dichos actos no puedan realizarse en el momento procesal generalmente previsto*».

31. *Op. Cit.* Doctrina de la Fiscalía General del Estado asentada en la Circular núm. 1/2001 de la Fiscalía General del Estado, sobre la incidencia de la nueva Ley de Enjuiciamiento Civil en la intervención del Fiscal en los procesos civiles. Punto VII. 3. A, c).

la segunda instancia[32] e, incluso, se podría plantear recurso extraordinario por infracción procesal por vulneración del derecho a utilizar todos los medios de prueba pertinentes para tu defensa[33], cuando la prueba biológica se haya propuesto y no realizado por causa ajena a la parte que la propuso, lo que implicaría, en caso de que se estimase, la retroacción de las actuaciones al momento en el que se produjo esa infracción procesal[34]. También debemos destacar la posibilidad de la práctica de la prueba biológica en segunda instancia, en supuestos de demandados declarados en rebeldía que se personan en la causa en un momento posterior al de proposición de prueba, por causa que no les sea imputable. En cambio, en fase de recurso de casación, la jurisprudencia ha determinado, en algunas ocasiones, en casos de reclamación de filiación extramatrimonial e impugnación de la ya determinada, que no existe necesidad de reiterarse en la solicitud de práctica de la prueba de ADN cuando, desde un primer momento, se ha mostrado una actitud obstruccionista, clara y rotunda, por parte de los demandados[35].

Por lo que respecta a la intervención de los litigantes y de sus letrados en la actuación de la prueba del ADN, son aplicables las disposiciones generales al respecto, permitiendo a las partes que acudan, junto con su

32. *Op. Cit.* Ley 1/2000, de 7 de enero, de Enjuiciamiento Civil. Artículo 460: «*2. En el escrito de interposición se podrá pedir, además, la práctica en segunda instancia de las pruebas siguientes: 1.ª Las que hubieren sido indebidamente denegadas en la primera instancia, siempre que se hubiere intentado la reposición de la resolución denegatoria o se hubiere formulado la oportuna protesta en la vista. 2.ª Las propuestas y admitidas en la primera instancia que, por cualquier causa no imputable al que las hubiere solicitado, no hubieren podido practicarse, ni siquiera como diligencias finales...*».

33. *Ibidem* Artículo 469.1.º: «*El recurso extraordinario por infracción procesal sólo podrá fundarse en los siguientes motivos: 4.º Vulneración, en el proceso civil, de derechos fundamentales reconocidos en el artículo 24 de la Constitución*».

34. *Ibidem* Artículo 476. 2.º. Párrafo 4.º: «*En los demás casos, de estimarse el recurso por todas o alguna de las infracciones o vulneraciones alegadas, la Sala anulará la resolución recurrida y ordenará que se repongan las actuaciones al estado y momento en que se hubiere incurrido en la infracción o vulneración*».

35. *Op. Cit.* QUESADA GONZÁLEZ, M. C.; «La prueba del ADN en los procesos de filiación»; https://dialnet.unirioja.es/descarga/articulo/2028948.pdf. Página 527: «*pues semejante actitud "excusaba por inútil una nueva petición, dado que el proceso no es un juego (mucho menos los que tienen un objeto como el presente) que permita a las partes a su arbitrio y con olvido del principio de buena fe (artículo 11.1 de la Ley Orgánica del Poder Judicial) actuaciones contradictorias, en pugna con el más elemental respeto al principio de los actos propios. La repetición de las pruebas tiene sentido cuando, por causas justificadas o dificultades surgidas para su práctica, no pudieron efectuarse, pero no cuando se ha manifestado una voluntad renuente a prestar la colaboración requerida. Si esto último ocurre —como en el caso que examinamos acontece—, la prueba debe tenerse por celebrada, aunque haya entonces que valorar consecuentemente la conducta procesal de la parte" (vide, SSTS de 28 de noviembre de 1995 [RJ 1995, 8364] y de 7 de julio de 2004 [RJ 2005, 5000])*».

abogado, al lugar señalado por el juez para la extracción de las muestras biológicas necesarias para realizar el análisis de los ADN. Además, se podrá acordar la intervención del experto en el acto de la vista, con el fin de que los abogados puedan formularle las preguntas que consideren oportunas, así como solicitarle que realice aclaraciones o explique puntos confusos contenidos en el dictamen pericial[36].

El objeto de la prueba, en este tipo de proceso, es la constatación del hecho de la procreación y la determinación de la identidad de los sujetos que intervienen en la relación paterno-filial, lo que implica una gran dificultad probatoria. Por ello, el legislador tratando de dar respuesta al mandato constitucional de que la ley debe posibilitar la investigación de la paternidad[37], introduce, en la LEC, una serie de disposiciones que persiguen el descubrimiento de la verdad genética, admitiéndose, en los procesos de filiación, a tal fin, todo tipo de pruebas, incluidas, tal y cómo dispone de forma expresa el artículo 767.2 del mismo texto, las biológicas.

No obstante, tal y como ya hemos comentado, para que pueda llevarse a cabo el análisis de ADN, en el ámbito del proceso civil, es necesario que ambas partes presten su consentimiento a la extracción de las muestras biológicas para su realización, no siendo posible recurrir a la vía coactiva, sin embargo, tal y como analizaremos en profundidad más adelante, el legislador y la jurisprudencia han reconocido cierto valor a la negativa injustificada por alguna de las partes al sometimiento a la prueba biológica, pudiendo determinarse la filiación, incluso en ausencia de informe pericial conteniendo el cotejo de los ADN de los litigantes.

IV. EL CONSENTIMIENTO PARA LA PRUEBA DE ADN EN LOS PROCESOS DE DETERMINACIÓN DE LA FILIACIÓN

La extracción de ADN puede afectar a derechos fundamentales de naturaleza tanto sustantiva como son el derecho a la intimidad, libertad ambulatoria, integridad física o moral, a la salud o a la dignidad personal, como a derechos de naturaleza procesal como el derecho a no declarar contra sí mismo, a no declararse culpable o a la presunción de inocencia. Tal y como ha declarado el Tribunal Constitucional, se trata de una intervención corporal consistente en la extracción del cuerpo de determinados elementos externos o internos para ser sometidos a informe pericial o su exposición a radiaciones. Las intervenciones corporales pueden ser graves o leves, habiendo sido clasificado el análisis de ADN, dentro de las leves, pues no

36. *Op. Cit.* Ley 1/2000, de 7 de enero, de Enjuiciamiento Civil. Artículo 347.
37. Constitución Española de 1978, artículo 39.2.

se pone en peligro la salud del afectado ni se le ocasiona sufrimiento[38], no obstante, en la actualidad, se requiere el consentimiento de la persona que va a ser sometida a dicha intervención corporal, siendo imposible, en el proceso civil, recurrir a la vis coactiva, a diferencia de lo que ocurre en el ámbito del proceso penal, si fuera preciso.

En este sentido conviene diferenciar diversos supuestos, en atención a la capacidad de consentir del sujeto que va a someterse a la intervención corporal, para la extracción de la muestra biológica necesaria para la realización de la prueba de ADN, en concreto conviene distinguir entre mayores de edad o menores emancipados, menores de edad y personas con discapacidad que requieren de medidas de apoyo para el ejercicio de su capacidad jurídica.

Por lo que respecta a los mayores de edad o menores emancipados que, de conformidad con nuestra legislación civil, tienen el beneficio de la mayoría de edad[39], al tener plena capacidad de obrar, serán ellos mismos quienes deban consentir la extracción de la muestra biológica para el análisis del ADN, pues se trata del ejercicio de un derecho de carácter estrictamente personal.

Cuando el sujeto que ha de someterse a la intervención corporal es menor de edad es más complejo poder determinar quién debe consentir, pues nuestra legislación civil no reconoce plena capacidad de obrar a los menores, no obstante, la jurisprudencia[40] y nuestro ordenamiento jurídico determinan que sean ellos los que decidan, cuando tengan la suficiente madurez como para discernir las consecuencias de su aceptación o negativa a someterse a dicha pericia[41]. Cuando no tengan la suficiente madurez, deberá prestar el consentimiento, en su nombre, su representante legal.

---

38. Tribunal Constitucional STC 207/1996, 16 diciembre: el TC clasifica las intervenciones corporales en graves y leves, entendiendo que son leves «*aquellas que, a la vista de todas las circunstancias concurrentes, no sean objetivamente consideradas susceptibles de poner en peligro el derecho a la salud ni de ocasionar sufrimiento a la persona afectada*», como ocurre con la extracción de elementos externos del cuerpo como son el cabello, uñas, orina...

39. Real Decreto de 24 de julio de 1889, por el que se aprueba el Código Civil. Artículo 247: «*La emancipación habilita al menor para regir su persona y bienes como si fuera mayor; ...El menor emancipado podrá por sí solo comparecer en juicio...*».

40. *Op. Cit.* QUESADA GONZÁLEZ, M. C.; «La prueba del ADN en los procesos de filiación»; https://dialnet.unirioja.es/descarga/articulo/2028948.pdf. Página 530: «*Así, Martínez de Aguirre y Aldaz, "Comentario a la Sentencia del TS de 14 de octubre de 1985"», CCJC, 1985, núm. 9, 240, p. 2999, y Quicios Molina, «Comentario a la Sentencia del TS de 7 de noviembre de 2002», CCJC, 2003, núm. 62, 1667, pp. 502 ss.*

41. Parece deducirse de una interpretación conjunta del Real Decreto de 24 de julio de 1889, por el que se aprueba el Código Civil, Artículo 162: «*Los padres que ostenten la*

La determinación de la capacidad de decisión del menor se deberá determinar en cada caso concreto.

El representante legal podrá ser un progenitor que no haya sido privado de la patria potestad, en concreto el que ostente la guarda y custodia, un tutor o un defensor judicial en aquellos supuestos en los que el progenitor muestre una actitud obstruccionista, contraria al interés del menor, con el objeto de que no se vulnere el derecho de los menores a que se averigüe y determine su filiación, como manifestación del derecho a la identidad[42].

Cuando se trate de un proceso judicial de impugnación de una filiación ya determinada legalmente con reclamación de otra, si existiera conflicto entre uno de los progenitores y el menor, bastaría con que prestara el consentimiento el otro progenitor, si el conflicto fuera con ambos progenitores sería necesario nombrar un defensor judicial[43].

Conviene puntualizar que, a pesar de que, en estos procesos judiciales, con carácter especial, se prevé la intervención preceptiva del Ministerio Fiscal, no queda descartada la designación de un defensor judicial que vele por los intereses del menor de forma particular.

---

patria potestad tienen la representación legal de sus hijos menores no emancipados. Se exceptúan: 1.º Los actos relativos a los derechos de la personalidad que el hijo, de acuerdo con su madurez, pueda ejercitar por sí mismo. No obstante, los responsables parentales intervendrán en estos casos en virtud de sus deberes de cuidado y asistencia. 2.º Aquellos en que exista conflicto de intereses entre los padres y el hijo...» y de la Orgánica 1/1982, de 5 de mayo, sobre protección civil del derecho al honor, a la intimidad personal y familiar y a la propia imagen, artículo 3:*1. «El consentimiento de los menores e incapaces deberá prestarse por ellos mismos si sus condiciones de madurez lo permiten, de acuerdo con la legislación civil. 2. En los restantes casos, el consentimiento habrá de otorgarse mediante escrito por su representante legal, quien estará obligado a poner en conocimiento previo del Ministerio Fiscal el consentimiento proyectado. Si en el plazo de ocho días el Ministerio Fiscal se opusiere, resolverá el juez».*

42. *Op. Cit.* QUESADA GONZÁLEZ, M. C.; «La prueba del ADN en los procesos de filiación»; https://dialnet.unirioja.es/descarga/articulo/2028948.pdf. Página 532. Hace referencia a diversas sentencias del Tribunal Supremo en procesos de filiación en los que, ante la existencia de conflicto de intereses entre el menor y el progenitor, se determina la designación de un defensor judicial: «*Sentencia del TS de 7 de noviembre de 2002 (RJ 2002, 9484), SSTS de 4 de marzo de 2003 (RJ 2003, 2538) y 8 de julio de 2004 (RJ 2004, 5239); o en Sentencia del TS de 17 de enero de 2003 (RJ 2003, 433), (véase también STS de 5 de noviembre de 2003 (RJ 2003, 8026)...*».

43. Real Decreto de 24 de julio de 1889, por el que se aprueba el Código Civil. Artículo 163: «*Siempre que en algún asunto los progenitores tengan un interés opuesto al de sus hijos no emancipados, se nombrará a éstos un defensor que los represente en juicio y fuera de él. Se procederá también a este nombramiento cuando los progenitores tengan un interés opuesto al del hijo menor emancipado cuya capacidad deban completar.*
Si el conflicto de intereses existiera solo con uno de los progenitores, corresponde al otro por Ley y sin necesidad de especial nombramiento representar al menor o completar su capacidad».

En los supuestos de personas con discapacidad con medidas de apoyo para el ejercicio de su personalidad jurídica, se deberá atender a la sentencia delimitadora de la discapacidad. Cuando la persona con discapacidad no esté habilitada para tomar esta decisión, será su representante legal el que deba manifestar el consentimiento en su nombre, siendo posible, en caso de conflicto de intereses, la designación de un defensor judicial.

La realización de esta prueba pericial puede perseguir determinar la filiación con respecto a sujetos conocidos, pero también puede aplicarse para determinar la paternidad o maternidad de progenitores desaparecidos o para acreditar otros vínculos familiares con hermanos, abuelos o tíos, entre otros.

La prueba de ADN puede practicarse no sólo a través de la obtención de muestras de sangre, sino también con saliva, cabello, restos óseos, entre otros, lo que ha posibilitado determinar vínculos filiales con respecto a personas fallecidas.

Una cuestión controvertida en el caso de la realización de la prueba de ADN post mortem es quien debe consentir, pues como ya hemos comentado, en el ámbito del proceso judicial civil se requiere el consentimiento de los sujetos para la extracción de las muestras biológicas necesarias para la práctica de los análisis de ADN, no obstante, en este supuesto, el fallecido no puede manifestar su consentimiento, aunque puede ser que lo manifestara en vida y, finalmente, por el hecho del fallecimiento, no se pudo llevar a la práctica o, puede ser, que se negara a ello en vida o que no se manifestara ni de forma afirmativa ni negativa. En todos estos supuestos es relevante la actitud de los herederos, que son los que deberán prestar su consentimiento en sustitución del causante, tal y como prevé nuestra LEC y nuestro Código Civil. Cuando el difunto consintió la realización de la prueba biológica, parece claro, que los herederos deberían consentir su realización, no obstante, en la práctica, cuando esto no se produce o existe desacuerdo entre los herederos, suele decidir el juez atendiendo al interés del presunto hijo o hija, que es el que debe gozar de mayor protección en el ámbito de los procesos judiciales de determinación de la filiación, pues está en juego su derecho a la identidad. De igual forma, será el juez el que decida, ante la falta de consentimiento de los herederos, cuando el causante no pudo manifestarse en torno a la práctica de la prueba de ADN[44].

44. *Op. Cit.* QUESADA GONZÁLEZ, M. C.; «La prueba del ADN en los procesos de filiación»; https://dialnet.unirioja.es/descarga/articulo/2028948.pdf. Página 535.

Mayor problema plantea el supuesto en el que el fallecido no prestó su consentimiento en vida a la prueba de ADN, manifestando de forma clara y rotunda su negativa, pero, en cambio, sus herederos muestran su conformidad a su práctica. En estos casos, parece claro que, puesto que nuestro ordenamiento jurídico exige el consentimiento de todas las partes implicadas en el proceso de filiación, debería respetarse la voluntad del difunto y no realizar la prueba biológica, sin embargo, en la práctica, también debería ser el juez el que decida si debe o no llevarse a cabo la prueba genética post mortem, atendiendo a todos los intereses de las partes implicadas en el proceso[45].

En estos casos, es posible, para evitar la exhumación del cadáver, obtener las muestras de los parientes más próximos. En el caso de que la muestra provenga de un progenitor del fallecido, el resultado obtenido de la prueba de ADN arrojará una gran evidencia sobre la paternidad o maternidad reclamada. En el caso de que la muestra provenga de los hermanos del fallecido, la certeza sobre la existencia del vínculo biológico será mayor si se practica con respecto a varios hermanos. Atendiendo al grado de parentesco y el número de familiares examinados, la prueba de ADN será más o menos certera. Si los resultados obtenidos no evidenciaran el nexo filial con un reducido margen de error, obstaculizando la obtención de conclusiones definitivas sobre la existencia de la paternidad o maternidad, podrá acordarse la exhumación del cadáver con el fin de obtener muestras biológicas que posibiliten la realización del estudio de ADN del fallecido, salvo que existan muestras obtenidas en vida de semen, tejidos corporales o sangre que se hallen en un hospital o centro sanitario, o que se hallen en objetos personales del fallecido como su cepillo de dientes o de pelo, su pipa de tabaco o un sello que en su día pegó con su saliva entre otros[46].

---

45. *Ibidem*. Página 540: «*No obstante, hay que tener presente que tras el fallecimiento de la persona sobre la que recaía la carga de someterse a las pruebas biológicas no se debe desdeñar el interés de la otra parte litigante en que se averigüe la paternidad real ni los intereses de los herederos del fallecido cuando éstos están de acuerdo en la práctica de las pruebas biológicas post mortem, porque de no realizarse les puede afectar negativamente el resultado del pleito en el que son parte a causa del difunto en el affaire Yves Montand seguramente de no haberse practicado una prueba biológica post mortem, se hubiera confirmado la paternidad del artista por su reticente actitud en vida a someterse a las pruebas biológicas apreciada junto con otros indicios, en perjuicio de sus herederos, mientras al ser practicado el análisis del ADN tras ponderar todos los intereses en conflicto se llegó al fondo del asunto y se averiguó que Yves Montand no era el padre biológico de la demandante...*».

46. *Op. Cit.* MOJICA GÓMEZ, L., «La prueba técnica ADN en los procesos sobre filiación». Estud. Socio-Juríd vol.5 no.1 Bogotá Jan./June 2003.

V. NEGATIVA INJUSTIFICADA A LA PRÁCTICA DE LA PRUEBA DE ADN EN EL PROCESO DE DETERMINACIÓN DE FILIACIÓN

Nuestra Constitución, parte de que para poder ser condenados en un proceso judicial es necesario que seamos vencidos en juicio a través de la prueba[47], recayendo la carga de la prueba, como regla general, en la parte demandante[48], no obstante, se prevé la posibilidad de establecimiento de reglas especiales, pues el legislador podrá establecer otros criterios de distribución a través de disposición expresa[49], tal y como ocurre en los procesos judiciales de reclamación de la filiación, en los que la negativa injustificada por parte del demandado a someterse a las pruebas de ADN, permitirá al órgano jurisdiccional a determinar el vínculo filial a su favor, siempre y cuando existan otros indicios de la maternidad o paternidad y el nexo biológico no haya podido acreditarse de otro modo[50].

Con este artículo se positiviza la jurisprudencia asentada, de forma unánime, en torno a esta cuestión, que no atribuye a dicha negativa o actitud obstruccionista por parte del demandado la consideración de ficta confessio, sino «sólo el valor de indicio valioso, muy cualificado o significativo»[51], que junto con la presencia de otros medios probatorios o indicios pueden resultar suficientes para motivar la determinación judicial de la filiación biológica reclamada.

Por lo tanto, la negativa, sin justa causa, a someterse a la realización de la prueba de ADN, no constituye prueba irrefutable de la filiación, no obstante, será considerado como un indicio cualificado, de elevado valor para que, junto con el resto de los indicios, el tribunal pueda reconocer el vínculo filial entre los litigantes.

La interpretación del artículo 767 de la LEC debe llevarse a cabo en atención a la doctrina jurisprudencial asentada tanto por el Tribunal Supremo como por el Tribunal Constitucional, en torno a la proposición o

47. *Ibidem*, artículo 24.2.
48. Ley 1/2000, de 7 de enero, de Enjuiciamiento Civil; artículo 217.2.
49. *Ibidem*. Artículo 217.6.
50. *Ibidem*. Artículo 767.4.
51. *Op. Cit.* Doctrina de la Fiscalía General del Estado asentada en la Circular núm. 1/2001 de la Fiscalía General del Estado, sobre la incidencia de la nueva Ley de Enjuiciamiento Civil en la intervención del Fiscal en los procesos civiles. Punto VII. 3. A, c): «*entre otras, sentencias 14 de junio 1996; 3 de noviembre 1997; 3 de octubre 1998; 26 de junio, 26 de julio, 2 de septiembre; 1 y 11 de octubre 1999; y 24 abril 2000; STS 530/2000, de 30 de mayo), doctrina sustentada, igualmente, por el Tribunal Constitucional en las sentencias 7/1994 y 95/1999*».

procedencia de la realización de la prueba de ADN, como en torno a la valoración que deba darse a la negativa a su sometimiento. En este sentido, conviene destacar la constatación de la plena conformidad constitucional de resoluciones judiciales ordenando el sometimiento de las partes, en el proceso de filiación, a los análisis genéticos, al tratarse de una intervención corporal que no entraña grave riesgo para la salud ni un gran sufrimiento para el que debe someterse a ella, no obstante, deberá ser considerada útil, pertinente y proporcionada con el fin perseguido, por parte de la autoridad jurisdiccional[52].

Por otro lado, en estos procesos, debido a la dificultad probatoria del hecho de la procreación, hallándose la fuente de prueba, más idónea y fiable, en poder de una de las partes del litigio, se entiende que, en atención al deber de colaboración con la justicia asentado en el artículo 118 de nuestra Constitución, las partes tienen la obligación se posibilitar la realización de la prueba de ADN, cuando haya sido acordado por la autoridad judicial, pues dicho deber constitucional entraña, en estos supuestos, la necesidad de contribuir a que, con la actividad probatoria, el juez pueda averiguar la verdad, puesto que, la simple negativa a su práctica, en otro caso, sería suficiente para situar a la otra parte en una situación de indefensión, al no poder emplear todos los medios de prueba pertinentes para su defensa[53].

La prueba biológica, conforme al artículo 39.2 de nuestra Constitución, persigue la protección integral de los hijos, no la de los progenitores biológicos y, debería efectuarse siempre que se considere necesaria para poder

52. *Ibid,em.* (SSTC 7/1994 y 95/1999).

53. Doctrina del Tribunal Constitucional citada reiteradamente por la Sala Civil del Tribunal Supremo puede quedar resumida en este punto por la sentencia 7/1994, de 17 enero, que al referirse a la prueba biológica dice: «*...no es lícito, desde la perspectiva de los arts. 24.1, 14 y 39 CE, que la negativa de una persona a que se le extraigan unos centímetros cúbicos de sangre deje sin la prueba más fiable a la decisión judicial que debe declarar la filiación de un hijo no matrimonial, y deje sin una prueba decisiva a quien insta de buena fe el reconocimiento de la filiación. Como hemos declarado en la STC 227/1991, fundamento jurídico 5.º, cuando las fuentes de prueba se encuentran en poder de una de las partes del litigio, la obligación constitucional de colaborar con los Tribunales en el curso del proceso (art. 118 CE) conlleva que dicha parte es quien debe aportar los datos requeridos, a fin de que el órgano judicial pueda descubrir la verdad. Asimismo, nuestra jurisprudencia afirma que los Tribunales no pueden exigir de ninguna de las partes una prueba imposible o diabólica, so pena de causarle indefensión contraria al art. 24.1 CE, por no poder justificar procesalmente sus derechos e intereses legítimos mediante el ejercicio de los medios probatorios pertinentes para su defensa [STC 98/1987, fundamento jurídico 3.º, y 14/1992, fundamento jurídico 2.º). Sin que los obstáculos y dificultades puestos por la parte que tiene en su mano acreditar los hechos determinantes del litigio, sin causa que lo justifique, puedan repercutir en perjuicio de la contraparte, porque a nadie es lícito beneficiarse de la propia torpeza (STC 227/1991, fundamento jurídico 3.º)*».

fallar de forma certera en los procesos de determinación de la filiación[54], no obstante, la simple negativa por parte del demandado impide su realización, puesto que, junto a su admisión como prueba en el artículo 767.2 de la LEC, no se han previsto medidas coercitivas para su realización cuando sean indispensables y el demandado muestre una actitud obstruccionista, a pesar de la obligación que tiene el Estado de facilitar la investigación de la paternidad biológica, tal y cómo se determina en el artículo 39.2 de la Constitución.

En este tipo de proceso, la valoración por el Tribunal de esa negativa a someterse a la prueba biológica variará según proceda del demandante, del demandado o de un tercero o de si estamos ante un proceso de impugnación o de reclamación de la filiación. No obstante, tal y cómo ya tiene declarado el Tribunal Supremo (en adelante TS)[55], es irrelevante que quien se oponga haya sido la parte que inicialmente la propuso.

Cuando es el actor el que se opone a la realización de la prueba de ADN, el TS, en diversas ocasiones[56], ha determinado que se desestimará su pretensión, salvo que acredite causa grave que impida su práctica, pues no se entiende que siendo el principal interesado tenga una actitud obstaculizadora para el reconocimiento del vínculo[57].

54. *Ibid,em.* STS 7/1994, de 17 enero: «(...) *donde el reconocimiento médico de los caracteres biológicos de los interesados despliega con plenitud sus efectos probatorios es en los supuestos dudosos, en donde los medios de prueba de otro tipo son suficientes para mostrar que la demanda de paternidad no es frívola ni abusiva, pero insuficientes para acreditar por sí solos la paternidad. En estos supuestos intermedios, en donde la pretensión del reconocimiento de la filiación ni resulta probada por otros medios, ni aparece huérfana de toda verosimilitud, es donde la práctica de la prueba biológica resulta esencial*».

55. STS de 22 de marzo de 2001 (RJ 2001, 4754): «*si bien es cierto que esa postura tan contradictoria, de proposición y de negativa, no constituye una "ficta confessio" —sentencias de 6 de junio de 1991, 5 de octubre de 1992, 27 de enero, 4 de febrero de y 8 y 30 de octubre de 1993 y 28 de marzo de 1994— sí supone un valioso indicio en relación con los demás medios de prueba practicados, de entre los cuales destaca la injustificada negativa del recurrente a su práctica convirtiendo reiteradamente sólo en mero alarde aquella proposición que, por ello, no puede menos de tildarse de insincera, de nada seria, integrando una conjunción de elementos que llevó en la instancia a estimar probada la paternidad demandada sin que el recurrente —cuando tan fácil le era al ser acordada para mejor proveer ante su insinuada aceptación— desvirtuara aquella conceptuación practicando esa prueba tan alardeada por él, de ser cierta su tesis, teniendo que ser desestimado el motivo tan inconsistentemente sostenido*».

56. STS de 15 de julio de 2004 (RJ 2004, 4378) entre otras: se valoró la negativa por parte del demandante a someterse a la prueba de ADN en sentido contrario a la declaración de la filiación extramatrimonial reclamada.

57. *Op. Cit.* MOJICA GÓMEZ, L., «La prueba técnica ADN en los procesos sobre filiación»., Estud. Socio-Juríd vol. 5 no.1 Bogotá Jan./June 2003., pp. 542-543.

Cuando es el demandado el que se opone, debemos analizar lo dispuesto en la LEC, lo que se desprende del propio tenor literal de su artículo 767.4, es que no será suficiente para la determinación de la paternidad o maternidad, la simple actitud obstruccionista por parte del demandado, si no que, junto con la negativa injustificada deben concurrir otras dos circunstancias para que pueda constituirse judicialmente el vínculo filial reclamado, por un lado, la existencia de otros indicios y, por otro, que no se haya podido acreditar a través de cualquier otro medio de prueba.

No obstante, no cualquier actitud obstaculizadora por parte del demandado producirá la determinación de la filiación reclamada, sino solo aquella de la que pueda inferirse un ánimo absurdo, injustificado, poco solidario y arbitrario[58], no obstante, aun cuando reúna estas características, la actitud obstaculizadora del demandante no sería suficiente, por sí sola, para producir la constitución del vínculo, pues se requiere la existencia «de otros indicios de paternidad o maternidad», pero, sí constituirá un indicio cualificado de gran valor.

En definitiva, cuando es el demandado el que se opone a someterse a la prueba biológica se considera un indicio cualificado[59] que, junto con otros indicios, puede generar una presunción contraria a su posición en la causa. Así, el Tribunal Constitucional (en adelante TC) en diversas sentencias señala que la negativa injustificada a someterse a la prueba biológica de maternidad o paternidad posibilita que el Tribunal pueda declarar la filiación discutida, si existen otros indicios y no se puede obtener la prueba por otros medios[60]. Conviene destacar que la jurisprudencia cada vez es más contundente ante la negativa del demandado, aumentando su valor probatorio cada vez más[61].

VI. CONCLUSIONES

Primera. Los análisis de ADN constituyen una prueba de gran valor e incuestionable protagonismo en la investigación de la paternidad o maternidad biológica, siendo hoy en día, la prueba estándar en los procesos de filiación, debido a su ínfimo margen de error.

58. SILLERO CROVETTO, B., «El Tribunal Supremo declara la paternidad de un hombre que se negó de forma injustificada a someterse a una prueba biológica (Sentencia de Pleno 460/2017, de 18 de julio)».
59. STS 508/2001, de 24 de mayo, considera la negativa del demandado a la práctica de la prueba de ADN como «indicio muy cualificado» remitiéndose a otras sentencias anteriores como las número 947/1994, de 21 de octubre y 520/1996, de 24 de junio.
60. STC 7/1994, de 17 de enero, reiterada por STC 95/1999, de 29 de junio, entre otras.
61. STS n.º 1045/1997, de 17 de noviembre, 884/1998, de 3 de octubre, y 302/2000, de 28 de marzo.

Segunda. Nuestro ordenamiento jurídico no contiene regulación concreta sobre cómo practicar estas pruebas científicas en el ámbito del proceso civil de filiación, la regulación, en general, es parca y referenciada a su empleo en el proceso penal. Su práctica podrá acordarse, por el juez, a instancia de alguna de las partes, del Ministerio Fiscal o de oficio, al ser uno de los procesos especiales previstos en la Ley de Enjuiciamiento Civil, puesto que, en el objeto de los procesos de determinación de la filiación, al afectar al estado civil de las personas, subyace un interés público que sobrepasa el mero interés particular de los litigantes.

Tercera. La prueba de ADN tiene naturaleza de prueba pericial, a la que le son aplicables las disposiciones normativas reguladoras de este tipo de prueba y, deberá ser valorada de conformidad con el principio de libre valoración de la prueba, atendiendo, el juez, a criterios de lógica, sana crítica o experiencia.

Cuarta. Su puesta en práctica, en el ámbito del proceso civil, conlleva cierta problemática jurídica, puesto que se requiere que presten consentimiento todas las partes, no siendo posible recurrir a la vía coactiva para la obtención de las muestras biológicas necesarias para realizar los análisis de ADN, a diferencia de lo que ocurre en el ámbito de la investigación criminal, a pesar de que dicho análisis puede practicarse, no solo a través de la obtención de muestras de sangre, sino también a través del empleo de técnicas menos invasivas con muestras de saliva, cabello o restos óseos. En torno al consentimiento de las partes, especial problemática se plantea en los supuestos en los que los sujetos que deban soportar la extracción de la muestra biológica sean menores de edad, personas con discapacidad con medidas de apoyo para el ejercicio de su personalidad jurídica o cuando se trate de sujetos ya fallecidos.

Quinta. El artículo 767.4 LEC prevé una especialidad en cuanto a la regla general de distribución de la carga de la prueba, basada en la disponibilidad y facilidad probatoria que corresponde a cada parte, tal y como prevé el artículo 217.7 del mismo texto, en relación con el deber de colaborar con la justicia consagrado en el artículo 118 de la Constitución, y el deber de favorecer la investigación de la paternidad biológica consagrado en el artículo 39.2 en relación con el 14 del mismo texto.

Sexta. La negativa, sin justa causa, a someterse a la realización de la prueba de ADN, cuando haya sido acordada por autoridad judicial, no constituye prueba irrefutable de la filiación («ficta confessio»), no obstante, será considerado un indicio cualificado, de elevado valor, para que, junto con el resto de indicios, el tribunal pueda reconocer el vínculo filial entre los litigantes.

BIBLIOGRAFÍA

ALFARO VALVERDE, L., «Repensando la prueba de ADN en el proceso de filiación. Una prueba pericial no exenta de error»., https://doi.org/10.18800/dys.202102.005

ÁLVAREZ DE NEYRA, S: «El uso de la coacción en la toma de muestras de ADN»; https://masterabogacia-umh-icae.umh.es/2015/11/12/el-uso-de-la-coaccion-en-la-toma-de-muestras-de-adn/

Doctrina de la Fiscalía General del Estado asentada en la Circular núm. 1/2001 de la Fiscalía General del Estado, sobre la incidencia de la nueva Ley de Enjuiciamiento Civil en la intervención del Fiscal en los procesos civiles. Punto VII. 3. A.

MOJICA GÓMEZ, L., «La prueba técnica ADN en los procesos sobre filiación»., Estud. Socio-Juríd. vol. 5 no.1 Bogotá Jan./June 2003.

QUESADA GONZÁLEZ, M. C.; «La prueba del ADN en los procesos de filiación»; file:///C:/Users/belen.romero/Downloads/Dialnet-LaPruebaDelADNEnLosProcesosDeFiliacion-2028948%20(1).pdf

SILLERO CROVETTO, B., «El Tribunal Supremo declara la paternidad de un hombre que se negó de forma injustificada a someterse a una prueba biológica (Sentencia de Pleno 460/2017, de 18 de julio)».

20

¿Es posible valorar la prueba testimonial? Algunas estrategias para lograrlo*

MARÍA DE LOS ÁNGELES GONZÁLEZ COULON**
Profesora asociada, Departamento de Derecho Procesal
Facultad de Derecho, Universidad de Chile

I. INTRODUCCIÓN

En general, el estudio de los medios de prueba ha sido olvidado en el ámbito del derecho probatorio. El énfasis se ha situado en tratar las etapas de la actividad probatoria y los distintos sistemas de valoración de la

---

* Este trabajo forma parte del proyecto de investigación Fondecyt Iniciación N.º 11220191 «Del testigo al testimonio: una reconstrucción pragmática del testimonio en el derecho procesal. bases para una reforma de las pruebas declarativas». Se agradece la colaboración de Darenka Yurac Latif como ayudante de este proyecto de investigación.

** Abogada de la Universidad de Chile. Magíster en derecho de la Universidad de Chile. Doctora en derecho Universidad Autónoma de Barcelona. Abogada asociada, Departamento de Derecho procesal, Universidad de Chile. https://orcid.org/0000-0003-4499-8960

prueba, así como la forma de rendición de los mismos[1]. Sobre la naturaleza jurídica de los medios de prueba, su implicancia individual en un proceso o los problemas específicos de valoración de los mismos, hay poco desarrollado[2].

La falta de análisis de los medios de prueba olvida que estos son, en palabras simples, la información que introducida al proceso permitirá al tribunal tomar las distintas decisiones dentro del mismo y, por lo tanto, no es baladí su estudio y forma de examen. Estas decisiones deben necesariamente ser posibles de controlarse, lo que implica que deben estar debidamente justificadas, es decir, enmarcarse dentro de una teoría racional de la prueba[3]. Para que lo señalado sea posible, es imperioso que los medios de prueba sean estudiados de forma pormenorizada.

El estudio detallado de los medios de prueba implica no solamente reconocer su naturaleza jurídica, sino también detectar sus ventajas y sincerar sus falencias, además de establecer cuáles son los límites de cada uno de ellos. En ese sentido, el estudio de la prueba testimonial es fundamental porque como detallaremos en el presente trabajo, es un medio de prueba necesario y útil en todo proceso[4].

La prueba testimonial es un medio de prueba que tanto la doctrina como la jurisprudencia, haciendo eco de la legislación, han examinado a partir de

1. Para estas materias revisar, por ejemplo, FERRER BELTRÁN, Jordi: *La valoración racional de la prueba*, Barcelona, España, Marcial Pons, 2007.
2. De todas formas, es posibles revisar trabajos como: VÁZQUEZ ROJAS, Carmen: *De la prueba científica a la prueba pericial*, Barcelona, España, Marcial Pons, 2015. DE PAULA RAMOS, Vitor: *La prueba testifical*, Barcelona, España, Marcial Pons, 2019. DE PAULA RAMOS, Vitor: *La prueba documental*, Barcelona, España, Marcial Pons, 2023. GONZÁLEZ COULON, María de los Ángeles: *El testimonio como prueba*, Barcelona, España, JM Bosch, 2021. PICÓ I JUNOY, Joan y ABEL LLUCH, Xavier: *El interrogatorio de testigos*, Barcelona, España, JM Bosch Editor, 2008. PICÓ I JUNOY, Joan; ABEL LLUCH, Xavier (dirs.) y GINÉS CASTELLET, Nuria (coord.): *La prueba de reconocimiento pericial*, Barcelona, España, JM Bosch Editor, 2008. PICÓ I JUNOY, Joan (dir.); ANDINO LÓPEZ, José Antonio y CERRATO GURI, Elisabet (coords): *La prueba pericial a examen*, Barcelona, España, JM Bosch Editor, 2020. PICÓ I JUNOY, Joan (dir.) y DE MIRANDA VÁZQUEZ, Carlos (coord.): *Peritaje y prueba pericial*, Barcelona, España, JM Bosch, 2017.
3. ACCATINO SCAGLIOTTI, Daniela: «Teoría de la prueba: ¿somos todos "racionalistas" ahora?», *Journal for Constitutional Theory and Philosophy of Law*, n.º 39, 2019, pp. 85-102.
4. Para profundizar en estos temas es posible revisar algunos textos de la suscrita como: GONZÁLEZ COULON, María de los Ángeles: *El testimonio como prueba*, Barcelona, España, JM Bosch, 2021. GONZÁLEZ COULON, María de los Ángeles: «¿Por qué necesitamos la prueba testimonial?» en CACHÓN CADENAS, Manuel Jesús y PÉREZ DAUDÍ, Vicente (coords.), *El enjuiciamiento civil y penal hoy*, Atelier, 2019, pp. 579-588.

la figura del testigo. Este centralismo en el sujeto que declara implica que la información que él entrega sea contaminada por quién es dicho declarante, lo que es a lo menos peligroso desde el punto de vista de la decisión que se tomará en un proceso basándose en este medio de prueba, ya que esta deja de ser una decisión racional al estar mediada por la posible credibilidad de una persona basada en las cualidades particulares del sujeto y/o ciertos rasgos no verbales que demuestre en juicio[5]. Esto no solamente produce una decisión subjetiva dentro del proceso, sino también una desconfianza generalizada de este medio de prueba, ya que debido a la falibilidad de los seres humanos se desconfía de las personas.

Es por las razones anteriores que es imperioso el estudio de este medio de prueba en forma particular, ya que su análisis pormenorizado permitirá, como pretende este trabajo, sincerar la necesidad del mismo en varios sentidos. Primero, porque la prueba testimonial es epistémicamente un testimonio y, por tanto, fuente primaria de conocimiento; segundo, porque es un método fácil de obtener información y; por último, porque hay materias en que la información solamente puede obtenerse por este medio de prueba.

La importancia de la prueba testimonial hace también que se haga necesario determinar cómo valorarla. Respecto a esto último, se postulan cinco pasos o estrategias para lograrlo. Así, en este trabajo se señala que se debe abandonar el centralismo en el testigo para dar paso a un estudio equilibrado tanto del testigo como del testimonio, como los dos elementos presentes en el testimonio que debemos examinar de manera individual. De esta forma, revisar el testigo en clave de credibilidad y luego al testimonio respecto a su fiabilidad, para finalizar con la forma correcta de valoración conjunta del acervo probatorio.

II. LAS IMPLICANCIAS DEL CONCEPTO

En nuestro derecho continental la denominación del medio de prueba que estamos revisando es variada. En algunas legislaciones se designa como prueba testifical, en otras como prueba testimonial o simplemente, como testimonio. También, de acuerdo con lo estipulado por el respectivo legislador y el énfasis que le quiera asignar, se refieren al capítulo respectivo que regula el medio de prueba como «De los testigos» o «Interrogatorio de testigos».

5. GONZÁLEZ COULON, María de los Ángeles: «Repensando el testimonio: la distinción entre agente y producto», *Revista Chilena de Derecho*, Vol. 46, n.º 3, 2019, pp. 791-819.

Las distintas denominaciones hacen que, en primer lugar, debamos revisar a qué se refiere cada una de ellas, y establecer si existe algún tipo de elemento común que nos permita analizar, en un sentido similar, las eventuales falencias y desafíos que este medio de prueba nos presenta; o si, por el contrario, la revisión deba realizarse de manera individual dependiendo de cada uno.

La designación de prueba testifical, prueba testimonial o testimonio, a mi juicio, tiene una explicación referida al ordenamiento jurídico en el que se inserta. La utilización de «testifical» es propia de la dogmática española, donde se ha establecido que este medio de prueba es «una declaración oral de conocimiento sobre hechos controvertidos prestada, durante el proceso, por un tercero con uso de razón suficiente a instancia de cualquiera de las partes»[6].

El concepto de «prueba testimonial» no se aleja mayormente de la definición anterior y es usada tradicionalmente por los países latinoamericanos. Por ejemplo, CONTRERAS ROJAS menciona que: «la prueba testimonial constituye un medio probatorio de naturaleza personal que consiste en un relato usualmente oral realizado en presencia del juez y de los litigantes en la audiencia que ha sido fijada para estos efectos, en el que una persona distinta a las partes y sus representantes, a solicitud de ellas o del tribunal, informa sobre el conocimiento que tiene de ciertos hechos pasados, controvertidos, y relevantes para el proceso, ya sea porque los ha presenciado directamente o bien porque los ha conocido a través de la referencia de otras personas»[7]. De este concepto podemos rescatar como elemento adicional que se basa en la clasificación sobre medios de prueba personales y reales[8], pero en lo medular las ideas que orbitan son similares.

Hay algunos autores, que al estudiar este medio de prueba simplemente lo denominan como «testimonio». En este sentido, interesantes son los aportes de DEVIS ECHANDÍA Y CARNELUTTI. EL primero, menciona que este medio de prueba es aquel que «(...) consiste en la declaración representativa que una persona, que no es parte en el proceso en que se aduce, hace a un juez, con fines procesales, sobre lo que sabe respecto a un

6. ABEL LLUCH, Xavier: *La valoración de la credibilidad del testimonio*, Madrid, España, Wolters Kluwer, 2020, p. 15.
7. CONTRERAS ROJAS, Cristián: *La valoración de la prueba de interrogatorio*, Madrid, España, Editorial Marcial Pons, 2015, p. 219
8. Revisar DEVIS ECHANDÍA, Hernando: *Teoría general de la prueba judicial*, Tomo I, Buenos Aires, Argentina, Víctor P. de Zavalía, 1974, p. 526 o BENTHAM, Jeremías: *Tratado de las pruebas judiciales*, Traducción C.M.V, Tomo I, París, Francia, Bossange Fréres, 1825, p. 30.

hecho de cualquier naturaleza»[9], mientras el segundo, lo conceptualiza como «(...) un acto humano destinado a representar un hecho no presente»[10].

Por último, la legislación ha utilizado los términos «De los testigos» o «Interrogatorio de testigos» para titular el capítulo respectivo de su ley referido a este medio de prueba. El primero de ellos es, por ejemplo, el usado en el Código de Procedimiento Civil chileno que data del año 1907[11]. En cambio, la legislación española cuya modificación es del año 2000 lo titula «Interrogatorio de testigos»[12]. ABEL LLUCH señala que el motivo de la sustitución entre «prueba de testigos» a «interrogatorio de testigos» es correcta porque en esta última aludiría tanto al sujeto que declara como a la declaración en sí misma, en cambio la primera solamente se referiría a la fuente de prueba[13].

Si revisamos los conceptos, estos quedan incompletos si no los integramos con las cualidades que supuestamente deben tener los testigos. En este sentido, se espera, de modo general respecto a los testigos, que sean un tercero al proceso y que declaren sobre hechos que presenciaron o percibieron por alguno de sus sentidos[14].

De la revisión de los conceptos anteriores, es posible extraer ciertas conclusiones e inquietudes que surgen a propósito del tratamiento que se le ha otorgado al medio de prueba testimonial como declaración proveniente de un tercero. En primer término, lo que será revisado con mayor detalle en el próximo apartado, todos los conceptos traídos a colación tienen como figura central al testigo. Es por ello por lo que como complemento de la definición general de prueba testimonial debemos introducir las cualidades del sujeto que realiza la declaración, lo que, adelanto, es un grave problema al momento de examinar este medio de prueba.

9. DEVIS ECHANDÍA, Hernando: *Teoría general de la prueba judicial*, Tomo I, Buenos Aires, Argentina, Víctor P. de Zavalía, 1974, p. 33.
10. CARNELUTTI, Francesco: *La prueba civil*, Santiago, Chile, Ediciones Olejnik, 2018, p. 151.
11. Título XI «De los medios de prueba en particular» del Código de Procedimiento Civil, en su numeral 3 se refiere a «De los testigos y de las tachas».
12. Capítulo VI «De los medios de prueba y las presunciones» de la Ley de Enjuiciamiento Civil Española en su sección 7° «Del interrogatorio de testigos».
13. PICÓ I JUNOY, Joan y ABEL LLUCH, Xavier: *El interrogatorio de testigos*, Barcelona, España, JM Bosch Editor, 2008, p. 16.
14. GÓMEZ COLOMER, Juan Luis; MONTERO AROCA, Juan; BARONA VILAR, Silvia y CALDERÓN CUADRADO, María Pía: *Derecho jurisdiccional*, Tomo II, 27.º Edición, Valencia, España, Editorial Tirant Lo Blanch, 2019, p. 289. MATURANA MIQUEL, Cristián y MONTERO LÓPEZ, Raúl: *Derecho procesal penal*, Tomos I - II, Santiago, Chile, Legal Publishing Chile, 2010, p. 985.

En segundo lugar, hay que revisar qué esperamos de la declaración de dicho sujeto como medio de prueba. De las definiciones anteriores, podemos revisar que la expectativa es que narre ciertos hechos qué percibió por alguno de sus sentidos —ya veremos si podemos encontrar diferencias dependiendo del sentido— y, por tanto, debemos preguntarnos cómo deberá ser dicha narración.

TARUFFO, de manera muy lúcida, nos menciona que los testigos son narradores en el sentido de que esperamos que nos relaten los hechos que conocen[15]. Al presentarse su declaración como una narración, esperamos que éste nos cuente una historia con una fuerte pretensión de verdad[16], perteneciendo la misma a los actos ilocucionarios asertivos «(...) al estar compuesta de enunciados que describen hechos, y tienen la función de proporcionar al juez informaciones verdaderas y fiables»[17].

Del hecho que la declaración del testigo busque contarnos una historia que sirva al proceso y genere información para la toma de decisiones implica preguntarnos cómo debiese ser esa narración. Si bien hay una discusión respecto a la idea de representatividad expuesta por CARNELUTTI en relación con la prueba testimonial[18], dejando aquello de lado, podemos situarnos en lo que se espera de la narración testimonial y esto es «(...) un relato que corresponda descriptivamente a la realidad de los hechos según se desprende de las pruebas, y que también sea coherente, completo y plausible»[19].

Si reflexionamos sobre lo anterior, que la declaración sea coherente y consistente implicaría una contradicción en ciertos aspectos porque necesitaríamos, en varios casos, de una preparación previa de los testigos. No obstante, esta preparación no es deseada en este tipo de medios de prueba porque podría implicar que el testigo relatara aspectos que no percibió con sus sentidos, pero que se le informaron previamente[20].

Estas características de la narración también, a mi juicio, entregan el mensaje de que la declaración debiese ser completa, no solo entregando todo tipo de detalles, sino también que al tribunal le sea útil de aquella manera. En

15. TARUFFO, Michele: *Simplemente la verdad*, Madrid, España, Marcial Pons, 2010, p. 63.
16. *Ibid.*
17. *Ibid*, p. 65.
18. TARUFFO, Michele: *La prueba de los hechos*, Bologna, Italia, Editorial Trotta, 2002, pp. 466-467 y Taruffo, Michele: *Hacia la decisión justa*, México, Editorial CEJI, 2020, pp. 461-462.
19. TARUFFO, Michele: *Simplemente la verdad*, Madrid, España, Marcial Pons, 2010, p. 85.
20. DE PAULA RAMOS, Vitor: *La prueba testifical*, Barcelona, España, Marcial Pons, 2019, pp. 52-53.

otras palabras, respecto a la declaración testimonial buscamos que nos sirva toda la información que el testigo entrega, en caso contrario, simplemente se descarta, no pudiéndose extraer quizás algún detalle que sirva de complemento a otro medio de prueba; esperamos su completitud[21].

En último término, y relacionado con lo anterior, el tribunal, en cierta manera espera que el tercero que está declarante le entregue toda la información que se espera para tomar una cierta decisión. Esto último olvida que, hay narraciones que perfectamente pueden ser malas, pero verdaderas. Malas en el sentido de incompletas, así como también en el sentido de inconsistentes o incoherentes, pero que, aunque incumpliendo las expectativas que se tiene tradicionalmente de la prueba testimonial, permiten que este medio de prueba sea información útil en el juicio.

Así las cosas, el concepto de prueba testimonial de la mano de lo que se espera de ella, presenta problemas que luego se verán reflejadas en el examen que se hace de este medio de prueba en la etapa de valoración, así como también hace eco en el centralismo en el testigo que se revisará a continuación. En ese sentido, la forma en la que se estudia y revisa la prueba testimonial tiene como consecuencia que debamos sincerar problemas, falencias y, por qué no, posibles soluciones para allegar mejor y más información al proceso.

III. LA FALIBILIDAD DE LOS TESTIGOS

Hemos señalado en el apartado anterior al revisar el concepto de prueba testimonial y, por consiguiente, de testigo, que el análisis de este medio de prueba se encuentra centrado en la figura de quien declara y eso tiene efectos en lo esperado para la declaración.

El hecho de que este medio de prueba esté centrado en el sujeto no solamente implica problemas al momento de su valoración, sino que genera dificultades previas en el análisis general de este medio de prueba y ante la pregunta de si lo incorporamos o no como información en un proceso. El problema radica es que se desconfía de las personas[22] y, por ende, como este medio de prueba está centrado en el sujeto que declara, trae también

21. DIGES, Margarita: *Testigos, sospechosos y recuerdos falsos. Estudios de psicología forense*, Madrid, España, Editorial Trotta, 2016, p. 91. Ver también COLOMA CORREA, Rodrigo: «¿Por qué (a veces) as teorías de la prueba nos parecen inútiles?», *Política Criminal*, Vol. 15, n.º 30, 2020, p. 630.
22. GUIMARAES RIBEIRO, Darci: «Prueba testifical: protocolos de actuación, medidas de protección, técnicas de interrogatorio y cuestiones específicas de valoración en Iberoamérica», en *La prueba en el proceso*, Salamanca, España, Atelier, 2018, p. 254.

aparejado que se desconfíe de la prueba testimonial en general basándose en lo falible que son los seres humanos.

La principal preocupación que ocasiona lo señalado es que existe un temor generalizado, pero prejuiciado, de que el testigo mienta[23]. En ese sentido, QUINTANA FERREIRA nos señala que: «La prueba del interrogatorio de testigos ha sido tradicionalmente un medio de prueba que ha merecido un gran recelo legal, doctrinal y jurisprudencial por la naturaleza del medio probatorio, pues siempre ha generado duda la veracidad del testigo y la fiabilidad de su testimonio[24]».

No obstante lo anterior, los estudiosos en estas materias aseveran que el problema de este medio de prueba no se encuentra en la mentira. Así, se menciona que las declaraciones en que el testigo deliberadamente tiene la intención de mentir son poco frecuentes, aunque ello no quita que muchos relatos prestados en juicio no se ajusten a la verdad por otros motivos[25]. De esta forma, «alguien que tiene una información y cree genuinamente en la verdad de esta, puede transmitirla sin configurar con ello una mentira. Se trataría de un error sincero»[26].

El error en el testimonio puede deberse a distintas razones, principalmente de memoria o recuerdo, vinculado a ciertos posibles errores de razonamiento. De esta forma, «el contenido de un testimonio depende de la interacción entre el contenido de la memoria —el contenido del suceso al que ha asistido el testigo—, y los procesos de decisión relativos a lo que el testigo trata de relatar»[27], es en ese sentido que los recuerdos pueden cambiar o modificarse, y por lo tanto no se mantienen, como uno esperaría, inalterables en el tiempo[28].

23. CONTRERAS ROJAS, Cristián: *La valoración de la prueba de interrogatorio*, Madrid, España, Editorial Marcial Pons, 2015, p. 216.
24. QUINTANA FERREIRA, Francisco: «La valoración del interrogatorio de testigos en supuestos específicos: el testigo tachado y el testigo – perito» en Abel Lluch, Xavier y Picó i Junoy, Joan (dirs.), *Aspectos problemáticos en la valoración de la prueba civil*, Barcelona, España, JM Bosch, 2008, p. 113.
25. CAROFIGLIO, Gianrico: *El arte de la duda*, traducción Luisa Junatey, Madrid, España, Marcial Pons, 2010, p. 55.
26. DE PAULA RAMOS, Vitor: *La prueba testifical*, Barcelona, España, Marcial Pons, 2019, p. 84.
27. MAZZONI, Giuliana: *¿Se puede creer a un testigo? El testimonio y las trampas de la memoria*, Traducción José Manuel Revuelta, Madrid, España, Editorial Trotta, 2010, p. 16.
28. DIGES, Margarita: *Testigos, sospechosos y recuerdos falsos. Estudios de psicología forense*, Madrid, España, Editorial Trotta, 2016, p. 91.

Muchos de los factores que influyen en lo que declarará el testigo tiene que ver con eventuales fallos de percepción y de recuperación de los recuerdos. Como bien ilustra DE PAULA RAMOS, dentro de los primeros se encuentran aspectos visuales básicos como luz, cambios de luz y colores, velocidad, distancia, duración del suceso, edad, focalización en el objeto, estrés y la presencia de alcohol u otras sustancias[29]. En el caso de los fallos en la recuperación de los recuerdos, encontramos como factores el tiempo entre el suceso y la recuperación, la información posterior al suceso, el *feedback* sobre el desempeño del testigo y la forma en que se le efectúan las preguntas relacionadas con sesgos de confirmación y preguntas tendenciosas[30].

Además, la declaración del testigo puede estar mediada, de forma inconsciente por prejuicios, es decir, por tener un prejuicio sobre la persona de la cual se está prestando un relato basándose en ciertas características que se conocen del grupo al que pertenece[31].

De lo anteriormente expuesto, se puede concluir que no da lo mismo la forma en que se estudia la prueba testimonial. La manera de examinarla importa porque el hecho de centrarnos en el sujeto que efectúa la declaración deriva en la desconfianza a este medio de prueba. Así, si continuamos centrando su análisis en la persona del testigo y sus características, la consecuencia es que al ser las personas falibles debiésemos prescindir de ella y, por tanto, no cuestionar los posibles desafíos o problemas que su valoración presenta. Sin embargo, en el próximo apartado podremos observar que por diversas consideraciones necesitamos de la prueba testimonial, por lo que, por sobre las desconfianzas generadas, se debe revisar cómo incorporarla como fuente de conocimiento y creencias que permitan la solución de un asunto judicial.

IV. UTILIZACIÓN DE LA PRUEBA TESTIMONIAL

Como ya se ha señalado, las disyuntivas planteadas con anterioridad podrían generar la pregunta válida respecto a por qué seguimos analizando y estudiando de manera tan detallada la prueba testimonial si presenta tan variados problemas. En ese sentido, la respuesta más simple sería señalar que la seguimos utilizando porque la necesitamos: «he ahí el inevitable

29. DE PAULA RAMOS, Vitor: *La prueba testifical*, Barcelona, España, Marcial Pons, 2019, pp. 117-128.
30. *Ibid*, pp. 131-136.
31. MAZZONI, Giuliana: *¿Se puede creer a un testigo? El testimonio y las trampas de la memoria*, Traducción José Manuel Revuelta, Madrid, España, Editorial Trotta, 2010, p. 45.

dilema: necesidad del testimonio como prueba judicial y peligros inherentes a él. Ni podemos prescindir de aquel, ni eliminar estos (...)»[32].

A mi juicio, las razones por las que dentro de un proceso judicial se hace necesaria la prueba testimonial pueden resumirse en tres: (i) porque los testimonios son fuente primaria de conocimientos; (ii) porque los testimonios son un método fácil de adquirir información que luego puede ingresar al juicio como prueba testimonial; y (iii) porque hay asuntos en que el único medio de prueba disponible es la declaración de un tercero. Revisaremos cada uno de ellos de forma general.

En primer término, los testimonios, en un sentido amplio de la palabra[33], son fuente primaria de conocimiento. El desarrollo de la referida idea proviene de las tesis antireduccionistas que surgieron como contrapartida al reduccionismo. Estos últimos planteaban que, en relación con la posibilidad de justificar decisiones basadas en testimonios, se debían cumplir dos premisas: (i) tener razones positivas para aceptar el testimonio y (ii) esas razones no podían ser otros testimonios[34]. Luego, por su parte, los antireduccionistas plantean que los testimonios son tan importantes como la percepción, el razonamiento o la memoria[35].

Lo mencionado se sustenta en que la mayoría de nuestros conocimientos o creencias han sido obtenidos a través de un testimonio, de esta forma, «creencias tan personales como aquéllas acerca del lugar de nuestro nacimiento o la identidad de nuestros bisabuelos provienen de fuentes tan próximas que jamás se nos ha ocurrido dudar de ellas. Y lo mismo ocurre con creencias cada vez más alejadas del ámbito de la experiencia personal, incluyendo afirmaciones acerca de disciplinas cada vez más especializadas»[36].

En segundo lugar, es posible afirmar la necesidad de este medio de prueba porque es un método fácil, rápido y eficaz de adquirir información. Así, en la mayoría de los casos, la transmisión de información que se realiza en la vida diaria se materializa de manera oral.

32. DEVIS ECHANDÍA, Hernando: *Teoría general de la prueba judicial*, Tomo I, Buenos Aires, Argentina, Víctor P. de Zavalía, 1974, p. 92.
33. Para esto revisar VÁZQUEZ ROJAS, Carmen: *De la prueba científica a la prueba pericial*, Barcelona, España, Marcial Pons, 2015, pp. 51-52 y GONZÁLEZ COULON, María de los Ángeles: *El testimonio como prueba*, Barcelona, España, JM Bosch, 2021.
34. PÁEZ, Andrés: «La prueba testimonial y la epistemología del testimonio», *Isonomia*, n.º 40, 2014, p. 97.
35. *Ibid*, p. 99.
36. *Ibid*, p. 98.

Es cierto que hay casos en que la prueba testimonial no se permite, como aquellos en que la escrituración es una formalidad[37], u otros en que se hace necesaria la opinión experta por lo técnico del asunto, como por ejemplo, temas de construcción, aquellos relacionados con una negligencia médica o ADN. Sin embargo, la forma más común de ir día a día adquiriendo nuevos conocimientos, son los testimonios.

Por último, e íntimamente relacionado con los puntos anteriores, necesitamos de la prueba testimonial porque hay asuntos en que este es el único medio de prueba disponible. Es decir, no es posible acreditar los enunciados sobre los hechos alegados si no es por la declaración de un tercero, ya sea porque no hay evidencia escrita o porque simplemente un informe experto no sería pertinente.

En distintas materias es posible identificar asuntos que solamente son posibles de acreditar a través de lo que un tercero declare sobre lo que percibió; a continuación, revisaremos algunos ejemplos. En primer lugar, en materia de familia no hay un soporte que vaya dejando huella de lo sucedido en casos de diferencias familiares o en asuntos sobre la tuición de un niño, niña o adolescente. En estas situaciones solamente es posible acudir a terceros —familiares directos o indirectos, vecinos, amigos/as— que declaren sobre el conflicto que se está ventilando.

Luego, en materia laboral también podemos reconocer algunos claros ejemplos. Así, en asuntos sobre acoso sexual en que no hay pruebas como correos electrónicos o mensajes, será el testimonio de la víctima, de quienes presenciaron ciertas situaciones de acoso o que en otro momento también fueron víctimas de la misma persona quienes serán la fuente de conocimiento para resolver el asunto por parte del tribunal.

Otra situación laboral en que la prueba testimonial es clave es respecto a la acreditación del principio de la realidad, ya que en él encontramos un desajuste entre los hechos y la formalidad establecida en un contrato de trabajo que puede porvenir de una simulación absoluta o relativa o de un error o desconocimiento del derecho[38]. En estas situaciones el beneficio que se alega no se encuentra por escrito y por ello se necesitan de testimonios de terceros.

---

37. FIGUEROA YÁÑEZ, Gonzalo: *Curso de derecho civil*, Tomo III, Santiago, Chile, Editorial Jurídica, 2012, p. 196.
38. LORA ÁLVAREZ, Germán y ÁVALOS RODRÍGUEZ, Brian: «Del dicho al hecho: límites a la aplicación del principio de primacía de la realidad por parte de la Autoridad Administrativa de Trabajo», *Ius Et Veritas*, Vol. 19, n.º 38, pp. 156-168.

Por último, en temas civiles hay conflictos en que su resolución tiene como eje principal la utilización de la prueba testimonial. Así, en transacciones mercantiles en que se deberán acreditar por testigos usos regionales, convenciones o arreglos administrativos; en alegaciones referidos en que se deberá probar la mala fe[39]; en la interpretación de un contrato documentado[40], y en general, en materias de responsabilidad extracontractual, principalmente en lo que se refiere al daño moral.

V. ¿ES POSIBLE VALORAR LA PRUEBA TESTIFICAL? ESTRATEGIAS PARA LOGRARLO

Bien señalaba BENTHAM que los testigos son los «ojos y oídos de la justicia»[41]. Esta aseveración no hace más que acrecentar la necesidad que fue plasmaba en los apartados precedentes y que no es posible ignorar u omitir la prueba testimonial. Por lo señalado, es que debemos hacernos cargo de cómo valorar la prueba testimonial dentro de una teoría racional de la prueba, en donde la decisión que tome el tribunal utilizando prueba testimonial no puede basarse en criterios subjetivos o mera convicción[42].

Para adentrarnos en la valoración de la prueba testimonial se hace necesario comenzar sincerando ciertas falencias y aspectos problemáticos a los que hay que hacer frente en este ejercicio. En ese sentido, hay que descartar algunas ideas tradicionales desarrolladas por la doctrina en esta materia —relacionadas con lo desarrollado en páginas anteriores—, considerar ciertos elementos que examinar de manera equilibrada y qué información es posible de extraer de cada uno. Luego de aquello, transparentar que una declaración testimonial, individualmente considerada no basta, como ya explicitaré, para sustentar una decisión judicial y por ello, cobra relevancia la valoración conjunta de la prueba.

En este apartado entonces, esbozaré lo que podrían denominarse los cinco pasos necesarios para examinar la prueba testimonial. Estas «estrategias» si bien en el presente trabajo apuntan a la prueba testimonial en sentido estricto, es decir, a la declaración proveniente de un tercero, no es óbice

39. BRISEÑO, Humberto: *Derecho procesal*, Tomo IV, México, Cárdenas Editor y Distribuidor, 1970, p. 466.
40. MERCEDES, Víctor: «¿Cuándo debo pedir la prueba testifical y cuándo es mejor no hacerlo? Breve excurso sobre la prueba testifical en el proceso civil» en Picó i Junoy, Joan (dir.) y De Miranda Vázquez, Carlos (coord.), La *prueba en acción. Estrategias procesales en materia probatoria*, Barcelona, España, JM Bosch, p. 37.
41. BENTHAM, Jeremías: *Tratado de las pruebas judiciales*, Traducción C.M.V, Tomo I, París, Francia, Bossange Fréres, 1825, p. 66.
42. FERRER BELTRÁN, Jordi: *La valoración racional de la prueba*, Barcelona, España, Marcial Pons, 2007, p. 64.

que puedan también aplicarse a otros testimonios en juicio —con ciertas modificaciones que podrían ser objeto de otro trabajo— ya sea que provengan de un experto o de una parte.

Así, postulo que, (i) se necesita prescindir del centralismo en el sujeto, énfasis que la doctrina más tradicional realiza en este medio de prueba; (ii) hay que distinguir entre los dos elementos que componen la prueba testimonial: sujeto/testigo y su testimonio; (iii) hay que analizar la credibilidad del sujeto/testigo como uno de los elementos de este medio de prueba; (iv) debemos revisar la fiabilidad del testimonio como producto de la declaración realizada por el sujeto/testigo; y finalmente, (v) es necesario sincerar que una valoración individual no basta respecto a este medio de prueba para obtener un examen racional de la prueba, por lo que se necesita una valoración conjunta del medio de prueba.

1. ABANDONAR EL CENTRALISMO EN EL SUJETO

En apartados anteriores hemos hecho énfasis en que el estudio de la prueba testimonial se ha centrado principalmente en el estudio del testigo. Es decir, para determinar la forma en que se debe valorar la declaración de un tercero en juicio, lo que realmente se valora son las características del declarante.

En palabras muy simples, lo que sucede en el ámbito judicial, es que al momento de valorar la prueba testimonial se establece que este medio de prueba permite sustentar una decisión si es que se estima «creíble». Luego, esa credibilidad está basada en criterios subjetivos en relación con quién está declarando, tanto respecto a ciertas cualidades de dicha persona como a posibles vínculos con las partes o con el juicio en sí, sin importar la información que dicha persona está entregando. Un buen ejemplo de aquello es la institución de las tachas.

El centralismo en el testigo que venimos desarrollando proviene, como se señaló, de las definiciones más tradicionales sobre el medio de prueba testimonial, las que a su vez se encuentran basadas en las clasificaciones clásicas sobre medios de prueba, principalmente aquellas referidas a prueba directa/indirecta y personal/real.

La primera clasificación, si bien se ha presentado de distintas maneras y formas por la doctrina[43], la interpretación que nos interesa en este trabajo es aquella que establece que la prueba directa representa la realidad, como,

43. Ver DE MIRANDA VÁZQUEZ, Carlos: «Prueba directa *vs.* Prueba indirecta (un conflicto inexistente)», DOXA *Cuadernos de Filosofía del Derecho*, n.º 38, 2015, pp. 73-100.

por ejemplo, a través de la narración de un testigo; mientras que en la prueba indirecta la información entregada no se relaciona con la realidad, pero si permite asociarla[44]. La segunda clasificación, es más simple de entender, y simplemente se refiere a la fuente de prueba, es decir, si proviene de una persona o de una cosa[45].

Estas tradicionales clasificaciones, que en variados aspectos marcan la pauta del examen de cada medio de prueba, tienen como base al sujeto que presta la declaración y por ello, en cierta medida, se ha producido este centralismo. Que la base se encuentre en el declarante implica que sus cualidades sean relevantes, así como también que la decisión pueda terminar basándose en el lenguaje no verbal expresado al momento de «representar» lo percibido en juicio.

Como se adelantó, que las cualidades del testigo sean las relevantes se encuentran presente de manera clara en las tachas. Esta institución lo que hace es establecer un listado de personas que tienen la calidad de «sospechosas»[46] respecto a lo que van a declarar. Es decir, se desconfía de esas personas y por tanto de su testimonio. En el caso chileno operan como una forma de exclusión de los testimonios, independiente de que se falle respecto a ellas al momento de la sentencia definitiva[47]. En España, en cambio, son un criterio de valoración[48].

Con o sin tachas, es complejo que las relaciones del testigo o sus cualidades sean las determinantes para tomar una decisión judicial. Hay variados ejemplos de los establecidos en el apartado sobre «utilidad de la prueba testimonial» que podríamos utilizar para explicitar el peligro de centrarse en el sujeto. El proceso de familia es uno de ellos y permite transparentar los diversos problemas que se generan.

Así, en la mayoría de los conflictos generados en esta sede, quienes tienen mejor información para declarar como testigos son personas cercanas a las partes y que, además, tienen a lo menos un interés indirecto en el devenir del proceso, es decir, son personas «poco creíbles» si utilizamos las ideas tradicionales respecto a este medio de prueba.

---

44. *Ibid.*
45. MENESES PACHECO, Claudio: «Fuentes de prueba y medios de prueba en el proceso civil», *Revista Ius Et Praxis*, Vol. 14, n.º 2, 2008, p. 58.
46. QUINTANA FERREIRA, Francisco: «La valoración del interrogatorio de testigos en supuestos específicos: el testigo tachado y el testigo – perito» en Abel Lluch, Xavier y Picó i Junoy, Joan (dirs.), *Aspectos problemáticos en la valoración de la prueba civil*, Barcelona, España, JM Bosch, 2008, p. 97.
47. Artículos 357, 358, 373-379 Código de Procedimiento Civil Chileno.
48. Artículo 377 Ley Enjuiciamiento Civil española.

En los procesos, como en materia de familia, el centro debiese estar en tener una cantidad relevante de información que sea suficiente para poder tomar la decisión más justa y correcta posible. En ese sentido, las personas más cercanas son las que debiesen tener más y mejor información al respecto, pero desconfiamos de ellas. Ahí se nos presenta una paradoja: más cercanía, mejor información, ¿qué hacer?

Otro aspecto vinculado al centralismo en el sujeto es que la valoración de su declaración este mediada por los postulados del lenguaje no verbal. Esto es peligroso porque se le otorga a la inmediación un significado errado, cual es, ser una especie de criterio de valoración, y por lo tanto, que un testigo transpire, se muestre nervioso o juegue con sus manos, no puede ser un factor para entregar a una declaración más o menos credibilidad.

Que la valoración de una declaración se sustente en las características del testigo es problemático porque nos aleja de una valoración racional de la prueba ya que, el juez/a valorará la prueba basándose en aspectos de lenguaje no verbal del declarante —que no tienen sustento objetivo alguno— o en cierto tipo de relaciones que supuestamente lo podrían llevar a mentir o acomodar su declaración, sin considerar que esa misma relación podría introducir información relevante al proceso.

En otras palabras, esta idea general de credibilidad vinculada a características del testigo lo que hace es impedir el control de una decisión basada en prueba testimonial; «la cuestión de la credibilidad de los testigos queda fuera de las exigencias de motivación y de las posibilidades de revisión»[49], y por tanto, debe ser abandonada como primer paso que nos permita valorar la prueba testimonial de manera objetiva en que el testigo no contamine su testimonio.

2. DISTINGUIR LOS ELEMENTOS DEL MEDIO DE PRUEBA

El dejar de lado el centralismo, no significa en caso alguno que ignoremos el sujeto, pero revisaremos la forma correcta que creo hay que considerarlo. En este sentido, el testimonio de terceros, como mencionamos, epistémicamente es simplemente un testimonio, y es a partir de dicha definición que podemos distinguir dos elementos que deben revisarse con mayor detalle, que son el sujeto que declara y la información o testimonio que proviene de esa declaración. Es decir, debemos ser capaces de analizar tanto al sujeto como su declaración o testimonio y de esa manera comenzar a esbozar la manera en que será posible valorar la prueba testimonial.

49. GASCÓN ABELLÁN, Marina: *Cuestiones probatorias*, Bogotá, Colombia, Universidad Externado de Colombia, 2012, p. 207.

Los elementos anteriores, son capaces de extraerse de un concepto amplio de testimonio. El concepto que he venido postulando a lo largo de distintos trabajos de investigación dice relación con que el testimonio es «(...) fuente de conocimientos y creencias más que meramente un acto comunicacional que deberá ser absorbido por la audiencia, ya que al usarse como un medio de prueba, proporcionará los conocimientos para que luego el juez —la audiencia— pueda tomar una decisión»[50]. A lo anterior, he estimado que se añade que el juez/a no debe conocer la información que se le está entregando[51].

Esta definición de testimonio deja claramente establecidos los elementos ya señalados, lo que permiten un estudio diferenciado de ellos, pero de forma equilibrada para el ejercicio de valoración. Dichos elementos también son posibles de conceptualizar.

El sujeto o testigo, será el hablante quien conoce algún hecho y transfiere una creencia o conocimiento a una audiencia que los desconoce, que es el tribunal en el caso de un proceso. Entonces se genera entre los agentes involucrados —hablante/testigo y oyente/tribunal—, un proceso de adjudicación de conocimientos[52].

Por otra parte, lo que aquí he establecido como el elemento «testimonio» no es más que el resultado de la declaración que el sujeto ha prestado. En otras palabras, el conocimiento mismo que se ha entregado o la nueva creencia generada[53].

La distinción que aquí se presenta es primordial para la valoración de la prueba testimonial porque nos permite situar en un mismo nivel ambos elementos, lo que hace posible detectar los criterios que debemos analizar en cada uno de ellos sin que, en principio, uno prime sobre el otro haciendo que, como sucede al centrarse en el sujeto, se contaminen derivando en una valoración subjetivo de la prueba.

Además, utilizando la misma distinción entre elementos, en las próximas páginas y solamente para fines didácticos, diferenciaremos entre credibilidad y fiabilidad, para analizar los criterios principales que debiésemos revisar en torno al sujeto y luego, respecto al testimonio.

---

50. GONZÁLEZ COULON, María de los Ángeles: *El testimonio como prueba*, Barcelona, España, JM Bosch, 2021, p. 204.
51. *Ibid.*
52. *Ibid.*
53. *Ibid*, p. 231.

Muchas veces, se usa credibilidad y fiabilidad sin distinción alguna y, por ejemplo, se señala que un «testimonio es creíble», que un «testigo es creíble» o que la prueba testimonial «fue fiable» sin ningún tipo de contenido. Así, solamente con fines de clarificación, a continuación, revisaremos la «credibilidad del testigo» como los criterios que debemos revisar en torno al sujeto y la «fiabilidad del testimonio» como aquellos referidos al producto de la declaración.

3. CREDIBILIDAD DEL TESTIGO

El hecho de que en este trabajo se postulara, como primer paso, abandonar el centralismo en el testigo, no implica abandonar al testigo como uno de los elementos que deben examinarse al momento de valorar este medio de prueba. Como bien se señaló en el apartado anterior, hay que revisar los dos elementos que componen este medio —testigo y testimonio— para así aspirar a una valoración racional de la prueba testimonial.

En este sentido, si en primer término aspiramos a una valoración individual del medio de prueba, se hace necesario comenzar revisando al sujeto que presta la declaración, como primer elemento.

Utilizaré, como ya enuncié, el término «credibilidad» para referirme al testigo, entendiendo a la credibilidad como una propiedad de los testimonios[54] la cual hace que nos preguntemos, ¿cuáles serían los criterios que debemos considerar para que el testigo/sujeto sea creíble?

Para la determinación de dichos criterios, en primer término, debemos atender si la legislación en que está inmersa la prueba testimonial que estamos examinando tiene aparejadas algunas normas excluyentes de este medio de prueba en razón de un criterio asociado al declarante. Típicamente, en este caso, nos referimos a la existencia o no de tachas.

Las tachas, como ya nos referimos en apartados anteriores e independiente del momento de la actividad probatoria en que el legislador respectivo las haya introducido, tienen un efecto excluyente en el sentido de que si el declarante presenta ciertas cualidades que lo hacen pertenecer al listado de personas inhábiles, se deberá excluir su declaración sin importar el contenido del mismo. Acá tenemos un claro efecto de contaminación de la posible información que fuese a entregarse.

54. En prensa se encuentra un trabajo denominado: «Una increíble, aunque verosímil historia de las palabras: fiabilidad, creencia y testimonios» de la Revista de derecho de la Universidad Austral en que desarrollo de manera extensa estas ideas.

Esta arista que he denominado «negativa» en otros trabajos sobre la materia[55], debe ser revisada con sumo cuidado, porque sólo las tachas podrían considerarse como un elemento de valoración racional, pero no así las llamadas «injusticias epistémicas testimoniales»[56], en donde una persona presenta un déficit de credibilidad para un tribunal simplemente por pertenecer a un cierto grupo. Así, por ejemplo, quienes se dedican al comercio sexual y han sido víctimas de algún tipo de agresión en el contexto de su trabajo o fuera de este[57], se les cree menos. Lo mismo con familiares o cercanos en materia de familia o sucesorio, o en temas de acoso sexual laboral en donde a las mujeres testigos se les cree menos por ser también posibles víctimas.

En segundo lugar, respecto al testigo, debiésemos revisar las características personales del mismo vinculado a sus competencias intelectuales y cognitivas. Estas habilidades deben ser revisadas de manera general por el tribunal, sin necesidad de un experto, debiendo examinarse si el declarante es capaz de procesar la información que se le entrega. De manera fácil, hay que revisar si el sujeto puede establecer relaciones, resolver problemas simples y lograr aprendizajes de dicho procesamiento de información[58].

Las cualidades anteriores deben obviamente revisarse respecto al testigo en particular, pero también serán vinculadas a la información que está entregando. A modo de ejemplo, si se vislumbra que para el testigo no es posible reconocer colores y la información que luego entregará en juicio dice relación con dicha percepción, este debiese ser descartado. De igual manera, si solamente reconoce ciertos colores y en su declaración menciona con precisión y determinación que ciertos objetos eran de dicho color, las cualidades del testigo claramente sí influirán en su declaración.

Lo que se busca con el análisis de «credibilidad» propuesto es analizar en la medida de lo posible las cualidades del testigo para valorar la prueba testimonial, pero siempre entendiendo que dichas cualidades no pueden ser determinantes para descartar un testimonio. No puede ser que por ser quién es y sin ningún criterio de racionalidad la persona pierda credibilidad

55. *Ibid.*
56. FRICKER, Miranda: «Conceptos de injusticia epistémica en evolución», Las Torres de Luca: *Revista Internacional de Filosofía Política*, Vol. 10, n.º 19, 2021, p. 97.
57. EZURMENDIA ÁLVAREZ, Jesús; GONZÁLEZ COULON, María de los Ángeles y CARBONELL BELLOLIO, Flavia: «Me llaman calle: Trabajo sexual e injusticia epistémica», *Revista de Derecho Universidad de Concepción*, n.º 253, 2023, pp. 37-66.
58. FRÍAS GUZMÁN, Maylín; HARO ÁGUILA, Yinet y ARTILES OLIVERA, Iliana: «Las habilidades cognitivas en el profesional de la Información desde la perspectiva de los proyectos y asociaciones internacionales», *Investigaciones Bibliotecológica*, Vol. 31, n.º 71, 2017, pp. 201-218.

y por ello la información que entregue se omita, se excluya o simplemente se descarte para tomar una decisión.

Así las cosas, los criterios que se plantean respecto al testigo permiten establecer o no una base de credibilidad relacionada con las cualidades intelectuales y cognitivas propuestas —entendiéndolas como parte de una arista positiva—, para luego examinar, como revisaremos a continuación, los criterios que deben examinarse respecto a la información que éste entrega.

4. FIABILIDAD DEL TESTIMONIO

El primer elemento que debía revisarse y respecto al cual se analizaron los criterios para ello dice relación con el declarante, siendo la propiedad asociada la de credibilidad. Luego, en el caso del testimonio, es decir, del producto de la declaración, la propiedad que asociaremos será la fiabilidad y la pregunta que debiésemos responder respecto a ella es si la información entregada puede o no producir creencias verdaderas y justificadas[59].

La revisión de cuándo vamos a entender que el testimonio nos permite establecer las creencias que ya mencionamos se torna crucial en materia de prueba testimonial porque lo que aquí establezcamos y los criterios que revisemos son los que permitirán controlar la decisión que se tome apoyándose en esta prueba testimonial.

Ante la pregunta entonces de ¿cuándo un testimonio es fiable?, la respuesta no es fácil porque es imposible saber a ciencia cierta si lo que el declarante está exponiendo es verdadero. Los únicos elementos que podemos revisar dicen relación a características asociadas en general a los relatos, los cuales pueden ser buenos y malos, aunque los buenos no necesariamente son verdaderos y viceversa.

Los criterios que permiten establecer si un relato es bueno son principalmente la plausibilidad, la coherencia y que quien esté declarando dé razón de sus dichos[60]. Es decir, que lo que esté relatando permita justificarse y haya sido plausible que sucediera, que exista una relación lógica entre las

59. GONZÁLEZ COULON, María de los Ángeles: «Repensando el testimonio: la distinción entre agente y producto», *Revista Chilena de Derecho*, Vol. 46, n.º 3, 2019, pp. 813-815.

60. COLOMA CORREA, Rodrigo; PINO YANCOVIC, Mauricio y MONTECINOS SANHUEZA, Carmen: «Fundamentación de las sentencias judiciales y atribución de calidad epistémica a las declaraciones de testigos en materia procesal penal», *Revista de Derecho de la Pontificia Universidad Católica de Valparaíso*, n.º 33, 2009, pp. 303-344.

distintas partes de dicho relato y que explique por qué conoce lo que está relatando[61].

El cumplimiento de estas características permite establecer que nos encontramos ante un buen relato, pero no necesariamente ante un relato verdadero. Dicho con otras palabras, podemos determinar que el relato presentado es creíble, pero no necesariamente fiable en los términos de que por si solo una prueba testimonial justifique una decisión de manera racional, es decir, que sea posible de controlar.

Las estrategias para lograr valorar los testimonios, especialmente la de credibilidad del testigo y la de fiabilidad del testimonio, han apuntado a una valoración individual del medio de prueba testimonial. Si revisamos la arquitectura de las decisiones, específicamente lo que ACCATINO SCAGLIOTTI nos presenta en relación al atomismo y el holismo[62], desde una mirada atomista la prueba testimonial no nos permite *per se* justificar la fuerza probatoria de una decisión porque con los elementos que hemos analizado es complejo establecer la verdad o falsedad de una declaración testimonial en el sentido que podamos justificar y aceptar las creencias que se presentan.

Esto no obsta a que, «la atención rigurosa a las pruebas específicas disponibles parece una condición necesaria para que una decisión probatoria pueda considerarse justificada en el contexto jurídico», y es por ello por lo que se ha hecho necesario el examen de credibilidad y fiabilidad propuesto.

Podríamos mencionar que este ejercicio de valoración individual de la prueba testimonial tiene un techo, no podemos ir más allá. No es posible determinar si efectivamente lo que un testigo está declarando es verdadero, independiente de que haya superado el examen planteado respecto a la credibilidad —tachas y habilidades intelectuales y cognitivas—; solamente podemos decir que el relato es bueno o es malo, y aquello no permite tomar decisiones dentro de un ámbito de racionalidad necesaria.

La valoración individual entonces tiene un límite, y ese límite no permite justificar una determinada decisión judicial. De todas maneras, ese techo no es en vano y dicha información debe ser utilizada para tomar posibles decisiones, pero no de manera atomista. Es decir, un testimonio, de acuerdo con lo ya revisado de manera individual será una base que deberá vincularse con otros medios de prueba en juicio, y esos otros medios de prueba

61. Artículos 370 y 376 de la Ley de Enjuiciamiento Civil española.
62. ACCATINO SCAGLIOTTI, Daniela: «Atomismo y holismo en la justificación probatoria», *Isonomía*, n.º 40, 2014, pp. 17-59.

son los que permitirán otorgarle más fiabilidad a dicho testimonio y así justificar la decisión.

5. VALORACIÓN CONJUNTA

La valoración conjunta de los medios de prueba es la última estrategia o paso que debiésemos contemplar y que nos permitirá valorar la prueba testimonial. Esta idea de valoración conjunta, siguiendo la arquitectura de las decisiones ya citada, tiene como sustento justificar la decisión en relación con todos los elementos que se han presentado y valorado individualmente en juicio. Como se mencionó, los testimonios prestados tendrán un mayor grado de fiabilidad si otros elementos allegados al proceso lo corroboran.

Al inicio de este trabajo señalamos que él mismo venía a sincerar las distintas falencias que se presentan a la hora de valorar la prueba testimonial. Así, el gran problema de los testimonios es que no es posible una simple valoración individual del mismo, sino que la valoración conjunta es completamente necesaria.

Para resolver un conflicto jurídico, es importante transparentar la necesidad de realizar una valoración conjunta del acervo probatorio, para que así se realicen las inferencias necesarias que permitan pasar de las premisas a las conclusiones. Luego de obtener la información a través de la rendición de los distintos medios de prueba, se debe pasar a la segunda fase, que como bien ilustra GONZÁLEZ LAGIER «consiste en extraer una conclusión a partir de la información obtenida en la primera fase»[63].

Ahora, si volvemos a las clasificaciones tradicionales sobre los medios de prueba, en específico aquella respecto a pruebas directas e indirectas, lo esbozado tiene todo sentido si somos capaces de darle una vuelta de tuerca a los conceptos clásicos. Así, si postulamos que esta diferenciación entre medios de prueba no es tal, sino que se trata solamente de la cantidad o grados de inferencias que deben realizarse[64], y que por lo tanto las pruebas directas e indirectas se encuentran relacionadas, reforzamos el planteamiento de una valoración conjunta. Como bien señala DE MIRANDA VÁZQUEZ existe una interrelación entre ellas «y ello hasta tal extremo de que la prueba directa, sin el apoyo de la indirecta, queda vacía de contenido, sucediendo lo mismo a la inversa»[65].

---

63. GONZÁLEZ LAGIER, Daniel: *Quaestio Facti: Ensayos sobre prueba, causalidad y acción*, Lima, Perú, Palestra Editores, 2005, p. 54.
64. *Ibid.*
65. DE MIRANDA VÁZQUEZ, Carlos: «Prueba directa vs. Prueba indirecta (un conflicto inexistente)», DOXA *Cuadernos de Filosofía del Derecho*, n.º 38, 2015, p. 96.

Así, la necesidad de una valoración conjunta se refleja en que al momento de valorar los testimonios en relación con las hipótesis planteadas debemos revisar su grado de refutación, el resto de los testimonios planteados —hipótesis derivadas— y la coherencia.

Esta idea de valoración conjunta, en todo caso, es claramente posible de realizar en un sistema de sana crítica, no así de prueba legal. En este último, se quiera o no, existe una especie de jerarquización de los medios de prueba que no hace posible el ejercicio planteado en que todos los antecedentes se entienden relevantes para justificar una decisión y por ello, en el caso de la prueba testimonial, cada uno de esos antecedentes hará más fiable la declaración prestada.

De las ideas planteadas, es posible entonces concluir que las estrategias para lograr la valoración de la prueba testimonial, como indica el título del presente apartado, dicen relación con el cumplimiento de ciertos pasos que hemos detallado. Así, no solamente considerar que la prueba testimonial tiene dos elementos, sino que estos deben revisarse y valorarse en un pie de igualdad, permitiendo establecer cuáles son los límites que los criterios planteados nos presentan para valorar cada uno de ellos —por un lado, el testigo y por otro, el testimonio en sí—.

La revisión de los dos elementos reafirmó la visión holista que estamos planteando, ya que si bien el examen no puede centrarse en el sujeto, ni el testimonio por sí solo, ni apoyado en los criterios aparejados al sujeto, hacen posible determinar la fiabilidad del medio de prueba testimonial. Estos solamente sirven de base para aquello, ya que como postulé, es imperioso el análisis global de los medios de prueba, que a través de su valoración individual van reafirmando la justificación integral de la decisión y así volviendo más fiable el testimonio.

VI. A MODO DE CONCLUSIÓN

El presente artículo es un trabajo sencillo, sin grandes teorías sobre la prueba testimonial, que simplemente busca estudiar este medio, como debiese hacerse con todos los medios de prueba, y, de esa manera verificar las ventajas del mismo, sus dificultades, desafíos y también sus límites en materia de valoración.

El ejercicio de estudiar este medio de prueba se retrata en el texto de forma sistemática y estructurada, recogiendo ciertas ideas previas ya desarrolladas con mayor extensión por la suscrita.

Se pudo apreciar cómo el tratamiento dogmático y jurisprudencial, que hace eco de la legislación, puede ser determinante al momento de revisar un medio de prueba. Así, el centralismo en el sujeto es clave en todas las dificultades y desconfianzas que la prueba testimonial presenta. Al mismo tiempo, y aunque sea examinada desde la reticencia, se pudo observar que la prueba testifical es sumamente necesaria por diversas razones, tanto epistémicas como prácticas, y por ello hay que hacerse cargo de su valoración.

La valoración de este medio de prueba no es sencilla porque el mismo centralismo ya enunciado impone una valoración muchas veces subjetiva y hasta irracional, por lo que el desafío es realizar dicho ejercicio, pero desde la perspectiva racional. Así, se plantea la necesidad de re-visitar la aproximación a la prueba testimonial, reconocer sus dos elementos —sujeto y testimonio— y establecer los límites de la valoración individual de cada elemento, así como del medio de prueba en particular.

Esto entonces permite concluir que se hace necesaria una valoración conjunta de toda la información allegada en el juicio porque de esa manera la prueba testimonial se irá haciendo cada vez más fiable, apoyándose en los otros medios de prueba incorporados al proceso.

BIBLIOGRAFÍA

ABEL LLUCH, X.: *La valoración de la credibilidad del testimonio,* Madrid, España, Wolters Kluwer, 2020.

ACCATINO SCAGLIOTTI, D.: «Teoría de la prueba: ¿somos todos "racionalistas" ahora?», *Journal for Constitutional Theory and Philosophyof Law,* n.º 39, 2019, pp. 85-102.

– «Atomismo y holismo en la justificación probatoria», *Isonomía,* n.º 40, 2014, pp. 17-59.

BENTHAM, J.: *Tratado de las pruebas judiciales,* Traducción C.M.V, Tomo I, París, Francia, Bossange Fréres, 1825.

BRISEÑO, H.: *Derecho procesal,* Tomo IV, México, Cárdenas Editor y Distribuidor, 1970.

CARNELUTTI, F.: *La prueba civil,* Santiago, Chile, Ediciones Olejnik, 2018.

CAROFIGLIO, G.: *El arte de la duda,* Traducción Luisa Junatey, Madrid, España, Marcial Pons, 2010.

COLOMA CORREA, R.: «¿Por qué (a veces) as teorías de la prueba nos parecen inútiles?», *Política Criminal*, Vol. 15, n.º 30, 2020, pp. 614-638.

COLOMA CORREA, R.; PINO YANCOVIC, M. y MONTECINOS SANHUEZA, C.: «Fundamentación de las sentencias judiciales y atribución de calidad epistémica a las declaraciones de testigos en materia procesal penal», *Revista de Derecho de la Pontificia Universidad Católica de Valparaíso*, n.º 33, 2009, pp. 303-344.

CONTRERAS ROJAS, C.: *La valoración de la prueba de interrogatorio*, Madrid, España, Editorial Marcial Pons, 2015.

DEVIS ECHANDÍA, H.: *Teoría general de la prueba judicial*, Tomo I, Buenos Aires, Argentina, Victor P. de Zavalía, 1974.

DIGES, M.: *Testigos, sospechosos y recuerdos falsos. Estudios de psicología forense*, Madrid, España, Editorial Trotta, 2016.

EZURMENDIA ÁLVAREZ, J.; GONZÁLEZ COULON, M. Á. y CARBONELL BELLOLIO, F.: «Me llaman calle: Trabajo sexual e injusticia epistémica», *Revista de Derecho Universidad de Concepción*, n.º 253, 2023, pp. 37-66.

FERRER BELTRÁN, J.: *La valoración racional de la prueba*, Barcelona, España, Marcial Pons, 2007.

FIGUEROA YÁÑEZ, G.: *Curso de derecho civil*, Tomo III, Santiago, Chile, Editorial Jurídica, 2012.

DE MIRANDA VÁZQUEZ, C.: «Prueba directa vs. Prueba indirecta (un conflicto inexistente)», DOXA *Cuadernos de Filosofía del Derecho*, n.º 38, 2015, pp. 73-100.

DE PAULA RAMOS, V.: *La prueba documental*, Barcelona, España, Marcial Pons, 2023.

– *La prueba testifical*, Barcelona, España, Marcial Pons, 2019.

FRÍAS GUZMÁN, M.; HARO ÁGUILA, Y. y ARTILES OLIVERA, I.: «Las habilidades cognitivas en el profesional de la Información desde la perspectiva de los proyectos y asociaciones internacionales», *Investigaciones Bibliotecológica*, Vol. 31, n.º 71, 2017, pp. 201-218.

FRICKER, M.: «Conceptos de injusticia epistémica en evolución», Las Torres de Luca: *Revista Internacional de Filosofía Política*, Vol. 10, n.º 19, 2021, pp. 97-103.

GASCÓN ABELLÁN, M.: *Cuestiones probatorias*, Bogotá, Colombia, Universidad Externado de Colombia, 2012.

GÓMEZ COLOMER, J.; MONTERO AROCA, J.; BARONA VILAR, S. y CALDERÓN CUADRADO, M. P.: *Derecho jurisdiccional*, Tomo II, 27° Edición, Valencia, España, Editorial Tirant Lo Blanch, 2019.

GONZÁLEZ COULON, M.Á.: «Una increíble, aunque verosímil historia de las palabras: fiabilidad, creencia y testimonios», *Revista de Derecho de la Universidad Austral*, 2023 (en prensa).

– *El testimonio como prueba*, Barcelona, España, JM Bosch, 2021.

– «¿Por qué necesitamos la prueba testimonial?» en Cachón Cadenas, Manuel Jesús y Pérez Daudí, Vicente (coords), *El enjuiciamiento civil y penal hoy*, Atelier, 2019, pp. 579-588.

– «Repensando el testimonio: la distinción entre agente y producto», *Revista Chilena de Derecho*, Vol. 46, n.º 3, 2019, pp. 791-819.

GONZÁLEZ LAGIER, D.: *Quaestio Facti: Ensayos sobre prueba, causalidad y acción*, Lima, Perú, Palestra Editores, 2005.

GUIMARAES RIBEIRO, D.: «Prueba testifical: protocolos de actuación, medidas de protección, técnicas de interrogatorio y cuestiones específicas de valoración en Iberoamérica», *La prueba en el proceso*, Salamanca, España, Atelier, 2018, pp. 253-276.

LORA ÁLVAREZ, G. y ÁVALOS RODRÍGUEZ, B.: «Del dicho al hecho: límites a la aplicación del principio de primacía de la realidad por parte de la Autoridad Administrativa de Trabajo», *Ius Et Veritas*, Vol. 19, n.º 38, pp. 156-168.

MATURANA MIQUEL, C. y MONTERO LÓPEZ, R.: *Derecho procesal penal*, Tomos I - II, Santiago, Chile, Legal Publishing Chile, 2010.

MAZZONI, G.: *¿Se puede creer a un testigo? El testimonio y las trampas de la memoria*, Traducción José Manuel Revuelta, Madrid, España, Editorial Trotta, 2010.

MENESES PACHECO, C.: «Fuentes de prueba y medios de prueba en el proceso civil», *Revista Ius Et Praxis*, Vol. 14, n.º 2, 2008, pp. 43-86.

MERCEDES, V.: «¿Cuándo debo pedir la prueba testifical y cuándo es mejor no hacerlo? Breve excurso sobre la prueba testifical en el proceso civil» en Picó i Junoy, Joan (dir.) y De Miranda Vázquez, Carlos (coord), *La prueba en acción. Estrategias procesales en materia probatoria*, Barcelona, España, JM Bosch, p. 37.

PÁEZ, A.: «La prueba testimonial y la epistemología del testimonio», *Isonomia*, n.º 40, 2014, pp. 95-118.

PICÓ I JUNOY, J. (dir.); ANDINO LÓPEZ, J. A. y CERRATO GURI, E. (coords.): *La prueba pericial a examen*, Barcelona, España, JM Bosch Editor, 2020.

PICÓ I JUNOY, J. (dir.) y DE MIRANDA VÁZQUEZ, C. (coord.): *Peritaje y prueba pericial*, Barcelona, España, JM Bosch, 2017.

PICÓ I JUNOY, J. y ABEL LLUCH, X.: *El interrogatorio de testigos*, Barcelona, España, JM Bosch Editor, 2008.

PICÓ I JUNOY, J.; ABEL LLUCH, X. (dirs.) y GINÉS CASTELLET, N. (coord.): *La prueba de reconocimiento pericial*, Barcelona, España, JM Bosch Editor, 2008.

QUINTANA FERREIRA, F.: «La valoración del interrogatorio de testigos en supuestos específicos: el testigo tachado y el testigo - perito» en Abel Lluch, Xavier y Picó i Junoy, Joan (dirs.), *Aspectos problemáticos en la valoración de la prueba civil*, Barcelona, España, JM Bosch, 2008.

TARUFFO, M.: *Hacia la decisión justa*, México, Editorial CEJI, 2020.

– *Simplemente la verdad*, Madrid, España, Marcial Pons, 2010.

– *La prueba de los hechos*, Bologna, Italia, Editorial Trotta, 2002.

VÁZQUEZ ROJAS, C.: *De la prueba científica a la prueba pericial*, Barcelona, España, Marcial Pons, 2015.

21

La prueba pericial médica en los procesos relacionados con los accidentes de tráfico

ANTONIO VASCO GÓMEZ
Profesor Doctor
Universidad Isabel I

I. INTRODUCCIÓN

Entre agosto de 2022 y el mismo mes de 2023 ocurrieron 39.974[1] accidentes de circulación en España con distintos resultados, lo que arroja un saldo de prácticamente 110 accidentes diarios, una cifra nada desdeñable que por su propia entidad permite atisbar que de los siniestros de tráfico nacen necesariamente un gran volumen de litigios, pues cuando acaece una colisión, atropello u otro acto dañoso derivado de la circulación de vehículos a motor, surgen relaciones jurídicas no sólo entre las personas implicadas en el siniestro, sino también entre éstos y las compañías aseguradoras de su responsabilidad civil, e incluso con terceras personas o entidades (servicios de urgencias, clínicas de rehabilitación, talleres mecánicos, peritos, etcétera).

1. Según datos del Instituto Nacional de Estadística (2023) accesibles en el siguiente enlace: https://www.ine.es/jaxi/Datos.htm?tpx=47158#!tabs-tabla

Antes de la modificación del Código Penal llevada a cabo por la Ley Orgánica 1/2015, de 30 de marzo, la práctica tradicional en los accidentes de circulación con resultado lesivo consistía en personarse en el servicio de urgencias médicas deseado, recibir la oportuna atención y esperar a que el propio facultativo remitiese al Decanato de los juzgados competente un parte judicial en el que se hiciera constar la existencia del siniestro, el posible responsable y la persona lesionada, detallando un primer diagnóstico clínico que posteriormente se tomara como base, junto con el resto de la documentación médica que se aportase al juzgado, para la elaboración de un informe médico forense en el que se valorasen las lesiones conforme a la Real Decreto Legislativo 8/2004, de 29 de octubre, por el que se aprueba el texto refundido de la Ley sobre responsabilidad civil y seguro en la circulación de vehículos a motor (en adelante: «LRCS»), una vez obtenido dicho informe, se negociaba con la compañía aseguradora una indemnización.

Dicha forma de proceder se fundaba en la existencia de la falta de lesiones prevista en los artículos 621.1 y 4 del Código Penal, hoy sin contenido, en virtud de los cuales quienes causasen alguna de las lesiones prevista en el artículo 147.2 del Código Penal —aquellas que no precisan una segunda asistencia facultativa— tendrían una pena de multa de uno a dos meses y de privación del derecho a conducir vehículos a motor entre tres meses y un año. Dicha falta, mediando denuncia del perjudicado —salvada generalmente mediante declaración en la oficina judicial aceptando el ofrecimiento de acciones—, conllevaba el consiguiente reconocimiento médico forense para determinar la entidad de las lesiones y, en su caso, las secuelas derivadas del accidente de circulación. Tal informe se tomaba en consideración para dictar un auto de cuantía máxima ejecutable conforme a lo prevenido en el artículo 517.2.8.º de la Ley 1/2000, de 7 de enero, de Enjuiciamiento Civil (en adelante: «LEC»), con el que acudir a un posterior proceso ejecutivo. En dicho procedimiento ejecutivo la parte demandada veía además limitada su posibilidad de defensa a las causas previstas en el artículo 556.3.3.ª de la LEC, es decir: a la concurrencia de culpas en el siniestro causante de las lesiones, responsabilidad exclusiva de la víctima o fuerza mayor; además de la caducidad de la acción y el pago, previstos en el artículo 556.1 del citado texto normativo.

Tras la citada reforma legal, corresponde a los lesionados acreditar la realidad y la entidad de sus lesiones en un proceso civil declarativo, para lo cual deberá aportarse un informe pericial médico que, en la práctica totalidad de las ocasiones, es contestado por la entidad aseguradora con un contrainforme realizado por uno de los peritos médicos que trabajan recurrentemente con tales compañías.

II. LA PRUEBA PERICIAL MÉDICA Y SU VALORACIÓN

El artículo 335.2 de la LEC prevé que los peritos deberán obrar «con la mayor objetividad posible, tomando en consideración tanto lo que pueda favorecer como lo que sea susceptible de causar perjuicio a cualquiera de las partes». Dicho precepto, en materia de reclamación de una indemnización para los lesionados en un accidente de tráfico, se complementa con el artículo 37 de la Ley 35/2015, de 22 de septiembre, de reforma del sistema para la valoración de los daños y perjuicios causados a las personas en accidentes de circulación, cuando previene que para determinar y cuantificar las lesiones y sus posibles secuelas, habrá de llevarse a cabo un informe pericial médico[2] sobre el lesionado y que tal informe se ajuste a los parámetros establecidos en dicha norma.

Tal informe médico definitivo deberá ponerse a disposición tanto del lesionado como de la compañía aseguradora, en su caso, para que ésta pueda realizar una oferta motivada válida de acuerdo con el artículo 7 de la referida norma. En dicho informe deberán valorarse «las secuelas, las lesiones temporales y todas sus consecuencias personales», según indica el punto 3 del artículo 37 de la Ley 35/2015.

Cuando la compañía aseguradora pretenda llevar a cabo un informe médico sobre el lesionado, éste vendrá obligado a facilitar la documentación sanitaria precisa —relacionada con las lesiones sufridas en el accidente de circulación y posibles antecedentes— y a someterse a los reconocimientos médicos que sean necesarios para que los facultativos de la aseguradora puedan seguir la evolución de las lesiones y el tratamiento que esté recibiendo el lesionado.

La Ley 35/2015 recoge tres conceptos diferentes de informe médico: «informe médico concluyente», «informe pericial» e «informe médico definitivo». El primero de los conceptos se utiliza en el artículo 135.2, en relación con la valoración de las secuelas relacionadas con un «traumatismo cervical menor», exigiendo que la misma se acredite mediante un «informe pericial concluyente». De lo anterior se colige que el adjetivo «concluyente» hace referencia a que se trate de un informe médico donde se acredite de forma científica y justificada la existencia de la secuela tras el alta médica del paciente.

---

2. Considerado como método para la identificación de los daños personales a indemnizar para quienes resultan lesionados en un accidente de circulación. *Vid.* REPRESAS VÁZQUEZ, C., «NEXO de causalidad en accidentes de tráfico», *Ciencia Forense,* 14/2017 (2017). Pp. 61-76.

Por su parte, el artículo 37.3 de la Ley 35/2015 hace mención al «informe médico definitivo», entiéndelo como aquél que valora al paciente tras obtener la sanidad, es decir, el informe que se realiza cuando ya se han estabilizado las lesiones y cuando no se prevea que el perjudicado necesite ningún tratamiento con efectos curativos. Algunos autores consideran que el concepto «definitivo» se reserva para aquellos supuestos en que coinciden oferta motivada y reclamación previa del lesionado[3].

El concepto de «informe pericial», que podría resultar redundante en materia de accidentes de circulación, pero la jurisprudencia menor no siempre exige que el informe médico que permita determinar las lesiones, el periodo de estabilización lesional y las posibles secuelas sea realizado por un perito médico, siendo suficiente con la documentación sanitaria que pueda aportar el lesionado, tales como informes médicos de urgente, informes de traumatología y de rehabilitación, o similares[4]. Tal documentación será válida en los procedimientos de reclamación extrajudicial que prevé la legislación, pero no podrá considerarse suficiente cuando se acuda la vía jurisdiccional, por lo establecido en el citado artículo 37.1 de la Ley 35/2015[5].

Para que tenga la consideración de informe pericial, se exige que el facultativo que elabora tal documento tenga acreditada una formación suficiente no sólo en la ciencia médica, sino también en la valoración de los daños conforme a la Ley 35/2015. Por «perito» se entiende a aquel «experto en una materia a quien se le encomienda la labor de analizar desde un punto de vista técnico, artístico, científico o práctico la totalidad o parte de los hechos litigiosos»[6] y el artículo 340.1 de la LEC completa tal definición previniendo que:

Los peritos deberán poseer el título oficial que corresponda a la materia objeto del dictamen y a la naturaleza de éste. Si se tratare de materias que

3. MAGRO SERVET, V., «EL Informe médico concluyente, informe médico definitivo e informe pericial en la siniestralidad vial adicionado al parte forense tras la LO 2/2019, de 1 de marzo», *Tráfico y Seguridad Vial*, 243 (2019). (P. 3).

4. *Vid.* Sentencias de las Audiencias Provinciales de Asturias 378/2017, de 6 de noviembre (JUR 2017, 309227) y 114/2018, de 21 de marzo (JUR 2018, 95197) o de Vizcaya 165/2018, de 19 de marzo (JUR 2018, 125525), entre otras.

5. Si quien reclama una indemnización por lesiones no presenta un informe pericial médico junto con su demanda, o al menos lo anuncia conforme al artículo 337.1 de la LEC, la demanda será admitida a trámite, si bien el «poder de convicción» que tenga el informe médico elaborado y aportado en tiempo y forma de contrario será generalmente muy superior a cualquier otra documentación médica que haya remitido al juzgado el perjudicado (MAGRO SERVET, 2019, pp. 6-7).

6. *Vid.* REAL ACADEMIA ESPAÑOLA DE LA LENGUA, «Perito», en Diccionario jurídico de la lengua española. Recuperado en 12 de septiembre de 2023, de https://dpej.rae.es/lema/perito-ta acepción 1.

no estén comprendidas en títulos profesionales oficiales, habrán de ser nombrados entre personas entendidas en aquellas materias.

La valoración de la prueba pericial médica por parte de los órganos jurisdiccionales se llevará a cabo conforme a lo prevenido en el artículo 348 de la LEC, es decir, «según las reglas de la sana crítica». Los límites negativos del concepto de «sana crítica» vienen resumidos de forma muy pedagógica en la Sentencia 680/2023, de 8 de mayo, de la Sala Primera del Tribunal Supremo (RJ 2023, 3266), cuando señala:

(...) respecto a la prueba pericial, las sentencias 504/2016, de 20 de julio y 514/2016, de 21 de julio, que reproducen la doctrina fijada por la sentencia 702/2015, de 15 de diciembre, explicitan cuando se entiende vulneradas las reglas de la sana crítica:

> «1°. Cuando no consta en la sentencia valoración alguna en torno al resultado del dictamen pericial. STS 17 de junio de 1.996. 2°. Cuando se prescinde del contenido del dictamen, omitiendo datos, alterándolo, deduciendo del mismo conclusiones distintas, valorándolo incoherentemente, etc. STS 20 de mayo de 1.996. 3°. Cuando, sin haberse producido en el proceso dictámenes contradictorios, el tribunal en base a los mismos, llega a conclusiones distintas de las de los dictámenes: STS 7 de enero de 1.991. 4°. Cuando los razonamientos del tribunal en torno a los dictámenes atenten contra la lógica y la racionalidad; o sean arbitrarios, incoherentes y contradictorios o lleven al absurdo. (...)».

Conforme a lo anterior, puede entenderse que los límites de los órganos judiciales a la hora de interpretar un informe pericial médico en los procesos que se sigan como consecuencia de la reclamación de una indemnización por las lesiones padecidas a resultas de un accidente de circulación, vienen fijados en el contenido de los informes aportados por las partes, de modo que la existencia de informes médicos contradictorios permitirá al órgano jurisdiccional que conozca del asunto un mayor rango de decisión, como señala la Sala Primera del Tribunal Supremo en la ya apuntada Sentencia 416/1996, de 20 de mayo (RJ 1996, 3878), en cuyo fundamento de derecho sexto se dice que:

> (...) aunque se le conceda al juzgador una gran discrecionalidad para apreciar la prueba pericial con arreglo a la «sana crítica», una cosa es valorar la prueba de acuerdo con todas las normas de la lógica elemental o las reglas comunes de la experiencia humana y otra sustituir la ciencia del perito por una valoración arbitraria.

Apuntada la importancia de la existencia de informes contradictorios, corresponde al órgano jurisdiccional valorar los fundamentos y las conclusiones de tales pericias, confrontándolas —especialmente cuando sean muy dispares— para así intentar fundamentar su decisión de la mejor forma posible.

Conforme al artículo 347.1 de la LEC, los peritos actuarán en juicio cuando lo soliciten las partes y el tribunal lo admita, siendo cada vez más común en la práctica de muchos juzgados de primera instancia y de primera instancia e instrucción el inadmitir la intervención de los peritos en los procesos seguidos para la reclamación de una indemnización derivada de las lesiones padecidas como consecuencia de una accidente de circulación de carácter leve, por estimarse una prueba «impertinente o inútil» toda vez que los peritos no hacen más que ratificar sus informes en sala y, de esta forma, se reducen los señalamientos de los órganos judiciales, a la vez que se beneficia a ambas partes: por un lado, la parte actora verá estimada o desestimada su solicitud en un menor periodo de tiempo y, en caso de condena, la parte demandada vendrá obligada a abonar una cantidad inferior en concepto de intereses legales, una cuestión nada baladí si se toma en consideración lo previsto en el artículo 20 de la Ley 50/1980, de 8 de octubre, de Contrato de Seguro.

Para favorecer la utilización de medios alternativos para la resolución de conflictos, el párrafo final del citado artículo 347.1 de la LEC prevé que el órgano jurisdiccional inadmita la solicitud de intervención en juicio de los peritos médicos cuando exista «un deber de confidencialidad derivado de la intervención del perito en un procedimiento de mediación anterior entre las partes».

Cuando se admita a trámite la solicitud de intervención de los peritos, éstos podrán ser interrogados sobre los extremos de su pericia y requerírseles explicaciones no sólo por las partes, sino también por el/la juzgador/a. No obstante, como señala el artículo 347.2 de la LEC, el tribunal no podrá solicitar la ampliación de la pericia, salvo cuando se trate de un perito insaculado judicialmente conforme al artículo 339.5 del citado texto normativo. Por el contrario, las partes sí podrán, de acuerdo con el apartado 4.º del antes mencionado artículo 347.1 de la LEC, interesar a los peritos una ampliación del informe a otros puntos conexos, si fuese posible en el momento de su intervención en juicio, y a obtener de éstos su posición sobre la oportunidad de solicitar una ampliación de la pericia y el tiempo estimado para llevarla a cabo.

Los peritos que intervengan en juicio podrán ser cuestionados sobre los demás dictámenes obrantes en los autos, en cuyo caso deberán posicionarse sobre la forma, el fondo y las conclusiones de tales informes, ilustrando a quien esté conociendo del asunto sobre las fortalezas y debilidades de tal dictamen.

Las partes están facultadas para formular tachas de los peritos, según previenen los artículos conforme al artículo 343.1 y 347.1.6.º de la LEC, pero sólo podrán recusar a los designados judicialmente. Podrá formularse tacha de un perito cuando éste tenga una relación de parentesco con las partes, sus abogados o procuradores, cuando tenga interés directo en el asunto o en otro que pueda verse afectado por el resultado del proceso, por amistad o enemistad con cualquiera de las partes, sus abogados o procuradores, y, centrando el objeto de estudio del presente capítulo, por «estar o haber estado en situación de dependencia o de comunidad o contraposición de intereses con alguna de las partes o con sus abogados o procuradores» y por «cualquier otra circunstancia, debidamente acreditada, que les haga desmerecer en el concepto profesional».

Conforme a lo anterior, pese a que en la práctica los órganos judiciales no lo estiman, puede formularse tacha respecto de los peritos médicos que tengan una relación económica intensa con las partes, especialmente común con los peritos de la compañías aseguradoras, quienes sin mantener una relación laboral con éstas, sí que mantienen una estrecha relación comercial que saben puede darse por terminada si sus conclusiones no son más favorables a la parte que le contrata que las del perito de la contraparte.

Siendo obligatorio el seguro de responsabilidad civil derivada de la circulación de vehículos a motor conforme al artículo 2 del LRCS, las compañías aseguradoras se ven implicadas en la inmensa mayoría de los siniestros que tienen lugar en España — pues son más de 33 millones los vehículos asegurados[7] en el país y 97.935 siniestros con lesionados entre 1993 y 2022[8]—, siendo objeto de reclamación de una indemnización por prácticamente cada siniestro en el que resulte lesionada una persona o en el que se causen daños a uno de los vehículos involucrados en este. Gran parte de estas reclamaciones se resuelven de forma extrajudicial, si bien, pese a que no sean accesibles las estadísticas de reclamaciones judiciales a compañías aseguradoras —pues las estadísticas del Consejo General del Poder Judicial las incluyen dentro de los juicios verbales u ordinarios, según la cuantía demandada—, resulta evidente que el volumen de procesos en los que las distintas aseguradoras precisan los servicios de un perito médico alcancen

7. *Vid.* DIRECCIÓN GENERAL DE TRÁFICO, «Más de 33 millones de vehículos asegurados en España». Recuperado el 13 de septiembre de 2023 de https://revista.dgt.es/es/motor/noticias/2023/07JULIO/0704-parque-movil-aseguradoras-datos.shtml
8. *Vid.* Dirección General de Tráfico, «Balance de las cifras de siniestralidad vial 2022», (Junio 2023). Https://www.dgt.es/menusecundario/dgt-en-cifras/#

un volumen nada desdeñable del total de los ingresos de estos profesionales, con formación médica y generalmente con un máster de valoración del daño corporal.

Cuando un facultativo es contratado de forma recurrente por una compañía aseguradora comienza a mantener una relación estable con ésta, una relación de carácter económico que termina generando una dependencia del perito respecto de su cliente. Pese a que sea práctica habitual de las aseguradoras el servirse de distintos peritos médicos en los diferentes partidos judiciales, el propio volumen de reclamaciones que reciben las principales compañías termina generando, como se apunta, una relación de dependencia económica que necesariamente condiciona la labor de los peritos. No es necesario dar instrucciones específicas a un profesional para que éste sepa que su dictamen debe ser concordante con el realizado por los servicios médicos de la compañía o, de no existir tal informe previo, reducir de forma importante la reclamación planteada por el lesionado, con mayor interés cuando éste aporta un informe médico contradictorio.

Conforme al artículo 343.2 de la LEC, en los procedimientos ordinarios la tacha del perito deberá realizarse, cuando el dictamen se aporte con la contestación a la demanda, en la audiencia previa al juicio. Cuando se trate de juicios verbales, antes o durante la vista. A tal efecto podrá y deberá proponerse prueba de los motivos de la tacha, pues de acuerdo con el artículo 344.2 de la LEC cuando el tribunal considerase que tal solicitud se ha llevado a cabo con «temeridad o deslealtad procesal», podrá imponer al solicitante una multa de entre 60 y 600 euros, previa audiencia a las partes.

Acreditar la relación entre el perito y la compañía aseguradora no es una tarea sencilla para el lesionado, ya que no tiene acceso a las relaciones comerciales entre éstos ni tampoco puede conocer qué tanto por ciento de los ingresos del experto provienen de cada aseguradora y cómo afectaría a su economía perder a un cliente presumiblemente de gran importancia. En las localidades de menor población suelen ejercer menos peritos médicos que en las ciudades más pobladas; pero el volumen de accidentes de circulación es proporcional al número de vehículos en circulación, de modo que el hecho de que un perito ejerza en un partido judicial muy poblado o poco poblado no tiene por qué influir en exceso en la importancia de tales clientes para tales expertos.

Quienes ejercen la abogacía o la procura ante los tribunales de justicia saben que cuando el letrado del lesionado intenta formular preguntas a los peritos propuestos por las compañías aseguradoras sobre el volumen de informes realizados a una aseguradora en cuestión o qué porcentaje de sus ingresos provienen de realizar informes a tal compañía, tales preguntas son inadmitidas por los tribunales, considerando que dicha información es inútil para el procedimiento, y ello pese a lo establecido en el citado 343.1.5.º, en relación con el subapartado 3.º, o lo que es lo mismo, que los peritos pueden ser tachados por mantener una estrecha y recurrente relación de carácter mercantil con las compañías aseguradoras que necesariamente condicionan el sentido de sus dictámenes.

El artículo 335.2 de la LEC exige que los peritos juren o prometan decir verdad y actuar «con la mayor objetividad posible, tomando en consideración tanto lo que pueda favorecer como lo que sea susceptible de causar perjuicio a cualquiera de las partes». Incumplir el deber de decir verdad está previsto como delito en el artículo 458.1 del Código Penal, un delito castigado con penas de hasta dos años de prisión y multa de hasta seis meses. Tales penas serán impuestas en su mitad superior cuando, conforme al artículo 459 del Código Penal, los peritos «faltaren a la verdad maliciosamente en su dictamen o traducción, los cuales serán, además, castigados con la pena de inhabilitación especial para profesión u oficio, empleo o cargo público, por tiempo de seis a doce años».

Tales delitos son difícilmente imputables a los peritos que intervienen en los procesos de reclamación de una indemnización por la responsabilidad extracontractual generada como consecuencia de un siniestro de tráfico, si bien existe una conducta típica prevista y penada en el artículo 460 del Código Penal que consiste en «sin faltar sustancialmente a la verdad», alterar o silenciar hechos o datos relevantes conocidos por el perito, así como hacer constar inexactitudes en el dictamen. Tal conducta sería perseguible penalmente y podría acarrear la imposición de una pena de hasta doce meses de multa y, en caso de ser necesario para el ejercicio de su profesión, la suspensión de empleo o cargo público y/o de profesión u oficio de hasta tres años.

La conducta de los peritos que emitan dictámenes favorables a alguna de las partes, a sabiendas de su inexactitud, sin faltar a la verdad de forma sustancial, puede subsumirse en el tipo penal del artículo 460, de modo que la acreditación de que los dictámenes aportados por la compañía están modificados a su favor de forma consciente por los peritos implicaría la obligación del tribunal de deducir testimonio de las actuaciones y su remisión al Juzgado de Guardia para que se inicien las actuaciones oportunas por un delito contra la Administración de Justicia, comprendido dentro del capítulo relativo al «falso testimonio».

La valoración judicial de los informes periciales está presidida por una general desconfianza de los tribunales en las conclusiones de los peritos de una y otra parte, ya que, si bien la relación entre el perito médico propuesto por una compañía aseguradora y tal entidad es mucho más intenso que el que pueda existir entre el lesionado y el facultativo contratado por éste, sí puede suponerse una voluntad de colaboración entre tal perito y el despacho de abogados elegido por el perjudicado.

A la vista de lo anterior, y pese a que, como se dijo, no es sencillo acreditar la relación de dependencia entre las compañías aseguradoras y los peritos que éstas suelen contratar para que emitan dictámenes médicos, la cada vez más generalizada práctica judicial de valorar la prueba pericial sin necesidad de que los informes sean ratificados en sala por parte de los peritos responsables de los mismos, denota que el valor de tales pruebas está decayendo por la evidente parcialidad de los dictámenes, una situación que no beneficia a las partes ni tampoco al sistema judicial, sobre todo cuando existen métodos alternativos para cuantificar los daños de los lesionados de forma objetiva.

III. ALTERNATIVAS A LA VÍA ACTUAL

Con la legislación en vigor existen alternativas suficientes para evitar que las partes implicadas en un accidente de circulación tengan que contratar los servicios de un perito médico para que realice un dictamen que será confrontado por un profesional contratado *ad hoc* por la parte contraria y que alcanzará unas conclusiones diferentes explorando a la misma persona y analizando idéntica documentación sanitaria.

Las principales alternativas al sistema actual consisten en acudir a métodos alternativos para la resolución de conflictos, como la mediación, el arbitraje o la decisión experta; confiar las conclusiones médicas a un perito insaculado judicialmente; o recurrir al informe pericial que realicen los profesionales que trabajan en el Instituto de Medicina Legal del partido judicial competente, pasando a analizar las ventajas y debilidades de cada sistema.

1. MÉTODOS ALTERNATIVOS PARA LA RESOLUCIÓN DE CONFLICTOS

Los métodos alternativos al judicial para la resolución de conflictos ofrecen una solución ágil, rápida y eficaz tanto al lesionado como a la entidad aseguradora a quien se reclama la indemnización por la responsabilidad civil derivada de la circulación de vehículos a motor. Los principales métodos alternativos a disposición de los interesados son cuatro: la negociación, la mediación, el arbitraje y la decisión experta.

Respecto de la **negociación**, el artículo 7.1 de la LRCS exige que antes del ejercicio de una acción judicial contra la compañía aseguradora se lleve a cabo una reclamación previa en la que se comunique a tal entidad la existencia del siniestro y se le reclame una indemnización que se considere adecuada. El citado precepto exige que la reclamación comprenda la siguiente información: I. Los datos identificativos de los solicitantes y cualquier otra circunstancia relevante que deba ser tenida en cuenta. La identificación de tales «datos relevantes», como se identifican en la norma puede comprender desde datos personales sensibles, como la edad o las dolencias previas del lesionado, hasta cuestiones más baladíes como su posición en el vehículo cuando tuvo lugar el siniestro, en su caso. La determinación de cuáles son los límites de los datos que deben ponerse en conocimiento de la compañía aseguradora se hará ponderando el derecho a la protección de los datos personales de los interesados, y la necesidad de las aseguradoras de disponer de una información que le permita estudiar la reclamación y realizar una oferta motivada. Tal información, señala el citado precepto deberá comprender: «cuanta información médica asistencial o pericial o de cualquier otro tipo tengan en su poder que permita la cuantificación del daño». II. Una declaración de cómo ocurrió el accidente, datos necesarios para que la compañía pueda valorar la obligación de atender la reclamación recibida atendiendo al grado de participación de su asegurado en el siniestro, su posible culpabilidad, y si el siniestro se encuentra comprendido dentro de la póliza de responsabilidad civil concertada entre aseguradora y cliente. III. Identificación del vehículo o vehículos implicados y sus conductores, en su caso, para valorar quiénes son los responsables del siniestro, los posibles lesionados y los propietarios de los vehículos que hayan podido resultar dañados, pues la prueba pericial, pese a que el presente trabajo se centra en la de carácter médico, puede consistir en dictámenes sobre los daños provocados en los vehículos involucrados en el accidente o sobre la mecánica del siniestro, como ocurre con los informes periciales biomecánicos.

Tal reclamación extrajudicial prueba la voluntad del legislador de desjudicializar las reclamaciones que se plantean como consecuencia de los accidentes de tráfico, una decisión que se refuerza con el tan comentado proyecto de modificación de las normas procesales para exigir un intento de conciliación o de mediación previos a la interposición de demanda, siguiendo la línea de lo establecido en el citado artículo 7.1 de la LRSC.

Con la intención de que el recurso a la negociación previa no redunde en perjuicio de las partes, dicho precepto determina que, hasta que se reciba fehacientemente la oferta o respuesta motivada definitiva de la aseguradora, el plazo de prescripción de la acción de responsabilidad extracontractual quedará interrumpido desde la fecha de la reclamación. La falta de respuesta constituirá una infracción administrativa leve o grave, según las circunstancias del caso, que podrá derivar en la iniciación de un expediente sancionador a la aseguradora por parte de la Dirección General de Seguros y Fondos de Pensiones, dependiente del Ministerio de Asuntos Económicos y Transformación Digital.

Como previene el artículo 7.2 de la LRSC, la reclamación deberá ser contestada en el plazo máximo de tres meses desde su recepción por la compañía aseguradora. La falta de respuesta injustificada generará intereses de demora conforme al artículo 9 de la LRSC. Para dar una respuesta, tal entidad podrá solicitar un informe pericial previo para cuantificar los daños materiales o la gravedad de las lesiones de los perjudicados. Concreta el meritado precepto que: «el asegurador, a su costa, podrá solicitar previamente los informes periciales privados que considere pertinentes, que deberá efectuar por servicios propios o concertados, si considera que la documentación aportada por el lesionado es insuficiente para la cuantificación del daño». De la redacción del citado artículo pueden extraerse varias conclusiones: en primer lugar, que el informe pericial deberá ser sufragado por la compañía aseguradora, sin que ésta pueda repercutirlo de forma directa a su cliente, ni tampoco al lesionado, así como tampoco podrá provocar que sea la Administración quien soporte el coste de tales servicios, pues se especifica que deberán ser informes de carácter privado, pudiendo optar por tener personal propio o por contratar a profesionales externos para que lleven a cabo los informes. Dicho dictamen no es obligatorio, pudiendo no solicitarlo si la aseguradora entiende que la documentación aportada por el lesionado es suficiente para realizar una oferta o una respuesta motivada.

El artículo 7.2 de la LRSC impone al asegurador la obligación de mantener una «conducta diligente en la cuantificación del daño y la liquidación de la indemnización» desde el momento mismo en que tengo conocimiento del siniestro, una actitud exigible hasta el abono de la indemnización ofrecida o la remisión de la respuesta motivada. Conforme al artículo 7.3 de la LRSC, para que sea válida, la oferta motivada deberá contener los siguientes extremos: I. Una propuesta de indemnización; II. Que tal propuesta se ajuste a los criterios del Título IV y del Anexo de la LRSC; III. La información tomada en consideración para realizar la oferta, incluyendo los documentos e informes en poder de la aseguradora, de modo que el lesionado puede conocer los conceptos por los que se le indemniza y su cuantificación; IV. Una advertencia de que el rechazo de la oferta motivada no conlleva la renuncia al cobro de la cantidad ofertada; y V. La posibilidad de consignar el dinero por cualquier medio, aunque lo habitual es interesar a los lesionados que faciliten una cuenta bancaria a la que transferir el importe de la oferta.

El apartado 4 del referido precepto regula el contenido de la respuesta motivada, es decir, la contestación de la aseguradora negando el pago de una indemnización. Tal documento deberá contener: I. Una explicación suficiente de los motivos por los que no se efectúa una oferta, con justificación de los motivos del rechazo, en aras de que el lesionado reclamante pueda plantear una nueva reclamación o completar la remitida a la compañía aseguradora inicialmente. Cuando no se realice oferta motivada por un excesivo periodo de curación, a juicio del asegurador, y no puedan determinarse el alcance completo de las secuelas, así como cuando éste considere que no puede cuantificarse el daño, la respuesta deberá completarse haciendo referencia a los pagos anticipados realizados a cuenta del principal y del compromiso del asegurador de realizar una oferta motivada tan pronto como le sea posible calcular la indemnización, debiendo informar bimestralmente al perjudicado; II. Un desglose de la información y de la documentación tomada en consideración; y III. Un aviso al lesionado de que tal respuesta no requiere contestación por su parte y que quedan abiertas las vías legales oportunas para formular la reclamación por otro medio.

La negociación entre asegurador y lesionado es imperativa por decisión legal, quedando vetada la vía judicial para aquellos que no han intentado obtener una satisfacción extrajudicial de sus reclamaciones directamente de la compañía responsable, una vía que permite solucionar un volumen importante de asuntos que de otro modo hubieran podido derivar en procesos más largos y costosos para las partes y para la Administración de Justicia. Tal obligatoriedad de formular reclamación previa viene consignada en el artículo 7.8 de la LRCS, cuando señala que las demandas que se interpongan sin acreditar documentalmente haber solicitado previamente a la aseguradora una indemnización y, en su caso, la respuesta u oferta motivada recibida, serán inadmitidas conforme a lo prevenido en el artículo 403 de la LEC.

La utilidad de la negociación es incuestionable cuando existe una voluntad real de acuerdo por las partes, compartiendo toda la información relacionada con el siniestro y con sus consecuencias personales y materiales. La práctica totalidad de las reclamaciones principian cuando el lesionado obtiene la sanidad, cuando se considera que no existe un tratamiento médico que vaya a hacerle mejorar significativamente de sus lesiones, momento en el que se remite al asegurador toda la documentación sanitaria de que dispone el perjudicado. Tal información suele incluir informe de alta de algún servicio médico de urgencias, informes traumatológicos y de rehabilitación, además de hojas de firma que acrediten que se ha acudido a las sesiones indicadas facultativamente. Con tal información, la compañía aseguradora reclama a su personal médico o a un perito de su confianza la realización de un informe que justifique la decisión de realizar o no una oferta motivada y los conceptos a valorar para su cálculo. Una vez recabado el informe, la aseguradora realiza una oferta o respuesta motivada que suele negociarse con el lesionado, pudiendo finalizar con la aceptación de la misma, en cuyo caso de firma el «acepto» en el formulario remitido al efecto por la compañía y se indica la cuenta donde recibir la indemnización, o se rechaza.

En caso de rechazo de la oferta motivada, o cuando se reciba una respuesta motivada, el lesionado dispone de la posibilidad de acudir a la vía judicial o puede insistir en la negociación extrajudicial acudiendo a un informe pericial de parte que remitir a la aseguradora para que se replantee su posición inicial. De aceptar tal contrainforme, las partes firmarán una oferta motivada definitiva, en caso contrario, el perjudicado tendrá nuevamente expedita la vía judicial o la potestad de hacer un nuevo intento interesando un dictamen complementario que sirva como tercera opinión cuando las posiciones de los peritos elegidos por una y otra parte difieren, o cuando las conclusiones del médico de la compañía no satisfacen los intereses del lesionado. A tal efecto, como se dirá en un apartado posterior, podrá acudirse también al Instituto de Medicina Legal del partido judicial donde haya tenido lugar el siniestro, conforme a lo prevenido en el artículo 7.5 de la LRCS. Tales informes podrán solicitarse por la mera iniciativa del perjudicado, sin que se exija el consentimiento previo de la compañía aseguradora y a costa de ésta.

Cuando se solicite tal informe pericial complementario, las conclusiones del mismo serán comunicadas a las partes para que lleven a cabo una nueva negociación. La compañía aseguradora viene legalmente obligada a formular una nueva respuesta u oferta motivada en el plazo máximo de un mes desde la recepción del dictamen complementario. Durante dicho lapso temporal, continuará suspendido el plazo de prescripción de la acción para reclamar una indemnización por responsabilidad extracontractual, de un año, conforme a los artículos 1902 y 1968.2.º del Código Civil. Si la aseguradora rechazase el informe pericial complementario, el cómputo de la prescripción se reanudará desde que se conozca tal negativa por parte del lesionado, en virtud del artículo 7.5 de la LRCS.

Dicho procedimiento negocial, fundamentado en las conclusiones de un informe pericial complementario que se dicte a la luz de los ya obrantes en el expediente de referencia es un reflejo del previsto en el artículo 38 de la

Ley 50/1980, de 8 de octubre, de Contrato de Seguro, el cual señala que: «Si no se lograse el acuerdo dentro del plazo previsto en el artículo dieciocho, cada parte designará un Perito, debiendo constar por escrito la aceptación de éstos». Tal método para la resolución del conflicto puede ser considerado como un procedimiento de *decisión experta,* consistente en que no es un jurista quien resuelve el conflicto, sino un especialista en la materia sobre la que versa la diferencia, como ocurre en las reclamaciones de indemnización por una responsabilidad civil extracontractual cuando únicamente se está en desacuerdo en el quantum y no en la existencia misma del derecho a la indemnización o en los responsables y perjudicados.

La posibilidad de designar a un perito en la Ley de Contrato de Seguro no es automática, sino que requiere aceptación de ambas partes o, cuanto menos, una falta de respuesta a la propuesta de solicitar un informe pericial de contraste durante ocho días. Al efecto, señala el citado precepto que: «Si una de las partes no hubiera hecho la designación, estará obligada a realizarla en los ocho días siguientes a la fecha en que sea requerida por la que hubiere designado el suyo». De esta forma, se insta a las partes a designar a una persona o entidad de su confianza con la advertencia de que «de no hacerlo (...) se entenderá que acepta el dictamen que emita el Perito de la otra parte, quedando vinculado por el mismo».

Como se dijo, cuando no se proponga un perito se estará asumiendo el dictamen que elabore el designado por la contraparte, aceptando sus conclusiones y el método llevado a cabo para alcanzarlas. Por el contrario, cuando se designe un experto por cada parte, éstos podrán realizar un informe conjunto que se reflejará en un acta donde constarán las causas del siniestro y sus circunstancias y una cuantificación de los daños, con indicación de los parámetros tomados en cuenta para su cálculo, así como el importe líquido de la indemnización convenida. En estos supuestos, perfectamente admisibles en los procedimientos de reclamación de una indemnización por las lesiones padecidas en un siniestro de tránsito, serán los peritos quienes determinen el *quantum* de la indemnización a través de un acta conjunta, la cual tendrá carácter vinculante para las partes, salvo impugnación judicial en el plazo de 30 días para el asegurador y de 180 días para el asegurado, computables desde la fecha en que tuvieron conocimiento del acta conjunta de los peritos. En caso de no formularse impugnación dentro de tales plazos, el dictamen pericial devendrá inatacable.

El acuerdo alcanzado por los peritos y documentada en un acta conjunta podrá ser impugnado, como se apuntaba en el párrafo anterior, si bien ello no eximirá a la aseguradora de abonar el importe mínimo determinado en el artículo 18 de la Ley de Contrato de Seguro, es decir, la indemnización que está obligada a satisfacer «al término de las investigaciones y peritaciones necesarias para establecer la existencia del siniestro y, en su caso, el importe de los daños que resulten del mismo».

El incumplimiento del acuerdo generará para el asegurador los intereses previstos en el artículo 20 de la Ley de Contrato de Seguro, salvo si se hubiera impugnado el acta en tiempo y forma. De aceptar la oferta, la compañía vendrá obligada a abonar el importe convenido por los peritos en el plazo de cinco días.

Si los peritos designados por una y otra parte no conviniesen un *quantum* indemnizatorio o el nexo causal entre el siniestro y las lesiones del perjudicado, los interesados designarán a un tercer perito de mutuo acuerdo. De no ser posible tal designación, podrá interesarse su designación judicial conforme a lo prevenido en los artículos 136 a 138 de la Ley 15/2015, de 2 de julio, de la Jurisdicción Voluntaria, o en el artículo 80 de la Ley del Notariado de 28 de mayo de 1862, según se opte por una insaculación judicial o notarial. En ambos casos, una vez nombrado el tercero perito, el dictamen pericial deberá ser emitido dentro del plazo que convengan las partes y, en defecto de acuerdo, en 30 días desde la aceptación del cargo por el tercer perito. Las conclusiones de tal informe, por unanimidad o por mayoría se remitirá a las partes, las cuales dispondrán de los plazos indicados (30 y 180 días, según se trate del asegurado o del asegurador) para su impugnación. Antes de tomar su decisión, parece evidente que el tercer perito deberá haber tomado contacto con los anteriores[9] e incluso sería deseable que adoptase su decisión de forma colegiada con éstos.

La práctica habitual es que cada una de las partes designe tres posibles peritos de contraste para elegir a uno de ellos de forma consensual. Cuando no es posible, entonces se acude a la vía judicial o notarial para la insaculación de un tercer perito que resuelva las diferencias entre las valoraciones de los designados por las partes. Generalmente se firma un acta de disconformidad, no prevista en la norma, pero es una práctica comúnmente aceptada por las partes, en la que se recogen las diferencias que impiden un acta conjunta de los peritos designados por los interesados con carácter previo. Tal acta posibilita al tercer experto centrarse en las cuestiones donde subsiste el litigio, ahorrándole trabajo y acortando también los plazos. Lo más común es que ese tercer experto se ponga en contacto con los peritos de parte para completar la información de que dispone. Si las conclusiones de este tercer perito son suscritas por alguno de los expertos designados por

9. TOLEDANO JIMÉNEZ (2017), p. 96. *Vid.* TOLEDANO JIMÉNEZ, M. A., «Comentarios al artículo 38 de la Ley de Contrato de Seguro», Revista Ceflegal, 193, pp. 87-102.

las partes, se redacta y firma un acta de conjunta por mayoría, la cual surtirá los efectos previstos en la norma.

Este sistema, aunque previsto para siniestros asegurados de otra naturaleza, podría aplicarse *mutatis mutandis* al previsto en el artículo 7 de la LRCS, dando a las partes la oportunidad de confrontar a los peritos designados por una y otra y, así, intentar que éstos lleguen a un acuerdo que, en caso de divergencia, pueda ser resuelto con la intervención de un tercer perito independiente que complemente el trabajo de los anteriores y pueda adoptar por unanimidad o por mayoría una decisión conjunta con éstos. Tal decisión, pese a que no surta los efectos previstos en el artículo 38 de la Ley de Contrato de Seguro, sí que es previsible que tenga mayor credibilidad para quien resuelva el conflicto.

Respecto de la **mediación**, el artículo 1 de la Ley 5/2012, de 6 de julio, de mediación en asuntos civiles y mercantiles define la mediación como: «aquel medio de solución de controversias, cualquiera que sea su denominación, en que dos o más partes intentan voluntariamente alcanzar por sí mismas un acuerdo con la intervención de un mediador». La mediación es una realidad desde tiempos pretéritos, si bien está siendo potenciada por organismos públicos y privados sobre todo tras la II Guerra Mundial[10] por su carácter autocompositivo, es decir, por la capacidad de las partes para alcanzar un acuerdo gracias a la intervención de un tercero sin que éste tenga que resolver el conflicto como un juez o un árbitro.

Señala el artículo 7.8 de la LRCS que, en caso de desacuerdo con la oferta motivada, cuando se reciba una respuesta motivada, o cuando no se obtenga contestación en tiempo y forma por parte del asegurador, el perjudicado podrá optar por la vía jurisdiccional, acudir al procedimiento previsto en el artículo 7.5 de la LRCS o, de estimarlo adecuado, someter la controversia a un procedimiento de mediación conforme al artículo 14 de la LRCS, un precepto que hace en su apartado 1 una remisión expresa a la citada Ley de Mediación.

El perjudicado podrá solicitar el inicio de un procedimiento de mediación en el plazo máximo de dos meses desde la recepción de la respuesta o de la oferta motivada que considere insuficientes, aunque si se hubieran solicitado informes periciales complementarios, se computará desde la recepción de tales dictámenes.

---

10. *Vid.* OTERO PARGA, M., «Las raíces históricas y culturales de la mediación». En SOLETO MUÑOZ, H. y OTERO PARGA, M. (Coords.), *Mediación y solución de conflictos: Habilidades para una necesidad emergente*, Tecnos, Madrid, 2007, pp. 172-184.

Para actuar como mediador en este tipo de procedimientos se exige a los profesionales habilitados un plus de preparación, debiendo, según el artículo 14.3 de la LRCS, ser «profesionales especializados en responsabilidad civil en el ámbito de la circulación y en el sistema de valoración previsto en esta Ley». Con esta decisión se pretende favorecer un procedimiento efectivo, donde el mediador tengo los conocimientos necesarios para poder dirigir la negociación de las partes hasta buen puerto, guiándoles en la dirección adecuada conforme con la legislación vigente, especialmente con la LRCS y la Ley 35/2015.

El citado precepto prevé las funciones que deba desarrollar el mediador en los procedimientos seguidos para reclamar una indemnización por las lesiones o daños sufridos como consecuencia de un accidente de circulación, en los que las partes suelen ser los perjudicados y las compañías aseguradoras de la persona responsable del hecho dañoso, previniendo que los mediadores: «además de facilitar la comunicación entre las partes y velar porque dispongan de la información y el asesoramiento suficientes, desarrollará una conducta activa tendente a posibilitar un acuerdo entre ellas». Dicha información resulta redundante en la norma, toda vez que existe una remisión expresa a la Ley de Mediación y en el artículo 13 de dicha disposición legal se establece que las funciones del mediador son esas en todo tipo de procedimiento, especialmente cuando se toma en consideración el hecho de que la redacción actual del artículo 14 de la LRCS viene dada por una modificación en el texto anterior por parte de la Ley 35/2015, una norma posterior a la Ley de Mediación, del año 2012.

El artículo 14.4 de la LRCS indica, también de forma redundante con la Ley de Mediación, que el mediador citará a las partes para una sesión de carácter informativo en el que se especificarán a los interesados los principios generales del procedimiento, regulados en el Título II de la Ley de Mediación (artículos 6 a 10), pero reiterados en la LRCS cuando dice que las partes deberán conocer que: «son plenamente libres de alcanzar o no un acuerdo y de desistir del procedimiento en cualquier momento, así como que la duración de la mediación no podrá ser superior a tres meses». Además de ello, deberá advertirse que, de alcanzar un acuerdo, éste será vinculante para los suscribientes, quienes podrán elevarlo a escritura pública y, así, tener acceso a un posible proceso de ejecución conforme a lo prevenido en el artículo 517.2.2.º de la LEC.

Las partes están facultadas para solicitar informes periciales dentro del procedimiento de mediación, acción innecesaria cuando se hayan solicitado informes contradictorios y complementarios, que les permitirán trabajar sobre ellos en pos de un acuerdo asumible para los interesados. Cuando no se ha solicitado un informe complementario, resulta particularmente interesante hacerlo en el procedimiento de mediación, para así recibir una tercera opinión experta que sirva para hacer inclinarse la balanza a favor del dictamen de alguno de los peritos de parte —salvo que las conclusiones del tercer especialista en la materia diverjan de las obrantes en el expediente—.

Una de las particularidades de solicitar una prueba pericial dentro del procedimiento de mediación viene dada por el deber de confidencialidad consagrado en el artículo 9 de la Ley de Mediación, un principio que se hace extensivo a la documentación con la que tanto el mediador como las partes trabajan para intentar alcanzar un acuerdo. Dicha información no podrá ser revelada en un ulterior proceso judicial, al quedar amparada bajo el secreto profesional. Tampoco los partícipes en la mediación vienen obligados a aportar a un proceso jurisdiccional o a un procedimiento arbitral la documentación utilizada, de modo que ni el mediador, ni las partes, ni los peritos podrán ser llamados a declarar a juicio o a intervenir ante los árbitros en relación con la información o con los dictámenes utilizados en el procedimiento de mediación; salvo pacto en contrario de las partes documentado por escrito o cuando sean emplazamientos al efecto por los órganos jurisdiccionales del orden penal.

El deber de confidencialidad tiene efectos positivos para el procedimiento de mediación, pues permite que las partes actúen con la confianza de que lo que se diga durante su desarrollo no será utilizado en su contra en un ulterior procedimiento arbitral o judicial, facilitando así que estén dispuestas a recabar un informe pericial llevado a cabo por un experto independiente que les permita conocer realmente cuáles han sido las consecuencias del siniestro y qué indemnización corresponde al lesionado, pues tal perito, sabedor de que su informe ha sido encargado por ambas partes y que sus conclusiones sólo van a servir como fundamento técnico para intentar alcanzar un acuerdo que ponga fin a sus diferencias, se sentirá libre de dictaminar lo que realmente considere que ha ocurrido y la posible valoración de los daños materiales o personales, en su caso, una información de gran utilidad para los interesados.

Las partes no están obligadas a permanecer en el procedimiento de mediación, siendo únicamente necesario acudir a la sesión informativa, tras la cual podrán decidir acogerse o no a dicho método alternativo para la resolución de conflictos, pudiendo exigir la redacción y firma de un acta final en cualquier momento, sin que hayan de consignar en ningún documento las causas que les han llevado a adoptar dicha decisión, incluso de forma unilateral. En los procedimientos relacionados con la reclamación de una indemnización derivada de los daños o lesiones padecidos como consecuencia de un accidente de tráfico, son contadas las ocasiones en que los perjudicados solicitan a las compañías a este tipo de procedimientos negociados, las más de las veces por desconocimiento de dicha posibilidad, pero también por la previsible falta de interés del asegurador por acudir a dicho procedimiento, ya que, salvo cuando se recaba un nuevo informe pericial independiente, es poco probable que se alcance un acuerdo teniendo la posibilidad de acudir a un proceso judicial donde hacer valer el informe de los peritos que habitualmente contratan para que emitan dictámenes más cercanos a sus posiciones, con los que abonar una cantidad inferior a la reclamada.

Otra de las posibilidades de que disponen las partes para resolver las diferencias que surjan respecto a la reclamación de una indemnización es acudir a un **procedimiento arbitral**, el cual estará sometido a la Ley 60/2003, de 23 de diciembre, de Arbitraje, a lo que dispongan las partes, a lo que determine el reglamento arbitral de la institución elegida y, en defecto de lo anterior, a lo que decidan los propios árbitros elegidos. Señala el artículo 2.1 de la Ley de Arbitraje que: «Son susceptibles de arbitraje las controversias sobre materias de libre disposición conforme a derecho». Conforme a lo anterior, la reclamación de una indemnización por daños personales o materiales sufridos en un siniestro de tráfico está comprendida dentro de la autonomía de la voluntad de las partes, de modo que tales litigios pueden ser resueltos a través del arbitraje.

Conforme al artículo 9 de la Ley de Arbitraje, las partes deberán haber mostrado previamente al inicio del procedimiento su intención de resolver sus diferencias a través de método alternativo para la resolución de conflictos, un modelo más ágil, más rápido y, si se quiere, más especializado, para alcanzar una solución a las diferencias nacidas entre las partes sobre la necesidad de indemnizar y, en su caso, sobre el *quantum* indemnizatorio. Tal voluntad puede quedar recogida en un convenio arbitral, en una cláusula arbitral integrada en las condiciones particulares de la póliza o en un documento posterior, o incluso manifestarse de forma tácita cuando uno de los interesados plantea una demanda o un escrito inicial reclamando el inicio de un procedimiento arbitral y la contraria accede contestando la demanda o el escrito inicial. La interpretación doctrinal y jurisprudencial sobre las formas válidas de mostrar el consentimiento es muy flexible y se interpreta habitualmente en favor de la arbitrabilidad de la disputa.

Sin perjuicio de lo anterior, cuando la cláusula arbitral se inserta en un contrato de adhesión, como puede ocurrir cuando forma parte de las condiciones generales del seguro, previene el artículo 9.2 de la Ley de Arbitraje que la admisibilidad de tal cláusula deberá interpretarse conforme a las reglas propias de las condiciones generales de la contratación. Cuando se trata de contratos suscritos entre una entidad predisponente de carácter profesional, como las compañías aseguradores, y un consumidor final, el asegurado, tal condicionado corre serio riesgo de ser considerada una cláusula abusiva y tenerse por no puesta[11], pues surte el efecto de impedir a las partes someter sus diferencias a los órganos jurisdiccionales del Estado en favor de un árbitro o institución arbitral concreta sin que el consumidor haya tenido la posibilidad real de estudiar y modificar tal remisión al procedimiento arbitral en defecto del judicial.

Sobre el particular, señala la Sentencia 7/2022, de 4 de marzo, de la Sala de lo Civil y Penal del Tribunal Superior de Justicia de Andalucía (JUR 2022, 254312) que: «con carácter general, el artículo 57.4[12], en su redacción vigente al tiempo de celebración del contrato, establece que no serán vinculantes para los consumidores los convenios arbitrales suscritos con un empresario antes de surgir el conflicto» y que «el artículo 90.1 del mismo texto legal califica como "abusiva" la sumisión a arbitrajes distintos del arbitraje de consumo, salvo el caso de arbitrajes institucionales creados por normas especiales». Continúa diciendo la citada resolución judicial que, por lo tanto, la cláusula arbitral deberá ser considerada nula de pleno derecho conforme al artículo 83.1 del Real Decreto Legislativo 1/2007, de 16 de noviembre, por el que se aprueba el texto refundido de la Ley General para la Defensa de los Consumidores y Usuarios y otras leyes complementarias, si no se ha negociado de forma individual, conforme al artículo 82.2 del citado texto normativo. Tal nulidad será apreciable de oficio cuando la estipulación se considere abusiva o cuando el órgano jurisdiccional entienda que existe falta de transparencia por parte del predisponente, siendo causa de nulidad del laudo dictado en aplicación de dicha cláusula arbitral, como resolvió la Sentencia del Tribunal de Justicia de la Unión Europea de 26 de octubre de 2006, en el asunto C-168/05 (TJCE 2006, 299), cuando resolvió que:

La Directiva 93/13/CEE del Consejo, de 5 de abril de 1993, sobre las cláusulas abusivas en los contratos celebrados con consumidores, debe interpretarse en el sentido de que implica que un órgano jurisdiccional nacional que conoce de un recurso de anulación contra un laudo arbitral ha

11. Se trataría en tal caso de una condición general de la contratación conforme a lo prevenido en el artículo 1 de la Ley 7/1998, de 13 de abril, de condiciones generales de la contratación, como cláusula predispuesta por el asegurador para una pluralidad de contratos.
12. La sentencia hace mención del artículo 57.4 del Real Decreto Legislativo 1/2007, de 16 de noviembre, por el que se aprueba el texto refundido de la Ley General para la Defensa de los Consumidores y Usuarios y otras leyes complementarias.

de apreciar la nulidad del convenio arbitral y anular el laudo si estima que dicho convenio arbitral contiene una cláusula abusiva, aun cuando el consumidor no haya alegado esta cuestión en el procedimiento arbitral, sino únicamente en el recurso de anulación.

Cuando la cláusula o convenio arbitral sean válidos, los árbitros están facultados legalmente para el nombramiento de peritos cuando consideren que son necesarios conocimientos profesionales, científicos o artísticos para adoptar una decisión sobre el fondo en el laudo, salvo acuerdo en contrario de las partes adoptado expresamente o con la sumisión a un reglamento arbitral concreto. Sobre el particular, señala el artículo 32 de la Ley de Arbitraje que, los árbitros podrán interpelar a las partes para que faciliten a los peritos designados de oficio por el tribunal arbitral o por las partes la documentación necesaria para llevar a cabo su dictamen, así como instarles a facilitar un reconocimiento médico sobre el perjudicado. Tales peritos deberán intervenir en una audiencia, salvo pacto en contrario, en la que tanto las partes como los árbitros podrán formularles las preguntas que se consideren pertinentes y útiles para valorar la veracidad y la validez de sus conclusiones. Al efecto, previene el artículo 32.2 de la Ley de Arbitraje que las partes podrán intervenir asesoradas de peritos que les ayuden a desarrollar el interrogatorio al experto designado por el tribunal arbitral de oficio o a instancia de parte.

Conforme a lo prevenido en el artículo 33 de la Ley de Arbitraje, los árbitros podrán recabar el auxilio judicial cuando lo consideren necesario, una asistencia que «podrá consistir en la práctica de la prueba ante el tribunal competente o en la adopción por éste de las concretas medidas necesarias para que la prueba pueda ser practicada ante los árbitros», como pudiera ser el dictado de un auto que ordene a las partes someterse a un reconocimiento médico por parte del perito designado o la necesidad de remitirle información o documentación necesaria para la realización del dictamen. De acuerdo con el artículo 8.2 de la Ley de Arbitraje, el órgano judicial competente será «el Juzgado de Primera Instancia del lugar del arbitraje o el del lugar donde hubiere de prestarse la asistencia».

La decisión sobre las conclusiones de los informes periciales corresponderá a los árbitros como lo haría al tribunal en los procesos judiciales, valorando el informe del perito designado en el seno del procedimiento y los que, en su caso, hayan aportado las partes en litigio, valorando tales dictámenes conforme a la sana crítica de los árbitros y siempre que tal valoración no sea ilógica o se separe de forma notable de lo reflejado en los informes periciales obrantes en el procedimiento. El laudo que dicten los árbitros será ejecutable conforme a lo prevenido en el artículo 517.2.2.º de la LEC.

El procedimiento arbitral, pese a ser más rápido y ágil, es también más costoso para las partes y la validez del convenio puede suscitar un conflicto derivado que haga inútil optar por este método alternativo para la resolución de conflictos. Acudir a la vía arbitral parece una solución inteligente cuando se sustancien cuestiones excesivamente complejas que deban ser resueltas por un árbitro experto en la materia, cuando verse sobre reclamaciones muy altas que demanden agilidad o incluso confidencialidad, y cuando exista un número muy elevado de partes y se busque un procedimiento más sencillo que el que se desarrollaría ante un órgano jurisdiccional sometido a la legislación procesal.

Los distintos métodos alternativos para la resolución de los conflictos relacionados con las reclamaciones de cantidad derivados de siniestros de tráfico ofrecen al perjudicado y al asegurador vías para solventar sus diferencias de una manera más sencilla y directa, destacando la decisión experta cuando la falta de acuerdo se funde en el nexo causal o en la cuantificación de las lesiones y, en su caso, de las posibles secuelas, ya que es una disputa que puede resolver mejor un profesional de la salud especializado en la aplicación del baremo de la Ley 35/2015 que un jurista, sea un tribunal o un árbitro.

2. DESIGNACIÓN JUDICIAL DEL PERITO

Como se ha venido apuntando, las partes pueden designar a sus propios peritos y, de considerarlo necesario, nombrar a un tercero experto que elabore un informe complementario a los anteriores sobre el que trabajar para llegar a un acuerdo o a ser tenido en cuenta por quien deba resolver las diferencias entre las partes cuando se opte por una decisión heterocompositiva, que puede ser judicial, arbitral o incluso por decisión experta. Sin embargo, cuando se opte por la vía jurisdiccional, existe una posibilidad muy interesante para obtener un dictamen independiente y perfectamente confiable para el tribunal, cual es la solicitud del nombramiento de perito por parte del órgano judicial conforme a lo prevenido en los artículos 339 y siguientes de la LEC.

Tal designación, que incluso puede ser sufraga por el Servicio de Asistencia Jurídica Gratuita, podrá interesarse por las partes en sus respectivos escritos iniciales. Cuando el solicitante no sea beneficiario de justicia gratuita, deberá sufragar los honorarios del perito insaculado judicialmente, sin perjuicio de su posible inclusión en el capítulo de costas procesales. El momento de solicitud con los escritos iniciales es preclusivo, según el artículo 339.2 de la LEC, salvo que deba recaer sobre «alegaciones o pretensiones no contenidas en la demanda».

La designación deberá hacerse en el plazo de cinco desde que se registre la contestación de la demanda, aun cuando la pericial haya sido solicitada por la parte actora. Cuando ambas partes soliciten el nombramiento de un perito, el tribunal podrá designar a un solo experto, si las partes lo consienten, repartiéndose en tal caso por partes iguales los honorarios del perito. Pese a que es una posibilidad legal, pues así lo especifica el citado artículo 339.2 de la LEC, carece de sentido práctica solicitar el nombramiento de dos expertos diferentes cuando debe llevarse a cabo una misma pericia, salvo cuando pretenda asegurarse que el juzgador o juzgadora disponga de todos los elementos de juicio necesario para dictar una resolución lo más ajustada posible a la Justicia Material. Tal decisión se interpretará de acuerdo con lo previsto en el artículo 339.5 de la LEC, el cual señala que: «el tribunal no designará más que un perito titular por cada cuestión o conjunto de cuestiones que hayan de ser objeto de pericia y que no requieran, por la diversidad de su materia, el parecer de expertos distintos».

De acuerdo con el artículo 339.3 de la LEC, las partes podrán elegir el perito que consideren más adecuado para elaborar el dictamen, decisión que será respetada cuando el tribunal lo entienda adecuado para resolver el conflicto de la mejor manera posible. Conforme al artículo 339.5 de la LEC, interpretado *contrario sensu*, el órgano jurisdiccional no podrá designar de oficio a los peritos en los procedimientos derivados de la circulación de vehículos a motor, por no tratarse de un proceso «sobre declaración o impugnación de la filiación, paternidad y maternidad, sobre la capacidad de las personas o en procesos matrimoniales».

La decisión de los peritos insaculados judicialmente no suscitará en el tribunal ni en las partes la sospecha de intentar favorecer a una de éstas, siendo por lo tanto un elemento de prueba muy interesante a la hora de dictar la sentencia que ponga fin al proceso. Pese a que las partes pueden haber aportado informes periciales contradictorios e incluso recusar a los peritos conforme al artículo 343.1 de la LEC, lo más probable es que el órgano sentenciador reconozca un plus de objetividad y de credibilidad al dictamen dictado por una entidad o por un profesional insaculado por el propio tribunal, lo cual permite *a priori* resolver el conflicto de forma más justa y sencilla, siendo por lo tanto la opción que debería imponerse cuando se tramiten procedimientos de reclamación de cantidad en concepto de indemnización por los daños o lesiones sufridos en un accidente circulación.

3. RECURSO AL IML

Donde la negociación adquiere una dimensión mayor es el artículo 7.5 de la LRCS, cuando señala que: «En caso de disconformidad del perjudicado con la oferta motivada, las partes, de común acuerdo y a costa del asegurador, podrán pedir informes periciales complementarios, incluso al Instituto de Medicina Legal siempre que no hubiese intervenido previamente». Tales informes serán sufragados por la compañía aseguradora sin necesidad de que ésta los acepte.

Como se dijo, las partes podrán solicitar la realización de un informe pericial de complemento por parte de un profesional designado por éstas, pero también tienen la posibilidad de acudir al Instituto de Medicina Legal del partido judicial donde haya tenido lugar el siniestro para que un médico forense dictamine la relación de causalidad entre el accidente y las lesiones, la gravedad de éstas y su cuantificación conforme al baremo de la Ley 35/2015.

Si el dictamen de un perito designado notarial, judicialmente o por acuerdo de los litigantes tiene un plus de credibilidad para quien deba resolver el conflicto —cuando se opte por una solución heterocompositiva—, por la pretendida independencia de las partes y, por ende, imparcialidad y objetividad, tal informe pericial se verá reforzado con el halo de credibilidad de haber sido elaborado por un funcionario público que no mantiene relaciones laborales ni comerciales con ninguna de las partes y que, de existir un conflicto de intereses por su relación con el perjudicado, viene legalmente obligado a poner de manifiesto tal realidad e inhibirse. Esta misma obligación corresponde al perito designado por las partes, si bien con efectos menos graves en caso de incumplimiento que cuando la incumple un funcionario público.

La realización de la exploración y análisis documental por parte de los médicos forenses para elaborar un informe sobre el que trabajen las partes para alcanzar un acuerdo o que sea posteriormente aportado a un procedimiento judicial o alternativo para la resolución del conflicto existente entre las partes, será solicitada por el lesionado y sufragada por la compañía aseguradora. Tal procedimiento comportará la interrupción del plazo de prescripción de la acción, como se comentaba en el apartado relativo a la solicitud de informes complementarios.

Estos informes periciales, que antes de la reforma del Código Penal tenían reflejo en autos de cuantía máxima que se ejecutaban en vía civil de forma recurrente, han dejado de solicitarse, quizás por la existencia de otros sistemas más rápidos, ya que los informes tardan muchos meses en ser emitidos, o quizás por las quejas que han surgido en la práctica entre quienes entienden que están valorándose de forma muy baja las lesiones y las secuelas de los perjudicados, desincentivando así que las víctimas acudan a esta vía legalmente prevista para obtener un informe pericial objetivo.

Si la Administración mostrase interés en promover y generalizar la emisión de estos dictámenes por parte de los médicos forenses, se terminaría ahorrando un significativo número de procesos judiciales, ya que las partes presumirían que el *quantum* deviene poco menos que inatacable cuando se fija por el Instituto de Medicina Legal y desincentivaría su ánimo litigioso. En el mismo sentido, podría ofrecerse a las partes la oportunidad de acudir a los médicos forenses para la elaboración de un único informe pericial que, sufragado por las compañías aseguradoras, ahorre a las partes el coste en tiempo y dinero de acudir a expertos particulares y a quienes deban resolver los litigios la necesidad de analizar y valorar dictámenes que en ocasiones son antagónicos sin más motivo que la relación comercial entablada entre el perito y quien le contrata.

IV. CONCLUSIONES

Los accidentes de circulación generan un importante volumen de reclamaciones a las compañías aseguradoras, especialmente aquellos en los que resultan lesionada una o más personas. La resolución de tales conflictos suele exigir la intervención de profesionales sanitarios especializados en la valoración del daño corporal conforme a las tablas anexas a la Ley 35/2015.

La formidable cantidad de reclamaciones que reciben anualmente las compañías aseguradoras implica que éstas deban contratar de forma recurrente los servicios de peritos médicos que exploren y dictaminen la existencia de las lesiones de una persona accidentada, la intensidad de las mismas, el periodo empleado en su curación, la pertinencia de los tratamientos recibidos para ello y, en su caso, las posibles secuelas. Tales informes son en multitud de ocasiones aportados a procesos judiciales de reclamación de cantidad iniciados contra las aseguradoras y posteriormente ratificados por los peritos encargados de su elaboración.

Existen multitud de profesionales —de la medicina, generalmente, aunque también pueden hacerlo otros técnicos en la materia, como los fisioterapeutas— que se encargan de prestar servicios de valoración de lesionados en accidentes de circulación en todo el territorio nacional, siendo contratados de forma recurrente por las compañías aseguradoras, especialmente por las más importantes. Tal recurrencia en la contratación, en la práctica totalidad de las ocasiones de carácter mercantil, implica que los peritos mantengan una relación muy intensa con las compañías aseguradoras y que sus ingresos dependan en gran medida de que tal relación comercial continúe vigente.

La dependencia económica de los peritos respecto de las compañías aseguradoras no es comprable con la que tienen de los lesionados, ya que éstos les contratan de forma puntual, de modo que la objetividad de sus dictámenes puede verse condicionada por el temor a perder a uno o más clientes que representan su principal fuente de ingresos, situación que puede llevarles a emitir informe sesgados.

Para evitar que los tribunales se vean contaminados por informes periciales con desviaciones a favor de una u otra parte, existen una serie de procedimientos alternativos al judicial, como la mediación, el arbitraje o la decisión experta, que pueden evitar a los interesados y a la propia Administración de Justicia un importante ahorro de tiempo y dinero. Cuando no sea posible acudir a tales modelos alternativos, existen igualmente mecanismos legales que debidamente accionados beneficiarían la labor judicial, pues la elección judicial del perito o la posibilidad de acudir al Instituto de Medicina Legal hacen que los informes técnicos que se incorporen a los autos sean veraces y objetivas, sin perjuicio del derecho de las partes a aportar sus propios dictámenes periciales cuando consideren que los existentes en los autos no son ajustados a la realidad.

Los proyectos de reforma de las leyes procesales en marcha son una oportunidad para reformular el modelo de reclamación de indemnizaciones derivadas de las lesiones padecidas a resultas de los accidentes de circulación, un modelo que cambió con la despenalización de las lesiones causadas por imprudencias en la conducción y que sería recomendable reconducir para reducir la judicialización del sistema, los costes asociados a la realización de informes periciales contradictorios por ambas partes y la desconfianza que generan los dictámenes de parte a los órganos jurisdiccionales.

BIBLIOGRAFÍA

DIRECCIÓN GENERAL DE TRÁFICO, (04 de julio de 2023). «Más de 33 millones de vehículos asegurados en España». Recuperado el 13 de septiembre de 2023 de https://revista.dgt.es/es/motor/noticias/2023/07JULIO/0704-parque-movil-aseguradoras-datos.shtml

– «BALANce de las cifras de siniestralidad vial 2022», (JUNIO 2023). https://www.dgt.es/menusecundario/dgt-en-cifras/#

MAGRO SERVET, V., «El informe médico concluyente, informe médico definitivo e informe pericial en la siniestralidad vial adicionado al parte forense tras la LO 2/2019, de 1 de marzo», *Tráfico y Seguridad Vial*, 243 (2019).

OTERO PARGA, M., «Las raíces históricas y culturales de la mediación». En SOLETO MUÑOZ, H. y OTERO PARGA, M. (Coords.), *Mediación y solución de conflictos: Habilidades para una necesidad emergente,* Tecnos, Madrid, 2007, pp. 172-184.

REAL ACADEMIA ESPAÑOLA DE LA LENGUA, «Perito», en *Diccionario jurídico de la lengua española.* Recuperado en 12 de septiembre de 2023, de https://dpej.rae.es/lema/perito-ta

REPRESAS VÁZQUEZ, C., «Nexo de causalidad en accidentes de tráfico», *Ciencia Forense,* 14/2017 (2017). pp. 61-76.

TOLEDANO JIMÉNEZ, M. A., «Comentarios al artículo 38 de la Ley de Contrato de Seguro», *Revista Ceflegal,* 193, pp. 87-102.

22

El Testigo-perito: oportunidades y problemáticas en la práctica

MARINA FERRER SOLER
Abogada en RocaJunyent

ALEXANDRE PONS ABELLA
Abogado en Domenech Delsors

SUMARIO: I. DEFINICIÓN Y RAZÓN DE SER DE LA FIGURA DEL TESTIGO-PERITO. II. DIFERENCIAS CON LA PRUEBA PERICIAL. III. VALORACIÓN DE LA PRUEBA DE TESTIGO-PERITO. IV. LOS LÍMITES EN LA PRÁCTICA: PROBLEMÁTICA Y OPORTUNIDADES. V. CONCLUSIONES. BIBLIOGRAFÍA.

I. DEFINICIÓN Y RAZÓN DE SER DE LA FIGURA DEL TESTIGO-PERITO

El artículo 370 de la Ley 1/2000, de 7 de enero, de Enjuiciamiento Civil (LEC), relativo al «examen del testigo sobre las preguntas admitidas» en su apartado 4.º regula y define la figura del testigo-perito como el «*testigo que posee conocimientos científicos, técnicos, artísticos o prácticos sobre la materia a que se refieran los hechos del interrogatorio*».

Se trata de una cuestión innovadora, pues con anterioridad a la LEC del 2000 la figura del testigo-perito no se encontraba expresamente prevista en nuestra ley rituaria.

Dicha figura ha sido asimismo analizada por la jurisprudencia. Por su carácter ilustrativo, cabe destacar la **sentencia de la Audiencia Provincial**

de Madrid (Sección 25.ª) núm. 115/2019, de 12 de marzo (ECLI:ES:APM: 2019:3428).

En este caso, la actora ejercitó una acción en reclamación del pago del precio convenido como contraprestación por la adquisición de prendas de uniformes que habían sido entregados. La demandada alegó que no había pagado el precio, toda vez que la actora no había cumplido con su obligación de entregar los uniformes encargados con las condiciones y calidad pactadas, invocando así la *exceptio non adimpleti contractus.*

Siendo ello así, entre las cuestiones a analizar, debía valorarse si se había cumplido con la obligación de entregar los uniformes encargados. El juzgado de primera instancia desestimó la demanda, al considerar que no se había cumplido con la obligación de entrega en las condiciones pactadas, si bien este pronunciamiento fue posteriormente revocado por la Audiencia Provincial de Madrid tras valorar nuevamente la prueba obrante en autos.

En este contexto y en cuanto a la cuestión que ahora nos ocupa, la referida Audiencia Provincial, en la citada sentencia de 12 de marzo de 2019 hizo un análisis de la declaración prestada por D.ª Virtudes, cuya prueba se admitió inicialmente como prueba testifical; si bien la Audiencia Provincial concluyó que no podía tenerse en cuenta al tratarse de una verdadera prueba pericial, indebidamente introducida en el proceso.

En su razonamiento, la Audiencia Provincial distinguió la figura del testigo, de la del perito y, en cuanto al testigo-perito, clarificó que se trata de **figura dentro de la categoría de testigos y lo definió como aquel tercero que, además de tener noticia, con carácter previo al proceso, de los hechos controvertidos —por haberlos presenciado o percibido por los sentidos—, posee conocimientos científicos, técnicos, artísticos o prácticos sobre la materia a que se refieran aquellos hechos**:

> «*Ha de señalarse, con carácter previo, la total ineficacia y virtualidad probatoria que ha de atribuirse a la declaración testifical prestada en el acto del juicio por doña Virtudes, pues* ***no cabe atribuirle****, en absoluto,* ***ni la condición de testigo, ni la condición de testigo-perito,*** *ya que, en puridad, su intervención en el proceso no se destina a producciones textiles, conocimientos técnicos para la valoración de los hechos controvertidos.* ***Se trata, por tanto, de una verdadera prueba pericial, que se ha introducido indebidamente en el proceso, con total y frontal vulneración de las normas procesales pertinentes*** *(artículos 335 a 352 de la LEC), pues en nuestro ordenamiento procesal civil vigente, la producción de prueba pericial ha de realizarse mediante la aportación, por las partes, en el momento procesal oportuno, del correspondiente dictamen o informe pericial, elaborado tras el reconocimiento del objeto de la pericia —con la posibilidad de intervención de las partes que recoge el artículo 345 de la LEC— y cuyo contenido podrá ser objeto de especial*

contradicción mediante la intervención, a petición de las partes, del propio perito, autor del mismo, en el acto del juicio o vista.

Efectivamente, ***PERITO es el tercer ajeno al proceso que interviene en el mismo para, sin haberlos presenciado (sin haber tenido noticia de ellos por los sentidos con anterioridad al proceso), ofrecer una valoración de los hechos controvertidos, aplicando los conocimientos científicos, artísticos, técnicos o prácticos que posee;*** *mientras que el TESTIGO es aquel tercero que tiene noticia, con carácter previo al proceso, de los hechos controvertidos, por haberlos presenciado o percibido por los sentidos.*

Dentro de la categoría de TESTIGOS *se encuentran, la figura del TESTIGO-PERITO, a que se refiere el* ***artículo 370 de la LEC*** *—dentro de la Sección 7.ª en la que la Ley regula el interrogatorio de testigos—, que* ***es aquel tercero que además de tener noticia, con carácter previo al proceso, de los hechos controvertidos —por haberlos presenciado o percibido por los sentidos—, posee conocimientos científicos, técnicos, artísticos o prácticos sobre la materia a que se refieran aquellos hechos.***

En el presente caso, la Sra. Virtudes carecía de todo conocimiento previo sobre los hechos controvertidos y su intervención en el proceso quedaba limitada a dar su opinión técnica o práctica sobre las prendas que se le mostraron en el mismo acto del juicio*.*

Ante tal planteamiento de la actividad probatoria propuesta por la representación demandada, el tribunal de primera instancia debió inadmitir, de plano, la misma, de conformidad con lo prevenido por el artículo 11.2 de la Ley Orgánica del Poder Judicial, que obliga a los Juzgados y Tribunales a rechazar fundadamente las peticiones, incidentes y excepciones que se formulen con manifiesto abuso de derecho o entrañen fraude de ley o procesal; resultando evidente e incuestionable que la proposición y práctica de una prueba testifical, encubriendo, en realidad una verdadera y propia prueba pericial, extemporáneamente introducida en el proceso, soslayando la normativa y trámite procesal, constituye un innegable fraude procesal, al ser obvio que no cabe forzar la norma de orden público para tratar como testifical una prueba pericial».

Como complemento de lo anterior, cabe mencionar un caso común en la práctica y que nos sirve como ejemplo para trazar las líneas de la figura del testigo-perito. Así, se considera como testigo-perito el médico que presencia un accidente de circulación y presta los primeros auxilios: cuando al médico de nuestro ejemplo se le pregunte por las lesiones, es obvio que contestará como médico —por sus conocimientos especializados en la materia— y no como ciudadano; si bien tendrá conocimiento directo de los mismos —como un testigo— por haberlos presenciado.

De ahí que la LEC, en su artículo 370.4 L.E.C., le considere como testigo y, acto seguido, ordene que se consignen como razón de ciencia de sus declaraciones las explicaciones técnicas que agregue. En suma, lo esencial de la figura es el conocimiento de los hechos de ciencia propia y lo accidental los conocimientos especializados.

II. DIFERENCIAS CON LA PRUEBA PERICIAL

No obstante lo anterior, cabe ser precisos y distinguir la figura del testigo-perito de la prueba pericial. Así las cosas, y pese sus conocimientos especializados, el testigo-perito no se convierte por ello en un perito, ni puede aceptarse que, mediante su proposición, se pretenda incorporar al proceso, de forma encubierta, una verdadera prueba pericial[1].

La jurisprudencia se ha encargado asimismo de trazar las líneas que permiten diferenciar la figura del testigo perito, de la prueba pericial[2], las cuales nos permitimos reseñar a continuación:

1) El objetivo y /o finalidad de la prueba: mientras que el perito es llamado al proceso por sus conocimientos técnicos o especializado; el testigo-perito es traído al juicio por haber presenciado los hechos, al margen de sus conocimientos.

Así, el testigo-perito, a diferencia del perito, tiene una relación directa, histórica y extraprocesal con los hechos; mientras que el segundo no ha intervenido en los mismos.

2) El perito es sustituible: partiendo de lo anterior (que el testigo-perito ha intervenido directamente en los hechos), a diferencia del perito, el testigo-perito es insustituible en tanto se le llama por poseer conocimientos directos sobre los mismos.

3) Forma de practicarse la prueba: la práctica de la prueba es asimismo distinta en función de si estamos ante una prueba pericial, o bien ante un testigo-perito.

En el primer caso, se emitirá un dictamen pericial por escrito —sin perjuicio de la posibilidad del perito de acudir a juicio para ratificar, aclarar o

1. Véase en este sentido y entre otras: las sentencias de la Audiencia Provincial de Tarragona (Sección 1.ª) núm. 99/2019, de 5 de marzo (ECLI:ES:APT:2019:214); de la Audiencia Provincial de Córdoba (Sección 3.ª) núm. 124/2013, de 11 de julio (ECLI:ES:APCO:2013:1135);o de la Audiencia Provincial de Santa Cruz de Tenerife (Sección 4.ª) núm. 426/2011, de 29 de noviembre (ECLI:ES:APTF:2011:2822).
2. Véase a modo de ejemplo la sentencia del Tribunal Supremo (Sala Primera) núm. 588/2014, de 22 de octubre (ECLI:ES:TS:2014:4623); o la sentencia de la Audiencia Provincial de Tarragona (Sección 1.ª) núm. 472/2010, de 10 de diciembre (ECLI:ES:APT:2010:1266).

resolver cualesquiera dudas relacionadas con su informe—; mientras que en el caso del testigo-perito no se presenta ningún informe pericial por escrito, sino que él efectúa sus manifestaciones oralmente.

4) Momento de práctica de la prueba: la realización y presentación del dictamen pericial tiene lugar con carácter previo al juicio, conforme lo establecido en los artículos 336, 337 y 338 de la LEC; si bien el testigo-perito interviene directamente en el acto del juicio.

5) Valor probatorio: los conocimientos aportados por los peritos tienen valor de prueba pericial, conforme lo establecido en el artículo 348 de la LEC[3]. Sin embargo, los conocimientos aportados por el testigo-perito tienen el valor probatorio que se concede a la prueba testifical, como así establece el artículo 376 de la LEC[4].

La valoración se hará, pues, ponderando la credibilidad del testimonio en función de sus circunstancias personales, de sus relaciones con los sujetos o el objeto del proceso. Si el juez valora esta prueba, si su declaración le resulta convincente, y a ello se une la cualificación y conocimientos científicos, técnicos o prácticos sobre la materia a que se refieren los hechos del interrogatorio, estas declaraciones pueden ser especialmente valoradas por el juzgador en su apreciación probatoria.

6) Tacha o recusación: Mientras que el perito puede ser objeto de tacha o de recusación, según sea de parte o de designación judicial (según lo previsto en los artículos 124[5], 125[6] y 343[7] de la LEC); el testigo-perito sólo puede

---

3. «*Artículo 348. Valoración del dictamen pericial.* *El tribunal valorará los dictámenes periciales según las reglas de la sana crítica*».
4. «*Artículo 376. Valoración de las declaraciones de testigos.* *Los tribunales valorarán la fuerza probatoria de las declaraciones de los testigos conforme a las reglas de la sana crítica, tomando en consideración la razón de ciencia que hubieren dado, las circunstancias que en ellos concurran y, en su caso, las tachas formuladas y los resultados de la prueba que sobre éstas se hubiere practicado*».
5. «*Artículo 124. Ámbito de la recusación de los peritos.*
1. Sólo los peritos designados por el tribunal mediante sorteo podrán ser recusados, en los términos previstos en este capítulo. Esta disposición es aplicable tanto a los peritos titulares como a los suplentes.
2. Los peritos autores de dictámenes presentados por las partes sólo podrán ser objeto de tacha por las causas y en la forma prevista en los artículos 343 y 344 de esta Ley, pero no recusados por las partes.
3. Además de las causas de recusación previstas en la Ley Orgánica del Poder Judicial, son causas de recusación de los peritos:
1.ª Haber dado anteriormente sobre el mismo asunto dictamen contrario a la parte recusante, ya sea dentro o fuera del proceso.

ser tachado, al haber sido llamado al pleito como testigo (de conformidad con lo previsto en los artículos 377 y 378 de la LEC[8]).

2.ª Haber prestado servicios como tal perito al litigante contrario o ser dependiente o socio del mismo.
3.ª Tener participación en sociedad, establecimiento o empresa que sea parte del proceso».

6. «*Artículo 125. Forma de proponer la recusación de los peritos.*
1. La recusación se hará en escrito firmado por el abogado y el procurador de la parte, si intervinieran en la causa, y dirigido al titular del Juzgado o al Magistrado ponente, si se tratase de tribunal colegiado. En dicho escrito se expresará concretamente la causa de la recusación y los medios de probarla, y se acompañarán copias para el recusado y para las demás partes del proceso.
2. Si la causa de la recusación fuera anterior a la designación del perito, el escrito deberá presentarse dentro de los dos días siguientes al de la notificación del nombramiento.
Si la causa fuere posterior a la designación, pero anterior a la emisión del dictamen, el escrito de recusación podrá presentarse antes del día señalado para el juicio o vista o al comienzo de los mismos.
3. Después del juicio o vista no podrá recusarse al perito, sin perjuicio de que aquellas causas de recusación existentes al tiempo de emitir el dictamen, pero conocidas después de aquélla podrán ser puestas de manifiesto al tribunal antes de que dicte sentencia y, si esto no fuese posible, al tribunal competente para la segunda instancia».

7. «*Artículo 343. Tachas de los peritos. Tiempo y forma de las tachas.*
1. Sólo podrán ser objeto de recusación los peritos designados judicialmente.
En cambio, los peritos no recusables podrán ser objeto de tacha cuando con343curra en ellos alguna de las siguientes circunstancias:
1.º Ser cónyuge o pariente por consanguinidad o afinidad, dentro del cuarto grado civil de una de las partes o de sus abogados o procuradores.
2.º Tener interés directo o indirecto en el asunto o en otro semejante.
3.º Estar o haber estado en situación de dependencia o de comunidad o contraposición de intereses con alguna de las partes o con sus abogados o procuradores.
4.º Amistad íntima o enemistad con cualquiera de las partes o sus procuradores o abogados.
5.º Cualquier otra circunstancia, debidamente acreditada, que les haga desmerecer en el concepto profesional.
2. Las tachas no podrán formularse después del juicio o de la vista, en los juicios verbales. Si se tratare de juicio ordinario, las tachas de los peritos autores de dictámenes aportados con demanda o contestación se propondrán en la audiencia previa al juicio.
Al formular tachas de peritos, se podrá proponer la prueba conducente a justificarlas, excepto la testifical».

8. «*Artículo 377. Tachas de los testigos.*
1. Con independencia de lo dispuesto en el apartado 2 del artículo 367, cada parte podrá tachar los testigos propuestos por la contraria en quienes concurran algunas de las causas siguientes:
1.º Ser o haber sido cónyuge o pariente por consanguinidad o afinidad dentro del cuarto grado civil de la parte que lo haya presentado o de su abogado o procurador o hallarse relacionado con ellos por vínculo de adopción, tutela o análogo.
2.º Ser el testigo, al prestar declaración, dependiente del que lo hubiere propuesto o de su procurador o abogado o estar a su servicio o hallarse ligado con alguno de ellos por cualquier relación de sociedad o intereses.

7) Responsabilidad en caso de falso testimonio: el testigo-perito y el testigo tampoco tienen la misma responsabilidad en caso de falso testimonio.

Así, en la medida en que el testigo-perito tiene la consideración de testigo, su responsabilidad en caso de falso testimonio será la prevista en el artículo 458 del Ley Orgánica 10/1995, de 23 de noviembre, del Código Penal («CP»)[9], el cual prevé una pena privativa de libertad de seis meses a dos años y una multa de tres a seis meses.

En cambio, al perito que comete falso testimonio le resulta de aplicación la modalidad agravada prevista en el artículo 459 del CP[10], el cual establece la aplicación de la pena en la mitad superior, además de una pena de inhabilitación especial para la profesión, oficio o cargo.

8) Gastos y costas: en cuanto a los gastos que se originen al testigo-perito, no existe obstáculo alguno que impida que puedan ser reembolsa-

---

«Artículo 377. Tachas de los testigos.
3.º Tener interés directo o indirecto en el asunto de que se trate».
4.º Ser amigo íntimo o enemigo de una de las partes o de su abogado o procurador.
5.º Haber sido el testigo condenado por falso testimonio.
2. La parte proponente del testigo podrá también tachar a éste si con posterioridad a la proposición llegare a su conocimiento la existencia de alguna de las causas de tacha establecidas en el apartado anterior.
«Artículo 378. Tiempo de las tachas.
Las tachas se habrán de formular desde el momento en que se admita la prueba testifical hasta que comience el juicio o la vista, sin perjuicio de la obligación que tienen los testigos de reconocer cualquier causa de tacha al ser interrogados conforme a lo dispuesto en el artículo 367 de esta Ley, en cuyo caso se podrá actuar conforme a lo que señala el apartado 2 de dicho artículo».

9. *«Artículo 458.*
*1. **El testigo que faltare a la verdad en su testimonio en causa judicial, será castigado con las penas de prisión de seis meses a dos años y multa de tres a seis meses.***
2. Si el falso testimonio se diera en contra del reo en causa criminal por delito, las penas serán de prisión de uno a tres años y multa de seis a doce meses. Si a consecuencia del testimonio hubiera recaído sentencia condenatoria, se impondrán las penas superiores en grado.
3. Las mismas penas se impondrán si el falso testimonio tuviera lugar ante Tribunales Internacionales que, en virtud de Tratados debidamente ratificados conforme a la Constitución Española, ejerzan competencias derivadas de ella, o se realizara en España al declarar en virtud de comisión rogatoria remitida por un Tribunal extranjero».

10. *«Artículo 459.*
***Las penas de los artículos precedentes se impondrán en su mitad superior a los peritos o intérpretes que faltaren a la verdad maliciosamente en su dictamen o traducción**, los cuales serán, **además, castigados con la pena de inhabilitación especial** para profesión u oficio, empleo o cargo público, por tiempo de seis a doce años».*

dos por la vía del art. 241.1.4.º de la LEC[11] como gastos incluibles en las costas por los trabajos y estudios previos a la vista que dichos testigos-peritos hayan realizado y por el tiempo dedicado a la preparación necesaria para comparecer adecuadamente instruidos al interrogatorio al que habían de ser sometidos.

En este sentido, cabe citar, por su claridad, el Auto de la Audiencia Provincial de Jaén (Sección 3.ª) núm. 16/2004, de 4 de marzo (ECLI:ES:APJ:2004:96A), el cual señala que «*también tendría derecho a una indemnización de los gastos y perjuicios causados, a cargo de la parte que lo hubiera propuesto, sin perjuicio de lo que pudiera acordarse en materia de costas (art. 375 LEC); pues el artículo 242.1.4.º permite que los Peritos y demás personas que hayan intervenido en el Juicio y que tengan algún crédito contra las partes que deba ser incluido en la tasación de costas presenten minuta detallada de sus derechos u honorarios, o cuenta detallada y justificada de los gastos que hubieran suplido*».

III. VALORACIÓN DE LA PRUEBA DE TESTIGO-PERITO

Como se ha anticipado, **la prueba de testigo-perito se valorará, tal y como establece el artículo 376 de a LEC, conforme a las reglas de la sana crítica**, tomando en consideración la razón de ciencia que hubieren dado,

---

11. «*Artículo 241. Pago de las costas y gastos del proceso.*
1. Salvo lo dispuesto en la Ley de Asistencia Jurídica Gratuita, cada parte pagará los gastos y costas del proceso causados a su instancia a medida que se vayan produciendo.
Se considerarán gastos del proceso aquellos desembolsos que tengan su origen directo e inmediato en la existencia de dicho proceso, y costas la parte de aquéllos que se refieran al pago de los siguientes conceptos:
1.º Honorarios de la defensa y de la representación técnica cuando sean preceptivas.
2.º Inserción de anuncios o edictos que de forma obligada deban publicarse en el curso del proceso.
3.º Depósitos necesarios para la presentación de recursos.
4.º Derechos de peritos y demás abonos que tengan que realizarse a personas que hayan intervenido en el proceso.
5.º Copias, certificaciones, notas, testimonios y documentos análogos que hayan de solicitarse conforme a la Ley, salvo los que se reclamen por el tribunal a registros y protocolos públicos, que serán gratuitos.
6.º Derechos arancelarios que deban abonarse como consecuencia de actuaciones necesarias para el desarrollo del proceso.
7.º La tasa por el ejercicio de la potestad jurisdiccional, cuando sea preceptiva. No se incluirá en las costas del proceso el importe de la tasa abonada en los procesos de ejecución de las hipotecas constituidas para la adquisición de vivienda habitual. Tampoco se incluirá en los demás procesos de ejecución derivados de dichos préstamos o créditos hipotecarios cuando se dirijan contra el propio ejecutado o contra los avalistas.
2. Los titulares de créditos derivados de actuaciones procesales podrán reclamarlos de la parte o partes que deban satisfacerlos sin esperar a que el proceso finalice y con independencia del eventual pronunciamiento sobre costas que en éste recaiga».

las circunstancias que en ellos concurran y, en su caso, las tachas formuladas.

> ***«Artículo 376. Valoración de las declaraciones de testigos.***
>
> *Los tribunales valorarán la fuerza probatoria de las declaraciones de los testigos* ***conforme a las reglas de la sana crítica, tomando en consideración la razón de ciencia que hubieren dado, las circunstancias que en ellos concurran y, en su caso, las tachas formuladas y los resultados*** *de la prueba que sobre éstas se hubiere practicado».*

Se acostumbra a pensar que los Jueces y Tribunales dan **mayor valor probatorio** a una prueba pericial que a un testigo perito, en razón a la prestación del juramento o promesa de la LEC de actuar objetivamente, por lo que existe la sensación que, en caso de aportar un informe pericial, por una parte, y un testigo-perito por la otra parte, la sentencia necesariamente deberá basarse en las conclusiones de la prueba pericial. Pero ello no es ni ocurre siempre así.

En este sentido, por su carácter ilustrativo, resulta relevante analizar, aunque sea brevemente, la **sentencia de la Audiencia Provincial de Tarragona (Sección 1.ª) núm. 472/2010, de 10 de diciembre (ECLI:ES:APT:2010:1266).**

En esta sentencia, la Audiencia Provincial de Tarragona confirma la sentencia de instancia que condenó a un hotel a indemnizar a los familiares (esposa e hijos) de la víctima, el cual contrajo la enfermedad de la legionela como consecuencia de su estancia en el hotel y finalmente falleció.

Pese a existir en el procedimiento una prueba pericial y un testigo-perito, la Audiencia Provincial dio mayor fiabilidad a la prueba del testigo-perito para acreditar la causalidad entre la acción y el daño sufrido y que se trataba de la testifical del doctor que realizó el seguimiento médico del paciente durante sus últimas horas de vida. Por su relevancia, transcribimos a continuación el razonamiento seguido por la referida Audiencia Provincial:

> *«(...) Así pues, la prueba testifical de estas personas aporta al proceso un valor añadido ya que su percepción de los hechos de los que posee un conocimiento directo anterior a la existencia del proceso, debe sumarse la valoración técnico-científica que le permite su cualificación técnica. Es decir, a la percepción individual de los hechos se unirá la aportación de máximas de experiencia personalizadas. Se trata de una prueba testifical en la que el conocimiento de los hechos que aporta el testigo es trasladado al tribunal sobre la base de una percepción basada en un conjunto de conocimientos técnicos que posee dicho testigo.*

(...) ***La valoración de esta prueba (...) se hará conforme a las reglas de la prueba testifical, ponderando la credibilidad del testimonio en función de sus circunstancias personales, de sus relaciones con los sujetos o el objeto del proceso. Si el juez valora esta prueba, si su declaración le resulta convincente, y a ello se une la cualificación y conocimientos científicos, técnicos o prácticos sobre la materia a que se refieran los hechos del interrogatorio, estas declaraciones pueden ser especialmente valoradas por el juzgador en su apreciación probatoria.***

Esto es precisamente lo acontecido en el presente caso, el Juzgador a quo da como válida la versión de los hechos expuesta por el citado testigo, por ser quien de forma directa e inmediata siguió la evolución de las últimas horas de vida del fallecido y conocía los antecedentes con los que ingresó en el centro donde el testigo prestaba sus servicios*, siendo especialmente relevante su afirmación respecto de la causa de la muerte, que atribuye directamente al curso de la legionela, siendo el tromboembolismo pulmonar una consecuencia más de la enfermedad y no la causa de la muerte, como pretende hacer ver la parte apelante,* ***mereciendo además más valor el criterio del Sr. Gerónimo que el del perito Sr. Jenaro, por la inmediación y proximidad al paciente que tuvo el mismo,*** *siendo por todo ello la sentencia recurrida merecedora de ser confirmada».*

Sin embargo, también existe jurisprudencia que sí otorga una **mayor credibilidad y objetividad a la prueba pericial**, aunque debemos señalar que son coherentes con las anteriormente referidas en la medida en que, si bien en ocasiones parece que se insinúe que la prueba pericial tiene mayor relevancia probatoria con respecto a la declaración del testigo-perito el Tribunal termina otorgando mayor fiabilidad al dictamen pericial por el hecho de estar mejor fundamentado. En este sentido, debemos traer a colación las siguientes sentencias que conceden primacía probatoria a la prueba pericial sobre la prueba del testigo-perito.

A modo de ejemplo, cabe citar la **sentencia de la Audiencia Provincial de Murcia (Sección 4.ª) núm. 685/2013, de 21 de noviembre (ECLI:ES:APMU:2013:2668).** Esta sentencia de la Audiencia Provincial de Murcia confirma la sentencia de primera instancia que estimó la acción ejercitada contra una compañía aseguradora con base en el contrato de seguro de embarcación de recreo suscrito entre las partes, correspondiendo una condena igual al importe de la reparación de los daños sufridos por la embarcación.

Entre otros, la recurrente alegó la existencia de error en la valoración de la prueba con respecto a la causa determinante del siniestro y, en concreto, cuestionó la prioridad y mayor relevancia probatoria que el Juzgado de primera instancia atribuyó a uno de los dos dictámenes periciales aportados.

La referida Audiencia Provincial de Murcia se pronunció de la siguiente manera:

> «*En este caso, la* ***Juzgadora de instancia fundamenta correctamente su opción por el informe pericial*** *Don Juan Francisco en función de su* ***mayor cualificación profesional*** *derivada de su condición de Ingeniero Técnico Naval y además de Comisario de Averías e Inspector de Embarcaciones de recreo, frente a la cualificación profesional Don Agapito, sólo como Ingeniero Técnico Naval,* ***y además, en atención a que su intervención en el juicio lo fue como perito, mientras que Don Agapito, lo hizo como testigo-perito, lo que permite otorgarle mayor credibilidad y objetividad a su criterio técnico, en razón a la prestación de ese juramento o promesa de actuar objetivamente****.*
>
> *Nótese, como esta Audiencia Provincial ha manifestado en sentencia de 23 de abril de 2013, que la inclusión en un informe técnico, del citado juramento o promesa de decir verdad previsto en el art. 335.2 de la LEC, constituye un presupuesto esencial y determinante ya que le confiere la calificación procesal de dictamen pericial, añadiendo que "no es baladí distinguir entre lo que es un informe técnico que versa sobre aspectos técnicos sometidos al debate procesal y que debe ser calificado como un documento privado del artículo 324 de la LEC, y cuya ratificación deberá realizarse por medio de una prueba testifical (...) y un dictamen pericial que se configura como una prueba pericial propiamente dicha regulada en el texto procesal civil y sometida al art. 337 de la LEC". Y es que, como señala la sentencia de 24 de julio de 2006 de la Audiencia Provincial de Álava, este juramento o promesa de decir verdad "... es un requisito formal que opera, tanto sobre la dimensión objetiva de la pericia, referida a la aplicación de conocimientos o técnicas objetivas, como sobre la dimensión subjetiva, referida a la opinión o criterio del propio perito".*
>
> *Este Tribunal ha manifestado al respecto, así en la citada sentencia de 9 de febrero de 2012, entre otras, siguiendo el criterio del Tribunal Supremo contenido en las sentencias de 11 de mayo de 1981 y de 28 de noviembre de 1992, que "la fuerza probatoria de los dictámenes periciales reside esencialmente, no en sus afirmaciones, ni en la condición, categoría o número de sus autores, sino en su mayor o menor fundamentación y razón de ciencia,* ***debiendo tener por tanto como prevalentes en principio aquellas afirmaciones o conclusiones que vengan dotadas de una superior explicación racional****, sin olvidar otros criterios auxiliares como el de la mayoría coincidente o el del alejamiento al interés de las partes".*
>
> *Y es lo cierto, que un análisis comparativo entre ambos informes derivado de sus argumentos y razón de ciencia permite fundamentar con éxito el carácter prioritario del emitido por Don Juan Francisco.*
>
> *Obsérvese, como se dice en la sentencia de instancia, que el informe de Don Agapito resulta incierto, tanto en sus razonamientos, como en sus conclusiones. Dicho perito (...) no justifica adecuadamente dicha conclusión sino que la deduce, ya que la misma carecía de comprobaciones objetivas, como así afirmó en el acto del juicio (...)*

*Por el contrario, **el informe del perito elaborado a instancia de la parte actora reúne la necesaria fundamentación técnica (...) que permite otorgarle la relevancia probatoria que, con acierto, le concede la sentencia de instancia**».*

Asimismo, **el Juzgado de lo Mercantil n.º 8 de Barcelona en su sentencia núm. 123/2019, de 3 de abril (ECLI:ES:JMB:2019:184)** se pronunció en términos claros e indubitados, al hacer prevalecer la prueba pericial por encima de la prueba del testigo-perito indicando que:

*«Y en caso de contradicción entre un dictamen pericial y el interrogatorio de un testigo o de un testigo-perito, **el dictamen pericial ha de prevalecer, pues aporta máximas de experiencia especializadas sobre una rama del saber**. El testigo, al prestar declaración, debe dar la razón de su ciencia (art. 370.3 LEC), mientras que la razón de ciencia del perito está implícita en su capacidad (art. 335.1 LEC)».*

En definitiva, si bien es cierto que hay una tendencia de los jueces y tribunales a dotar de mayor fiabilidad y valor probatorio a la prueba pericial, con respecto a la prueba del testigo-perito —bien sea en razón a la prestación del juramento o promesa de la LEC de actuar objetivamente, bien por estar sus dictámenes mejor fundamentados—, lo cierto es que hay que estar a las circunstancias del caso concreto. En este sentido, es posible que por la inmediatez del testigo-perito con los hechos y/o por otras circunstancias el juzgador aprecie, después de valorar la prueba conforme a las reglas de la sana crítica, éste otorgue mayor valor probatorio a la prueba del testigo-perito.

IV. LOS LÍMITES EN LA PRÁCTICA: PROBLEMÁTICA Y OPORTUNIDADES

Como hemos podido comprobar, la jurisprudencia se ha encargado de definir y trazar los límites de la figura del testigo-perito, por contraposición al testigo que no tiene conocimientos especializados en la materia y, sobre todo, a la prueba pericial. Todo ello con una clara finalidad: la de respetar la voluntad del legislador.

Sin embargo, en la práctica pueden darse —y se dan—infinidad de casos, en los que la consideración de la prueba propuesta en una de las tres categorías mencionadas (como testigo, como testigo-perito o como perito) no resulta tan clara, por lo que su categorización deberá realizarse con especial atención.

A modo de ejemplo, en la práctica a menudo se dan supuestos en los cuales, ante la aportación de prueba pericial por la parte demandada, la parte actora —que, a diferencia de la demandada, no cuenta con prueba pericial— propone en el acto de la audiencia previa la declaración de un técnico-experto en el tema como testigo-perito para traer De esta forma, con un esfuerzo argumentativo, la parte actora intenta «suplir» la falta de aportación de una prueba pericial y traer al procedimiento a un experto en la materia que pueda dar su razón de ciencia.

Por su relevancia, nos referimos de nuevo a la sentencia del Tribunal Supremo (Sala Primera) núm. 588/2014, de 22 de octubre (ECLI:ES:TS:2014:4623), en la que el Tribunal Supremo claramente advirtió que no pueden admitirse en el juicio, en calidad de testigo-perito, a un experto que no tiene relación previo con los hechos, pues la aportación de la pericia directamente en el juicio (y no con carácter previo, mediante la aportación del dictamen pericial) privaría a la parte contraria de la garantía que supone el conocimiento anticipado del informe:

> *«(...)* ***no puede admitirse la declaración en el juicio, en calidad de testigo-perito, de un experto que no tiene relación previa con los hechos****, pues no se trata de "personas que tengan noticia de hechos controvertidos relativos a lo que sea objeto de juicio", como exige el art. 360 de la LEC, sino de una persona que posee "conocimientos científicos, artísticos, técnicos o prácticos para valorar hechos o circunstancias relevantes en el asunto o adquirir certeza sobre ellos" (art. 335 de la LEC) a la que se ha encargado una valoración técnica, científica, artística o práctica de los hechos aplicando tales conocimientos.*
>
> ***Lo anteriormente expuesto no es una cuestión meramente terminológica. La importancia de la prueba pericial hace que la ley exija la aportación anticipada del informe pericial para que al parte a quien perjudica pueda proponer prueba que lo desvirtúe y pueda también preparar el interrogatorio al que, en su caso, someterá al perito en el acto del juicio. Si la pericia se trae directamente al juicio, mediante el interrogatorio del experto, sin previa aportación del informe escrito, se puede privar a la parte contraria de esa garantía que supone el conocimiento anticipado del informe****».*

Pese el carácter claro y rotundo de sus palabras, en este caso, el Tribunal Supremo acogió la argumentación dada por la Audiencia Provincial, que estimó que no había existido infracción procesal al haberse admitido como prueba a un testigo-perito que no tenía relación directa con los hechos y cuya declaración se centró en sus conocimientos técnicos.

El Alto Tribunal, si bien reconoció que se trataba de un «*caso límite*», estimó que no había existido tal infracción procesal, en la medida en que la declaración del referido «*testigo-perito*» había versado sobre cuestiones jurídicas, las cuales no podían ser objeto de prueba:

> *«(...) El argumento por el que la Audiencia rechazó que hubiera existido una infracción procesal determinante de indefensión fue que la declaración del testigo-perito versó sobre una cuestión jurídica, como era qué debía considerarse como formato.*

La prueba pericial no puede versar sobre cuestiones jurídicas, pues estas no pueden ser objeto de prueba, salvo la costumbre y el derecho extranjero, lo que no es el caso.

Aunque en el presente supuesto ***nos encontramos en un caso límite****, entiende la Sala que el criterio sostenido por la Audiencia Provincial es correcto, puesto que la cuestión a decidir era la interpretación que se daba a un contrato, en el que se acordaba la cesión del "formato" de una serie, y el concepto "formato" de una obra audiovisual, pese a no encontrarse definido en la ley, ha sido objeto de estudio por la doctrina ajurídica y se han dictado resoluciones judiciales sobre el mismo, tanto por órganos jurisdiccionales nacionales como de otros países de nuestro entorno.* ***De ahí que pueda considerarse irrelevante la incorrecta intervención de dicho experto en el juicio, pues sus opiniones pueden considerarse fundamentalmente como de técnica jurídica, sobre las que el tribunal puede decidir obviando lo declarado por dicho experto****, como también ocurre con buena parte del dictamen de la perito propuesta por la parte demandante, una abogada experta en derecho de la propiedad intelectual, cuya pericia versa principalmente sobre el régimen jurídico de la propiedad intelectual de las obras audiovisuales*».

Por su carácter ilustrativo, cabe citar asimismo la **sentencia de la Audiencia Provincial de A Coruña (Sección 4.ª) núm. 258/2006, de 31 de mayo (ECLI:ES:APC:2006:1181)** en un caso en el que consideró que la demandada había infringido nuestra ley procesal pues, estando en rebeldía y habiendo transcurrido, por lo tanto, el plazo para contestar y para aportar un informe pericial «*en un claro fraude de ley procesal*» —en palabras de la referida Audiencia Provincial— pretendió incorporar un dictamen pericial a través de la declaración como testigo-perito de quien no reunía tal condición:

«*(...)* ***el Juez no podrá admitir la práctica de pruebas que se soliciten fuera de los periodos ordinarios de proposición*** *(art. 136), salvo en los casos excepcionales en que así se reconozca tal posibilidad (hechos nuevos o de nueva noticia, por ejemplo);* ***ni tampoco podrá admitir como prueba documentos, medios, instrumentos, dictámenes e informes extemporáneamente aportados al proceso, ni permite, por lo tanto, fuera de plazo,*** *la presentación al proceso de dictámenes de peritos designados por las partes, que deberán acompañarse necesariamente con la demanda o con la contestación a la demanda, si esta es escrita (art. 336), salvo cuando acrediten los litigantes que no les fue posible presentar dichos dictámenes con tales escritos, en cuyo caso así lo deberán expresar, aportándolos, entonces, cuando dispongan de ellos, y en todo caso antes de la audiencia previa en el juicio ordinario.*

Pues bien, ***la parte demandada infringió dichos preceptos, pues, tras ser emplazada, incurrió voluntariamente en la situación de rebeldía, precluyendo el trámite de contestación a la demanda, y con ello de aportación de la pericial****, por lo que pretender su ulterior incorporación a la audiencia previa* *implica desconocer la legalidad procesal proclamada en el art. 1 de la LEC, conforme a la cual, en los procesos civiles, los tribunales y quienes ante ellos acudan e intervengan deberán actuar con arreglo a lo dispuesto en esta ley.*

Para obviar dicho impedimento legal, en claro fraude de ley procesal, la parte apelante pretendió incorporar dicho dictamen a través de la declaración como testigo-perito, al amparo del art. 370.4, de quien no reunía tal condición jurídica, sino la de perito, concretamente el arquitecto técnico D: Alfredo, que elaboró el dictamen, que fue debidamente rechazado por el Tribunal a quo, y cuya aportación se intentó de nuevo con el escrito de interposición del recurso de apelación, rechazado por auto de este Tribunal de 18 de abril de 2006.

En efecto, la nueva regulación normativa obliga a diferenciar las figuras del testigo-perito y del perito. *El problema deriva de que la tradicional diferenciación entre ambos, cual era que el primero tiene un conocimiento extraprocesal del caso, mientras que el segundo sería procesal en virtud de un específico llamamiento judicial ya no existe, en tanto en cuanto la LEC 1/2000 permite a las partes acompañar dictámenes por peritos por ellas mismas designados.* ***No ofrece duda que testigo-perito y perito aportan o pueden aportar al proceso conocimientos técnicos, científicos o artísticos de una determinada rama del saber humano, ahora bien a los efectos de determinar si nos hallamos ante una u otra figura va a depender de la forma de ponerse en relación con los hechos enjuiciados, de modo histórico (testigo) o por la circunstancia de ser requerido para valorar un hecho con trascendencia para un eventual proceso sin previo conocimiento (perito), condición ésta que ostenta el Sr. Alfredo, designado a tales efectos por el demandado, por lo que, al inadmitirse la prueba pericial, no cabe reproducir su dictamen, transmutando su condición jurídica en testigo***, *lo que perfectamente comprendió la parte apelante, que siempre aportó el dictamen por el mismo elaborado como prueba pericial».*

Teniendo en cuenta lo anterior, cabe tener especial atención a la proposición y admisión de la prueba y en qué calidad ésta es admitida, así como a su práctica, pues ello tendrá una evidente repercusión en el posterior juicio, en la valoración que el Tribunal haga de la prueba practicada y, finalmente, en el dictado de la sentencia.

V. CONCLUSIONES

En resumen, en este artículo se han abordado cuatro principales cuestiones, cuyas conclusiones pasamos a sintetizar a continuación.

En primer lugar, en cuanto a la definición de la figura del testigo-perito, la misma se encuentra descrita en el artículo 370 de la LEC como una prueba testifical (que no una prueba pericial) en el proceso civil que conjuga el hecho de haber sido testigo directo de los hechos enjuiciados (ergo, previo al proceso) y que además posee conocimientos técnicos sobre la materia. En todo caso, es necesario ser precisos y distinguir la figura del testigo-perito de la prueba pericial, pues, como hemos podido comprobar, existen diferencias en cuanto al objetivo y finalidad, su carácter sustituible, la forma de practicarse la prueba, entre otros.

En segundo lugar, en relación con la valoración de la prueba del testigo-perito, de acuerdo con la LEC y la jurisprudencia, ésta se hará conforme a las reglas de la sana crítica y se valorará como una testifical más, teniendo en cuenta las circunstancias personales del testigo (en este caso, el hecho de que el mismo cuanta con conocimientos técnicos en la materia).

Precisamente por esta particularidad —el hecho de poseer conocimientos técnicos sobre la materia objeto de litigio— y, en general, por la especial naturaleza de la prueba del testigo-perito, es posible que en determinados casos los jueces y tribunales otorguen mayor valor probatorio a la prueba del testigo-perito que a la prueba pericial. En todo caso, y según hemos anticipado, deberá estarse a las circunstancias del caso concreto.

En cuarto y último lugar, y en la medida en que en la práctica en ocasiones se ha usado la figura del testigo-perito a los efectos de subsanar la falta de prueba pericial —por lo tanto, en fraude procesal—, la jurisprudencia se ha encargado de definir y trazar los límites de dicha prueba. Sin embargo, la categorización de la prueba como testigo-perito, perito o testigo no es siempre evidente, como hemos tenido ocasión de ejemplificar.

BIBLIOGRAFÍA

ANNA QUERAL CARBONELL y YOLANDA RÍOS LÓPEZ, «Testigo interrogado. Especial consideración del testigo perito», en *Estudios prácticos sobre los medios de prueba* (2008), pp. 219-248.

DEPARTAMENTO JURÍDICO DE SEPÍN PROCESO CIVIL, *La controvertida figura del testigo-perito,* Sepín, octubre de 2019, ISBN 978-84-1333-368-7.

23

Acuerdos probatorios (entre lo negociable y lo innegociable). Propuestas para su regulación

IGNACIO M. SOBA BRACESCO
Profesor Adjunto y Profesor Adscripto de Derecho Procesal
Universidad de la República (Uruguay)[*]

I. COMENTARIOS PRELIMINARES: LOS ACUERDOS PROCESALES EN EL CONTEXTO ACTUAL[1]

Algo sucedió en el año 2015 en Brasil con la aprobación de un nuevo Código de Procedimiento Civil. En su art. 190 se dispuso:

---

* Miembro de la *International Association of Procedural Law* y del Instituto Iberoamericano de Derecho Procesal. Co-Coordinador académico en *Probaticius.* Presidente honorario del Foro Uruguayo de Derecho Probatorio y Co-Director de su Anuario de Derecho Probatorio. Contacto: ignacio.soba@fder.edu.uy - @IgnacioSoba.

1. Los comentarios que aquí se incluyen son una presentación muy resumida de algunas de las características generales de los acuerdos procesales y probatorios que desarrollo

Cuando el pleito versa sobre derechos que admiten autocomposición, es lícito a las partes plenamente capaces estipular cambios en el procedimiento para ajustarlo a las especificidades del caso y convenir sobre su carga, poderes, facultades y deberes procesales, antes o durante el pleito.

Párrafo único. El juez controlará la validez de los acuerdos previstos en este artículo, de oficio o a petición de parte, y sólo se negará a aplicarlos en los casos de nulidad o inserción abusiva en contrato de adhesión o cuando alguna de las partes se encuentre en situación de vulnerabilidad manifiesta. (traducción libre).

Según señala do Passo Cabral (2018), el análisis de los acuerdos procesales prácticamente había desaparecido de los manuales, había sido sepultado, confinado. Por generaciones y generaciones se produjo —apunta el autor— una intolerancia dogmática aguda a los acuerdos. Pero todo esto comenzaba a cambiar.

A nivel comparado los acuerdos han ido perdiendo su mala reputación. En la literatura procesal los acuerdos ya no pasan desapercibidos como da cuenta de ello la producción bibliográfica de los últimos años[2]. Por su parte, en el plano normativo, en inspirándose en la legislación brasileña, se han comenzado a proyectar algunas habilitaciones o autorizaciones generales para celebrar acuerdos procesales atípicos (me refiero a los proyectos de nuevos Códigos dados a conocer en Argentina y Perú en los años 2019 y 2021 respectivamente). También en el *soft law,* y en esa línea, podemos encontrar, la regla n.º 58 de las *Reglas Modelo Europeas de Proceso Civil* (2020), la cual establece que, en la medida en que las reglas de procedimiento estén sujetas a la disposición («party disposition»), las partes podrán acordar cualquier cuestión procedimental o procesal («any procedural matter»).

Estas autorizaciones o habilitaciones de tipo genérico se sumarían a las habilitaciones o autorizaciones especiales —más o menos amplias— que desde hace tiempo se encuentran dispersas en los Códigos de distintos paí-

en una investigación más extensa y profunda: Soba Bracesco (2024). Lo mismo se puede decir respecto a las propuestas de regulación, las que forman parte de unas más amplias, *Bases para una regulación modelo de los acuerdos procesales en el Derecho procesal iberoamericano.*

2. Como referencia ilustrativa para sustentar lo expresado (y sin perjuicio de otros textos citados al final, en la bibliografía): Armenta Deu (2021, pp. 25-67), Cavani (2019 y 2021), Costa e Silva (2021), do Passo Cabral (2018), Mosmann (2019 y 2022), Peña Adasme (2022, pp. 366-409; 2018, pp. 296-333), Schumann Barragán (2022). Por otro lado, una muestra interesante de la revitalización del tema ha sido la celebración del Congreso Mundial del año 2022 sobre *contractualisation of civil litigation*, organizado por la *International Association of Comparative Law* (IACL).

ses. Como muy bien lo expresa Schumann Barragán (2022, p. 159): «Existen algunos negocios procesales que por su tradición o utilidad social están institucionalizados».

Aclaro que no pienso en un proceso puramente negocial o convencional, tampoco incluyo en mi análisis de los acuerdos procesales a los acuerdos arbitrales o a aquellos que se pueden llegar a celebrar para evitar el proceso o que sirven como modos extraordinarios para su conclusión. Lo que planteo es, en cambio, reconocer la admisibilidad de ciertos acuerdos que tengan por objeto adaptar o flexibilizar el proceso o determinadas situaciones jurídicas procesales, dotándolo de ductilidad (en línea con lo señalado por Priori, 2015). Se trata, pues, de una categoría o especie de actos jurídicos procesales de fuente negocial, originados en la libertad, autonomía de la voluntad, poder normativo de las partes, susceptibles de producir efectos jurídicos secundados por el Derecho (básicamente, el Derecho procesal).

Los acuerdos procesales necesitan de habilitación legal. Se los acepta como complemento de la regulación que proviene heterónomamente de la legislación procesal[3]. Para Wach (1885/1977, pp. 266-267) la «normación jurídico-negocial concreta del proceso que hagan las partes» la hacen en virtud de un Derecho procesal complementario (esto es, algo que se añade a un componente base u original, no que lo sustituye).

A su vez, los acuerdos necesitan, a mi criterio, del control jurisdiccional para que puedan producir efectos en el proceso. El control jurisdiccional es un requisito de eficacia de tipo externo e institucional, y por tanto no puede ser eliminado o derogado por las partes. Hay razones para sostener que, si bien el grado o intensidad del control puede llegar variar según el tipo de acuerdo, siempre existirá —de modo más o menos explícito—, pues es necesario para verificar que se trate de acuerdos existentes y válidos, que no se invada la jurisdicción, no se afecte el sistema de justicia, no se menoscaben las garantías fundamentales (generando situaciones de indefensión), etc.

3. Para Ferri, 2001, la autonomía privada no es una actividad originaria o soberana, es una actividad que encuentra la fuente de su validez en las normas legales y que, además, «de éstas recibe las fronteras, formales y sustantivas, de su actuar» (ob. cit., p. 10). Es un poder conferido a los individuos por una norma superior, la cual regula su actuación, estableciendo cargas y limitaciones (ob. cit., p. 43, entre otras). O dicho con otra perspectiva: «...el interés superior o público representa un límite de la autonomía privada... en el sentido de frontera del obrar autónomo, esto es, de límite negativo. Donde hay en juego intereses superiores no hay lugar para la autonomía privada. Esta no puede regular o tutelar tales intereses, sino sólo intereses privados» (Ferri, 2001, p. 11).

II. LOS ACUERDOS PROBATORIOS. SUS DISTINTAS MODALIDADES

1. ACUERDOS DE FIJACIÓN DE HECHOS O VINCULADOS AL OBJETO DE LA PRUEBA

En ocasiones, el Derecho procesal los reconoce expresamente. En otros, en cambio, su admisibilidad se puede extraer de otras reglas. Como un ejemplo de lo primero se puede mencionar el art. 462 del Código Nacional de Procedimientos Civiles y Familiares de México (2023) el cual dispone que durante la audiencia preliminar, en la etapa de depuración del debate, las partes podrán solicitar conjuntamente a la autoridad jurisdiccional la fijación de acuerdos sobre hechos no controvertidos, los que tendrán como finalidad establecer acontecimientos que estarán fuera del debate, con el fin de que las pruebas se dirijan a los hechos controvertidos.

Pero aun sin una norma general sobre acuerdos de parte o una norma especial sobre acuerdos probatorios o fijación convencional de hechos, entiendo que estos se podrían igualmente admitir —en procesos que refieren a cuestiones disponibles— con base en la teoría de los hechos «pacíficos» (esto es, la regulación de los hechos no objetados, no controvertidos, hechos admitidos, la innecesariedad de prueba sobre los mismos, etc.), así como por razones de economía procesal. La teoría de los hechos pacíficos no es una teoría de la verdad negociada, pues los enunciados sobre hechos siguen teniendo la misma pretensión de verdad y el mismo estatus epistémico de incertidumbre o incógnita inicial. Se fijan de forma «pacífica» únicamente a los efectos del proceso.

La fijación convencional de hechos —no de cuestiones jurídicas vinculadas por ejemplo a la calificación delictual— ha sido promovida incluso en el ámbito del proceso penal. En el caso del proceso penal uruguayo, y sin perjuicio del reconocimiento que se le da al proceso abreviado (que sigue la lógica de las conformidades o los *plea* y es otro tema), los acuerdos probatorios llegaron para quedarse. La posibilidad de celebrar este tipo de acuerdos ha sido reconocida por el CPP uruguayo en sus arts. 144 lit. d, 268.3, 269.1 lit. d y 271.1 del CPP, generando una muy interesante y prolífica jurisprudencia incluso a nivel de la Suprema Corte de Justicia, y decenas de casos a nivel de los Tribunales de Apelaciones, en donde se ha discutido por ejemplo acerca del tipo de hechos que puede ser acordado.

2. ACUERDOS SOBRE LA CARGA DE LA PRUEBA

En el presente apartado referiré a los polémicos acuerdos para fijar convencionalmente algunos aspectos de la carga de la prueba en los procesos civiles. Estos, según se verá, se pueden concebir de un modo amplio, sin referir necesariamente a una inversión convencional de la carga de la prueba. Se hace referencia al proceso civil, pues los pactos que pueden llegar a alterar las garantías fundamentales del proceso penal (como ser la presunción, principio o estado de inocencia, el derecho a no autoincriminarse y/o a guardar silencio, etc.) deben ser excluidos. En estos casos se los excluirá o bien por ausencia de poder normativo negocial (posición por la que me inclino), o bien por considerar que tienen un objeto ilícito[4].

A mi criterio, estos acuerdos sí se pueden concebir en el proceso civil para de algún modo ordenar o concretizar aspectos específicos de la carga de la prueba, para regular convencionalmente la disponibilidad o proximidad de la prueba, así como para fijar presunciones convencionales o verdades interinas convencionales.

A continuación, reseñaré algunas de las particularidades del Derecho comparado específicamente relacionadas con la temática de la carga de la prueba en los procesos civiles.

En ese sentido, el art. 373 del citado CPC brasileño establece, en lo pertinente, que:

> ...§ 3. También podrá hacerse una distribución diferente de la carga de la prueba por acuerdo entre las partes, salvo cuando: I - recae sobre un derecho indisponible de la parte; II - dificulta excesivamente el ejercicio del derecho a una parte. § El acuerdo a que se refiere el apartado 3 podrá celebrarse antes o durante el procedimiento. (traducción libre).

Por su parte, el art. 2698 del Código Civil italiano dispone desde hace años lo siguiente (una redacción similar ofrece el ordinal primero del art. 345 del Código Civil portugués):

Pactos relativos a la carga de la prueba - Los pactos por los que se invierta o altere la carga de la prueba son nulos cuando se refieran a derechos de los que las partes no puedan disponer o cuando la inversión o alteración (1341)

4. Esta distinción entre acuerdos inexistentes por falta de poder normativo negocial y acuerdos inválidos por objeto ilícito exige otras explicaciones que exceden el objeto del presente trabajo. Básicamente, al entender que se trata de un caso de ausencia de poder normativo negocial, un acuerdo con ese contenido sería inexistente en el proceso penal (en puridad sería un «no acuerdo» o no habría ningún pacto), no siendo necesario ingresar en discusiones que se tendrían que dar sólo cuando sí hay acuerdo. Esto es, si se supera la barrera del poder normativo negocial. Por ejemplo, para discutir acerca de si se otorgó o no un consentimiento libre e informado por el imputado, asistido por su defensa. Esta es una discusión que se da cuando el acuerdo existe.

tenga por efecto dificultar excesivamente a una de las partes el ejercicio del derecho.

Una parte de la doctrina acepta estos acuerdos cuando se trata de materia disponible, no se genera indefensión y no existe norma legal que de algún modo los prohíba. Con respecto a estos límites, en Uruguay, el art. 31 lit. E de la Ley n.º 17.250, de 11 de agosto de 2000, de relaciones de consumo, establece que se considerarán abusivas: «...Las cláusulas que contengan cualquier precepto que imponga la carga de la prueba en perjuicio del consumidor cuando legalmente no corresponda». Este tipo de acuerdos *in peius* ha sido previsto —para contemplar expresamente su exclusión— en distintas legislaciones tuitivas vinculadas a consumidores.

Más que ante la inversión convencional de carga de la prueba los pactos se pueden utilizar para crear presunciones convencionales o verdades interinas convencionales (a modo ilustrativo: Gama Leyva, 2019, pp. 103-108; Rodríguez Facal, 2021, pp. 67-70). En esos casos su admisibilidad estará regida por el Derecho sustancial. Esto es, presunciones o verdades interinas creadas directamente por las partes para beneficio de una de ellas y que lo que provocan es que se tenga que probar el hecho base de la presunción o directamente nada (cuando se parte de una verdad interina)[5].

A esto pienso que se podría agregar la referencia a acuerdos sobre carga de la prueba como aquellos que tiene por objeto ordenar o concretizar el ofrecimiento de prueba. Terminan siendo acuerdos relacionados a las fuentes o medios de prueba o con la forma en que se produce o diligencia la prueba.

5. Lo cierto es que quien se beneficia convencionalmente de esto no tendrá que probar el hecho que es consecuencia de la presunción (sino el hecho base) o lo que postula en la verdad interina. Se pone de ejemplo el siguiente: A tiene una biblioteca histórica y B es una aseguradora. A y B quieren que en caso de incendio B indemnice a A por los libros depositados en su estantería. A su vez, se pacta que se considere que —salvo prueba en contrario— los libros incluidos en el catálogo de la asegurada (A) son los libros depositados en estantería. La verdad interina es considerar que los libros que están en la estantería son aquellos que figuran en el catálogo de la biblioteca (el ejemplo es de Schumann Barragán, 2022, pp. 305-306). Otro supuesto comentado es el de aquellos contratos en los que se pacta que si un daño o enfermedad tienen lugar dentro de un período de tiempo X luego de celebrado el contrato, entonces se presume que ese daño o enfermedad existía desde antes o que su causa es anterior. Partiendo de un ejemplo similar al empleado por Rosenberg viene la crítica de Devis Echandía (1981, pp. 517-518) para quien estas cláusulas serían más bien limitativas de la responsabilidad ya que en principio no se respondería por aquel daño o enfermedad (ejemplo también recordado por Rodríguez Facal, 2021, pp. 68-69).

Claro que estos acuerdos no tienen que versar sobre toda la prueba, ya que potencialmente sería muy difícil regular con ese grado de detalle todos los escenarios posibles de litigio. Estos acuerdos podrían ser útiles en casos de exceso en la información o fuentes de prueba disponibles, para identificar la prueba que *a priori* cada parte tendría que ofrecer en juicio. No se trata de acuerdos que limiten las fuentes y/o medios de prueba, aunque podrían estar relacionados unos con otros. A modo de ejemplo, en casos en los que la documentación en soporte papel o digital que se genera durante la ejecución de un contrato es cuantitativamente muy abundante, se podría acordar por las partes quién asume la carga de su ofrecimiento en caso de que se inicie un proceso concreto. También se podría prever que la carga de ofrecer la prueba se traslada de una parte a la otra según períodos temporales: los documentos en soporte papel o digital del período X1 serán proporcionados por la parte A, los documentos en soporte papel o digital del período X2 serán proporcionados por la parte B.

La carga de la prueba seguirá siendo la carga legal, pero por razones que se pueden vincular a la proximidad, custodia o disponibilidad de cierta prueba (criterio al que por otra parte alude el art. 217.7 de la LEC 1/2000 española, pero refiriendo al juez o tribunal), se prevé que la misma sea ofrecida por una de las partes en concreto[6]. Estos conceptos para algunos autores no sólo están relacionados con la proximidad, con la posibilidad de acceder de modo sencillo a las fuentes de prueba, con establecer quien se encuentra en mejores condiciones de probar; también tendrían su fundamentación en la colaboración y solidaridad en el proceso[7].

Algo similar expresa Picó i Junoy (2021, p. 35) cuando entiende que se pueden considerar válidos aquellos pactos referentes a qué parte tiene mayor facilidad o disponibilidad de una determinada prueba, en la línea de lo previsto por la propia LEC en su art. 217.7.

6. Si bien en ocasiones se emplea de modo indistinto estos conceptos de disponibilidad o facilidad, parte de la doctrina ha señalado que es posible alguna distinción. En ese sentido, entre otros, Rodríguez Álvarez (2020, pp. 236-238), señala que la facilidad probatoria es un término más amplio que engloba al de disponibilidad. La facilidad permite ubicar a la parte que se encuentra en una posición en la que la prueba de los hechos le resulta más sencilla, menos gravosa e, incluso, más rápida, fiable o segura. Añade la autora que mientras que con la facilidad se grava a una de las partes porque le resulta más asequible probar unos determinados hechos, con la disponibilidad (concepto incluido dentro del más amplio de facilidad) se le grava por ser ella quien puede probarlos, al poseer las fuentes de prueba. Esto se puede relacionar con la idea de proximidad con las fuentes de prueba a la que aludo aquí en el texto.
7. A modo ilustrativo, Rossi Albert (2022, pp. 173-176), que estudia el tema dentro de la doctrina de las denominadas cargas probatorias dinámicas.

Se podría pactar que corresponde a la parte que posea conocimientos científicos, técnicos o informaciones específicas sobre los hechos o que tenga mayor facilidad para su demostración ofrecer la prueba correspondiente (*i.e.*, similar a lo dispuesto por el art. 12 del Código Modelo de Procesos Colectivos para Iberoamérica del Instituto Iberoamericano de Derecho Procesal - año 2004).

En definitiva, considero que hay que contar con habilitación legal para poder celebrar un acuerdo de este tipo por razones que hacen al principio de legalidad y a la seguridad jurídica, o al menos contar una norma que habilite al juez a apreciar la facilidad, disponibilidad o proximidad con la prueba, pudiendo entonces considerarse lo expresado por las partes en un acuerdo probatorio como un indicio en ese sentido.

3. ACUERDOS SOBRE MEDIOS DE PRUEBA. LA LIMITACIÓN CONVENCIONAL DE LA PRUEBA

En Uruguay, el art. 26 de la Ley n.º 19.678, de 26 de octubre de 2018, dispone en su inciso segundo que: «No serán válidas las estipulaciones destinadas a limitar los medios de prueba o a supeditar las prestaciones de las partes a medidas complementarias no previstas en la póliza». Una disposición similar, pero con carácter general, se incluye en el art. 345 del Código Civil portugués, cuando dispone que será nulo el pacto que tienda a excluir un medio de prueba.

Ahora bien, considero que una norma que habilitara a las partes a celebrar acuerdos probatorios que de algún modo limiten los medios de prueba no sería inconstitucional (aunque esto podría variar según la extensión o contenido que se le otorgue al derecho a la prueba).

Esta posición —de admitir los acuerdos que limitan la prueba— es la que parece predominar en Alemania, conforme surge del relevamiento realizado por Klingbeil y Maultzsch (2022). No obstante, en la sección 309 de su Código Civil, dedicada a prohibir determinadas cláusulas, se ha previsto en su n.º 12 que resultan ineficaces aquellas vinculadas con la carga de la prueba, cuando se la modifica en perjuicio de la otra parte del contrato (por ejemplo, por imponerle acreditar circunstancias que se encuentren en el ámbito de responsabilidad del contrario). Según Klingbeil y Maultzsch (2022, p. 13) allí se prohíben estas cláusulas, así como aquellas que empeoren la posición probatoria del oponente. Esto quiere decir que en las transacciones con consumidores, conforme los citados autores, la limitación o exclusión de tipos específicos de pruebas a través de condiciones estándar no es permitida. En las transacciones entre empresas o negocios, las cláusulas que empeoran la posición probatoria del oponente pueden ser inválidas, pero ello depende de las circunstancias del caso individual.

Por mi parte, considero que el acordar los medios de prueba que estarán disponibles y que pasarían a integrar el cúmulo probatorio no supone una intromisión en la jurisdicción (sí lo sería, en cambio, aquellos acuerdos que afecten la iniciativa o potestad probatoria de oficio no se deberían admitir). Siempre y cuando no estemos ante la limitación a estos acuerdos prevista para tutelar algún tipo de vulnerabilidad o a cierta clase de personas en particular (como los consumidores o trabajadores)[8].

Pensemos en un acuerdo que tenga por objeto elegir un medio de prueba como la pericial (por considerar que es el medio de prueba más idóneo en el caso concreto y que diligenciar prueba testimonial, por ejemplo, sería dilatar el proceso, un esfuerzo innecesario desde el punto de vista de la economía procesal), o en el acuerdo en el que las partes excluyen ciertos documentos (por entender que son confidenciales, incluyen secretos o porque *a priori* los consideran impertinentes en el ámbito de un proceso judicial vinculado a la ejecución o cumplimiento de un determinado contrato)[9].

Acordar cómo concretizar la elección de la prueba o regular su selectividad antes del proceso tendría sus beneficios (en términos de seguridad jurídica, de economía procesal, de simplificación de la actividad probatoria). Podría funcionar como si se tratase de algo así como un *pre-trial discovery* o un «develamiento» contractual de las pruebas que se eligen (y aquellas que se excluyen) antes de iniciar el proceso.

Estos acuerdos limitan o restringen la prueba, pero no derogan —por decirlo de una manera gráfica— ninguna de las reglas que hacen a la carga de la prueba, el control (admisibilidad o exclusión por ejemplo de prueba

8. El tema de los límites de los acuerdos en casos de personas vulnerables es más general, siendo importante no sólo cuando nos referimos a los acuerdos probatorios. Sobre la vulnerabilidad como límite volveré al final, en las propuestas de regulación.
9. Las partes también podrían acordar excluir la inspección judicial del elenco de medios de prueba a ser ofrecidos (una vez más, siempre que ello no interfiera con la iniciativa probatoria de oficio). Esto podría resultarles de interés si quieren excluir la inspección judicial de un determinado local, sucursal, empresa u organización. Podrían, asimismo, establecer cláusulas acerca de la prueba testimonial para limitar el número de testigos, siempre que sea por debajo del límite legal de testigos —el cual no se puede sobrepujar convencionalmente—, como en el caso del art. 159 del CGP; o cuando la ley no prevea un límite como en el caso del art. 363 de la LEC 1/2000). También podrían pactar excluir ciertos tipos de testimonios (como el testimonio de oídas, si es que el testimonio de oídas es admisible en virtud de una regla general o una excepción) o para indicar que los testigos que podrán declarar sobre algún aspecto vinculado al contrato serán solo aquellos que las propias partes identifican o individualizan, etc.

ilícita)[10] o la valoración de la prueba que efectivamente esté disponible (ni el estándar de prueba). Entiendo que puede ser opinable, pero considero que no se afecta la actividad de enjuiciamiento, la cual seguirá teniendo lugar sin injerencia de las partes, sólo que ante un cúmulo de prueba distinto (si se quiere, limitado). Si luego de la valoración no se supera el umbral del estándar de prueba (o no se puede llegar a formar el convencimiento necesario para sentenciar), se aplicarán las mismas reglas de la carga de la prueba que se hubieran aplicado a un caso sin acuerdos probatorios.

Si bien estos acuerdos probatorios parece que serían más factibles con carácter previo al conflicto entre las partes que una vez iniciado el proceso, también podemos plantear ese otro escenario. En el caso de acuerdos probatorios celebrados durante el proceso, el límite entiendo que estaría dado por el momento en que tiene lugar la adquisición probatoria. Una vez adquirida la prueba se aplicará a la misma el principio de comunidad de la prueba (para la distinción entre estos principios sigo, entre otros, a Abal Oliú, 2014, pp. 82-85; Klett, 2014b, pp. 160-167; Valentín, 2014, p. 108). Conforme a la regla de la adquisición probatoria, en determinado momento —que puede variar según el proceso y/o el ordenamiento jurídico analizado— el medio de prueba se adquiere para el proceso (aunque muchas veces la ley no fija ese momento con precisión), por lo cual luego de ese momento no puede ser desistido unilateralmente por su proponente; en cambio, de acuerdo a la regla de la comunidad de la prueba, una vez que la misma es válidamente incorporada (pues ha sido adquirida) cumple sus funciones en el proceso con independencia de quien la ha aportado[11][12].

10. Esto es sobre aquellas reglas que las partes no pueden disponer por referir, por ejemplo, a la protección de otros derechos fundamentales o a decisiones del legislador respecto de aquellas pruebas que se entiende prohibidas. En ese sentido, por acuerdo de partes entiendo que no se podría convertir en lícita una prueba que es ilícita. Ya mencioné que estos ejemplos se podrían considerar como casos de acuerdos de objeto ilícito. En Estados Unidos de Norteamérica, Bone (2012, p. 1349, nota al pie n.º 82) refiere al caso *People v. Baynes* (430 N.E.2d 1070, 1077, Ill. 1981) como un antecedente en el que un tribunal se negó a hacer cumplir una estipulación sobre la admisibilidad de la prueba del polígrafo en un caso penal cuando la evidencia de otro modo habría sido excluida por no ser confiable, señalando que «la estipulación intenta cambiar el estándar legal de admisibilidad y este tribunal no puede aceptar tal resultado». En Italia, Del Coco (2014, p. 215) refiriendo al art. 191 del *Codice di procedura penale* señala que se debe descartar que a través del acuerdo se pueda remediar o subsanar la ilicitud o inutilizabilidad de actos de investigación. Tampoco las partes podrían renunciar a invocar la ilicitud de los actos, pues la operatividad del vicio en cuestión es sustraída al arbitrio de las partes.

11. No obstante alguna flexibilización adicional se podría admitir para el caso de sustitución de testigos por acuerdo de partes. En esos casos se estaría sustituyendo un testigo por otro. Si bien partimos de un escenario en el cual la prueba ha sido adquirida, si al acuerdo de partes se agregara una solicitud conjunta fundada (explicando

En definitiva, con estos acuerdos no se trata de renunciar al ofrecimiento de todo tipo de prueba (lo que haría inadmisible el acuerdo, desde el punto de vista del vaciamiento del derecho de defensa), sino más bien a su selectividad.

4. ACUERDOS SOBRE FUENTES Y ACUERDOS PARA EL DILIGENCIAMIENTO O LA PRODUCCIÓN DE LA PRUEBA

Otra clase de acuerdos sería aquella que permite gestionar el ingreso al proceso de ciertas fuentes de prueba que no tienen un medio específico regulado en la ley procesal.

Para analizar estos acuerdos es importante acudir a la idea de libertad probatoria y de medios de prueba no taxativos (*numerus apertus vs. numerus clausus*). La existencia de márgenes de libertad en la actividad probatoria hace que la ausencia de regulación legal acerca de la forma procesal específica en que se tiene que incorporar este tipo de elemento no pueda derivar en su inutilizabilidad procesal. Todo lo contrario. Siguiendo lo expresado por Picó i Junoy (2012, pp. 34-35; 2021, pp. 28-32), entiendo que estaríamos ante acuerdos probatorios admisibles en la medida que potencian o favorecen la actividad probatoria (acuerdos *in mellius*).

En estos acuerdos no se renuncia, limita o desiste de la prueba, se pacta acerca de cuestiones que hacen a la instrumentación o materialización de la actividad probatoria. De ahí que se haga referencia a diligenciamiento o producción (en sentido amplio) de la prueba. El juez controlará el acuerdo en ocasión de una audiencia preliminar, previa o preparatoria o en una audiencia de tipo intermedio, o incluso en una audiencia de juicio o de

---

las razones por las cuales se sustituye el testigo que originalmente había sido propuesto), podría encontrar acogida en el tribunal (superando así el control jurisdiccional). Esta cuestión, además, podría interactuar con las reglas que hacen en algunos casos a la iniciativa probatoria de oficio (ya que se podría entender que si bien la sustitución no es admisible, el nuevo testigo podría ser citado a declarar recurriendo a la mentada iniciativa de oficio).

12. Un interesante repaso por las distintas posiciones que se han defendido en la doctrina procesal española acerca de los distintos momentos en que sería posible fijar la adquisición procesal se puede encontrar en la obra de Rodríguez Álvarez (2020, pp. 168-178). Allí la autora -además de identificar con claridad las distintas posiciones- señala que a su criterio la renuncia a la prueba es un ejercicio legítimo de las facultades de disposición sobre el proceso siempre que sea anterior a su práctica (o sea, luego de la mera proposición y adquisición, pero antes de su diligenciamiento). Y añade (ob. cit., p. 176): «En apoyo de esta argumentación estaría el artículo 288.1 LEC, el cual dispone sanciones por la no ejecución de la prueba en el tiempo previsto pero, a su vez, establece como salvedad el desistimiento en la práctica del medio de prueba por la parte procesal que la hubiere propuesto. Por tanto, si una renuncia en este sentido no es sancionada, *a sensu contrario* se entiende que es lícita.».

prueba, pero siempre —pues de lo contrario el acuerdo no tendría sentido o utilidad— con carácter previo al diligenciamiento en cuestión.

También se puede incluir aquí todos aquellos acuerdos que refieren a la designación judicial de un perito o que buscan determinar la modalidad de la pericia (CGP uruguayo, art. 178).

Otro ejemplo considero que lo proporciona el art. 496 del *Codice di procedura penale* italiano, en lo relativo al orden y modalidades de práctica de la prueba. Allí se prevé como se produce la prueba en audiencia, añadiendo en su numeral segundo lo siguiente: «2. Las partes podrán convenir otro orden de práctica de la prueba» (traducción no oficial). Si se analiza esta disposición más allá del ordenamiento jurídico italiano, considero que no resulta inconstitucional, aunque en la práctica puede ser particularmente desafiante para las partes el determinar cuestiones que hacen al orden en la declaración de ciertos testigos claves (cuyos interrogatorios podrían ser reconducidos o moldeados en función de lo dicho por los testigos que hubiesen declarado antes)[13].

13. Gracias a Gianluca Borgia con quien he conversado acerca de esta disposición de la legislación procesal italiana en el marco del *I*[er]. *Congreso internacional organizado por Probaticius* (mayo-2023) en la ciudad de Madrid. Según Borgia —o al menos mi interpretación de algunas de sus ideas— esta disposición podría poner en riesgo la presunción de inocencia al alterar el orden que tiene que tener la dialéctica y el debate probatorio en el proceso penal (por ejemplo: acusación —víctima— y por último, el imputado y su defensa). El diligenciamiento de la prueba solicitada por la defensa del imputado se tendría que materializar luego de la prueba de la acusación. Comparto que la dinámica procesal penal exige seguir cierto orden lógico (el titular de la pretensión penal tiene que actuar antes para dar a conocer justamente lo que es esa pretensión, sus fundamentos, su respaldo probatorio). Incluso algo de esto ha sido previsto en la legislación procesal penal uruguaya, donde el art. 271.1 del CPP dispone: «Después de las presentaciones iniciales se recibirá la prueba ofrecida por las partes y la víctima si correspondiere. Comenzando por la prueba de la acusación, de la víctima en su caso y finalizando con la prueba de la defensa». Ahora bien, habilitar un acuerdo en lo que puntualmente hace al orden de la declaración de los testigos, no sería inconstitucional (por afectar la presunción, principio o estado de inocencia). A mi parecer las garantías constitucionales no impiden cierta gestión y manejo del orden de la prueba. En estos casos el derecho de defensa, el principio de contradicción ni la igualdad en la aplicación de las reglas del interrogatorio estarían en peligro. Pero claro que podría ser una opción del legislador el habilitar o no este tipo de acuerdos valorando los riesgos que podrían conllevar. El inconveniente práctico existe, pero no estaría tanto en que, por ejemplo, la fiscalía renuncie a la prueba testimonial luego de que ciertos testigos de la defensa declaren antes (para eso habría que debatir acerca del momento concreto en que se produce la adquisición de la prueba en el proceso penal), sino en el aprovechamiento de la información que se ha volcado al proceso por testigos que ya hubiesen declarado, para moldear los interrogatorios que tendrían lugar después en la audiencia de juicio o debate. Esto también es relativo pues las sorpresas en el diligenciamiento de la prueba se buscan evitar a través del descubrimiento de la prueba, el que se supone ya ha permitido a las partes tener acceso y control de la evidencia.

Por su parte, el art. 559 ordinal tercero del *Codice di procedura penale* italiano prevé que las partes puedan acordar y pedir conjuntamente que, en lugar del interrogatorio directo y el contrainterrogatorio de los testigos, peritos, asesores técnicos, el examen sea realizado directamente por el juez sobre la base de las preguntas y controversias propuestas por el fiscal y los defensores.

5. ACUERDOS SOBRE LA VALORACIÓN Y LOS ESTÁNDARES DE PRUEBA

Picó i Junoy (2021, pp. 35-36) menciona el pacto que permitiera la valoración de prueba ilícita[14], el pacto que indicase un listado de documentos de imposible valoración o que la declaración de ciertas personas tendrá más o menos valor probatorio, no serían acuerdos válidos. También incluye que no se podrá fijar la dosis concreta de prueba, como sucedería por ejemplo si el pacto estableciera que para dar probado un hecho sería suficiente con la declaración de dos testigos.

Estos y otros acuerdos se deben considerar excluidos porque de celebrarse estaríamos ante acuerdos que invaden la jurisdicción y hacen a la decisión jurisdiccional (en ese sentido, entre otros, Serra Domínguez, 2009, p. 87). Coincido en que las partes carecen de poder normativo negocial en cuestiones que exceden su esfera o plexo subjetivo y que integran en este caso lo que hace en el enjuiciamiento a la actividad intelectual o al razonamiento probatorio. Los acuerdos de parte no pueden incidir en cómo un juez o jueza piensa o argumenta sobre la prueba.

Dentro de lo que son las reglas de la sana crítica, no podrían las partes limitar al juez, so riesgo de convertir aquellas y la actividad de valoración del juez en algo así como un razonamiento o actividad intelectual tasado convencionalmente (o sea, la predeterminación convencional de la actividad de valoración y/o de la eficacia de la prueba).

Opinable sería, a su vez, admitir que la ley pudiese habilitar a las partes indicar que en un determinado caso se debe abandonar la sana crítica para aplicar una pauta de prueba tasada (una solución de este tenor podría ser inconstitucional). El ejemplo, aunque excepcional (y una *rara avis* en la práctica judicial) es el del art. 184 del CGP uruguayo (en sede de prueba pericial). Allí se asigna carácter de arbitradores a los peritos (dentro del proceso), convirtiendo al dictamen pericial en vinculante (según Vescovi *et*

14. Se comparte lo señalado por el autor citado, sin embargo hay que advertir que el acuerdo sobre la admisibilidad de prueba ilícita también se ha entendido que tiene objeto ilícito. Pero si por alguna extraña razón se pasa el control jurisdiccional inicial o intermedio (para la exclusión de esa prueba) y se la admite a la prueba ilícita, esta no se podría valorar, debiéndose dejar consignado el punto en la sentencia definitiva.

alii, 1998, pp. 352-354, el experto actúa como una subespecie de árbitro que emite un juicio valorativo sobre una parte del objeto). Lo que hace abandonar la sana crítica, sustituyéndola por una pauta o tarifa legal.

Esta figura tendría sus matices respecto de los casos en los que contractualmente se acude al arbitrio del tercero para determinar algún elemento o circunstancia de un negocio jurídico celebrado entre ellas (ya que esto podría operar antes de iniciado el proceso jurisdiccional). En ese sentido: Schumann Barragán (2022, pp. 308-ss.) los analiza como acuerdos que refieren al arbitrio de un tercero, señalando que pueden incidir indirectamente en la formación del juicio de hecho. No afecta la jurisdicción, el enjuiciamiento, sino que operan como una sustitución de las propias partes que, en lugar de determinar materialmente una determinada cuestión del negocio, la someten a la consideración de un tercero[15].

En cualquier caso, entiendo que no se puede acordar sobre la sana crítica (o como se le quiera llamar al sistema de libre valoración). En ese sistema el juez no tiene preestablecida la eficacia de la prueba, ni decide sobre la base de una íntima e insondable convicción o convicción moral.

Finalmente, queda analizar la posibilidad de pensar en un estándar de prueba elegido por las partes (de un elenco eventualmente predeterminado por el legislador o fijado convencionalmente a partir de pautas doctrinarias o quizás jurisprudenciales).

No sería estrictamente una intromisión en la jurisdicción ya que el estándar es una regla (jurídica y con implicancias políticas) que aplica el juez en su decisión, pero tampoco es la actividad de decisión en sí misma. La actividad de decisión está en comparar la eficacia de la prueba (fruto o

15. Señala el autor Schumann Barragán en la obra citada (p. 39) que el arbitrio de un tercero no es una institución desconocida en el derecho español, aunque no cuenta con una regulación unitaria. Menciona como ejemplos algunas disposiciones del Código Civil español y de la normativa de seguros. A modo ilustrativo, remito aquí a lo dispuesto en el art. 1447 del mencionado Código Civil respecto del precio del contrato: «Para que el precio se tenga por cierto bastará que lo sea con referencia a otra cosa cierta, o que se deje su señalamiento al arbitrio de persona determinada. Si ésta no pudiere o no quisiere señalarlo, quedará ineficaz el contrato». Luego agrega (pp. 312-313) que el tercero no fija como cierto los hechos, lo que hace es dictaminar por ejemplo que una parte ha cumplido con su obligación entregando lo que debía entregar de acuerdo con el contrato, lo que más que afectar la prueba la excluye. En el caso uruguayo, encontramos disposiciones de similar tenor, por ejemplo en el art. 1667 del Código Civil uruguayo: «También podrá dejarse el precio al arbitrio de tercera persona determinada. Si ésta no quisiere o no pudiere señalarlo, no habrá venta. En caso de señalar el precio, quedará este fijado irrevocablemente». Como se ha visto, esta no es exactamente la figura del perito arbitrador, cuya designación según el art. 184 del CGP uruguayo tendrá lugar dentro del proceso.

resultado de la actividad intelectual de valoración) y el peso probatorio (grado de completitud de la misma) con lo previsto en el estándar. Que el estándar sea fijado por el legislador es una cuestión que hace a la seguridad jurídica, a la previsibilidad de las decisiones jurisdiccionales (Soba Bracesco, 2021, pp. 263 y ss., 2020), dotándolo de ductilidad (en línea con lo señalado por Priori, 2015). Esa seguridad la podrían tener las partes al fijar el estándar (umbral de suficiencia probatoria) del caso. Entiendo que por esa línea de razonamiento transitan también do Passo Cabral (2024) o Ferrer Beltrán (2021, p. 63). Este último cuando expresa que «...los problemas que produce la indeterminación del nivel de exigencia probatoria podrían ser resueltos en algunos casos mediante un acuerdo entre las partes que determinara el estándar de prueba al que someterían la decisión de su conflicto».

Expresamente admite el citado autor que podrían ser las propias partes las que resolvieran los problemas de falta de previsibilidad derivados de la ausencia de estándares de prueba legalmente establecidos. Pero añade que no se puede reducir la mirada al derecho subjetivo y olvidar lo que refiere a la centralidad del interés público en el diseño del proceso, o la igualdad en la aplicación de la ley para cualquier ciudadano involucrado en un proceso. El estándar convencional no cumpliría con la generalidad que tendría que tener el estándar legal[16].

Eventualmente, según do Passo Cabral (2024, pp. 100-101) el estándar convencional podría servir no para reducir un estándar fijado por el legislador, ni para hacer excesivamente difícil la comprobación de hechos y —por tanto— la tutela de algún derecho (lo que constituirían límites para estos acuerdos); sino para reforzar la tutela del algún derecho que ya ha sido objeto de protección especial por el legislador, aumentando o incrementando las exigencias probatorias del umbral a satisfacer.

A su vez, otro obstáculo para admitir los acuerdos para fijar un estándar convencional de prueba es que un estándar elegido por las partes no podría tener implicancias frente a terceros (particularmente, terceros de buena fe, a los que sería muy cuestionable que se oponga una eventual cosa juzgada). También podría generar algún otro tipo de dificultad de carácter sistémico si ante decisiones similares los estándares fueran diferentes, afectando la igualdad. Pero esto es una decisión que podría tomar el legislador, admi-

16. Al decir de Ferrer Beltrán (2021, p. 64): «la decisión del reparto del riesgo probatorio entre las partes es una decisión política que debemos adoptar como sociedad, entonces esta no puede ser disponible para las partes en el caso concreto, con el objeto de poder garantizar la igualdad ante la ley y en la aplicación de la ley. De otro modo, caeríamos de nuevo en el particularismo, basado ahora en el acuerdo entre las partes de cada concreto proceso, que no generaría los problemas de falta de previsibilidad, pero sí los de ausencia de generalidad».

tiendo que las partes fijen el estándar probatorio por ejemplo para cierta clase de procesos civiles sobre cuestiones disponibles. Si el legislador dejara a las partes la opción de fijar el estándar libremente o dentro de ciertos parámetros, no por ello estaríamos necesariamente ante una ley inconstitucional.

III. REFLEXIONES FINALES: ALGUNOS DEBATES Y PROPUESTAS PARA LA REGULACIÓN DE LOS ACUERDOS

No sabemos si en el futuro el proceso jurisdiccional será el mismo que conocemos hoy. Probablemente no lo sea. En el caso de los acuerdos procesales creo que pueden llegar a ser una herramienta interesante para articular tradición e innovación. Es hora de hacer las paces con el tema y pensar en la regulación de los acuerdos procesales para adaptar o flexibilizar el proceso, respetando ciertos límites y asegurando el control jurisdiccional como requisito para su eficacia procesal.

En el caso de los acuerdos probatorios, estos ya son una realidad en el Derecho procesal y probatorio de algunos ordenamientos jurídicos. Pueden ser potencialmente útiles para un mejor aprovechamiento de la actividad probatoria, presentando beneficios en términos de seguridad jurídica, economía procesal y duración razonable del proceso.

No obstante, los acuerdos probatorios no están exentos de debates a distintos niveles. Aquí resumo algunas de las interrogantes que han ido surgiendo, para seguir reflexionando juntos:

- ¿Los acuerdos sobre fijación de hechos hacen que las decisiones jurisdiccionales se adopten sin considerar la verdad?
- En aquellos casos en los que los jueces pueden señalar que una parte tiene la disponibilidad de la prueba o una mayor facilidad o proximidad con la misma, ¿podrían las partes identificar de común acuerdo que a una de ellas le corresponderá ofrecer la prueba dado que es esa parte la que posee los conocimientos científicos, técnicos o informaciones específicas sobre los hechos o que tiene mayor facilidad para su demostración?
- ¿Se puede limitar la prueba a través de acuerdos de parte o una habilitación legal de este tenor sería inconstitucional?
- Cuando el legislador no prevé un estándar de prueba, ¿pueden las partes fijarlo convencionalmente?

Ahora bien, la ciencia jurídica no sólo desempeña un papel descriptivo y crítico, también es propositiva, puede hacer aportes de carácter proyectivo que ayuden a pensar y diseñar el Derecho procesal.

Es por eso por lo que, como parte de las reflexiones finales, quisiera añadir algunas propuestas para regular esta modalidad de acuerdos:

Artículo...- Acuerdos para la fijación de hechos y acuerdos probatorios.

Las partes podrán acordar tener por admitidos hechos, en cuyo caso corresponderá al juez declararlos como acreditados o no controvertidos, excluyéndolos del objeto de la prueba. Las partes pueden acordar sobre hechos personales que las involucren o aquellos que siendo ajenos a ellas hayan conocido o debido conocer empleando la diligencia media.

Las partes también podrán acordar: a) establecer presunciones o verdades interinas convencionales, b) hacer una distribución diferente de la carga de la prueba; c) ordenar y concretar el ofrecimiento de la prueba; d) determinar convencionalmente la disponibilidad o facilidad probatoria. Estos acuerdos serán admitidos salvo cuando recaigan sobre un derecho indisponible de alguna de las partes, dificulten excesivamente el ejercicio de un derecho o impongan indebidamente la carga de la prueba a los consumidores, trabajadores o personas en condiciones de vulnerabilidad.

Las partes podrán celebrar acuerdos para ajustar, ordenar o fijar aspectos relativos a la producción o diligenciamiento de la prueba, así como para la introducción al proceso de fuentes de prueba electrónica cuyo mecanismo de ingreso no se encuentre regulado a texto expreso por la ley.

Los acuerdos referidos en los dos incisos precedentes se podrán celebrar antes o durante la tramitación del proceso.

El juez controlará y, en su caso, resolverá lo que corresponda, aprobando o rechazando el acuerdo.

Artículo...- Acuerdos para la incorporación de evidencia en el proceso penal[17].

La prueba se deberá producir en la audiencia de juicio (o denominación equivalente para esta audiencia de prueba o debate, según el ordenamiento jurídico que se considere). Se prohíbe la incorporación como prueba al proceso de evidencias o actuaciones realizadas durante la investigación, salvo si se ha cumplido con las reglas de la prueba anticipada o que exista acuerdo de partes.

17. Se piensa en un sistema de tendencia acusatoria y adversarial.

Artículo....- Acuerdos probatorios prohibidos.

Las partes no podrán acordar sobre:

a) La inclusión de prueba inadmisible, contraria a la regla de derecho o ilícita. No podrán establecerse convencionalmente reglas de admisibilidad de la prueba distintas de aquellas previstas legalmente[18].

b) Las reglas relativas a la iniciativa de oficio o potestad probatoria del tribunal.

c) La valoración de la prueba.

Opción para complementar lo anterior: En ese sentido, los acuerdos no podrán tener por objeto fijar el contenido o los criterios de racionalidad aplicables en función de la sana crítica, ni tampoco tasar convencionalmente la eficacia probatoria.

d) Los estándares de prueba.

Opción para excluir los acuerdos limitativos (como acuerdos in peius o restrictivos):

e) La limitación o exclusión de medios de prueba (este tipo de acuerdo se podría admitir para cierto tipo de asuntos).

Estas propuestas no son más que un texto que espero sirva de puntapié o disparador para una reflexión más profunda y necesaria. Los textos positivos son en gran parte fruto de construcciones y debates colectivos, por lo que no se puede considerar lo anterior como una versión definitiva para legislar sobre acuerdos. Se trata de una versión inicial a la que espero y deseo se le hagan críticas y se le sumen nuevas miradas y aportes para la construcción de consensos.

En definitiva, los acuerdos procesales en general, y los acuerdos probatorios en particular, pueden servir para posicionarnos frente a los vientos de cambio que ineludiblemente desafían y desafiarán al Derecho procesal.

La invitación es a continuar reflexionando sobre los acuerdos, sus alcances y límites, evaluando, con carácter proyectivo, la necesidad o conveniencia de reformas procesales que habiliten la celebración de los mismos.

---

18. Lo que no quiere decir que no se pueda establecer que cierta prueba que *a priori* es admisible, resulte inadmisible convencionalmente. Esto se vincula con la decisión de política legislativa que se adopte permitiendo o prohibiendo pactos para limitar la prueba.

BIBLIOGRAFÍA

ABAL OLIÚ, A. (2014). *Derecho procesal*. Tomo IV. Montevideo: FCU.

ABEL LLUCH, X. (2012). *Derecho probatorio*. Barcelona: Bosch.

ALBALADEJO, M. (1958). *El negocio jurídico*. Barcelona: Bosch.

ARMENTA DEU, T. (2023). *Jueces, fiscales y víctimas en un proceso en transformación*. Madrid: Marcial Pons.

– (2021). *Derivas de la justicia. Tutela de los derechos y solución de controversias en tiempos de cambios*. Madrid: Marcial Pons.

BONE, R. G. (2012). Party Rulemaking: Making Procedural Rules Through Party Choice. *Texas Law Review*, 90, 1329-1398. https://law.utexas.edu/faculty/publications/2012-Party-Rulemaking-Making-Procedural-Rules-Through-Party-Choice.

CADIET, L. (2016). L'equilibre entre la rigidité et la flexibilité dans le proces. En Dos Santos Lucón et al. (coords.). *XI Jornadas brasileiras de Direito processual. XXV Jornadas Ibero-Americanas de Direito Processual* (capítulo 45), pp. 596-606.

– (2012). Los acuerdos procesales en derecho francés: situación actual de la contractualización del proceso y de la justicia en Francia. *Civil Procedure Review*, *3*(3), versión electrónica (33 pp). www.civilprocedurereview.com

– (2008). Les conventions relatives au procès en droit français. Sur la contractualisation du règlement des litiges. *Quaderni della Rivista Trimestrale di Diritto e Procedura Civile. 11*, 7-35. Milán: Giuffré Editore.

CAFARO, E. B., Carnelli, S. (2007). *Eficacia contractual* (tercera edición). Montevideo: FCU.

CALVINHO, G. (2016). *Carga de la prueba*. Buenos Aires: Astrea.

CAMACHO DUARTE VIDAL, L. (2017). *Convenções processuais: no paradigma do processo civil contemporâneo*. Río de Janeiro: Gramma.

CAPONI, R. (2016). Rigidez e flexibilidade do processo ordinário de cognição. *Revista Eletrônica de Direito Processual - REDP*, *17*(2), 531-549. Rio de Janeiro: UERJ. https://www.e-publicacoes.uerj.br/index.php/redp/article/view/26610

– (2008). Autonomia privata e processo civile: gli accordi processuali. *Quaderni della Rivista Trimestrale di Diritto e Procedura Civile. 11*, 99-120. Milán: Giuffré Editore.

CARIOTA FERRARA, L. (1956). *El negocio jurídico.* Madrid: Aguilar.

CARVALHO, F. I. (2022). *Convenções processuais probatórias.* Londrina: Thoth.

CAVANI, R. (2021). Convenciones procesales un ensayo crítico sobre legislación pasada, vigente y proyectada del proceso civil peruano. *Revista ítalo-española de Derecho procesal, 2*(2021), 26 pp. Madrid: Marcial Pons.

– (2019). Convenções processuais no direito processual civil peruano: diagnóstico e proposta (pp. 247-271). En Do Passo Cabral, A. & Nogueira, P. H. (Coordinadores). *Negocios Processuais.* Tomo 2. Río de Janeiro: Ed. Jus-Podivm.

CHIOVENDA, J. (1922). *Principios de Derecho procesal civil* (traducción de la tercera edición italiana, prólogo y notas de Casais y Santalo, J.). Tomo I. Madrid: Editorial Reus S.A.

– (1925). *Principios de Derecho procesal civil* (traducción de la tercera edición italiana, prólogo y notas de Casais y Santalo, J.). Tomo II. Madrid: Editorial Reus S.A.

CORREA BARROS, H. (2021). *Negócios jurídicos processuais atípicos.* San Pablo: Dialéctica.

COSTA e SILVA, P. (2021). *Perturbaciones en el cumplimiento de los negocios procesales.* Cizur Menor: Civitas-Thomson Reuters.

DE CASTRO Y BRAVO, F. (1967). *El negocio jurídico.* Madrid: Instituto Nacional de Estudios Jurídicos.

DE NOVA, G. (2008). Accordi delle parti e decisione. *Quaderni della Rivista Trimestrale di Diritto e Procedura Civile. 11*, 59-68. Milán: Giuffré Editore.

DEL COCO, R. (2004). *Disponibilitá della prova penale e accordi tra le parti.* Giuffré Editore.

DEVIS ECHANDÍA, H. (1981). *Teoría general de la prueba judicial* (Tomo I, quinta edición). Buenos Aires: Víctor P. Zavalía.

DIDIER JÚNIOR, F. (2017). Negocios jurídicos procesales atípicos en el nuevo Código Procesal Civil brasileño (CPC). *Revista da Faculdade de Direito* (revista electrónica), 4. https://usjt.br/revistadireito/numero-4/9-fredie-souza.pdf

DO PASSO CABRAL, A. (2024). Convenções processuais sobre os estandares probatórios. Revista de Processo, 49(347), 85-105. Thomson Reuters.

– (2021a). Da instrumentalidade à materialização do processo: as relações contemporâneas entre direito material e direito processual. *Civil procedure review, 12*(2), 69-102. Salvador: Ed. JusPodivm.

– (2021b). Acordos processuais no processo penal. En Didier Jr., F. (Coordinador). *Coleção Repercussões do Novo CPC* (vol. 13, pp. 149-178). Salvador: Ed. Juspodivm.

– (2020). Convenciones procesales: desarrollo y evolución. *Revista de Derecho Procesal, 2020*(2), 535-561. Buenos Aires: Rubinzal Culzoni.

– (2018). *Convenções processuais* (segunda edición revisada, actualizada y ampliada). Salvador: Ed. JusPodivm.

FERRER BELTRÁN, J. (2021). *Prueba sin convicción. Estándares de prueba y debido proceso.* Madrid: Marcial Pons.

FERRI, L. (2001). *La autonomía privada* (traducción y notas de derecho español: Sancho Mendizábal, L.). Granada: Comares.

GALGANO, F. (1992). *El negocio jurídico* (traducción de Blasco Gascó, F., Prats Albentosa, L.). Valencia: Tirant lo Blanch.

GALLETTO FARRO, V. (2019). Etapa de preparación del juicio oral en el Código del Proceso Penal uruguayo. *Judicatura, 66*, 65-87, Montevideo: CADE.

GARCÍA ODGERS, R. (2022). Proporcionalidad, *case management* y pruebas: Una aproximación teórica y comparada desde la perspectiva del proceso civil de Inglaterra y Gales. En Soba Bracesco, I. M. (Director) y Martínez Morales, S. (Secretario de Redacción). *Anuario de Derecho Probatorio, (2022)*1. Recuperado de: https://ar.ijeditores.com/pop.php?option=publicacion&idpublicacion=1128&idedicion=18955

– (2019). *El case management en perspectiva comparada. Teoría, evolución histórica, modelos comparados y un caso en desarrollo.* Valencia: Tirant lo Blanch.

GOMES SANTORO, F. (2021). *Derecho procesal penal* (segunda edición). Montevideo: La Ley Uruguay.

– (2019). Los acuerdos probatorios en el nuevo proceso penal. *Judicatura, 67*, 145-152, Montevideo: CADE.

GONZÁLEZ LAGIER, D. (2022). Prueba, hechos y verdad. En Ferrer Beltrán, J. (Coordinador). *Manual de razonamiento probatorio* (pp. 1-46). México: Suprema Corte de Justicia de la Nación - Escuela Federal de Formación Judicial.

– (2020). ¿Es posible formular un estándar de prueba preciso y objetivo? Algunas dudas desde un enfoque argumentativo de la prueba. En *Revista Telemática de Filosofía del Derecho, 2020*(23), 79-97. http://www.rtfd.es/numero23/04-23.pdf

KLETT, S. (2014a). *Proceso ordinario* (tomo I). Montevideo: FCU.

– (2014b). *Proceso ordinario* (tomo II). Montevideo: FCU.

– (2014c). *Proceso ordinario* (tomo III). Montevideo: FCU.

KLETT, S., BALUGA, C., ÁLVAREZ, F. y CASTILLO, J. (2000). Principios de la prueba en el sistema procesal civil. *Revista Uruguaya de Derecho Procesal, 2000*(1), 71-107. Montevideo: FCU.

KLINGBEIL, S. y MAULTZSCH, F. (2022). German Report. *International Association of Comparative Law* (IACL) - *World Congress* 2022 (Section: *Contractualisation of Civil Litigation*). Versión electrónica (38 pp.) Recuperado de: https://papers.ssrn.com/sol3/papers.cfm?abstract_id=4037353

LANDONI SOSA, Á. (Director), GARDERES, S., GOMES, F., GONZÁLEZ, M. E., VALENTIN, G. (2002). *Código General del Proceso. Comentado, con doctrina y jurisprudencia* (Volumen 1). Montevideo: BdeF.

LANDONI Sosa, Á. (Director), GARDERES, S., GOMES, F., GONZÁLEZ, M. E., PRATO, M., Valentín, G. (2004). *Código General del Proceso. Comentado, anotado, con jurisprudencia* (Volumen 2B). Montevideo: BdeF.

MARINONI, L. G. (2018). El acuerdo sobre la prueba y los objetivos del proceso civil. En Instituto Iberoamericano de Derecho Procesal - International Association of Procedural Law, *La prueba en el proceso* (pp. 79-104). Barcelona: Atelier.

MARINONI, L. G. y Cruz Arenhart, S. (2015). *La prueba.* Santiago de Chile: Thomson Reuters - La Ley.

MITIDIERO, D. (2007). Bases para construção de um processo civil cooperativo: o Direito processual civil no marco teórico do formalismo - valorativo. Porto Alegre: Universidade Federal Do Rio Grande do Sul. Faculdade de Direito. Programa de Pós-Graduação em Direito. Recuperado de: https://www.lume.ufrgs.br/bitstream/handle/10183/13221/000642773.pdf

MONTERO AROCA, J. (2007). *La prueba en el proceso civil* (quinta edición). Pamplona: Thomson Civitas.

MORETTI, R. (1938). Apuntes sobre la tutela convencional y especialmente sobre el pacto de inversión de la carga de la prueba. *Revista de Derecho, Jurisprudencia y Administración, XXXVI*, 80-89. Montevideo.

MOSMANN, M. V. (2022). «Ponencia General - Comisión 3: Principios procesales: estado actual y visión crítica, Tema Adaptabilidad de las formas y acuerdos procesales», en *XXXI Congreso nacional de Derecho procesal,* Mendoza, 2022. Recuperado de: http://jusmendoza.gob.ar/wp-content/uploads/2022/06/Mosmann-Mar%C3%ADa-Victoria.pdf

– (2019). Convenciones procesales en Argentina. Introducción a la teoría de los acuerdos procesales. En Do Passo Cabral, A. y Nogueira, P. H. (Coordinadores). *Negocios Processuais.* Tomo 2 (acceso a versión electrónica, 24 pp), Rio de Janeiro: Ed. JusPodivm.

MUÑOZ SABATÉ, L. (1988). *Las cláusulas procesales en la contratación privada.* Barcelona: Bosch.

NIEVA FENOLL, J. (2022). Requiem por la carga de la prueba. En *Quaestio facti. Revista internacional sobre razonamiento probatorio,* 4(1). doi:http://dx.doi.org/10.33115/udg_bib/qf.i4.22783

– (2021). Prueba sin convicción. Estándares de prueba y debido proceso. En *Cuadernos Electrónicos de Filosofía del Derecho, 2021*(44), 179-185. Valencia: Universitat de Valencia. https://ojs.uv.es/index.php/CEFD/article/view/20771/pdf

– (2020). Carga de la prueba y estándares de prueba: dos reminiscencias del pasado. *InDret. Revista para el análisis del Derecho, 2020*(3), pp. 406-437. https://indret.com/carga-de-la-prueba-y-estandares-de-prueba-dos-reminiscencias-del-pasado/

NIEVA FENOLL, J., FERRER BELTRÁN, J., GIANNINI, L. J. (2019). *Contra la carga de la prueba,* Madrid: Marcial Pons.

OLIVEIRA DA SILVA, S. I. (2021). *Os negócios jurídicos processuais em matéria probatória.* Mestrado em direito. Ciências jurídico-civilísticas. Universidad de Porto. https://repositorio-aberto.up.pt/bitstream/10216/138719/2/522061.pdf

ORELLANA DE CASTRO, R. (2017). Un estudio crítico sobre los diferentes sistemas de designación de peritos y sobre las listas de peritos de la LEC. En Picó i Junoy, J. (Director) y de Miranda Vázquez, C. (Coordinador). *Peritaje y prueba pericial* (pp. 103-157). Barcelona: Bosch.

ORTELLS RAMOS, M. (Director - Coordinador). Bonet Navarro, J., Pastor, J. M., Mascarell Navarro, M. J., Cámara Ruiz, J., Sánchez, R. J., Bellido Penadés, R., Cucarella Galiana, L., Armengot Vilaplana, A. (2018). *Introducción al Derecho procesal* (octava edición). Cizur Menor: Thomson Reuters Aranzadi.

PATTI, S. (2021). *Le prove* (seconde edizione). Milano: Giuffrè Francis Lefebvre.

PEÑA ADASME, A. (2022). La flexibilidad del procedimiento civil. Una reconstrucción teórica. Valencia: Tirant lo Blanch.

– (2018). La Flexibilidad del procedimiento civil: una reconstrucción teórica (tesis doctoral). Universitat Pompeu Fabra. http://hdl.handle.net/10803/664888

PICÓ I JUNOY, J. (2021). El derecho a la prueba. En Picó i Junoy, J., Mendoza Díaz, J., Mantecón Ramos, A. (Directores), de Miranda Vázquez, C. y Hierro Sánchez, L. (Coordinadores). *La prueba a debate. Diálogos hispano-cubanos* (pp. 19-60). Barcelona: Bosch.

– (2020). Repensando los pactos procesales probatorios desde las garantías constitucionales del proceso. *Revista Eletrônica de Direito Processual - REDP, 21*(1), 153-164. Rio de Janeiro: UERJ. https://www.e-publicacoes.uerj.br/index.php/redp/article/view/47583

– (2019). ¿Es admisible la renuncia a la prueba testifical admitida? En Picó i Junoy, J. (Director), de Miranda Vázquez, C. (Coordinador). *La prueba en acción. Estrategias procesales en materia probatoria* (pp. 47-52). Barcelona: Bosch.

– (2018). A vueltas con los pactos procesales probatorios. En Instituto Iberoamericano de Derecho Procesal / International Association of Procedural Law. *La prueba en el proceso* (pp. 667-675). Barcelona: Atelier.

– (2013). *El principio de buena fe procesal* (segunda edición). Barcelona: Bosch.

– (2012). *Las garantías constitucionales del proceso* (segunda edición). Barcelona: Bosch.

PRIORI, G. (2015). El proceso dúctil. En *XXXVI Congreso Colombiano de Derecho Procesal*. Bogotá: Instituto Colombiano de Derecho Procesal / Universidad Libre. https://www.academia.edu/16329718/El_proceso_d%C3%BActil

RODRÍGUEZ ÁLVAREZ, A. (2020). *La carga de la prueba en supuestos de discriminación: su regulación en el proceso civil.* Valencia: Tirant lo Blanch.

RODRÍGUEZ FACAL, B. (2021). *Las presunciones judiciales.* Montevideo: FCU.

ROSENBERG, L. (2002). *La carga de la prueba* (traducción de Krotoschin, E., segunda edición de la traducción al castellano del año 1956, de la tercera edición alemana). Buenos Aires: BdeF.

– (1955). *Tratado de Derecho procesal civil* (traducción de la quinta edición alemana por Romera, A.). Buenos Aires: Ediciones Jurídicas Europa América.

ROSSI ALBERT, R. (2022). *Tutela judicial efectiva en materia laboral. La carga de la prueba desde el derecho del trabajo.* Montevideo: FCU.

SANABRIA VILLAMIZAR, R. (2021). Acuerdos probatorios: un tema por estudiar en Colombia. En *XLII Congreso colombiano de Derecho procesal. En homenaje a Jairo Parra Quijano* (pp. 437-459). Bogotá: Instituto Colombiano de Derecho Procesal / Universidad Libre.

SCHUMANN BARRAGÁN, G. (2022). *Derecho a la tutela judicial efectiva y autonomía de la voluntad: los contratos procesales.* Madrid: Marcial Pons.

SERRA DOMÍNGUEZ, M. (2009). *Estudios de Derecho Probatorio.* Lima: Communitas.

– (1991). De la prueba de las obligaciones. En Albaladejo, M. *Comentarios al Código Civil y compilaciones forales* (segunda edición, Tomo XVI, Vol. 2°, Capítulo V, pp. 1-87).

SOBA BRACESCO, I. M. (2024). *Los acuerdos procesales*. Montevideo: FCU.

– *Estudios de Derecho procesal.* Montevideo: La Ley Uruguay.

– (2020). La predeterminación normativa de los estándares de prueba (un derivado de la seguridad jurídica). En *Revista Eletrônica de Direito Processual - REDP, 21*(2), 186-213. Rio de Janeiro: Periódico Quadrimestral da Pós-Graduação Stricto Sensu em Direito Processual de la Universidad del Estado de Río de Janeiro (patrono: José Carlos Barbosa Moreira, in mem.). DOI: https://doi.org/10.12957/redp.2020.50804

SZAFIR, D. (2014). *Consumidores. Análisis exegético de la Ley 17.250* (con la colaboración de Doval, G., Morales, M., Cornú, F., cuarta edición actualizada). Montevideo: FCU.

TARUFFO, M. (2010). *Simplemente la verdad. El juez y la construcción de los hechos,* Madrid: Marcial Pons.

– (2008a). *La prueba.* Madrid: Marcial Pons.

– (2008b). Veritá negoziata? *Quaderni della Rivista Trimestrale di Diritto e Procedura Civile. 11*,69-98. Milán: Giuffré Editore.

VALENTIN, G. (2014). *La reforma del Código General del Proceso.* Montevideo: FCU.

VESCOVI, E. (director), De Hegedus, M., Klett, S., Cardinal, F., Pereira Campos, S., Simón, L. M., (1998). *Código General del Proceso. Comentado, anotado y concordado* Tomo 5. Buenos Aires: Ábaco.

WACH, A. (1885/1977). *Manual de Derecho procesal civil* (volumen I - traducción del alemán por Banzhaf, T.; estudio preliminar por Alcalá-Zamora y Castillo, N.). Buenos Aires: Ediciones Jurídicas Europa-América.

– (1879/1958). *Conferencias sobre la ordenanza procesal civil alemana* (traducción del alemán de Krotoschin, E.). Buenos Aires: Ediciones Jurídicas Europa-América.

24

Smartjusticia, proceso y prueba: especial referencia a su uso en la segunda instancia

PAULO RAMÓN SUÁREZ XAVIER
Profesor Ayudante Doctor de Derecho Procesal
Universidad de Málaga

I. A MODO DE INTRODUCCIÓN

Las tecnologías disruptivas generan enormes avances, pero también gran incertidumbre, porque operan en la zona gris entre lo público y lo privado, pudiendo llegar a ofender a los derechos fundamentales de los ciudadanos.

Está claro que nuestro objetivo no es, ni puede ser el de demonizar a las nuevas tecnologías, pero sí de comprender los reflejos de su implementación en la Administración de Justicia y su entorno.

De este modo, es imperioso comprender que el proceso de adaptación de las administraciones públicas a las nuevas tecnologías es una necesidad, ya que de otro modo el Poder Público se quedaría a la orilla del fenómeno de la revolución tecnológica e iría perdiendo cada vez más espacio para los grandes monopolios empresariales en materia de desarrollo e implantación de nuevas tecnologías.

En este escenario, compete a la Administración adoptar una postura proactiva, que según RAMIÓ (2019, 10) pasa por «*solventar buena parte de sus problemas conceptuales y organizativos*», ya que los distintos gobiernos han siempre incumplido las promesas de reforma de la administración pública, terminado siempre en su punto de partida y es por ello que «*la inteligencia artificial y la robótica pueden ser la gran oportunidad para implantar una renovación institucional y organizativa radical de las instituciones públicas y contribuir a su adaptación, su relevancia y su supervivencia en un contexto de gobernanza*».

Esta reforma depende de dos factores fundamentales en nuestra opinión. Primero, la implantación de unos modelos de gestión que adapten, modernicen a los procesos que ya existen en la administración, generando el menor impacto jurídico posible y, segundo, depende de una amplia reforma legal, visando validar, adaptar, modular y regular el empleo de estas nuevas tecnologías en la administración y fuera de ella.

Tales reformas deben además venir acompañadas de mecanismos de refuerzo a la defensa de los derechos fundamentales de los ciudadanos, porque la modernización de las instituciones no puede ni debe significar que el Estado o las empresas privadas se puedan erigir en un leviatán o panóptico capaz de controlar la vida y la intimidad de las personas. Tarea que demanda valentía por parte del Estado y debate por parte de la sociedad. Valentía para traer estos temas a la discusión pública y moderación para debatirlos con seriedad y la sensibilidad exigida para el progreso de la sociedad y de las instituciones.

Antes de hablar del fenómeno de la *smartificación* de la Administración Pública, conviene destacar que dicho proceso se origina en la necesidad remodelar la gestión administrativa, incluyendo el fenómeno del *big data* en el marco de la gobernanza de los organismos públicos.

Las decisiones administrativas se basan de algún modo en datos objetivos o cuantificables. En este sentido, el *big data* se manifiesta como un substrato infinito de informaciones que pueden y deben ser empleadas para la adopción de dichas decisiones, algunas veces simples como el control del tráfico urbano o la gestión del uso de servicios públicos como del alumbrado público.

En este sentido, reconocer la importancia del fenómeno de la *Smartificación* de las AAPP implica aceptar que el ciudadano tiene derecho no solo a la prestación de un servicio público, pero la de que dicho servicio debe tener unas calidades y una eficiencia mínima, entendiéndose el Estado como un gran prestador de servicios que dado el carácter exclusivo que ostenta muchas veces, debe actuar con la eficiencia reclamada por la ciudadanía.

Para RODRIGUES-ARANA (2013, 38), la buena administración constituye un derecho fundamental en la Unión Europea y, por ello, «*las Administraciones públicas, desde esta perspectiva, han de estar conducidas y manejadas por una serie de criterios mínimos, llamados de buena administración*».

Otrosí, señala que los saberes producidos por medio de las nuevas tecnologías *deben ayudar a mejorar el trabajo diario de la organización y a mejorar también el trabajo de las personas que forman parte de la Administración pública, sin olvidar que hay una dimensión ética inherente a la propia Administración.*

Dicha perspectiva señala hacia dos puntos que son fundamentales para comprender el problema que planteamos. Primero, que el proceso de *smartificación* de la administración pública debe ser comprendido como un proceso natural de la evolución del Estado como organización y, en segundo lugar, que dicho proceso se consubstancia en una oportunidad para humanizar las relaciones entre el Estado y los administrados, que pasan a tener una mayor proximidad entre su realidad cuotidiana y la acción de los poderes públicos.

Cuando la administración se *smartifica* y emplea el fenómeno del *big data* como hecho determinante de aquellas decisiones de la gobernanza que efectivamente dependen de dichas informaciones, su trabajo pasa a ser más eficiente, eficaz y, sobre todo, pasa a cumplir el derecho fundamental a la boa administración.

En dicho contexto la cuestión acerca del algoritmo tiene importancia cabal. Su composición debe buscar excluir datos que generen dichas desigualdades, evitando episodios de sesgo, originados por una mala interpretación algorítmica.

Dicha discusión no conduce a que se puedan considerar los algoritmos como enemigos públicos, sino que nos advierte que su empleo, como de cualquier otra tecnología, debe tener en cuenta, como bien señala RODRÍGUEZ-ARANA (2013, 30), que la persona es el centro del ordenamiento jurídico y que todas las decisiones materiales o jurídicas de la administración, de las empresas y de la ciudadanía deben tener en cuenta la dignidad de la persona como valor fundamental.

En este sentido, el proceso de tornar la administración pública inteligente, lejos de transformar el Estado en aplicador neutral de simples datos estadísticos, permite generar escalas decisorias en las decisiones administrativas, automatizando lo que es simple y apoyando con datos objetivos y reales las decisiones cuya complejidad y volumen de las actividades lo requiera.

Todo ello implica un cambio en la cultura institucional, con reflejos en la manera bajo la cual se estructura la administración pública, abandonando el viejo modelo del papel y lápiz al lado del ordenador, del funcionario estancado en el tiempo, para exigir un perfil mucho más dinámico y proactivo.

En este sentido, se puede decir que la administración inteligente es un reflejo directo y a la vez una consecuencia de la sociedad en red, exigiendo la adopción de unos cambios en la gobernanza administrativa para ampliar y mejorar el empleo de las tecnologías basadas en IA, capacitando, potenciando y garantiendo una sustancial mejora en la prestación de los servicios públicos y considerando una serie de valores que deben pautar el desarrollo de estas tecnologías.

II. VALORES JURÍDICO-SOCIALES BÁSICOS EN EL DESARROLLO DE LA IA: LA ESTRATEGIA EUROPEA

El desarrollo de los nuevos medios tecnológicos, especialmente los sistemas expertos y los sistemas de inteligencia artificial, deben tener en consideración la existencia de algunos valores que son fundamento del orden social y que garanticen el respeto y la efectividad de los derechos humanos.

El actual nivel de desarrollo de los sistemas basados en inteligencia artificial tiene como consecuencia el hecho de que deba existir una regulación que imponga el reconocimiento de estos valores en el proceso de desarrollo de los algoritmos.

El gran problema, que es el reto a ser enfrentado por los poderes públicos, es la demanda por soluciones capaces de proteger a las personas, sus derechos, libertades y sus datos a nivel local y global. No obstante, el poder normativo del Estado se enfrenta a limitaciones de orden tanto territorial como temporal y asimismo se depara con las dificultades que emanan de su retraso tecnológico frente a las empresas.

La primera gran dificultad se refiere a la forma de control del tráfico y tratamiento de los datos, ya que normalmente su contenido se encuentra almacenado en servidores cuya ubicación casi rara vez coincidirá con la del sitio desde donde parten, además de la problemática generada por las limitaciones para el acceso y ejercicio de poderes de policía en cumplimiento de las normas reguladoras del uso de estas informaciones.

En efecto, los poderes y competencias atribuidos a las autoridades de control por el Reglamento 2016/679 de en su artículo 58 demuestra las limitaciones del sistema constituido, que depende de la llevanza de un registro por los encargados del tratamiento, dejando margen a violaciones de las disposiciones tanto del Reglamento como de la Ley Orgánica n.º 3/2018 de 05 de diciembre.

También del Poder Público pueden emanar violaciones, ya que este en ocasiones incurre en violaciones en el uso de los datos personales de los ciudadanos, fuera del elenco de excepciones contenidas en el art. 23 del Reglamento 2016/679.

Dichas deficiencias son consecuencia del modelo elegido por el legislador para la protección de datos en el derecho de la Unión Europea, habiéndose decantado por el modelo del *notice and choice* (BARUH, 2015, 15), sistema donde se busca que el usuario tenga el derecho a consentir o no el tratamiento de sus datos personales.

Ocurre que dicho consentimiento ni es libre, porque muchas veces la negativa del tratamiento a dichos datos implica un perjuicio, con la privación del uso de un servicio, a la imposibilidad de disfrutar de una determinada ventaja, ni tampoco es consciente, ya que el fenómeno del *big data* tuvo como consecuencia fundamental una enorme dificultad en determinar qué datos son personales y protegidos por la ley.

En este sentido, para que el consentimiento fuese verdaderamente libre y eficaz, el individuo debería saber qué datos de los recogidos pueden concernirle, con independencia de quién los haya difundido, de cómo se hayan generado y de cómo serán procesados; *cuáles son los objetivos, el diseño y el funcionamiento del sistema de análisis; qué información sensible puede revelar el conjunto de los datos analizados en cada una de las fases de análisis y, por lo tanto, de forma prolongada en el tiempo* (SUÁREZ GONZALO, 2017, 290).

Se trata de una inversión de valores que analizada desde el punto de vista de la obligación que tienen los Estados de proteger a los individuos y su privacidad, ya que —en el modelo de *notice and choice*— el paradigma del consentimiento informado carga al sujeto con el derecho y deber de proteger su privacidad, con la intención que la gestión sea libre.

Una gestión real y efectiva de la privacidad demanda un modelo mixto, capaz de atender a la necesidad de protección de la privacidad de los ciudadanos y disminuir la carga que la autogestión de la privacidad impone a las personas, señalándose la existencia de modelos mixtos, como el sostenido por SOLOVE (2013, 19), que sugiere una combinación del modelo de autogestión con una serie de ayudas en la decisión cuando se trate de cuestiones complejas[1].

La segunda y desde nuestro punto de vista principal cuestión, en lo que se refiere a la gestión legal del uso de dichos datos y sistemas inteligentes, sea en el ámbito privado, sea en el ámbito público, se refiere a la dificultad de análisis y seguimiento del ámbito de tratamiento de datos y reglamentación de cuestiones éticas y jurídicas en lo que se refiere a la arquitectura algorítmica.

Dicha cuestión, que es actualísima, viene siendo tratada desde distintos puntos de vista por los ordenamientos jurídicos estatales y ahora se busca desarrollar una estrategia para la inteligencia artificial producida en la Unión Europea, que se encuentra en estos momentos en una etapa de discusión cuyo protagonista principal es el Grupo de Expertos de alto nivel sobre inteligencia artificial.

El grupo fue creado por la Comisión Europea en junio de 2018, su primera comunicación al Parlamento, al Consejo y a los comités Económico y Social y el de Regiones fue un borrador puesto en consultas el 18 de diciembre de 2018 y finalizada en 08 de abril de 2019, cabiendo señalar que los únicos idiomas en los cuales estuvo disponible para consulta en versión completa fueron el inglés, alemán y francés.

Esta es la primera y fundamental crítica que se puede establecer al documento, que busca basarse en unos aires de publicidad y colaboración, pero cuya consulta no estuvo abierta de forma real a todos los ciudadanos de la Unión Europea, ya que la restricción en los idiomas empleados para la consulta afecta de forma sustancial la participación de la ciudadanía.

Por otro lado, la estrategia se elabora por un grupo de expertos que realmente no se compone de forma plural con la finalidad de escuchar distintos puntos de vista y segmentos sociales, llevando en consideración a las empresas y la banca, pero con escasa representación de representantes de los derechos fundamentales.

El documento carece de contenido normativo, pero señala el inicio de los debates sobre la materia en el ámbito de la Unión Europea. Su contenido

1. Véase: METCALF, Jacob; CRAWFORD, Kate (2016). «Where are human subjects in big data research? The emerging ethics divide». Big data and society. Disponible en: https://doi.org/10.1177/2053951716650211

establece los requisitos y los fundamentos para una inteligencia artificial fiable, los métodos técnicos para lograr dicha confianza, la forma de evaluar dicha fiabilidad y ejemplos de oportunidades y preocupaciones principales existentes sobre la IA.

III. EL PROYECTO DE DIRECTRICES TÉCNICAS SOBRE UNA INTELIGENCIA ARTIFICIAL CONFIABLE

Cuestionados los defectos del proyecto de directrices para una IA europea en algunos aspectos como la publicidad y la desconsideración de la pluralidad lingüística europea, además de la baja participación en su elaboración[2], pasamos a analizar el contenido del proyecto.

Se establece como objetivo de las Directrices el de promover un paradigma de confianza en la inteligencia artificial, teniendo en cuenta tres componentes que deben ser observados a lo largo de todo el ciclo de vida del sistema. Se determina que la IA debe ser legal, cumpliendo con todas las normas aplicables, además de exigir que sea ético, asegurando la adhesión a los principios y valores éticos y, finalmente, que debe ser confiable, tanto desde una perspectiva técnica y social, ya que, incluso con buenas intenciones, sistemas de inteligencia artificial pueden causar un daño no intencionado.

Se considera que cada componente en sí mismo es necesario, pero no suficiente para lograr la confianza en la AI, actuando en armonía y superponiéndose en su operación. Pero si surgen tensiones entre los componentes, la sociedad debe esforzarse para alinearlos.

De forma paradoja, el documento no trata del marco legal, que considera el primer pilar de la confianza en la IA. En su lugar, busca ofrecer una orientación sobre los otros dos componentes, lo no que implica que se vaya a impedir la expansión de la IA, sino que su reglamentación ahora mismo se basa en un marco ético, que establece unos principios generales que influirán en el funcionamiento de nuestros sistemas de justicia y por ello deben ser discutidos.

En su capítulo primero, el proyecto de directrices identifica unos principios éticos y valores que deben ser respetados en el desarrollo, implanta-

2. En el período de consultas sobre el documento inicial, el proyecto contó con apenas quinientas aportaciones, cantidad que no refleja una gran participación, ya que se trata de un tema que afecta directamente la ciudadanía y más considerando que como hemos dicho antes el documento no fue traducido en todos los idiomas de la UE, incluso no lo fue para el castellano.

ción y uso de los sistemas expertos, tomando por base los derechos fundamentales, que son:

> «i) desarrollar, implementar y usar sistemas de inteligencia artificial de manera que se adhiera a los principios éticos de: *respeto de la autonomía humana, prevención los daños, equidad* y *explicabilidad.* Además de reconocer y abordar las posibles tensiones entre estos principios.
>
> ii) prestar especial atención a las situaciones que afectan a los grupos más vulnerables, como los niños, las personas con discapacidad y otros grupos que estado históricamente desventaja o estén en riesgo de exclusión, y para situaciones que se caracterizan por asimetrías de poder o de información, como entre los empleadores y los trabajadores, o entre empresas y consumidores;
>
> iii) reconocer que no obstante traiga beneficios sustanciales para los individuos y la sociedad, los sistemas de IA también plantean ciertos riesgos y pueden tener un impacto negativo, incluyendo los riesgos que pueden ser difíciles de anticipar, identificar o medir (por ejemplo, en la democracia, el Estado de derecho y la justicia distributiva, o en la mente humana en sí). Adoptar medidas adecuadas para mitigar estos riesgos cuando sea apropiado, y proporcional a la magnitud del riesgo»[3].

En su segundo capítulo, desarrolla siete requisitos necesarios para que se pueda considerar que la IA, internet de las cosas o sistema experto pueda ser considerado fiable:

> «Asegurar que el desarrollo, despliegue y uso de los sistemas de IA cumple con la tecla de siete requisitos para la Confianza AI: (1) la acción humana y la supervisión, (2) la solidez técnica y de seguridad, (3) la intimidad y los datos de la gobernabilidad, (4) la transparencia, (5) la diversidad, la no discriminación y la equidad, (6) del medioambiente y el bienestar social y (7) la rendición de cuentas».

Recomienda, además, que se consideren métodos técnicos y no técnicos para garantizar la aplicación de las exigencias planteadas, fomentando la investigación y la innovación para ayudar en la evaluación de los sistemas de IA, buscando la implementación de los requisitos antes definidos.

En lo que se refiere a la política, plantea la necesidad de difundir resultados y preguntas abiertas al público en general y, de manera sistemática, formar una nueva generación de expertos en la ética de IA, comunicando de forma clara y proactiva la información a los interesados acerca del sistema de inteligencia artificial, sus capacidades y limitaciones, para lograr

3. Nuestra traducción.

un ajuste de expectativa realista, influyendo sobre la manera en que se aplican los requisitos.

El sistema ser transparente, dejando claro a los interesados el hecho de que están tratando datos y decisiones con un sistema de inteligencia artificial, debiendo ser posible la trazabilidad y la auditabilidad, sobre todo en contextos o situaciones críticas. Siendo imprescindible involucrar a los interesados a lo largo del ciclo de vida del sistema de inteligencia artificial.

Se defiende la necesidad de fomentar la formación y la educación para que todos los interesados conozcan y posean confianza en el empleo de las IA, estando conscientes de que su uso podría generar tensiones entre los diferentes principios y requisitos de su empleo.

En suma, lo que se busca es establecer el itinerario ético que va a nortear todo el ciclo de vida de un sistema de inteligencia artificial. El gran problema de la estrategia es que carece de cualquier valor normativo, sea porque la Unión Europea carece de las competencias necesarias para regular el funcionamiento de las instituciones de los Estados Miembros, sea porque parece poco viable establecer un sistema de normas capaz de predecir los caminos que seguirá el desarrollo de los sistemas de IA.

En su capítulo 3, el documento recoge un *check-list* no exhaustivo de los requisitos que debe cumplir una IA para que pueda ponerse en funcionamiento, estableciendo que la forma ideal (y desde nuestro punto de vista casi autómata y nada *smart*) es la autoevaluación. Sin embargo, se retrata y autodiagnostica, afirmando que «*no se trata de marcar casillas, sino de forma continua identificación e implementación de requisitos, evaluación de soluciones, asegurando mejores resultados a lo largo del ciclo de vida del sistema de inteligencia artificial, y la participación de los interesados en esto*».

El listado de preguntas que se establece entre los folios 26 a 31 del documento no puede ser entendido como nada más que un instrumento auto evaluativo, que puede ser reproducido en distintos procedimientos y ramas donde se va a implementar la IA, pero no conlleva de momento ninguna obligación para las autoridades públicas, personas o empresas.

Analizando todo lo dicho hasta este punto de nuestro trabajo, queda claro que: (i) el marco para la protección de los ciudadanos en el tratamiento de sus datos personales y de su privacidad es la normativa europea y nacional para protección de datos personales a las cuales ya nos hemos referido y (ii) que la iniciativa europea para la confiabilidad o confianza en la inteligencia artificial carece de cualquier contenido normativo, estando en de desarrollo y sin generar cualquier obligación jurídica.

Se constata así, que hay un vacío normativo amplio cuando tratamos del empleo de IA, lo que se justifica probablemente porque, hasta muy poco tiempo, el proceso de desarrollo de un software no demandaba preocupaciones tan transcendentes como las que se manifiestan con la implementación de los sistemas de inteligencia artificial. Jamás se estuvo en un punto tan avanzado de desarrollo tecnológico y, por ende, el ordenamiento jurídico nunca había afrontado estas cuestiones, que son éticas, pero tienen un fondo y una relevancia jurídica que no puede ser ignorada, porque sus manifestaciones afectan a la vida de las personas, más aún cuando pasan a ser implementadas por la administración pública de forma masiva.

La panorámica del vacío legal es casi general, pero vale destacar que Estados Unidos, Reino Unido, China, Emiratos Árabes y Singapur vienen priorizando el desarrollo de las inteligencias artificiales, cada uno apostando por la elaboración de un conjunto de directrices, con proyectos y modelos de actuación distinto, con sus planes e iniciativas legislativas, al igual que ocurre con la Iniciativa Europea, que tiene previsto el envío de una comunicación definitiva al Parlamento Europeo en 2020.

Así, se nota que el empleo de la inteligencia artificial en la era de la *smartificación* de la Administración, de la *smartciudadanía* y de las *Smart cities* carece de un marco legal, pero cuenta con un marco ético, que, aunque criticable, debe ser analizado, ya que su contenido abre la primera etapa de un debate importante para el futuro de las instituciones y de la sociedad como un todo.

IV. LA DIGITALIZACIÓN DE LA OFICINA JUDICIAL

Hasta aquí, hemos podido trabajar el concepto de inteligencia artificial y realizar algunas incursiones sobre el tema en lo que se refiere a su abordaje en las cartas éticas que vienen siendo elaboradas por la Unión Europea.

Vale señalar que la inversión masiva en inteligencia artificial se refleja en su consideración como una de las seis prioridades adoptadas por la UE en su Agenda Estratégica para el quinquenio 2019-2024, donde textualmente se dice:

> «Nuestra política debe definirse de tal manera que refleje los valores de nuestra sociedad, fomente la inclusión y siga siendo compatible con nuestro modo de vida. Para ello, *la UE debe trabajar en todos los aspectos de la revolución digital y la inteligencia artificial: infraestructuras, conectividad, servicios, datos, reglamentación e inversión.* Ello debe ir acompañado por el desarrollo de la economía de los servicios y por la integración de los servicios digitales».

Por otro lado, en la reciente conferencia de Ministros de Justicia del Consejo de Europa, el Estado español ha apostado fuerte por la defensa de los sistemas de inteligencia artificial. Según el secretario de Estado de Justicia Español, en la conferencia celebrada en 14 de octubre de 2019, es necesario que tanto las instituciones públicas como las privadas cuenten con un Comité Ético que vele por los aspectos éticos, legales y humanos que se deriven del desarrollo y aplicación de la inteligencia artificial en la Justicia. Asimismo, ha llamado a la reflexión para dar respuesta a los interrogantes que plantean la revolución digital y la inteligencia artificial, dos de los ejes de la nueva agenda estratégica de la Unión Europea para el periodo 2019-2024.

Todo ello, conlleva la necesidad de comprender desde una doble perspectiva a la oficina judicial y al órgano jurisdiccional, que se unifican en actividad, pero se dividen en funciones, lo que nos conduce a la necesidad de examinar el contenido de la Ley 13 de 2019, de 3 de noviembre, de reforma de la legislación procesal para la implantación de la nueva oficina judicial.

En su preámbulo, la ley resume la nueva oficina judicial, la cual debe favorecer a que los jueces y magistrados dediquen todos sus esfuerzos a las funciones que les vienen encomendadas por la Constitución, de juzgar y hacer ejecutar lo juzgado. Objetivo que demanda descargarles de *todas aquellas tareas no vinculadas estrictamente a las funciones constitucionales que se acaban de señalar, y a ello tiende el nuevo modelo de la Oficina judicial*. Por lo que se atribuirán a otros funcionarios aquellas *responsabilidades y funciones que no tienen carácter jurisdiccional* y, por otra parte, se establecerán sistemas de organización del trabajo de todo el personal al servicio de la Administración de Justicia, de forma que su actividad profesional se desempeñe con la máxima eficacia y responsabilidad. Dibujando un panorama donde cobran relevancia los integrantes del Cuerpo de Letrados de la Administración de Justicia.

Así, se pasa a comprender a la oficina judicial como el centro administrativo del órgano judicial, donde se realizan otras tareas eminentemente administrativas y, por lo tanto, no sujetas a las disposiciones del art. 117 de la Constitución española, especialmente a los principios de exclusividad y responsabilidad.

Tales actos, aunque tengan relevancia procesal y para su adopción sea preceptiva la actuación según las normas procesales, no guardan grandes obstáculos a la modernización, con empleo de sistemas de IA, sea con el empleo de *machine learning* en el apoyo a la redacción de escritos —herramienta que innúmeros procesadores de textos ya utilizan—, sea por medio del empleo de la minería de datos para la realización de medidas de investigación.

Todo este proceso se refleja en la llamada digitalización de la oficina judicial, que pasa a adoptar las nuevas tecnologías para conferir celeridad y efectividad a las actuaciones.

Recordemos que el artículo 23 del Reglamento 2016/679 contiene un elenco de excepciones donde no son aplicables las normas de protección de datos, visando garantizar una serie de valores que se superponen al derecho a la protección de los datos personales, donde incluso siquiera se podría cogitar la existencia de un sistema protectivo más allá de las normas procesales y administrativas que visen impedir el abuso en el uso de dichas herramientas.

Por otro lado, hay que tener en cuenta que el uso de tecnologías como el reconocimiento facial y otras herramientas en materia administrativa en los juzgados y tribunales para el acceso, por ejemplo, a las dependencias del órgano judicial, siempre que no sea compulsorio, no implica en cualquier violación de derechos fundamentales, siempre que se atiendan, como hemos dicho, las disposiciones legales y reglamentarias sobre la materia. Incluso porque muchas veces los justiciables están de acuerdo en prestar dichas informaciones siempre que le suponga una mejoría en el servicio.

Nos referimos al empleo autorizado de dichas tecnologías para el apoyo a la oficina judicial, de manera voluntaria y mediante la cesión de datos de acuerdo con las previsiones legales y reglamentarias previstas en la legislación y, por otro, de aquellos tratamientos de datos basados en *mining data* (la antes mencionada minería de datos) para lograr encontrar personas, bienes y valores en el caso de ejecuciones por ejemplo, casos en que la legislación en materia de datos personales autoriza perfectamente su utilización.

En lo que respeta a los datos que dependen de la intervención de un fedatario público, como el Letrado de la Administración de Justicia (desde aquí LAJ), se puede entender que los actos celebrados con el auxilio de sistemas inteligentes podrán ser válidos, siempre cuando los sentidos empleados para la percepción de la información en última instancia sean del fedatario y no se trate de un proceso totalmente automatizado.

Significa que estos recursos pueden auxiliar al LAJ en la ejecución de sus tareas, pero no sustituirle, ya que es él el titular de la fe pública, no el equipamiento, por lo que todas las actuaciones que impliquen la concesión de efectos de la fe pública necesariamente demandarán la actuación directa del LAJ, único responsable por las actuaciones que lleve a cabo.

Cabe considerar, por otro lado, que el LAJ realiza una serie de trámites y actividades procesales que, sin embargo, de no tener la naturaleza jurisdiccional, afectan directamente al derecho de acción de las partes y, por lo tanto, el empleo de los nuevos medios tecnológicos debe ser visto con cautela, ya que conllevan una serie de discusiones que pueden y necesariamente generarán problemas en el futuro.

No adentraremos en estas cuestiones, ya que entendemos que su naturaleza casi jurisdiccional hace con que dichos actos deban ser trabajados en la misma lógica de los actos jurisdiccionales, pues aunque no les sea de aplicación el art. 117 de la Constitución, tienen un reflejo directo en lo que dice respeto al derecho a la tutela judicial efectiva, contenido en el art. 24 de nuestra Carta Magna y, en dicho sentido, no pueden ni deben ser entendidos como actos meramente administrativos, porque no lo son.

En este sentido, el proceso de digitalización de la oficina judicial se basa en la misma idea que norteaba la implementación de la administración digital, pero aquí la cuestión es modernizar el *back office*, porque a la distinción de la actuación del resto de las Administraciones Públicas, que ocurre extramuros del organismo administrativo en la mayoría de los casos, en la Administración de Justicia el servicio público prestado se desarrolla casi en su integralidad en las dependencias de la oficina judicial.

Quizás esta diferencia sea lo más impactante en el caso de la administración de justicia, porque mientras en los organismos administrativos esta modernización se pueda confundir muchas veces con una automación y normalización de actos materiales, nuestra sociedad todavía no está acostumbrada con la magnitud de tareas que ya pueden y vienen desarrollando desde hace tiempo los mecanismos de IA basados en las tecnologías antes mencionadas.

De ahí que acertadamente la Agenda Europea 2019-2024 prevea la inversión masiva en la inteligencia artificial y en la preparación de las personas para operar con estas nuevas tecnologías, *in verbis*:

> Durante los próximos años, la transformación digital se seguirá acelerando y tendrá repercusiones de gran alcance. Debemos garantizar que Europa sea soberana desde el punto de vista digital y obtenga la parte del beneficio que le corresponde en esta evolución. Nuestra política debe definirse de tal manera que refleje los valores de nuestra sociedad, fomente la inclusión y siga siendo compatible con nuestro modo de vida. Para ello, la UE debe tra-

bajar en todos los aspectos de la revolución digital y la inteligencia artificial: infraestructuras, conectividad, servicios, datos, reglamentación e inversión.

En este sentido, los sistemas basados en IA pueden ser empleados en distintas tareas como hemos mencionado antes, desde mejorar las técnicas de archivo, generación de informes, obtención de informaciones procesales, elaboración y administración de la agenda de la oficina judicial, facilitar informaciones públicas a los ciudadanos, modernización del modelo de notificación y muchos otros aspectos que no tienen naturaleza jurisdiccional y deben ser objeto de modernización, dotando la oficina judicial de mayor agilidad y optimizando sus servicios, para permitir una mejor atención humana a los justiciables y a otras tareas de mayor complejidad para las cuales las IA no estén habilitadas o no sean fiables.

Tales cambios implican exigir un nuevo perfil de los distintos cuerpos de funcionarios que acceden al empleo público. No se puede más esperar de estas personas el completo desconocimiento de estos mecanismos de gestión y la total extrañeza a dichos sistemas, porque el futuro de las administraciones públicas necesariamente conllevará consigo el hecho de que los humanos y los robots compartirán el servicio público (RAMIÓ, 2019, 156).

En este punto no hay mayores cuestionamientos, la oficina judicial es un organismo administrativo y como tal debe atender a unos requisitos mínimos de eficacia en su organización, motivo por el cual el empleo masivo de inteligencia artificial en la organización y evolución de los procesos y flujos realizados por ella no puede ni debe encontrar mayores limitaciones que las establecidas por la ley.

Se podría argumentar que estos cambios pueden originar una mayor pérdida de empleos que aquellos que se generarán y este no es el espacio para discutir dichas cuestiones, pero lo que se debe tener claro es que los resultados del avance dependen de las políticas adoptadas.

Dentro de estas nuevas tecnologías que deben ser implantadas en los próximos tiempos, se espera un nuevo perfil de los funcionarios a servicio de la justicia. Este nuevo perfil podría ser definido en una sola palabra como *smart people*, personas que además de conocer el funcionamiento de la administración de justicia, sean capaces de trabajar en un ambiente con presencia masiva de herramientas informáticas e inteligencia artificial.

Sin embargo, una sociedad así no resulta de un proceso de fisiparidad social, sino que emerge de unas políticas educativas que inviertan en la formación de sujetos capaces de conocer y reconocer el lenguaje tecnológico. Y ello deviene única y exclusivamente del proceso de educación.

En este sentido, la modernización de la oficina judicial, al igual que con la administración digital, conlleva un triple reto: 1) modernizar al *back office* de manera a obtener la máxima eficiencia, salvaguardando a los derechos fundamentales y el interés legítimo de los ciudadanos; 2) invertir en formación de la sociedad y de los profesionales, capacitándolos a trabajar con las nuevas tecnologías y 3) superar la brecha digital, la desigualdad existente entre la ciudanía en el acceso y el uso a las nuevas tecnologías.

Así, concluimos que la implantación de una oficina judicial que atienda a la necesidad del avance de las nuevas tecnologías, más que una necesidad, es un imperativo, cuyos límites se encuentran enmarcados en las leyes de procedimiento que deben ser adaptadas para el empleo de estas nuevas tecnologías y, por otro lado, que los actos jurisdiccionales o que guarden una relación estricta con el derecho de acción definido en el artículo 24 de la Constitución obedecen a otro régimen, sobre el cual nos dedicaremos ahora.

V. ¿SMART JUEZ? RETOS DE LA JURISDICCIÓN EN LA SMARTIFICACIÓN DE LA ADMINISTRACIÓN DE JUSTICIA

1. MARCO JURÍDICO DE LA UTILIZACIÓN DE SISTEMAS INFORMÁTICOS EN LA ACTIVIDAD JURISDICCIONAL

La actividad jurisdiccional es la labor precipua del Poder Judicial, aunque según el art. 117 de Constitución en su apartado 4 se define la posibilidad de encomendar otras actividades por la ley, en garantía de cualquier derecho.

Dicha labor comprende, en todo tipo de procesos, la competencia para juzgar y hacer ejecutar a lo juzgado, bajo el imperio de la ley y mediante distintas clases de tutela, como la ejecutiva, la declarativa y la que algunos consideran como tutela cautelar, vehiculadas por medio de pretensiones dirigidas a los tribunales.

Como hemos dicho antes, la Administración en general se ha reformulado en lo que se refiere a su *front office*, afirmación aplicable a la oficina judicial, donde se ha visto un extenso proceso de digitalización, con adopción de nuevos modelos de gestión y sistemas informáticos.

En nuestro país, desde la Ley 18/2011, de 5 de julio, reguladora del uso de las tecnologías de la información y la comunicación en la Administración de Justicia, se busca establecer un marco de interoperabilidad entre los distintos sistemas informáticos adoptados en la Administración de Justicia, basándose en unas garantías mínimas de autenticidad, confidencialidad, integridad, disponibilidad, trazabilidad, conservación e interoperabilidad de los datos, informaciones y servicios que gestione en el ejercicio de sus funciones.

El ámbito de aplicación de la Ley se refiere a las relaciones de la Administración de Justicia con otras Administraciones, con los ciudadanos y profesiones en su relación con la Justicia y demás instituciones, previendo en su art. 4 en lo que respeta a la protección de datos de los justiciables y el régimen de notificaciones una serie de garantías:

a) A elegir, entre aquellos que en cada momento se encuentren disponibles, el canal a través del cual relacionarse por medios electrónicos con la Administración de Justicia.

b) A la igualdad en el acceso electrónico a los servicios de la Administración de Justicia.

c) A conocer por medios electrónicos el estado de tramitación de los procedimientos en los que sean parte procesal legítima, en los términos establecidos en la Ley Orgánica 6/1985, de 1 de julio, del Poder Judicial, y en las leyes procesales.

d) A obtener copias electrónicas de los documentos electrónicos que formen parte de procedimientos en los que tengan la condición de parte o acrediten interés legítimo, en los términos establecidos en la Ley Orgánica 6/1985, de 1 de julio, del Poder Judicial, y en las leyes procesales.

e) A la conservación en formato electrónico por la Administración de Justicia de los documentos electrónicos que formen parte de un expediente conforme a la normativa vigente en materia de archivos judiciales.

f) A utilizar los sistemas de identificación y firma electrónica del documento nacional de identidad o cualquier otro reconocido para cualquier trámite electrónico con la Administración de Justicia, en los términos establecidos por las leyes procesales.

g) A la garantía de la seguridad y confidencialidad de los datos que figuren en los ficheros, sistemas y aplicaciones de la Administración de Justicia en los términos establecidos en la Ley Orgánica 15/1999, de 13 de diciembre, de Protección de Datos de carácter personal, en la Ley Orgánica 6/1985, de 1 de julio, del Poder Judicial, y en las leyes procesales.

h) A la calidad de los servicios públicos prestados por medios electrónicos.

i) A elegir las aplicaciones o sistemas para relacionarse con la Administración de Justicia, siempre y cuando utilicen estándares abiertos o, en su caso, aquellos otros que sean de uso generalizado por los ciudadanos y, en todo caso, siempre que sean compatibles con los que dispongan los juzgados y tribunales y se respeten las garantías y requisitos previstos en el procedimiento que se trate.

Dado que la Ley Orgánica 15/1999 fue derogada por la Ley Orgánica 3 de 2018, y que según su disposición transitoria cuarta y la disposición adicional decimocuarta, sigue siendo de aplicación exclusivamente los artículos 22, 23 y 24 de la LO 15/1999, mientras no se establezca nueva norma a regular la materia, por lo que habrá que hacer una remisión tácita a la Ley Orgánica 3/2018.

Por otro lado, en lo que se refiere a lo que llama de gestión electrónica de la actividad judicial, la Ley determina algunos criterios en su artículo 25, especialmente que *la gestión electrónica de la actividad judicial respetará el cumplimiento de los requisitos formales y materiales establecidos en las normas procesales*.

Para ello, se impulsará la aplicación de medios electrónicos a los procesos de trabajo y a la gestión de los procedimientos y de la actuación judicial. Determinando que la aplicación de medios electrónicos a la gestión de los procedimientos, procesos y servicios deberá ser *precedida de la realización por el Comité técnico estatal de la Administración judicial electrónica de un análisis de rediseño funcional y simplificación del procedimiento, proceso o servicio, en el que se considerarán especialmente los siguientes aspectos*:

a) La posible supresión o reducción de la documentación requerida a los ciudadanos, mediante su sustitución por datos, transmisiones de datos o certificaciones.

b) La reducción de los tiempos en la tramitación de los procedimientos.

c) La racionalización de la distribución de las cargas de trabajo y de las comunicaciones internas y la introducción de indicadores de gestión.

Se crea el expediente judicial electrónico, regulado por el artículo 26, definido como el conjunto de datos, documentos, trámites y actuaciones electrónicas, así como de grabaciones audiovisuales correspondientes a un procedimiento judicial, cualquiera que sea el tipo de información que contenga y el formato en el que se hayan generado, además de prever un número de identificación general, y un índice electrónico para el foliado, firmado (por medio de certificado digital) por la oficina judicial firmante según proceda.

Los jueces, magistrados, fiscales, Abogados del Estado, letrados de la administración y funcionarios a servicio de la Administración de Justicia, conforme determina el artículo 21, dispondrán de firma digital, en la forma de un certificado digital que proveerá el Consejo General del Poder Judicial.

En otras palabras, el procedimiento pasa a ser realizado mediante un expediente electrónico, elaborado, numerado, validado y cuya tramitación se realiza en un entorno que emplea medios digitales, pero se desarrolla a modo de papel, ya que los archivos son estanques y empleándose distintos dispositivos de media y almacenamiento, pero sin la necesaria interoperabilidad y fluidez reclamada por la propia ley.

Cabe notar que el término interoperabilidad es empleado por cincuenta y cinco veces en el texto de la ley, sin que se defina en ningún artículo en concepto de interoperabilidad, que en palabras de FELIPE GÓMEZ (2007, 28) significa:

> «la capacidad de un sistema de información de comunicarse y compartir datos, información, documentos y objetos digitales de forma efectiva (con una mínima o nula pérdida de su valor y funcionalidad), con uno o varios sistemas de información (siendo generalmente estos sistemas completamente heterogéneos, distribuidos y geográficamente distantes), mediante una interconexión libre, automática y transparente, sin dejar de utilizar en ningún momento la interfaz del sistema propio».

La interoperabilidad planteada por el legislador no llega a determinar bajo qué condiciones y formas se compartirán los datos, pero busca que los sistemas empleados por las distintas administraciones sean compatibles entre sí, permitiendo teóricamente que la información esté todo el tiempo disponible para la Administración de Justicia y los ciudadanos.

Estos datos tienen un valor fundamental, ya que traducen cómo, cuando, a qué velocidad, bajo qué condiciones y cuáles las tendencias decisorias del juzgador. Siendo cruciales para dibujar modelos, establecer estrategias procesales y definir plazos de actuación, formateando la hoja de ruta adoptada por una o por ambas las partes de un litigio.

En este particular, en lo que respeta a la forma de empleo y disponibilidad de dichos datos, nuestro ordenamiento jurídico no ofrece cualquier regulación y por supuesto que en esta cuestión se establece un triple confronto axiológico que proviene de la obligación del Estado de que el proceso sea público, del derecho a la información de los ciudadanos y el principio de igualdad procesal, que establece un derecho a la igualdad de medios procesales entre las partes para hacer efectiva la tutela judicial pretendida, que se ve mermado cuando una de las partes conoce previamente los medios para que su actuación junto a la autoridad jurisdiccional sea más efectiva, desde un punto de vista estadístico.

El contenido de este derecho a la igualdad, más allá de la igualdad formal planteada desde una óptica meramente procesalista, se expande para albergar la noción igualitarista planteada por CARMONA CUENCA (1994, 283), pero su contenido en absoluto puede ser igualado a la noción de mínimo existencial que plantea él, ya que la igualdad, como señala WOLFGANG SARLET (2010, 35) constituye a la vez que un requisito de equilibrio social y un instrumento de emancipación del ciudadano.

En este sentido, es absoluta la carencia de una normativa capaz de garantir hoy por hoy los derechos de los ciudadanos ante la justicia, de forma a igualar la balanza que la brecha tecnológica ha formado entre los estados, los estados y las empresas y las empresas, las personas y el Estado.

No basta con crear una normativa que maquille el déficit tecnológico del Estado, se reclama la modernización del aparato del Estado, especialmente de la Administración de Justicia, con la finalidad de establecer las reglas del juego, los derechos, las limitaciones y las posibilidades de las partes, ya que, si a una de ellas se le concede la capacidad de antever por un modelo estadístico los mejores caminos a adoptar procesalmente, el mismo recurso debe estar disponible a la otra parte.

Por ello se dijo que es de fundamental importancia la forma como se ponen a disposición los datos referentes a las sentencias, los recursos y demás procedimientos judiciales y su tratamiento estadístico, porque considerando su naturaleza pública y la publicidad impuesta por la constitución y las leyes al proceso, se cuestiona que efectos tiene su tratamiento por una empresa.

Esta completa ausencia de regulación conlleva un riesgo para el propio sistema de justicia, de convertirse en un rehén de dichas informaciones, ya que en este modelo de justicia predictiva la desviación dentro de las tendencias constatadas obedece a un doble eje, obligando la motivación de una nueva opción jurisprudencial y, por otro lado, impidiendo la adopción de soluciones creativas por el juez.

En conclusión, lo que se nota es que la Ley 18/2011 ha introducido unos importantes cambios en lo que se refiere a la digitalización de la oficina judicial, pero también generó una difusión de la información que desiguala la balanza de la igualdad procesal, al no disponer nada sobre estos datos y la forma de su utilización, error que se mantiene en la actualidad y que genera una desigualdad que ya empieza a manifestarse en la realidad jurídica. Por lo que se hace necesario elegir el camino a seguir, sea limitando el tratamiento de estos datos, sea permitiéndolo en condiciones de igualdad a todos los justiciables, adoptando en definitiva el modelo de la justicia predictiva.

2. LOS ALGORITMOS Y EL MODELO DE JUSTICIA PREDICTIVA

La justicia predictiva, según VIOLA (2018, 32) establece un modelo matemático para el ejercicio de la jurisdicción. Este modelo matemático se basa en la existencia de un algoritmo, que realiza una serie de operaciones conjuntivas o disyuntivas para llegar a un determinado resultado. Recordemos que, a la distinción de los sistemas expertos, los algoritmos están alimentados con datos y resultados para establecer una rutina, y no con rutinas para procesar datos como ocurría en la generación anterior.

Como argumentos favorables al modelo de justicia predictiva, se sostiene que la previsibilidad del resultado de una demanda es un valor para toda la sociedad y que los magistrados podrán decidir con más conciencia cuando sus decisiones representen un cambio en la jurisprudencia, suponiendo una respuesta a la «*demagogia de que el poder judicial es a menudo una víctima con respeto a los errores judiciales*» (VIOLA, 2018, 169).

Por otro lado, VIOLA (2018, 171) entiende que no se trata de predecir con la máxima precisión el dispositivo de una sentencia, sino de identificar la orientación del razonamiento del juez, ya que las sentencias no son siempre lineales, sino que se componen de distintos recursos basados en silogismos, analogías, deducciones e inducciones.

El sistema de justicia predictiva no se confunde con los procesos de automación y análisis de expedientes por *machine learning*, como parece entender CORVALÁN (2017, 4), ya que en estos casos de automación no se establece un escenario predictivo, sino que se apoya en un modelo estadístico para realizar una simple búsqueda por *mining data*, para luego facilitar la elección de un modelo de escrito.

El sistema de justicia predictiva permite a los justiciables conocer las tendencias de los tribunales, basándose para ello en unas determinadas informaciones que, cuanto más cuantiosas, más datos prestarán para que el algoritmo pueda delimitar en términos estadísticos el resultado predecible.

En cambio, este sistema genera riesgos como la reducción del proceso judicial a un mero esquema matemático sin mayores correlaciones con la realidad, la existencia de errores de análisis decurrentes de una mala interpretación de la situación por el algoritmo, la formación de sesgos basados en valores que violan a los derechos fundamentales o vulnerar el derecho a la tutela judicial efectiva con base en la desigualdad de las partes en el acceso a los datos, que son el extracto del proceso de predicción.

Estos datos provienen de ficheros públicos que se originan de los distintos expedientes electrónicos de titularidad de la Administración en la medida que son necesarios para el desarrollo del proceso, pero no lo son los documentos privados que forman la base para la decisión del órgano judicial y, por lo tanto, su tratamiento por los sistemas de *mining data* debe respetar a una serie de principios y normas relativas a la protección de datos personales a las cuales ya nos hemos referido con antelación.

También es verdad que el proceso de predicción de las sentencias es algo que de forma intuitiva y lógica realiza todo operador de la justicia antes de alzar mano de los recursos jurídicos disponibles para actuar, eligiendo el que más sea adecuado para lograr su éxito. El problema se revela cuando dicho proceso de previsión de resultados genera una desigualdad procesal, sea porque se emplean datos públicos en beneficio de solamente una de las partes, sea cuando una parte dispone de un abanico más amplio de datos que aquellos a los cuales puede acceder la otra parte.

Ignorar este hecho es retroceder a la igualdad formal pura y simple que emergía de *l'ecole du exegesis* (HALPÉRIN, 2017, 8), retrocediendo en la conquista de derechos como la igualdad material como un principio a ser observado por el Estado y, especialmente, el derecho a la tutela judicial efectiva consagrado en el artículo 24 de la Constitución española.

Ello no implica que el empleo del modelo de justicia predictiva por sí mismo es capaz de vulnerar al derecho a la tutela judicial efectiva, sino que su implementación, sin las debidas cautelas, puede vulnerar a este derecho, porque la brecha digital es una realidad y afecta en distintos grados a los ciudadanos, estados y empresas dentro de sus respectivas realidades y por ello los recursos tecnológicos deben ser empleados para reducir dichas desigualdades, no para ampliarlas.

Hay muchas formas de reducir los impactos de estas desigualdades, especialmente en los casos en que una de las partes previamente dispone de un mayor volumen de datos e informaciones que la otra, hecho que se acentúa con el empleo de la inteligencia artificial. Una de ellas es prestar, en igualdad de condiciones, el sistema de justicia predictiva por el Estado para ambas las partes, especialmente considerando que los ficheros empleados en dichos sistemas pertenecen al Estado.

Otra forma es instituir sistemas judiciales más tuitivos, no solamente con sistemas de información, pero con jurisdicciones especiales, donde se invierta la carga probatoria a la parte que posea superioridad frente a la otra, experiencia que logró bastante aceptación y éxito en otros ordenamientos, como el brasileño p. ej.

No obstante, lo que hay que tener claro en lo que respeta a la justicia predictiva es que este modelo antecede al ejercicio de la jurisdicción, se basa en informaciones estadísticas relacionadas a casos similares, con un mayor nivel de precisión cuando se tenga un mayor volumen de información sobre el procedimiento y que dicho sistema puede vulnerar, si no se regula su utilización con cautela al derecho a la tutela judicial efectiva, por cuenta de las desigualdades generadas en el ámbito del proceso.

En conclusión, compete al Estado, en garantía del art. 24 de la Constitución española, regular la forma de tratamiento del uso de dichos ficheros generados en las oficinas judiciales, permitiendo con ello el acceso en condiciones de igualdad a todas las partes a dichos sistemas de predicción.

VI. EL EMPLEO DE LA INTELIGENCIA ARTIFICIAL EN LAS FUNCIONES JURISDICCIONALES

Llegado este punto de nuestro trabajo, habiendo establecido unas nociones preliminares, pasamos a la última y quizás principal, pero no conclusiva etapa de nuestro trabajo, la de cuestionar si es posible aplicar dichos recursos en los procesos jurisdiccionales definidos en el art. 117 de la Constitución española.

Lo primero que debemos tener claro es que los sistemas de IA, sea cual sea su naturaleza, no es un sustitutivo del juez, sino que su auxiliar, al igual que en la actualidad existen auxiliares humanos, que ejercen dichas actividades sin realizar cualquier tarea jurisdiccional.

Negar que la IA cumple una importante función en los días actuales es lo mismo que ignorar que el propio sistema desde el cual escribimos el presente artículo —que probablemente es el mismo utilizado por un juez en Badajoz o en Salamanca—, emplea distintos instrumentos de inteligencia artificial, especialmente el aprendizaje automático para aprender la forma como escribimos, sugiriendo expresiones o corrigiendo errores.

La inteligencia artificial no sustituye a los jueces, ni los sustituirá, porque el mecanismo para llevar a cabo el proceso decisorio es tan complejo que sería no imposible, pero inviable desde el punto de vista de la adecuación con las finalidades de justicia, que un robot llegue a dictar una sentencia.

Tarea que tampoco podría ejecutar por inviabilidad legal, ya que la Constitución en su art. 117 determina que la jurisdicción sea realizada de manera exclusiva por jueces y magistrados.

Sin embargo, el hecho de que las decisiones sigan siendo adoptadas por el juez no impide que la utilización de mecanismos basados en IA influya en su decisión, sea porque la prueba empleada se basa en un informe elaborado de forma automatizada, es decir, por un robot, sea porque se emplea una prueba obtenida por minería de datos, reconocimiento facial, u otro medio relacionado con las TIC.

Para resolver esta cuestión entran en juego dos perspectivas fundamentales. La primera, que hoy por hoy la inteligencia artificial no se encuentra debidamente regulada en nuestro derecho y, segundo, que el proceso y las garantías procesales sí lo están. En el caso de la obtención de la prueba por minería de datos, entendemos que no hay grandes cuestiones siempre cuando no se vulnere algún derecho fundamental de las personas afectadas, ya que el art. 23 del Reglamento 2016/679 recoge la posibilidad de un juez, respetado el debido proceso legal, adoptar medidas que interfieran en la protección de los datos personales de los justiciables.

Lo mismo ocurre con la cuestión referida a las pruebas obtenidas por medio de sistemas de IA, salvaguardadas importantes discusiones a respeto de la violación de los derechos fundamentales, a la intimidad, a la propia imagen, al propio cuerpo, a las informaciones genéticas y otros elementos de la dignidad de la persona. En otras palabras, las pruebas serán lícitas y aceptables en un proceso jurisdiccional, con independencia del orden jurisdiccional al cual no estemos refiriendo siempre que no violen a los derechos fundamentales, de acuerdo con lo que determina el art. 287 y de la LEC y correlatos en los demás órdenes jurisdiccionales.

Ahora bien, cuando el empleo de dichos recursos se relaciona con la sentencia de manera que no se puede disociar su importancia del contenido del fallo, es decir, que probablemente el contenido del fallo fuera otro cuando el recurso a la IA no fuera utilizado, entendemos que la cuestión debe ser tratada con cautela, porque primero se puede estar afectando, como se dijo con anterioridad, el derecho a la tutela judicial efectiva y, por otro lado, se pueden estar vulnerando derechos fundamentales de los justiciables.

Lo que hay que tener claro, y ello es un acierto de la Carta Ética Europea para el uso de la IA en los Sistemas Judiciales y su entorno, es que, en cualquier caso de aplicación de la IA en los sistemas judiciales, la persona debe ser considerada como valor fundamental, sin que pueda ser reducida a un mero sistema estadístico.

Dicha Carta, como hemos definido con antelación, no se concreta en un marco jurídico y tampoco puede ser invocada como norma aplicable a un procedimiento específico, pero de su contenido podemos inferir unos criterios interpretativos acordes con el respeto a los derechos humanos, consagrados en nuestro ordenamiento.

La carta define que los sistemas de IA no pueden ser empleados para menoscabar la independencia de los jueces en sus tomas de decisiones, debiendo ser utilizados con respeto a los principios del Estado de derecho y dar preferencia ética a los derechos humanos, por medio de un diseño de enfoques.

Ello significa que los sistemas de IA deben ser diseñados con una arquitectura cuyas camadas de los algoritmos puedan tener unos criterios transparentes, abrigando en sus etapas de aprendizaje normas que prohíban violaciones directas e indirectas a los derechos humanos.

Determina la Carta, otrosí, que *cuando se utilizan herramientas de inteligencia artificial para resolver un conflicto o como una herramienta para colaborar en la toma de decisiones judiciales o para orientar a la opinión pública, es esencial asegurarse de que no menoscaben las garantías del derecho de acceso al juez y el derecho a un juicio justo, privilegiando, como hemos dicho anteriormente, el derecho a la igualdad de armas y el respeto por el proceso de confrontación*[4].

En este sentido, teniendo en vista la capacidad de estos métodos de procesamiento para revelar la discriminación existente, a través de la agrupación o clasificación de los datos relativos a las personas o grupos de personas, público y actores privados, deben garantizar que los métodos no se reproducen o agravan esta discriminación y que no den lugar a análisis deterministas o usos que menoscaben a los derechos fundamentales, ocasionando los llamados sesgos discriminatorios.

No obstante, también se pueden emplear dichos análisis estadísticos para prevenir la discriminación, verificando si una determinada autoridad deniega todas las solicitudes de personas de una determinada raza o condición social, perteneciente a los grupos llamados vulnerables, y la puede prevenir con el argumento estadístico irrefutable, porque son estos los casos en que la IA puede contribuir de forma inestimable a la construcción de una sociedad más libre, justa y solidaria.

4. Nuestra traducción.

Por ello es que en la construcción de los modelos de aprendizaje automático se debe intentar reflejar lo más claro posible la experiencia de los profesionales de todo el entorno de la justicia y también de investigadores, retroalimentando el sistema con base a garantías éticas y previniendo la existencia de errores no solucionados con un sistema de auditoría de las sentencias basadas en información delicada prestada o elaborada por IA, bien como estableciendo un sistema de recursos adecuados a corregir los errores que se vengan a detectar.

En lo que se refiere a la seguridad, la Carta se preocupa en establecer que los modelos y algoritmos creados también deben ser capaces de ser almacenados y ejecutados en entornos seguros, a fin de garantizar la integridad del sistema, su intangibilidad, lo que significa el empleo de tecnologías como las cadenas de información (*blockhain*), visando garantizar no solamente la seguridad de la información, sino también su inalterabilidad por agentes externos al proceso, garantizando que la información sobreviva íntegra a eventuales ataques cibernéticos.

En síntesis, entendemos que la IA puede y debe ser considerada una enorme aliada del órgano jurisdiccional para llevar a cabo su función, pero como toda herramienta debe ser vista con cautela, tener regulada y limitada su utilización, teniendo por base la titularidad de los ficheros con los cuales trabaja, ahí incluidos los ficheros de utilidad pública, pero de titularidad del Estado, como son los archivos procedentes del expediente judicial electrónico, ya que pueden albergar informaciones de carácter privado de las partes.

No se trata de simplificar lo que es complejo, defendiendo que la interpretación de la ley ya es por sí misma una operación teleológica y que se puede dar margen a más de un sentido. Ni tampoco que cualquier decisión es una decisión, ya que dos argumentos coherentes pueden dar lugar a diferentes juicios de acuerdo con dos prioridades diferentes (LINANT DE BELLEFONDS, 1994, 705).

La cuestión fundamental por entenderse es que la justicia es un servicio fundamental, prestado por el Estado y prescindir de la idea de que la justicia sea impartida por una autoridad humana legalmente investida, responsable y sujeta a un régimen jurídico para aceptar que lo haga un algoritmo es lo mismo que negar la impartición de justicia, ya que se estaría tratando de un sistema automático en toda regla.

En este sentido, sostenemos que la inteligencia artificial no puede ser empleada para solucionar por sí misma los conflictos judiciales, tampoco para sustituir a los jueces o siquiera emitir cualquier acto de conocimiento que implique el ejercicio de las funciones definidas en el art. 117 de la Constitución española, porque viola el principio del juez natural predeterminado por la Ley, viola el art. 24 de la Constitución, que determina la tutela judicial efectiva y rompe definitivamente con el valor de la seguridad jurídica.

No significando, por otro lado, que su empleo sea nefasto o negativo, ya que puede apoyar con argumentos y documentos sólidos y estadísticos las decisiones judiciales desde distintos puntos de vista técnicos, permitiendo al juez un mejor análisis de los escenarios de cada caso, dotando de celeridad a la tramitación de los expedientes.

Por el contrario, este empleo debe ser basado en la persona como valor fundamental, no reduciendo por simples constataciones estadísticas, sin mayores profundizaciones las personas y sus derechos a simples células de una plantilla, o meros porcentuales, y ello es lo que intenta hacer ahora mismo la Unión Europea con la Carta Ética.

El gran problema es que mientras su contenido sea meramente declarativo y carente de fuerza normativa, no estaremos garantizando la justicia ni el derecho de los ciudadanos, porque lo que está claro es que la inteligencia artificial va avanzando silenciosa e ininterrumpidamente y la única solución para evitar que en este avance se produzcan violaciones a los derechos de los justiciables es aceptar dicho avance y regular sus efectos, protegiendo el valor más básico del Estado, que son las personas y su dignidad.

Por ello, entendemos que la inteligencia artificial puede y debe ser empleada para mejorar el trabajo de la oficina judicial como órgano administrativo, mejorar el ya arcaico sistema de notificaciones de la Administración de Justicia y apoyar a los jueces en cuestiones técnicas y también jurídicas, pero su empleo debe ser limitado y sujeto a los límites impuestos por los derechos humanos.

Cabe, por ello, definir cuál es el modelo que el Estado pretende adoptar en el ejercicio de estas funciones y todo ello parte de la participación de las personas en este proceso de decisión. No son pocos los ejemplos de sistemas de IA que vienen cumpliendo este cometido, pero que están siendo implantadas al margen de cualquier debate, como «Prometea», una IA desarrollada por la Fiscalía de la Ciudad de Buenos Ayres, o una IA bautizada «Víctor», desarrollada en el Supremo Tribunal Federal de Brasil en conjunto con la Universidad de Brasilia, que ya viene realizando el análisis de un requisito de admisión a trámite de una clase de recursos que llega aquel Tribunal[5].

5. BRASIL. Supremo Tribunal Federal. Inteligencia Artificial vai agilizar a tramitação de processos no STF. Disponible en: http://www.stf.jus.br/portal/cms/verNoticiaDetalhe.asp?idConteudo=380038

Países de nuestro entorno como en Francia vienen desarrollando estudios sobre la materia y en otros países como en Estados Unidos, algunos informes y análisis de interés judicial son elaborados por estos robots, generando con ello la mayoría de los casos reconocidos de errores basados en sesgos y discriminación.

El tema es demasiado amplio para llegar a una conclusión en este trabajo de investigación, pero demasiado importante para no ser debatido. Se nos afronta, como sociedad en red, el momento de decidir sobre el modelo de justicia que se nos impone y como personas no podemos olvidarnos de que siempre podrán existir personas sin justicia, pero no hay justicia sin personas.

Dicha constatación es fundamental para entender que, por más que los sistemas judiciales avancen, que se implanten nuevos recursos, sistemas expertos, inteligencia artificial u otras tecnologías que surjan en el futuro, solo un ser humano es capaz de comprender la complejidad del desvelamiento de la vida, el valor filosófico y existencial fundamental que hace el sujeto percibirse y estar en el mundo[6] y que si nos distanciamos como sistema judicial de estos valores, no estaremos avanzando más de que la ya superada idea cartesiana y positivista de que la ley y los hechos de la vida pueden ser reducidos a meros silogismos, cuando no lo son.

En síntesis y sin pretensiones conclusivas, defendemos que la inteligencia artificial puede y debe ser empleada para agilizar y mejorar a los sistemas judiciales, pero la persona debe ser el principio, con la demanda, el medio, con un juicio justo y el final de la justicia, con una sentencia dictada por y para una persona, o no estaremos ante un sistema de justicia verdadero, sino de mera virtualidad.

VII. INTELIGENCIA ARTIFICIAL Y SEGUNDA INSTANCIA: CUESTIONAMIENTOS Y APUNTES

Si la utilización de la inteligencia artificial en el entorno judicial y por los jueces y magistrados ya resulta cuestionable desde el punto de vista procesal en primera instancia, tal y como hemos podido comprobar, su uso en sede de recurso no podría dejar lugar a menos dudas.

En este sentido, la incorporación de la inteligencia artificial en la segunda instancia judicial presenta un dilema complejo y de gran relevancia

6. Véase HEIDEGGER, Martin. Ser y tiempo. Trad. Jorge Eduardo Rivera. Ed. Trotta. 3.ª Ed. 2018. También ARENDT, Hannah. La condición humana. Ed. Paidós. 2016.

en lo que respecta a los estándares de examen de la prueba y su potencial impacto en el derecho a la tutela judicial efectiva.

Si bien es innegable que la IA puede ofrecer ventajas significativas, como la capacidad de procesar grandes volúmenes de datos y evidencias que pueden ser empleadas como pruebas en un procedimiento en un tiempo reducido, también genera una serie de preocupaciones críticas que deben ser abordadas de manera exhaustiva por la doctrina, ya que conlleva una serie de desafíos, que mencionaremos sumariamente.

Uno de los principales desafíos radica en la capacidad de la IA para llevar a cabo análisis y evaluaciones. Como se sabe, la tecnología de IA se basa en algoritmos, incluyendo el aprendizaje automático, lo que significa que su eficacia y objetividad dependen en gran medida de la calidad de los datos con los que se entrena. Si los datos de entrenamiento contienen sesgos, como prejuicios sistemáticos, discriminación o inexactitudes, la IA puede perpetuar estos sesgos en su análisis probatoria.

Esto plantea una preocupación fundamental en relación con la equidad y el derecho fundamental a la igualdad en el sistema judicial, ya que la toma de decisiones sesgadas puede socavar el derecho a la tutela judicial efectiva, especialmente para aquellos que históricamente han enfrentado discriminación, incluyendo la discriminación machista.

Otra cuestión importante es la falta de transparencia en la toma de decisiones basadas en IA. Los algoritmos utilizados para analizar la prueba y los estándares empleados, lo que le haría recomendar líneas de razonamiento que pueden ser extremadamente complejas y difíciles de comprender. Dicha situación, plantea la pregunta de cómo las partes involucradas, los abogados y, en última instancia, la sociedad en su conjunto, pueden evaluar y cuestionar la base de las decisiones judiciales cuando están influenciadas por algoritmos opacos.

La transparencia y el uso de la racionalidad son esenciales para garantizar la confianza en el sistema judicial y para permitir la rendición de cuentas en caso de errores o injusticias en las sentencias. No por otro motivo, el legislador en la LEC ha determinado en el artículo 218 que las sentencias deben ser motivadas, expresando los razonamientos fácticos y jurídicos que conducen a la apreciación y valoración de las pruebas, así como a la aplicación e interpretación del derecho. La motivación deberá incidir en los distintos elementos fácticos y jurídicos del pleito, considerados individualmente y en conjunto, ajustándose siempre a las reglas de la lógica y de la razón.

La automatización de la revisión de pruebas en la segunda instancia judicial también podría llevar a una pérdida de la humanidad en el proceso. La concreción de los mandatos legales en las sentencias no se resume al mero automatismo de un silogismo entre norma y hecho. No se trata únicamente de aplicar fríamente la ley, sino también de comprender y considerar las circunstancias individuales y los matices de cada caso. La IA, al carecer de empatía y de la propia condición humana y la capacidad de evaluar factores humanos complejos, podría pasar por alto aspectos cruciales en la toma de decisiones judiciales, lo que podría poner en peligro el derecho a la tutela judicial efectiva.

Un problema adicional se refiere a la cuestión de la responsabilidad. Si un error en el análisis de la IA conduce a una decisión judicial con un error en la apreciación de la prueba, ¿quién sería responsable? Los jueces pueden argumentar que simplemente siguieron las recomendaciones de la IA, lo que dificultaría la atribución de responsabilidad en estos casos.

Todo ello, podría redundar en vulneraciones al derecho a la tutela judicial efectiva de las partes, visto que si es el mismo algoritmo el que evalúa la prueba en segunda instancia, eventualmente, estos errores podrían multiplicarse y el conocimiento de su existencia podría dilatarse en el tiempo, inviabilizando la adopción de recursos.

En términos de estándares de examen de la prueba, la IA también podría influir en la forma en que se evalúan los testimonios de testigos y la credibilidad de las pruebas presentadas. La IA podría proporcionar indicadores de credibilidad basados en patrones de lenguaje y comportamiento, pero estos indicadores podrían ser incompletos o inexactos. Esto plantea la preocupación de que las decisiones judiciales se basen en evaluaciones automáticas de credibilidad en lugar de una revisión cuidadosa y contextual de la evidencia, lo que podría socavar aún más el derecho a un proceso justo y efectivo.

Además, el uso de la IA en la segunda instancia judicial también plantea cuestiones de privacidad. La recopilación y el análisis de datos personales a través de la IA para evaluar la credibilidad o la validez de las pruebas podrían ser una intrusión en la privacidad de las partes involucradas en un caso. Dicha cuestión, podría derivar en un problema especialmente relevante en casos sensibles, como los relacionados con derechos fundamentales, donde la privacidad de los individuos es de suma importancia, en especial, visto el mandato general establecido por el artículo 18, apartado 4 de la Constitución.

En el futuro, una dependencia excesiva de la IA en la toma de decisiones judiciales también podría erosionar el papel central de los jueces humanos en el proceso judicial. Aunque la IA puede ser una herramienta valiosa para ayudar en la revisión de pruebas, no debe reemplazar la capacidad de discernimiento, juicio y toma de decisiones que solo un ser humano puede ofrecer.

Dicho de otra forma, no podemos convertir el juez en la figura del hombre herramienta de Hannah Arendt (2016), que, de tan dependiente de las herramientas, se convierte él mismo en herramienta, lo que, figurativamente, implica en la pérdida de la propria condición humana, que es esencial a la hora de interpretar el mundo a su alrededor.

En conclusión, la introducción de la inteligencia artificial en la segunda instancia judicial conlleva una serie de desafíos significativos en lo que respecta a los estándares de examen de la prueba y la protección del derecho a la tutela judicial efectiva.

Si bien la IA tiene el potencial de agilizar el proceso judicial y mejorar su eficiencia, también plantea riesgos sustanciales relacionados con sesgos, opacidad, deshumanización, problemas de privacidad y responsabilidad.

En este sentido, para garantizar que la IA se utilice de manera legal y efectiva en el sistema judicial, es esencial establecer salvaguardias sólidas, garantizar la transparencia y preservar el papel central de los jueces humanos en la toma de decisiones judiciales, de modo que el derecho a la tutela judicial efectiva no se vea minado por la adopción de la tecnología de IA, sea en primera o en segunda instancia.

VIII. CONCLUSIONES

La modernidad inventó al sujeto singular, el hombre atomizado que existe por sí y para sí. Derrocada la *noesis noesos*[7], la búsqueda de una verdad transcendental, el sujeto se ha convertido en artífice de su propio destino, desplazando los conceptos de racionalidad moral, de superioridad moral, de la justicia hacia una racionalidad atomizada y de autoafirmación, creando una sociedad que se autorreproduce desde distintos modelos, en lo que los filósofos llaman de autopoiesis.

En este escenario la justicia dejó de ser un reclame y se va convirtiendo poco a poco en un producto prestado por el Estado y para el cual la Sociedad Red reclama una modificación, al igual como ya viene ocurriendo como la

7. Véase: BLOCH, Ernest. El pensamiento de Hegel. 2 Ed. Ed. Fondo de Cultura de México. 1983. Disponible en: https://biblioteca.uazuay.edu.ec/opac_css/index.php?lvl=notice_display&id=39862

Administración del Estado, la Administración de Justicia se ve compelida a reinventarse y adaptarse, restableciendo las reglas del juego para no ser aplastada por el avance de las empresas y para seguir prestando el necesario servicio público de la jurisdicción.

Estos cambios no pueden y no deben ocurrir desconsiderando la necesidad de respeto a los derechos fundamentales, a la intimidad de las personas, presunción de inocencia y la dignidad de la persona como valores fundamentales del ordenamiento jurídico.

Tampoco se puede aceptar que dichos avances ocurran en una sociedad democrática como una imposición del Estado hacia la sociedad, debiendo ser iniciado el debate de dichas cuestiones, visando permitir a la sociedad el conocimiento y la implementación de dichos medios.

No basta para ello con establecer unas Cartas con valores programáticos, sino que se demuestra imperioso prestar medios reales y efectivos para la defensa de los derechos de los ciudadanos ante la invasión de su intimidad por el Estado y las empresas, regulando de forma contundente el uso de las informaciones personales o sensibles por empresas y por el propio estado más allá del deficitario sistema del *notice and choice*.

Más allá de implementar una oficina judicial que se predica de modernidad, pero donde los profesionales desconocen en la esencia el funcionamiento de las nuevas tecnologías, hay que fomentar la formación de ciudadanos con conocimientos en inteligencia artificial, su naturaleza y sus modos de empleo, visando así preparar a estos profesionales reclamados por esta nueva realidad.

Se trata en última instancia de adoptar políticas públicas que fomenten el conocimiento de estos mecanismos y permitan la construcción de un sistema tuitivo basado en el derecho a la información, proporcionando a los justiciables la certeza de que no tendrán sus derechos violados en este proceso de modernización y que la justicia sigue siendo dictada por y para personas.

Reiterando lo ya afirmado, en conclusión, la introducción de la inteligencia artificial en la segunda instancia judicial conlleva una serie de desafíos significativos en lo que respecta a los estándares de examen de la prueba y la protección del derecho a la tutela judicial efectiva.

Si bien la IA tiene el potencial de agilizar el proceso judicial y mejorar su eficiencia, también plantea riesgos sustanciales relacionados con sesgos, opacidad, deshumanización, problemas de privacidad y responsabilidad.

En este sentido, para garantizar que la IA se utilice de manera legal y efectiva en el sistema judicial, es esencial establecer salvaguardias sólidas, garantizar la transparencia y preservar el papel central de los jueces humanos en la toma de decisiones judiciales, de modo que el derecho a la tutela judicial efectiva no se vea minado por la adopción de la tecnología de IA, sea en primera o en segunda instancia.

Los retos están puestos y el tiempo no es un aliado en la disputa por la implementación de una sociedad moderna, libre y esencialmente igualitaria y justa. Por ello, cabe no solamente al Estado, sino que a todos los profesionales del entorno jurídico comprender, adaptarse y conformar la tecnología a nuestro alrededor en una sierva de la humanidad, antes que convirtamos la humanidad en una sierva de las tecnologías.

BIBLIOGRAFÍA

ARENDT, Hannah. *La condición humana.* Ed. Paidós. 2016.

BARONA VILAR, Silvia. *Inteligencia artificial o la algoritmización de la vida y de la justicia.* Rev. Boliviana de Derecho, ISSN-e 2070-8157, n.º 28, 2019, pp. 18-49.

BARUH, Lemi; POPESCU, Mihaela (2015). «*Big data analytics and the limits of privacy self-management*». New media & society, pp. 1-18. https://doi.org/10.1177/1461444815614001

BLOCH, Ernest. *El pensamiento de Hegel.* 2 Ed. Fondo de Cultura de México. 1983. Disponible en: https://biblioteca.uazuay.edu.ec/opac_css/index.php?lvl &id=39862

CARMONA CUENCA, Encarnación. *Igualdad Material en la Jurisprudencia del Tribunal Constitucional.* Revista de Estudios Políticos Nueva Época. N. 84 v. 1.

CASTELLS, Manuel. *La sociedad red.* Alianza Editorial. Madrid: 1997.

CORVALÁN, Jua Gustavo. *La primera inteligencia artificial predictiva al servicio de la Justicia: Prometea.* Diario La Ley. 29/09/2017. Disponible en: http://www.pensamientopenal.com.ar/system/files/2019/06/doctrina47747.pdf.

CRAWFORD, Kate; METCALF, Jacob. «*Where are human subjects in big data research? The emerging ethics divide*». Big data and society. (2016) Disponible en: https://doi.org/10.1177/2053951716650211

FELIPE GÓMEZ, Laureano. *Interoperabilidad en los Sistemas de Información Documental*. Revista Códice. V. 3, n.º 1 jun/2007. Ed. Universidad La Salle.

FOUCAULT, Michel. *Vigilar y castigar*. Ed. Biblioteca Nueva. Madrid, 2012.

HALPÉRIN, Jean-Louis. *Exégesis*. Revista de Derecho de Barranquilla. N. 48, 2017. ISSN: 0121-8697.

HEIDEGGER, Martin. *Carta sobre el humanismo*. Ed. Alianza. Madrid, 2000.

– *Ser y tiempo*. Ed. Trotta. 3.ª Ed. 2018.

KAI-FU, Lee. *As superpotencias da inteligência artificial*. Ed. Relógio D'Água. Lisboa, 2019.

KAULR KALRA, Harsimran. *A Review Study on Humanoid Robot SOPHIA based on Artificial Intelligence*. Disponible en: http://www.ijtc.org/download/volume-4/mar-4/IJTC201803001- 20Intelligence-s320.pdf

LINANT DE BELLEFONDS, Xavier. *L'utilisation d'un «système expert» en droit comparé*. Revue internationale de droit comparé, Vol. 46, 1994, No. 2, p. 703-718.

PINO DIEZ, Raúl. *Introducción a la Inteligencia Artificial*. Universidad de Oviedo. Oviedo: 2001.

RAMIÓ, Carles. *Inteligencia artificial y administración pública*. Ed. Catarata. Madrid: 2019.

RODRIGUÉZ-ARANA, Jaime. *La buena administración como principio y como derecho fundamental en Europa*. Revista Misión Jurídica. n. 6 año 2013.

SANTOS, Milton. *La naturaleza del espacio*. Ed. Ariel S.A. Barcelona: 2000.

SAPHIRO, Stuart C. *Encyclopedia Of Artificial Inteligence*. Ed. John Wiley & Sons. Nueva York, 1992.

SCHWAB, Klaus. *La cuarta revolución industrial*. Ed. Debate, 4.ª Ed. Barcelona, 2018.

SOLOVE, Daniel J. (2013). «*Introduction: Privacy self-management and the consent dilemma*». Harvard law review, v. 126, n. 7, pp. 1880-1903. Disponible en: http://cdn.harvardlawreview.org/wpcontent/uploads/pdfs/vol126_solove.pdf

SUÁREZ GONZALO, Sara. *Big social data*. El profesional de la información, 2017, marzo-abril, v. 26, n. 2. P. 283-292. eISSN: 1699-2407.

VIOLA, Luigi. *Interpetazione della legge con modelli matematici*. Vol. I., 2.ª Ed. Ed. Diritto Avanzato. Milán, 2018.

WALLERSTEIN, Immanuel. *Conocer el mundo, saber el mundo*. Ed. Siglo XXI. 2.ª Ed. 2002, Buenos Aires.

WOLFGANG SARLET, Ingo. *Los derechos constitucionales en el constitucionalismo contemporáneo*. In PRESNO SERNA, Miguel Ángel. (oro.) Los derechos sociales como un instrumento de emancipación. Ed. Thomson Reuters Aranzadi. 2010. p. 35-61.

25

El valor probatorio de las resoluciones no vinculantes en el Proyecto de Ley por la que se crea la Autoridad Administrativa Independiente de defensa del cliente financiero

José María Trabada Sánchez de Toca
Abogado del Ilustre Colegio de la Abogacía de Madrid

I. INTRODUCCIÓN

Uno de los principales problemas a los que se enfrenta en nuestros días la Administración de Justicia es, sin duda alguna, la excesiva acumulación de asuntos en nuestros órganos judiciales que, de manera inevitable, conlleva la sobrecarga de los mismos y una prolongada duración de la tramitación de los litigios. Esta situación, provocada en gran medida por el fenómeno conocido como litigación en masa, tiene una especial relevancia en el ámbito financiero en la medida en que comúnmente los sujetos de la litigación en masa son entidades financieras y consumidores o inversores normalmente minoristas o no profesionales.

Para la resolución de este tipo de litigios, las tres principales entidades supervisoras del sector financiero, es decir, la Comisión Nacional del Mercado de Valores («*CNMV*»), el Banco de España y la Dirección General de Seguros y Fondos de Pensiones («*DGSyFP*») tienen habilitados sendos servicios de reclamaciones en los que los clientes de entidades financieras, siempre y cuando cumplan con los requisitos previstos en la respectiva regulación sectorial, pueden presentar sus reclamaciones y hacer valer sus derechos a través de un sistema extrajudicial de resolución de controversias. Sin embargo, estos sistemas de resolución de reclamaciones que en la práctica han resultado ser eficientes y, en buena medida, también efectivos[1] han

1. Así, conforme a la información hecha pública por las autoridades del sector financiero, durante el año 2022 el servicio de reclamaciones de la CNMV recibió 1.371 escritos, habiendo admitido 783, de los cuales 271 casos concluyeron con un informe motivado en el que se determinó que la actuación de la entidad había sido incorrecta y en 267 casos que había sido correcta. De los restantes 245 escritos, en 229 el reclamante vio satisfechas todas sus pretensiones sin necesidad de resolución por parte de la CNMV. Por su parte, el servicio de reclamaciones del Banco de España a lo largo del 2021 recibió un total de 34.330 reclamaciones, de las cuales un 95,2% fueron presentadas por consumidores, habiendo sido todas las reclamaciones resueltas por el Banco de España a la fecha de la publicación de su memoria anual de reclamaciones (septiembre de 2022).
   Finalmente, el servicio de reclamaciones de la DGSyFP recibió en 2022 un total de 10.797 escritos, de los cuales resolvió durante el año 2022 un total de 4.363 reclamaciones a las que se deben adicionar las 5.606 reclamaciones resueltas correspondientes a asuntos iniciados antes del 1 de enero de 2022.

demostrado ser poco utilizados por aquellos legitimados a instarlos, en comparación con el número de demandas presentadas ante los tribunales civiles[2].

Es por ello por lo que esta cuestión viene preocupando desde hace años al legislador nacional y también al europeo. De esta manera, en el año 2013 se aprobó la Directiva 2013/11/UE, del Parlamento Europeo y del Consejo, de 21 de mayo de 2013, relativa a la resolución alternativa de litigios en materia de consumo (la «*Directiva*») que fue transpuesta en nuestro ordenamiento jurídico a través de la Ley 7/2017, de 2 de noviembre, por la que se incorpora al ordenamiento jurídico español la Directiva 2013/11/UE, del Parlamento Europeo y del Consejo, de 21 de mayo de 2013, relativa a la resolución alternativa de litigios en materia de consumo (la «*Ley 7/2017*») y que, entre otras disposiciones recogía el mandato al Gobierno de remitir, en un plazo de ocho meses desde su entrada en vigor, un proyecto de ley que reglase el sistema de protección del cliente financiero, así como su organización y funciones.

A tales efectos, y transcurrido holgadamente el plazo inicial de ocho meses, en el año 2022 comenzó el íter legislativo del proyecto relativo a la promulgación de una ley a través de la cual se crease la Autoridad Administrativa Independiente de Defensa del Cliente Financiero (la «*Autoridad*»).

Si bien tanto el Anteproyecto de Ley, como el posterior Proyecto de Ley han sido objetos de numerosas críticas desde sectores académicos y profesionales, el presente trabajo se centrará únicamente en uno de los aspectos más controvertidos del Proyecto de Ley que es el valor probatorio previsto para las resoluciones no vinculantes de la Autoridad y, más concretamente, de los principales aspectos problemáticos que su enunciación legislativa plantea.

Con el fin de abordar dicha cuestión, el presente trabajo comenzará con una breve exposición sobre el modelo de supervisión financiero vigente en España en contraposición con otros modelos de supervisión financiera de nuestro entorno jurídico y analizará el encaje que la Autoridad Administrativa Independiente de Defensa del Cliente Financiero tiene en el mismo en comparación con el modelo vigente de resolución de reclamaciones.

---

2. A título meramente ejemplificativo, cabe citar la noticia hecha pública el 22 de marzo de 2022 por el Consejo General del Poder Judicial en la que se hacía constar que los juzgados especializados en cláusulas abusivas habían resuelto desde su puesta en marcha en junio de 2017 el 71,6% de los 713.129 asuntos ingresados. Disponible en: https://www.poderjudicial.es/cgpj/es/Poder-Judicial/En-Portada/Los-Juzgados-de-clausulas-abusivas-han-resuelto-ya-el-71-6-por-ciento-de-los-713-129-asuntos-ingresados-desde-su-puesta-en-marcha--en-junio-de-2017

Expuesto lo anterior, en el trabajo se analizarán a grandes rasgos las competencias y naturaleza administrativa previstos para la Autoridad en la configuración legislativa dada a la misma en el Proyecto de Ley, en la redacción final sometida a votación por parte del Congreso de los Diputados[3].

Así, una vez parametrizado el sistema en el cual el legislador español tiene previsto establecer la Autoridad y su régimen competencial, se estudiará el régimen jurídico de las resoluciones no vinculantes de la misma y los efectos que se prevé que las mismas tengan en nuestro ordenamiento.

Una vez expuesto lo anterior, se procederá finalmente a analizar el valor probatorio de las resoluciones no vinculantes de la Autoridad y las problemáticas que la redacción del Proyecto de Ley suscita desde una perspectiva procesal y sustantiva.

Así, al hilo de esta cuestión se estudiará la controvertida vigencia en nuestro ordenamiento jurídico de los informes periciales en Derecho y se estudiarán los medios procesales de defensa con los que podrán contar las partes para hacer valer sus derechos en la jurisdicción civil en caso de que la resolución no vinculante fuese desfavorable para sus legítimos intereses.

Analizadas las cuestiones descritas en los párrafos anteriores, se procederá a exponer las conclusiones alcanzadas en el desarrollo del trabajo.

En cualquier caso, y con carácter previo a cualquier exposición ulterior, es importante destacar que la tramitación de la iniciativa legislativa objeto de estudio en el presente trabajo se vio afectada por la disolución de las Cortes Generales con anterioridad a ser, en su caso, objeto de aprobación por parte del Senado y de aprobación definitiva por parte del Congreso de los Diputados siendo incierto el destino que la misma correrá en la XV Legislatura (y, eventualmente, siguientes).

No obstante, en la medida en que la comunicación leída en el I Congreso Probaticius tuvo por objeto el análisis de las cuestiones sobre las que versará el presente artículo, el mismo tendrá dicho contenido con independencia de que el Proyecto de Ley sea finalmente algún día aprobado o de que el mismo perezca en la mente del legislador.

3. El lector interesado puede encontrar el texto completo en el Boletín Oficial de las Cortes Generales de 18 de mayo de 2023 (Ref. 121/000134, número 134-7). Disponible en www.congreso.es

II. CONSIDERACIONES PRELIMINARES SOBRE EL MODELO DE SUPERVISIÓN FINANCIERA ESPAÑOL

En nuestro entorno jurídico y, muy singularmente en el contexto de la Unión Europea, podría decirse que coexisten, en síntesis, dos grandes arquitecturas de supervisión financiera.

Así, en determinados países, encontramos sistemas de supervisión integrada en los cuales se cuenta con dos autoridades supervisoras en materia financiera: una autoridad con competencias en materia de conducta; y una segunda entidad con competencias en materia de supervisión prudencial que, típicamente, recaen en el correspondiente banco central[4].

En contraste con el sistema anterior, existe un segundo modelo que consiste, en esencia, en una supervisión sectorial en la que la autoridad competente correspondiente está dotada de potestades en el ámbito de conducta y de la supervisión prudencial dentro de su sector de supervisión[5].

Estos sistemas aquí esbozados serán analizados en mayor detalle en los subepígrafes siguientes caracterizándose, al estudiar el segundo, los elementos del sistema de supervisión español.

1. CARACTERÍSTICAS BÁSICAS DEL MODELO DE SUPERVISIÓN INTEGRADA

Como respuesta a la crisis financiera internacional, los legisladores de diferentes países iniciaron profundas reformas legislativas tendentes a mejorar la eficiencia y mecanismos de acción temprana de sus sistemas de supervisión a través de sucesivas reformas que terminaron por modificar por completo la arquitectura supervisora más común hasta la fecha.

De esta manera, en los sistemas de supervisión integrados, los bancos centrales asumen un papel más relevante en la medida en que ostentan las competencias en materia de supervisión financiera, no únicamente de las entidades de crédito, sino también de las empresas de servicios de inversión o entidades de valores y seguros. Con ello, se persigue una mayor integración en la supervisión del sector financiero en la que los bancos centrales supervisan los aspectos prudenciales de todos sus participantes.

---

4. GONZÁLEZ VÁZQUEZ, J. C. y COLINO MEDIAVILLA, J. L., *Regulación bancaria y actividad financiera*, Wolter Kluwers, Madrid, 2020.
5. ALKORTA ANDONEGI, X., *Crisis y nueva dirección bancaria. Referencia especial a las cajas de ahorros*, Universidad de Deusto, Servicio de Publicaciones, Colecciones: Economía, Bilbao, 2015.

Además, en este tipo de sistemas de supervisión, coexiste con los bancos centrales una segunda autoridad encargada de la supervisión de aspectos relacionados con la conducta (*conduct*) de las entidades financieras, englobando la supervisión en este ámbito de entidades de crédito, intermediarios financieros y entidades aseguradoras.

Los defensores de este sistema argumentan, en síntesis, que la diferenciación entre las responsabilidades relativas a la supervisión de la solidez económica de las entidades financieras en función de su naturaleza quizás no sea la forma organizativa más efectiva en la medida en que todas las entidades financieras cohabitan un único sistema financiero y existen importantes interconexiones entre las mismas que, llegado el momento, pueden suponer el origen de crisis sistémicas a escala internacional[6].

Por otra parte, los defensores del sistema integrado de supervisión financiera también defienden la eficiencia del mismo para la supervisión de la conducta de las entidades financieras en la medida en que se aplican criterios uniformes en la materia a todas las entidades con independencia de su naturaleza. Además, los defensores de este sistema alegan en esta misma línea como ventaja de la supervisión conjunta que ello otorga a los intermediarios del sistema financiero un marco homogéneo al tiempo que dota a inversores, clientes y asegurados de mayor seguridad[7].

2. CARACTERÍSTICAS BÁSICAS DEL MODELO DE SUPERVISIÓN SECTORIAL Y BREVE CARACTERIZACIÓN DEL MODELO DE SUPERVISIÓN EN ESPAÑA

En contraposición con el modelo de supervisión integrado estudiado en el apartado anterior, encontramos otros países como España en los que sigue vigente un modelo de supervisión financiero sectorial donde las diferentes autoridades administrativas ostentan diversas competencias en materia de supervisión prudencial y de conducta en función del tipo de entidad de que se trate y de las actividades que desarrolle[8].

6. Se recomienda al lector interesado la consulta a este respecto de la comparecencia de fecha 23 de febrero de 2023 de D. Pablo Hernández de Cos, Gobernador del Banco de España ante la Comisión de Asuntos Económicos y Transformación Digital del Congreso de los Diputados. Extracto disponible en: www.bde.es
7. TAYLOR, M. W. y FLEMING, A., «Supervisión financiera integrada: enseñanzas de la experiencia escandinava», *Finanzas y desarrollo: publicación trimestral del Fondo Monetario Internacional y del Banco Mundial*, vol. 36 núm. 4 (1999), pp. 42-46.
8. PALÁ LAGUNA, R., «A propósito de la reestructuración de la supervisión financiera en España», *Revista de derecho del mercado de valores*, núm. 19 (2016).

Este modelo es el vigente en nuestro país donde existen al mismo tiempo tres autoridades supervisoras (el Banco de España, la CNMV y la DGSyFP, las cuales llevan a cabo una doble supervisión prudencial y de conducta en los sectores bancario, de valores y de seguros, respectivamente). Siendo éste un modelo no exento de críticas y sugerencias de mejora, el mismo plantea las ventajas y desventajas propias de la especialización en la medida en que las autoridades competentes ostentan una relación estrecha con las entidades supervisadas, si bien su visión del sector financiero se ve necesariamente limitada a su respectivo ámbito de supervisión.

En el marco de este sistema de supervisión sectorial y en el de la discrecionalidad conferida a los Estados miembros por la Directiva, el legislador español optó por conferir la competencia para conocer de las reclamaciones en materia de consumo a los sistemas de reclamaciones del Banco de España, la CNMV y la DGSyFP en sus respectivos ámbitos de competencia.

De esta manera, la arquitectura sectorial de supervisión financiera en España ha tenido su equivalencia en el ámbito de las reclamaciones extrajudiciales. Por ende, el régimen jurídico de los servicios de reclamaciones del Banco de España, la CNMV y la DGSyFP es en buena medida uniforme y se encuentra regulado por la Orden ECC/2502/2012, de 16 de noviembre, por la que se regula el procedimiento de presentación de reclamaciones ante los servicios de reclamaciones del Banco de España, la Comisión Nacional del Mercado de Valores y la Dirección General de Seguros y Fondos de Pensiones (la «*Orden*»). Así pues las cosas, la Orden establece los requisitos y el procedimiento para la presentación de reclamaciones ante estos organismos, y sus competencias y funciones. De esta manera, los servicios de reclamaciones de las tres autoridades están dirigidos a los usuarios de los servicios financieros prestados por las entidades que supervisan, es decir, bancos, cajas de ahorros, entidades de crédito, empresas de servicios de inversión, entidades aseguradoras y fondos de pensiones[9].

Este sería el esquema de supervisión en el que se encuadraría la Autoridad de nueva creación que, según se abordará en el siguiente apartado (*vid. infra* en el texto), pasaría a asumir las competencias en materia de reclamaciones extrajudiciales que actualmente ostentan los sistemas de reclamaciones del Banco de España, la CNMV y la DGSyFP. En consecuencia, con la creación de la Autoridad, si bien se mantendría el esquema de supervisión sectorial vigente, los servicios de reclamaciones extrajudiciales del sector financiero serían integrados al abrigo de las competencias de la

9. BÁRCENA SUÁREZ, N. «Necesidad y oportunidad del Anteproyecto de ley de creación de la Autoridad Administrativa Independiente de defensa del cliente financiero», *Revista CESCO de Derecho de Consumo*, núm. 44 (2022), pp. 26-42.

Autoridad aunque con competencias a la hora de interpretar normas de conducta y buenas prácticas, lo que resultaría en una suerte de modelo híbrido o modelo sectorial imperfecto en el que coexistirían autoridades administrativas con competencias sectoriales junto con una autoridad administrativa con competencias integrales en determinadas materias[10].

Lo anterior, en fin, podría generar no sólo la paradójica situación en la que diferentes autoridades del sector financiero tuviesen criterios divergentes sobre una misma cuestión, sino también de que el sistema español pasaría a ostentar características propias de los sistemas de supervisión integrados y, al mismo tiempo, de los sistemas de supervisión sectoriales sin decantarse por ninguno de los dos ni, por ello, poder disfrutar de las ventajas que una y otra arquitectura supervisora ofrecen a las autoridades administrativas, entidades supervisadas y clientes financieros.

III. COMPETENCIAS Y NATURALEZA DE LA AUTORIDAD ADMINISTRATIVA INDEPENDIENTE DE DEFENSA DEL CLIENTE FINANCIERO

Según ha sido expuesto en el apartado anterior, el Proyecto de Ley busca la creación de la Autoridad para que la misma, en síntesis, ostente las competencias en materia de reclamaciones extrajudiciales que en la actualidad son asumidas por los servicios de reclamaciones del Banco de España, CNMV y DGSyFP.

No obstante, limitar el estudio sobre las competencias y naturaleza de la Autoridad a lo anterior podría resultar simplista y del todo incompleto en la medida en que, con la creación de la Autoridad, el legislador parece no sólo unificar los servicios de reclamaciones de las autoridades del sector financiero, sino modificando significativamente el modelo de arquitectura de supervisión del sector financiero en España.

Por ello, en los siguientes subepígrafes se analizará en mayor profundidad la naturaleza y competencias de la Autoridad en su configuración prevista por el legislador en el Proyecto de Ley.

10. RABANETE MARTÍNEZ, I., «Comentario al Anteproyecto de Ley de creación de la Autoridad Administrativa Independiente de Defensa del Cliente Financiero: Posibles problemas jurídicos y de aplicación de la norma», *Revista de Derecho del Sistema Financiero: mercados, operadores y contratos*, núm. 5 (2023), pp. 201-222.

1. NATURALEZA JURÍDICA DE LA AUTORIDAD ADMINISTRATIVA INDEPENDIENTE DE DEFENSA DEL CLIENTE FINANCIERO

Como su propio nombre indica, probablemente el elemento más destacable desde una perspectiva de Derecho Administrativo con que el legislador pretende dotar a la Autoridad es su independencia (artículo 8 del Proyecto de Ley), además de tener personalidad jurídica propia y plena capacidad de obrar, de manera análoga al estatus jurídico del que gozan las tres actuales autoridades administrativas del sistema financiero español.

Conviene pues, en este punto hacer una breve caracterización del creciente fenómeno de las administraciones independientes en España como paradigma del fenómeno legislativo y cultural doctrinalmente conocido como la huida del Derecho Administrativo[11]. El principal elemento caracterizador de las administraciones independientes en España es que si bien las mismas forman parte de las estructuras administrativas del Estado y, en consecuencia, se integran dentro de la Administración pública, debido a su cometido principal o, según el caso, sectorial, las mismas están dotadas legislativamente de imparcialidad e independencia respecto de las demás administración dependientes, en último término y directa o indirectamente, de los diferentes gobiernos territoriales ya sea a nivel estatal, autonómico o local.

Ello implica que las administraciones independientes, lejos de estar sometidas jerárquicamente a las administraciones gubernamentales, se rigen por su propio marco jurídico y conforme a sus propias normas y procedimientos para ejercer sus funciones de manera independiente de los poderes políticos.

Aunque es relativamente sencillo encontrar numerosas manifestaciones de lo anterior en el régimen jurídico de las administraciones independientes y, más concretamente, en el régimen legal previsto por el legislador en el Proyecto de Ley para la Autoridad, la autonomía de las administraciones independientes se hace especialmente visible en tres aspectos.

En primer lugar, las administraciones independientes cuentan con autonomía a la hora de definir su propia estructura organizativa y sus procedimientos de funcionamiento interno. Este es el régimen previsto en el artículo 21 del Proyecto de Ley para la Autoridad en la medida en que la misma se habría de regir por lo previsto en su normativa específica, su estatuto orgánico y en su régimen jurídico interior, rigiéndose únicamente

11. GARCÍA-ANDRADE GÓMEZ, J., «¿Huida o expansión del derecho administrativo?», *Revista española de derecho administrativo*, núm. 209 (2020), pp. 139-170.

a título supletorio por lo previsto en la a Ley 40/2015, de 1 de octubre, de Régimen Jurídico del Sector Público. Además, su funcionamiento habría de estar informado por los principios de independencia e imparcialidad (artículo 26 del Proyecto de Ley) actuando sus vocales de manera «*independiente, objetiva e imparcial*» en el ejercicio de sus labores[12].

Por otra parte, la independencia de la Autoridad se manifiesta en el régimen económico y de recursos previsto por el legislador en la medida en que, conforme a lo previsto en los artículos 23 y siguientes del Proyecto de Ley, la Autoridad contaría con un patrimonio propio e independiente del de la Administración General del Estado estando prevista su financiación, además de a través de los réditos de los bienes y valores que constituyan su patrimonio y de las asignaciones que se establecieran en su favor en los Presupuestos Generales del Estado, a través de una tasa específica que habrían de abonar las entidades financieras y que se prevé en la propia Disposición Adicional primera del Proyecto de Ley. De esta manera, el legislador da prueba de su voluntad de dotar de independencia económica a la Autoridad en la medida en que en el Proyecto de Ley llega incluso a prever un instrumento financiero a través del cual la Autoridad se pueda financiar.

Finalmente, la independencia de la Autoridad también se hace patente en la libertad prevista en el Proyecto de Ley respecto del personal a su servicio, pudiendo ser éste laboral o funcionarial (artículo 25 del Proyecto de Ley). A este respecto, además el apartado quinto del artículo 25 el Proyecto de Ley prevé la posibilidad de suscribir convenios entre la Autoridad y otras administraciones del sector financiero relativas al intercambio o estancias temporales de personal.

2. LAS COMPETENCIAS DE LA AUTORIDAD ADMINISTRATIVA INDEPENDIENTE DE DEFENSA DEL CLIENTE FINANCIERO EN EL PROYECTO DE LEY

Además de las competencias inherentes a su propio funcionamiento y organización, el Proyecto de Ley tiene por objeto principal dotar a la Autoridad con competencias específicas en materia de resolución de las reclamaciones extrajudiciales y en la colaboración con las demás entidades del sector financiero en la creación de un compendio anual de buenas prácticas y usos en el sector financiero.

12. BELANDO GARÍN, B., «Un acercamiento a la futura Autoridad Administrativa Independiente de defensa del cliente financiero», *Revista General de Derecho de los Sectores Regulados: RSR*, núm. 11 (2023).

2.1. Competencias en el ámbito de resolución extrajudicial de reclamaciones

Una de las principales novedades previstas en el Proyecto de Ley, además de la unificación de los servicios de reclamaciones de las tres principales autoridades del sector financiero, consiste en la inclusión de un listado de definiciones (*vid.* artículo 2 del Proyecto de Ley) en las que el legislador nacional, haciendo uso de una técnica habitual en la legislación comunitaria, refleja el significado que diferentes términos han de tener a los efectos de la norma.

En este sentido, es especialmente relevante destacar la amplitud con que se prevén en el Proyecto de ley una serie de conceptos, los cuales no sólo son definidos de manera que devienen en un concepto mucho más amplio que los respectivos conceptos vigentes, sino también con una amplitud mucho mayor a la prevista inicialmente en el texto de la Directiva[13].

Así, el primer concepto que llama nuestra atención, es el de *cliente financiero* o *cliente* previsto en el artículo 2.1 del Proyecto de Ley que engloba a todas las personas físicas o jurídicas, así como a las entidades sin personalidad jurídica españolas o extranjeras que hagan uso de los servicios financieros sin más excepción que la de las grandes empresas, las cuales son definidas a *sensu* contrario como aquellas que no cumplan los requisitos para ser consideradas microempresas o pequeñas y medianas empresas a los efectos del Reglamento (UE) n.º 651/2014 de la Comisión, de 17 de junio de 2014, por el que se declaran determinadas categorías de ayudas compatibles con el mercado interior en aplicación de los artículos 107 y 108 del Tratado.

Además, el propio Proyecto de Ley se encarga de puntualizar que será también considerado *cliente* el cliente potencial, es decir, aquel que hubiera tenido contacto con la entidad financiera correspondiente en el marco de un proceso de contratación, aunque finalmente no hubiese llegado a contratar, así como los solicitantes de cuentas de pago básicas. En fin, como puede apreciarse, el concepto de cliente previsto en el Proyecto de Ley no se limita al concepto de cliente o de usuario tradicional previsto en la legislación civil, ni tampoco al previsto en las diferentes normativas reguladoras de servicios y productos financieros que, en ocasiones, hacen uso de términos específicos tales como *inversor*, *partícipe* o *usuario*. Antes, al contrario, el Proyecto de Ley hace una aproximación maximalista al concepto con el fin

---

13. BLANCO SÁNCHEZ, M. J., «El Proyecto de Ley de creación de la Autoridad Administrativa Independiente de Defensa del Cliente Financiero», *Actualidad civil*, núm. 9 (2023).

de englobar bajo el mismo no sólo a todas las personas físicas, con independencia de sus conocimientos o experiencia previas; sino también a la práctica totalidad de las personas jurídicas y entidades sin personalidad jurídica propia excluyendo únicamente a un número muy limitado de empresas.

A continuación, encontramos en el segundo apartado del artículo 2 del Proyecto de Ley el también amplio concepto de *entidad financiera*, en la medida en que no se limita a aquellas entidades sujetas al régimen de supervisión o registro de alguno de los supervisores nacionales del sector financiero, sino que su ámbito engloba tanto a las entidades supervisadas en sentido estricto, como también a todas aquellas entidades que prestan servicios en materia de criptoactivos y a cualesquiera otras entidades que comercializan productos y servicios financieros, lo que debemos entender que engloba a las sociedades dedicadas a la concesión de micropréstamos y a los agentes y comercializadores de cualesquiera entidades reguladas. En este sentido, vale también la pena mencionar que el Proyecto de Ley no lleva a cabo ninguna exclusión específica a la hora de definir el concepto de entidad financiera[14].

En tercer lugar, llama también nuestra atención el concepto descrito en el artículo 2.4 del Proyecto de Ley que, al definir las normas de conducta, además de englobar a cualesquiera normas imperativas aplicables en cualesquiera de las fases de la contratación, incluye también a los códigos de autorregulación a los que las entidades estuviesen adheridas bien directamente o bien a través de asociaciones. En esta misma línea encontramos la definición de las buenas prácticas y usos financieros (artículo 2.5 del Proyecto de Ley) definidos como criterios interpretativos y prácticas habituales en el sector que, si bien no vienen reflejados expresamente en la normativa aplicable, sí que constituyen unos estándares de diligencia en materia de relación con los clientes por parte de las entidades financieras.

Por último, y aunque en el Proyecto de Ley sean algunos más los términos definidos, hemos de destacar el concepto de *cláusula abusiva* previsto en el apartado 6 en el que nuevamente el legislador no opta por remitirse a la legislación civil que regula la cuestión, sino que califica como abusivas aquellas cláusulas que no hubieran sido negociadas individualmente y que, en contra de la buena fe, causasen al cliente financiero un desequilibrio importante y no justificado en las obligaciones contractuales.

---

14. ESTEBAN RÍOS, J., «El largo camino hacia la creación de una autoridad independiente para la protección del cliente financiero: necesidad, funciones y cuestiones controvertidas», *Revista de derecho del mercado de valores*, núm. 30 (2022).

Estas cláusulas, para ser consideradas abusivas, deberán además reunir cualquiera de las siguientes circunstancias: (i) haber sido consideradas abusivas ellas u otras cláusulas de idéntica significación abusivas por el Tribunal Supremo; (ii) que el carácter abusivo resulte de una sentencia del Tribunal de Justicia de la Unión Europea; o (iii) que dicho carácter abusivo resultare de una sentencia firme inscrita en el Registro de Condiciones Generales de la Contratación.

En suma, como puede desprenderse de los conceptos legislativos aquí explicados, la redacción del Proyecto de Ley pretende atribuir a la Autoridad competencias en el ámbito de las reclamaciones extrajudiciales que superan ampliamente no sólo el contenido de la legislación vigente previsto en la Orden, sino también van notablemente más allá del contenido mínimo regulado por la Directiva.

Esta notable expansión de las competencias de la Autoridad respecto de la que en la actualidad ostentan los servicios de reclamaciones del Banco de España, la CNMV y la DGSyFP, ha sido objeto de no pocas críticas doctrinales y por parte del Consejo General del Poder Judicial en el informe que estudió el Anteproyecto de Ley[15].

2.2. Competencias en la elaboración de un compendio anual de buenas prácticas

Otro aspecto especialmente atribuido a la Autoridad en el Proyecto de Ley es la elaboración, conjuntamente entre la Autoridad y las demás autoridades administrativas del sector financiero, de un compendio anual de buenas prácticas y usos en los sectores financieros, siendo dicho compendio revisado anualmente[16].

Con la atribución de estas competencias el legislador da muestra clara de no querer limitar únicamente las competencias de la Autoridad a la resolución de reclamaciones extrajudiciales, sino de buscar también la unificación de criterios administrativos a través de esta herramienta de *soft law*.

De esta manera, además de unificar los servicios de reclamaciones, el legislador busca avanzar en la armonización del sector financiero a través

---

15. *Vid.* a este respecto el «Informe sobre el Anteproyecto de Ley de creación de la Autoridad Administrativa Independiente de Defensa del Cliente Financiero» aprobado por acuerdo del Pleno del Consejo General del Poder Judicial en su reunión del 30 de marzo de 2023. Disponible en: www.poderjudicial.es
16. PLASENCIA, R. y SALGUEIRO, A., «Publicación del Anteproyecto de Ley de Creación de la Autoridad de Defensa del Cliente Financiero», *Actualidad jurídica Aranzadi*, núm. 985 (2022).

de un instrumento que permita la colaboración entre las autoridades competentes en la materia mediante la fijación conjunta de estándares de conducta y buenas prácticas que sean transversales a las diferentes entidades del sector financiero.

Esta medida, aunque pudiera ser algo distorsionadora respecto del vigente sistema actual de supervisión financiera, no cabe duda de que resultaría de gran utilidad para consumidores y entidades financieras en la medida en que permitiría recopilar las consideradas como buenas prácticas por parte de las autoridades del sector financiero que, en la actualidad, se encuentran dispersas en numerosos instrumentos de *soft law* tales como documentos de preguntas y respuestas, notas de prensa, comunicaciones y en las propias memorias anuales de los servicios de reclamaciones del Banco de España, la CNMV y la DGSyFP.

IV. RÉGIMEN JURÍDICO DE LAS RESOLUCIONES VINCULANTES EN EL ANTEPROYECTO

Junto con el régimen jurídico y competencias de la Autoridad, el Proyecto de Ley también regula el proceso de tramitación y resolución de las reclamaciones tendente, en la mayoría de los casos, a la conclusión a través de la correspondiente resolución de la Autoridad.

Este es, probablemente, uno de los aspectos más problemáticos del Proyecto de Ley en la medida en que, según se expondrá, en ocasiones podrán tener carácter vinculante a diferencia de cuanto ocurre actualmente con los informes finales de los servicios de reclamaciones a los que el artículo 12.5 de la Orden niega el carácter vinculante y de acto administrativo recurrible.

1. RÉGIMEN JURÍDICO DE LAS RESOLUCIONES VINCULANTES DE LA AUTORIDAD

El Proyecto de Ley en su artículo 42 atribuye carácter vinculante a las resoluciones de la Autoridad relativas a incumplimientos en materia de conducta y cláusulas abusivas siempre que el importe objeto de reclamación fuera inferior a veinte mil euros, así como aquellas que tengan una cuantía indeterminada. Las resoluciones vinculantes, en adición, pondrán fin a la vía administrativa y no serán susceptibles de recurso de reposición conforme al artículo 45 del Proyecto de Ley.

A este respecto, es importante destacar que el Proyecto de Ley deja a un posterior desarrollo reglamentario (sobre el que no consta la publicación del correspondiente proyecto de Real Decreto) la fijación de las normas para determinar la cuantía de las reclamaciones.

No obstante, el legislador no culmina su innovación con la atribución de un carácter vinculante a este grupo de resoluciones, sino que la notificación de las mismas obligará a las entidades financieras a dar cumplimiento a lo dispuesto en la resolución vinculante en cuestión en un plazo de treinta días hábiles y de entregar a la Autoridad la justificación documental de haber dado cumplimiento al contenido de dicha resolución[17].

En este sentido, con el ánimo de dotar todavía de un mayor efecto a las resoluciones vinculantes, el Proyecto de Ley prevé que la interposición de una demanda judicial ante la jurisdicción civil (artículo 45 *in fine*) únicamente supondrá la suspensión de la obligación de dar cumplimiento a la resolución en la forma y términos previstos en la legislación procesal civil para las medidas cautelares.

Además, y por si lo anterior no fuese suficiente, como instrumento tendente a asegurar la virtualidad práctica de las resoluciones vinculantes, el Título VII del Proyecto de Ley prevé la aplicación de un severo régimen sancionador en caso de incumplimiento de las resoluciones vinculantes. Siendo, en este caso sí, recurribles dichas sanciones ante la jurisdicción contencioso-administrativa.

2. RÉGIMEN JURÍDICO DE LAS RESOLUCIONES NO VINCULANTES DE LA AUTORIDAD

Por su parte, el Proyecto de Ley atribuye el carácter no vinculante a aquellas resoluciones dictadas en materia de conducta o de cláusulas abusivas siempre que su importe sea igual o superior a veinte mil euros, así como a aquellas que sean dictadas en materia de usos financieros y buenas prácticas en todo caso (artículo 43.1 del Proyecto de Ley).

Por su parte, el apartado segundo del artículo 43 del Proyecto de Ley obliga a las entidades, en caso de que la resolución correspondiente fuera desfavorable, a comunicar en un plazo de treinta días a contar desde la fecha de notificación la aceptación o no de la resolución y de aportar, en su caso, la documentación justificante que demuestre la rectificación de la situación con el cliente financiero.

No obstante, y como tendremos ocasión de analizar en mayor detalle en epígrafes siguientes, a diferencia de cuanto ocurría respecto de las resoluciones vinculantes, el Proyecto de Ley atribuye a la resolución de la entidad

17. ESTEBAN RÍOS, J., «El largo camino hacia la creación de una autoridad independiente para la protección del cliente financiero: necesidad, funciones y cuestiones controvertidas», *op.cit.*

el mero valor de informe pericial en caso de que cualquiera de las partes decidiera acudir a la jurisdicción civil y añade «[s]*e entenderá producida su ratificación con la firma del órgano competente*».

En este sentido, es importante destacar que la Directiva concede a los Estados miembros discrecionalidad a la hora de dotar a las resoluciones de carácter vinculante o no, si bien el tenor literal de la Directiva no prevé expresamente que los Estados de la Unión Europea puedan dotar de efectos vinculantes o no a las resoluciones en función de las características de las mismas o del asunto sobre el que recaigan. En cualquier caso, la Directiva tampoco prevé lo contrario por lo que hemos de entender que la opción elegida por el legislador español si bien no se ajusta estrictamente al texto y espíritu de la Directiva, tampoco estaría cometiendo una violación del Derecho Comunitario al transponer así la Directiva.

V. VALOR PROBATORIO DE LAS RESOLUCIONES NO VINCULANTES EN EL PROYECTO DE LEY

Expuesto en el apartado anterior de manera sucinta el régimen jurídico de las resoluciones no vinculantes de la Autoridad, en este bloque analizaremos su valor probatorio en el eventual proceso civil en el que, una vez concluido el proceso de reclamación ante la Autoridad, las mismas fuesen aportadas como prueba.

A tales efectos, y en la medida en que el legislador había previsto para las mismas el valor de prueba pericial, el primer apartado de este bloque analizará la evolución del valor probatorio de las resoluciones no vinculantes tanto en el Proyecto de Ley, como en el Anteproyecto de Ley con el fin de analizar su evolución a lo largo del proceso legislativo.

A continuación, se estudiará el valor pericial que las resoluciones no vinculantes pudieran tener en un proceso civil comenzando por estudiar el encaje de la pericia en Derecho dentro de nuestro sistema procesal. Seguidamente, una vez expuesto en términos generales la problemática de la pericia en Derecho en nuestro ordenamiento jurídico, se pasará a estudiar el valor pericial que las resoluciones no vinculantes de la autoridad pudieran tener para los tribunales civiles, así como los medios de defensa con los que contaría la contraparte en caso de que dichas resoluciones fuesen aportadas como prueba en el correspondiente proceso.

Por último, también dentro de este bloque, se analizarán los efectos y el significado de la eventual ratificación de las resoluciones no vinculantes de la Autoridad por parte del órgano competente.

1. EVOLUCIÓN LEGISLATIVA Y PRELEGISLATIVA DEL VALOR PROBATORIO DE LAS RESOLUCIONES NO VINCULANTES DE LA AUTORIDAD

El texto del artículo 43 del Proyecto de Ley tiene, en lo sustancial, el mismo tenor literal que del mismo precepto en el Anteproyecto de Ley. Además, las referencias a las resoluciones no vinculantes son en uno y otro textos escasas y lacónicas en la Exposición de Motivos.

Por su parte, el debate parlamentario sobre la iniciativa se circunscribió fundamentalmente a otras cuestiones, motivo por el cual resulta complejo recurrir a la interpretación *mens legislatoris* para analizar las intenciones del legislador al dotar del carácter de dictamen pericial a las resoluciones no vinculantes de la Autoridad.

2. LA PROBLEMÁTICA DEL VALOR PERICIAL DE LAS RESOLUCIONES NO VINCULANTES DE LA AUTORIDAD

A la hora de analizar el valor pericial que puedan tener las resoluciones no vinculantes de la Autoridad, hemos de iniciar nuestro estudio deteniéndonos en estudiar sobre qué cuestiones pueden versar las reclamaciones de las que las resoluciones de la Autoridad traen causa.

En este sentido, resulta especialmente clarificador el artículo 2.3 del Proyecto de Ley que, al definir las reclamaciones, incluye al abrigo de dicho término a cualquier pretensión que uno o varios clientes aleguen frente a una o varias entidades con el fin de que le sean restituidos o reparados sus intereses o derechos en el marco de la prestación de un servicio financiero. Es decir, aunque el Proyecto de Ley no lo menciona expresamente, hemos de entender que se trata de disputas que recaen sobre pretensiones que tienen una naturaleza privada y que, por ende, se regirán por el Derecho Civil y Mercantil que les resulte de aplicación y, en cualquier caso, por los principios inspiradores del Derecho Privado.

Siendo así las cosas, en lógica consecuencia, las resoluciones de la Autoridad habrán necesariamente de recaer sobre controversias de naturaleza civil-mercantil originadas entre dos sujetos de Derecho Privado. Por lo tanto, las resoluciones sean vinculantes o no aplicarán normas de Derecho Privado con el objetivo de dirimir la controversia entre las partes. Por ello, en los siguientes subepígrafes nos centraremos en analizar el valor que las resoluciones no vinculantes de la Autoridad pueden tener en el orden jurisdiccional civil, así como con qué medios de defensa contaría la contraparte del litigio para desvirtuar el contenido de la resolución no vinculante.

2.1. Contenido de las resoluciones de la Autoridad

Si bien el contenido de las resoluciones de la Autoridad podría inferirse de otros preceptos del Proyecto de Ley, su artículo 41 se encarga de establecer en el apartado primero que las resoluciones pondrán fin al procedimiento y deberán estar basadas en Derecho y suficientemente motivadas.

Por ello, aunque el Proyecto de Ley no lo disponga expresamente, el contenido y estructura de las resoluciones de la Autoridad será el propio de las resoluciones judiciales y de aquellas resoluciones dictadas en procedimientos administrativos en los cuales existen criterios fácticos o jurídicos contrapuestos respecto de una determinada cuestión. Es decir, las resoluciones de la Autoridad resumirán los hechos que fundamentan la disputa e incluirán una serie de razonamientos jurídicos respecto de los mismos para finalmente concluir con una parte dispositiva o fallo, cualquiera que sea su nombre.

Por ello, hemos de entender que el legislador al dotar del carácter de dictamen pericial a las resoluciones de la Autoridad está previendo de manera implícita una suerte de pericia en Derecho respecto de unos hechos de los cuales la Autoridad habría tenido conocimiento a la luz de lo alegado por las partes.

Todo lo anterior nos lleva necesariamente a reflexionar sobre la cabida de las pericias jurídicas o pruebas periciales en Derecho en nuestro ordenamiento jurídico.

2.2. Reflexión general sobre el encaje de la pericia en Derecho en nuestro sistema procesal

Tradicionalmente se había considerado como un axioma de nuestro sistema procesal que la prueba habría de recaer sobre los hechos y no sobre el Derecho en la medida en que un sistema procesal como el español se basa en la existencia de jueces y magistrados profesionales con formación en Derecho y un exigente sistema de acceso a la carrera judicial que, con independencia del tipo de acceso de que se trate valora, en esencia, los conocimientos jurídicos del aspirante[18].

Estos principios, por ende, habrían de ser también aplicables a la prueba pericial que se regula para la jurisdicción civil y con carácter supletorio para las demás jurisdicciones en la Ley de Enjuiciamiento Civil (artículo 335.1) y que al regular la misma circunscribe su ámbito a «*conocimientos científicos,*

18. BANACLOCHE PALAO, J., CUBILLO LÓPEZ, I. J., *Aspectos fundamentales de derecho procesal civil,* La Ley, Madrid, 2014.

artísticos, técnicos o prácticos». Por ello, tradicionalmente se había entendido que la prueba pericial estaba vedada a cuestiones de naturaleza jurídica en la medida en que dichos conocimientos le eran presupuestos al juzgador[19].

No obstante, sucede que en la práctica en determinados grupos de casos la praxis judicial se había separado del tenor literal y espíritu de la legislación civil. Como caso paradigmático de lo anterior encontramos los procesos sobre delitos contra la Hacienda Pública en los que acusaciones y defensas con frecuencia incluyen en sus escritos procesales informes periciales dedicados principalmente a hacer valer cuestiones de Derecho Tributario.

Ello es generalmente aceptado en la medida en que, no con poca frecuencia, la Fiscalía aporta informes de la Inspección de Hacienda y las defensas, en aplicación del principio de igualdad de armas procesales, aportan dictámenes periciales con el objetivo de ayudar al juez en la interpretación de las normas de Derecho Tributario a las que remiten (o no) los delitos contra la Hacienda Pública, como paradigma de norma penal en blanco.

En este sentido, quienes apoyan la utilización de pericias en Derecho en el marco de procesos judiciales defienden que el objeto de la prueba pericial no es nunca los hechos en sentido estricto, sino afirmaciones sobre los hechos objeto del litigio tendentes a proporcionar al juez los elementos necesarios para la valoración de los mismos[20]. No en vano, determinadas voces de la doctrina incluso cuestionan el carácter probatorio puro de la prueba pericial en la medida en que no suministran prueba alguna al juzgador, sino elementos para la valoración del resto de pruebas recaídas sobre los elementos fácticos del litigio[21].

No obstante, peculiaridades como la anterior principalmente habituales en el ámbito penal no han sido, hasta la fecha, especialmente comunes en la jurisdicción civil en la que tampoco se ha apreciado una necesidad de aportar a los tribunales civiles razonamientos jurídicos diferentes de los contenidos en los propios escritos procesales. Además, en nuestro país, desde hace ya dos décadas existen tribunales especializados en cuestiones mercantiles con un ámbito de competencias limitado a cuestiones que requieren, a juicio del legislador, una serie de conocimientos específicos,

19. ASENCIO MELLADO, J. M., *Derecho procesal civil*, Tirant lo Blanch, Valencia, 2015.
20. FALCÓN Y TELLA, R., «El informe pericial en los delitos contra la Hacienda Pública», *Revista jurídica de Catalunya*, vol. 117, núm. 2 (2018), pp. 371-390.
21. PRIETO-CASTRO Y FERRÁNDIZ, L., *Derecho procesal civil, primera parte*, Editorial de Derecho Privado, Madrid, 1964.

como son los procedimientos concursales y los litigios societarios (artículo 86 ter LOPJ)[22].

Más concretamente, teniendo en cuenta el ámbito objetivo de las reclamaciones en el Proyecto de Ley, no encontramos paralelo alguno en nuestra legislación ni en la práctica procesal en la medida en que las cuestiones jurídicas sobre las que versarían las resoluciones de la Autoridad, no les son desconocidas a nuestros tribunales civiles. Antes, al contrario, sobre aspectos relacionados con las mismas versan la mayoría numérica de los asuntos tramitados ante la jurisdicción civil hasta el punto en que en determinados partidos judiciales (*e.g.*, Madrid o Barcelona) se han llegado a crear tribunales especializados para tratar este tipo de asuntos.

2.3. El valor pericial de las resoluciones no vinculantes y la aplicación del principio de igualdad de armas procesales

Expuesta la configuración general de la prueba pericial y hechas las oportunas reflexiones sobre el encaje de la pericia en Derecho en nuestro ordenamiento jurídico, conviene en este punto analizar el valor pericial que las resoluciones de la Autoridad pudieran tener en el contexto de un litigio civil.

Por obvio que pueda parecer, las resoluciones de la Autoridad deberán necesariamente recaer sobre reclamaciones de clientes financieros estando consecuentemente su contenido y objeto limitado por los artículos 2.3 y 41 del Proyecto de Ley. Es decir, en síntesis, deberán versar sobre el eventual carácter abusivo de una cláusula o quebrantamientos de las normas de conducta o buenas prácticas por parte de las entidades financieras en el marco de la prestación de servicios financieros que, al fin y a la postre, no dejan de afectar a relaciones de naturaleza privada.

Es por ello por lo que sorprende el carácter de prueba pericial de las resoluciones no vinculantes previsto por el legislador en el Proyecto de Ley en la medida en que las mismas recaen sobre cuestiones en las que, *a priori*, los tribunales civiles no parecen requerir de ninguna pericia.

En cualquier caso, en la medida en que así fuera previsto por el legislador, ello tampoco habría de suponer mayor obstáculo para la Administración de Justicia debido a que el tribunal que conociese del litigio posterior a la reclamación (y a la resolución correspondiente) siempre podría optar

22. DE LA OLIVA SANTOS, A., DÍEZ-PICAZO GIMÉNEZ, I., VEGA TORRES, J. (Coords.), *Curso de Derecho procesal civil I. Parte general*, Editorial Universitaria Ramón Areces, Madrid, 2014.

por no dar excesiva relevancia al contenido y razonamientos de la misma y hacer la aplicación del Derecho que considerase oportuna. Todo ello, en la medida en que la prueba pericial se valora libremente por los tribunales (artículo 348 LEC) sin que el régimen de discrecionalidad judicial se vea circunscrito o constreñido por las mismas[23].

En consecuencia, atribuir el carácter de prueba pericial a las resoluciones no vinculantes de la Autoridad, si bien es cierto que nos resulta superfluo o desorbitado en la medida en que podría haber bastado con el mero carácter de prueba documental, tampoco hemos de entender que suponga un giro copernicano a nuestro sistema procesal vigente.

En todo caso, este tipo de prueba sería una más a valorar por el juzgador en el contexto del proceso civil e incluso podría incorporar razonamientos jurídicos valiosos emitidos por una autoridad administrativa especializada en la resolución de este tipo de controversias. Además, y en un esfuerzo no menor por ver los aspectos positivos de la atribución del carácter de prueba pericial a las resoluciones no vinculantes de la Autoridad, aquellas que versen sobre normas de conducta o buenas prácticas que no formen parte de un instrumento legal imperativo hemos de entender que podrán servir a los tribunales para contrastar la costumbre, entendida en un sentido amplio.

Sin perjuicio de todo lo anterior, a nivel práctico y teórico surge el interrogante respecto de con qué tipo de instrumentos procesales ha de contar la parte perjudicada por el contenido de la resolución no vinculante. En este sentido, parece obvio que en aplicación del principio jurídico-natural de igualdad de armas procesales la parte perjudicada por la resolución habrá de poder hacer valer los mismos medios de defensa que la contraparte y, en coherencia, aportar un dictamen pericial rebatiendo los argumentos de la resolución.

En este escenario, por paradójico que pudiera parecer, un litigio centrado normalmente en cuestiones necesariamente jurídicas pasaría a ser un juicio basado en pruebas formalmente periciales relativas a cuestiones jurídicas.

Precisamente por ello, resulta más coherente entender que la parte perjudicada por el contenido de la resolución habría de hacer valer sus argumentos en el propio escrito de contestación a la demanda y no necesariamente a través de una prueba pericial que sería redundante en su contenido con el del propio escrito de contestación.

23. ARMENTA DEU, T., *Lecciones de Derecho procesal civil*, Marcial Pons, Madrid, 2013.

3. LA RATIFICACIÓN DE LAS RESOLUCIONES NO VINCULANTES POR PARTE DEL ÓRGANO COMPETENTE

Analizadas las cuestiones anteriores, conviene ahora analizar el significado y efectos del último inciso del artículo 43.3 del Proyecto de Ley el cual prevé tras atribuir el carácter de prueba pericial a las resoluciones no vinculantes de la Autoridad que «[s]*e entenderá producida su ratificación con la firma del órgano competente*». Esta afirmación, además de lacónica, resulta poco esclarecedora en atención a la polisemia jurídica del término *órgano* sobre el que nada se aclara tampoco en la Exposición de Motivos ni en las definiciones previstas en el propio Proyecto de Ley.

Por ello, ante la lectura del precepto el analista jurídico necesariamente se pregunta si con *órgano* el Proyecto de Ley se refiere a órgano jurisdiccional, órgano administrativo u órgano de administración en un sentido societario-mercantil. Conviene pues, seguidamente, analizar las tres posibles interpretaciones.

En primer lugar, entender que se refiere al órgano jurisdiccional podría resultar lógico en la medida en que la mención se incluye inmediatamente después de permitir a las partes acudir a la jurisdicción civil. Ello no obstante introduciría una suerte de nueva institución en nuestro sistema procesal al facultar a los órganos jurisdiccionales civiles a ratificar el contenido de resoluciones administrativas, como si se tratase de una suerte de motivación *in aliunde* o por referencia. Solución que, si bien sería indudablemente efectiva en términos prácticos y de consumo de recursos, no parece la prevista ni ideada históricamente por el legislador a la hora de configurar el contenido y extensión necesarios de las resoluciones judiciales (artículo 218 LEC).

En segundo lugar, hay que considerar que el término órgano se refiere a órgano administrativo no resulta tal vez la mejor solución exegética en la medida en que, conforme al artículo 41.1 del Proyecto de Ley, las resoluciones ponen fin al procedimiento con independencia de que las mismas tengan o no carácter vinculante. Es por ello por lo que no tendría sentido exigir un acto administrativo ulterior —la ratificación— debido a que la propia resolución ya sería un acto que pone fin al procedimiento administrativo sin necesidad de ninguna formalidad ulterior.

Por último, entender que órgano hace referencia al órgano de administración de una sociedad mercantil tampoco podría parecer coherente en la medida en que, salvo excepciones regulatorias, las entidades financieras son siempre personas jurídicas y en el artículo 41.2 del Proyecto de Ley se prevén las posibilidades de actuación con que cuentan las entidades financieras en caso de que la resolución fuese desfavorable. Es por ello por lo que la ratificación de las resoluciones no vinculantes por parte del órgano de administración de la entidad financiera tampoco parece ser la interpretación más coherente.

En conclusión, pese a la falta de claridad legislativa y al imprudente uso de un término ambivalente que podría dar lugar a interpretaciones judiciales contradictorias, parece lo más coherente entender que el Proyecto de Ley se refiere al órgano jurisdiccional ante el que se tramitase el procedimiento judicial subsiguiente. Todo ello, en la medida en que la mención se incluye a continuación de la alusión a la posibilidad con que cuentan las partes de acudir a la jurisdicción civil y a que una interpretación conjunta del texto tampoco parece llevar a ninguna de las interpretaciones alternativas.

VI. CONCLUSIONES

Expuestas las cuestiones que anteceden conviene en este punto enunciar las conclusiones extraídas del estudio de las materias sobre las que este trabajo versa.

En primer lugar, por evidente que pudiera parecer, resulta claro que uno de los principales males endémicos de los que adolece nuestra Administración de Justicia es la saturación de nuestros juzgados y tribunales perennemente colapsados de asuntos. Asuntos estos que, en muchas ocasiones tienen unas circunstancias de hecho e incluso plantean problemáticas jurídicas muy similares, lo que explica que en algunas plazas se haya llegado incluso a la creación de juzgados especializados en estas materias. Dichas materias, además, son en muchos casos relativas al sector financiero —entendido en un sentido amplio— y las más de las veces la parte demandante ostenta la consideración de usuario o consumidor.

Es por ello por lo que los legisladores nacional y comunitario vienen desde hace años avanzando en la búsqueda de soluciones alternativas y complementarias a la jurisdicción para la resolución de este tipo de litigios. A tal fin, el legislador comunitario promovió la aprobación de la Directiva con el objetivo de establecer un marco jurídico homogéneo en la resolución alternativa de litigios en materia de consumo dotando a los Estados miembros de un margen de discrecionalidad no menor a la hora de efectuar su transposición. Así las cosas, en nuestro país la incorporación de la Directiva se ha hecho, entre otros instrumentos normativos, a través de la Ley 7/2017, norma de la cual trae causa el Proyecto de Ley objeto de análisis y estudio.

Sin embargo, y pese al tiempo de que han dispuesto el Gobierno y el legislador para instrumentar las acciones tendentes a la creación de la Autoridad, con independencia de que la misma no parece que vaya a ver la luz en el corto plazo, su creación no se ha visto acompañada de una necesaria reflexión sobre el sistema de supervisión del sector financiero. Antes, al contrario, la creación de la Autoridad se ha proyectado en todo momento como una cuarta autoridad dentro del sistema de supervisión financiera que conviviría con el Banco de España, la CNMV y la DGSyFP.

Todo ello convertiría el modelo de supervisión financiera español en una suerte de sistema híbrido que combinaría elementos del modelo de supervisión sectorial y del modelo de supervisión centralizado con el riesgo de reunir algunos de los aspectos más problemáticos de ambos modelos. Lo anterior, en la medida en que las tres autoridades del sector financiero existentes actualmente mantendrían competencias en materia de conducta y supervisión, mientras que existiría una cuarta autoridad con competencias intersectoriales en la elaboración de compendios de buenas prácticas e interpretación de la normativa sectorial a través de sus propias resoluciones y de diferentes instrumentos de *soft law*.

Precisamente, otra de las conclusiones alcanzadas es que la Autoridad tendría la naturaleza y competencias propias de las autoridades administrativas independientes ostentando competencias tanto en la elaboración de compendios de buenas prácticas, como en la resolución extrajudicial de reclamaciones.

En este sentido, si bien respecto de las resoluciones vinculantes poco cabe concluir más allá de la lectura del Proyecto de Ley, las resoluciones no vinculantes plantean una serie de cuestiones problemáticas en cuanto a su valor probatorio. Así, como primera consideración cabe concluir que la falta de desarrollo de la cuestión en sede legislativa y prelegislativa no arroja luz sobre las dudas interpretativas que el precepto plantea. Por otra parte, la atribución de carácter pericial a las resoluciones no vinculantes de la Autoridad parece no ajustarse correctamente a la configuración legal de la prueba pericial.

En este sentido, resulta claro que las resoluciones recaerían sobre cuestiones eminentemente jurídicas que no sólo no son desconocidas a nuestros tribunales civiles, sino que la estadística judicial revela que en la práctica son los asuntos más tratados por los mismos. Además, hemos de entender que, en aplicación del principio de igualdad de armas procesales, la parte perjudicada por el contenido de la resolución no vinculante habrá de contar con los mismos medios de defensa pudiendo hacer valer sus argumentos, en consecuencia, tanto a través de un contradictamen pericial, como en los fundamentos jurídicos de su propio escrito de contestación a la demanda.

Aspecto más problemático, sin embargo, resulta el de la posterior ratificación del órgano competente que, además de estar enunciada legislativamente en términos ambiguos y poco precisos, de una interpretación exegética y finalista parece abrir la puerta a la motivación de resoluciones judiciales *in aliunde* por parte de los tribunales civiles. Lo anterior, no sólo parece contrario a la configuración legal del contenido y motivación que deben tener las resoluciones judiciales, sino que también supone dotar a las resoluciones no vinculantes de un acceso rápido y directo a una suerte de confirmación judicial. Ello sería además incongruente con el texto del propio Proyecto de Ley que estaría previendo un sistema de ratificación para las resoluciones no vinculantes, mientras que en el litigio impugnatorio a una resolución vinculante serían exigibles los requisitos tradicionales de contenido y motivación de las resoluciones judiciales.

Finalmente, y sin perjuicio de todo lo anterior cabe concluir que, una vez conocido el difícil porvenir legislativo del Proyecto de Ley, no hemos de esperar otra cosa que cuando el Gobierno retome el mandato previsto en la Ley 7/2017 aprenda de esta desafortunada aventura legislativa y sepa integrar las enseñanzas de la misma en la preparación de un texto prelegislativo que ayude genuinamente a avanzar en la reconfiguración del sistema de supervisión financiera vigente en España y en la mejora de la eficiencia de los sistemas alternativos de resolución de controversias.

BIBLIOGRAFÍA

ALKORTA ANDONEGI, X., *Crisis y nueva dirección bancaria. Referencia especial a las cajas de ahorros*, Universidad de Deusto, Servicio de Publicaciones, Colecciones: Economía, Bilbao, 2015.

ARMENTA DEU, T., *Lecciones de Derecho procesal civil*, Marcial Pons, Madrid, 2013.

ASENCIO MELLADO, J. M., *Derecho procesal civil*, Tirant lo Blanch, Valencia, 2015.

BANACLOCHE PALAO, J., CUBILLO LÓPEZ, I. J., *Aspectos fundamentales de derecho procesal civil*, La Ley, Madrid, 2014.

BÁRCENA SUÁREZ, N. «Necesidad y oportunidad del Anteproyecto de ley de creación de la Autoridad Administrativa Independiente de defensa del cliente financiero», *Revista CESCO de Derecho de Consumo*, núm. 44 (2022), pp. 26-42.

BELANDO GARÍN, B., «Un acercamiento a la futura Autoridad Administrativa Independiente de defensa del cliente financiero», *Revista General de Derecho de los Sectores Regulados: RSR*, núm. 11 (2023).

BLANCO SÁNCHEZ, M. J., «El Proyecto de Ley de creación de la Autoridad Administrativa Independiente de Defensa del Cliente Financiero», *Actualidad civil*, núm. 9 (2023).

DE LA OLIVA SANTOS, A., DÍEZ-PICAZO GIMÉNEZ, I., VEGA TORRES, J. (Coords.), *Curso de Derecho procesal civil I. Parte general*, Editorial Universitaria Ramón Areces, Madrid, 2014.

ESTEBAN RÍOS, J., «El largo camino hacia la creación de una autoridad independiente para la protección del cliente financiero: necesidad, funciones y cuestiones controvertidas», *Revista de derecho del mercado de valores*, núm. 30 (2022).

FALCÓN Y TELLA, R., «El informe pericial en los delitos contra la Hacienda Pública», *Revista jurídica de Catalunya*, vol. 117, núm. 2 (2018), pp. 371-390.

GARCÍA-ANDRADE GÓMEZ, J., «¿Huida o expansión del derecho administrativo?», *Revista española de derecho administrativo*, núm. 209 (2020), pp. 139-170.

GONZÁLEZ VÁZQUEZ, J. C. y COLINO MEDIAVILLA, J. L., *Regulación bancaria y actividad financiera*, Wolter Kluwers, Madrid, 2020.

PALÁ LAGUNA, R., «A propósito de la reestructuración de la supervisión financiera en España», *Revista de derecho del mercado de valores*, núm. 19 (2016).

PLASENCIA, R. y SALGUEIRO, A., «Publicación del Anteproyecto de Ley de Creación de la Autoridad de Defensa del Cliente Financiero», *Actualidad jurídica Aranzadi*, núm. 985 (2022).

PRIETO-CASTRO Y FERRÁNDIZ, L.., *Derecho procesal civil, primera parte*, Editorial de Derecho Privado, Madrid, 1964.

RABANETE MARTÍNEZ, I., «Comentario al Anteproyecto de Ley de creación de la Autoridad Administrativa Independiente de Defensa del Cliente Financiero: Posibles problemas jurídicos y de aplicación de la norma», *Revista de Derecho del Sistema Financiero: mercados, operadores y contratos*, núm. 5 (2023), pp. 201-222.

TAYLOR, M. W. y FLEMING, A., «Supervisión financiera integrada: enseñanzas de la experiencia escandinava», *Finanzas y desarrollo: publicación trimestral del Fondo Monetario Internacional y del Banco Mundial*, vol. 36 núm. 4 (1999), pp. 42-46.

B)

Aspectos probatorios en sistemas alternativos o complementarios al proceso civil

26

Valoración de la prueba y motivación del laudo: reflexiones sobre el alcance y la naturaleza del deber de motivar las decisiones arbitrales

José Caro Catalán
Profesor Ayudante Doctor de Derecho Procesal
Universidad de Cádiz

I. INTRODUCCIÓN

El arbitraje se desarrolla a través de un proceso –*actus trium personarum*– en el que los hechos y la consiguiente práctica y valoración de la prueba desempeñan un papel central. Siguiendo el esquema heterocompositivo de resolución de conflictos, en el arbitraje es el tercero imparcial –en este caso árbitro o tribunal arbitral– el que tiene la potestad de valorar la prueba para, en su caso, considerar probados los hechos alegados por las partes y estimar o desestimar la pretensión o pretensiones planteadas por estas. De este modo, corresponde al árbitro la labor intelectual de conceder la credibilidad debida a las pruebas practicadas, siguiendo para ello los criterios legalmente establecidos.

La Ley de Arbitraje (en adelante, LA), en aplicación del principio de mínima intervención, es especialmente parca a la hora de regular todas las cuestiones relacionadas con la prueba. En lo que respecta a su valoración, la única referencia normativa la encontramos en el art. 25 LA, cuando reconoce a los árbitros la potestad de «decidir sobre la admisibilidad, pertinencia y utilidad de las pruebas, sobre su práctica, incluso de oficio, y sobre su valoración». La ausencia de premisas legales específicas que fijen el criterio legal que debe seguir el árbitro para realizar ese juicio necesario sobre la existencia o la manera de ser de un determinado hecho, no debe interpretarse como la concesión de una suerte de «carta blanca» al árbitro para que lleve a cabo este juicio de la forma que mejor estime conveniente. Por el contrario, debemos interpretar que en el arbitraje rige también *la regla de la sana crítica,* esto es, el árbitro debe aplicar los principios lógicos y reglas nacidas de la experiencia o[1], siguiendo la literalidad del art. 218.2 LEC, «ajustándose siempre a las reglas de la lógica y de la razón».

Pero, más allá de esta actividad intelectual que tiene lugar en el fuero interno del juzgador, donde vamos a poner el foco en este trabajo es la forma en la que la que ese juicio se exterioriza. Es decir, el árbitro no solo asume la función de valorar la prueba, sino que también asume el deber de explicar a las partes por qué considera probados –o no– los hechos que han alegado para fundamentar sus pretensiones. Es en este contexto donde ha de ubicarse el deber de motivar el laudo arbitral, consagrado en el art. 37.4 LA[2].

En este punto también podría trazarse una analogía con el proceso jurisdiccional. La LEC en su art. 218.2 dispone que «[l]as sentencias se motivarán expresando los razonamientos fácticos y jurídicos que conducen a la apreciación y valoración de las pruebas, así como a la aplicación e interpretación del derecho». Acto seguido, añade que la motivación «deberá incidir en los distintos elementos fácticos y jurídicos del pleito, considerandos individualmente y en conjunto, ajustándose siempre a las reglas de la lógica y de la razón». Sin embargo, en el ámbito del proceso civil el fundamento de este deber va más de ser un requisito de legalidad ordinaria, ya que la motivación de las resoluciones judiciales se considera una exigencia constitucional inherente al ejercicio de la función jurisdiccional, integrada en el núcleo

1. Así define GONZÁLEZ GRANDA el alcance de esta regla. *Vid.* GONZÁLEZ GRANDA, P., "La valoración de la prueba", *La prueba: La prueba en el Proceso Civil,* T.I, Tirant lo Blanch, 2017, p. 149.
2. Art. 37.4 LA: El laudo deberá ser siempre motivado, a menos que se trate de un laudo pronunciado en los términos convenidos por las partes conforme al artículo anterior.

duro de las garantías procesales del art. 24 CE. Algo que, como veremos en este trabajo, no se puede predicar –al menos de forma tajante– de la motivación de los laudos arbitrales.

Pero, con independencia de donde se halle el fundamento último del deber de motivación, lo cierto es que el árbitro adquiere el compromiso de motivar su decisión, explicando por qué considera probados –o no– los hechos alegados por las partes y –si el arbitraje es de derecho– exponiendo los fundamentos jurídicos que le han llevado a adoptar el fallo estimatorio o desestimatorio de las pretensiones. Tal es así que, en principio, la ausencia de motivación o una motivación defectuosa puede ser un motivo suficiente para una posterior anulación del laudo arbitral.

Teniendo en cuenta estas consideraciones, es fundamental conocer el alcance del deber de motivación del laudo para, al mismo tiempo, determinar cuándo un laudo puede ser anulado por un error del árbitro a la hora de valorar la prueba. A tal efecto, en este trabajo nos proponemos analizar el marco legal y jurisprudencial actual sobre este particular para, con posterioridad, realizar una serie de consideraciones sobre la eficacia de las garantías procesales en el arbitraje en general, y de la garantía de la motivación del laudo en particular.

II. ACCIÓN DE ANULACIÓN Y MOTIVACIÓN DEL LAUDO

1. IDEAS PREVIAS

Se suele decir que el arbitraje es un «proceso de instancia única»[3] porque el laudo arbitral es irrecurrible. No existe una suerte de «segunda instancia» que tenga la potestad de modificar la decisión adoptada por el tribunal arbitral. Sin embargo, la ley no ignora que en cualquier fase del proceso arbitral pueden concurrir «vicios o defectos que afecten a su propia validez»[4]. Para evitar que los laudos que se dicten en este tipo de procesos produzcan efectos jurídicos, la Ley de Arbitraje prevé la posibilidad de plantear una acción de anulación contra el laudo.

3. En esta línea, RAMOS MÉNDEZ señala que "[e]l arbitraje es un modelo de solución de litigios de instancia única, por decirlo en los términos al uso. Si a uno no le gusta este diseño, no está obligado a elegirlo. En congruencia con esta filosofía, la ley incrementa los controles y esfuerzos por hacer una instancia exhaustiva, con garantías potenciadas al máximo". En: "El nuevo régimen del laudo arbitral", en: VÁZQUEZ ALBERT, D. y TUSQUETS TRÍAS DE BES, F., *El arbitraje: nueva regulación y práctica arbitraje*, Tirant lo Blanch, 2013.
4. En este sentido, SOLÉ RIERA expone que en el arbitraje "desde su origen a través del otorgamiento de la cláusula arbitral como manifestación de voluntad inequívoca de someter la controversia al arbitraje, como durante su desarrollo procedimental y conclusión mediante laudo, pueden producirse la concurrencia de vicios o defectos que

A tal efecto, los arts. 40 y ss. LA establecen el régimen jurídico de este particular medio de impugnación, que no tiene por objeto la revisión judicial de la controversia suscitada por las partes ya resuelta por el árbitro, sino que se trata de una «revisión, por motivos tasados, de la validez del laudo»[5]. Si se atiende a los motivos de anulación previstos en el art. 41 LA, se puede percibir claramente esta circunstancia, ya que la mayoría de los motivos de anulación hacen referencia a defectos relativos al convenio arbitral, al procedimiento o a la constitución del tribunal arbitral. De este modo, en la disciplina arbitral se ha instaurado el dogma de que «ni la apreciación y valoración de la prueba realizada por el árbitro en su actuación procesal puede ser objeto de una revisión sustancial»[6]. Y, en consecuencia, de que la actuación del juez en sede de anulación del laudo «nunca podrá entrañar un análisis del contenido del laudo o una nueva valoración de las periciales y otras pruebas que evidencien un error en la apreciación del árbitro»[7]. Sin embargo, aunque es cierto que esa es la filosofía que está detrás de la norma, la práctica nos demuestra que no se puede realizar esta afirmación de forma tan rotunda. Existen escenarios en los que el juez debe revisar la valoración de la prueba realizada por el árbitro a fin de verificar que no se ha producido una quiebra de los estándares procesales más elementales.

Como apuntábamos *supra,* el error en la valoración de la prueba se controla a través de la motivación del laudo. Sin embargo, si se atiende a los motivos de anulación previstos en el art. 41.1 LA, no hay ninguno que se refiera a un defecto en la valoración de la prueba o, en general, en la motivación del laudo. A pesar de ello, esta circunstancia no impide el control judicial sobre este elemento esencial del juicio arbitral. La jurisprudencia viene apreciando que la falta de motivación del laudo y el error patente en la valoración de la prueba son defectos tan graves pueden justificar la anulación de un laudo[8].

---

afecten a su propia validez, de tal manera que determinen la ineficacia del arbitraje como solución alternativa a la resolución del conflicto". En: "Sobre la anulación del laudo arbitral: orden público y legitimación pasiva", Anuario de Justicia Alternativa, n.º 15, 2019, p. 14.

5. REMÓN PEÑALVER, J., "Sobre la anulación del laudo: el marco general y algunos problemas", InDret 3/2007, 2007, p. 7.
6. FERNÁNDEZ ROZAS, J. C., RUIZ RISUEÑO, F., CASTRESANA, L. F., *Manual de Arbitraje,* Tirant lo Blanch, 2017, p. 245.
7. *Ibidem,* p. 246.
8. Es muy interesante la STSJ de Madrid de 13 de octubre de 2021 (ECLI:ES:TSJM:2021:10765), cuando señala que "[e]l motivo esgrimido, cabe decir ya de antemano, que está absolutamente forzado, ya que el desarrollo argumental basado en la falta de motivación y el error patente en la valoración de la prueba, no tienen encaje en el apdo. 1 b) del art. 41LA". Para, en el apartado siguiente, hay que aclarar que esa circunstancia tiene un mejor encaje en la infracción del orden público.

2. EL DEBER DE MOTIVAR EL LAUDO COMO GARANTÍA ESENCIAL DEL ARBITRAJE

El tema de la motivación del laudo arbitral está de actualidad. Desde el año 2020, el Tribunal Constitucional (en adelante, TC) ha dictado más de media docena de sentencias que tenían su origen en recursos de amparos interpuestos ante resoluciones de los Tribunales Superiores de Justicia —en particular, del de Madrid— que anulaban laudos arbitrales por deficiencias en su motivación. Al hilo de estos pronunciamientos, el TC ha tenido la oportunidad de aclarar cuál es, a su juicio, la naturaleza jurídica y el alcance del deber de motivar el laudo, a fin de precisar su vinculación con el orden público.

En este sentido, el TC, ha aclarado en reiteradas ocasiones que desde un punto de vista constitucional el arbitraje es un «medio de heterocomposición de las controversias inherente al principio de la voluntad y, más genéricamente, al de la libertad»[9]. Por este motivo, ha declarado que el fundamento jurídico del deber de motivación del laudo «no surge del derecho fundamental a la tutela judicial efectiva (art. 24 CE), que solo es predicable de las resoluciones emanadas del Poder Judicial, sino de la propia Ley de arbitraje, que en su art. 37.4 así lo exige»[10]. A mayor abundamiento, el alto tribunal resalta que el hecho de que la redacción de este precepto sea análoga a la del 120.3 CE —«[l]as sentencias serán siempre motivadas y se pronunciarán en audiencia pública»—, no significa que el deber de motivación del laudo tenga su fundamento en este precepto constitucional. Tal y como declara en esta sentencia «la motivación de los laudos no está prevista en la Constitución ni se integra en un derecho fundamental»[11], sino que es una «obligación de configuración legal del que bien podría prescindir el legislador sin prescindir la naturaleza del sistema arbitral»[12]. Sin entrar a valorar la exactitud de este argumento —*vid. Infra*—, lo cierto es que según esta jurisprudencia del deber de motivación del laudo debe ser comprendido y analizado de forma autónoma, es decir, sin vincularlo de ninguna manera al deber de motivación de las resoluciones judiciales.

Al hilo de esta jurisprudencia renovada, se ha vuelto a suscitar el interesante debate sobre la posibilidad de que las partes renuncien expresamente a la motivación del laudo arbitral que se había dado por zanjado con la reforma de la Ley de Arbitraje de 2011. Con esta reforma, el legislador optó por modificar la redacción originaria del art. 37.4 LA —«[e]l laudo

9. Por todas *vid.* STC 79/2022 de 27 de junio (ECLI:ES:TC:2022:79).
10. STC /2021 de 15 de marzo (ECLI:ES:TC:2021:65).
11. *Ibidem.*
12. *Ibidem.*

deberá ser motivado, a menos que las partes hayan convenido otra cosa o que se trate de un laudo pronunciado en los términos convenidos por las partes conforme al artículo anterior»— por la siguiente: «[e]l laudo deberá ser siempre motivado, a menos que se trate de un laudo pronunciado en los términos convenidos por las partes conforme al artículo anterior». De este modo, el debate sobre la posibilidad de que las partes renunciaran anticipadamente a la motivación del laudo parecía agotado, ya que del tenor literal del vigente art. 37.4 LA se deduce que solo es posible que se dicte un laudo sin motivación cuando este se limite a recoger el acuerdo alcanzado por las partes durante la tramitación del arbitraje. Sin embargo, como ha apuntado SEOANE PRADO en un reciente artículo[13], de la renovada jurisprudencia constitucional se debe interpretar que la «motivación de las resoluciones judiciales, el deber de motivación del laudo arbitral es una cuestión privada, ajena al régimen constitucional, al orden público y al elenco de derechos fundamentales que fluyen del art. 24 CE»[14]. Y, por tanto, que a su juicio no hay «razón por la que (las partes) no puedan renunciar a este derecho»[15].

Sin perjuicio de que me parezca un planteamiento interesante en el plano de la *lege ferenda,* creemos que en la redacción actual del art. 37.4 LA no hay lugar para reconocer esta posibilidad. Parece claro que el legislador de 2011, por motivos de política legislativa, optó por otorgar a la motivación del laudo carácter indisponible. A diferencia de lo que ocurre en otros preceptos de la Ley de Arbitraje, en este caso no se incluye una frase final del tipo *salvo que las partes hayan dispuesto otra cosa.* Por tanto, la motivación del laudo debe ser interpretada como una exigencia de orden legal cuya infracción puede desembocar en una anulación del laudo. Quizás ya no encuadrable en el motivo 41.1.f) LA —infracción del orden público—, sino en el del art. 41.1.d), que da cobertura a los jueces para anular los laudos que se hayan dictado en procedimientos arbitrales «que no se hayan ajustado a la ley».

Ahora bien, el hecho de que el fundamento jurídico del deber de motivar los laudos arbitrales y del deber de motivar las resoluciones judiciales se hallen en planos jurídicos diferentes no significa que el alcance y contenido de ambos deberes sea diferente. Las implicaciones jurídicas de esta doctrina constitucional están más relacionadas con el nivel de protección jurisdiccional de uno y de otro, como tendremos ocasión de analizar *infra.* Siguiendo a KEUTGEN, la motivación del laudo arbitral incorpora, como

13. SEOANE PRADO, J., "La motivación de los laudos arbitrales", *Diario La Ley,* núm. 10343, 2023.
14. *Ibidem.*
15. *Ibidem.*

regla general, los mismos requisitos que conciernen a las decisiones judiciales y, por tanto, debe estar adornada de las notas de claridad, precisión, completitud y congruencia[16]. En esta línea, la Exposición de Motivos de la Ley de Arbitraje apuntó que el árbitro ha de decidir «sobre la base de los mismos criterios jurídicos que si hubiere de resolver un tribunal». Por esta razón, se ha defendido que es «dable aplicar por analogía al arbitraje las normas positivas y la jurisprudencia elaborada sobre los requisitos internos y la finalidad de la motivación de las sentencias y, por regla general, cabe percibir un paralelismo entre "sentencia judicial" y "laudo arbitral" desde la perspectiva de la motivación»[17].

3. EL DEBER DE MOTIVAR LA VALORACIÓN DE LA PRUEBA

De lo expuesto en el párrafo anterior debemos extraer que el alcance de la motivación del laudo y de la sentencia es idéntico. De esta forma, la motivación se ha de percibir como una característica esencial –y legal– del laudo arbitral. A estos efectos, la motivación exige que el árbitro explique con la debida separación y claridad, tanto los razonamientos fácticos como los jurídicos, que le han conducido a valorar la prueba practicada en un determinado sentido, aludiendo además a la aplicación e interpretación del derecho en el caso concreto[18]. Así, la motivación judicial, además de servir para verificar la *legalidad* del laudo –esto es, la compatibilidad del razonamiento jurídico del árbitro con el ordenamiento jurídico–, es útil para verificar que la decisión recae sobre una valoración razonable de la prueba practicada.

Como venimos comentando, en el caso del arbitraje se parte de la premisa de que las partes han confiado en los árbitros la valoración de la prueba, excluyendo *a priori* cualquier interferencia judicial en dicha función[19]. De este modo, la acción de anulación del laudo no es un instrumento apto para que los jueces puedan reexaminar las actuaciones en materia de prueba llevadas a cabo en sede arbitral –como ocurren en el recurso de apelación–. Si hilamos esta idea con el deber de motivación del laudo arbitral, debemos llegar a la conclusión de que para dar cumplimiento a este deber

16. KEUTGEN, G., "La motivation et la confidentialité de la sentence dans l'arbitrage commercial international", *Liber amicorum Eddy Wymeersch*, Amberes, Intersentia, 2008, pp. 563-574.
17. MENÉNDEZ ARIAS, M. J., FERNÁNDEZ ROZAS, J. C., "Motivación del laudo arbitral", *Anuario de Arbitraje 2018*, Aranzadi, 2018, p. 4, versión digital.
18. Así es como ETXEBARRÍA GURIDI define la motivación de las sentencias: *vid.* AA. VV., *Proceso Civil. Derecho Procesal II*, 3.ª ed., Tirant lo Blanch, 2023, p. 325.
19. ORMAZÁBAL SÁNCHEZ, G., *El control judicial sobre el fondo del laudo*, Marcial Pons, 2017, p. 108.

bastará con que el laudo contenga una argumentación sobre la prueba que transcurra por el cauce de «la motivación racional, el sentido común y la sana crítica»[20]. O, *a sensu contrario*, este deber solo se verá infringido si la motivación incurre en «arbitrariedad, irracionalidad o subversión de las reglas de la lógica o de las reglas legales de valoración probatoria»[21]. Este dato nos sirve para ponderar adecuadamente el limitado alcance que tiene la motivación del laudo y, sobre todo, nos deja claro el escaso margen con el que cuentan los jueces para anular un laudo porque consideren que el árbitro no ha valorado correctamente la prueba.

Este razonamiento no es nuevo ni exclusivo del arbitraje. El Tribunal Constitucional viene sentando desde antiguo la denominada doctrina del canon de la arbitrariedad y el error patente para resolver los recursos de amparo planteados ante resoluciones jurisdiccionales por una supuesta infracción del deber de motivación. En lo que respecta a la valoración de la prueba, el alto tribunal ha declarado en multitud de ocasiones que «los errores de los órganos judiciales, cuando no son imputables a la negligencia de la parte y cierran las vías de defensa, no deben producir efectos negativos en la esfera jurídica del ciudadano, siendo el recurso de amparo el cauce adecuado para restablecer el derecho de tutela», puesto que «dentro de este recurso tiene cabida la corrección de cualquier interpretación arbitraria o totalmente infundada o que resulte de un error patente». Ahora bien, como también se ha encargado de precisar, para la aplicación de esta doctrina se hace necesaria la presencia «de dos requisitos esenciales: de una parte, que el error sea patente o, lo que es lo mismo, inmediatamente verificable de forma incontrovertible a partir de las actuaciones judiciales por haberse llegado a una conclusión absurda o contraria a los principios elementales de la lógica y de la experiencia; y de otra parte, que incida en algún derecho fundamental»[22].

Esta doctrina, por tanto, no ha sido creada por y para el arbitraje, sino que existía con anterioridad y ha sido de utilidad para resolver innumerables recursos de amparo. El propio Tribunal Constitucional ha identificado el paralelismo que existe entre su función a la hora de resolver este tipo de recursos de amparo y la que desempeñan los Tribunales Superiores de Justicia a la hora de atender las acciones de anulación de laudos arbitrales. De ahí que haya afirmado que «las posibilidades de control judicial sobre la motivación del laudo son en cierto modo similares a las que el tribunal reconoce cuando revisa en amparo las decisiones judiciales». Desde nuestro

20. *Ibidem*, p. 108.
21. SSTSJ de Madrid 2/2015 de 13 de mayo de 2015.
22. Por todas, haciendo acopio de resoluciones precedentes, *vid.* STC 162/1995 de 7 de noviembre.

punto de vista, se trata de una analogía muy acertada, no solo porque limita el escrutinio del juez sobre la motivación del laudo a «la razonabilidad del discurso que une la actividad probatoria y el relato fáctico que de ella resulta» (STC 123/2006), sino porque permite a los Tribunales Superiores de Justicia acudir a la jurisprudencia constitucional consolidada sobre la revisión en amparo de las decisiones judiciales.

4. APLICACIÓN DE LA DOCTRINA DE LA «RAZONABILIDAD»: ALGUNOS EJEMPLOS

Según lo expuesto, no es de extrañar que en la inmensa mayoría de los casos la valoración probatoria acogida en el laudo sea irrelevante a los efectos de declarar su nulidad. Sin embargo, hay supuestos excepcionales en los que el tribunal arbitral incurre en arbitrariedad, irracionalidad o yerra gravemente a la hora de valorar la prueba[23]. Es solo en esos casos *patológicos* en los que se justifica el control judicial de la valoración arbitral de la prueba. Para comprender mejor la naturaleza limitada y excepcional de la función revisora del juez en este ámbito, conviene exponer algunas de las pocas sentencias donde se ha tenido que aplicar este filtro.

En la STSJ de las Islas Canarias 3/2012 de 9 de julio, se anuló un laudo arbitral porque este no tuvo en cuenta un documento cuya validez solo fue discutida por la parte demandada en fase de conclusiones y que además acreditaba una cuestión fáctica que había sido admitida por ambas partes[24].

En la STSJ de Madrid 35/2013 de 17 de mayo, se anuló un laudo porque «[a]nte la impugnación expresa de la autenticidad del documento aportado por los demandados que, de acreditarse ser genuino, habría provocado la total desestimación de la reclamación, el árbitro no posibilitó a estos demandados proponer algún medio probatorio al efecto, sino que, directamente, el árbitro se arrogó funciones periciales y decidió cotejar la firma de ese recibí con el resto de los documentos aportados, determinando por su cuenta —aun reconociendo que no era perito calígrafo— que las firmas comparadas carecían de similitud, y remitiendo a las partes a los Juzgados o Tribunales para el enjuiciamiento, en su caso, de la falsedad documental»[25].

Por último, en la reciente y singular STSJ de las Islas Canarias 5/2022 de 26 de mayo se estimó la demanda de anulación por la errónea aplicación de

23. CAMPO CANDELAS, J., *El orden público como motivo de anulación del laudo,* tesis doctoral, Universidad de Castilla y la Mancha, 2017.
24. STSJ de las Islas Canarias 3/2012 de 9 de julio (ECLI:ES:TSJICAN:2012:1033).
25. STSJ de Madrid 35/2013 de 17 de mayo (ECLI:ES:TSJM:2013:8227).

las reglas de la carga de la prueba. El laudo tenía su origen en un arbitraje de consumo, en el que la parte demandante solicitaba que una compañía de telefonía le realizara una instalación de la línea fija en su domicilio con «cableado clásico», debido a una supuesta dolencia de hipersensibilidad a ondas electromagnéticas. Según la demandante, la compañía había aceptado este requerimiento en el momento de la contratación. Sin embargo, esta circunstancia fue negada de contrario y no se aportó ninguna prueba que pudiera acreditarlo. El árbitro, a pesar de ello, estimó la demanda incurriendo a juicio de la sentencia en una «errónea distribución de la carga de la carga probatoria que es, a su vez, el cimiento de la tan breve y escueta motivación del laudo»[26].

III. LAS GARANTÍAS PROCESALES FUNDAMENTALES EN EL ARBITRAJE: ESPECIAL REFERENCIA A LA MOTIVACIÓN DEL LAUDO

La motivación del laudo, como deber del árbitro y como garantía de las partes que se someten a este mecanismo de resolución de conflictos, guarda una vinculación muy estrecha con el debate sobre la eficacia de las garantías procesales fundamentales en el arbitraje. Dada la trascendencia teórica y práctica de esta cuestión, nos parece pertinente plantearla aquí para, con posterioridad, comentar cómo afecta a la motivación del laudo.

Debemos partir de la idea de que el arbitraje, al igual que el proceso jurisdiccional, está dotado de una serie de garantías que sirven para controlar y preserva su calidad como mecanismo de solución de litigios[27]. El «catálogo» de garantías del arbitraje es amplio. La Ley de Arbitraje incorpora garantías procesales de diversa naturaleza: referentes a las partes –ej. igualdad de armas, audiencia y contradicción (art. 24 LA)–, a los árbitros –ej. independencia e imparcialidad (art. 17 LA) o motivación del laudo–, incluso a las instituciones arbitrales (art. 21).

Es obvio que, cuando tras la finalización de la Segunda Guerra Mundial se produce el fenómeno de la constitucionalización de los derechos fundamentales de la persona y se blindan en las constituciones y en los tratados internacionales las garantías procesales esenciales, no se estaba pensando en el arbitraje sino en el proceso jurisdiccional. Buena muestra de ello es que la Constitución incorpora estos derechos y garantías bajo la rúbrica de

26. STSJ de las Islas Canarias 5/2022 de 26 de mayo (ECLI:ES:TSJICAN:2022:979).
27. En esta línea, RAMOS MÉNDEZ defiende que el concepto de "garantía", entendida como "protocolo de calidad", es válido para cualquier modelo de solución de litigios "tanto público como privado". RAMOS MÉNDEZ, F., *El sistema procesal español,* 11.ª ed., Atelier, Barcelona, 2019, p. 384.

«derecho a la tutela *judicial* efectiva» (art. 24 CE). Si atendemos a su tenor literal parecería evidente que los derechos procesales fundamentales no tienen relevancia en el arbitraje. Sin embargo, de entre los diversos medios alternativos disponibles para resolver conflictos jurídicos, el arbitraje es el que guarda una mayor similitud con la jurisdicción. Tal es así que un importante sector doctrinal viene defendiendo que la función desarrollada por los árbitros es de naturaleza jurisdiccional[28]. Sin entrar ahora en ese complejo debate, lo cierto es que la labor que desempeñan los árbitros es equivalente, en su función y en sus efectos, a la función declarativa de la jurisdicción, en la medida en la que, tras la celebración de un proceso, se dicta un laudo con fuerza de cosa juzgada y eficacia ejecutiva. Desde esta perspectiva, creemos que es imprescindible plantearse si estas garantías tienen alguna relevancia en el arbitraje.

El tema además está de actualidad. Como hemos comentado al inicio de este trabajo, desde el año 2020, la jurisprudencia del Tribunal Constitucional ha acaparado la atención de la comunidad arbitral. Desde entonces, el alto tribunal ha dictado más de media docena de sentencias para dar respuesta a los diversos recursos de amparos interpuestos planteados ante sentencias que anulaban laudos arbitrales. Al hilo de estas resoluciones, ha tenido ocasión de renovar su jurisprudencia sobre el arbitraje, aclarando una idea que ya había expresado en alguna ocasión: el arbitraje no tiene su fundamento en el derecho a la tutela judicial efectiva sino en la autonomía de la voluntad de las partes y, por tanto, las garantías procesales previstas en el art. 24 CE no tienen eficacia en este medio de solución de controversias.

Ahora bien, no debemos perder de vista que la CE no es el único instrumento normativo donde se consagran estas garantías procesales. El derecho a la tutela judicial efectiva, bajo diferentes denominaciones, se consagra también en el art. 47 de la Carta Europea de Derechos Fundamentales y en el art. 6 del Convenio Europeo de Derechos Humanos (en adelante, CEDH). De este modo, España, como Estado miembro de la Unión Europea y del Consejo de Europa, debe velar por el cumplimiento de los derechos garantizados en esos artículos, teniendo en cuenta la jurisprudencia del Tribunal de Justicia de la Unión Europea y del Tribunal Europeo de Derechos Humanos (en adelante, TEDH). En los últimos años, el TEDH viene

28. La lista de autores que han defendido la naturaleza jurisdiccional del arbitraje es muy extensa. Como apuntó GIMENO SENDRA, esta tesis fue iniciada por HELLWIG en Alemania y por MORTARA en Italia. En España ha seguido esta orientación –entre otros– FENECH, ALCALÁ ZAMORA, CARRERAS, SERRA y MONTERO. *Vid.* GIMENO SENDRA, V., "La validez de los convenios arbitrales de adhesión en la doctrina del Tribunal Constitucional", *Revista General de Derecho Procesal,* núm. 17, 2009, pie de página 3.

sentando una línea jurisprudencial muy interesante en materia de arbitraje, con decisiones en las que se ha referido a la relación entre el art. 6 CEDH y el arbitraje en términos que se alejan de la concepción tradicional. Por este motivo, nos parece interesante dedicar estas líneas a resaltar las principales diferencias entre la jurisprudencia de ambos tribunales a fin de poder formular una reflexión final sobre la eficacia de las garantías procesales en el arbitraje, en general, y sobre la motivación del laudo, en particular.

Teniendo en cuenta el carácter complejo del contenido del derecho a la tutela judicial efectiva y los límites temporales y espaciales fijados para este trabajo, hemos optado por limitar nuestro análisis a dos derechos incluidos tanto en el art. 24 CE como en el art. 6 CEDH: el derecho de acceso a la jurisdicción y el derecho al juez imparcial.

1. EL DERECHO A ACCEDER A LA JUSTICIA

Desde un punto de vista tradicional, el derecho a acceder a la justicia se suele definir como aquel que «garantiza que cualquier persona pueda acudir a los tribunales (del Estado) para pedir tutela judicial» [29]. Si relacionamos esta idea con el arbitraje, parecería claro que, por su propia esencia, el derecho de acceso a la jurisdicción no tiene relevancia en el arbitraje, ya que, por definición, cuando un ciudadano acude a un tribunal arbitral para formular sus pretensiones, está optando al mismo tiempo por no hacerlo ante un órgano jurisdiccional. Pero, precisamente por esa circunstancia, este derecho es el que interfiere de una forma más determinante en el arbitraje.

A) Tribunal Constitucional

Desde el punto de vista del Tribunal Constitucional, el arbitraje es una vía extrajudicial de resolución de controversias que permite a las partes alcanzar los mismos resultados que en la jurisdicción, esto es, una decisión definitiva del conflicto jurídico con efectos de cosa juzgada. A raíz de esta idea, el TC acuñó el término de «equivalente jurisdiccional» [30]. Una equivalencia que, como se ha encargado de aclarar en su jurisprudencia más reciente, no se refiere a su naturaleza jurídica, sino a sus efectos jurídicos [31].

La otra cara de acceso al «equivalente jurisdiccional» es la renuncia a acceder a la jurisdicción para la tutela de una determinada pretensión, ya

29. CACHÓN CADENAS, M., *Introducción al enjuiciamiento civil*, Atelier, Barcelona, 2021, p. 166.
30. En primer lugar, este término fue utilizado por la STC de 22 de marzo de 1991 (RTC 1991, 62), F.J. 5; STC de 4 de octubre de 1993, F.J. 3; STC de 23 de noviembre de 1995, y STC de 11 de noviembre de 1996, F.J. 7.
31. STC de 15 de febrero de 2021 (RTC 2021, 17), F.J. 8.

que son instrumentos excluyentes –al menos en lo que se refiere a la vertiente declarativa–. En consecuencia, pese al carácter irrenunciable del derecho a la tutela judicial efectiva —característica común de cualquier otro derecho fundamental—, su vigencia «no impide que pueda reputarse constitucionalmente legítima la voluntaria y transitoria renuncia al ejercicio de las acciones en busca de unos beneficios cuyo eventual logro es para el interesado más ventajoso que el que pudiera resultar de aquel ejercicio»[32].

Por este motivo, el Tribunal constitucional viene exigiendo reiteradamente que dicha renuncia sea «explícita, clara, terminante e inequívoca», y ello sin perjuicio de que, para proteger el principio de buena fe contractual, haya admitido la renuncia tácita de los titulares del derecho, siempre que sea lo suficientemente expresiva del ánimo de renunciar[33].

Desde esta perspectiva, la autonomía de la voluntad de las partes que acuden al arbitraje renunciando de forma parcial y transitoria al ejercicio de su derecho a la tutela judicial efectiva es la fuente legitimadora de la compatibilidad de ese medio de resolución de conflictos con la Constitución[34]. Por eso no es de extrañar que el Tribunal Constitucional exija que el sometimiento a arbitraje tenga su origen en la legítima autonomía de la voluntad de las partes que, libre y voluntariamente, se someten a la decisión de un árbitro que no pertenece a la estructura jurisdiccional del Estado[35]. Según esta línea jurisprudencial, no es de extrañar que el Tribunal Constitucional haya vedado, de entrada, la posibilidad de cualquier tipo de arbitraje obligatorio.

B) Tribunal Europeo de Derechos Humanos.

A simple vista, el TEDH mantiene una posición prácticamente calcada. De su jurisprudencia se deduce que la sumisión a arbitraje es una renuncia transitoria del derecho a un proceso equitativo reconocido en el art. 6 CEDH que no plantea problemas siempre que esta cumpla con ciertas exigen-

---

32. STC de 11 de enero de 2018 (RTC 2018, 1), FJ 3.
33. Por todas, sobre la renuncia al ejercicio de derechos fundamentales en general: *vid.* STC de 20 de julio de 1981 (RTC 1981, 21), F.J. 9; STC de 30 de enero de 2000 (RTC 2000, 91), F.J. 11; y STC de 9 de marzo de 2009 (RTC 2009, 65), F.J. 4.
34. *Como apuntó la STC 174/1995 "la autonomía de la voluntad de las partes —de todas las partes— constituye la esencia y el fundamento de la institución arbitral, por cuanto que el arbitraje conlleva la exclusión de la vía judicial". STC de 23 de noviembre de 1995 (RTC 1995, 174), FJ 3.*
35. A este respecto *vid.* SCHUMANN BARRAGÁN, G., "Comentario a la STC 1/2018, de 11 de enero (Pleno), sobre la inconstitucionalidad del art. 73.e) de la Ley del Contrato de Seguro", *Foro, Nueva época,* vol. 21, núm. 1, 2018, p. 406.

cias[36]. En concreto, en su jurisprudencia hace alusión reiterada a que la renuncia sea «libre, legal e inequívoca»[37].

En este punto, la principal diferencia entre la jurisprudencia de ambos tribunales radica en el diverso tratamiento concedido a los arbitrajes obligatorios. Mientras que el TEDH ha declarado que un arbitraje que no se fundamente en una renuncia «libre, legal e inequívoca» –es decir, un arbitraje obligatorio– puede llegar a ser compatible con el art. 6 CEDH siempre que en el proceso arbitral satisfaga todas las garantías previstas en él, el TC considera que este tipo de arbitraje son siempre inconstitucionales, salvo que se permita una revisión judicial del fondo del laudo[38].

Desde nuestro punto de vista, la clave para comprender esta divergencia se encuentra en la diferente concepción de «tribunal». Mientras que para el TC el derecho a la tutela judicial efectiva solo puede ser satisfecho por un órgano jurisdiccional del Estado, el TEDH considera que el derecho a un proceso equitativo no implica necesariamente el derecho a tener acceso a un tribunal tradicional, integrado en las estructuras ordinarias del Estado[39].

Sin entrar ahora a valorar la trascendencia dogmática de estos postulados, es fundamental tener en cuenta cuál es el rol del CEDH y de su jurisprudencia. El CEDH –y la interpretación que hace de él el TEDH– fija «el mínimo de protección» de los derechos fundamentales reconocidos en él. Es decir, los Estados pueden ir más allá en la protección de esos derechos, pero, en ningún caso, limitar o perjudicar el mínimo de protección que exige el CEDH[40]. Si aplicamos esta idea al objeto de nuestro análisis, debemos advertir que el contraste entre la jurisprudencia del TEDH y del TC no es problemático. Como se ha apuntado desde la doctrina, la posición adoptada por el TC no traspasa el límite fijado por el TEDH, ya que «es más garantista que no se pueda imponer el arbitraje en ningún caso que aceptar su imposición legal o contractual a cambio de que se cumpla con las garantías pro-

36. Ya en el primer pronunciamiento que se conoce sobre este tema la extinta Comisión de Derechos Humanos se pronunció en un sentido similar. *Vid.* Comisión Europea de Derechos Humanos, X. c. República de Alemania, decisión de 16 de diciembre de 1961.
37. TEDH,*Mutu y Pechstein* c. *Suiza,* (n.º 40575/10 y 67474/10), sentencia de 2 de octubre de 2018. párr. 96.
38. *Vid.* por todas: STC 1/2018 de 11 de enero (ECLI:ES:TC:2018:1).
39. Ampliamente sobre esta cuestión: CARO CATALÁN, J., "Arbitraje y derechos humanos: una aproximación a la jurisprudencia del Tribunal Europeo de Derechos Humanos", *Revista General de Derecho Europeo,* núm. 51, Mayo, 2020, pp. 207 y ss.
40. CARRILLO SALCEDO, J. A.: "El Convenio Europeo de Derechos Humanos", *La protección internacional de los derechos humanos en los albores del siglo XXI,* Universidad de Deusto, Bilbao, 2004, p. 398.

cesales del art. 6 CEDH»[41]. Esto, sin embargo, es justo lo contrario a lo que ocurre con el derecho a un juez imparcial.

2. EL DERECHO AL JUEZ IMPARCIAL

El derecho a un juez imparcial se incluye en el derecho fundamental a un proceso con todas las garantías consagrado en el art. 24 CE, constituyéndose como una garantía fundamental del ejercicio de la potestad jurisdiccional en un Estado de Derecho[42]. En esta línea, el art. 24.2 CE, replicando al art. 6 CEDH, reconoce el derecho a ser juzgado por un tribunal «independiente y alejado de los intereses de las partes en litigio, de tal modo que la imparcialidad judicial constituye una garantía procesal que condiciona la existencia misma de la función jurisdiccional»[43].

Desde la perspectiva del arbitraje, parecería claro que el derecho a un árbitro imparcial no forma parte del contenido del derecho al juez imparcial. Sin embargo, como vamos a analizar a continuación, esta afirmación se puede ver matizada en función de la jurisprudencia que consultemos.

A) Tribunal Constitucional.

Como venimos comentando en este trabajo, el Tribunal Constitucional considera que cuando un ciudadano acude al arbitraje para formular sus pretensiones, está renunciando de forma parcial y transitoria al ejercicio de su derecho a la tutela judicial efectiva. Desde este posicionamiento, ha declarado en repetidas ocasiones que el proceso arbitral queda fuera del ámbito de aplicación del art. 24 CE y que, por tanto, las garantías procesales consagradas en la constitución no se aplican en el arbitraje.

Siguiendo esta orientación, la ya célebre STC 17/2021, de 15 de febrero, F.J. 2, declaró que «quienes se someten voluntariamente a un procedimiento arbitral tienen derecho, claro está, a que las actuaciones arbitrales sean contraladas por los motivos de impugnación legalmente admitidos, pero dicha facultad deriva de la misma configuración legal del arbitraje como forma de heterocomposición de los conflictos entre ellos y no del art. 24 CE». De forma muy gráfica, para reforzar esa idea, la STC 17/2021 de 15 de febrero declaró que estas garantías «podría[n] ser prescindible[s] a instancia del legislador».

---

41. SCHUMAN BARRAGÁN, G., "Un análisis de las garantías procesales en el arbitraje desde una perspectiva nacional y europea a raíz de la STC, 17/2021 de 15 de febrero", *Revista Italo-Española de Derecho Procesal*, 2021, p. 21.
42. STC 145/1988, de 12 de julio, F.J. 5.
43. RUIZ-RICO RUIZ, G., CARAZO LIÉBANA, M. J., *El derecho a la tutela judicial efectiva*, Tirant lo Blanch, Valencia, 2013, p. 255.

B) Tribunal Europeo de Derechos Humanos.

La posición tradicional del TEDH es que cuando el arbitraje es obligatorio es imprescindible que este cumpla con todas las garantías del art. 6 CEDH, incluido el derecho a un tribunal imparcial. De este modo, se ha venido interpretando que, implícitamente, cuando el arbitraje tiene carácter voluntario, no es exigible el cumplimiento de estas garantías. Esta posición, sin embargo, está siendo revisada en algunos de los últimos pronunciamientos del TEDH en la materia.

Nos referimos a la sentencia del caso *Mutu y Pechstein* c. *Suiza* de 2 de octubre de 2018 pero, sobre todo, a la del caso *Beg S.P.A* c. *Italia* de 20 de mayo de 2021. Esta última es la primera sentencia en la que se condena a un Estado por no garantizar la vigencia de alguno de los derechos previstos en el art. 6 CEDH en un arbitraje de carácter voluntario.

No es necesario explicar en detalle todos los antecedentes fácticos de este pronunciamiento. Sin embargo, es pertinente señalar que la sociedad demandante –*Beg Spa*– alegó una supuesta infracción del art. 6.1 CEDH por una supuesta falta de imparcialidad de uno de los miembros del tribunal arbitral, constituido en el seno de la Cámara de Arbitraje de la Cámara de Comercio de Roma. En particular, alegó que un árbitro tenía vínculos profesionales indirectos con la otra parte. *Beg Spa,* tras agotar sin éxito todos los recursos previstos por el ordenamiento italiano, interpuso demanda ante el TEDH.

Como se trataba de un arbitraje de naturaleza comercial, su carácter voluntario no fue objeto de debate ante el TEDH. Por tanto, en aplicación de la jurisprudencia tradicional de este tribunal, se produjo una renuncia al ejercicio de los derechos y garantías previstos en el art. 6 CEDH. Sin embargo, en este caso, el TEDH alcanzó una conclusión diferente[44]. La sentencia apunta que algunas de las garantías reconocidas en el art. 6 CEDH son demasiado importantes como para que se consideren «renunciadas» por la mera celebración de un convenio arbitral. La garantía del derecho a un «juez» independiente e imparcial es una de ellas. Según esta jurisprudencia, las partes que se someten a un arbitraje tienen derecho a que el árbitro sea imparcial. La renuncia a ese derecho solo se produce si una vez conocida la causa de recusación esta no se plantea[45].

44. En el caso *Mutu c. Suiza* de 2 de octubre de 2018 el TEDH ya amagó con este cambio de rumbo. En esta sentencia, en el caso de Adrian Mutu considera que éste se sometió a arbitraje libremente pero que, sin embargo, no renunció inequívocamente a su derecho a un juez imparcial. La diferencia es que en este caso concluyó que no se había vulnerado esa garantía en el procedimiento arbitral.

45. *Vid. Beg S.P.A* c. *Italia* de 20 de mayo de 2021, párr.

Esta conclusión contrasta radicalmente con la reciente jurisprudencia del TC. Y se trata, además, de un contraste negativo. Como advertíamos *supra*, el TEDH fija el mínimo de protección de los derechos que reconoce el CEDH. De esta forma, los Estados tienen margen para ir más allá en el reconocimiento de esos derechos, a fin de brindar una mayor protección a sus ciudadanos. Lo que no cabe es lo contrario. Y eso es lo que ocurre, aparentemente, con la jurisprudencia del TC sobre el arbitraje voluntario. Si el TEDH considera que el derecho a un tribunal arbitral imparcial está garantizado por el art. 6 CEDH y el TC, en cambio, considera que se trata de una garantía de naturaleza legal que no tiene su fundamento en el derecho a la tutela judicial efectiva, existe un déficit de protección constitucional que no respeta el estándar mínimo fijado por el TEDH.

3. EL DERECHO A UN LAUDO MOTIVADO: ¿DERECHO LEGAL O DERECHO FUNDAMENTAL?

Según el TC, el derecho a un laudo motivado –así como el resto de las garantías vigentes en el arbitraje–, tiene su único fundamento en la Ley de Arbitraje y, por tanto, deben ser calificados como derechos/garantías legales. Esto significa, entre otras cosas, que la infracción de cualquiera de estas garantías no puede ser denunciada por los mecanismos de protección reforzada que el ordenamiento jurídico dispone para la tutela de los derechos fundamentales.

Sin embargo, tal y como hemos tenido ocasión de analizar en los epígrafes precedentes, el TEDH mantiene una posición muy diferente sobre este particular. Según su jurisprudencia más reciente, la sumisión a arbitraje sólo supone la renuncia de algunas garantías del art. 6.1 CEDH. O, en otras palabras, el art. 6.1 CEDH consagra un núcleo duro de garantías que han de ser respetadas en el arbitraje, incluso cuando este sea fruto de la voluntad libre, legal e inequívoca de las partes. La duda que nos debemos plantear en este trabajo es si dentro de ese núcleo irrenunciable de garantías se encuentra el derecho a un laudo motivado.

Para dar respuesta a este interrogante lo primero que debemos hacer es conocer la jurisprudencia del TEDH sobre la motivación de las resoluciones judiciales. En la STEDH de 30 de noviembre de 1987 (caso H. c. Bélgica), el Tribunal declaró que el deber de motivar las resoluciones judiciales es una de las garantías implícitas del art. 6. 1 CEDH. Sobre su alcance ha declarado en reiteradas ocasiones que, aunque los Estados dispongan de un margen de apreciación sustancial a la hora de «elegir los argumentos y valorar la prueba para estimar la posición de una de las partes, los jueces están obligados a justificar su actividad precisando la motivación de sus decisiones»[46]. En este sentido, viene declarando que el alcance del deber de motivación puede variar en función de la naturaleza de la decisión[47], que debe ser analizada a la luz de las particularidades de cada caso: teniendo en cuenta la diversidad de medios que un litigante puede interponer y las diferencias entre los Estados contratantes en materia de disposiciones legales, costumbres, concepciones doctrinales, presentación y redacción de juicios y sentencias[48].

Respecto de su ámbito de aplicación no hemos encontrado ninguna sentencia que circunscriba el deber de motivar las sentencias a un determinado tipo de proceso. Por tanto, debemos entender que esta garantía se debe respetar en cualquier tipo de procesos. Desde esta perspectiva, y en línea con la posición que mantiene el TEDH sobre el arbitraje, podemos concluir que su ámbito de aplicación también se extiende al proceso arbitral.

Respecto de su carácter renunciable, creemos que por su importancia merece un tratamiento análogo al del derecho a un juez imparcial. Es decir, por idénticas razones, el mero hecho de suscribir un convenio arbitral no debe ser suficiente para considerar que las partes han renunciado a su derecho a obtener una resolución motivada. Sin perjuicio del supuesto previsto en el art. 37.4 LA, que exime al árbitro del deber de motivar el laudo en el caso de que las partes hayan alcanzado un acuerdo. De este modo, creemos que se trata de una de las garantías que constituyen el núcleo duro del art. 6.1 CEDH y que, por tanto, deben ser respetadas también en los arbitrajes de carácter voluntario.

Esta conclusión no debe pasar desapercibida ya que existe una tendencia en el ámbito del arbitraje comercial internacional favorable a la posibilidad de eliminar este derecho/deber a fin de mejorar la eficiencia de los arbitrajes. Si, como venimos defendiendo, el deber de motivar el laudo está blindado por el art. 6.1 CEDH, los Estados parte del CEDH no deberían prever en sus leyes de arbitraje esta posibilidad, por más que quieran ser atractivos como sede para acoger arbitrajes internacionales.

BIBLIOGRAFÍA

CACHÓN CADENAS, M., *Introducción al enjuiciamiento civil,* Atelier, Barcelona, 2021.

46. STEDH de 1 de julio de 2023 (caso Suominen c. Finlandia).
47. STEDH de 9 de diciembre de 1994 (caso Ruiz Torija c. España).
48. STEDH de 9 de diciembre de 1994 (Hiro Balani c. España).

CAMPO CANDELAS, J., *El orden público como motivo de anulación del laudo,* tesis doctoral, Universidad de Castilla y la Mancha, 2017.

CARO CATALÁN, J., «Arbitraje y derechos humanos: una aproximación a la jurisprudencia del Tribunal Europeo de Derechos Humanos», *Revista General de Derecho Europeo,* núm. 51, Mayo, 2020.

CARRILLO SALCEDO, J. A.: «El Convenio Europeo de Derechos Humanos», *La protección internacional de los derechos humanos en los albores del siglo XXI,* Universidad de Deusto, Bilbao, 2004.

ETXEBARRÍA GURIDI define la motivación de las sentencias: *vid.* AA. VV., *Proceso Civil. Derecho Procesal II,* 3.ª ed., Tirant lo Blanch, 2023.

FERNÁNDEZ ROZAS, J. C., RUIZ RISUEÑO, F., CASTRESANA, L. F., *Manual de Arbitraje,* Tirant lo Blanch, 2017.

GIMENO SENDRA, V., «La validez de los convenios arbitrales de adhesión en la doctrina del Tribunal Constitucional», *Revista General de Derecho Procesal,* núm. 17, 2009.

GONZÁLEZ GRANDA, P., «La valoración de la prueba», *La prueba: La prueba en el Proceso Civil,* T.I, Tirant lo Blanch, 2017, pp. 132-181.

KEUTGEN, G., «La motivation et la confidentialité de la sentence dans l'arbitrage commercial international», *Liber amicorum Eddy Wymeersch,* Amberes, Intersentia, 2008, pp. 563-574.

ORMAZÁBAL SÁNCHEZ, G., *El control judicial sobre el fondo del laudo,* Marcial Pons, 2017.

RAMOS MÉNDEZ, F., «El nuevo régimen del laudo arbitral», en: VÁZQUEZ ALBERT, D. y TUSQUETS TRÍAS DE BES, F., *El arbitraje: nueva regulación y práctica arbitraje,* Tirant lo Blanch, 2013, pp. 189-208.

RAMOS MÉNDEZ, F., *El sistema procesal español,* 11.ª ed., Atelier, Barcelona, 2019.

REMÓN PEÑALVER, J., «Sobre la anulación del laudo: el marco general y algunos problemas», InDret 3/2007, 2007.

SCHUMAN BARRAGÁN, G., «Un análisis de las garantías procesales en el arbitraje desde una perspectiva nacional y europea a raíz de la STC, 17/2021 de 15 de febrero», *Revista Italo-Española de Derecho Procesal,* 2021.

– «Comentario a la STC 1/2018, de 11 de enero (Pleno), sobre la inconstitucionalidad del art. 73.e) de la Ley del Contrato de Seguro», *Foro, Nueva época,* vol. 21, núm. 1, 2018.

SEOANE PRADO, J., «La motivación de los laudos arbitrales», *Diario La Ley,* núm. 10343, 2023.

SOLÉ RIERA, J., «Sobre la anulación del laudo arbitral: orden público y legitimación pasiva», *Anuario de justicia alternativa,* núm. 15, 2019, pp. 11-30.

C)
Aspectos probatorios en el derecho societario

27

Disputas en las sociedades de capital: solicitudes de exhibición de documentos (diligencias preliminares y expediente de jurisdicción voluntaria) y sucinta referencia a algunos aspectos probatorios propios de la litigación societaria

AMADOR NAVARRO MORALES
Abogado de Litigación. Cuatrecasas

los documentos: seis años. B. El carácter confidencial de la documentación societaria. *3. El expediente de jurisdicción voluntaria de exhibición de libros (art. 112 LJV).* 3.1. La diferente finalidad de este expediente y de las diligencias preliminares de exhibición de libros y cuentas. 3.2. El objeto de la exhibición. A. Libros contables obligatorios (CCom e IVA) y potestativos. B. Otros libros no contables, pero de llevanza obligatoria. C. Documentos y soportes contables. 3.3. La posibilidad, que confiere la ley, de que el solicitante sea auxiliado por un experto contable. 3.4. La legitimación activa no está restringida a socios (como sucede con las diligencias preliminares del art. 256.1.4.º LEC), sino que se extiende a cualquier «interesado». A. La legitimación activa de los socios o accionistas. B. La legitimación activa de otros «titulares de derechos o intereses legítimos». Especial referencia a los acreedores, cuando la sociedad no deposita cuentas anuales. III. ALGUNAS CUESTIONES PROBATORIAS PROPIAS DE LOS PROCEDIMIENTOS DE LITIGACIÓN SOCIETARIA. *1. Impugnación de acuerdos sociales.* 1.1. Algunos medios de prueba. A. El acta de la reunión. B. Ausencia de actas de juntas generales (o de la propia junta general) como consecuencia del funcionamiento informal de las sociedades. C. Grabación de la junta general. D. Dictamen de peritos. 1.2. Carga de la prueba. A. Consideraciones previas. B. Carga de la prueba en relación con publicaciones en la página web. C. Carga de la prueba en la impugnación de acuerdos sociales adoptados con el voto de un socio en conflicto de interés. D. Operaciones intragrupo en conflicto de interés. *2. Acciones de responsabilidad de administradores.* 2.1. Acción individual de responsabilidad. Especial referencia al cierre *de facto* de la sociedad o «persianazo». 2.2. Acción social de responsabilidad. BIBLIOGRAFÍA.

I. INTRODUCCIÓN

Afirma el profesor ALFARO que «*el derecho es divertido e intelectualmente fascinante*»[1].

Y, efectivamente, así sucede, al menos, en mi área de práctica, que es la litigación societaria, relativa al asesoramiento en procedimientos en los que

1. «*El derecho es divertido e intelectualmente fascinante*» es el lema del proyecto «Almacén de Derecho», un blog promovido por, entre otros, ALFARO ÁGUILA-REAL, J., cuyo objetivo es «*generar un espacio común para el pensamiento jurídico*»: https://almacendederecho.org

se resuelven disputas «*en materia de sociedades mercantiles*»[2] (lo cual se traduce, entre otros, en impugnaciones de acuerdos sociales[3], acciones de exigencia de responsabilidad a administradores sociales[4] y expedientes de jurisdicción voluntaria de índole mercantil[5]). Unas disputas y unos procedimientos en los que, corroborando las palabras del profesor ALFARO, se suscitan, tanto en el asesoramiento a los clientes, como en la práctica del foro, cuestiones muy sugestivas.

En relación con ello, en este trabajo trataremos algunos aspectos propios de esas disputas societarias que, creemos, pueden ser de interés. En primer lugar, abordaremos dos cauces, ambos de índole judicial, a los que se puede recurrir para solicitar a una sociedad de capital determinada documentación: la diligencia preliminar de exhibición de documentos y cuentas (art. 256.1.4.º LEC[6]) y el expediente de jurisdicción voluntaria de exhibición de libros, documentos y soportes contables (art. 112 LJV). Y, en segundo lugar, haremos referencia, sucinta, a algunas cuestiones de índole probatoria propias de aquellos que son los dos procesos más habituales en la litigación societaria: el de impugnación de acuerdos sociales y el de exigencia de responsabilidad a los administradores sociales.

---

2. El art. 86 bis de la Ley Orgánica 6/1985, de 1 de julio, del Poder Judicial («LOPJ»), que es el que, dentro del orden jurisdiccional civil, atribuye actualmente a los juzgados de lo mercantil la competencia para conocer las disputas societarias, fue reformado en virtud de la Ley Orgánica 7/2022, de 27 de julio, de modificación de la Ley Orgánica 6/1985, de 1 de julio, del Poder Judicial, en materia de Juzgados de lo Mercantil. Con anterioridad a dicha Ley Orgánica 7/2022, la competencia objetiva de los juzgados de lo mercantil se atribuía en otro precepto, el art. 86 ter LOPJ, que se refería a las «*cuestiones que dentro de este orden jurisdiccional se promuevan al amparo de la normativa reguladora de las sociedades mercantiles*».
3. Tanto impugnación de acuerdos sociales de junta general (arts. 204 y siguientes del Real Decreto Legislativo 1/2010, de 2 de julio, por el que se aprueba el texto refundido de la Ley de Sociedades de Capital, «LSC»), como de consejo de administración (art. 251 LSC).
4. Acciones de responsabilidad por daños (individual y social, *ex* arts. 236 y siguientes de la LSC), acciones derivadas de la infracción del deber de lealtad (art. 232 LSC); y acciones de responsabilidad por deudas (art. 367 LSC).
5. Los expedientes de jurisdicción voluntaria de índole mercantil se refieren a cuestiones muy diversas, tales como convocatorias de juntas generales, nombramientos de auditores o interventores, o disolución judicial de sociedades, y se regulan en los arts. 112 y siguientes de la Ley 15/2015, de 2 de julio, de la Jurisdicción Voluntaria («LJV»).
6. Ley 1/2000, de 7 de enero, de Enjuiciamiento Civil («LEC»).

II. ACTUACIONES A LAS QUE SE PUEDE RECURRIR PARA OBTENER DOCUMENTACIÓN SOCIETARIA

1. DOS CAUCES JUDICIALES QUE PERMITEN SOLICITAR, A UNA SOCIEDAD DE CAPITAL, LA EXHIBICIÓN DE DOCUMENTACIÓN

Existen dos vías esenciales a las que se puede acudir para impetrar la tutela de un órgano judicial a los efectos de que le sea exhibida, por parte de la sociedad, cierta documentación.

Pero antes de ello debemos plantearnos por qué alguien (esencialmente, un socio) decide acudir a un juzgado a los fines de solicitar la exhibición de documentación de una sociedad de capital. Pues bien, aunque se pueda acudir a dichos procedimientos sin que exista una controversia, la realidad es que en muy pocas (casi nulas) ocasiones se recurrirá a esos mecanismos mientras el devenir de la sociedad sea pacífico y los socios (y administradores e, incluso, terceros) se hallen bien avenidos. Es decir, estos cauces judiciales exhibición de documentación sólo serán utilizados, o al menos es así en la gran mayoría de los casos, cuando se haya originado, en la compañía, un conflicto, incluso incipiente.

A ese respecto, es importante tener en cuenta que es evidencia común a todas las sociedades de capital que la voluntad de unión con «*animus*» o «*affectio societatis*» a poner en común dinero, bienes o industria para partir entre sí las ganancias[7] es extremadamente frágil. De este modo, transcurrida la etapa fundacional (de, pudiera decirse, «*enamoramiento*» entre los socios), surgen inexorablemente, por la mera convivencia societaria, divergencias que, en no pocas ocasiones, conducen a un definitivo «*quebranto en la confianza o en el interés común que llevó a los socios a constituir una sociedad*»[8].

Y, en cuanto surge una crisis, es decir, en cuanto se suscitan las controversias en el seno de la sociedad de capital, el socio minoritario, que casi siempre habrá tenido una postura de pasividad o desidia, empieza a ejercer los derechos que le corresponden en virtud de la legislación mercantil; entre ellos, y de manera destacada, el derecho de información que, en diferentes modalidades (por ejemplo, arts. 196, 197, 272 y 287 LSC), le reconoce la normativa societaria. Como señaló el Tribunal Supremo[9], el socio que no participe en la gestión social querrá obtener dicha información para, en pri-

7. Sentencia del Tribunal Supremo, Sala de lo Civil, de 2 de diciembre de 1989 (RJ 1989, 8791 / ECLI:ES:TS:1989:9801).
8. Sentencia núm. 18/2023, de 1 de marzo, del Juzgado de lo Mercantil núm. 11 de Barcelona (JUR 2023, 172138 / ECLI:ES:JMB:2023:359).
9. Sentencia del Tribunal Supremo, Sala de lo Civil, Pleno, núm. 531/2013, de 19 de septiembre (RJ 2013, 6401 / ECLI:ES:TS:2013:4950).

mer lugar, tener conocimiento de cómo se está gestionando y administrando la sociedad en la que él está integrado y en cuyo capital social ha invertido parte de su patrimonio; y, en segundo lugar, para poder adoptar de modo fundado las decisiones pertinentes, tales como votar en las juntas generales, transmitir su participación en la sociedad, o ponderar adecuadamente la eventual impugnación de acuerdos sociales o el ejercicio de acciones de responsabilidad de administradores[10].

Téngase en cuenta que, en España, como ya señalaba la Exposición de Motivos de la LSC (apartado IV) la mayoría de las sociedades son de carácter cerrado, y así lo corroboran los datos: en 2023, más del 98% de las que se constituyeron fueron sociedades de responsabilidad limitada[11], en las que, salvo que se hayan pactado remedios estatutarios o parasociales, no existe la posibilidad de desinvertir fácilmente. Y ello exige potenciar su transparencia, así como el control de la actuación de los administradores, por parte de la minoría que no participa en la gestión de la sociedad.

Sin embargo, ya sabemos que, como dice el refranero español, ante el «*vicio*» de pedir, está la «*virtud*» de no dar; y, efectivamente, es habitual que, en un escenario de conflicto, la sociedad, el socio mayoritario y/o el órgano de administración, lejos de acceder dócilmente a las peticiones del socio, tratarán de impedirle, de manera más o menos sutil, y de manera más o menos diestra, el acceso a la información societaria. Y, en ese escenario de conflicto, el socio minoritario que se encuentra al margen de la gestión social (pues si lo hace tendrá, en su condición de administrador, acceso directo e ilimitado a la información, *ex* art. 225.3 LSC, tal y como referiremos, con mayor detalle, más adelante), dispone, en nuestra legislación, de un par de vías por medio de las cuales deprecar el auxilio judicial a los efectos de obtener documentación de la sociedad.

La vía tradicionalmente más utilizada son las diligencias preliminares previstas en el art. 256.1.4.º LEC que, a los efectos de «*preparar*» un juicio, permiten a un socio solicitar, de la sociedad o de otro socio, la exhibición de «*los documentos y cuentas de la sociedad*». En todo caso, se exigirá que el

10. A modo ilustrativo, la información será imprescindible para poder determinar si el órgano de administración actuó con la debida diligencia (por ejemplo, con información suficiente y con arreglo a un procedimiento de decisión adecuado, art. 226 LSC) o si el acuerdo social lesionaba el intereses social en beneficio de uno o varios socios o de terceros (art. 204.1 LSC), o si era abusivo porque, sin responder a una necesidad razonable de la sociedad, se adoptó por la mayoría en interés propio y en detrimento injustificado de los demás socios (art. 204.1.II LSC).

11. Según el Anuario de Estadística Mercantil elaborado por los registradores de España, en el año 2023 se constituyeron en España 108.020 sociedades de capital y, de ellas, un 98,53% fueron sociedades de responsabilidad limitada.

socio demuestre que son necesarias para el ejercicio de la acción que quiera hacer valer en una futura demanda, pues se exige que acredite, en la solicitud, la concurrencia de justa causa e interés legítimo (art. 258.1 LEC).

Pero, además de estas diligencias preliminares, el socio dispone de otra vía, esta vez prevista en la LJV, que es también estrictamente judicial (y no registral, notarial o de ninguna otra autoridad pública, a pesar de que muchos expedientes de jurisdicción voluntaria se han desjudicializado con la LJV de 2015[12]), y a la que, sin embargo, se recurre en muy escasas ocasiones: el expediente mercantil de exhibición de libros de las personas obligadas a llevar contabilidad (arts. 112 a 116 LJV).

2. LAS DILIGENCIAS PRELIMINARES DE EXHIBICIÓN DE DOCUMENTOS Y CUENTAS DE LA SOCIEDAD (ART. 256.1.4.º LEC)

2.1. Introducción: las diligencias preliminares en la LEC

Las diligencias preliminares, cabe recordar, constituyen una intervención judicial que tiene «*la finalidad de preparar un posterior juicio declarativo, recabando la información necesaria para decidir sobre la procedencia de su interposición y el alcance de las pretensiones a ejercitar, completando aquellos datos que se ignoran acerca de la personalidad, la legitimación de la parte contraria o el objeto del procedimiento*»[13]. Es decir, tienen una función preparatoria de un eventual proceso.

Nuestra ley procesal vigente, la LEC, contiene, en el art. 256.1, una enumeración de esas medidas que, según se deriva de la propia redacción de ese precepto, así como de la Exposición de Motivos de la Ley (apartado X), y ha confirmado desde entonces la doctrina jurisprudencial de manera unánime, es «*numerus clausus*», sin que ello impida que se deba realizar una interpretación flexible de los supuestos que la citada norma prevé si las diligencias preliminares se revelan como imprescindibles para poder entablar el posterior procedimiento[14].

---

12. Una de las principales novedades de la LJV de 2015 fue la «*desjudicialización*» de determinados expedientes de jurisdicción voluntaria, dejándolos en manos de otras autoridades y funcionarios, como son letrados de la administración de justicia, notarios y registradores de la propiedad y mercantiles (véase el apartado V de la Exposición de Motivos de la LJV). Sin embargo, uno de los expedientes mercantiles cuya competencia se mantiene, de manera exclusiva, en los jueces es el de exhibición de libros.
13. Auto de la Audiencia Provincial de Tarragona, Sección 1.ª, núm. 243/2022, de 16 de noviembre (JUR 2023, 77998 / ECLI:ES:APT:2022:867A).
14. Son muy numerosas las resoluciones que así lo señalan; por ejemplo, el auto de la Audiencia Provincial de Madrid, Sección 13.ª, núm. 290/2021, de 5 de noviembre (JUR

Pues bien, dentro de ese elenco del art. 256.1 LEC encontramos la del apartado 4 que, como hemos apuntado, es la específica de la litigación societaria, y que permite a un socio solicitar la intervención de los tribunales «*para que se le exhiban los documentos y cuentas de la sociedad*» que obren en poder de la ésta o de un consocio.

2.2. El objeto de las diligencias preliminares del art. 256.1.4.º LEC

La amplitud con la que se refiere el legislador (literalmente habla de «*documentos y cuentas*») permite, a quien tiene la legitimación activa (que es muy estricta, pues únicamente se concede al socio), solicitar un amplio elenco de documentación. En palabras de la jurisprudencia, «*el objeto de la exhibición se define mediante una fórmula general —documentos y cuentas— que abarca toda clase de antecedentes (libros, contratos, correspondencia...) de los que el solicitante pretenda deducir derechos, obligaciones y responsabilidades*»[15]. En el mismo sentido, la doctrina científica señala que «*la referencia a cuentas cabe entenderla sin límites, por lo que puede abarcar tanto documentos contables de carácter obligatorio, como cualquier otro elaborado de forma voluntaria donde se reflejen apuntes contables y aspectos patrimoniales* (de la sociedad)»[16].

De manera meramente ilustrativa, el socio puede solicitar: (i) *contratos de la sociedad*; (ii) *actas de junta general* (arts. 202 y 203 LSC, y art. 26 CCom[17]); (iii) *actas de las reuniones del consejo de administración* (art. 251 LSC; y ello, por ejemplo, a los efectos de impugnar acuerdos del consejo de administración o de exigir responsabilidad a los administradores, si bien con la dificultad que conlleva que las deliberaciones de dichas reuniones y, por tanto, las actas son secretas, *ex* art. 228.b LSC); (iv) *libros del empresario*: libro de inventario y de cuentas anuales, libro diario, libro mayor, etc. (arts. 31 y siguientes del CCom); libro-registro de contratos con el socio único (art. 16 LSC); libro-registro de socios (art. 104 LSC); libro registro de acciones nominativas (art. 116 LSC), etc. o (v) cualquier otro documento, contable o no, del que disponga la sociedad, bien porque necesariamente deba ser así,

---

2022, 47993 / ECLI:ES:APM:2021:5297A). Además, a ese respecto, se ha señalado que «*serán el medio preciso para dar efectividad a la tutela judicial efectiva recogida en el art. 24 CE, lo cual permite, e incluso hace necesaria, una interpretación amplia y flexible de los preceptos que regulan las diligencias preliminares*» (auto de la Audiencia Provincial de Madrid, Sección 12.ª, núm. 71/2023 de 3 de marzo, JUR 2023, 148907 / ECLI:ES:APM:2023:123A).

15. Auto de la Audiencia Provincial de Pontevedra, Sección 1.ª, núm. 311/2017, de 4 de octubre (JUR 2018, 54398 / ECLI:ES:APPO:2017:3332A).

16. ARIZA COLMENAREJO, M. J., «Tipos de diligencias preliminares», *Medidas cautelares y diligencias preliminares en el ámbito civil*, García Marrero, J., dir. y coord., Aranzadi, Navarra, 2021.

17. Real Decreto de 22 de agosto de 1885 por el que se publica el Código de Comercio.

bien porque, siendo voluntario, la sociedad haga uso de él (por ejemplo, libro mayor u otros libros auxiliares).

2.3. La exigencia de que se efectúe una aplicación muy mesurada de estas diligencias preliminares a los efectos de impedir una utilización fraudulenta

Como ya hemos adelantado, el art. 258.1 LEC impone al solicitante que justifique, en su solicitud, que la diligencia es adecuada a la finalidad perseguida y que concurren tanto justa causa, como interés legítimo[18]. Y ello nos conduce a una de las cuestiones que queremos abordar en el presente trabajo: el criterio jurisprudencial que, subrayando el carácter excepcional de las diligencias preliminares, trata de impedir su utilización con la fraudulenta finalidad de, por ejemplo, obtener pruebas con carácter previo a la iniciación del proceso y sin las garantías que a éste acompañan.

Precisamente por ello, se señala que, con la solicitud, se deben acreditar tres elementos: (i) que la diligencia preliminar es idónea para obtener la información que se pretende, (ii) que no existen otros medios al alcance del solicitante para acceder a ella, y (iii) que resulta precisa para preparar la demanda a tenor de las acciones cuyo propósito se anuncia. En palabras de nuestra jurisprudencia, «*las diligencias preliminares (...) constituyen un mecanismo excepcional ofrecido por el legislador para obtener por medio de los órganos jurisdiccionales cierta información a la que no se puede tener acceso por otros medios y que resulta necesaria para presentar ulteriormente una demanda fundada e iniciar así el proceso con visos de admisibilidad*», de modo que no se pueden conceder si el socio no acredita «*haber agotado los medios que le reconoce en este caso el derecho sustantivo societario*», pues de no llevar a cabo esa «*interpretación restrictiva*», se estaría tolerando una «*práctica ésta cada vez más habitual en el foro*»: la de «*preconstituir prueba de un futuro proceso sin intervención de la contraparte, (...) y al margen, por ende, del principio de contradicción*»[19].

---

18. A este respecto, la jurisprudencia ha señalado que «*el requisito de interés legítimo exigirá que el solicitante sea capaz de poner de manifiesto que se halla ante una situación de la que puede derivarse para él la obtención de un beneficio o la evitación de un perjuicio de un modo cierto y efectivo (...). El análisis de la justa causa entraña que la pretensión de práctica de la diligencia interesada habrá de responder a una necesidad que esté fundada en Derecho. Por último, el juicio de adecuación a la finalidad perseguida se satisface con la comprobación de que la diligencia interesada es la idónea para obtener la información que se pretende, descartando la existencia de otros medios al alcance del solicitante para acceder a ella, y de que aquélla resulta precisa para preparar la demanda merced al ejercicio de las acciones cuyo propósito se anuncia*» (auto de la Audiencia Provincial de Madrid, Sección 28.ª, núm. 115/2017 de 7 de julio, JUR 2017, 259141 / ECLI:ES:APM:2017:3728A).

19. Auto de la Audiencia Provincial de Salamanca, Sección 1.ª, núm. 34/2002, de 5 de marzo (JUR 2002, 127207 / ECLI:ES:APSA:2002:9A).

Efectivamente, las diligencias preliminares «*son una excepción al principio de aportación de parte que rige el proceso civil*», de modo que sólo se puede acudir a ellas «*cuando el solicitante ha agotado todas las posibilidades que están en sus propios medios para recabar la información necesaria para entablar un futuro proceso en tutela de los derechos infringidos*»[20]. Como regla general, son las partes y sus abogados quienes deben realizar privadamente las actuaciones precisas para lograr la información necesaria para preparar el proceso[21]. No es finalidad de las diligencias preliminares, por tanto, «*recabar un documento que se puede obtener en el seno de la sociedad, sin que conste solicitud alguna o negativa a su entrega, ni es función del órgano judicial actuar como intermediador entre las partes a estos efectos*»[22]. Y mucho menos puede admitirse su utilización de un modo «*instrumental*», es decir, «*como una herramienta de presión en el seno de un conflicto social*»[23].

Téngase en cuenta, además, en relación con la posibilidad de obtener documentación, que, sin perjuicio de las actividades previas extrajudiciales que pueden desplegar las partes y a las que nos hemos referido, durante la tramitación del proceso se puede solicitar la exhibición de documentos, tanto de los que se hallen a disposición de las contrapartes y que se refieran al objeto del proceso o a la eficacia de los medios de prueba (art. 328 LEC), como de aquellos que obren en poder de terceros (art. 330 LEC).

2.4. Dos consecuencias que derivan del carácter «excepcional» de las diligencias preliminares

A. *La imposibilidad de que solicite la documentación un socio cuando él sea, también, administrador de la sociedad*

El carácter excepcional que, como hemos visto, se debe predicar de las diligencias preliminares implica, en primer lugar, que cuando el socio sea, además, administrador de la sociedad y, por tanto, tenga, en el desempeño de tal cargo, «*el deber de exigir de la sociedad la información adecuada y necesaria que le sirva para el cumplimiento de sus obligaciones*» (art. 225.3 LSC), no podrá solicitar las diligencias preliminares a las que nos venimos refiriendo, salvo que pueda acreditar que, antes de acudir a la tutela judicial, agotó todas las posibilidades al respecto. Y ello porque, como es sabido, y deriva del deber

20. Auto de la Audiencia Provincial de Burgos, Sección 3.ª, núm. 323/2018, de 31 de julio (AC 2019, 345 / ECLI:ES:APBU:2018:1122A).
21. SILVOSA TALLÓN, J.M., *El abogado frente a las diligencias preliminares*, Aranzadi, Navarra, 2018.
22. Auto de la Audiencia Provincial de Barcelona, Sección 2.ª, núm. 175/2020, de 7 de octubre (JUR 2023, 242126 / ECLI:ES:JMB:2020:3922A).
23. Auto del Juzgado de lo Mercantil núm. 8 de Barcelona de 7 de julio de 2020 (ECLI:ES:JMB:2020:3641A).

de diligencia, se presume que los administradores tienen cabal conocimiento de los libros de cuentas y documentos de la sociedad o, al menos, lo pudieron tener en un ejercicio adecuado del cargo[24].

Dicho de otro modo, los juzgados y tribunales deberán denegar la solicitud cuando se trate de información que le era accesible al socio / administrador y debida de conocer por razón de su cargo, pudiendo haber recurrido a «*mecanismos internos que pertenecen a la vida societaria que cabe tildar como menos gravosos que la diligencia de exhibición dirigida a un tercero*»[25].

B. La imposibilidad de que se solicite documentación pública

E, igualmente, tampoco podrá estimarse la diligencia preliminar si la documentación que se solicita es de carácter público. Por ejemplo, cuando dicha documentación pueda obtenerse de registros públicos, como el mercantil, y ello porque «*una recta intelección del precepto (LEC, 256-1-4.º) induce a pensar que deben exceptuarse de la exhibición aquellos documentos que consten incorporados a registros públicos, tales como el Mercantil o el de la Propiedad*»[26].

2.5. Un par de cuestiones que deben tenerse en cuenta no sólo a los efectos de esta vía de las diligencias preliminares, sino para cualquier actuación (procesal o extraprocesal) relativa a documentación societaria

A. El límite que deriva del plazo por el que se deben conservar los documentos: seis años

La conservación, debidamente ordenada, de «*los libros, correspondencia, documentación y justificantes concernientes a su negocio*» (art. 30 CCom) es una presunción racional que deriva de la necesaria y normal existencia de una organización administrativa en el seno de las empresas. Es más, es habitual que por cuestiones de interés de la sociedad y de diligencia (art. 225 LSC), los administradores decidan conservar cierta documentación (por ejemplo, aquella relativa al nacimiento, modificación y extinción de derechos y de obligaciones[27]) más allá del plazo de seis años que, en atención a intereses

24. Sentencia del Juzgado de lo Mercantil núm. 1 de San Sebastián, núm. 195/2015, de 9 de junio (JUR 2016, 3977 / ECLI:ES:JMSS:2015:350).
25. Auto del Juzgado de lo Mercantil núm. 1 de Barcelona núm. 229/2020, de 8 de julio (JUR 2023, 140745 / ECLI:ES:JMB:2020:740A).
26. Auto de 23 de abril de 2010, de la Audiencia Provincial de Badajoz, Sección 3.ª, núm. 66/2010 (JUR 2010, 193355 / ECLI:ES:APBA:2010:116A).
27. Por ejemplo, la sentencia de la Audiencia Provincial de Madrid (Sección 12.ª) núm. 21/2008, de 16 de enero (JUR 2008, 125471 / ECLI:ES:APM:2008:1522), que recoge

de acreedores, de trabajadores, de índole fiscal, etc., establece, con carácter general, el citado art. 30 CCom[28].

En todo caso, a los efectos que nos interesan, debemos ser conscientes que, como regla general, por medio de unas diligencias preliminares no se podrá obtener, de una sociedad, documentación de una antigüedad superior a los seis años, pues en el caso de que se pida tal documentación, la sociedad, casi con total seguridad, alegará que ella cumple estrictamente el plazo del CCom y que, por tanto, carece de aquella. Lo cual nos obliga a advertir que se debe evitar que las sociedades incurran en conductas incoherentes que consistan en alegar que no conservan la documentación antigua que se le solicita el socio y, sin embargo, «*curiosamente*», y sin poder justificarlo adecuadamente, sí conserven otra documentación de esa misma época.

B. El carácter confidencial de la documentación societaria

Uno de los argumentos que, con frecuencia, esgrimen las sociedades para oponerse, en unas diligencias preliminares o en un expediente de jurisdicción voluntaria a una exhibición de sus documentos es el carácter «*reservado*» que tienen los libros y documentos contables. Y es que, efectivamente, la contabilidad y, en general, toda la documentación empresarial es objeto de una previsión legal que, velando por el respeto de su confidencialidad, exige disponer de respaldo legal para poder requerir el acceso a ella por un tercero y, además, en su caso, de manera restringida[29]. Se trata del art. 32 CCom, que dispone que «*la contabilidad de los empresarios es secreta*».

A dichos efectos, es decir, para tratar de preservar tal confidencialidad, cuando se conceden medidas de exhibición de documentos societarios, los órganos judiciales suelen adoptar ciertas cautelas, tales como anonimizar algunos extremos de la documentación (que no sean relevantes para lo solicitado) o establecer «*círculos de confidencialidad*», que constituyen una medida «*en virtud de la cual la parte exhibidora pone a disposición únicamente de determinadas categorías de personas determinadas categorías de información,*

---

pronunciamientos del Tribunal Supremo, Sala de lo Civil, contenidos en las sentencias núm. 1046/2011, de 14 de noviembre (RJ 2001, 9453 / - ECLI:ES:TS:2001:8873) y núm. 277/2006, de 24 de marzo (RJ 2006, 1908 / ECLI:ES:TS:2006:1716).

28. Un plazo que coincide con lo que se recoge en el art. 247.5 del Reglamento del Registro Mercantil («RRM») acerca de la extinción de las sociedades y la cancelación de los asientos en el registro.

29. Auto de la Audiencia Provincial de Madrid, Sección 28.ª, núm. 115/2017, de 7 de julio (JUR 2017, 259141 / ECLI:ES:APM:2017:3728A).

incluso confidencial»[30]. De este modo, se declara confidencial la información y sólo se concede el acceso a determinadas personas (por ejemplo, letrados o economistas), quienes asumen «*el deber de secreto y la prohibición de usar, revelar o difundir fuera del presente procedimiento, a salvo la preparación de la futura demanda de juicio ordinario, la información plasmada en dichos documentos, en el momento en que se produzca la exhibición documental en sede judicial*»[31].

3. EL EXPEDIENTE DE JURISDICCIÓN VOLUNTARIA DE EXHIBICIÓN DE LIBROS (ART. 112 LJV)

3.1. La diferente finalidad de este expediente y de las diligencias preliminares de exhibición de libros y cuentas

La primera cuestión que debemos abordar, en el análisis de este expediente de jurisdicción voluntaria de «*exhibición de libros*» (arts. 114 y siguientes LJV), es la distinción respecto de las diligencias preliminares de «*exhibición de documentos y cuentas*» (art. 256.1.4.º LEC)[32].

Así, en primer lugar, las diligencias preliminares son «*una facultad atribuida exclusivamente a quien se proponga demandar con el objeto de obtener los datos necesarios para facilitar un proceso posterior (...) recabando la información necesaria para decidir sobre la procedencia de la interposición del posterior proceso y el alcance de las pretensiones a ejercitar*»[33]. Hasta el punto de que en la solicitud de diligencias preliminares se «*expresarán sus fundamentos, con referencia circunstanciada al asunto objeto del juicio que se quiera preparar*» (art. 256.2 LEC). Es decir, es consustancial a las diligencias preliminares la existencia de una controversia que se vaya a dilucidar en un proceso[34].

---

30. Así se definen en la Comunicación de la Comisión Europea sobre la protección de la información confidencial por los órganos jurisdiccionales nacionales en los procedimientos de aplicación privada del Derecho de la competencia de la UE (DOUE de 22 de julio de 2020). Y a ellos se hace referencia, también, en el Protocolo de Protección del Secreto Empresarial en los Juzgados Mercantiles de Barcelona de 2019.
31. Por ejemplo, en auto del Juzgado de lo Mercantil núm. 1 de Barcelona núm. 151/2022, de 4 de abril (JUR 2023, 65286 / ECLI:ES:JMB:2022:2294A).
32. Con frecuencia es necesario distinguir, también, las diligencias preliminares de otras figuras afines como la conciliación (arts. 139 y siguientes LJV), la prueba anticipada (arts. 293 y siguientes LEC), el aseguramiento de la prueba (arts. 297 y siguientes LEC) o las medidas cautelares (arts. 721 y siguientes LEC). A dichos efectos, nos remitimos a CASTRILLO SANTAMARÍA, R. (La preparación del proceso civil: las diligencias preliminares, Bosch, Barcelona, 2018, p. 51) y BANACLOCHE PALAO, J. (Las diligencias preliminares, Civitas, Madrid, 2003, p. 38).
33. Auto de la Audiencia Provincial de Asturias (Oviedo), Sección 1.ª, núm. 14/2023, de 10 de febrero (JUR 2023, 218988 / ECLI:ES:APO:2023:62A).
34. El auto de la Audiencia Provincial de Barcelona, Sección 19.ª, núm. 109/2023, de 13 de marzo (JUR 2023, 277714 / ECLI:ES:APB:2023:2257A) afirmó que «*la pretensión debe*

Por su lado, el expediente de jurisdicción voluntaria de exhibición de libros está «*dirigido a dar cumplimiento al acceso documental en virtud de norma expresa, sin preparar expresamente eventual juicio*»[35], de modo que «*no exige que se exprese cuál es la finalidad perseguida con la exhibición, porque no se trata de unas diligencias preliminares, sino que basta que se exprese la razón por la que se considera que se tiene derecho a la exhibición*»[36](por ejemplo, cuando se ha vulnerado el derecho de información del socio). De este modo, señala BANACLOCHE PALAO que, aunque el contenido de la actuación puede coincidir en ambos casos, la finalidad es completamente distinta: en el expediente de jurisdicción voluntaria se pide el acceso a la documentación a los fines previstos legalmente, mientras que, cuando se insta la diligencia preliminar, se exige un plus, debido que «*la ley exige justificar en qué medida esa información es necesaria para poder demandar con fundamento*»[37].

3.2. El objeto de la exhibición

En cuanto a qué información se puede acceder a través de este expediente de jurisdicción voluntaria, el art. 112 LJV se refiere literalmente a «*libros, documentos y soportes contables de la persona obligada a llevarlos*». Veamos, aun de manera resumida, cada una de dichas categorías.

A. *Libros contables obligatorios (CCom e IVA) y potestativos*

No hay duda de que, por medio este expediente, se puede solicitar la exhibición de «*libros contables*» a los que se refiere el art. 25.1 CCom: «*todo empresario deberá llevar una contabilidad ordenada, adecuada a la actividad de su empresa que permita un seguimiento cronológico de todas sus operaciones, así como la elaboración periódica de balances e inventarios*». Y, en ese sentido, todo empresario debe llevar «*necesariamente, sin perjuicio de lo establecido en las Leyes o disposiciones especiales, un libro de Inventarios y Cuentas anuales* (art. 28.1 CCom) *y otro Diario* (art. 28.2 CCom)». Además de dichos libros previstos en el CCom, existen otros, también de aspecto contable, cuya llevanza es obligatoria: los libros registros del Impuesto sobre el Valor Añadido[38]. Y,

presentarse bajo una apariencia de controversia que se anude a la diligencia peticionada, necesaria para poder preparar el futuro proceso donde se dilucide».

35. Auto del Juzgado de lo Mercantil núm. 6 de Madrid de 17 de diciembre de 2019 (JUR 2020, 312956 / ECLI:ES:JMM:2019:140A).
36. Auto de la Audiencia Provincial de Barcelona, Sección 15.ª, núm. 148/2017, de 30 de noviembre (JUR 2018, 21200 / ECLI:ES:APB:2017:8549A).
37. BANACLOCHE PALAO, J., *Los nuevos expedientes y procedimientos de jurisdicción voluntaria. Análisis de la Ley 15/2015, de 2 de julio, La Ley*, Madrid, 2015, p. 309.
38. Art. 62 del Real Decreto 1624/1992, de 29 de diciembre, por el que se aprueba el Reglamento del Impuesto sobre el Valor Añadido; por remisión del art. 164.Uno.44 de la Ley 37/1992, de 28 de diciembre, del Impuesto sobre el Valor Añadido.

evidentemente, todos ellos pueden ser objeto de solicitud por medio del expediente que nos ocupa.

Sin perjuicio de lo anterior, muchas sociedades disponen de libros, también de índole contable, que son potestativos o voluntarios, como son el libro mayor o los libros auxiliares. Y se plantean dudas respecto de si estos últimos pueden ser objeto del presente expediente; de hecho, existen pronunciamientos de nuestros juzgados y tribunales en ambos sentidos, por lo que el éxito de la solicitud dependerá del foro en el que se litigue y, sobre todo, de los aspectos concretos del caso[39].

B. *Otros libros no contables, pero de llevanza obligatoria*

Además de los libros contables, la legislación impone, a las sociedades de capital, la llevanza de otros libros, como el libro de actas (art. 26 CCom, 250 LSC y 106 RRM); el libro registro de socios (art. 104 LSC) o el libro-registro de acciones nominativas (art.116 LSC); o el libro-registro de contratos con el socio único (art. 16 LSC).

Y, respecto de ellos, también se plantean dudas en cuanto si se hallan dentro del ámbito objetivo de los libros a exhibir. De hecho, al igual que sucede con los libros contables potestativos, existen disparidad de criterios en la jurisprudencia[40], que son reflejo de las dos tesis doctrinales al respecto[41]: (i) la «*extensiva*», que defiende que no debe sujetarse sólo a esa materia contable, sino a otros libros de llevanza obligatoria de los previstos en la legislación mercantil (arts. 25 y siguientes CCom, así como LSC, tales como

---

39. A favor de la exhibición de los libros potestativos, se esgrime, por ejemplo, que «*el carácter no obligatorio del libro mayor solamente dispensaría de su exhibición a aquella sociedad que hubiese decidido no llevarlo. Pero si dicho libro es materialmente llevado para instrumentar la contabilidad de la sociedad, el art. 86.2 LSRL* (actual art. 272.3 LSC) *no permite respaldar la tesis de que su exhibición no es obligatoria*» (sentencia de la Audiencia Provincial de Madrid, Sección 28.ª, núm. 172/2012 de 31 mayo, JUR 2012, 234552 / ECLI:ES:APM:2012:8279). En contra, se afirma, con argumentos aferrados al tenor de la LJV, que «*el objeto de la exhibición, para el triunfo de la solicitud, ha de ir referido a "libros de las personas obligadas a llevar contabilidad", por lo que los libros y registros de llevanza voluntaria no exigida legal o reglamentariamente quedarán fuera de éste expediente; sin perjuicio de su eventual acceso a través del procedimiento de las diligencias preliminares, en su caso*» (auto del Juzgado de lo Mercantil núm. 6 de Madrid de 17 de diciembre de 2019 (JUR 2020, 312956 / ECLI:ES:JMM:2019:140A).
40. Así lo expone el auto del Juzgado de lo Mercantil núm. 9 de Barcelona núm. 346/2022, de 14 de julio (JUR 2023, 177784 / ECLI:ES:JMB:2022:4452A).
41. Exponen la existencia de ambas tesis RAFÍ I RAFÍ I ROIG, F. X. y DÍAZ REVOIRO, E. en *Jurisdicción voluntaria en materia mercantil. Tras la Ley 15/2015 de 2 de julio de Jurisdicción Voluntaria*, Tirant lo Blanch, Valencia, 2016.

libros de actas o el libro registro de socios)[42]; y (ii) la «*restrictiva*», que, esgrimiendo el tenor literal de la ley («*libros de personas obligadas a llevar contabilidad*»), ciñen la exhibición a los libros con información puramente contable (y, por tanto, son estrictamente los previstos en el art. 25 CCom)[43].

C. *Documentos y soportes contables*

Además de libros y documentos, el art. 112 LJV se refiere a «*soportes contables de la persona obligada a llevarlos*». En consecuencia, el presente expediente también permite, por ejemplo, solicitar la exhibición de «*los documentos que sirven de soporte y de antecedente de las cuentas anuales*», siempre, evidentemente, que se cumplan los presupuestos del art. 272.3 LSC[44].

Asimismo, el socio solicitante debe justificar, *ex* art. 114.1 LJV, que ejercitó ese derecho de información en tiempo y forma, cuando fuera convocada la junta general ordinaria correspondiente y que, a pesar de ello, no le fue atendido, que es lo que justifica la necesidad de acudir al auxilio judicial que constituye este expediente[45].

3.3. La posibilidad, que confiere la ley, de que el solicitante sea auxiliado por un experto contable

Un elemento atractivo para quien pretende la exhibición por medio de este expediente es que se prevé que el examen de los libros, documentos o soportes sea realizado «*por sí o con la colaboración de expertos*» (art. 115.1 LJV).

---

42. A favor de la tesis «extensiva» encontramos a autores como autores como SANMARTÍN ESCRICHE, F. y LACALLE SERER, E. (*Comentarios a la Ley 15/2015, de la Jurisdicción Voluntaria,* Tirant lo Blanch, Valencia, 2017), SOLERNOU SANZ, E. («De la exhibición de libros de las personas obligadas a llevar contabilidad (arts. 112-116)», en *Estudio sistemático de la Ley de Jurisdicción Voluntaria. Ley 15/2015, de 2 de julio,* Lledó Yagüe, F., dir., Dykinson, Madrid, 2016) y PERDICES HUETO, A., «De la exhibición de libros de las personas obligadas a llevar contabilidad», en *Comentarios a la Ley 15/2015, de la Jurisdicción Voluntaria,* Fernández de Buján, A. (dir.), Aranzadi, Navarra, 2016.
43. A favor de la tesis «restrictiva» encontramos a autores como SANZ BAYÓN, P., «La exhibición de libros de las personas obligadas a llevar contabilidad», en *Jurisdicción Voluntaria. Ley 15/2015, de 2 de julio, de la Jurisdicción Voluntaria,* Calaza López, S., dir., Tirant lo Blanch, Valencia, 2022.
44. Dichos requisitos del art. 272.3 LSC son: (i) que se trate de una sociedad de responsabilidad limitada y (ii) que el socio solicitante represente, al menos, el cinco por ciento del capital social (u otro porcentaje menor -en ningún caso superior-, que se establezca en los estatutos sociales).
45. Téngase en cuenta que, como subraya BANACLOCHE PALAO, J. (*Los nuevos expedientes y procedimientos de jurisdicción voluntaria..., op. cit.,* p. 309), y sucedía con las diligencias preliminares, una de las cautelas que se exige a la aplicación de este expediente es la subsidiariedad: sólo se puede acudir a este expediente cuando no haya otra forma legalmente establecida para conseguir la información.

Se trata de una posibilidad similar a la contenida en el art. 33 CCom (en el régimen general de comunicación y exhibición de libros), en el 272.3 LSC (en el régimen específico de las cuentas anuales de la sociedad de responsabilidad limitada), y en el art. 259.2.II LEC (diligencias preliminares), que puede ser decisiva para el solicitante, pues éste «*puede carecer de un conocimiento técnico u profesional de la contabilidad*»[46]. Precisamente por ello, entendemos que el experto debe ser «*contable*» (como exige el art. 272.3 LSC), y no otro profesional como, por ejemplo, un abogado u otro tipo de asesor[47].

3.4. La legitimación activa no está restringida a socios (como sucede con las diligencias preliminares del art. 256.1.4.º LEC), sino que se extiende a cualquier «interesado»

Como ya se ha dejado apuntado, las diligencias preliminares del art. 256.1.4.º LEC sólo pueden promoverlas los socios o accionistas. Sin embargo, en el caso del expediente mercantil de exhibición de libros mercantiles, la legitimación activa es notablemente más amplia, pues el art. 114.1 LJV dispone que, en la solicitud, debe «*constar el derecho o interés legítimo del solicitante*», lo cual remite a la disposición general del art. 3.1 LJV en cuya virtud «*podrán promover expedientes de jurisdicción voluntaria e intervenir en ellos quienes sean titulares de derechos o intereses legítimos o cuya legitimación les venga conferida legalmente sobre la materia que constituya su objeto*». Ello, por tanto, sí exige al solicitante que mencione la norma concreta que ampare la reclamación de exhibición de libros, documentos o soportes contables[48]; en concreto, se requiere «*la acreditación de un interés concreto, que justifique, como decimos, la tutela de los derechos del socio y no el meramente derivado de dicha condición*»[49].

A. La legitimación activa de los socios o accionistas

Lo que acabamos de exponer determina que, a los efectos de este expediente, indudablemente poseen legitimación activa los socios, con la fina-

46. SOLERNOU SANZ, E. («De la exhibición de libros de las personas obligadas a llevar contabilidad (arts. 112-116)», en *Estudio sistemático de la Ley de Jurisdicción Voluntaria. Ley 15/2015, de 2 de julio, op. cit.*
47. Así lo señaló, respecto del art. 272.3 LSC, la sentencia del Tribunal Supremo, Sala de lo Civil, núm. 1058/2003, de 12 de noviembre (RJ 2003, 8293 / ECLI:ES:TS:2003:7077).
48. BANACLOCHE PALAO, J., *Los nuevos expedientes y procedimientos de jurisdicción voluntaria...*, op. cit., p. 310.
49. Auto de la Audiencia Provincial de Barcelona, Sección 15.ª, núm. 160/2022, de 29 de julio (JUR 2023, 85784 / ECLI:ES:APB:2022:5452A).

lidad de que puedan obtener la información que, a los partícipes, les permita la legislación societaria.

De este modo, en primer lugar, *los socios deberán cumplir con los requisitos que dicha legislación, esencialmente, la LSC (y, eventualmente, los estatutos sociales) imponga*; es decir, por ejemplo, cualquier socio o accionista puede solicitar las cuentas anuales (art. 272.2 LSC) o pedir información relativa a asuntos que integren el orden del día de juntas generales (arts. 196 y 197 LSC) o requerir documentación acerca de modificaciones estatutarias (art. 287 LSC), pero sólo podrán tener acceso a los documentos que sirvan de soporte y de antecedente de las cuentas anuales los socios que, como ya hemos indicado, representen al menos el cinco por ciento del capital de una sociedad limitada (art. 272.3 LSC). Y, en segundo lugar, *el solicitante debe acreditar que existe un interés legítimo que le permita acudir al auxilio del juzgado*; es decir, deberá acreditar que ha ejercido el derecho de información de manera activa mediante diversos requerimientos, convocatorias y peticiones, y que no ha obtenido debida respuesta en un marco societario[50]. Lo que no se exige al socio, y ello es lo que le diferencia del procedimiento preparatorio de las diligencias preliminares, es que «*se exprese cuál es la finalidad perseguida con la exhibición, porque no se trata de unas diligencias preliminares, sino que basta que se exprese la razón por la que se considera que se tiene derecho a la exhibición*», es decir, como hemos señalado, «*que se haya intentado obtener dicha información o se haya intentado rendir cuentas al administrador social con carácter previo a promover este expediente*» y que «*se haya negado al solicitante el acceso a la información solicitada*»[51].

B. *La legitimación activa de otros «titulares de derechos o intereses legítimos». Especial referencia a los acreedores, cuando la sociedad no deposita cuentas anuales*

El tenor legal de los arts. 3.1 y 114.1 LJV determina, como hemos adelantado, que, en el expediente de jurisdicción voluntaria de exhibición, la legitimación activa no se agote en los socios o accionistas de las sociedades mercantiles, sino que se extiende a cualquiera que sea «*titular de derechos o intereses legítimos*». Y ello es enormemente sugestivo en la litigación societaria porque, por ejemplo, permite acudir a este expediente a otros «*intere-*

50. Auto del Juzgado de lo Mercantil núm. 7 de Barcelona núm. 542/2022, de 5 de octubre (JUR 2023, 174868 / ECLI:ES:JMB:2022:4279A).
51. Auto del Juzgado de lo Mercantil núm. 9 de Barcelona núm. 346/2022, de 14 de julio (JUR 2023, 177784 / ECLI:ES:JMB:2022:4452A). En el mismo sentido, auto de la Audiencia Provincial de Zaragoza, Sección 5.ª, núm. 121/2019 de 24 de octubre (JUR 2019, 327391 / ECLI:ES:APZ:2019:1733A).

sados», como pueden ser acreedores de la sociedad; ciertamente, no de manera indiscriminada, pero sí en determinados supuestos.

Uno de esos supuestos, de gran utilidad en disputas societarias, es cuando la sociedad de capital ha incumplido sus deberes de depositar las cuentas anuales en el registro mercantil.

Recordemos que todas las sociedades de capital deben llevar la contabilidad de sus operaciones (art. 25 CCom) y que la relevancia que dicha información sobre el patrimonio, la situación financiera y los resultados de la sociedad (art. 254.2 LSC) tiene *«en el tráfico jurídico, y su relevancia para los terceros que contratan con la sociedad»*[52], impone que, necesariamente, se deba reunir la junta general ordinaria dentro de los seis primeros meses de cada ejercicio para deliberar, entre otras cosas, acerca de las cuentas anuales del ejercicio anterior (art. 164 LSC) y, además, exige de un régimen de publicidad de las cuentas anuales (arts. 279 a 284 LSC y 365 a 378 RRM), en virtud del cual los administradores deban presentar, para su depósito en el registro mercantil, y dentro del mes siguiente a su aprobación, dichas cuentas anuales (art. 279.1 LSC)[53], a los efectos de hacer públicos determinados documentos y hechos que son relevantes para los socios y para terceros (para el tráfico mercantil, en general)[54].

Dejando al lado otras consecuencias (por ejemplo, de responsabilidad concursal[55], o de cierre registral *ex* art. 282 LSC, o la posibilidad de que se le impongan sanciones *ex* art. 283 LSC), el comportamiento omisivo de los administradores, consistente en el incumplimiento de esa obligación básica de depósito de cuentas anuales en el registro mercantil, además de entrañar el incumplimiento de una obligación legal, imposibilita a terceros (acreedores, en nuestro caso) el conocimiento de la situación económica y finan-

---

52. Sentencia del Tribunal Supremo, Sala de lo Civil, núm. 202/2020, de 28 de mayo (RJ 2020, 1520 / ECLI:ES:TS:2020:1453).
53. VALPUESTA GASTAMINZA, E., *Comentarios a la Ley de Sociedades de Capital*, Bosch, Barcelona, 2022, epígrafe 279.01: «*se busca, fundamentalmente, difundir información al mercado acerca de la situación financiera de las empresas. (...) De esta forma socios, trabajadores de la sociedad, inversores (actuales o potenciales), acreedores, terceros, etc. pueden consultar estos datos y tomar decisiones de inversión o contratación. De hecho cualquier empresa, antes de contratar con otra, comprueba si ha depositado sus cuentas, y las consulta, porque con eso puede hacerse una idea previa acerca del grado de cumplimiento de sus obligaciones, de la transparencia sobre su actividad, y de su situación financiera. Además, el depósito y publicidad cumplen una importante función preventiva: los administradores cuidarán el exacto cumplimiento de las obligaciones contables, porque las cuentas son públicas*».
54. Sentencia del Tribunal Supremo, Sala de lo Civil, núm. 24/2019, de 16 de enero (RJ 2019, 149 / ECLI:ES:TS:2019:58).
55. Art. 443 del Real Decreto Legislativo 1/2020, de 5 de mayo, por el que se aprueba el texto refundido de la Ley Concursal.

ciera de la sociedad, supone un indicio de opacidad y genera una apariencia de que media una voluntad de ocultación de sus circunstancias financieras[56].

Y, en esa situación, los juzgados han considerado, acertadamente, que los acreedores de la sociedad son titulares de «*intereses legítimos*» (*ex* arts. 3 y 114 LJV), ya que, ante la ausencia de un depósito de cuentas anuales que les permita conocer, anualmente, la situación financiera de la sociedad, la única posibilidad que les queda, dado que no son socios y carecen de acceder a la información de la sociedad, es promover este expediente y solicitar el auxilio judicial, a los efectos de que se les exhiban los libros contables de la compañía.

III. ALGUNAS CUESTIONES PROBATORIAS PROPIAS DE LOS PROCEDIMIENTOS DE LITIGACIÓN SOCIETARIA

1. IMPUGNACIÓN DE ACUERDOS SOCIALES

1.1. Algunos medios de prueba

A. El acta de la reunión

En relación con los procedimientos de impugnación de acuerdos sociales, un medio de prueba esencial suele ser el acta de la reunión en la que se hayan adoptado tales acuerdos (o en la que no se hayan adoptado, si lo que se pretende impugnar es un acuerdo «*negativo*»[57]). Evidentemente, el socio o accionista tiene derecho a obtener una copia del acta, *ex* art. 26 CCom (y, de hecho, si fuera notarial, ex art. 203 LSC, además de dirigirse a la sociedad, podrán solicitar una copia al fedatario que la levantó)[58].

En el caso de que el socio no consiga tener acceso al acta no notarial (art. 202 LSC), podrá solicitarla ya en el seno del correspondiente procedimiento

56. Sentencia de la Audiencia Provincial de Madrid, Sección 28.ª, núm. 253/2023 de 17 de marzo (JUR 2023, 238356 / ECLI:ES:APM:2023:5769). En el mismo sentido, ya la sentencia de esa misma Audiencia Provincial, pero Sección 14.ª, núm. 708/2004 de 21 de octubre (JUR 2004, 297965 / ECLI:ES:APM:2004:13421) había señalado que «*la falta de presentación de cuentas es indicio gravísimo de fraude, porque sitúa a la sociedad en el ámbito de la opacidad financiera frente a terceros*».

57. En cuanto a la impugnabilidad de los acuerdos negativos, nos remitimos, por ejemplo, a «Los acuerdos sociales negativos y su impugnabilidad. Especial referencia a los acuerdos de no reparto de dividendos y la integración judicial de la voluntad social», GONZÁLEZ GARCÍA, A. y SEGOVIA DE LA COLINA, J. M., en *Los acuerdos sociales*, Tomo II, González Fernández, M.ª B. (dir.), Tirant lo Blanch, Valencia, 2023.

58. Art. 224 del Decreto de 2 de junio de 1944 por el que se aprueba con carácter definitivo el Reglamento de la organización y régimen del Notariado («RN»). Si la negativa es del notario, se puede recurrir en queja ante la Dirección General, *ex* art. 234 RN.

de impugnación de acuerdos sociales, al amparo de lo dispuesto en el art. 328.1 LEC («*cada parte podrá solicitar de las demás la exhibición de documentos que no se hallen a disposición de ella y que se refieran al objeto del proceso (...)*»), pues la sociedad será, necesariamente (y de manera exclusiva[59]), demandada.

Sin embargo, en la mayoría de las ocasiones el socio deseará disponer del acta con carácter previo a iniciar el procedimiento; y ello no sólo a los efectos de elaborar la demanda, sino porque, incluso, dependiendo del contenido del acta decidirá ejercer o no la acción impugnatoria. En ese caso, y enlazando con lo antes analizado, el socio podrá acudir al trámite de las diligencias preliminares, pues tendría legitimación activa y justa causa, ya que pretenderá preparar un proceso (de impugnación de acuerdos sociales, concretamente)[60].

B. *Ausencia de actas de juntas generales (o de la propia junta general) como consecuencia del funcionamiento informal de las sociedades*

En relación con las actas de las juntas no podemos obviar que, en gran parte de las sociedades que integran nuestro tejido empresarial (muchas de ellas PYMES y, además, de índole familiar[61]), no es infrecuente que los socios y administradores adopten una actitud laxa en el cumplimiento de las exigencias societarias, de modo que el funcionamiento de los órganos sociales sea esencialmente informal. Como se ha señalado, la «*relación de confianza y la existencia de negocios o intereses comunes hacen que ningún socio se preocupe de que la sociedad siga las estrictas pautas formales que pudieran exigir los estatutos sociales o la propia normativa de las sociedades de capital*»[62].

Pues bien, ese comportamiento, poco escrupuloso con las formalidades societarias, puede plantear obstáculos más adelante, como consecuencia de haberse consentido, durante largo tiempo, tales conductas, como la no celebración de reuniones formales de junta general o, en caso de hacerlo, que no se hayan levantado las correspondientes actas. Y ello porque, en ese tipo

59. Así lo indicó el Tribunal Supremo, Sala de lo Civil, en sentencia núm. 697/2013, de 15 de enero de 2014 (RJ 2014, 1264 / ECLI:ES:TS:2014:136).

60. Auto del Juzgado de lo Mercantil núm. 5 de Barcelona núm. 25/2019, de 21 de enero (JUR 2023, 178170 / ECLI:ES:JMB:2019:1161A).

61. Se estima que en torno al 90% de las sociedades de capital de España son de índole familiar ("Radiografía de la Empresa Familiar», Instituto de la Empresa Familiar).

62. Sentencia del Juzgado de lo Mercantil 11 de Barcelona núm. 18/2023, de 1 de marzo (JUR 2023, 172138 / ECLI:ES:JMB:2023:359), que añade que «*en sociedades cerradas de carácter familiar, en las que se constatan lazos de amistad y confianza entre los socios, el funcionamiento de los órganos sociales durante los tiempos "felices" (...) se asienta en prácticas informales, aceptadas como consecuencia de la propia relación de confianza*».

de supuestos, los tribunales suelen afear su conducta a los socios que, a pesar de que han contribuido a ese comportamiento, tratan, más tarde, de cuestionar la validez de las juntas generales o de mostrar su extrañeza ante la ausencia de actas[63].

C. *Grabación de la junta general*

Es cierto que de las juntas generales se levanta un acta (notarial o no, *ex* arts. 202 y 203 LSC) en la que, entre otros aspectos, se recogen las deliberaciones que han tenido lugar y los acuerdos sociales que han sido adoptados. Sin embargo, evidentemente las actas no siempre reflejan con absoluta fidelidad lo acontecido pues, en todo caso, lo harán de manera muy sucinta. Así, en el caso de que el acta no sea notarial, sólo se recogerá «*un resumen*» de los asuntos debatidos y de las intervenciones de las que se haya solicitado constancia (art. 97.1.5.ª RRM) y, en el caso de que sí sea notarial, y salvo que se entregue texto escrito, el notario sólo recogerá «*el sentido general*» de las manifestaciones e intervenciones (art. 102.1.5.ª RRM).

Por ello, es frecuente que, en caso de conflicto, y el escenario hostil que es una junta general (el notario, si lo hay, será de la confianza del órgano de administración; la mesa de la reunión estará conformada, normalmente, por personas allegadas al bloque mayoritario, etc.), el socio minoritario tenga la cautela de grabarla, con un teléfono móvil u otro dispositivo; y ello bien anunciándolo al constituirse la junta general, bien haciéndolo subrepticiamente. De tal modo que si, finalmente, se ejercita una acción de impugnación de acuerdos sociales y el acta es incompleta o errónea en algunos extremos (o, incluso, no se dispone de ella), el socio suele aportar, como medio de prueba, esa grabación, la cual, dejando a un lado otras implicaciones (por ejemplo, de protección de datos), suele ser admitida por los juzgados y tribunales, quienes han afirmado que «*la grabación de la junta por quienes intervinieron en ella para dejar constancia de lo acontecido en la misma, sin trascendencia pública a terceros, no implica la vulneración de ningún derecho fundamental, ni constituye una prueba ilícita que deba ser expulsada del procedimiento por aplicación de lo normado en los arts. 287 y 433.1 LEC*»[64].

D. *Dictamen de peritos*

Uno de los medios de prueba que prevé la LEC es el dictamen de peritos, al que se puede recurrir cuando sean necesarios «*conocimientos científicos,*

63. Véase, a ese respecto, la sentencia del Tribunal Supremo, Sala de lo Civil, núm. 120/2015, de 16 de marzo (RJ 2015, 2099 / ECLI:ES:TS:2015:1941).
64. Sentencia de la Audiencia Provincial de La Coruña, Sección 4.ª, núm. 34/2018, de 1 de febrero (JUR 2018, 70004 / ECLI:ES:APC:2018:173).

artísticos, técnicos o prácticos para valorar hechos o circunstancias relevantes en el asunto o adquirir certeza sobre ellos» (art. 335 LEC). En el ámbito de la litigación societaria, casos paradigmáticos en los que será oportuno recurrir a tal dictamen son la impugnación de acuerdos sociales de la aprobación de cuentas anuales (por no mostrar éstas la imagen fiel del patrimonio, de la situación financiera y de los resultados de la sociedad) o de un aumento de capital social o de aprobación de una operación de financiación o de otra índole (porque el acuerdo no respondía a necesidades razonables de la sociedad).

Sin embargo, en no pocas ocasiones el socio impugnante carece de la documentación precisa para que el perito elabore su informe. Pues bien, en esos casos, además de poder solicitarla por los cauces societarios oportunos (a través del derecho de información: arts. 196 y 197 LSC, art. 272 —apartados 2 y 3— LSC, art. 286 LSC, etc.) o de promover unas diligencias preliminares o expediente de jurisdicción voluntaria de exhibición de libros (en los términos que han sido expuestos), el socio podría (y así lo admiten con frecuencia los juzgados) incluir, en su escrito de demanda, y sin esperar a la audiencia previa (momento en el que, en rigor, se proponen y admiten los medios de prueba), un otrosí que, precisamente, tenga por objeto solicitar esa exhibición de documentos (*ex* art. 328 LEC), a los efectos de que, tan pronto como la sociedad, a requerimiento del juez, la aporte, pueda encargarse la elaboración de un dictamen pericial de parte. Ello sin perjuicio, por supuesto, de que existe, también, la posibilidad de que el socio pueda solicitar, en su escrito de demanda, que se proceda a una designación judicial de perito (*ex* art. 339 LEC).

1.2. Carga de la prueba

A. *Consideraciones previas*

EMILIO GUDE, ilustre letrado litigador, reivindica, además de otras cuestiones, como la relativa al necesario uso de la corbata por parte de los abogados[65], que un procesalista sólo necesita una habilidad: manejar sólidamente el art. 217 LEC («*Carga de la prueba*»). Y más allá de que pueda considerarse una *boutade*, es cierto que, en toda pretensión, los hechos constituye la pieza clave y, en ellos, juega un papel determinante la carga de la prueba.

A ese respecto, como es sabido, corresponde al actor la carga de probar la certeza de los hechos de los que ordinariamente se desprenda, según las normas jurídicas aplicables, el efecto jurídico correspondiente a las preten-

65. Así lo defendió ardorosamente en https://blogs.elconfidencial.com/juridico/tribuna/2023-06-19/queridos-companeros-abogados-corbata-o-barbarie_3665538

siones de la demanda (art. 217.2 LEC) e incumbe al demandado la carga de probar los hechos que impidan, extingan o enerven la eficacia jurídica de los hechos alegados por el demandante (art. 217.3 LEC). Y, para la aplicación de dichos criterios, el tribunal deberá tener presente la disponibilidad y facilidad probatoria (art. 217.7 LEC).

Pues bien, en los siguientes apartados analizaremos algunas disposiciones de la LSC en las que hace expresa referencia a la cuestión de la carga de la prueba.

B. *Carga de la prueba en relación con publicaciones en la página web*

Desde el año 2012 se prevé en la LSC que las sociedades de capital puedan disponer de una página web (que es obligatoria para las cotizadas, art. 11 bis LSC), la cual puede tener un protagonismo muy relevante en las comunicaciones entre la sociedad y sus socios, ya que, por ejemplo, se prevé que las juntas puedan ser convocadas mediante anuncios allí publicados (art. 173 LSC).

A ese respecto, en el caso de una impugnación de acuerdos sociales, un vicio en dicha publicación de la convocatoria podría constituir una infracción de un requisito procedimental «*relevante*» (en tanto en cuanto afecta a la «*forma*» de la convocatoria, *ex* art. 204.3.a LSC) y, en consecuencia, conllevar la nulidad de todos los acuerdos sociales adoptados en la reunión de socios. Por tanto, la publicación de la convocatoria y la inserción de los documentos que procedan (por ejemplo, cuentas anuales —art. 272.2 LSC—, o los preceptivos en caso de modificaciones estatutarias —arts. 287, 300 o 301 LSC—) será un elemento clave en el procedimiento de adopción de acuerdos sociales.

Pues bien, en relación con ello, debemos subrayar que el art. 11 ter LSC dispone, en su apartado 2, que «*la carga de la prueba del hecho de la inserción de documentos en la página web y de la fecha en que esa inserción haya tenido lugar corresponderá a la sociedad*». Es decir, en caso de una impugnación de esos acuerdos sociales, la carga de la prueba no la tendrá el impugnante, sino que será la sociedad demandada a quien incumba probar esos extremos.

C. *Carga de la prueba en la impugnación de acuerdos sociales adoptados con el voto de un socio en conflicto de interés*

Uno de los derechos esenciales del socio es «*el de (...) votar en las juntas generales*» (art. 93.c LSC), a los efectos de que, por las mayorías que correspondan, se adopten, en su caso, los acuerdos sociales en materias competencia de ese órgano colegiado. Sin embargo, y aparte de que la mayoría no puede adoptar cualquier acuerdo, pues existen límites (ley, estatutos sociales, interés social, interdicción de la conducta abusiva, etc., *ex* art. 204 LSC) y dejando también a un lado cuestiones derivadas de la responsabilidad de los socios por los acuerdos de la junta general[66], debemos recordar que, en determinadas circunstancias (*rectius*, conflictos de interés), el socio no podrá ejercitar el derecho de voto correspondiente a sus acciones o participaciones (art. 190.1 LSC).

Para los demás casos de conflicto de interés (distintos de los que se recogen en el elenco de ese precepto), el art. 190.3 LSC recoge dos reglas relativas a la carga de la prueba. En primer lugar, con carácter general, los socios incursos en conflicto no estarán privados de su derecho de voto, pero cuando su voto haya sido decisivo para la adopción del acuerdo y dicho acuerdo se impugne, corresponderá: (i) al impugnante la acreditación de la existencia del conflicto de interés; y (ii) a la sociedad y al socio en conflicto, probar que el acuerdo social era justado al interés social. Y, en segundo lugar, en caso de un conflicto de los denominados «*posicionales*» (relativos al nombramiento, el cese, la revocación y la exigencia de responsabilidad de los administradores y otros análogos en los que el conflicto de interés se refiera exclusivamente a la posición que ostenta el socio en la sociedad), corresponderá al impugnante la acreditación del perjuicio al interés social.

D. *Operaciones intragrupo en conflicto de interés*

En el año 2021, se introdujo, en la LSC, el art. 231 bis, relativo a las operaciones que celebre una sociedad con su dominante u otra sociedad del grupo sujeta a conflicto de interés.

De este modo, se reservó a la *junta general* la decisión: (i) cuando la operación en que consista, por su propia naturaleza, esté legalmente reservada a la competencia de ese órgano y (ii) en todo caso, cuando valor de la operación sea superior al 10 % del activo total de la sociedad.

El resto de ellas quedan sujetas a acuerdo del *órgano de administración* en el que podrán participar los administradores que estén vinculados y representen a la sociedad dominante. Sin embargo, si la decisión o voto de tales administradores resultara decisivo para la aprobación del acuerdo social, corresponderá a la sociedad y, en su caso, a los administradores afectados por el conflicto de interés, probar: (i) si el acuerdo fuera impugnado, que era conforme con el interés social; y (ii) si se exigiera responsabilidad a los administradores, que emplearon la diligencia y lealtad debidas.

66. IRIBARREN BLANCO, M., *La responsabilidad de los socios por los acuerdos de la junta general*, Civitas Thomson Reuters Aranzadi, Navarra, 2022.

2. ACCIONES DE RESPONSABILIDAD DE ADMINISTRADORES

2.1. Acción individual de responsabilidad. Especial referencia al cierre *de facto* de la sociedad o «persianazo»

En el ámbito estrictamente societario, es decir, obviando las eventuales responsabilidades de índole concursal, penal, administrativa, laboral, etc., la LSC menciona un elenco de acciones que pueden ejercitarse contra los administradores por conductas llevadas a cabo en el ejercicio del cargo[67]. Dentro de ellas encontramos las «*de daños*» (arts. 236 a 241 LSC), acciones de responsabilidad civil resarcitorias o indemnizatorias de aquellos daños patrimoniales que los administradores hayan podido ocasionar a la sociedad, a los socios o a terceros con ocasión del ejercicio de su cargo de manera negligente o desleal (art. 236.1 de la LSC), distinguiéndose, tradicionalmente, dos acciones: la social (arts. 238 a 240 LSC) y la individual (art. 241 LSC). Así, mientras en la primera se pretende restablecer el patrimonio de la sociedad que habría sido lesionado por la conducta del administrador, la individual pretendería «*recomponer el patrimonio particular*»[68] de los socios o de los terceros que hubieran sufrido, de manera directa, el daño.

En este apartado abordaremos esa última, la llamada «*acción individual de responsabilidad*» que, en atención al tenor literal de la LSC (art. 241), corresponde «*a los socios y a los terceros por actos de administradores que lesionen directamente los intereses de aquellos*»[69]. Sin embargo, hay que reconocer que, ciertamente, pocos serán los casos en los que la conducta desleal o negligente del administrador, cause un daño «*directo*» a dichos los y terceros (acreedores), pues lo habitual será que lo causen a la sociedad que ellos gestionan, y sólo indirectamente a los socios (en tanto en cuanto dueños de ella) o a terceros (por ejemplo, acreedores).

A ese respecto, es evidente que, en el giro propio de la actividad empresarial, las sociedades de capital incurren, en muchas ocasiones, en incumplimientos de obligaciones contractuales que han asumido con terceros y que, también con cierta habitualidad, el proyecto empresarial no tiene el

67. Nos estamos refiriendo no sólo a las «clásicas» acciones de responsabilidad civil por daños (arts. 236 y siguientes LSC) y de responsabilidad por deudas sociales (art. 367 LSC), sino también a otras se recogen en dicha ley tras la reforma operada por la Ley 31/2014, como son las acciones derivadas de la infracción del deber de lealtad (art. 232 LSC) o la acción de enriquecimiento injusto (art. 227.2 LSC).

68. Sentencia del Tribunal Supremo, Sala de lo Civil, núm. 140/2005, de 11 de marzo (RJ 2005, 2228 / ECLI:ES:TS:2005:1529).

69. Analiza con detalle la acción individual COHEN BENCHETRIT, A. en «La acción individual de responsabilidad de los administradores sociales», *Responsabilidad de los administradores de las sociedades de capital*, PULIDO BEGINES, J. L. (dir.), Marcial Pons, Madrid, 2019.

éxito esperado. Sin embargo, en esos casos, los acreedores podrán dirigirse, con carácter general, contra la sociedad, que es su contraparte en el negocio o contrato, y los socios podrán promover una acción social de responsabilidad. No es, por tanto, la acción individual un remedio general del que disponen los socios y terceros para intentar obtener un resarcimiento directo del administrador, sino como un cauce extraordinario, de aplicación restrictiva, pues choca frontalmente contra principios fundamentales, tanto del derecho de sociedades (por ejemplo, la personalidad jurídica propia de cada sociedad, con patrimonio separado de sus socios), como del derecho general de contratos (por ejemplo, relatividad de los contratos)[70] e impone al administrador un deber de indemnizar daños cuando, conforme a las normas generales, no debería hacerlo[71].

Pues bien, uno de los supuestos paradigmáticos[72] en los que se aplica este remedio excepcional es el llamado «*persianazo*»[73]: el cierre de hecho de una sociedad[74] haciéndola desaparecer del tráfico mercantil sin llevar a cabo el proceso ordenado de liquidación que impone la legislación mercantil e impidiendo a los acreedores el cobro de sus créditos. En ese caso, la viabilidad de la acción individual requiere acreditar «*que de haberse realizado la correcta disolución y liquidación sí hubiera sido posible al acreedor hacerse cobro de su crédito, total o parcialmente*». La clave, por tanto, no se halla en el impago de la deuda, sino en probar que, en el caso de que la sociedad hubiera sido liquidada habría «*sido posible al acreedor hacerse cobro de su crédito*»[75].

---

70. Sentencia del Tribunal Supremo, Sala de lo Civil, núm. 253/2016, de 18 de abril (RJ 2016, 1342 / ECLI:ES:TS:2016:1650).
71. ALFARO ÁGUILA-REAL, J., «La llamada acción individual de responsabilidad o responsabilidad "externa" de los administradores sociales», Indret, Barcelona, 2007, p. 4.
72. Que el cierre *de facto* constituye el supuesto más habitual en el que se pretende aplicar la acción individual de responsabilidad lo reconoce, de manera muy ilustrativa, el Juzgado de lo Mercantil núm. 13 de Madrid en sentencia núm. 35/2022, de 27 enero (JUR 2022, 90241 / ECLI:ES:JMM:2022:94).
73. El término popular «*persianazo*» aparece ya reconocido, con habitualidad, en la jurisprudencia de nuestros Tribunales. La sentencia más reciente, de las recogidas en CENDOJ, que lo hace es la de la Audiencia Provincial de La Rioja (Sección 1.ª) núm. 112/2023, de 23 de marzo (JUR 2023, 204539 / ECLI:ES:APLO:2023:76).
74. Para un estudio detallado de la acción individual de los administradores como consecuencia del cierre *de facto* de la sociedad nos remitimos a NAVARRO MORALES, A., «La "acción individual" de responsabilidad de los administradores como consecuencia del "persianazo" o cierre de facto de una sociedad», *Deberes de los administradores de las sociedades de capital,* Viñuelas Sanz, M. (Coord.), Cohen Benchetrit, A. y Muñoz Paredes, A. (dirs.), Thomson Reuters Aranzadi, 2023, p. 853-873.
75. Se trata de citas contenidas, respectivamente, en las sentencias del Tribunal Supremo, Sala de lo Civil, núm. 472/2016, de 13 de julio (RJ 2016, 3191 / ECLI:ES:TS:2016:3433) y núm. 253/2016, de 18 de abril (RJ 2016, 1342 / ECLI:ES:TS:2016:1650).

Tiene, por tanto, el demandante la enorme dificultad, derivada del art. 217.2 LEC (carga de la prueba del actor) de acreditar que existe «*una relación de causalidad entre esta conducta y el impago de la deuda*»[76]. A lo que se suma que, tratándose de una acción que ejercita un tercero ajeno a la sociedad (un acreedor), éste normalmente no va a disponer de elementos suficientes con los que acreditar la concurrencia de los requisitos que permiten estimar la acción individual. Sobre todo porque, como la experiencia demuestra, en el supuesto al que nos estamos refiriendo (el impago de una deuda por una sociedad tras haber cesado *de facto* su actividad, habiendo desaparecido del tráfico mercantil y sin una liquidación ordenada), normalmente concurrirá también «*la falta de depósito de las cuentas anuales de esa compañía en el registro mercantil*»[77].

A la vista de tales dificultades, la Sala de lo Civil del Tribunal Supremo, si bien ha exigido al demandante un «*mínimo esfuerzo argumentativo*» en tratar de mostrar cómo el incumplimiento del administrador del deber de disolver y liquidar ha incidido en la falta de cobro de sus créditos, ha atribuido al administrador «*la carga de la prueba de aquellos hechos respecto de los que tiene mayor facilidad probatoria*»[78]. Dicho de otro modo, «*la prueba de la inexistencia de bienes y derechos o el destino de lo adquirido con la liquidación de los existentes, corresponde al administrador y no puede imputarse al acreedor demandante, en aplicación de la regla contenida en el apartado 7 del art. 217 LEC*»; es decir, se acude al principio de facilidad probatoria, porque «*frente a la dificultad del acreedor demandante de probar lo contrario (que había bienes y que fueron distraídos o liquidados sin que se destinara lo obtenido al pago de las deudas), dificultad agravada por el incumplimiento del administrador de sus deberes legales de llevar a cabo una correcta liquidación, con la información correspondiente sobre las operaciones de liquidación, el administrador tiene facilidad para probar lo ocurrido, pues se refiere a su ámbito de actuación*»[79].

---

76. Sentencia del Tribunal Supremo, Sala de lo Civil, núm. 612/2019, de 14 de noviembre (RJ 2019, 4644 / ECLI:ES:TS:2019:3626).
77. Sentencia del Juzgado de lo Mercantil núm. 13 de Madrid núm. 35/2022, de 27 enero (JUR 2022, 90241 / ECLI:ES:JMM:2022:94).
78. Sentencias del Tribunal Supremo, Sala de lo Civil, núm. 253/2016, de 18 de abril (RJ 2016, 1342 / ECLI:ES:TS:2016:1650) y núm. 472/2016, de 13 de julio (RJ 2016, 3191 / ECLI:ES:TS:2016:3433). COHEN BENCHETRIT, A. reconoce que «*el* quid *de la cuestión estribará en concretar qué debe entenderse por ese esfuerzo argumentativo*», lo cual exigirá el oportuno desarrollo jurisprudencial («La acción individual de responsabilidad de los administradores sociales», *Responsabilidad de los administradores de las sociedades de capital, op. cit.*, p. 65).
79. Sentencia del Tribunal Supremo, Sala de lo Civil (Pleno) núm. 472/2016, de 13 de julio (RJ 2016/3191).

En todo caso, a los efectos del «*esfuerzo argumentativo*» que se exige al demandante, creemos relevante recordar que este actor (que será acreedor de la sociedad), si bien que no puede acudir al trámite de las diligencias preliminares del art. 256.1.4.º LEC porque no es socio, sí tiene legitimación activa para promover un expediente de jurisdicción voluntaria de exhibición de libros, ya que si la sociedad no deposita cuentas anuales, el acreedor tendrá un «*interés legítimo*» en obtener esa información. Y ello en los términos referidos anteriormente (véase el apartado 3.4.b).

2.2. Acción social de responsabilidad

La segunda acción de responsabilidad por daños es la social que se dirige contra los administradores que, con su conducta, hayan causado un daño a la sociedad (arts. 236 y 238 LSC). Y un elemento que inexorablemente necesitará el socio para promover esa acción es información, a los efectos, por ejemplo, de conocer si los administradores han actuado con lealtad (arts. 227 y siguientes LSC) y con diligencia (art. 225 LSC) y, en relación con este segundo supuesto, si la decisión estratégica o de negocio, ha sido adoptada con buena fe, sin interés personal en el asunto, con información suficiente y con arreglo a un procedimiento de decisión adecuado (art. 226 LSC).

En relación con ello, las diligencias preliminares del art. 256.1.4.º LEC serán el cauce idóneo para que se le exhiba al socio la oportuna documentación societaria. Ejemplos de ellos tenemos en nuestros repertorios de jurisprudencia, relativos a acciones sociales de responsabilidad ejercidas por ejemplo, para tratar de resarcir daños causados por un proyecto inmobiliario que conllevó una importante pérdida económica para la sociedad o por un desvío de fondos para atender al pago de facturas por servicios prestados no la sociedad, sino a los administradores a título particular[80].

BIBLIOGRAFÍA

ALFARO ÁGUILA-REAL, J., «La llamada acción individual de responsabilidad o responsabilidad "externa" de los administradores sociales», Indret, Barcelona, 2007, disponible en https://indret.com/la-llamada-accion-individual-de-responsabilidad-o-responsabilidad-externa-de-los-administradores-sociales/

80. Se trata de los autos del Juzgado de lo Mercantil núm. 2 de Barcelona núm. 191/2020, de 30 de octubre (JUR 2022, 231287 / ECLI:ES:JMB:2020:470A) y de la Audiencia Provincial de La Coruña, Sección 4.ª, núm. 85/2021, de 27 de mayo (JUR 2021, 390224 / ECLI:ES:APC:2021:852A).

BANACLOCHE PALAO, J., *Las diligencias preliminares*, Civitas, Madrid, 2003.

– *Los nuevos expedientes y procedimientos de jurisdicción voluntaria. Análisis de la Ley 15/2015, de 2 de julio*, La Ley, Madrid, 2015.

CASTRILLO SANTAMARÍA, R., *La preparación del proceso civil: las diligencias preliminares*, Bosch, Barcelona, 2018.

COHEN BENCHETRIT, A. en «La acción individual de responsabilidad de los administradores sociales», *Responsabilidad de los administradores de las sociedades de capital*, PULIDO BEGINES, J. L. (dir.), Marcial Pons, Madrid, 2019.

GONZÁLEZ GARCÍA, A. y SEGOVIA DE LA COLINA, J. M., «Los acuerdos sociales negativos y su impugnabilidad. Especial referencia a los acuerdos de no reparto de dividendos y la integración judicial de la voluntad social», en *Los acuerdos sociales*, Tomo II, González Fernández, M.ª B. (dir.), Tirant lo Blanch, Valencia, 2023.

IRIBARREN BLANCO, M., *La responsabilidad de los socios por los acuerdos de la junta general*, Civitas Thomson Reuters Aranzadi, Navarra, 2022.

NAVARRO MORALES, A., «La "acción individual" de responsabilidad de los administradores como consecuencia del "persianazo" o cierre de facto de una sociedad», en *Deberes de los administradores de las sociedades de capital*, Viñuelas Sanz, M. (Coord.), Cohen Benchetrit, A. y Muñoz Paredes, A. (dirs.), Thomson Reuters Aranzadi, 2023.

PERDICES HUETO, A., «De la exhibición de libros de las personas obligadas a llevar contabilidad», en *Comentarios a la Ley 15/2015, de la Jurisdicción Voluntaria*, Fernández de Buján, A. (dir.), Aranzadi, Navarra, 2016.

RAFÍ I ROIG, F. X. y DÍAZ REVOIRO, E., *Jurisdicción voluntaria en materia mercantil. Tras la Ley 15/2015 de 2 de julio de Jurisdicción Voluntaria*, Tirant lo Blanch, Valencia, 2016.

SANMARTÍN ESCRICHE, F. y LACALLE SERER, E., *Comentarios a la Ley 15/2015, de la Jurisdicción Voluntaria*, Tirant lo Blanch, Valencia, 2017.

SANZ BAYÓN, P., «La exhibición de libros de las personas obligadas a llevar contabilidad», en *Jurisdicción Voluntaria. Ley 15/2015, de 2 de julio, de la Jurisdicción Voluntaria*, Calaza López, S. (dir.), Tirant lo Blanch, Valencia, 2022.

SILVOSA TALLÓN, J. M., *El abogado frente a las diligencias preliminares*, Aranzadi, Navarra, 2018.

SOLERNOU SANZ, S., «De la exhibición de libros de las personas obligadas a llevar contabilidad (arts. 112-116)», en *Estudio sistemático de la Ley de Jurisdicción Voluntaria. Ley 15/2015, de 2 de julio*, Lledó Yagüe, F. (dir.), Dykinson, Madrid, 2016.

VALPUESTA GASTAMINZA, E., *Comentarios a la Ley de Sociedades de Capital*, Bosch, Barcelona, 2022.

VV.AA., *Medidas cautelares y diligencias preliminares en el ámbito civil*, García Marrero, J. (dir. y coord.), Aranzadi, Navarra, 2021.

– Anuarios de Estadística Mercantil, Registradores de España, disponibles en https://www.registradores.org/actualidad/portal-estadistico-registral/estadisticas-mercantiles.

– «Protocolo de Protección del Secreto Empresarial», Juzgados Mercantiles de Barcelona, 2019, disponible en https://www.oepm.es/export/sites/oepm/comun/documentos_relacionados/Noticias/2019/2019_11_22_Protocolo_Proteccion_Secreto_Empresarial_en_los_JM.pdf.

– "Radiografía de la Empresa Familiar», Instituto de la Empresa Familiar, disponible en: https://www.iefamiliar.com/la-empresa-familiar/cifras.

28

Las evidencias de los sistemas de compliance: pieza clave para la defensa corporativa

JUANA MARÍA PARDO PARDO
Doctora en Derecho Mercantil (UAM)
Profesora Asociada (Universidad Pontificia Comillas, ICADE)
Abogada Senior en Garrigues

I. INTRODUCCIÓN. EL CUMPLIMIENTO COMO HERRAMIENTA DE DEFENSA CORPORATIVA

El deber genérico de los administradores de velar con diligencia y lealtad por los intereses patrimoniales ajenos se materializa, entre otros aspectos, en el deber concreto de configurar y/o mantener una estructura organizativa transparente y adecuada en la persona jurídica gestionada de tal modo que dicha organización sea idóneamente objetiva para reducir significativamente el riesgo de que cualquier persona vinculada a la empresa cometa un ilícito de cualquier naturaleza susceptible de generar un perjuicio en la organización.

Aunque la regla general es que no existe una obligación legal de contar con un programa de cumplimiento, en cierto modo el aumento de la legislación y, por tanto, de la diversificación de los posibles incumplimientos normativos dificulta el ejercicio de las funciones de supervisión y control a los administradores, por lo que en muchos casos solo se entenderá cumplida la exigencia del deber de diligencia si han adoptado los programas de cumplimiento como sistemas de control adecuados en las sociedades, especialmente por su finalidad preventiva, ayudando a estas a minimizar sus riesgos de incumplimiento normativo.

El modelo de cumplimiento que adopte una compañía es una herramienta fundamental de salvaguarda de su responsabilidad y la de sus administradores, si bien su eficacia depende de su correcta implantación sobre una adecuada estructura societaria y de gobierno corporativo, atendidas las características de cada compañía y sus actividades. Pero no vale cualquier sistema de cumplimiento, sino que estos sistemas deben reunir unas determinadas características para ser realmente eficaces, tales como la globalidad, es decir que los mismos se apliquen al conjunto de actividades que llevan a cabo cada compañía y contemple, a su vez, el conjunto de normativa aplicable a las mismas, lo que va mucho más allá del ámbito penal; que estén aplicadas con rigor técnico-jurídico; que exista trazabilidad, esto es que se deje constancia y registro de las actividades que lo integran; y transparencia, de modo que sea susceptible de ser mostrado a terceros en cualquier momento, sin perjuicio del respeto a las garantías de confidencialidad que procedan; y, por último, pero también muy importante, que el Sistema se encuentre perfectamente alineado con la organización y los procesos de la compañía, que sea proporcional, dinámico y adaptable al cambio.

Especialmente en el caso de los grupos de sociedades, para proteger adecuadamente al patrimonio del grupo, existen mecanismos que sirven para aislar riesgos entre las distintas empresas y actividades de un mismo grupo empresarial y conseguir, así, una estructura sólida que permite proteger mejor al patrimonio de la sociedad en su conjunto. Ya adelantamos, aunque después profundizaremos en ellos, que nos estamos refiriendo a elementos que van desde el diseño de la estructura societaria del grupo y de su sistema de gobierno corporativo, al sistema de *compliance* y su estructura de supervisión, pasando por el sistema de gestión de riesgos, la documentación de los contratos intragrupo existentes, los procedimientos de decisión y la gestión de la representación, entre otros. Todos estos mecanismos, si están correctamente diseñados, encajan a la perfección, convirtiéndose en un verdadero escudo protector para el patrimonio del grupo empresarial en su conjunto, siempre y cuando estos queden debidamente documentados, especialmente los relativos al sistema de cumplimiento, ya que el registro de las evidencias será «clave», llegado el día en que se ponga en duda su existencia y eficacia, para la defensa corporativa.

II. RÉGIMEN GENERAL DE RESPONSABILIDAD DE ADMINISTRADORES POR DAÑOS

1. RESPONSABILIDAD PENAL DE LAS SOCIEDADES

En el ámbito del *Derecho penal* se han producido importantes reformas en los últimos años que han afectado de forma muy significativa al régimen de responsabilidad de la persona jurídica y la de sus administradores. Las más relevantes son cuando se introdujo en nuestro ordenamiento la responsabilidad penal de la persona jurídica con las modificaciones del Código Penal operadas, entre otras y por citar las más significativas, por la Ley Orgánica 5/2010, de 23 de junio y, posteriormente, la modificación del art. 31 bis del Código Penal operada por la Ley Orgánica 1/2015, de 30 de mayo que, entre cuyas modificaciones principales cabe destacar la extensión del régimen de responsabilidad penal de las personas jurídicas estatales que ejecuten políticas públicas o presten servicios de interés económico general y la limitación de la responsabilidad penal de las personas jurídicas, en el caso de delitos cometidos por sus dependientes cuando existe una infracción del deber de supervisión sobre los mismos sólo a los supuestos en los que el incumplimiento del deber de vigilancia haya tenido carácter grave, siendo los programas de cumplimiento penal uno de los supuestos de exención o atenuación de la responsabilidad penal de la persona jurídica, si el órgano de administración, antes de la comisión del delito, hubiera «adoptado y ejecutado con eficacia» modelos de organización y gestión de cumplimiento que incluye medidas de vigilancia y control idóneas para prevenir los delitos.

Tras la introducción del sistema de responsabilidad penal de la persona jurídica, el deber genérico de los administradores de velar con diligencia y lealtad por los intereses patrimoniales ajenos se materializa también en el deber concreto de configurar y/o mantener una estructura organizativa transparente o adecuada en la persona jurídica gestionada de tal modo que dicha organización sea idóneamente objetiva para reducir significativamente el riesgo de que cualquier persona vinculada a dicha empresa cometa un ilícito de cualquier naturaleza susceptible de generar un perjuicio en la organización[1].

Mucho se ha escrito sobre la adopción e implantación de un sistema de *compliance* como posible exención de responsabilidad penal de la persona jurídica si se dan determinados presupuestos, si bien debemos destacar como desde la perspectiva del derecho societario, la implantación de un programa de cumplimiento normativo también puede servir para garantizar el cumplimiento del deber general de diligencia de los administradores exigiéndoles adoptar las medidas precisas para la buena dirección y el control de la sociedad. Veámoslo.

2. DEBER DE DILIGENCIA DE LOS ADMINISTRADORES

En el *ámbito del Derecho mercantil* también han sido relevantes los cambios introducidos en la Ley de Sociedades de Capital (en adelante, LSC) en los últimos años, especialmente en los artículos que se refieren al *deber de diligencia de los administradores* (art. 225 LSC) y su estándar de conducta del ordenado empresario, conforme a los cuales, desde la fecha de aceptación del cargo, los administradores de una sociedad responden de las actuaciones que realicen en el ejercicio de las facultades inherentes a su cargo, frente a la propia sociedad, frente a los socios y frente a terceros administradores, si no desempeñan su cargo y cumplen con los deberes impuestos por la Ley y los estatutos con la «*diligencia de un ordenado empresario*».

Cabe destacar como la reforma de la LSC operada por la Ley 31/2014 profundizó en el contenido del *deber de diligencia de los administradores* y su estándar de conducta del ordenado empresario exigiendo a los administradores, entre otros aspectos, desempeñar el cargo y cumplir con los deberes impuestos por la ley y los estatutos con la diligencia de un ordenado empresario, así como velar por el *cumplimiento normativo* en la sociedad (lo que debemos entender que se refiere no solo al cumplimiento de la ley y los estatutos sociales sino también de las normas internas que rigen en la socie-

1. RUIZ DE LARA, M. y SERRANO ZARAGOZA, O.: «El deber de organizar a la persona jurídica en *compliance* y su incidencia en el ámbito de la responsabilidad societaria». Revista Aranzadi Doctrinal núm. 4/2017 (BIB 2017,1113).

dad como por ejemplo los Códigos de conducta, etc. que cada vez están más presentes en nuestro tejido empresarial aunque la sociedad en cuestión no esté obligada a su aprobación). Para cumplir con dicho deber de diligencia el órgano de administración también debe asignar al cumplimiento normativo los medios económicos y personales, la dedicación adecuada y recabar de la sociedad la información necesaria que le sirva para el cumplimiento de sus obligaciones, así como adoptar las medidas precisas para la buena dirección y control de la sociedad que necesariamente incluirán sistemas de cumplimiento normativo[2].

La supervisión del cumplimiento normativo en la organización es precisamente una de las *facultades indelegables* por el Consejo de administración en relación con el efectivo funcionamiento de las comisiones que hubiera constituido y de la actuación de los órganos delegados y de los directivos que hubiera designado (art. 249 bis LSC). En las sociedades cotizadas, esta facultad indelegable se extiende, más detalladamente, a la determinación de la política de control y gestión de riesgos, incluidos los fiscales, y la supervisión de los sistemas internos de información y control (art. 529 ter 1.b LSC). Se trata, en definitiva, de que la delegación de funciones y el principio de confianza propios de la actividad societaria, no sirvan de excusa a los administradores para desatender los deberes de supervisión, vigilancia y control que le competen personalísimamente. Y es que entre las obligaciones del órgano de administración también está asumir el liderazgo en el cumplimiento normativo y adoptar medidas organizativas, técnicas y jurídicas para prevenir, detectar y evitar conductas arriesgadas, irregulares o ilícitas.

Por último, conviene tener en cuenta que, desde la fecha de aceptación del cargo, los administradores de una sociedad responderán de las actuaciones que realicen en el ejercicio de las facultades inherentes a su cargo, y ello tanto frente a la propia sociedad, como frente a los socios o terceros acreedores.

Cabe también destacar entre las novedades que introdujo la Ley 31/2014 en la LSC, la *presunción de culpabilidad de los administradores*, salvo prueba en contrario, cuando el acto sea contrario a la ley o a los estatutos sociales. Ello quiere decir que desde la entrada en vigor de dicha reforma el órgano de

2. *Vid.* Sentencia de la Audiencia Provincial de Badajoz núm. 483/2019 de 27 de junio de 2019: «*El mandato contenido en el artículo 225.1 de la Ley de Sociedades de Capital y referido a que los administradores deben cumplir los deberes impuestos por las leyes como prestación propia y concretamente especificada del deber general de diligencia exigible incorpora por vez primera en nuestro ordenamiento y con carácter general el deber de cumplimiento normativo como deber que también integra el contrato de administración celebrado con la sociedad para el desempeño del cargo*».

administración que haya participado en un acuerdo lesivo responderá solidariamente, salvo prueba en contrario de que hubieran hecho todo lo posible para evitar el daño o se opusieron expresamente a aquel.

La *carga de la prueba* se distribuye de modo que quien exija la responsabilidad deberá probar el daño y la relación de causalidad mientras que al administrador corresponderá probar que actuó sin culpa[3] y, por tanto, que el daño no proviene de una conducta antijurídica por su parte ni le es imputable subjetivamente (ex art. 236.1 LSC). En esta prueba el administrador ha de probar su diligencia, por ejemplo, probando que el daño se habría producido igualmente si hubiera actuado de otra manera que se pudiera considerarse diligente pero, sobre todo, podrá alegar la regla del juicio empresarial que nuestros tribunales venían empleando cada vez más en sus pronunciamientos de «*business judgment rule*» o «*protección de la discrecionalidad empresarial*» que la citada reforma consagró legislativamente en el art. 226 LSC, cuyo objetivo es proteger la discrecionalidad empresarial en el ámbito estratégico y en las decisiones de negocio, resguardando las decisiones diligentes adoptadas por los administradores con la información adecuada y sin interés en el asunto[4]. La actual redacción de los arts. 225 y 226 LSC hace explícito el derecho y deber de los administradores de recabar la información necesaria para adoptar decisiones informadas, así como la obligación de una dedicación adecuada para la adopción de medidas precisas para una buena dirección y control de la sociedad.

Por tanto, *serán los administradores los responsables del funcionamiento del programa de compliance* de conformidad con los principios y contenido mínimo establecidos en el apartado 5 del art. 31 bis del CP y los arts. 225 y 226 LSC.

Esta decisión adquiere *especial relevancia en los grupos de sociedades*, como veremos, al permitir dicho programa aislar los riesgos de incumplimiento correspondientes a la actividad de cada una de las sociedades que integran un grupo, evitando así que dichos riesgos propios de una sociedad puedan acabar «contaminando» al resto de sociedades del grupo, lo que permitirá, a su vez, proteger no solo el patrimonio de la sociedad en cuestión, sino también el del resto de sociedades que forman parte integrante del grupo, lo que redundará en el beneficio de todo el grupo de sociedades, de su matriz y de todos sus accionistas.

---

3. ALFARO ÁGUILA REAL, J.: «Sociedades de Capital: deber de diligencia de los administradores». Estudios y Comentarios Legislativos, Civitas 2015 (BIB 2015,4466).
4. GUERRERO TREVIJANO, C.: *El deber de diligencia de los administradores en el gobierno de Sociedades de Capital: La incorporación de los Principios de la business judgment rule al ordenamiento español*, Civitas, Navarra 2015.

La regla general en los grupos de sociedades[5] es la independencia jurídica de las entidades que lo integran, de modo que la existencia del grupo de sociedades no implica, *per se*, ni la derogación o atenuación del principio general de limitación de responsabilidad de los socios al capital aportado que rige en todas las sociedades de capital, ni la existencia en los grupos de sociedades de una responsabilidad, de carácter solidario o subsidiario, de la sociedad dominante por las deudas contraídas con terceros por las sociedades dominadas, ni mucho menos la desaparición de la personalidad jurídica de cada una de las sociedades por el mero hecho de pertenecer a un mismo grupo[6].

Así lo ha establecido de forma constante nuestra jurisprudencia al afirmar que en condiciones normales ha de respetarse la independencia jurídica —en el sentido más amplio de la expresión— de las entidades que integran los grupos, y las reglas sobre el alcance de la responsabilidad de las obligaciones asumidas por dichas entidades, que no tiene por qué alcanzar a sus socios y administradores, ni tampoco a las sociedades que pudieran formar parte del mismo grupo, pese a la unidad de dirección económica que suele caracterizar a los grupos de sociedades, si, como veremos, existen verdaderos centros de imputación de responsabilidad dentro del grupo.

---

5. La regulación legal de los grupos de sociedades se limita a unas breves menciones en algunos preceptos. Por ejemplo, el art. 18 LSC prevé que: *«a los efectos de esta ley, se considerará que existe grupo de sociedades cuando concurra alguno de los casos establecidos en el artículo 42 del Código de Comercio, y será sociedad dominante la que ostente o pueda ostentar, directa o indirectamente, el control de otra u otras»*. Dicha definición de los grupos de sociedades es muy limitada, lo que ha propiciado la existencia de lo que la doctrina denomina «lagunas de protección», que afectan a socios minoritarios, acreedores, y trabajadores que se relacionan con los grupos de sociedades, y ha supuesto la búsqueda de mecanismos o soluciones, de construcción doctrinal y jurisprudencial, para la adecuada defensa de estos, sobre todo cuando se producen actuaciones susceptibles de causarles perjuicios injustificados. Así lo prevé, el Tribunal Supremo, por ejemplo, en su sentencia núm. 530/2002 de 4 de junio de 2002.
6. La existencia de un grupo de sociedades no implica, *per se,* una extensión de responsabilidad, sino que será necesario acreditar que realmente existe un supuesto que lo justifique la calificación de administrador de hecho o el levantamiento del velo entre las sociedades del mismo grupo, de modo que operan únicamente cuando el ordenamiento jurídico no da respuestas adecuadas a situaciones anómalas, originadas en un grupo de sociedades que ocasionan lesiones en los intereses de terceros Así lo establece, entre otras muchas, la sentencia de la Audiencia Provincial de Madrid de 22 de marzo de 2019: «*Como tales se apuntan el de la responsabilidad por instrucciones perjudiciales (la matriz responderán solidariamente de los perjuicios ocasionados a terceros como consecuencia del cumplimiento por la filial de las instrucciones impartidas por la matriz), responsabilidad por apariencia (la matriz responde de las obligaciones de la filial cuando se hubiese generado la apariencia de que la matriz asumía la responsabilidad que pudiera derivar de su incumplimiento), responsabilidad de la matriz como administrador de hecho de la filial, o aquellos supuestos en que resulte aplicable la doctrina del levantamiento del velo*».

Sin embargo, en determinados supuestos, como son los casos de la doctrina jurisprudencial del levantamiento del velo[7] y de la figura del administrador de hecho si que se podrá extender esa responsabilidad y dejará de existir la independencia jurídica entre sociedades de un mismo grupo si concurren los requisitos establecidos por la jurisprudencia[8] para considerar que procede calificar a una tercera persona o entidad como *administrador de hecho*, lo que presupone la concurrencia de tres requisitos: debe desarrollar una actividad de gestión sobre materias propias del administrador de la sociedad; esta actividad tiene que haberse realizado de forma sistemática y continuada, esto es, el ejercicio de la gestión ha de tener una intensidad cualitativa y cuantitativa; y se ha de prestar de forma independiente, con poder autónomo de decisión, y con respaldo de la sociedad.

3. RÉGIMEN DE RESPONSABILIDAD SOCIETARIA DE ADMINISTRADORES POR DAÑOS

3.1. Ámbito subjetivo de responsabilidad

Desde la fecha de aceptación del cargo, los administradores de una sociedad responderán de las de las actuaciones que realicen en el ejercicio de las facultades inherentes a su cargo, y ello tanto frente a la propia sociedad, como frente a los socios o terceros acreedores. Dicho régimen de responsabilidad es de aplicación tanto a los administradores de derecho, esto es, los administradores con cargo vigente que han sido nombrados como tal por la junta general de la sociedad; como a los administradores de hecho.

---

7. La figura jurisprudencial del levantamiento del velo, en atención a la seguridad jurídica y a la pluralidad de intereses en juego, solo se apreciará en supuestos excepcionales, con extraordinaria cautela y moderación, como así ha reiterado la jurisprudencia del Alto Tribunal, debiéndose probar en cada caso el ánimo y actuar defraudatorio. Así, para proceder a desconocer la personalidad jurídica diferenciada de las distintas sociedades agrupadas, esto es, para levantar el velo de la personalidad jurídica, la jurisprudencia ha venido construyendo un catálogo de supuestos en los que entiende que concurre tal fraude de ley o abuso de derecho como son los siguientes: creación artificial o mera apariencia para obtener un resultado contrario a derecho; ente totalmente ficticio o pura ficción; inconsistencia de la persona jurídica; instrumentación; desdoblamiento de una persona en dos sociedades; personalidad jurídica meramente formal; confusión de personalidades o de patrimonios; sustancial confusión e identidad; o infracapitalización. Ejemplo de ello es la sentencia de la Audiencia Provincial de Málaga núm. 354/2018, de 24 de abril de 2018, en la que se concluye que procede levantar el velo entre sociedades de un mismo grupo por la apariencia externa de unidad empresarial y unidad de dirección, confusión de patrimonios e identidad de objeto social entre otras circunstancias, lo que lleva finalmente a responder a los administradores de la matriz por actuaciones llevadas a cabo en las sociedades filiales.
8. Cabe destacar entre la abundante jurisprudencia que se ha pronunciado sobre los requisitos del administrador de hecho, la Sentencia de la Sala Primera del Tribunal Supremo núm. 421/2015, de 22 de julio de 2015.

Especial mención merece la figura del administrador de hecho, que son aquellas personas que en la realidad del tráfico desempeñan, sin título o con un título nulo o extinguido, las funciones propias del órgano de administración, o bajo cuyas instrucciones actúen los administradores de la sociedad, como vimos. Son, en definitiva, aquellas personas que sin ostentar título formal dan instrucciones al órgano de administración[9]. Ello sin perjuicio de que los administradores de derecho deben ejercer las funciones propias del cargo bajo el principio de responsabilidad personal y con independencia respecto de instrucciones y vinculaciones de terceros, ya sean personas jurídicas o físicas.

En caso de que se nombre como administrador a una persona jurídica, el artículo 222 bis de la LSC exige que ésta designe a una sola persona física para el ejercicio permanente de las funciones propias del cargo. En tal sentido, dicha persona física representante será responsable solidariamente junto con la persona jurídica administrador, del cumplimiento de los deberes inherentes al cargo, según lo dispuesto en el artículo 236.5 de la LSC. Es decir, la persona física que represente a una sociedad como administrador de otra sociedad asume una responsabilidad solidaria.

Además, en aquellas sociedades cuyo órgano de administración esté formado por un consejo de administración cuando no exista una delegación permanente de facultades del consejo en uno o varios consejeros delegados, todas las disposiciones sobre deberes y responsabilidad de los administradores serán aplicables respecto de la persona que tenga atribuidas las facultades de más alta dirección de la sociedad.

Por otro lado, debemos tener en cuenta que el órgano de administración de la sociedad puede nombrar, a su vez, apoderados que estarán facultados únicamente para ejercitar en nombre de la sociedad las facultades que se le hayan conferido en el correspondiente poder. De este modo, es el órgano de administración de la sociedad el que determina las facultades que

9. Entre la abundante jurisprudencia del Tribunal Supremo que se ha pronunciado sobre los requisitos del administrador de hecho, destacamos por su claridad la Sentencia de la Sala Primera del Tribunal Supremo núm. 421/2015, de 22 de julio de 2015. Conforme a esta jurisprudencia, en palabras del propio Tribunal Supremo, la noción de administrador de hecho presupone un elemento negativo (carecer de la designación formal de administrador, con independencia de que lo hubiera sido antes, o de que lo fuera después), y se configura en torno a tres elementos caracterizadores: (i) debe desarrollar una actividad de gestión sobre materias propias del administrador de la sociedad; (ii) esta actividad tiene que haberse realizado de forma sistemática y continuada, esto es, el ejercicio de la gestión ha de tener una intensidad cualitativa y cuantitativa; y (iii) se ha de prestar de forma independiente, con poder autónomo de decisión, y con respaldo de la sociedad.

podrán ejercitar los apoderados en nombre de la sociedad, que podrán ser más amplias (poder general, en el que se comprendan la generalidad de los actos a llevar a cabo frente a terceros) o más limitadas y circunscritas a un determinado acto u operación (poder especial) y siempre con las limitaciones que se indiquen en la escritura de poder correspondiente. Por tanto, los apoderados responden ante el órgano de administración, quien podrá revocar o modificar el poder otorgado en cualquier momento[10].

En todo caso, la extensión de la responsabilidad a sujetos distintos de los administradores (de derecho) de la sociedad en los términos indicados, en ningún caso supone la exoneración de los mismos, de quienes seguirá siendo exigible el cumplimiento de sus deberes.

3.2. Ámbito objetivo de responsabilidad

Como veíamos anteriormente, se establecen como facultades indelegables del órgano de administración en materia de cumplimiento (art. 249 bis LSC) las siguientes: (i) la de determinar las políticas y estrategias generales de la sociedad; y (ii) la de nombrar y destituir a los directivos que tengan dependencia directa del Consejo o de alguno de sus miembros.

Esta obligación legal deberá ponerse en conexión con la normativa mercantil, que hace *responder a los administradores «del daño que causen por actos u omisiones contrarios a la ley o a los estatutos o por los realizados incumpliendo los deberes inherentes al desempeño del cargo, siempre y cuando haya intervenido dolo o culpa»*. (art. 236 LSC). Para que exista responsabilidad de los administradores por daños, deben concurrir los siguientes requisitos: (i) Contravención de la ley, los estatutos o deberes inherentes al cargo: es necesario que se produzca una actuación ilícita o antijurídica de los administradores (contraria a la ley, los estatutos o los deberes inherentes al cargo), ya sea un acto o una omisión siempre que, en este último caso, existiera previamente

10. Con carácter general, el régimen jurídico aplicable a los apoderados es el recogido en los artículos 281 y siguientes del Código de Comercio. En lo que a su responsabilidad se refiere, el artículo 297 del Código de Comercio dispone que los apoderados serán responsables frente a su poderdante (la sociedad) de cualquier perjuicio que causen a los intereses de la sociedad por haber procedido en el desempeño de sus funciones con malicia, negligencia o infracción de las órdenes o instrucciones que hubieren recibido.
Sin perjuicio del régimen general anterior referido, debe tomarse en consideración que en el caso de que se den los requisitos para que pueda ser considerado administradores de hecho, un apoderado podría llegar a ser considerado como un administrador de hecho de la sociedad, en cuyo caso le sería de aplicación el régimen de responsabilidad de los administradores de las sociedades de capital general.

una obligación de hacer (ya fuera expresa o derivada de un deber genérico de comportamiento como lo son los de diligencia o lealtad)[11]; (ii) la existencia de un daño patrimonial: la actuación u omisión del administrador ha de ocasionar un daño efectivo para la sociedad, sus socios o terceros; (iii) la concurrencia de dolo o culpa: la actuación u omisión ilícita del administrador ha de ser, además, dolosa (esto es, con ánimo de defraudar o engañar) o culposa (esto es, negligente), admitiéndose a tales efectos cualquiera de las modalidades de culpa («*in vigilando*», «*in eligendo*», «*in instruendo*», etc.); y por último (iv) debe existir un nexo causal entre el daño producido y la actuación u omisión ilícita y culpable.

Las dos acciones de responsabilidad por daños previstas en la LSC son, por un lado, la acción social de responsabilidad y, por otro, la acción individual, en función de si lo que se pretende es resarcir el patrimonio social o el patrimonio individual del afectado, respectivamente. A continuación, analizamos cada una de estas acciones y su relación con el sistema de cumplimiento normativo en la sociedad y como este puede servir de eximente o atenuante de responsabilidad para el órgano de administración si se puede entender que actuó de forma diligente, esto es, si hizo todo lo razonable para evitar el daño en la sociedad.

---

11. En relación con los deberes inherentes al cargo, éstos están regulados en los artículos 225 y siguientes de la LSC. Especial mención procede en este ámbito hacer del deber de diligencia, conforme al cual los administradores están obligados, por ejemplo, a formular las cuentas anuales, convocar y asistir a las juntas generales, facilitar los informes y aclaraciones que pudieran solicitar los socios o a solicitar y recabar toda la información que sea precisa para estar debidamente informados de la marcha de la sociedad y poder cumplir con sus obligaciones. En relación con esto último, es conveniente destacar que, en el ámbito de las decisiones estratégicas y de negocio, el estándar de diligencia se entenderá cumplido siempre y cuando «el administrador haya actuado de buena fe, sin interés personal en el asunto objeto de decisión, con información suficiente y con arreglo a un procedimiento de decisión adecuado» siendo recomendable en consecuencia, a tales efectos, recabar el asesoramiento de expertos en la materia de que se trate (v.gr. asesores financieros, peritos, etc.) en aquellas materias que pudieran exceder de sus conocimientos.
    Por su parte, conforme al deber de lealtad los administradores deben desempeñar su cargo en defensa del interés de la sociedad y con la lealtad de fiel representante. Las obligaciones básicas que se derivan de este deber de lealtad son, entre otras: ejercitar sus facultades exclusivamente para los fines concedidos y con independencia respecto de terceros; guardar secreto sobre la información —en sentido amplio— de la sociedad; no competir con la sociedad y evitar incurrir en situaciones de conflicto de interés con la misma (lo cual, a su vez, se concreta en una serie de obligaciones de abstención, tales como no hacer uso de los activos sociales —incluida la información confidencial— con fines privados o no aprovecharse de oportunidades de negocio de la sociedad, entre otras).

A. Acción social de responsabilidad (Ex arts. 238 A 240 LSC)

Podrá ejercitar la acción social de responsabilidad para defender los intereses de la sociedad cualquiera de los sujetos legitimados para su ejercicio (la Sociedad, socios o acreedores) cuando los administradores incumplan los deberes inherentes al desempeño de su cargo (principalmente el deber de diligencia) y de dicha conducta se deriven consecuencias dañosas para la sociedad.

En materia de *compliance*, el deber de diligencia tendrá que valorarse atendiendo a las características de cada sociedad y los ámbitos normativos que le resulten de aplicación, ya que según la actividad de la sociedad y su ámbito regulatorio podrá ser obligatorio adoptar un sistema de *compliance* o una estructura de cumplimiento en la sociedad, en cuyo caso no alberga ninguna duda que el administrador estará obligado a su adopción. Sin embargo, en los supuestos en los que no sea obligatorio, pero si aconsejable, podrá entenderse que también entra dentro del deber de diligencia del administrador adoptar aquellas medidas necesarias para minorar dicho riesgo a través de la implantación de un Programa y una estructura de cumplimiento en la sociedad que administra. De modo que, en caso de no cumplir con dicho deber, la junta o aquellos legitimados para su ejercicio previstos en la LSC podrá exigir responsabilidad al administrador por no haber aprobado e implantado un programa de *compliance* en la sociedad o por no haber adoptado una estructura de cumplimiento para su supervisión suficiente o idónea, cuando atendiendo a las circunstancias hubiera sido diligente hacerlo y cuya no adopción haya causado daños a la sociedad.

B. Acción individual de responsabilidad (Ex art. 241 LSC)

Para poder ejercitar una acción individual de responsabilidad será necesario, además de acreditar la conducta antijurídica del administrador, por infracción del deber de diligencia del administrador, acreditar el requisito del daño directo causado con dicha actuación y la relación de causalidad con la actuación negligente del administrador para que la acción individual de responsabilidad del administrador prospere, entendiéndose por daño directo «aquél que incide de forma inmediata sobre el patrimonio del socio o del tercero». Por tanto, si se cumplen dichos requisitos, quienes se sientan perjudicados por dichos daños (acreedores, accionistas, etc.) puedan acabar reclamando a los administradores de la sociedad por los daños sufridos derivados de la omisión de sus deberes en relación con la función de cumplimiento.

Aquellos acreedores o socios que consideren que la actuación de un administrador le ha causado un daño directo podrán ejercitar una acción individual de responsabilidad frente a un administrador por la materialización de dicho daño en la sociedad cuyo resultado dañoso podría haberse evitado, o al menos minorado, si el administrador hubiera aprobado la implantación de un Sistema de Cumplimiento normativo en la sociedad que administra y no lo hizo y no tenga una justificación para ello, como por ejemplo que por su reducido tamaño, y tras un análisis al respecto, se concluye que no era rentable o aconsejable su adopción en dicho supuesto.

El enjuiciamiento de la decisión del administrador de no haber adoptado un programa de *compliance* debe desplegarse hacia comprobar si el administrador optó por el comportamiento que le era exigible para la adopción de dicha decisión empresarial (implantar o no un sistema de *compliance* en la organización) y si dicha decisión se ha ajustado a la diligencia que le era exigible. La designación del *compliance officer* también corresponde al órgano de administración conforme a lo dispuesto en el art. 209 LSC y, por tanto, entendemos que la no designación de dicha figura o la designación no adecuada sí puede generar responsabilidad tanto en el ámbito penal como en el civil/mercantil que ahora nos ocupa ya que el deber de diligencia de los administradores societarios en el ámbito de *compliance* no se agota con la implantación del programa sino que además se exige que la supervisión y vigilancia del sistema de *compliance* haya sido encomendada a un órgano o *compliance officer* con poderes autónomos de funcionamiento o que tenga legalmente encomendada la función de supervisar la eficacia del sistema de *compliance* de la sociedad y que, en todo caso, deberá reportar de ello periódicamente al órgano de administración.

En estos casos la responsabilidad de los administradores es individual y personal. En aquellos supuestos en los que el órgano de administración está compuesto por un consejo de administración la responsabilidad recaerá con carácter solidario sobre la totalidad de los miembros del mismo, lo que implica que cada uno de los administradores responde de la totalidad de la condena indemnizatoria, por tanto, el demandante puede dirigir la acción de responsabilidad contra cualquiera, varios o todos los administradores, tanto simultánea, como sucesivamente, hasta lograr la total satisfacción del perjuicio causado; y que el administrador que eventualmente pague la deuda tendrá la oportuna acción de regreso contra el resto de administradores por la parte que corresponda a cada uno de ellos, con los intereses correspondientes. No obstante lo anterior, aquel miembro del órgano de administración que desconociera de la existencia del acto lesivo o que, conociéndola, hubiere realizado sus mejores esfuerzos a fin de evitar o prevenir los daños producidos, o al menos, se hubiera opuesto expresamente al mismo, podrá ser exonerado de la responsabilidad generada debiendo probar, a tales efectos, los extremos referidos.

C. *Responsabilidad concursal*

Además tenemos que tener en cuenta que en los casos de crisis empresariales, si la sociedad es declarada en concurso, y los acreedores y/o los accionistas ven que hay actuaciones de los administradores que, por no actuar con la diligencia debida, han causado daños al patrimonio empresarial o un daño directo a un tercero, estos podrían exigir, además de las acciones referidas en el ámbito societario (conforme a las reglas de coordinación de dichas acciones con el concurso previstas en los arts. 132 y ss. de la Ley Concursal) otras posibles responsabilidades en el seno del procedimiento concursal interesando la condena de los administradores a cubrir, en su caso, hasta el total del déficit patrimonial de la sociedad en concurso si con su actuación se generó o agravó la insolvencia y se dan los demás requisitos previstos en la Ley Concursal para que prospere la acción de responsabilidad concursal.

III. IMPORTANCIA DE LOS SISTEMAS DE *COMPLIANCE* PARA ACREDITAR LA DILIGENCIA EN LA ACTUACIÓN DE LOS ADMINISTRADORES. ESPECIAL MENCIÓN A LOS CASOS DE GRUPOS DE SOCIEDADES

El órgano de gobierno de la empresa debe demostrar su liderazgo y compromiso con el sistema de *compliance,* tanto en el momento inicial de su implementación, como a lo largo de la operación del sistema, con el fin de asegurar el desarrollo de las acciones corporativas con sometimiento a la ley, en aplicación de la denominada cultura de cumplimiento. Debe dotarlo de medios (económicos y de personal) y autonomía de decisión. Y es que, como hemos visto, entre las obligaciones del órgano de administración también está asumir el liderazgo en el cumplimiento normativo, lo que ha sido impuesto en nuestra legislación de forma recurrente, obligando a las empresas a adoptar medidas organizativas, técnicas y jurídicas para prevenir, detectar y evitar conductas arriesgadas, irregulares o ilícitas.

En estos casos, los sistemas de *compliance* debidamente implantados también son, además de la exención de la responsabilidad penal para la sociedad, una posible eximente de la responsabilidad personal del administrador ante acciones de responsabilidad societaria frente a los administradores en determinados supuestos. Y ello por cuanto la decisión sobre implementar o no un programa de cumplimiento y, en su caso, cómo organizarlo y gestionarlo, es competencia del órgano de administración al tratase de un acto de gestión y administración societaria.

La decisión sobre adoptar o no un sistema de *compliance* adquiere especial relevancia en los grupos de sociedades. Y ello por cuanto la responsabilidad exigible a un administrador de derecho por infracción de su deber de diligencia en relación con el cumplimiento de los programas de cumplimiento también es exigible a los administradores de hecho, los cuales responden igual que los administradores de derecho cuando se den los requisitos antes referidos. Por tanto, si la sociedad matriz se considerase administradora de hecho de la filial, ésta podría responder también por la gestión de sus filiales y por la correcta implantación de los correspondientes programas de cumplimiento en el resto de las sociedades del grupo.

Del mismo modo, si dichos programas se encuentran correctamente implantados existirán *procedimientos trazables y reglados* en cuanto a la toma de decisiones y mecanismos de control en la organización para evitar que dichas infracciones se produzcan, y que permitirán acreditar, si se plantease una acción de responsabilidad frente a éstos, que los administradores de dichos Consejos actuaron con la diligencia exigible a su cargo[12], ya que las decisiones adoptadas por los Consejos de Administración respectivos de un grupo de sociedades de implantar programas de *compliance* en dichas sociedades, además de ser un requisito para la exención o, en su caso, atenuación de la responsabilidad penal de la persona jurídica en el ámbito penal, es también un elemento relevante respecto del deber de diligencia de sus respectivos Consejos de Administración en la esfera civil-mercantil.

En efecto, dichos programas son un elemento fundamental, junto a otros elementos que veremos a continuación y que deberán estar debidamente alineados entre sí, para aislar los riesgos de incumplimiento correspondientes a la actividad de cada una de las sociedades que integran un grupo, evitando así que dichos riesgos propios de una sociedad puedan acabar «contaminando» al resto de sociedades del grupo. Es decir, los programas de *compliance* son parte fundamental de los «cortafuegos» de responsabilidad entre las sociedades del grupo y de este modo, protegen no solo el patrimonio de cada sociedad, sino también el de las demás que forman parte del grupo, en beneficio del propio grupo de sociedades, de su matriz y de todos sus accionistas.

Además, el deber genérico de los administradores de velar con diligencia y lealtad por los intereses patrimoniales ajenos se materializa también en el deber concreto de configurar y mantener una estructura organizativa transparente y adecuada en la persona jurídica gestionada que sea idóneamente objetiva para reducir significativamente el riesgo de que cualquier persona vinculada a dicha empresa cometa un ilícito susceptible de generar

12. *Vid.* RUIZ DE LARA, M. y SERRANO ZARAGOZA (*Cit*).

un perjuicio en la organización y esto aplica igualmente a todas y cada una de las sociedades integrantes del grupo.

Las dos acciones de responsabilidad por daños previstas en la LSC frente a los administradores, que vimos, son: la acción social de responsabilidad (ex arts. 238 a 240 LSC), que prosperará cuando los administradores incumplan los deberes inherentes al desempeño de su cargo (principalmente el deber de diligencia al que nos referíamos anteriormente) y de dicha conducta se deriven consecuencias dañosas para la sociedad, de modo que en dicho caso cualquiera de los sujetos legitimados para su ejercicio (la sociedad, sus socios o acreedores) podrá ejercitar la acción social de responsabilidad para defender los intereses de la sociedad; y la acción individual de responsabilidad (ex art. 241 LSC), por la materialización de un daño a los socios directamente o a terceros.

En ambos casos se entenderá por daños cualquier resultado dañoso (sanción económica, pérdida de valor de las acciones de una sociedad, e incluso su propia disolución) que podría haberse evitado, o al menos minorado, si el administrador hubiera cumplido de manera adecuada los deberes inherentes a su cargo y, entre estos deberes puede incluirse, desde luego, la implantación de un Sistema de Cumplimiento normativo en la sociedad que administra. En cualquier caso, el enjuiciamiento de la decisión del administrador de no haber adoptado un programa de *compliance* debe desplegarse hacia comprobar si el administrador optó por el comportamiento que le era exigible para la adopción de dicha decisión empresarial (implantar o no un sistema de *compliance* en la organización) y si dicha decisión se ha ajustado a la diligencia que le era exigible.

1. ALGUNOS PRONUNCIAMIENTOS JURISPRUDENCIALES DE DERECHO COMPARADO

La primera resolución judicial que se pronunció a este respecto fue en Estados Unidos, el *Caso Caremark (1996).* Con dicha resolución se inicia la conexión entre los programas de cumplimiento y la responsabilidad social de los administradores. En dicha resolución se estableció por primera vez en el derecho comparado la importancia de los sistemas de cumplimiento como mecanismo para acreditar la diligencia debida de los administradores sociales y evitar así su responsabilidad personal.

Cabe destacar otras resoluciones posteriores que también se pronunciaron a este respecto como es el caso *Caso Stone vs. Ritter (2006),* en el que los accionistas de la empresa *AmSouth Bancorporation* demandaron a los administradores de la sociedad por incumplimiento de sus empleados de normativa que motivó la imposición de sanciones y multas por valor de 50 millones de dólares a la sociedad. En este caso existía un previo programa de *compliance* que fue determinante para demostrar que los administradores habían adoptado medidas para evitar el incumplimiento normativo en el seno de la sociedad.

Otro supuesto, es el del *Caso Reiter vs. Fairbank (2016)* en el que un accionista de la empresa *Capital One Financial Corporation* demandó a los administradores de dicha sociedad tras haberle sido impuesta a esta una importante multa por blanqueo de capital, por entender que estos habían incumplido los programas de *compliance* establecidos y por no haberlos actualizados, si bien finalmente estos no fueron condenados al pago de los daños que se les reclamaban por las multas impuestas a la sociedad. Finalmente destacaremos el Caso *Siemens vs Neubürger* (2013) resuelto por el Tribunal Regional de Múnich I. En dicho caso, fue la propia sociedad Siemens AG la que inició acciones legales contra los miembros de su consejo de administración por no haber controlado de forma adecuada el Cumplimiento normativo dentro de la empresa. El Tribunal Regional de Múnich I concluyó que el administrador, Sr. Neubürger, era responsable por incumplir sus obligaciones legales y que, por tanto, debía restituir el daño causado a la sociedad, condenándole a abonar los daños causados.

2. ESTADO DE LA CUESTIÓN EN EL ORDENAMIENTO JURÍDICO ESPAÑOL

En *derecho español* aún no tenemos resoluciones judiciales a este respecto, pero ya hay algún pronunciamiento del Tribunal Supremo, como el de la sentencia de 28 de junio de 2018 que apunta en tal sentido. También cabe destacar los pronunciamientos del magistrado RUIZ DE LARA[13] entre algunos otros jueces de los Mercantil de nuestro país, por lo que es muy posible que pronto empecemos a ver resoluciones de nuestros Tribunales Mercantiles no solo reconociendo el valor que dan los sistemas de cumplimiento a las sociedades —lo que es incuestionable— sino también como estos pueden actuar como eximente de responsabilidad para aquellos administradores que apuestan por una verdadera cultura de cumplimiento normativo en la organización al poner todos los mecanismos necesarios para que no se cometan ilícitos en la empresa y, por tanto,r intentando evitar así que determinados daños se produzcan en la sociedad.

13. RUIZ DE LARA, M. y SERRANO ZARAGOZA (*Cit*).

IV. ALGUNAS POSIBLES MEDIDAS A ADOPTAR PARA UNA CORRECTA DELIMITACIÓN DE LOS RIESGOS Y RESPONSABILIDADES DENTRO DE UN GRUPO

En los grupos de sociedades, es frecuente que la vida cotidiana y las decisiones de sus órganos de administración en muchos casos, por miedo a perder el control de las filiales, les lleve, casi sin darse cuenta, a generar una confusión entre unas y otras sociedades del grupo, desdibujándose esa separación jurídica entre las mismas que sirve para aislar los riesgos propios de las actividades de cada una.

Ante el riesgo de que se puedan acabar atribuyendo la responsabilidad por actuaciones acontecidas en una sociedad a otras del mismo grupo, juega un papel determinante la existencia tanto de una adecuada estructura societaria y de gobierno, como del Sistema de *compliance*, para aislar así correctamente los riesgos y evitar que la matriz pueda acabar respondiendo por las actuaciones de sus filiales, lo que sin duda redundará en beneficio del interés de la sociedad en concreto, el de su matriz y, en última instancia, el del grupo en general y sus accionistas.

Para evitar dicho riesgo de extensión de responsabilidad entre distintas sociedades del grupo y conseguir que cada sociedad filial opere como un auténtico centro de imputación de responsabilidad distinto de su matriz, así como del resto de filiales, y que, por tanto, prevalezca el principio general de independencia jurídica entre dichas sociedades, es importante adoptar medidas para evitar que concurran los presupuestos para aplicar las vías excepcionales de imputación de responsabilidad a la sociedad dominante por actuaciones de sus filiales anteriormente referidos, particularmente, la apreciación de administración de hecho.

La adopción de determinadas medidas contribuye, de manera muy relevante, a evitar la confusión entre las distintas sociedades del grupo y, por tanto, ayudan a conseguir el aislamiento entre los riesgos de cada sociedad para, a su vez, proteger el patrimonio del conjunto del grupo.

1. MEDIDAS RELACIONADAS CON LA ESTRUCTURA SOCIETARIA Y DE GOBIERNO

En primer lugar, es de destacar como la propia estructura societaria y de gobierno de un grupo es determinante para una adecuada localización y aislamiento de los riesgos legales que se puedan generar en el desarrollo de las actividades que constituyen el giro ordinario de la matriz y de sus distintas filiales.

En efecto, al propósito anteriormente referido de evitar una posible apreciación de supuestos de administración de hecho entre matriz y filiales, contribuye de manera decisiva la correcta definición en el sistema de gobierno corporativo (sobre todo en los estatutos sociales de las distintas sociedades del grupo y en las políticas corporativas) de un interés social específico propio para cada una de las sociedades del grupo, que refleje adecuadamente el reparto de responsabilidades de las mismas respecto del conjunto de las actividades del grupo, lo cual no significa que no exista también un «interés de grupo» derivado de la unidad de la misión y los valores del propio grupo y de la definición de su estrategia general, todo lo cual corresponde determinar a los órganos de la sociedad matriz.

Una vez definida la estructura societaria de un grupo y establecida la separación jurídica, patrimonial y contable entre las distintas entidades que lo integran, otro elemento fundamental para evitar la apreciación de supuestos de administración de hecho entre matriz y filiales, evitando así que la matriz pueda acabar respondiendo por las actuaciones de sus filiales, es que exista un adecuado diseño de su estructura de gobierno, entendida esta como la configuración de las relaciones entre los órganos de administración de las distintas sociedades. De este modo el ámbito de responsabilidad de la gestión ordinaria de la actividad de cada sociedad se quedará de manera principal en cada sociedad del grupo, sin «contaminar», o al menos sin hacerlo de manera significativa, a la matriz ni al resto de sociedades filiales.

Para conseguir una adecuada caracterización de cada sociedad del grupo como centro individualizado de responsabilidad también es conveniente disponer de unas políticas internas de ejercicio de facultades por parte de los apoderados de la sociedad, (aunque los mismos puedan tener plenas facultades de decisión y ejercicio frente a terceros como el consejero delegado, administrador único o administrador solidario).

Además, debe tenerse en cuenta que la utilización de unos mismos apoderados en distintas sociedades puede genera confusión en el tráfico y por tanto favorecer la contaminación de responsabilidad.

2. MEDIDAS RELACIONADAS CON LAS FUNCIONES CORPORATIVAS

Para evitar el riesgo de extensión de responsabilidad en el seno de un grupo de sociedades es esencial que su sistema de gobierno corporativo prevea claramente que el ámbito de decisión relativo a la gestión cotidiana y a la dirección efectiva de los negocios de cada sociedad, así como el control ordinario de dichas actividades, resida en los órganos propios de cada sociedad del grupo, y que, al mismo tiempo, a la sociedad matriz corresponda la definición de las políticas, estrategias y directrices generales, la decisión de los asuntos de relevancia estratégica a nivel del grupo y la supervisión general, sin perjuicio que en determinadas decisiones de las filiales tales como su proceso presupuestario, financiaciones específicas, la presentación de determinadas ofertas comerciales o la elaboración de la información financiera o, en general, en asuntos de especial relevancia estratégica, puedan estar también informados los órganos de la matriz de las decisiones que se van a adoptar en los órganos de gobierno de las filiales o exista una toma de razón por el órgano de gobierno de la matriz de las decisiones adoptadas por los de las filiales, pero sin adoptar estos las decisiones que competen a cada filial.

Para ello es conveniente que dentro del grupo se establezcan procedimientos de coordinación de funciones entre los distintos órganos de la matriz y las filiales, así como un adecuado deslinde de las funciones corporativas entre los órganos de la matriz y los de sus filiales.

Una de las funciones corporativas principales en la que es recomendable que exista un adecuado deslinde de funciones entre los órganos de la matriz y los de las filiales es en la definición de la estrategia y desarrollo de negocio. En dicha materia convendrá atribuir a los órganos de la matriz las competencias relativas a la definición del plan estratégico global y los objetivos globales del grupo, la ejecución de operaciones corporativas estratégicas y la definición de procedimientos de coordinación intragrupo, mientras que a los órganos de las filiales será conveniente atribuir la ejecución de operaciones de desarrollo de negocio a nivel de cada filial.

Del mismo modo, también es recomendable que exista dicho deslinde de funciones en materia de financiación, tesorería y compras así como en el ámbito del control financiero y de riesgos dentro de un grupo. En dichas materias también es igualmente conveniente atribuir a la matriz funciones tales como definir las políticas globales de administración y contabilidad y de control de riesgos y de procedimientos comunes de actuación, la elaboración de la información financiera individual de la matriz y consolidada del grupo, el control de riesgos de la matriz o la definición de procedimientos de coordinación intragrupo, mientras que a las filiales se le deberán atribuir, para un adecuado deslinde de funciones con los de la matriz, la administración y contabilidad de las operaciones de la filial, la elaboración de su propia información financiera y el control de riesgos de las filiales. También será posible que la matriz acabe prestando servicios específicos (elaboración e implantación de programas específicos de administración y control, soporte técnico en el control de riesgos, valoraciones, etc.) a sus filiales, pero siempre, como decíamos, en interés de estas y mediante contrato con precios de mercado.

En relación con los servicios jurídicos, así como en recursos humanos, convendrá atribuir a la matriz las funciones relativas a prestar asesoramiento a su propio Consejo de Administración, definir la estructura societaria y del sistema de gobierno corporativo del grupo, de las políticas globales (servicios exteriores, representación, litigación, etc.), representación y defensa de la matriz o definición de procedimientos de coordinación intragrupo; mientras que los servicios jurídicos de las filiales se encargarán del asesoramiento a sus propios órganos de administración y al equipo gestor de la filial de que se trate. En este ámbito es también muy habitual y perfectamente posible la prestación de servicios específicos a las filiales tales como representación y defensa en litigios estratégicos, asesoramiento en operaciones estratégicas, formación..., pero siempre en interés de éstas y mediante contrato intragrupo con precios de mercado. En estas materias también será conveniente que los órganos de la matriz lleven a cabo la definición de sus políticas globales en esta materia (igualdad, conciliación, compensación, disciplina, etc.) y la gestión integral de la función en la propia matriz (tales como selección, contratación, pago de la nómina, disciplina o negociación colectiva); mientras que a los órganos de las filiales se le encomiende la gestión integral de la función pero en cada sociedad filial, sin perjuicio de la existencia como decíamos de contratos intragrupo para regular la prestación de servicios específicos realizados normalmente por la matriz a sus filiales relativos a selección, formación, definición de puestos de trabajo o elaboración de nóminas, entre otros, siempre que estos se presten, como decíamos, en condiciones de mercado.

Igualmente relevante es evitar la autocontratación (suscripción de contratos o negocios por una misma persona en representación e interés de personas distintas; así como evitar que sociedades del grupo o sus accionistas actúen como garantes del cumplimiento de las obligaciones de otras sociedades del grupo cuando las mismas no participen de forma directa o puedan tener un interés particular en las operaciones que se garantizan; someter a informe de auditoría las cuentas de las sociedades o a valoración de experto independiente las aportaciones no dinerarias que puedan efectuarse en aumentos de capital que suscriban las sociedades del grupo aunque las mismas no tengan obligación legal de hacerlo, entre otras medidas posibles.

Por último, es importante destacar una medida muy relevante que ayuda a deslindar adecuadamente funciones corporativas dentro de un grupo, además de la existencia de procedimientos de coordinación de funciones corporativas perfectamente definidas, es la de disponer de contratos intragrupo debidamente documentados en caso de que unas sociedades del grupo presten servicios a otras, que prevean una contraprestación ajustada a las condiciones de mercado, y, en general, para que no pueda cuestionarse la capacidad de decisión efectiva de las partes que lo suscriben, reflejando claramente el interés de cada sociedad del grupo en la percepción de los servicios que reciben de la matriz o de otras sociedades del grupo.

3. MEDIDAS RELACIONADAS CON EL DISEÑO DEL SISTEMA DE *COMPLIANCE*

Otra actuación muy importante encaminada a preservar la separación de responsabilidades entre las distintas sociedades del grupo es establecer los mecanismos adecuados para que cada una de ellas se responsabilice específicamente del cumplimiento de las obligaciones legales que resulten de aplicación a sus actividades propias y para ello es muy recomendable que disponga de un programa de cumplimiento propio (para cada sociedad del grupo) adaptado a sus actividades.

Es posible que haya elementos del sistema de *compliance* que sean comunes dentro del grupo y resulten de aplicación a todas las sociedades que lo integran como algunos elementos normativos y procedimientos (es el caso de los Códigos éticos o de conducta, por ejemplo), si bien ello no es óbice para que en cada sociedad, atendiendo a las actividades que se lleven a cabo, se analicen sus propios riesgos de incumplimiento normativo y se identifiquen específicamente los controles que pueda tener establecidos para minorar la probabilidad de ocurrencia de tales riesgos.

Así mismo, es igualmente relevante para localizar y aislar adecuadamente los riesgos normativos que genera la actividad que lleva a cabo cada sociedad del grupo, que exista un adecuado diseño de la estructura de supervisión del propio programa de Cumplimiento. La supervisión y vigilancia del sistema de *compliance,* como es objeto de análisis en otros capítulos de esa obra, debe encomendarse a un órgano o *compliance officer* con poderes autónomos de decisión en la sociedad y que, en todo caso, deberá reportar de ello periódicamente a su órgano de administración.

Cada sociedad, por tanto, deberá ser responsable de sus tareas de cumplimiento, tales como analizar sus riesgos e identificar sus mecanismos de control, registrar sus evidencias, llevar a cabo las tareas de tramitación e investigación de denuncias, etc. funciones que deben ser llevadas a cabo por su propio órgano o responsable de cumplimiento, sin perjuicio de que, por supuesto, el grupo pueda contar con mecanismos de coordinación, de información y de supervisión que permitirán que la matriz y su estructura de supervisión de cumplimiento conozca las medidas que se adoptan en las filiales para que estas estén alineadas con la estrategia y los objetivos generales de grupo.

En concreto, y siguiendo el mismo esquema de deslinde de funciones anteriormente referido para otras materias, en el ámbito del cumplimiento normativo lo recomendable será que el órgano de cumplimiento de la matriz lleve a cabo, entre otras, la definición de las políticas globales de cumplimiento y los procedimientos comunes de actuación para todo el grupo, la supervisión del Sistema de Cumplimiento de la matriz y la tramitación e investigación de las denuncias relativas a la matriz, mientras que los órganos y responsables de cumplimiento de cada una de las filiales se encargarán principalmente de la gestión del Sistema de Cumplimiento específico de cada filial y la tramitación e investigación de las denuncias relativas a dicha sociedad, sin perjuicio de que también en este ámbito se puede prestar por la matriz servicios específicos a las filiales en interés de éstas y mediante contrato con precios de mercado (soporte técnico en actuaciones específicas de supervisión, formación, etc.).

En definitiva, para conseguir un verdadero esquema de encapsulación de responsabilidades por sociedades dentro de un grupo es importante definir bien los principales procesos de decisión, corporativos y de negocio en el seno del grupo, así como las normas sobre representación y delegación de facultades, debiendo diferenciarse claramente los conceptos de propuesta y de decisión, así como los de supervisión y ejecución e indicar claramente los encargados de unos y otros y los elementos a considerar en cada intervención, garantizando siempre que las decisiones se adopten de manera sistemática y autónoma por los órganos sociales competentes en cada nivel organizativo (en el caso de la matriz, lo relativo a la estrategia y las políticas generales y a la supervisión de su cumplimiento y, en el de las filiales, la dirección efectiva y la gestión cotidiana de los negocios, como fue analizado anteriormente). Todas estas medidas y, muy especialmente el alineamiento de los sistemas de *compliance* con las estructuras societarias y de gobierno, debidamente coordinadas, son muy útiles para ayudar a delimitar y aislar los riesgos y responsabilidades dentro de un grupo como clave del éxito de su estrategia de defensa corporativa.

V. CONCLUSIONES

Los sistemas de cumplimiento son una herramienta fundamental de salvaguarda de la responsabilidad penal de la compañía, pero también lo son de la responsabilidad personal de los miembros del órgano de administración. Un administrador diligente debe apostar por un modelo de empresa basado en el «buen ciudadano corporativo» y para ello será necesario que adopte las medidas organizativas, técnicas y jurídicas necesarias para prevenir, detectar y evitar conductas arriesgadas, irregulares o ilícitas.

Como hemos visto, los sistemas de cumplimiento normativo evitan daños a la compañía, de modo que en caso de que los administradores hayan decidido no adoptar o no implantar un sistema de *compliance* cuando lo diligente es que lo hubiera hecho, estos pueden llegar a ser personalmente responsables de dichos daños si con la adopción de un programa de *compliance* se podían haber evitado, responsabilidad que podrá serle exigida a través de las acciones societarias de responsabilidad (acción social o acción individual que prevé la LSC) o incluso las previstas en el ámbito concursal, llegado el caso.

La decisión de apostar por el diseño e implantación de un sistema de cumplimiento normativo global corresponde al órgano de administración, lo que sin duda redundará en beneficio de toda la sociedad al permitirle controlar los riesgos de incumplimiento normativo y, en su caso, evitar que la sociedad incurra en daños y sanciones derivadas del incumplimiento normativo en su seno, pero es que, además, permitirá a los administradores acreditar, llegado el caso, si se materializa determinados daños en la sociedad derivados de incumplimientos normativos, sanciones, daños reputaciones, etc. que actuaron diligentemente e hicieron todo lo posible por evitar el daño causado a la sociedad y en dicho caso entendemos que el sistema de *compliance* servirá no solo como eximente de responsabilidad en el ámbito penal a la persona jurídica sino también de la responsabilidad en el ámbito societario de la que podría acabar respondiendo el administrador a título personal.

Igualmente relevante que adoptar dichas medidas será que se custodian las evidencias necesarias para que quede debida constancia de todo ello puesto que la LSC impone a los administradores el deber de diligencia de un ordenado empresario exigiéndoles adoptar las medidas precisas para la buena dirección y el control de la sociedad. Por tanto, llegado el caso, será necesario poder disponer de la prueba necesaria de que adoptó dichas medidas. Dicha prueba puede consistir en las actas del consejo de administración que aprobaron el modelo de cumplimiento de la sociedad que administran, pero igualmente relevante es dotar a dicho sistema de recursos económicos y materiales y para ello será necesario también que conste en las actas del órgano de administración la dotación presupuestaria y el personal que se dedica a implantar dicho modelo de cumplimiento aprobado por el consejo.

En caso contrario, difícilmente podrá defenderse ante un eventual procedimiento judicial que la sociedad en cuestión apostó por el cumplimiento normativo y que procede en su caso acogerse a la eximente de responsabilidad penal de la persona jurídica o la personal de los administradores en el ámbito societario.

Si bien es cierto que lo anterior resulta muy atractivo, no podemos perder el foco de cuál es la función principal del sistema de *compliance* que, no será funcionar como eximente de responsabilidad penal y societaria, sino su función preventiva, es decir evitar el incumplimiento y, con ello, que el daño se produjera en la sociedad. Ese será el verdadero éxito de un buen sistema de *compliance.*

Especialmente relevante es adoptar dichas medidas en el caso de los grupos de sociedades, ya que la implantación del sistema de *compliance* en el grupo puede ayudar también a caracterizar a una sociedad filial como un auténtico centro de imputación de responsabilidad distinto de la matriz frente a quien lo cuestione y, por ende, a aislar mejor la responsabilidad entre una y otra, evitando así que la matriz pueda acabar respondiendo por las actuaciones de sus filiales y que éstas puedan acabar «arrastrando» al resto del grupo, su matriz o sus administradores.

La estructura societaria y de gobierno de un grupo así como su sistema de cumplimiento, correctamente diseñados, encajan a la perfección como las piezas de un puzle que actúa como escudo protector para salvaguardar la integridad patrimonial del grupo en su conjunto, ya que son determinantes para una adecuada localización y aislamiento de los riesgos legales que se puedan generar en el desarrollo de las actividades que constituyen el giro ordinario de cada sociedad evitando así que los riesgos de actividades propios de cada una, acaben afectando a la integridad patrimonial del resto del grupo y sus administradores.

Es importante que no se caiga en la tentación de algunos consejos de administración de imponer su sistema de *compliance* de forma absolutamente centralizada. Sería recomendable, para que realmente permita aislar las responsabilidades entre una y otra sociedad del grupo, que cada órgano de administración apruebe su modelo y disponga de sus propios mapas de riesgos y controles adaptados a sus actividades, así como que dote de medios a los responsables de cumplimiento que se nombren en cada sociedad para que puedan implantar realmente el modelo de cumplimiento en cada sociedad, y custodie las evidencias para, llegado el caso, poder acreditar, defender y convencer que el sistema de cumplimiento está alineado con la estructura de gobierno y que realmente cada sociedad actúa como verdadero centro de imputación de responsabilidad distinto de su matriz.

BIBLIOGRAFÍA

ALFARO AGUILA REAL, J. (2015): «Sociedades de Capital: deber de diligencia de los administradores». *Estudios y Comentarios Legislativos*, Civitas.

GUERRERO TREVIJANO, C. (2015): *El deber de diligencia de los administradores en el gobierno de Sociedades de Capital: La incorporación de los Principios de la business judgement rule al ordenamiento español*, Civitas, Navarra.

PARDO PARDO, J. M. (2021): Defensa corporativa y *Compliance*. Los Sistemas de Cumplimiento en los grupos de sociedades en RABAGO MARTÍN, J. y MARTÍNEZ GARRIDO, S. —Coords.— *Cuaderno de Derecho para ingenieros*, Wolters Kluwer, pp. 1 a 12.

– (2020): «Importancia del diseño de la estructura societaria y de los Sistemas de *Compliance* como mecanismo de defensa corporativa» *Revista Economist & Jurist*.

– (2019), Régimen de responsabilidad societario de administradores y su relación con los sistemas de Cumplimiento Normativo, en ALCOLEA CANTOS, J. M. / PARDO PARDO, J. M. -Coords.- *Defensa Corporativa y Compliance*, Thomson Reuters Aranzadi, Pamplona, pp. 149 a 174.

– (2015), *El nuevo régimen de responsabilidad de los administradores de empresas* en crisis. Bosch.

PAZ-ARES, C. (2012) en «Lecciones de Derecho Mercantil», Volumen I, 10.ª edición, Ed. Civitas, p. 596.

RUIZ DE LARA, M. y SERRANO ZARAGOZA, O. (2017): «El deber de organizar a la persona jurídica en *compliance* y su incidencia en el ámbito de la responsabilidad societaria». *Revista Aranzadi Doctrinal* núm.4/2017.